Das

HANDELS-REGISTER

des

KÖNIGREICHS BAYERN

im Jahre **1871**.

Adress-Buch

sämmtlicher

in den Handelsregistern des Königreichs Bayern bis zum Ende des Jahres 1871 eingetragenen

Einzeln-, Gesellschafts- und Genossenschafts-Firmen

mit Angabe

der Geschäfts-Inhaber

und der zur Zeichnung der Firmen Berechtigten

sowie der Geschäftszweige.

Nach den Ortschaften geordnet

nebst Anführung der zuständigen

Bezirks-, Handels- und Landgerichte

Advokaten und Notare.

München 1872.

Rudolph Oldenbourg.

Zur gefälligen Beachtung.

Aus kaufmännischen Kreisen erging mehrfach an die unterfertigte Verlagsbuchhandlung die Aufforderung, die Bearbeitung eines Adressbuches des bayrischen Handelsstandes auf Grund der Einträge in den Handelsregistern zu veranlassen, da ein solches einem allseitig und lebhaft in der kaufmännischen Welt gefühlten Bedürfnisse entsprechen werde.

Mit Hülfe eines Rechtsverständigen, der, einem der grössten Finanz-Institute Bayerns angehörig, sich gleichfalls für die Sache interessirte, ist es der Verlagsbuchhandlung gelungen, das vorliegende Werk ins Leben zu rufen. Wer es jemals versucht hat, ein ähnliches Unternehmen durchzuführen, wird die ganz ausserordentliche insbesondere mit der Sammlung des Materials verbundene Mühe und Schwierigkeit zu beurtheilen wissen, deren rastlose Bekämpfung trotzdem Anfangs den befriedigenden Erfolg nicht gewährt, eine Arbeit geliefert zu haben, welche Anspruch auf absolute Genauigkeit und Vollständigkeit machen kann.

Abgesehen von den täglich eintretenden Veränderungen, welche der Genauigkeit eines jeden Adressbuches Eintrag thun, stellte die Ungenauigkeit, mit der, wenigstens in früheren Jahren, die meisten Handelsregister des Königreichs Bayern geführt wurden, der Bearbeitung des vorliegenden Werkes grosse Hindernisse entgegen. An dieser Ungenauigkeit ist zum grossen Theile der Indifferentismus unseres Kaufmannstandes selbst schuld, der theilweise sich einerseits der Pflicht, seine Firma in das zuständige Handelsregister eintragen zu lassen, andererseits der daraus entspringenden Vortheile noch nicht bewusst zu sein scheint.

Allein auch manchem unserer Handelsgerichte kann der Vorwurf gemacht werden, die Bestimmungen des allgem. D. H. G. B. nur mangelhaft erfüllt zu haben, das es ihnen zur Pflicht macht, eventuell unter Androhung von Ordnungsstrafen die Kaufleute zur Anmeldung ihrer Firmen beim Handelsgerichte und zur Anzeige jeder mit der Firma vorgehenden Veränderung zu veranlassen.

Wir sind aufs Eifrigste bemüht gewesen, diese Lücken und Mängel der Handelsregister auf dem Wege privater Information zu ergänzen. Unter Anderem haben wir um die Rubrik „Geschäftsbranche" möglichst zu vervollständigen, über 6000 direkte Anfragen an solche Firmen versandt, bei deren Eintragung in's Handelsregister dieselbe gar nicht oder nur mangelhaft bezeichnet worden war. Leider hat ein grosser Theil dieser Firmen, dem eigenen Interesse entgegen, diese Anfragen entweder gänzlich unbeantwortet gelassen, oder das Frage-Schema in gänzlich unbrauchbarer Weise ausgefüllt.

Folge hiervon sind die in dem Buche hauptsächlich in der Rubrik „Geschäftsbranche" vorfindlichen häufigen Lücken.

Dass unter solchen Umständen dieser erste Jahrgang unseres Adressbuches einen Anspruch auf absolute Richtigkeit nicht erhebt ist einleuchtend; wir hoffen indess, dass die folgenden Jahrgänge, für deren frühzeitigeres Erscheinen Sorge getragen werden wird, die beregten

Mängel allmälig beseitigen werden, und dass das Buch im Laufe einiger Jahre allerdings berechtigten Anspruch auf Vollständigkeit wird erheben können, da wir es uns angelegen sein lassen, dasselbe wie nur immer möglich zu ergänzen und zu berichtigen.

Mit grösstem Danke würden wir es unter solchen Umständen begrüssen, wenn uns die Herrn Kaufleute auf vorhandene Irrthümer aufmerksam machen und etwaige Mängel zu ergänzen behilflich sein würden; ja wir bitten geradezu darum

Was die Eintheilung des Buches anlangt, so bemerken wir zunächst, dass dasselbe alle Einträge in die Handelsregister des Königreichs bis Ende 1871 umfasst; soweit es indess während des Druckes noch möglich war, haben wir die im Laufe des Jahres 1872 noch eingetretenen Veränderungen berücksichtigt und bezüglich nachgetragen.

Die erste Rubrik des Buches enthält die Firmen, die zweite Rubrik die Angaben der Geschäftsbranchen und die dritte die Benennung der Inhaber der Firmen, sowie der etwa sonst zur Zeichnung und Vertretung der Firmen berechtigten Personen, und wo nöthig der Art der Zeichnung.

Die in dieser Rubrik befindlichen Abkürzungen sind folgende:

P. = Procurist,

KP. = Kollectiv-Procura,

A. = Ausschliessend und allein zur Zeichnung und Vertretung der Firma berechtigter Gesellschafter.

In der ersten Rubrik bedeutet die Bezeichnung:

HN. = Hauptniederlassung,

ZN. = Zweigniederlassung.

Bei den Ortsnamen, die in alphabetischer Reihenfolge geordnet sind, haben wir die Gerichte mit

LG. = Landgericht,

BG. = Bezirksgericht

HG. = Handelsgericht

bezeichnet, und die am Sitze des Bezirksgerichts, zu dessen Sprengel der betreffende Ort gehört, sesshaften Anwälte, sowie die Notare des betreffenden Landgerichtssprengels beigefügt.

Die Angabe der Einwohnerzahl und einer allenfallsigen Eisenbahnstation dürfte nicht unwillkommen sein.

Wir hoffen, dass das Buch sich der Anerkennung Seitens des Handelsstandes erfreuen und vielleicht den Vortheil haben werde, dass es für die Kaufleute einen Anlass bilde, dem Handelsregister eine grössere Aufmerksamkeit zuzuwenden.

München, August 1872.

Rudolph Oldenbourg,
Verlagsbuchhandlung.

Firmen:	Geschäftsbezeichnung:	Inhaber & Procuristen:
Abbach. LG. Kelheim. BG. u. HG Landshut. **Advokaten:** s Landshut. **Notar:** s. Kelheim.		
Eduard Meier	Schnitt-, Spec. u. Eisen-W.	*Eduard Meier*
Abensberg. 1300 Einwohner. LG. Abensberg. BG. u. HG. Landshut. **Advokaten:** s. Landshut **Notar:** Josef Geitner in Abensberg.		
Napoleon Heyder	Specerei- u. Schnittwaaren	*Napoleon Heyder*
Joseph Kagerhuber sel. Erben	Specerei- u. Schnittwaaren	*Babette Kagerhuber*
J. B. Lusteck		*Johann Baptist Lusteck*
Mühlbauer & Stegmiller	Hopfenhandlung	*Josef Mühlbauer Joh Nep Stegmiller.*
Nikolaus Stark	Specerei- u. Schnittwaaren	*Nicolaus Stark*
J. G. Streidl	Specerei- u. Schnittwaaren	*Johann Nepomuk Streidl.*
Simon Stäckler	Eisen- u. Geschmeidwaaren	*Simon Stäckler*
Absberg. LG. Gunzenhausen. BG. u. HG. Ansbach. **Advokaten:** s. Ansbach **Notar:** s. Gunzenhausen		
J. Meyer	Specerei-, Ellen- u. Eisenw.	*Josef Meyer*
Abtswind. LG. Wiesentheid. BG. u. HG. Schweinfurt **Advokaten:** s Schweinfurt. **Notar:** s. Wiesentheid.		
Gebrüder Ernst	Weinhandlung	*Christian Ernst und Ludwig Ernst.*
Christian Ernst	Apotheke	*Christian Ernst*
Acholshausen. LG. Ochsenfurt. BG. u. HG. Würzburg. **Advokaten:** s. Würzburg. **Notar:** s. Ochsenfurt.		
Salomon Hirsch		*Salomon Hirsch.*
Wolf Hofmann		*Sara Hofmann.*
Adelsberg. LG. Gemünden. BG. Lohr. HG. Würzburg. **Advokaten:** s. Lohr. **Notar:** s. Gemünden.		
Mos. Jon. Schloss		*Moses Schloss*
Aeschach. LG. Lindau. BG. u. HG Kempten. **Advokaten:** s. Kempten. **Notare:** s Lindau.		
Christ. Stoll	Specereiwaarenhandlung	*Christian Stoll.*
Ahnenberg. LG. Kemnath. BG. Weiden. HG. Amberg. **Advokaten:** s. Weiden. **Notar:** s. Kemnath.		
Jakob Frank	Krämerei	*Jakob Frank.*
Aibling. 1750 Einwohner. LG. Aibling BG. u. HG. München r. d. J. **Advokaten:** s. München l. d. Is **Notar:** Freiherr v. Godin.		
Dominikus Bonin sel. We.	Spec.-, Schnitt-, Kurz-, Eisen- u. Farbw., Tuch u. Tabak	*Elise Bonin We*
Eduard Lambacher		*Eduard Lambacher*
Heinrich Meggendorfer	Specerei- u. Schnittwaaren	*Heinrich Meggendorfer*
Jos. Pentenrieder	Specerei- u. Schnittwaaren	*Jos Pentenrieder*
Joseph Schustetter.	Specerei- u. Schnittwaaren	*Joseph Schustetter*
Aich. LG., BG. u. HG Kempten. **Advokaten:** s. Kempten. **Notare:** s. Kempten.		
Deutsch-schweizer'sche Milch-extrakt-Fabrik von A. Keppel	Milchextractfabrik	*A Keppel.*
Aicha v/Wald. LG Passau I, BG. u. HG. Passau. **Advokaten:** s. Passau. **Notare:** s Passau.		
Josef Koeppelmüller	Weberei	*Josef Koepelmüller*
Friedrich Zaspel	Färberei u. Krämerei	*Friedrich Zaspel*

Aichach. 1900 Einwohner. LG. u. BG. Aichach. HG München l. d. J. **Advokaten:** J. G. Baumgartner, F. Kuttler, J. Lautner, Th. Martin, Seb. Riederer, A. Schönmetzler, E. Wimmer. **Notare:** Andr Böck, G. Radlkofer.

Jos. Bierling	Spec.-, Schnitt-, Droguerien-, Kurz- u Eisenwaaren.	*Josef Bierling*
J. M. Boesmüller		*Michael Boesmüller*
Joseph Mair vormals **Bernhard Walter**		*Joseph Mair*
Jos. Mayr	Liqueur-, Essig- u. Spiritus-Fabrik	*Joseph Mayr*
Thomas Müller		*Thomas Müller*
J. M. Rieger.	Specerei- u. Schnittwaaren	*Johann Michael Rieger*
Bernhard Walter sel. Relicten		*Nothburga Lang Josef Lang* **P.**
J. A. Weinmüller	Specerei- u. Schnittwaaren	*Anton Weinmüller*
J. L. Werlberger	Spec.-,Schnitt-,Eis.- u. Farbw.	*Ignaz Werlberger*

Aidenbach. 740 Einwohner LG. Vilshofen. BG. u. HG. Passau. **Advokaten:** s Passau. **Notare:** s. Vilshofen.

Josef Brandhuber.	Specerei- u Tuchhandlung	*Josef Brandhuber*
J. N. Gaar	Specerei- u. Schnittwaaren	*Joh. Nep Gaar.*
Carl Hohenegger		*Franz Xaver Koch.*
Nepomuk Kaussner	Holzwaarenhandlung	*Nep Kaussner*
Andreas Pamler	Specerei- u. Schnittwaaren	*Andreas Pamler*

Aidhausen. 660 Einwohner. LG Hofheim. BG. und HG. Schweinfurt.
Advokaten: s Schweinfurt. **Notar:** s. Hofheim.

Casp. Hofmann	Specerei- u. Ellenwaaren	*Casp Hofmann.*
Carl Kohn	Spec.-,Eisen-u.Schnittwaaren	*Kalmann Kohn.*

Aitrang. 625 Einwohner. LG. Günzburg. BG. u. HG. Kempten
Advokaten: s. Kempten **Notare:** s. Günzburg.

Mathias Schreyögg.		*Mathias Schreyögg*

Sanct Alban. 478 Einwohner. LG. Rockenhausen. BG. u HG Kaiserslautern.
Advokaten: s. Kaiserslautern. **Notar:** s. Rockenhausen.

Löb Jacob	Handlung	*Jacob Löb*
Löb Liebmann	Handlung	*Liebmann Löb*

Albersweiler. 1870 Einwohner. LG. Annweiler. BG. u. HG. Landau.
Advokaten: s. Landau. **Notare:** s. Annweiler

B. Benedick (Queichhambach & Albersweiler)	Zündholzfabrik Pottaschfabrik	*Bendet Benedick*
L. Benedick	Mehl- u. Fruchthandlung	*Lenz Benedick.*
Ph. H. Culmann	Essigfabrik	*Philipp Heinrich Culmann.*
Carl Diehl	Gerberei	*Carl Diehl.*
Heinrich Diehl	Gerberei, Leimf. u. Weinh.	*Heinrich Diehl.*
Jacob Keyser	Oel- u. Mahlmühle	*Jacob Keyser*
Joh. Keyser		*Johannes Keyser*
Marx & Siegel	Eisenhandlung	*Isaac Siegel.*
Hayern Siegel & Sohn	Getreidehandlung	*Hayern Siegel. Joseph Siegel.*
Gebrüder Spitzfaden	Holzhandlung	*Georg Heinrich Spitzfaden. Conrad Spitzfaden*

Albisheim. 850 Einwohner. LG. Kirchheimbolanden. BG. u. HG Kaiserslautern.
Advokaten: s. Kaiserslautern. **Notare:** s Kirchheimbolanden.

Born C.	Bierbrauerei	*Carl Born.*
Giessen Valentin	Specereiwaaren	*Valentin Giessen.*
Göhring J. L.	Specereiwaaren	*Johann Ludwig Göhring.*
Mandel Lebold		*Leopold Mandel. Jacob Mandel.* **P.**
Mandel Michael	Specereiwaaren	*Michael Mandel. Michael u Jacob Mandel* **P.**
Morgenthaler J.	Mühle	*Jacob Morgenthaler.*
Rettig G. A.		*Gottfried Heinrich Rettig*
Schlossstein Joh. Ph.	Papierfabrik u. Oelmühle	*Joh. Ph. Schlossstein.*
Schlossstein Joh. & Comp.	Handelsmühle	*Johann u. Christian Schlossstein.*
Seligmann Gottsch.	Früchtenhändler	*Gottschall Seligmann.*
Wohlgemuth C.	Handelsmühle	*Christine Wohlgemuth.*
Wohlgemuth Joh.	Handelsmühle	*Johann Wohlgemuth.*

Albrechts. LG. Günzburg. BG. u. HG. Kempten. **Advokaten:** s. Kempten. **Notar:** s. Günzburg.

Andreas Filser		*Andreas Filser.*

Albsheim. 370 Einwohner. LG. Grünstadt. BG. u. HG. Frankenthal.
Advokaten s. Frankenthal. **Notar** s. Grünstadt.

Ludwig Krauss II	Mühle u. Mehlhandlung	*Georg Ludwig Krauss IV*
Jacob & Wilhelm Schiffer	Mühle u. Mehlhandlung	*Jacob Schiffer. Wilhelm Schiffer*
F. A. Wittner	Mühle u. Mehlhandlung	*Johann Adam Wittner.*

Alexandershütte. 95 Einwohner. LG Ludwigsstadt. BG Kronach HG. Bamberg.
Advokaten: s. Kronach. **Notar:** s. Ludwigstadt.

G. H. Heinz	Hohlglaswaaren	*Georg Heinrich Heinz.*
J. N. Heinz & Sohn	Hohlglaswaaren	*Johann Nicolaus Heinz Heinrich Heinz. Adam Heinz. Paul Heinz* **P.**
Konrad Heinz junior	Hohlglaswaaren	*Conrad Heinz*
Konrad Heinz senior	Hohlglaswaaren	*Conrad Heinz.*
Paul Theodor Heinz	Hohlglaswaaren	*Paul Theodor Heinz.*
J. N. Müller	Hohlglaswaaren	*Johann Nicolaus Müller.*
Alex. Mack	Schnitt- u. Spec.-W. en gros	*Moritz Mack. Moritz Seeligsberg* **P.**
Jacob H. Mack		*Jacob H. Mack.*
Abr. May	Baumwollenhandlung	*Abraham May.*
A. Müller	Hopfenhandlung	*Abraham Müller.*
Ludwig J. Putzel & Comp.	Hopfenhandlung	*Ludwig J Putzel. Max Putzel.*
Heinrich Silbermann	Hopfenhandlung	*Heinrich Silbermann.*
Hugo Silbermann	Hopfenhandlung	*Hugo Silbermann.*

Alfalter. 185 Einwohner. LG Hersbruck. BG. u. HG. Nürnberg.
Advokaten: s Nürnberg. **Notar:** s. Hersbruck.

Joh. Hollederer		*Johann Hollederer*
Gebrüder Loos	Hopfenhandlung	*Johann Veit Loos Johann Georg Loos*

Algertshausen. LG. u BG. Aichach. HG. München I d. J. **Advokaten:** s. Aichach. **Notare:** s. Aichach

E. Meyer'sche Kunstmühle in Aichach	Kunstmühle	*Ernst Mayer. Bruno Schultes* **P**

Allersberg. 1470 Einwohner. LG. Hilpoltstein. BG. u. HG. Amberg.
Advokaten: s Amberg **Notar:** s. Hilpoltstein.

Johann Brand	Specerei- u. Schnittwaaren	*Georg Sturm.*
Carl Federer	Gemischte Waaren	*Carl Federer*
Jacob Gilardi	Leonische Draht- u. Plättfabr.	*Joseph v Gilardi.*
J. G. Haeckl's sel. Erben	Leonische Draht- u. Plättfabr.	*Johann Nepom. v Heckl*
Joseph Kobras Wittwe	Gemischte Waaren	*Friedrich Hofmann.*
J. Gottl. Kühnle	Specereiw. u. Seifenfabrik	*Johann Gottlieb Kühnle.*
Ant. Schmidt	Specerei-, Schnitt-, Eisenw.	*Anton Schmidt*
Jos. Schreyer		*Joseph Schreyer.*

Allersheim. 700 Einwohner. LG. Aub. BG. u. HG Würzburg. **Advokaten:** s. Würzburg **Notar:** s Aub.

Salomon Stern	Schnittwaaren	*Salomon Stern.*

Allfeld. 350 Einwohner. LG. Sulzbach. BG. u. HG. Amberg. **Advokaten:** s. Amberg. **Notar:** s Sulzbach.

G. Roth	Hopfenhandlung	*Georg Roth.*

Allmai. LG., BG. u. HG. Kempten. **Advokaten:** s. Kempten. **Notare:** s. Kempten.

Roman Flehschütz	Holzhandlung	*Roman Flehschütz*
Heinr. Helmer		*Heinrich Helmer*

Alsenbrück. 634 Einwohner. LG. Winnweiler. BG. u. HG. Kaiserslautern.
Advokaten: s. Kaiserslautern **Notar:** s. Winnweiler.

Frank A.	Ziegelei und Kalkbrennerei	*Adam Frank.*
Frank Salm. Val.	Handelsmühle	*Valentin Salomon Frank.*

Alsenz. 1620 Einwohner. LG. Obermoschel. BG. u HG. Kaiserslautern.
Advokaten: s. Kaiserslautern. **Notar:** s. Obermoschel.

Brück J.	Früchten- u. Mehlhandlung	*Isaac Brück.*
Dietz Peter	Gerberei u. Lederhandlung	*Peter Dietz.*
Feisenberger & Stern	Handlung	*Isaac Stern.*
Gotscho Isaac	Specereiwaaren	*Isaac Gotscho. Jacob Gotscho* **P.**
Gotscho Max	Specereiwaaren	*Max Gotscho*
Kahn Ludwig	Specereiwaaren	*Ludwig Kahn.*
Müller G. L.	Specereiwaaren	*Georg Ludwig Müller.*
Neuberger Lazarus	Specereiwaaren	*Lazarus Neuberger*
Schückler Peter	Eisen- und Kohlenhandlung	*Peter Schückler*

Alsheim. 360 Einwohner. LG. Ludwigshafen. BG. u. HG. Frankenthal.
Advokaten s. Frankenthal. **Notar** s. Ludwigshafen.

Abraham Reiss	Specereiw u. Getreidehandel	*Abraham Reiss.*
Alexander Reiss	Specereiw. u. Getreidehandel	*Alexander Reiss.*

Alsterweiler 2400 Einwohner. LG. Edenkoben. BG. u. HG. Landau.
Advokaten: s. Landau. **Notar:** s Edenkoben.

Michael Hauck	Weinhandlung	*Michael Hauck.*

Altbessingen. LG. Arnstein. BG u. HG Schweinfurt. **Advokaten:** s. Schweinfurt. **Notar:** s Arnstein.

N. Schwab	Specerei-, Schnitt-, Eisen-, Leder-, Holz-, Glaswaaren	*Nicolaus Schwab*

Altdorf. 2800 Einwohner. LG. Altdorf. BG. u. HG. Nürnberg.
Advokaten: s. Nürnberg **Notar:** Gustav Frauenknecht.

Jean Amberger		*Jean Amberger.*
J. G. Amberger jr.		*Johann Georg Amberger junior.*
Andr. Gg. Auer		*Andreas Georg Auer Johann Peter Auer*
Katharina Büttner We.		*Catharina Büttner We Margaretha Büttner.* P.
Fleischmann & Heydner		*Johann Andreas Heydner Johann Peter Heydner*
J. P. Hessel	Buchhandlung	*Johann Peter Hessel.*
J. K. Heydner	Hopfenhandlung	*Johann Konrad Heydner*
Heinrich Holz	Colonialw., Droguen, Wein.	*Heinrich Holz.*
J. Maul	Essigfabrik	*Johann Maul.*
Grosspfragnerei & Landesprodukten-Handlung von Cristoph Michael Pöllot.	Grosspfragnerei u Landesproduktenhandlung	*Christoph Michael Pöllot*
Joh. Georg Reif	Bierbrauerei	*Johann Georg Reif Johann Andreas Reif.* P:
Christoph Carl Riedner		*Christoph Carl Riedner.*
J. G. Rupprecht's Erben		*Johann Peter Auer*
Emil Walter	Apotheke	*Emil Walter*
Gg. Fried. Zintl	Spez.-, Kurzw, Tuch, Eisen, Wein.	*Georg Friedrich Zintl.*

Altenbamberg. LG Obermoschel. BG u. HG. Kaiserslautern.
Advokaten: s. Kaiserslautern. **Notar:** s. Obermoschel.

Glas Wolfgang		*Wolfgang Glas*
Ludwig Joseph & Joseph Walter	Getreide- u Viehhandlung	*Joh. Josef Ludwig u. Josef Walter.*
Schwarzschild S.	Manufact., Col., Kurzwaaren	*Simon Schwarzschild.*
Simon A.		*Aron Simon.*
Stern H.	Gemischte Waaren. Wein u. Branntwein	*Heimann Stern.*

Altenburg. LG Aibling. BG Traunstein u. HG. München rechts d J.
Advokaten: s. Traunstein. **Notar:** s. Aibling.

Chem. Fabrik Altenburg	Chem Fabrik	*Friedrich Eckart.*

Altenglan. 836 Einwohner. LG. Cusel. BG. u HG Kaiserslautern.
Advokaten: s. Kaiserslautern. **Notare:** s. Cusel.

Krauth Fr.	Handelsmühle	*Friedrich Krauth.*
Seyl Ph. jr.	Handelsmühle	*Philipp Seyl junior.*

Altenhammer. LG. Neustadt a. d. WN. BG. Weiden. HG. Amberg.
Advokaten: s. Amberg. **Notar:** s. Neustadt a. d. WN.

Heinrich v. Sperl	Hohofen, Stab- u. Walzwerk	*Heinrich v. Sperl.*

Altenkirchen. 600 Einwohner. LG. Waldmoor. BG u. HG Zweibrücken.
Advokaten: s. Zweibrücken. **Notar:** s. Waldmoor.

Friedrich Becker	Specerei- u. Mehlhandlung	*Friedrich Becker.*
Friedrich Eyer	Gastwirthschaft	*Friedrich Eyer*
C. W. Martin		*Carl Wilhelm Martin.*
Karl Weiss		*Karl Weiss.*

Altenkundstadt. 880 Einwohner. LG. Weißmain. BG. Kronach. HG. Bamberg.
Advokaten: s. Kronach. **Notar:** s. Weissmain.

David Angermann		*David Angermann.*
Bernhard Bachmann		*Bernhard Bachmann.*
G. M. Bachmann	Eisenwaaren	*Granum Bachmann.*

Granum David Bachmann	Schnittwaaren	*Granum David Bachmann.*
Ph. Bachmann	Schnittwaaren	*Philipp Bachmann*
Moses Friedmann		*Moses Friedmann.*
Samuel Friedmann		*Samuel Friedmann.*
Leonh. Hahn	Specerei- u. Eisenwaaren und Hopfen	*Leonhard Hahn.*
Michael Hahn	Baumwollenhandlung	*Michael Hahn.*
Heinr. Hellmann	Specerei- u Schnittwaaren	*Heinrich Hellmann,*
Gebrüder Hofmann	Tuchfabrik und Spinnerei, Strumpf u Streichgarn	*Isaak Hofmann. Leopold Hofmann.*
Salomon Lauterbach	Hopfenhandlung	*Salomon Lauterbach.*

Altenmarkt. 500 Einwohner. LG. Trostberg. BG. Traunstein. HG. München r. d J.
Advokaten: s. Traunstein **Notar:** s. Trostberg

Peter Clemente	Spezereiwaaren u Hammerwerk	*Peter Clemente.*
P. Schleicher		*Peter Schleicher*
A. W. Wassermann	Specereiwaaren	*Alois Wolfgang Wassermann.*

Altenmuhr. 755 Einwohner. LG. Gunzenhausen. BG. u. HG Ansbach.
Advokaten: s Ansbach. **Notar:** s. Gunzenhausen.

Michael Buck	Specerei- u Schnittwaaren	*Michael Buck.*
L. Feldmann	Specerei-, Schnitt- u Eisenwaaren	*Lämmlein Feldmann.*
J. H. Reinemann	Specerei- u Schnittwaaren	*Isaac Hessel Reinemann,*
Simson Richard	Specerei- u Schnittwaaren	*Simson Richard.*
Löb Rosenberger	Baumwoll- u. Leinenfabrik	*Löb Rosenberger.*

Altenschönbach. LG. Wiesentheid. BG. u. HG. Schweinfurt
Advokaten: s. Schweinfurt. **Notar:** s. Wiesentheid

Loeb Braun	Weinhandlung	*Loeb Braun.*
K. Kohn	Specerei-, Schnittwaaren u Eisenhandlung	*K. Kohn.*
L. Krackenberger	Schnittwaaren	*Loeb Krackenberger*
G. H. Sachs	Schnitt-, Specereiwaaren u Mehlhandlung	*Gumb Hirsch Sachs.*

Altenschwand. 180 Einwohner. LG. u. BG. Neunburg v. W. HG. Regensburg.
Advokaten: s. Neunburg v W. **Notare:** s. Neunburg v W

Anton Held	Krämerei	*Anton Held.*

Altensittenbach. LG. Hersbruck. BG. u. HG. Nürnberg. **Advokaten:** s Nürnberg. **Notar:** s. Hersbruck.

Joh. Gg. Hirschmann	Specereiwaaren	*Georg Hirschmann.*
Johann Westphal	Hopfenhandlung	*Johann Westphal.*
Wild & Ullherr	Hopfenhandlung	*Johann Ullherr.*
Gebrüder Wild		*Johann Wild.*

Altenstadt. 595 Einwohner LG Illertissen. BG u. HG. Memmingen.
Advokaten: s Memmingen. **Notar:** Friedrich Weber in Illertissen.

Max Bach		*Max Bach.*
J. L. Erlanger et Compagnie	Wichs- u Zündholzfabrik	*Juda Löw Erlanger Adolf Winkle.*
A. Fränkl	Cigarrenlager en gros	*Anton Fraenkl.*
Jacob Guggenheimer	Lederhandlung	*Jakob Guggenheimer*
Abraham Hirsch		*Abraham Hirsch.*
E. Hirsch		*Emanuel Hirsch.*
Simon Hirsch		*Simon Hirsch. Abraham Hirsch.* **P.**
Elias Kahn		*Elias Kahn.*
Samson Kahn		*Samson Kahn.*
B. Kühn	Hopfen-, Wein- u Branntweinhandlung	*Bernhard Kühn.*
Moritz Marx	Schnitt-u. Weisswaarengesch.	*Moritz Marx.*
Wolf Mayer	Eisen- u Hopfenhandlung	*Wolf Mayer*
Meyer et Hirsch	Essig-, Branntwein-, Weingeist u. Liqueurfabrik, Cigarrenhandlung en gros	*Herman Hirsch. Max Hirsch Emanuel Hirsch. Samuel Hirsch.* **P.**
Jacob Pressburger		*Jakob Pressburger*
J. Wallersteiner		*Isaias Wallersteiner*
Ludwig Wassermann		*Ludwig Wassermann. Josef Wassermann.* **P.**
N. Weiss	Specerei- u. Schnittwaaren	*Nathan Weiss.*

Altenstein. 540 Einwohner. LG. Ebern. BG. u. HG. Schweinfurt.

Advokaten: s Schweinfurt. **Notar:** s. Ebern.

J. A. Gossenberger	Specereiwaaren	*Johann Adam Gossenberger.*

Altentrüdingen. 400 Einwohner. LG. Wassertrüdingen. BG. u. HG Ansbach

Advokaten: s. Ansbach **Notar:** s. Wassertrüdingen.

Georg Friess	Specereiwaaren	*Johann Georg Friess*
Georg Heiss	Specereiwaaren	*Johann Georg Heiss.*

Altfrauenhofen. LG. Vilsbiburg. BG. u HG Landshut. **Advokaten:** s. Landshut. **Notar:** s. Vilsbiburg.

Jacob Rieder	Fragnerei	*Jacob Rieder*

Altheim. 238 Einwohner. LG. Hornbach. BG. u. HG. Zweibrücken.

Advokaten: s. Zweibrücken **Notar:** s Hornbach.

Gebrüder Maurer	Specereihandlung	*Caspar Maurer. Peter Maurer. Nicolaus Maurer.*

Althornbach. LG. Hornbach. BG. u. HG. Zweibrücken. **Advokaten:** s. Zweibrücken. **Notar:** s. Hornbach.

Adam Schmitt Wwe.	Specereihandlung	*Elisabetha Schmitt.*
Ludwig Schmidt		*Ludwig Schmidt.*

Altleiningen. 933 Einwohner. LG. Grünstadt BG u. HG. Frankenthal.

Advokaten s. Frankenthal. **Notar** s. Grünstadt.

Georg Leonhard Geissendoerfer	Mühle u. Mehlhandlung	*Georg Leonhard Geissendoerfer.*
Ph. Geissler II	Mühle	*Philipp Geissler II*
Gebrüder Kuhn	Drahtzug- u. Stiftenfabr. u. Kettenschmiede	*Johann Philipp Kuhn IV. Wilhelm Kuhn.*
Herrmann Loeb	Gemischte Waaren	*Herrmann Loeb. Salomon Loeb* **P.**
H. Müller Sohn	Krämerei	*Heinrich Müller III.*
Joh. Müller	Krämerei u. Mühle	*Johannes Müller.*
Joseph Simon I		*Joseph Simon I*
Joseph Simon II		*Joseph Simon II.*

Altmannstein. 540 Einwohner. LG. Riedenburg BG. u. HG. Regensburg.

Advokaten: s. Regensburg. **Notar:** s. Riedenburg.

Fried. Bauer	Specereiwaaren	*Friedrich Baur.*
Sebastian Danner	ditto	*Sebastian Danner*
Johann Fetzmann	Schlosserei- u. Geschmeide-waarenhandlung	*Johann Fetzmann.*
Leonh. Russ	Tuchhandlung	*Leonhard Russ.*
Simon Wolf	Specereiwaaren	*Simon Wolf.*

Altötting. 1466 Einwohner. LG. Altötting. BG Wasserburg. HG. München r. d. J.

Advokaten: s Wasserburg. **Notar:** Franz Xaver Castenauer

Dom. Barbarino & Sohn	Specerei u. Schnittwaaren	*Anton Barbarino.*
Gebrüder Bierling	Specerei-, Schnitt- u. Eisenwaaren	*Georg Bierling. Carl Haggenmiller* **P.**
Joseph Esterer	Masch.-Fabr. u. Eisengiesserei	*Joseph Esterer.*
Jos. Lutzenberger's Buchdruckerei, Buchhandlung u. lithogr. Anstalt.	Buchhdlung, Buchdruckerei u. lithogr. Anstalt	*Joseph Lutzenberger*
Joh. Mayer	Specerei- u. Schnittwaaren	*Joh. Mager.*
Joh. v. G. Mayer junior	Specerei- u. Schnittwaaren	*Joh v Gott Mayer jun.*
Jacob Waldhauser	Specerei- u. Schnittwaaren	*Jak. Waldhauser.*
Franz Zehetmayr	Glaswaarenhandlung	*Franz Zehetmayr*

Altomünster. 1800 Einwohner. LG. u. BG. Aichach. HG. München l. d. J.

Advokaten: s. Aichach. **Notare:** s. Aichach.

Joh. Arzberger	Specerei- u. Schnittwaaren	*Johann Arzberger.*
M. Duschl	Specerei- u. Schnittwaaren	*Michael Duschl*
Jos. Hailer	Specerei- u. Schnittwaaren	*Josef Hailer.*

Altripp. 460 Einwohner. LG. Ludwigshafen. BG. u HG. Frankenthal.

Advokaten s. Frankenthal. **Notar** s. Ludwigshafen.

G. Ph. Baumann	Backsteinbrennerei	*Georg Philipp Baumann.*
J. Ph. Hock	Backsteinbrennerei	*Johann Philipp Hock.*
Mathaeus Hock	Backsteinbrennerei	*Mathaeus Hock.*
Sebastian Hock We.	Backsteinbrennerei	*Susanna Hock.*
Ph. Provo	Backsteinbrennerei u. Spec.	*Philipp Provo.*

Altstadt. 310 Einwohner. LG. Waldmoor. BG. u. HG. Zweibrücken.
Advokaten: s. Zweibrücken. **Notar:** s. Waldmoor.

Jacob Germann III	Specereiwaaren	*Jacob Germann III.*
Philipp Raubenheimer	Schafhandel	*Philipp Raubenheimer*

Altusried. 800 Einwohner. LG. Grönenbach. BG. u. HG. Memmingen.
Advokaten: s. Memmingen. **Notar:** August Henneberger in Grönenbach.

F. X. Miller	Specerei-, Schnitt- und Eisenhandlung.	*Franz Xaver Miller*

Alzenau. 1060 Einwohner. LG. Alzenau. BG. u. HG. Aschaffenburg.
Advokaten: s Aschaffenburg. **Notar:** s. Alzenau.

Daniel Hamburger	Specerei- und Eisenwaaren	*Daniel Hamburger*
D. L. Hamburger	Manufact.e, Spec.-, Lederw., Branntwein	*Daniel Löeb Hamburger.*
Em. Hamburger	Schnitt- u. Eisenwaaren	*Emanuel Hamburger.*

Amberg.. 12,312 Einwohner St. u. LG. BG. u. HG. Amberg.
Advokaten: S. Dengler, Wechs. Not. C. Fleckenstein, E. Gassner, M. Kaiser, G Mayer, Dr W Mayr, W. Wiedenhofer, G. Wittmann. **Notare:** J B Ehrensberger, A. Nürbauer.

Amberger Creditverein	Zweck des Vereines ist Beschaffung von Celdmitteln zur Creditgewährung an die Mitglieder	*Kallmünzer Director, Ig Adam Cassier, Al. Ziegler Controleur; die Zeichnung der Firma erfolgt durch die drei Vorstandsmitglieder.*
Simon Arnstein		*Simon Arnstein*
C. Baun		*Christian Baun.*
Gg. Becker	Eisenhandlung	*Georg Becker*
Ph. H. Beigel's Wittwe	Specerei-, Farb- u. Schnittw. nebst Spedition	*Josepha Beigel.*
Oscar Berzl	Specerei-, Farb-, Material- u. Kurzwaaren	*Oscar Berzl.*
Joesph Braühäuser	Kurz- u. Wollwaarenhandl.	*Joseph Bräuhäuser.*
A. Diener	Kurzwaarenbandlung	*Andreas Diener*
Georg Eberth, Apotheker z. Mohren	Apotheke	*Georg Eberth.*
Joseph Eckerle	Glaswaarenhandlung	*Katharina Eckerle. Ernst Herrmann* P
Ant. Fallenbacher		*Johann Schüll.*
Fr. Xav. Fleischmann		*Franz Xaver Fleischmann.*
Jos. Ganzbeck		*Joseph Ganzbeck*
Joseph Gerstaker	Zinn- u. Steingutwaarenhdlg.	*Joseph Gerstaker*
J. C. Gruber	Eisen-, Stahl- u. Messingw.	*Jakob Karl Gruber*
B. Gürtler	Lederhandlung	*Benedikt Gürtler.*
Jos. Hallmayer	Lederhandlung	*Joseph Hallmayer.*
J. Herbst		*J. Herbst*
Ernst Herrmann		*Ernst Herrmann.*
R. Hirner	Glas- und Steinguthandlung	*Regina Hirner.*
Hofstetter & Söhne	Schnittw. u. Tuchhdlg. en gros	*Bartl Hofstetter. Carl Hofstetter.*
Hohenadel'sche Apotheke	Apotheke	*Amalie Hohenadel.*
J. Hümmer	Specereiwarrenhandlung	*Joseph Hümmer.*
And. Janner	Bijouteriewaarenhandlung	*Andreas Janner.*
Joseph Kaiser	Kurz- u. Wollwaarenhandlg.	*Joseph Kaiser*
F. Kallmünzer	Lederhandlg., Sped., Comm., Incasso u. Landesprod.	*Franz Kallmünzer Margaretha Kallmünzer* P.
Eduard Kick	Steingutfabrik u. getrocknete Thonerde en gros	*Eduard Kick*
J. A. Klob	Meubelhandlung	*Joseph Anton Klob*
Carl Knirlberger	Säcklerwaaren	*Karl Knirlberger.*
Königl. Bayer. Filialbank Amberg ZN [HN Nürnberg]	Bank	*Der kgl. bayer. Staat; Vorstand u. Disponent der k. Oberbeamte u Cassier Fried. Aug. Martin. Die Zeichnung der Firma erfolgt in der Weise, dass der Vorstand seinen Namen unter die Firma mit Beidrückung des Siegels setzt.*
Friedrich Kreiner	Strumpfwaarenfabrik	*Friedrich Kreiner.*
Fr. Lauerer	Spec.- u. Farbw. Agenturen	*Franz Lauerer*
Michael Lauerer	Specerei- u. Farbwaaren	*Michael Lauerer.*

Andreas Lehner	Eisen-, Metall- u. Messingw., Hüttenwerk, Sped, Comm., Incasso, Steinkohlen	*Andreas Lehner.*
Johann Leitl	Baumwollwaarenfabrik	*Johann Leitl.*
André Liersch	Weinhandlung	*Andr. Liersch*
J. Anton Liersch Wwe.	Spec , Material- u Schnittw.	*Margaretha Liersch.*
Jos. Liersch junior	Spec.-, Farb-, Materialw. Sped., Comm., Agenturen	*Joseph Liersch jun.*
Christian Luther	Kleiderhandlung	*Christian Luther*
Johann Merkl		*Johann Merkl.*
S. Muhr	Gold- u. Silberwaarenhdlg	*Sigmund Muhr.*
Johann Muss		*Margaretha Muss*
Egid Niedermeyer		*Egid Niedermeyer*
Wolfgang Oehl sel. Wittwe	Specereiwaarenhandlung	*Franziska Oehl.*
Christ. Pesserl	Specereiwaaren	*Christoph Pesserl.*
Joh. Planner		*Johann Planner.*
Feodor Pohl **HN.** [**ZN.** Neumarkt].	Buchhandlung, Leihbibliothek u Steindruckerei	*Feodor Pohl. Alexander Jsler.*
Jos. Prell	Weinhandlung	*Joseph Prell.*
Fr. Pustet'sche Buchhandlung J. Habberl	Buchhandlung	*Joseph Habberl.*
M. Rall in Amberg	Schnittwaarenhandlung	*Michael Rall.*
Friedr. Rotter	Farbenfabrik u. Bergprod.-H.	*Friedrich Rotter.*
Eduard Ruoff in Amberg	Schnittwaarenhandlung	*Eduard Ruoff.*
J. G. Rupprecht	Specereiwaaren	*Johann Georg Rupprecht.*
Albert Schäzler	Specerei- u. Colonialwaaren, Tabak, Cigarren, Landesprod , Agenturen	*Albert Schaezler.*
Carl Schloderer	Specerei-, Farb- u. Eisenw	*August Schloderer. Franz Seraph Mayerhofer* **P.**
Carl Schneidt Detailhandlung	Eisenwaaren	*Gustav Karl Schneidt.*
Joseph Schubin	Kleider- u. Schnittwaarenh.	*Joseph Schubin*
Konrad Eustach Schwemmer	Kleiderhandlung	*Konrad Eustach Schwemmer*
A. J. Seckelmann	Schnittwaarenhandlung	*Abraham Seckelmann.*
Karl Sedlmayer	Schreibmaterialienhandlung	*Karl Sedlmayer.*
M. Sedlmeyer		*Marian Sedlmeyer*
C. Seifert	Schlosserei	*Carl Seifert.*
Aug. Teuffel	Gold- u Juwelenhandlung	*August Teuffel.*
Karl Thurn	Spielwaarenhandlung	*Karl Thurn.*
Thomas Walcher		*Thomas Walcher.*
Joh. Weigert	Kleiderhandlung	*Johann Weigert.*
C. Georg Wimpessinger		*Franziska Wimpessinger.*
Heinrich Wimpessinger	Spec.-, Material- u. Farbw , Sped., Comm. u. Agenturen	*Heinrich Wimpessinger.*
Wolf. Wimpessinger	Spec.- u. Farbw., Mineralwasser, Agenturen	*Joseph Wimpessinger.*
Gg. Winkler	Specereiwaaren	*Georg Winkler.*
St. Winkler jun.	Specereiwaaren	*Stephan Winkler.*
F. J. Winter	Specerei-, Farb-u Materialw , Sped. u. Comm.	*Franz Johann Winter.*
Fried. Zellner		*Friedrich Zellner.*
Alois Ziegler	Schnittw u. Tuchh. en gros u. Kirchenparamente	*Alois Ziegler.*
Frz. Jos. Ziegler jun.		*Franz Joseph Ziegler jun*
Carl Zimmermann		*Karl Zimmermann.*
F. Xav. Zunner	Mehl- u. Victualienhandlg.	*Franz Xaver Zunner.*

Amerang. LG. u BG Wasserburg. HG. München rechts der Isar. **Advokaten u. Notare:** s. Wasserburg

Maximilian Goldkofer		*Maximilian Goldkofer.*

Ammerndorf. LG. Cadolzburg. BG. u. HG. Fürth. **Advokaten:** s Furth. **Notar:** s Cadolzburg.

Jacob Feiertag	Specereiwaaren	*Jacob Feiertag.*

Amorbach. 2403 Einwohner. LG. Amorbach. BG u HG Aschaffenburg. **Advokaten** s Aschaffenburg **Notar** E. Carben

Carl Appel	Manufact., Mode Tuch- u. Kurzwaaren	*Carl Appel.*

Creditverein Amorbach	Gewährung von Crediten an Mitglieder.	*Die Verwaltung des Vereines ist einem Ausschusse übertrugen. Der Ausschuss besteht aus: Friedrich Spoerer Vorsitzender, Leo Vogler Cassier, Christel Controleur und Schriftführer; dann 6 Beisitzern: Georg Manz, J. Ruppert, F. Frankenberger, C. Appel, J. Jordan, W. Wucherer.*
W. E. Ditt	Liqueur- u. Essigfabrik	*Nicolaus Geisse.*
J. Frankenberger	Specerei- u. Eisenwaaren	*Joseph Frankenberger.*
V. A. Hally		*Valentin August Hally.*
Franz Heckwolf	Specerei-, Kurz-, Eisenw. u. Samenhandlung	*Franz Heckwolf.*
Gebrüder Manz	Knopf-, Kurz- u. Bandw.	*Wilhelm Manz. Georg Manz.*
Müller & Manz	Tapetenfabrik	*Ludwig Müller. Joseph Manz.*
Franz Schwarzmann	Apotheke	*Franz Schwarzmann.*
Thibault d'Alleret	Tuch, Mode-, Manufactur-, Kurzw- u Bijouteriew.	*Friedrich Beulecke.*
Wilhelm Wucherer	Specereiw. u. Porzellanh.	*Wilhelm Wucherer.*

Annahütte. LG. Eschenbach. BG. Weiden HG. Amberg. **Advokaten**: s. Weiden. **Notar**: s. Eschenbach.

Schlör Glasfabrik	Glasfabrik	*Joseph Schloer. Johann Gollwitzer.*

Annweiler. 2807 Einwohner. LG. Annweiler. BG. u. HG. Landau.
Advokaten: s. Landau. **Notare**: O. Hepp. L. Schmolze.

Carl Ahlborn, Schnell's Nachfolger	Palmwaarenfabrik	*Carl Ahlborn. Heinrich Boegel* **P.** *Carl Ahlborn* **P.**
Daniel Bartz	Gerberei u. Lederwaarenh.	*Daniel Bartz jun.*
Gebrüder Bartz	Schaafhandel	*Philipp Daniel Bartz. Louis Bartz. Heinrich Bartz.*
Christian Bartz	Strohhutfabrik	*Christian Bartz.*
Brauerei zum Burgkeller von Voelker & Cie.	Bierbrauerei	*Friedrich Voelker. Johann Friedrich Bartz. Heinrich Pasquay. Heinrich Diehl. Daniel Bartz sen. Wilhelm Voelker.*
Joh. Brüstle	Bierbrauerei	*Johannes Brüstle.*
Cordier & Cie.	Stroh- u. Palmhütefabrik	*Emil Cordier. Eugen Cordier.*
F. B. Cordier		*Friedrich Balthasar Cordier.*
Ph. Cordier		*Philipp Cordier.*
Carl Culmann	Specerei- u. Schnittwaaren, Eisen- u. Glashandlung	*Carl Culmann.*
Heinrich Doerr	Specerei- u. Schnittwaaren	*Heinrich Doerr.*
H. G. Fuchs	Specerei- u. Schnittwaaren	*Herrmann Georg Fuchs.*
Germersheim	Holzhandlung	*Daniel Hess.*
Heinrich Graf jun.	Specerei- u. Schnittwaaren u. Weinhandlung	*Heinrich Graf jun.*
Jacob Hubing		*Jacob Hubing.*
Meyer & Assel		*Georg Meyer. Nicolaus Assel.*
P. A. Michel Sohn	Papierfabrik	*Carl Michel.*
Aug. Pasquay	Gerberei u. Lederhandlung	*August Pasquay.*
Carl Pasquay	Holzhandlung	*Carl Pasquay.*
H. Pasquay	Gerberei u. Lederhandlung	*Heinrich Pasquay.*
Jacob Scholler	Gerberei	*Jacob Scholler.*
Christian Seibel	Rothgerberei	*Christian Seibel.*
M. Seither & Cie.	Stroh- u. Palmhütefabrik	*Mathias Seither. Philipp Jacob Betz. Georg Jacob Regula.*
Fried. Ad. Stein	Oel- u. Mahlmühle	*Friedrich Adam Stein.*
Voelker & Sohn	Weinhandlung	*Friedrich Voelker. Philipp Voelker.*
Emil Walther		*Emil Walther.*

Ansbach. 11,609 Einwohner. St. u. LG., BG. u. HG. Ansbach.
Advokaten: Dr. S. Berlin, F. Kuttler, J. Lautner, Th. Martin, S. Riederer, A. Schönmetzler, E. Wimmer.
Notare: C. Brand, L. Schäfer.

G. C. Adler	Posamentier- u. Kurzw.	*Georg Caspar Adler.*
Friedrich Adlersberg	Kurz- u. Modewaaren	*Adelheid Adlersberg We.*
Otto Adlersberg	Kurzwaaren	*Otto Adlersberg*
G. F. Arnold	Apotheke	*Georg Friedrich Arnold.*
Arnold & Gutmann	Cichorien-Kaffeefabrik und Rübendarre Spiritusfab.	*a) Die fürstl. Standesherrschaft Hohenlohe-Schillingsfürst, vertreten durch den Do-*

mainencanzleidirektor Ludwig Donle. b) Wolf J. Gutmann, Banquier in Ansbach. Isidor Gutmann **P.**

Johann Ballenberger	Wollspinnerei	*Johann Ballenberger.*
K. B. Filialbank Ansbach Z. N. [H. N. Nürnberg.]		*Inhaber: der k. bayer. Staat. Vorstand der Anstalt und Disponent im kaufmännischen Verkehr ist der k. Oberbeamte Joh. Leonh. Seybold, welcher auch die kaufmännischen Ausfertigungen „K. Filial-Bank Ansbach" zu zeichnen hat. Die Schuldscheine und Banknoten werden unter der Firma und dem Siegel der k. Bank ausgefertigt und tragen ausser den Unterschriften des k. Bankdirektors und des k. Banquiers auch die des k. Bankoberbeamten und des k. Cassiers der Filialbank. Cassier ist z. Z. Wilhelm Wucherer.*
Christian Barthe		*Christian Barthe.*
Georg Bauer	Landesprod. Specereiw.	*Georg Bauer.*
G. J. Beck	Buchbinder	*Georg Jakob Beck.*
Carl Behringer	Baumwoll- u. Wollenfabrik	*Carl Behringer, Wally Behringer* **P.**
Emil Benkher	Weinhandlung	*Emil Benkher, Weinhändler*
J. F. Birkmeyer	Seifenfabrik	*Karl Hüttinger.*
Leonhard Bischoff	Leinenhandlung	*Leonhard Bischoff, Anna Bischoff, Gattin* **P.**
G. C. Blauhorn	Specereiwaaren	*Georg Adam Reichert*
G. Friedr. Bolz	Specerei-, Condit.-Waaren	*Georg Friedrich Bolz.*
Johann Leonhard Brand	Specereiwaaren	*Johann Leonhard Brand.*
Tobias Braun	Cond.- u. Spec.-Waaren	*Tobias Braun.*
Johann Wilhelm Brechtelsbauer	Säckler	*Johann Wilhelm Brechtesbauer.*
Jacob Breit & Cie.	Lederhandlung	*Johann Jakob Breit. Johann Gagstetter.*
Thomas Breit.	Klempner	*Thomas Breit.*
C. Brügel & Sohn	Buchdrucker	*Carl Brügel. Gustav Brügel.*
Friedrich Bub	Spec.- u. Cond.-Waaren	*Friedrich Bub.*
Bub & Sohn	Spec.- u. Materialwaaren	*Ernst Bub.*
C. F. Camelly	Möbelhandl. u Tapezierer	*Carl Friedrich Cammelly.*
Actien-Cigarren- u. Tabakfab. zu Ansbach		*Vorstand der Actiengesellschaft ist der Verwaltungsrath Derselbe besteht aus folgenden Mitgliedern: Carl Behringer, Kaufmann; Wolf Gutman, Banquier; Achatius Belzner, Privatier; Ludwig Donle, fürstl. Domainendirector; Heinrich König, Kaufmann; Georg Blank, Bäckermeister; Adam Heinlein, Privatier; Carl Hetzel, Kaufmann; Adolf Eckart, Gasthofbesitzer. Ersatzmänner: Dr. Kaiser, prakt. Arzt; Dr. August Eckart, k. Regimentsarzt; Dr. Rudolph Schreiber, k. Gymnasialprofessor, sämmtlich in Ansbach. — Erster Vorsitzender: Ludwig Donle. Stellvertreter: Carl Behringer. Schriftführer: Heinrich König. Zur Zeichnung ist bestimmt: Joseph Holzinger mit Einem der Verwaltungsrathsmitglieder: entweder Carl Behringer, oder Achatius Belzner, oder Wolf S. Gutmann, welche ihre Namen unter die Firma setzen.*
Brauerei der Freiherrn von Crailsheim-Rugland.	Bierbrauerei	*Gottfried Freih. v. Crailsheim zu Ansbach, Robert „ „ „ „ Morstein. Adolf „ „ „ „ Stuttgart. Fedor „ „ „ „ Ansbach. Ernst „ „ „ „ „ Carl „ „ „ „ Landau. Krafft „ „ „ „ Ansbach. Krafft „ „ „ „ Amerang. Theodor Frhr. v. Crailsheim zu Ansbach. Anton „ „ „ „ Germersheim Desiderius „ „ „ Burgbernh. Eduard „ „ „ „ Nürnberg. Ludwig „ „ „ „ München. Gustav „ „ „ „ Bayreuth. Die Geschäftsführung ist dem Hrn. Theodo Frhrn. v. Crailsheim übertragen. August Kirchhofer* **P.**
Landwirthschaftlicher Credit-Verein für Mittelfranken zu Ansbach	Gewährung von verzinslichen Crediten an Landwirthe	*Vorstand der Gesellschaft. Ludwig Donle, förstl. Hohenlohe'scher Domainenkanzlei-Direktor, vollziehender erster Vorstand (Direktor); Carl Albrecht Schröppel, Privatmann Cassier u. zweiter Vorstand. Der Director vertritt den Verein, in dessen Verhinderung der Cassier.*
Joseph Couturier	Uhrmacher u. Kaufmann	*Joseph Couturier.*
Heinrich Decker	Specereiwaaren	*Babette Decker We.*
J. G. Denninger	Klempner	*Johann Gottfried Denninger.*
Eduard Dollfuss	Spec.- u. Conditoreiw.	*Eduard Dollfuss.*
Friedrich Ebert	Strohgalanteriewaaren	*Gottfried Deuringer.*
Georg Ebert	Färberei u. Druckerei	*Georg Ebert.*
Leopold Erdmann	Lederhandlung	*Leopold Erdmann.*
Johann Fleischmann	Spängler	*Johann Fleischmann.*
Nicolaus Ficht	Condit.- u. Specereiwaaren	*Nicolaus Ficht.*
Ferdinand Friess	Glas- u. Porcellanwaaren	*Ferdinand Friess.*
Martin Friess	Posamentierer	*Georg Martin Friess.*

Actiengesellschaft für Gasbeleuchtung zu Ansbach	Gasfabrikation	*Der Vorstand der Gesellschaft ist der Verwaltungsrath; derselbe besteht aus 6 Mitgliedern, nämlich drei Abgeordneten der Gemeinde: Wilhelm Mandel, Bürgermeister, Carl Behringer, Johann Michael Oberseider und zwei von der Generalversammlung gewählte Mitglieder: Dr. Gustav Wünsch in Ansbach, Friedrich Greiner in Ansbach, dann Gasdirektor Carl Emil Spreng in Nürnberg. Die Zeichnung erfolgt in der Weise, dass die Herrn Bürgermeister Mandel u. Hr. Prof. J. G. Munker ihre Namen unter die Firma setzen.*
Friedr. Geuder vorm. **Friedrich Stör**	Färberei u. Druckerei	*Friedrich Geuder.*
J. M. Glanz	Säcklerwaaren	*Johann Michael Glanz.*
Karl Göhre	Seilerwaaren	*Karl Göhre.*
Friedr. Gossmann	Schreibmaterialienhandl.	*Gottlieb Hofmann.*
J. M. Gossmann	Landesproductenhandlung	*Johann Michael Gossmann*
Georg Michael Goth	Branntwein- u. Liqueurfabr.	*Georg Michael Goth.*
G. A. Grassecker	Specereiwaaren	*Johann Grassecker.*
Friedrich Erdmann Gross		*Friedrich Erdmann Gross.*
L. Grünsfelder	Specereiwaaren	*Lazarus Grünsfelder.*
Friedrich Günther	Schnittwaaren	*Friedrich Günther.*
G. J. Gutmann	Bankgeschäft	*Arnold Maier. Lazarus Landmann.*
Wolf S. Gutmann	Banquier	*Wolf S. Gutmann. Isidor Gutmann* **P.**
Mathilde Haas	Schnittwaaren	*Mathilde Haas.*
Georg Häfner	Uhrmacher	*Johann Georg Häfner.*
Friedrich Hassold		*Friedrich Hassold.*
Christian Haubold	Seifensiederei	*Christian Haubold.*
Julius Haupt	Apotheke	*Julius Haupt.*
Theobald Held	Essigfabrik	*Theobald Held.*
Wilhelm Hensolt	Specerei- n Conditoreiw.	*Wilhelm Hensolt.*
Carl H. Hettinger	Weinhändler	*Carl Hettinger.*
Carl Hezel	Eisen- u. Kohlenhandlung	*Carl Hezel.*
G. F. Hezel	Eisenhandlung	*Julius Hezel.*
Georg Hönig	Knopfmacherei	*Georg Hönig.*
V. Höpfner	Kunst- u. Dampfmühle	*Valentin Höpfner.*
J. G. Hofmockel	Weinhandlung	*Johann Georg Hofmockel.*
Friedrich Hohenner	Zinngiesserei	*Christoph Friedrich Hohenner.*
E. Holzinger & Sohn.	Weinhandlung	*Eduard Holzinger Herman Holzinger.*
Johann Hüttner	Posamentier- u. Kurzw.	*Johann Hüttner.*
Georg Jacob	Kürschner	*Georg Jakob.*
Johann Jordann	Weinhändler	*Johann Jordann*
Carl Junge	Buchhändler	*Carl Junge.*
J. G. Kaempf	Eisenhandlung	*Johann Georg Kämpf.*
Paul Kamm	Schneider u. Kaufmann	*Paul Kamm.*
Gustav Käufer	Specerei- u. Conditoreiw.	*Gustav Käufer.*
Johann Katzenberger	Galanteriewaaren	*Johann Katzenberger.*
J. Kindshuber	Specereiwaaren	*Julie Kindshuber. Emil Kindshuber* **P.**
S. L. Kitzinger	Weiss- u. Kurzw. en gros	*Gabriel Kitzinger. Feist Kitzinger.*
Aug. Klein		*August Klein.*
Georg Ludwig König	Hefenhandlung	*Georg Ludwig König.*
Friedrich König	Weinhändler	*Friedrich König.*
Heinrich König		*Heinrich König.*
Johann Kolb	Specereiwaaren	*Johann Kolb.*
Bernhard Koppen	Apotheke	*Bernhard Koppen.*
Wilhelm Krauss	Uhrmacher u. Kaufmann	*Wilhelm Krauss*
Heinrich Kreiner	Specereiwaaren	*Philipp Heinrich Kreiner.*
J. G. Kuch	Tuchhandlung	*Johann Andreas Kuch.*
A. Künther	Galanteriewaaren	*Adam Künther.*
W. Lammers	Specerei- u. Kurzwaaren	*Wilhelm Lammers.*
J. W. Lang	Specereiwaaren	*Sophie Friederika Lang We.*
Johann Langkammerer	Liqueurfabrik	*Johann Georg Langkammerer.*
Georg Lindau	Seilerwaaren	*Georg Lindau.*
Johann Lindau sen.	Seilerwaaren	*Johann Lindau sen.*
Joseph Lindner		*Joseph Lindner.*
Gottfried Link	Glas- u. Porcellanwaaren	*Johann Gottfried Link.*
Carl Lippacher	Pelzwaaren	*Carl Lippacher.*
Eduard Lippacher	Pelzwaarenhandlung	*Eduard Lippacher.*
Adolph Lodter	Specereiwaaren	*Gustav Adolph Lodter.*
Johann Lunz	Seilerwaaren	*Johann Lunz.*

Wilhelm Ferdinand Mackeldey	Specereiwaaren	*Wilhelm Ferdinand Mackeldey.*
Bernhard Mahler	Schnittwaaren	*Bernhard Mahler*
Actien-Mahlmühle der Bäcker und Melber in Ansbach.		*Der Vorstand besteht aus fünf Mitgliedern.: Konrad Spatz, Vorsitzender; G Blank, Stellvertreter; Gg. Förscher, Johann Leidenberger, Tobias Zoel, sämmtlich Bäckermeister. Zur Zeichnung sind der Vorsitzende bezw. dessen Stellvertreter befugt, welche ihre Namen unter Angabe ihrer Eigenschaft: „Der Vorstand Konrad Spatz", oder „Georg Blank, Stellvertreter" unter die Firma setzen.*
Johann Andreas Mayer	Liqueurfabrik	*Andreas Mayer*
Hermann Metzger	Schnittwaaren	*Hermann Metzger*
Fr. Meyer		*Friedrich Carl Meyer*
Friedrich Müller	Weinhändler	*Friedrich Müller.*
Johann Michael Naser	Wollen- u Strumpfwaaren	*Johann Michael Naser*
Georg Niess	Sattler	*Georg Niess.*
J. G. Nissler	Tuchhandlung	*Johann Georg Nissler*
G. M. Oberseider		*Georg Michael Oberseider*
C. Oelschlägel	Specereiw. Comm. u. Spedit.	*Carl Oelschlägel.*
Sebastian Oesterrieder	Specereiw. u. Mehlhandl	*Sebastian Oesterrieder.*
Georg Sigmund Ohr	Schnittw. u. Weberei	*Georg Sigmund Ohr*
Friedrich Ohr	Posamentier-, Kurzwaaren	*Friedrich Ohr.*
S. Pappenheimer	Spielwaarenhandlung	*Samuel Pappenheimer.*
F. W. Pfeiffer	Glas- u. Porcellanwaaren	*Friedrich Wilhelm Pfeiffer.*
Heinrich Pressle	Schreibmaterialen, Leihbibliothek, Parfümerien	*Heinrich Pressle.*
Friedrich Rehm	Specereiwaaren	*Friedrich Rehm.*
Johann Reinhardt		*Johann Reinhardt*
Elias Remshardt	Gürtler u. Silberarbeiter	*Elias Remshardt.*
G. Röder	Schnittw., Tuch- u. Modew.	*Bertram Röder.*
J. Röder jun.	Schnitt-, Tuch- u. Modew.	*Josef Röder.*
A. Roselmann & Sohn	Kleidermagazin	*August Roselmann*
G. W. Rosenbauer	Spec.- u. Conditoreiwaaren	*Georg Wilhelm Rosenbauer*
Christoph Rosenberg	Buchbinderei, Galanteriew.	*Christoph Elias Rosenberg.*
Johann Rüffelmacher	Chirurg. Instrumente	*Johann Rüffelmacher.*
Simon Rüffelmacher	Chirurg. Instrumente	*Simon Rüffelmacher.*
Fritz Ruehl	Kupferschmied	*Fritz Ruehl.*
Friedrich Rupp		*Friederike Rupp We Lisette Voit We.* **P.**
Friedrich Rupp sen.	Goldarbeiter	*Babette Rupp We*
Johann Friedrich Rupp	Goldarbeiter, Optiker	*Johann Friedrich Rupp.*
N. Salmstein	Baumwoll- u. Wollenwaarenfabrik, Schnitt- u. Moden-Handlung	*Leopold Salmstein.*
Friedrich Schäfer	Glas- u. Porcellanwaaren	*Johann Friedrich Schäfer*
Georg Schäfer	Zinngiesser	*Georg Schäfer*
Simon Scheuermann	Gold- u. Silberwaarenfabrik	*Georg Scheuermann*
Christoph Scheuernstuhl	Weinhandlung	*Christoph Scheuernstuhl.*
Christian Schlichting	Specereiwaaren	*Christian Schlichting.*
Heinrich Schlosser	Kleidermagazin	*Johann Heinrich Schlosser*
Georg Schmidt.		*Georg Andreas Schmidt*
Johann Schmidt	Zeugmacher	*Johann Schmidt*
J. E. Schnappauf	Gold- u. Silberarbeiter	*Johann Elias Schnappauf.*
Fr. Schnürlein	Glas, Porcellan u. Goldleisten	*Georg Friedrich Schnürlein.*
G. A. Schröppel	Specerei- u. Conditoreiw.	*Georg Albrecht Schröppel.*
Fritz Seifert	Weinhandlung u. Essigfabr.	*Fritz Seifert.*
Joh. Gg Seitz vorm. **Dallhammer**	Leinehandlung	*Johann Georg Seitz.*
M. Senn		*Michael Senn*
Fr. Seybold	Buchhandlung	*Friedrich Seybold.*
P. P Simonis		*Peter Paul Simonis.*
Friedrich Stadler	Seifenfabrik	*Johann Adam Stadler.*
L. D. Steiner	Schnitt-, Tuch u. Modew.	*Samuel Steiner*
Leonhard Stellwag	Specerei-, Conditoreiwaaren	*Leonhard Stellwag.*
Georg Stellwaag	Spec.- u. Conditoreiw.	*George Stellwaag*
Karl August Strelin	Specereiwaaren	*Margaretha Strelin.*
Georg Stromberger	Specerei- u. Conditoreiw.	*Johann Georg Stromberger.*
Johann Thomas Struller		*Johann Thomas Struller*
S. Ullmann vorm. **Grünsfelder**	Schnittwaaren	*Salomon Ullmann*
Friedrich Vetter	Hutmacher	*Friedrich Vetter*

Leonhard Völckert	Specerei.-, Mat.- u. Farbw.	*Leonhard Völkert.*
Johann Adam Vogel	Säckler- u. Kurzwaaren	*Joh. Adam Vogel.*
Carl Voltz	Specereiwaaren	*Carl Voltz.*
J. Wacker	Specereiwaaren	*Johann Wacker*
Christian Wagner	Colonialwaaren	*Christoph Wagner*
Friedrich Wagner	Gürtler u. Goldarbeiter	*Friedrich Wagner.*
J G. Wankel	Pinsel- u. Bürstenfabrik	*Johann Georg Wankel.*
Christoph Wanny	Conditorei- u. Specereiw	*Christoph Wanny*
J. C Wedel	Weinhandlung	*Adelheid Wedel.*
J. C. Weigel	Tuchhandlung	*Carl Weigel.*
Johann Weigel	Tuchhandlung	*Johann Christoph Weigel.*
Peter Weigel	Tuchhandlung	*Peter Weigel. Friedr. Weigel.*
M. Weil	Schnitt- u. Glaswaaren	*Meyer Weil.*
Carl Weiss	Uhrmacher	*Carl Weiss.*
August Wengner	Specereiwaaren	*August Wengner.*
Franz Wenger	Specereiwaaren	*Franz Wenger Joseph Veith.*
Georg Widder & Sohn	Zeugschmiede u. Eisenhandl.	*Fritz Eckart.*
Rafael Wilmersdörffer	Tuch- u. Modewaaren	*Rafael Wilmersdörffer.*
Alexander Winter	Hutmacher	*Alexander Winter.*
G M. Wissmeyer		*Georg Michael Wissmeyer Kunigunde Wissmeyer* P.
August Wörle	Papier- u. Schreibmaterial.	*August Wörle*
Johann Leonhard Würflein	Weinhandlung	*Johann Leonhard Würflein*

Autwanden. LG., BG. u. HG. Kempten. **Advokaten:** s Kempten. **Notare:** s. Kempten.

Max Brugger	Käse- u. Butterfabrikation	*Max Brugger.*
Karl Burkel	Käse- Butter- Schmalzhandl. en gros.	*Karl Burkel.*

Appenthal. LG. Neustadt a/H. BG u. HG. Frankenthal. **Advokaten:** s. Frankenthal. **Notare:** s. Neustadt a. d H.

K. Haag	Mühle	*Konrad Haag.*

Arberg. LG. Herrieden. BG. u HG. Ansbach **Advokaten:** s. Ansbach. **Notar:** s. Herrieden

Joseph Fürst	Weberei- u. Ellenwaaren	*Josef Anton Fürst*
F. X. Kastner	Specerei- u. Eisenwaaren	*Franz Xaver Kastner.*
Johann Roll	Weberei- u. Ellenwaaren	*Johann Wolfgang Roll. Johann Roll* P
Nicolaus Schuster	Specerei- u. Schnittwaaren	*Nicolaus Schuster.*

Argeltsried. LG. Starnberg. BG. Weilheim. HG München l. d. J. **Advokaten:** s. Weilheim. **Notar:** s Starnberg.

Anton Schneider	Krämerei	*Anton Schneider.*

Arnschwang. 645 Einwohner. LG Furth. BG. Neunburg v. W. HG. Regensburg. **Advokaten:** s Neunburg v W. **Notar:** s. Furth.

Anton Steinhofer	Krämerei	*Anton Steinhofer.*

Arnstein. 1520 Einwohner. LG. Arnstein. BG u. HG. Schweinfurt **Advokaten:** s. Schweinfurt. **Notar:** F J Gentil.

Josef Frank	Gemischte Waaren	*Josef Frank.*
Anton Gabler	Apotheke	*Anton Gabler*
M. Kluy	Gemischte Waaren.	*Michael Kluy.*
A. Neuberger	Schnittwaaren	*Abraham Neuberger*
H. Neuberger	Specereiwaaren	*Heinemann Neuberger*
Hch. Soellner	Gemischte Waaren	*Heinrich Söllner.*

Arnstorf. 1133 Einwohner. LG Arnstorf. BG. Pfarrkirchen. HG. Passau. **Advokaten:** s Pfarrkirchen. **Notar:** Peter Steiner.

Michael Hauer	Gemischte Waaren	*Michael Hauer.*
Raimund Meindl	Gemischte Waaren	*Raimund Meindl*
Mathae Niedermayer	Gemischte Waaren	*Mathae Niedermayer*
M. Schachtner	Gemischte Waaren	*Michael Schachtner.*
Christian Scheipl	Lederfabrikation	*Christian Scheipl*
Georg Schuster		*Georg Schuster.*

Arzberg. 1420 Einwohner LG. Thiersheim. BG. u. HG. Hof. **Advokaten:** s Hof. **Notar:** s. Thiersheim.

Johann Buchka	Schnittwaaren, Leinen- u. Baumwollenweberei	*Johann Buchka*
Fr. Bauer	Porzellanfabrik	*Friedrich Bauer.*

Joh. Carl Prinzing		*Johann Carl Prinzing.*
Friedrich Wilhelm Scheidemandel	Apotheke	*Friedrich Wilhelm Scheidemandel.*

Aschaffenburg. 10,288 Einwohner St. u. LG., BG u. HG Aschaffenburg.
Advokaten: J. Herzfelder A. Hofmann M Lohlein Dr Mayersohn. H Rodel C Scherer
Notare: F J Bayer Ph Stammler

Michael Abb	Lederhandlung	*Anna Abb.*
Seb. Abb	Lederhandlung	*Sebastian Abb*
Actiengesellschaft für Buntpapier- u. Leimfabrikation	Buntpapier- u Leimfabr	*Philipp Dessauer, I Direktor Eduard Haussen, II. Direktor, welche die Firma gemeinsam zeichnen. In Verhinderung eines der beiden Directoren zeichnet die Firma an dessen Stelle der Cassier Carl Röder mit dem Beisatze: „in Vertretung"*
M. L. Adler & Sohn		*Moises Loeb Adler.*
R. C. Adler	Tuch- u Modewaaren	*Raphael Carl Adler*
Sigmund Adler	Tuch- u. Modewaaren	*Siegmund Adler.*
Z. S. Adler	Lederhandlung	*Zadok Adler.*
J. F. Altenburg	Galanterie u Kurzwaaren	*Anton Köhler*
Aschaffenburger Bauverein	Baugesellschaft	*Der Ausschuss besteht aus 9 Mitgliedern und 3 Ersatzleuten: Johann Broff, I. Vorstand; Franz Scheher, stellvertretender Vorstand; Peter Lennarz, Cassier und Buchführer, Peter Ludwig Jenatz, Schriftführer; Alois Desssauer, Philipp Dessauer, Will Joh Engelhard, Conrad Hock. J. Flack, August Gentil, Mathäus Winkler, Ersatzmänner. Die Firma wird alternativ gezeichnet durch den Vorstand, dessen Stellvertreter, den Cassier oder Schriftführer*
Aschaffenburger Consumverein	An- und Verkauf von Consumptibilien für die Mitglieder	*Der Verein wird geleitet a) durch den Vorstand, b) durch den Verwaltungsrath. Die Zeichnung der Firma geschieht durch den Director oder dessen Stellvertreter Der Vorstand besteht: G. A. Eckarius, Director; Georg Gentil, Stellvertreter; Joh. Eckinger, Controleur u. Materialverwalter Verwaltungsrathsmitglieder sind Stadelmann, Maurermeier, M. Drück, v. Axthelm, Boegel, Philipp Dessauer, Noethig, Lenarz, Eckart, Jenatz, Ersatzmänner.*
Bayerische Actienbierbrauerei Aschaffenburg	Actiengesellschaft zum Bierbrauerei-Betrieb	*Vorstand besteht aus: Friedrich Ernst Josef Alois Dessauer, Franz Josef Berta, Heinrich Stenger, Ernst Ebermayer. Zur Zeichnung sind berechtigt: Heinrich Stenger, Vorsitzender, Ernst Ebermayer, Stellvertreter. Die Zeichnung der Firma erfolgt durch den Vorsitzenden oder dessen Stellvertreter Die Ausfertigungen des Verwalters, welcher den kaufmännischen Theil der Geschäfte zu besorgen hat, geschehen: „Für die Actienbierbrauerei Aschaffenburg" Rudolf Kuhn, Verwalter*
Christoph Bergmann	Colonialw. u Landesprod	*Christoph Bergmann.*
J C Bergmann	Specerei- u. Farbwaaren	*Johann Conrad Bergmann.*
Franz Josef Berta	Wachsw.-F u Wachsbleiche	*Franz Josef Berta.*
Gg. Birnbach vorm. **M Fischer**	Schreibmaterialien, Papier- u. Portefeuillewaaren	*Georg Birnbach*
Alois Bittinger	Specereiwaaren	*Alois Bittinger.*
Franz BolongaroZN.[HN. Frankfurt]		*Carl Mathäus Maria Bolongaro Anton Theodor Bolongaro.*
J. Broili	Apotheke	*Johann Baptist Broili*
C. Brückner	Specereiwaaren	*Conrad Brückner.*
Georg Christ	Tabak- u. Cigarrenf.	*Georg Christ. Anna Christ Anton Koehler* **P.**
Creditverein Aschaffenburg	Creditgeschäfte	*Alle für den Verein rechtsverbindlichen Schriftstücke sind von zwei Vorstandsmitgliedern zu unterzeichnen. so dass im Verhinderungsfalle des Direktors oder des Cassiers der Controleur mitunterzeichnet: F. Kitz, Director, M. Fischer, Cassier; P Lennarz, Controleur*
L. Davidsburg		*Lemlein Davidsburg*
Alois Josef Dessauer		*Alois Dessauer*
Alois Dessauer	Buntpapier- u Leimfabr.	*Alois Josef Dessauer. Friedrich Jos. Ernst. Wolfgang Friedrich Kunzmann* **P.**
J. A. Deckelmann	Specerei- u. Farbwaaren	*Josephine Deckelmann. Josef Junker* **P.**
Josef L. Dilsheimer	Tuch u Modew., Wechsel-Commiss - u. Sped -Gesch.	*Josef Loeb Dilsheimer.*
Simon L. Dilsheimer	Tuch- u. Modewaaren	*Simon Loeb Dilsheimer*
A Doelger	Bank- u Wechselgesch.	*Anton Doelger*
Franz Anton Ducca		*Franz Anton Ducca.*
Andreas Dyroff	Specerei- u Kurzwaaren	*Andreas Dyroff.*
Gottfried Eckl & Cie.		*Gottfried Eckl. Mathäus Haus.*

Jacob Engelhard	Garn-, Band- u. Kurzwaaren	*Jacob Engelhard.*
Theodor Engelhard	Schreibmaterialien, Kurzw. u. Tapeten	*Theodor Engelhard.*
Franz Joseph Feller		*Franz Josef Feller.*
M. J. Fleischmann	Essig-, Liqueur- u Weingeistfabrik	*Louise Fleischmann. Peter Ludwig Jenatz* P.
Josef Frank		*Valentin Frank.*
Georg Fritz	Spec.-, Material- u. Kurzw. Sped u. Comm.	*Georg Fritz.*
Louis Galluba	Apotheke	*Louis Galluba*
Josef Geiger	Hutfabrik	*Josef Geiger.*
Ph. Gemeiner	Kohlenhandlung	*Philipp Gemeiner.*
August Gentil	Specereiwaaren	*August Gentil.*
F. J. Gentil	Mehl u. Dürrgemüse und Specereiwaaren	*Friedrika Gentil.*
Adam Gerlach	Liqueur- u. Essigfabrik	*Adam Gerlach*
J. Giegerich	Specereiwaaren	*Isidor Giegerich.*
D. H. Hamburger	Tuch- u. Modewaaren	*Daniel Hamburger.*
H. Hamburger & Söhne	Tuch- u. Modewaaren	*Herz Hamburger Abraham Hamburger. Bernhard Hamburger.*
Hamburger & Cie.	Tuch- u. Modewaaren	*Bernhard Hamburger. Daniel Hamburger.*
Heinrich Carl Haubach	Specerei- u Eisenw.	*Heinrich Carl Haubach.*
Johann Haus		*Johann Haus.*
Ludwig Haus	Wollen-, Rock- u. Hosenstoffe	*Ludwig Haus.*
v. Hertling'sche Bierbrauerei Actien-Gesellschaft	Bierbrauerei	*Der Aufsichtsrath besteht aus 5 Mitgliedern: Philipp Dessauer, Vorsitzender* P *L. Jenatz, Stellvertreter, August Gentil, geschäftsleitender Direktor, welcher die Bekanntmachungen erlässt, wogegen die Firma vom Direktor und einem Mitgliede des Aufsichtsrathes gezeichnet wird.*
H. Hiob		*Heinrich Hiob. Ludwig Hiob* P
August Hof & Cie.	Dampfschneid- u. Lohmühle u. Fournierschneide	*August Hof*
Hofmeister & Bein	Zweck der Gesellschaft ist ein Comm. u. Anfragebur.	*Constantin Bein. Caspar Hofmeister*
J. G. Jacob	Garn-, Band- u Kurzw.	*Johann Gabriel Jacob*
Henri Jamar	Hutfabrikation	*Henri Jamar*
M. Joachimi	Schreibmaterialien- u. Galanteriewaarenhandlnng	*Marie Joachimi.*
Johann Anton Jung	Specereiwaaren	*Johann Anton Jung.*
Jos. Kittel	Specereiwaaren	*Franz Kittel*
Adam Kitz	Lederhandlung	*Clemens Adam Kitz*
Friedrich Kitz	Weinhandlung	*Friedrich Kitz*
C. Knoblauch-Diez	Gasfabrik	*Ludwig Valentin Karl Knoblauch - Diez. Josefa Karoline Sophie Knoblauch-Diez* P.
C Krebs	Buchhandlung	*Carl Ludwig Krebs.*
Josef Alois Kunkel	Eisenhandlg. u. Bankagentur	*Josef Alois Kunkel.*
Friedr. Langsdorf	Cigarrenfabrik	*Friedrich Langsdorf.*
Gustav Lippschütz		*Gustav Lippschütz. Albert Lippschütz* P.
Jacob Lohrum		*Jacob Lohrum.*
Georg Lorenz	Seifenfabrik	*Georg Lorenz*
Franz Marzell	Specereiwaaren	*Kaspar Marzell.*
Meilhaus & Scheidig	Lack-, Firniss- u. Farbenf.	*Franz Caspar Meilhaus. Johann Christoph Scheidig.*
Hch. Jos. Meilhaus		*Friedrich Adam Meilhaus.*
August Meyer	Apotheke	*August Meyer*
Jean Morhard	Kaffeesurrogatf., Materialw. u. Spedition	*Jean Morhard.*
J. A. Müller	Specerei- u. Kurzwaaren	*Johann Adam Müller.*
Jacob Müller	Glas- u. Porzellanhandlg u. Galanteriewaaren	*Jakob Müller*
A. Nees	Buntpapier- u. Leimfabrik	*Albert Nees.*
F. Neis	Weinhandlung	*Ferdinand Neis.*
G. L. Neuburger	Striegauer Erzeugnisse	*Gabriel Neuburger.*
Adolf Oestrich	Spielkartenfabrik	*Adolf Oestrich*
L. & A. Oestreich	Eisen- u. Colonialwaaren	*Louis Oestreich. Abraham Oestreich.*
Leopold Oestreicher	Lederhandlung	*Leopold Oestreicher.*
Gebrüder Oestreicher	Tuch- u. Modewaaren	*Salomon Oestreicher David Oestreicher.*

F. Renner	Cigarren- u. Tabakhandlung Spirituosen	*Franz Renner,*
Joachim Reuss	Lederfabrik	*Marg. Reuss. Heinrich Reuss* **P.**
G. Frz. Rigel	Agenturen	*Georg Franz Rigel.*
J. Rothschild		*Hirsch Josäe Rothschild.*
C. Schenk	Weinhandlung	*Casp. Schenk.*
F. J. Scheppler	Garn-, Band- u. Kurzw.	*Rudolph Scheppler*
J. Schlenker	Kleiderhandlung	*Isaak Schlenker*
Anton Schmitt	Tapiss., Kurzw., Cig.	*Anton Schmitt*
Gustav Schott	Samenhandlg. u. Klenganst. für Waldsamen	*Gustav Schott*
Ernst Schulz	Goldw. u. Uhren	*Ernst Schulz.*
J. Staudinger'sche Buchhandl. ZN. [HN. Würzburg]	Buchhandlung	*Julius Staudinger Heinrich Lenzing* **P.**
J. B. Stenger	Kunstmühlbesitzer	*Johann Baptist Stenger*
Gustav Stoll	Techn. Droguengeschäft u. Kohlenhandlung	*Gustav Stoll.*
Bernhard Strauss	Colonialw., Eisen u. Oel	*Bernhard Strauss.*
Ferdinand Trier	Tuch- u. Modew.	*Ferdinand Trier*
Leopold Trier	Tuch- u. Modew.	*Leopold Trier.*
Simon Trier	Tuch- u. Modew.	*Simon Trier*
J. F Trockenbrodt	Specereiw., Fische u. Delicatessen	*Caroline Trockenbrodt. Peter Metzner* **P.**
M A. Vetter	Liqueur- u. Branntweingesch.	*Moriz Anton Vetter.*
A. Weilandt	Buchdruckerei	*Adolf Weilandt.*
Alexander Weber	Spezereiwaaren	*Alexander Weber*
Carl Weber	Liqueurfabrik	*Carl Weber*
Joseph Weinig	Specerei- u. Kurzwaaren	*Josef Weinig.*
Math. Will	Tuch- u. Modew.	*Carl Wailandt.*
Mathäus Winkler	Goldw. u. Uhren	*Mathäus Winkler*
M. Wolfsthal	Wechselcomptoir	*Raphael Wolfsthal.*
Heinrich Wurzbach	Liqueurfabrik	*Heinrich Wurzbach.*

Aschbach. 520 Einwohner. LG. Burgebrach. BG. u. HG Bamberg.
Advokaten s. Bamberg. **Notar** s. Burgebrach.

Lehmann Adelburg	Schnittwaaren	*Lea Adelburg We.*
Bayer & Mayer	Hopfenhandlung	*Isaak Bayer. Meier Mayer.*
J. B. Bayer	Specereiwaaren	*Isauc Bayer.*
Pfeuffer Habermann	Rauhwaarenhandlung	*Pfeuffer Habermann*
Simon Habermann	Leder u. Landesprodukte	*Simon Habermann.*
Mathäus Himmelstein	Specereiwaaren	*Katharina Himmelstein We.*
Lorenz Schoppelrey	Specereiwaaren	*Lorenz Schoppelrey.*
Jacob Süss	Landesprodukte	*Jakob Süss*
Falk Süss	Landesprodukte	*Falk Süss*

Aschbach. LG. Lauterecken. BG. u. HG. Kaiserslautern
Advokaten: s. Kaiserslautern. **Notare:** s Lauterecken.

Löb A.		*Aaron Loeb*
Löb M.		*Moses Loeb.*

Asselheim. 780 Einwohner. LG. Grünstadt. BG. u. HG. Frankenthal.
Advokaten: s. Frankenthal. **Notar:** s. Grünstadt.

Georg Berg	Mühle	*Georg Berg.*
D. Decker	Mühle	*Daniel Decker*
Fr. Haffner	Farbenfabrik	*Friedrich Haffner*
S. Koch	Handelsmühle	*Sebastian Koch.*
S. V. Riedel	Gemischte Waaren.	*Johann Valentin Riedel.*
Simon Weiss	Schnittwaaren	*Simon Weiss.*

Assenheim LG. Ludwigshafen BG. u. HG Frankenthal.
Advokaten: s. Frankenthal. **Notar:** s. Ludwigshafen.

J. Unger	Schnittwaaren	*Jakob Unger.*

Asweiler. LG Blieskastel. BG. und HG. Zweibrücken. **Advokaten:** s. Zweibrücken. **Notar:** s Blieskas

Johann Wolf	Specerei- u. Kurzwaarenh.	*Johann Wolf.*

Ast. 140 Einwohner. LG. Waldmünchen BG. Neunburg v. W. HG. Regensburg.
Advokaten: s Neunburg v. W **Notar:** s. Waldmunchen.

Johann Urban	Krämerei	*Johann Urban.*

Au. LG. u. BG. Kronach. HG. Bamberg. **Advokaten** u **Notare:** s. Kronach.

Johann Bauer	Holzhandlung	*Johann Bauer*
Gebr. Hetz	Holzhandlung	*Johann Hetz Conrad Hetz.*

Au. LG., BG. u. HG. Kempten. **Advokaten** u **Notare:** s Kempten.

J. Hux		*Jacob Hux.*
Joh. Judas		*Johann Judas*
Mayer & Waespi		*Jakob Waespi. Johann Georg Mayer.*
Siegfried Morf		*Siegfried Morf.*

Au bei Freising. 690 Einwohner. LG. Mainburg. BG. u. HG. Landshut.
Advokaten s Landshut. **Notar** s. Mainburg

Xaver Bachmaier		*Xaver Bachmaier.*
Peter Preitenachner	Specerei-, Schnitt- u. Eisenw	*Peter Preitenachner.*

Aub. 1260 Einwohner LG Aub. BG u. HG. Würzburg. **Advokaten:** s. Würzburg. **Notar:** P Etzl.

Albert Angerer	Specerei- u. Eisenwaaren	*Albert Angerer.*
A. R. Busch		*Andreas Roman Busch.*
Nicolaus Anton Dieterich	Apotheke	*Nicolaus Anton Dieterich.*
Joh. Luc. Hirth	Spec.-, Schnitt- u. Eisenw.	*Karl Hirth.*
Sebastian Hirth	Specerei- u. Eisenw.	*Sebastian Hirth.*
Franz Hoffmann	Apotheke	*Franz Anton Hoffmann.*
J. K. Kloetzen	Specereihandlung	*Johann Adam Kloetzen.*
J. Lochner	Specereiw. u. Conditorei	*Joseph Lochner.*
Simon Oppenheimer		*Simon Oppenheimer*
Jos. Ant. Ostermayer	Apotheke	*Joseph Anton Ostermayer*
Julius Sichel		*Julius Sichel.*

Auerbach. 1620 Einwohner. LG. Auerbach. BG. u. HG Amberg.
Advokaten: s Amberg **Notar:** Martin Brunner in Auerbach.

Wilhelm Hoffmann	Gemischte Waaren	*Wilhelm Hoffmann.*
Max Ibscher	Gemischte W. u. Eisenw	*Max Ibscher.*
C. Neumüller	Gemischte W. u. Eisenw.	*Carl Neumüller.*
Franz Neumüller	Gemischte Waaren	*Franz Neumüller*
Michael Sedlmeyer	Gemischte W. u. Tuchfabr.	*Michael Sedlmeyer.*
Jos. Vanselow	Apotheke	*Joseph Vanselow.*
J. G. Viernstein	Gemischte W. u. Glashdlg	*Johann Georg Viernstein.*
Anton Vogl	Gemischte Waaren	*Anton Vogl.*

Aufhausen. LG., BG u. HG. Regensburg **Advokaten u. Notare:** s. Regensburg.

Martin Niedermayer	Specereiwaaren	*Martin Niedermayer.*
Maria Wild	Schnitt- u. Specereiwaarenh.	*Maria Wild.*

Aufkirchen. LG. Wassertrüdingen. BG. u. HG. Ansbach.
Advokaten: s. Ansbach **Notar:** s. Wassertrüdingen.

Georg Steingruber	Specereiwaaren	*Johann Georg Steingruber.*

Aufseß. 703 Einwohner LG. Hollfeld BG. u. HG. Bayreuth.
Advokaten s. Bayreuth. **Notar** s. Hollfeld.

Isaak Aufseeser	Vieh- und Hopfenhandlung	*Isaak Aufseeser.*
Salomon Aufseeser	Landesproduktenhdlg.	*Salomon Gottlieb Aufseeser*
Henlein Dessauer	Schnittwaaren	*Henlein Dessauer.*
Abraham Dittmann	Schnittwaarenhandlg.	*Abraham Dittmann.*
Feist Dittmann	Schnittw.-, Specerei- und Eisenwaarenhandlung	*Feist Dittmann.*
Isaak Dittmann	Schnittw. u. Hopfenhandl.	*Isaac Dittmann.*
Marx u. Hieronymus Fleischer		*Marx Fleischer. Hieronymus Fleischer. Jacob Fleischer.* P.
David Oppenheimer	Schnittwaarenhandlung	*David Oppenheimer*
Emanuel Oppenheimer	Schnittwaarenhandlung	*Emanuel Oppenheimer*
Isaak Oppenheimer	Schnittwaarenhandlung	*Isaac Bär Oppenheimer.*
Michael Oppenheimer	Schnittwaarenhandlung	*Michael Oppenheimer.*
M. Oppenheimer	Schnittwaaren u. Melberei	*Michael Oppenheimer.*

Augsburg. 50,067 Einwohner. St. u. LG, BG u. HG. Augsburg.
Advokaten: B. Barth, Dr C. Barth, C. Braun, A Buchmann, G Dischner, Th. Erdmannsdörffer, J Flemisch, Wechs.-Not.; Dr Ph. v Gutermann, A Hartmann, Th Jung, Dr F v Kerstorf, Wechs.-Notar; J B Kuttler, J. Lindemann, O. Mayr, G Mayrhofer, F Müller, St Nirschl, M Pöhlmann, J B. Striebel, N. Summa.
Notar: C. Eckert, O W Heinrich, J E Pfeiffer, L. F Wilhelm

F. A. Aibl	Specereiwaaren	*Caroline Aibl We.*

C. O. Alt	Tuchhandlung	*Otto Alt. Conrad Alt* **P.**
Wendelin Ammann	Ornat- u. Kirchenparam.-F.	*Wendelin Ammann.*
Johann Georg Attinger	Eisenhandlung en gros	*Carl Gombart Theodor Gombart*
R. Aubele	Fabrik genähter Enveloppes zu Effecten	*Raimund Aubele*
V. F. Auer		*Vincenz Friedrich Auer.*
Max Bach	Grosshändler	*Max Bach.*
Jacob Bacharach	Cigarrenhandlung en gros	*Jakob Bacharach.*
Salomon Bacharach	Lederhandlung	*Salomon Bacharach. David Löffler* **P.**
Hermann Bacheberle	Weinhandlung en gros	*Hermann Bacheberle*
Gebrüder Bachmann	Schnittwaaren en gros	*Heinrich B. Bachmann.*
Heinrich Bachmann	Colonialwaaren en gros	*Sofie Bachmann We Abraham u. Josef Buttenwieser* **P.**
S. & D. Bachmann HN. [**ZN** Sonthofen.]	Schnittw. u. mech. Weberei	*Samuel Bachmann. David Bachmann.*
Is. Bachmann	Tuchfabrik	*Isaac Bachmann.*
Seligmann Bachmann	Lederhandlung	*Martin Bachmann.*
Otto Baerlocher	Chem Fabrik	*Otto Baerlocher*
G. A. Baümer	Chem. Farbenfabrik	*G. A. Bäumer.*
C. L Baümler	Specereiwaaren	*Carl Ludwig Baumler.*
Augsburger Bank	Bankgeschäft	*Direktor: Leopold Leoyn in Augsburg. Die Commis Carl Blossfeld und Josef Leyherr sind ermächtiget, die Gegenzeichnung der Unterschrift des Direktors zu bethätigen und bei Verhinderung desselben gemeinschaftlich als Stellvertreter die Firma zu zeichnen. Jede Ausfertigung bedarf zweier Unterschriften und zwar haben die Direktoren ihre Namen ohne Beisatz unter die Firma „Augsburger Bank" zu setzen, Stellvertreter aber mit dem diese Eigenschaft bezeichnenden Beisatze: „Stellvertreter."*
Johann Barthlmess	Handschuhfabrik	*Christian Barthlmess. Heinrich Barthlmess.*
Heinrich Bauer		*Heinrich Bauer. Moriz Bauer.* **P.**
Alois Baumüller	Posamentirgeschäft	*Alois Baumüller.*
Baumwoll-Feinspinnerei	Baumwollfeinspinnerei	*Aquilin Vogel, Vorstand; Georg Mathias Biermann, Gerant; Friedrich Jordan, technischer Direktor Die Ausfertigungen des Vorstandes werden entweder von beiden Mitgliedern oder von einem derselben unterzeichnet. Dieselben haben sowohl bei der beiderseitigen als einzelnen Unterzeichnung ihre Titulatur beizufügen.*
Mechan. Baumwollspinnerei u. Weberei Augsburg	Spinnerei u. Weberei	*Albert Erzberger, Banquier, Vorstand; Stellvertreter Privatier Heinrich Gwinner Die Zeichnung geschieht durch den Vorstand, bezw. den Stellvertreter in der Art, dass der Zeichnende seine Eigenschaft beifügt.*
Baumwollspinnerei am Stadtbach	Spinnerei	*Theodor Sander, Fabrikbesitzer, Vorstand; Stellvertreter Privatier Heinrich Gwinner. Carl Julius Schmid* **P.** *Die Zeichnung geschieht durch den Vorstand, bezw. den Stellvertreter in der Art, dass der Zeichnende seine Eigenschaft beifügt.*
Actiengesellsch. Baumwollspinn. Senkelbach in Augsburg	Spinnerei	*Vorstand: Ludwig Fischer, I Bürgermeister; stellvertretender Vorstand der k. Regierungsrath August Freiherr von Holzschuher Art der Zeichnung: „Baumwollspinnerei Senkelbach in Augsburg"; darunter der Name des Vorstandes, bezw. des stellvertretenden Vorstandes unter Angabe dieser Eigenschaft.*
Baumwollweberei Zöschlingsweiler	Spinnerei	*Vorstand Johann Haag, Fabrikbesitzer; Stellvertreter: Hermann Erzberger, Banquier. Die Zeichnung geschieht durch den Vorstand, bezw. den Stellvertreter in der Art, dass der Zeichnende der Firma seinen Namen unter Angabe dieser Eigenschaft beisetzt.*
Gg. Christof Baur	Bankgeschäft	*Carl Baur Otto Dobel* **P.**
Peter Bavous	Geistliche Waarenhandlung	*Franz Bavous*
Jos. Ant. Beck & Cie.	Messingfabrik	*Inhaber: Anton Freiherr v. Beck-Peccoz u. dessen Söhne: Carl Freih. v Beck-Peccoz, Anton Freiherr v Beck-Peccoz, Ludwig Freiherr v. Beck-Peccoz.*
Otto Beck	Cigarrengeschäft	*Otto Beck.*
J. M. Beeri	Porzellan- u. Steinkohlenh.	*Jakob Beeri.*
Carl Belzer	Conditorei	*Carl Belzer.*
Max Bendel	Schnittwaarenhandlung	*Max Bendel.*
Max Bendl		*Max Bendl.*

A. Benedict	Specereiwaaren	*Aschur Benedict.*
Pet. Bergdolt	Specereiwaaren	*Peter Bergdolt.*
Bernhardt & Geweyer	Herrenconfection	*Peter Bernhardt u. Georg Gehweyer.*
Franz Biechl	Specereiwaaren	*Franz Biechl.*
Jakob Binswanger & Cie.	Essig- u. Liqueurfabrik und Branntweinbrennerei	*Jacob Binswanger, Gabriel Binswanger, Oswald Binswanger, Mina Binswanger We. Zur Zeichnung sind nur die drei ersten befugt und zwar Jeder für sich allein.*
J. L. Binswanger	Hopfenhandlung	*Jacob Löw Binswanger.*
Biret'sche Antiquariats-Buchhandlung F. Butsch	Buchhandlung u. Antiquar.	*Fidelis Butsch.*
Franz Blaas	Specereiwaaren	*Scholastica Blaas We.*
Anton Blank	Watte- u. Putzwollefabrik	*Anton Blank.*
Josef Blatter		*Josef Blatter.*
Anton Böhm	Musikalienhandlung	*Anton Böhm.*
Anton Böhme	Specereiwaaren	*Anton Böhme.*
Heinrich Bösch	Specereiwaaren	*Heinrich Bösch.*
Philipp Carl Bonnet	Bankgeschäft	*Robert Bonnet. Philipp Denzer* **P.**
Bosch & Cie.		*Bosch.*
G. Brack	Buchbinderei, Schreibmat.-H.	*Gottfried Brack*
J. J. Brack	Schreibmaterialienhandlung	*Georg Brack.*
Braumann & Günzburger	Pos.-, Weiss-, Woll-, Garnw.	*Simon Braumann. Max Günzburger.*
August Braun	Schnitt- u. Modewaarenhdl.	*August Braun.*
Max Braun	Lederhandlung	*Max Braun.*
Carl August v. Brentano'sche Hof-Seidenzeug u. Kirchenstoff-Fabrik HN. [**ZN.** Lechhausen]	Seidenzeug- u. Kirchenstoff	*Carl August v. Brentano. Aloys Schmid* **P.**
Pelouz Brentano & Cie.		*Carl August v. Brentano. Aloys Schmid* **P.**
Friedrich Brunnhölzl	Kirchenparamentenfabrik	*Friedrich Brunnhölzl.*
Josef Burkardt	Maskenverfertigung	*Josef Burkardt.*
Burkardt & Schmidt	Garnzwirnerei u. Nähfadenf.	*Carl Burkardt. Wilhelm Schmidt.*
Fidel Butsch Sohn	Antiquar.	*Fidel Butsch jun.*
E. Buxbaum	Schlosserei	*Engelbert Buxbaum.*
Gebr. Buz	Zündwaarenfabrik	*Carl August Buz, Albert Buz, Fabrikanten.*
Honorat Casella	Tuch- u. Modewaaren	*Emilie Casella.*
Joh. Friedr. Chur & Söhne	Baumwollspinnerei	*Friedrich Chur. Friedrich Eberhardt Chur. Carl Welsch* **P.**
Commissions-Versteigerungs-Anstalt Baur & Cie.	Commissionsbureau	*Caspar Baur. August Koch.*
Consumverein Augsburg Eingetragene Genossenschaft	Beschaffung von Consumptibilien für Jedermann	*Vorstand: Eugen Bub, Director; Leonh. Böck, Stellvertreter. Die Firma wird gezeichnet: „Consumverein Augsburg, eingetragene Genossenschaft." N. N Director oder N. N. Stellvertreter.*
Landwirthschaftl. Creditverein für Schwaben & Neuburg Eingetragene Genossenschaft	Creditverein	*Vorstand: Arthur Hederer, Direktor. Carl Chur, Controlleur.*
J. Dambacher	Specereiwaaren	*Johann Dambacher*
P. Däumling		*Peter Däumling.*
Ferdinand Degmaier	Apotheke	*Ferdinand Degmaier*
J. M. Dellefant	Fischbeinfabrik	*Richard Masotti. Johann Baptist Vigl.*
J. G. Deuringer	Gasthofbesitzer u. Weinhdl	*Edmund Deuringer.*
Josef Dick	Schnittwaaren	*Joseph Dick. Stern Dick* **P.**
Joseph Dick, vorm. B. Leithe		*Joseph Dick.*
Ferd. Dobel	Grosshändler	*Ferdinand Dobel.*
Nicol. Doll'sche Buchhandlung	Buchhandluug	*Franz Hancamp*
Wilhelm Doppelmayr	Grossh., Effectenh., Comm., Incasso	*Wilhelm Doppelmayr.*
Ch. Drentwett		*Christian Drentwett.*
J. Chr. Dumler	Schnitt- u. Modewaarenhdl. Leinen	*Johann Cristoph Dumler.*
Georg Eckhardt	Buchbinderei	*Georg Eckhardt.*
S. Eckhardt	Posamentier	*Sigmund Eckhardt*
Anton Echter		*Anton Echter.*
F. Edelwirth		*Franz Edelwirth.*

Friedrich Ehner & Cie.	Papierfabrik	*Carl Böhm. Christian Ehner.*
E. Eising	Weinhändler	*Elias Eising in Wallerstein.*
J. Engelsmann	Käsehandlung en gros	*Katharina Engelsmann We. Heinr Siegfried* P
Engler & Comp.	Material- u. Farbwaaren	*Carl Breidler*
Gebrüder Epple [**ZN.** Augsburg, **HN.** Sonthofen]		*Magnus Epple in Sonthofen. Carl Epple in Augsburg.*
Epstein & Gunz	Wechselgeschäft	*Adolf Epstein. Saly Gunz.*
Christof Friedr. Erdinger		*Catharina Erdinger We.*
D. A. Erdle	Cigarrenhandl. u. Specereiw.	*David Erdle*
Erzberger & Söhne	Bankgeschäft	*Albert Erzberger. Herrmann Erzberger.*
F. S. Euringer	Grosshändler	*Sebastian Euringer Joseph Bourrier* P.
G. F. Faulmüller	Material-, Spec.-, u. Farbw.	*Otto Faulmüller. Julius Faulmüller.*
Michael Federer	Mechanische Werkstätte	*Michael Federer.*
Gebrüder Feist & M. Götz	Grosshändler, Schnittwaaren	*Heinrich Feist. Leopold Gunz. Saly Götz. David Feist*
Felsch & Speth		*Theodor Felsch Carl Speth.*
Jacob Friedrich Fink		*Jacob Friedrich Fink.*
J. G. Fink	Colonial- u. Farbw. en gros	*Johann Georg Fink*
Chr. Fischer	Eisengiesser	*Christian Fischer*
Fr. Xav. Florentin	Specereiwaaren	*Franz Xaver Florentin.*
Wilh. Flössmanns Nachfolger	Comm.- u. Spedit.-Geschäft	*Rudolph Diessl.*
Forndran & Comp.	Banquier	*Carl Forndran.*
Johann Forster	Schreibmaterialienhandlg.	*Johann Forster.*
Joh. L. Forster		*Johann Ludwig Forster*
W. Frank	Handl. u. Agenturtechn Art.	*Willy Frank.*
G. G. Freyinger	Specereiw. u. Delicatessen	*Johann Gottfried Freyinger.*
Ludwig Friedmann	Specereiwaaren	*Ludwig Friedmann.*
Christof v. Frölich & Söhne	Bankgeschäft	*Hugo von Frölich. Franz Baierlein* P. *David Vogelsberger* P.
Gebrüder Frommel [**HN.** Augsb., **ZN.** Memmingen]	Colonial- u. Farbw. en gros	*Franz Frommel. Eduard Glaser* P.
Gasanstalt Asch	Gasfabrik in Asch in Böhm.	*Direktor: Ludwig August Riedinger. Stellvertreter: Gustav Riedinger. Zeichnung: „Gasanstalt Asch" N. N. oder N. N. Stellv*
Augsburger Gasbeleuchtungs-Gesellschaft	Gasfabrik	*Direktor: Albert Erzberger. Die Zeichnung erfolgt in der Weise, dass der Vorstand seinen Namen unter die Firma setzt*
Martin Geiger	Specereiwaaren	*Martin Geiger.*
Carl Gemmerli		*Carl Gemmerli.*
Gebrüder Gemmerli	Garnzwirnerei u Nähfadenf.	*Heinrich Gemmerli. Anna Gemmerli We.*
Stephan Genéve	Regenschirmfabrik	*Sigmund Eduard Genéve.*
Math. Gentner		*Mathias Gentner.*
Ludwig Gerber	Grosshandlung	*Ludwig Gerber. Robert Ludwig Gerber* P.
Jos. Germann	Specereiwaaren	*Joseph Germann.*
A. Gerstle		*Abraham Gerstle.*
Lehmann Gerstle	Schnittwaarenhandlung	*Lehmann Gerstle.*
Jakob Gerstle	Hemdenfabrik	*Jacob Gerstle.*
Gesellschaft für Glasindustrie	Glasfabrik	*Director: Albert Merkel. Stellvertreter: Carl Buz. Zeichnung: Gesellschaft für Glasindustrie. Albert Merkel oder Carl Butz, Stellv.*
Gebr. Geuser	Fensterbeschläge-, Mutterschrauben- u. Unterlagsscheibenfabrik	*Heinrich Geuser. Mathias Geuser.*
A. Gitter	Musikalienh. u. Leihanstalt	*Joseph Gebrath.*
Chr. Clavina	Specereiwaaren	*Jakob Zumstein.*
Johann Nep. Glogger	Tuch-, Schnittw, Mineralwasserniederlage	*Johann Nep. Glogger. Alois Glogger* P.
Jos. Glogger	Schnitt- u. Modewaarenhdl.	*Joseph Glogger.*
Heinrich Götz		*Heinrich Götz.*
Samuel Götz		*Samuel Götz.*
Seligmann Götz		*Seligmann Götz.*
Ph. Gossenz	Seiden- u. Modewaaren	*August Gossenz.*
Oskar Gracco	Specereiwaaren	*Oskar Gracco.*
Ludwig Gradmann	Kurzwaaren	*Marie Gradmann. Theodor Gradmann* P.
Ph. Matth. Gröner		*Matthäus Gröner.*

J. Gropper & Sohn	Posamentiergeschäft	*Joseph Gropper. Anton Gropper.*
J. G. Gruber	Specereiwaaren	*Johann Georg Gruber.*
Christoph Gscheidlen	Garnhandlung	*Friedrich Gscheidlen. Christoph Friedrich Gscheidlen.*
Hr. Gundelfinger	Cigarrenhandlung	*Heinrich Gundelfinger. Hirsch Nördlinger* **P.**
Gebrüder Gunz	Lederhandlung	*Nathan Gunz. Ludwig Gunz.*
Gebrüder Gutmann	Wechselgeschäft	*Marx Gutmann. Emil Gutmann* **P.**
David Haag's Wittwe	Specereiwaaren	*Dorothea Haag We. Christan Haag* **P**
Johannes Haag HN. [**ZN.** Berlin]	Maschinenfabrik	*Johannes Haag. Robert Uhl* **P.** *in Berlin.*
Jos. Haarberger ZN. [**HN.** Cannstadt]		*Josef Haarberger.*
J. L. Hacker	Lederhandlung	*Anna Hacker.*
Haeberlein & Cie.		*Eduard Häberlein. Georg Fehr.*
Alban Hafner		*Alban Hafner.*
Carl Gustav Hagen	Material- u. Farbwaaren	*Adolf Heinrichmaier.*
J. M. Hammerer	Waffenh. u. Munitionsfabrik	*Otto Hammerer. Theodolinde Hammerer* **P.**
J. N. Hartmann	Schreibmaterialienhandlung	*Joh. Nepom. Hartmann.*
Hasenauer & Schaumberg	Fabrik von Spielkarten und Etiquetten in Oelfarbdruck	*Adolf Hasenauer. Johann Schaumberg.*
G. Hauff		*Georg Hauff.*
J. G. Haug	Material-, Spec.- u Farbw.	*Johann Georg Haug.*
Johannes Hauser		*Johannes Hauser.*
Herrmann Haymann	Schnittw., Herren-Confect	*Herrmann Haymann.*
M. Heilbronner & Cie.		*Michael Heilbronner. Jakob Wimpfheimer.*
Seb. Felix Hein		*Sebastian Felix Hein.*
Heinzelmann & Comp.	Bankgeschäft	*Ludwig von Heinzelmann. Heinrich von Hösslin. Ludwig Kraus Wilh. Heinrich* **P.**
Eduard Hellman	Hopfenhändler	*Eduard Hellmann.*
Paul Herrmann Wittwe	Specereiwaaren	*Anna Herrmann We.*
Anton Herzog		*Hermann Kranzfelder.*
Alois Hiermayer	Schuhwaarenhandlung	*Alois Hiermayer.*
J. P. Himmer'sche Buchhandl.	Buchhandlung	*Adolf Himmer.*
Herrmann Hirsch	Wechselgeschäft	*Hermann Hirsch.*
Jacob Hirsch & Söhne	Manufacturwaaren en gros	*Daniel Einstein. Samuel Hirsch. Anselm Hirsch, alle drei in Ichenhausen.*
Isaak Hirsch	Schnittwaaren en gros	*Isaak Hirsch.*
A. Höchstädter	Schnittwaaren en gros	*Samuel Höchstädter. Moritz Höchstädter. Jonas Höchstädter.*
Thomas Hörmann		*Thomas Hörmann.*
Albrecht Höppl	Mechan. Baumwollweberei	*Albrecht Höppl.*
C. Hofstätter	Agenturgeschäft	*Carl Hofstätter.*
C. Holfelder & Cie.	Schreibmaterialienhandlg	*Carl Holfelder. Stephan Pöllnitz.*
Gebrüder Holzer		*Otto Holzer. Ignaz Holzer jun.*
Ignaz Holzer		*Ignaz Holzer.*
J. P. Holzer		*Johann Peter Holzer.*
Albert Hornstein	Apotheke u. chem. pharm. Laboratorium	*Albert Hornstein.*
Jos. Huber	Strumpfwirkwaaren	*Joseph Huber.*
Franz Hummel	Schreibmat. u. Galanteriew.	*Franz Hummel. Albert Dobler* **P.**
Andreas Huss	Malzfabrik	*Andreas Huss.*
Literarisches Institut von Dr. M. Huttler	Buchdruckerei	*Dr. Max Huttler.*
Bayer. Hypotheken u. Wechselbank, Filiale Augsburg. [HN. München]	Bankinstitut	*Vorstand: A. Reichenbach, Oberbeamter, G. Schlegel, Buchhalter, welche die Firma unter Beisetzung ihres Charakters gemeins. zeichnen.*
J. L. Jäger	Cigarrenhandlung	*Anton Stippeldey.*
Christoph Jaquet		*Christoph Jacquet.*
George Jaquet's Buchhandlung	Buchhandlung	*George Jaquet.*
J. Ferd. Jaus		*Johann Ferdinand Jaus.*
L. Ilzhöfer	Colonialw., Tabak, Cigarren	*Ludwig Ilzhöfer.*
Kammgarn-Spinnerei	Kammgarnspinnerei	*Direktor: Theodor Sander. Stellvertreter: Ludwig Gerber. Ferdinand Bräuer* **P.** *Carl Rheineck* **P.**
Augsburger Kammgarn-Spinnerei	Spinnerei	*Director: Friedrich Firnhaber. Georg Christ. Haag, August Blümel, Procuristen. Der Director zeichnet die Firma unter Beisetzung*

Firma	Geschäft	Inhaber
		seines Charakters zu seiner Unterschrift, die Procuristen haben gemeinsam zu zeichnen.
Kahn & Arnold		*Aaron Kahn. Albert Arnold.*
Kalzer & Cie.	Pianofortefabrik	*Wilhelm Kalzer. Leopold Waldeck. Georg Thanner.*
C. Kannengiesser	Farben-, Lack- u. Firnissf.	*Christian Kannengiesser. Max Bobinger* **P.**
Peter Karges	Agentur f. rohe Baumwolle	*Peter Karges.*
Fanny Kastner	Goldarbeiter	*Fanny Kastner.*
Gebrüdar Kathan	Gold- u Silberpapierfabrik	*Johann Kathan. Peter Kathan.*
G. C. Kauffmann	Agentur für rohe Baumwolle	*Gottfried Carl Kauffmann.*
G. Kaumayr & Sohn	Formstecherei, Druckformen u. Walzenfabrik	*Marianne Kaumayr* We. *August Kaumayr* **P.**
Caspar Keck & Sohn	Tuch- u. Garnhdlg., Schnittw.	*Franz Xaver Stadler. Sophie Stadler* **P.**
Franz Anton Keck	Schnitt- u. Modewaarenh.	*Anton Keck jun.*
Karl Kellner		*Karl Kellner.*
W. Keppner	Kleidermagazin	*Wilhelm Keppner.*
J. G. Kiesow	Lebensessenzfabrikation	*Heinrich von Kiesow.*
Johann Georg Kilian	Material- u. Farbw.	*Friedrich Keller. Ferdinand Lang* **P.**
Joseph Kirner & Comp.	Mechan. Werkstätte	*Joseph Kirner. Albert Köberle.*
W. Kisselstein	Hutfabrik	*Wilhelm Kisselstein.*
Joh. Kiessling	Material-, Spec., u. Farbw.	*Robert Kiessling*
Ludwig Klaus	Eisengiesserei	*Ludwig Klaus.*
Aloys Klemmer	Baumwollw.- u. Wollfabrik	*Aloys Klemmer jun.*
Gebrüder Klopfer	Schnittwaaren en gros	*Benno Klopfer. Elias Klopfer.*
J. G. Klughammer & Comp.	Getreide-, Butter- u. Eierh.	*Johann Georg Klughammer.*
Eberhard Heinrich Knauss	Specereiwaaren	*Hermann Knauss.*
Joh. Friedr. Knauss		*Johann Friedrich Knauss.*
Aug. Knode	Schnitt- u. Modewaarenhdl. Weiss- u. Leinenwaaren	*August Knode.*
Carl Knöll	Specereiw.- u. Delicatessen	*Carl Knöll.*
Koch'sche mechan. Werkstätte	Mechan. Werkstätte	*Carl Koch.*
Koch'sche Briefcouvert-Fabrik	Briefcouvertfabrik	*Carl Koch.*
Joh. Jacob Köberlin	Drechslerei	*Johann Jakob Köberlin.*
Gebrüder Körber	Colonial- u. Farbw. en gros	*Albert Hertel. Georg Seiling* **P.**
Eduard Köstler	Spielkartenfabrik	*Eduard Köstler.*
Anton Kohlhund		*Anton Kohlhund.*
Samuel Kohn	Tuchfabrik	*Samuel Kohn. Heinrich Kohn* **P.** *Siegfried Kohn* **P.**
Th. Kolb	Meubelstoff-,Teppich-,Weiss- und Bettwaaren	*Therese Kolb.*
Karl Kollmann'sche Buchhandl.	Buchhandlung	*Karl Kollmann.*
C. Anton Kopitsch		*Carl Kopitsch.*
Kranzfelder'sche Buchhandlung	Buchhandlung	*Herman Kranzfelder.*
Bernhard Kraus	Glaserei- u. Porzellanhdlg.	*Bernhard Kraus.*
J. G. Krauss & Sohn [**HN.** Augsburg, **ZN.** Hof]		*Johann Georg Krauss. Robert Krauss, Fabrikbesitzer in Pfersee.*
H. Kreidl		*Hermann Kreidl.*
Gebrüder Kremer	Handschuhfabrik	*Philipp Kremer. Emil Kremer.*
Josef Kremer	Specereiwaaren	*Johann Sebastian Kremer.*
Adolf Kroher	Cementf., Staudacher-Cem.-Dachplatten	*Adolf Kroher.*
L. C. Kuchenbauer	Specereiw. u. Spedition	*Ludwig Karl Kuchenbauer.*
Jakob Friedr. Kübler		*Jakob Friedrich Kübler.*
J. M. Kühn		*Johann Mathias Kühn. Johann Mühlschlegel* **P.**
Kunst-Guanofabrik Augsburg	Guanofabrik	*Director: Gustav Roth. Stellvertr.: Isaak Eppstein. Zeichnung: Der Name des Directors oder Stellvertreters wird unter die Firma gesetzt*
Peter Laire & Cie.	Tuchhandlung	*Adolph Bischoff. Eduard Stählin.*
Lampart & Comp	Buchhandlung & Agenturen	*Theodor Lampart.*
M. L. Landauer	Mechan. Baumwollweberei	*Moses Landauer. Heinrich Landauer.*
Nathan Landauer		*Nathan Landauer.*
Raphael Landauer jun.	Landesproduktenhandlung	*Elias Raphael Landauer. Siegfried Landauer. Isidor Landauer* **P.**
Lang & Comp.		*Johann Lang.*
J. F. Langeloth	Agenturgeschäft	*Johann Friedrich Langeloth.*

M. Lauinger	Hopfenhandlung	*Marx Lauinger.*
Chr. Lederer	Seifensiederei	*Chr. Lederer.*
A. Lehmann	Ornat- u. Schnittwaarenhdl.	*August Gessele.*
K. & R. Lembert	Filztuchfabrik	*Kaspar Lembert. Raimund Lembert.*
L. F. Lendorfer		*Leonhard Lehndorfer.*
Gebrüder Leu	Kürschnerei	*Ignatz Leu. Johann Friedrich Leu*
A. Limbächer	Bandagist	*Anton Limbächer.*
Josef Linder	Specereiwaaren	*Josef Linder.*
J. S. Lohmüller	Material-, Spec.- u. Farbw.	*J. S. Lohmüller.*
Louis Löwenstein	Wechselgeschäft	*Louis Löwenstein. Bernhard Löwenstein* P
Lotzbeck & Comp	Tabakfabrik	*Carl Freih. v. Lotzbeck. Ferdinand Freih. v. Lotzbeck. Ludwig Sander. Carl Theod. Sander. Gottfried Puchta* P.
L. A. Mack	Farben-, Firniss- u. Lackf. Oelfarben in Teigform	*Ludwig Andreas Mack.*
Mahlmühle der vereinigten Bäcker in Augsburg, Christoph Leiner u. Genossen	Mahlmühle	*Vertreter der Gesellschaft sind: Christoph Leiner, Friedrich Neumaier. Sebast. Deuringer. Dieselben sind einzeln zu handeln befugt.*
August Marllinger	Kunst-Musikalienhandlg. u. Leihanstalt	*August Marllinger.*
Eduard Martin	Spuhlenhülsenfabrik	*Eduard Martin.*
Martini & Comp.	Bleich-, Färberei- u. Appreturanstalt	*Wilhelm Martini. Viktor Martini.*
C. Marz		*Carl Marz*
Maschinen-Fabrik Augsburg	Maschinenfabrik	*Director: Heinrich Butz. Stellvertr.: Wilh. Butz. Zeichnung: „Der Ausschuss der Maschinen-Fabrik Augsburg.“ Der Vorsitzende oder der stellvertretende Vorsitz.*
Joh. Tobias Maurer	Specereiwaaren	*Johann Tobias Maurer.*
Johann Mayer		*Georg Mayer.*
J. G. Mayer	Material- u. Farbw., Glanzfettf. u. chem Harzprod.	*Johann Georg Mayer.*
Wilhelm Mayer	Lithogr. & Steindruckerei.	*Wilhelm Mayer.*
F. X. Mehlhart	Homöopathische Apotheke.	*Franz Xaver Mehlhart.*
Georg Mehnle		*Georg Mehnle.*
E. Meyer		*Elkens Meier*
Chr. Merkle	Kleidermagazin	*Christian Merkle*
Franz Josef Michel	Weinhandlung en gros	*Caspar Anton Michel.*
Fr. Xav Micheler	Specereiwaaren	*Franz Xaver Micheler.*
Friedrich Mittler	Rouleaux- u. Wachstuchf.	*Heinrich Mayer Karl Mittler* P
R. Mitzky & Sieber	Drahtwaarenfabrik	*Robert Mitzky*
Carl Möbus	Schlosserei	*Carl Möbus.*
Caspar Mörz		*Carl Ager.*
Heinrich Moll	Specereiwaaren	*Gustav Moll.*
L. Moll	Branntweinbrennerei, Spiritus-, Liqueur- u Essigf.	*Bernhard Kreissle.*
Hier. Mühlberger	Buchdruck., Verlagsbuchh.	*Hieronymus Mühlberger*
Müller & Prächt	Strohhut- u. Strohwaarenf.	*Franz Müller. Josef Prächt.*
Anton Müller		*Anton Müller.*
Carl Müller	Kurzwaaren	*Carl Müller.*
Denis Müller	Garnzwirnerei- u. Nähfadenf.	*Denis Müller Kunigunda Müller* P
Münch & Rieder	Wachszieherf.	*Franz Xaver Münch. Friedrich Rieder.*
J. Münzer	Wachstuchhandlung	*Johann Lodter.*
Jakob Mulzer	Drechslerei	*Jakob Mulzer.*
Anton Nägele	Parfumeriewaarenhandlung	*Otto Nägele.*
Martin Natterer		*Martin Natterer.*
Adolf Neeser	Galanteriewaarenhandlung	*Adolf Neeser.*
Neuburger & Lämle	Band-, Posamentier-, Kurzwaaren en gros	*Emil Neuburger. Moritz Lämle.*
Gebrüder Nussbaumer		*Franz Xaver Nussbaumer Johann Nussbaumer.*
Zacharias Oberdorfer		*Zacharias Oberdorfer.*
Oberdorfer & Gutmann	Regenschirmfabrik	*Moritz Gutmann. Jacob Oberdorfer.*
Heinrich Obermayer	Cigarrenhändler.	*Heinrich Obermayer.*
J. J. Obermayer	Bankgeschäft, Consulat für Amerika	*Johann Jacob Obermayer. Max Obermayer. Gustav Obermayer.*

Joh. Osswald	Branntweinbrennerei	*Johann Osswald*
Josef Panzer	Geistliche Waarenhandlung	*Joseph Panzer.*
Joh. Leopold Paulin	Garnhandlung	*Johann Leopold Paulin. Josef Paulin* P
Payr & Meyer	Seidenzwirnerei	*Julius Payr. Hieronymus Meyer Carl Meyer* P
M. Pecheder	Essigfabrik	*Mathias Pecheder.*
B. Peter	Specereiwaaren	*Bernhard Peter.*
Friedrich Pfauz	Lederhdlg u. Fabrikation u. Rothgerberei	*Benedikt Friedrich Preuss. Herm Preuss* P.
P. Pilon	Geistl. Waarenhdlg.	*Peter Pilon.*
Anton Alois Pini	Specereiwaaren	*Anton Pini. Anna Pini* P
Josef Pollak	Uhrfedern & Laubsägefabr.	*Joseph Pollak in Höchstadt.*
Gebrüder Primavesi	Galanteriewaarenhdlg.	*Johann Baptist Primavesi.*
J. B. Primus	Eisenhandlung en gros	*Johann Baptist Primus*
Ch. Prinsing	Bürstenfabrik	*Elisabetha Prinsing We.*
Friedrich Prinz	Baumwollfärberei	*Sabine Prinz We. Heinrich Prinz.*
Anton Pürzl	Specereiwaaren	*Anton Pürzl.*
Philipp Pullich	Specereiwaaren	*Philipp Pullich.*
Aloys Rager	Schreibmaterialienhdlung.	*Aloys Rager.*
C. D. Rast	Ung Getreide, Mehl, Fassholz	*Christian David Rast.*
G. Rau	Specereiwaaren	*Georg Rau.*
J. C Redlinger & Cie.	Grosshandlung u Pillenf	*Eduard Scheller. Julius Scheller*
C. Reichenbach Buchdruckerei u. Buchhandlung	Buchdruckerei u. Buchhdlg.	*Carl Reichenbach. Friedrich Graf* P
Fr. X. Reuss	Kurzwaaren	*Franz Xaver Reuss.*
Josef Rieder	Garnzwirnerei, Dochtgarn u. Nähfadenf. Leinen	*Josef Rieder*
L. A. Riedinger	Mechan. Weberei u Gasapparate	*Ludwig August Riedinger. Gustav Riedinger. Otto Pflaumer* P.
Math. Rieger'sche Buchhandlg.	Buchhandlung	*Adolf Himmer Wilhelm Himmer* P.
Josef Ritter	Spiel- u. Holzwaarenhdlg.	*Joseph Ritter.*
Fr. X. Rökl	Specereiwaaren	*Carolina Rökl We.*
Rosa & Michael		*Johann Georg Michael.*
Rosenberg & Rosenau	Käsehandlung en gros	*Leopold Rosenberg. Philipp Rosenau.*
Rosenbusch & Haymann	Wechsel- u. Hopfengesch.	*Salomon Rosenbusch. Moritz Haymann. Julius Haymann.*
August Rosenfeld	Agent. f Gerste, Malz, Hopfen.	*August Rosenfeld.*
Löw Rosenfeld sel. Wittwe	Hopfenhandlung	*Jette Rosenfeld We.*
Gustav Roth	Conditorei, Chocolade- u. Punschessenzhandlung	*Gustav Roth.*
M J. Rothbuller	Specereiwaaren	*Joseph Frankenberger.*
I. A. Röscher	Strumpfwirkerwaaren	*Joseph Anton Röscher sen. Josef Anton Röscher jun.*
Rugendas & Comp	Baumwollspinnerei u. Papierröhrchenfabrik	*August Dubois. Julius Dubois* P.
F. Sailer	Schnitt- u. Modewaarenh.	*Ferdinand Sailer.*
Franz Saillet		*Franz Saillet*
Gg. Schachamayer	Colonialwaaren	*Johann Georg Schachamayer.*
Gebrüder Schaur	Material-, Farb- u. chem. Waarenhdlg.	*Paul Schaur.. August Karrer* P.
Schenkenhofer's Pinselfabrik	Pinselfabrik.	*Carl Schenkenhofer.*
Louis Scherer		*Louis Scherer*
Leonhard Anton Scherr sel Sohn		*Christoph Scherr*
Max Schiestl's Wittwe	Kurzwaaren	*Mathilde Schiestl We*
Jos. Schimpfle	Specerei-, Colonialwaaren, Produkte, Oelhandlung	*Josef Schimpfle.*
G. F. Schlesinger & Comp.	Weiss- u. Leinenw.	*Ludwig Schlesinger. Regina Schlesinger* P.
Herrmann Schlesinger	Spitzen-, Weissw., Posam.- u. Strumpfw.	*Herrmann Schlesinger August Thomm* P.
J. A. Schlosser's Buch- und Kunsthandlung	Buch- u. Kunsthandlg	*Hermann Bacheberle. Ludwig Fröschlen* P.
Jakob Schlumberger	Bleiche für Näh- u Strikgarn u. Färberei	*Jakob Schlumberger.*
H. Schlundt		*H. Schlundt.*
B. Schmidt'sche Buchhandlung	Buchhandlung	*Alfons Manz Carl Mocker* P.
Carl Schmid	Material-, Spec - u. Farbw.	*Carl Schmid.*

Fr. Schmid & Comp.	Bankgeschäft	*Paul Schmid. Ernst Schmid.*
Thomas Schmidbauer		*Thomas Schmidbauer.*
G. Schmidt	Tapeziererw.	*G. Schmidt.*
Schmuck & Mühlschlegel	Fabrik von ächten Gold- u. Silberborten	*Heinrich Schmuck. Johannes Mühlschlegel.*
Friedrich Schneider	Tressenfabrik	*Christoph Friedrich Schneider.*
Georg Schneider	Kleidermagazin	*Georg Schneider. Babette Lunz* **P.**
Sigm. Schnell	Baumwollwaarenfabrik	*Sigmund Schnell.*
Schneeweis & Comp.		*Heinrich Lotter.*
Carl Schöner	Lederausschnitte	*Carl Schöner.*
Albert Schoffer	Techn. Bureau	*Albert Schoffer.*
Schöppler & Hartmann [**HN.** Augsburg **ZN.** Leipzig]	Katunfabrik	*Carl Forster. Emil Forster. Moritz Forster. Carl Forster jun. Carl Jordis* **P.**
Julius Schürer	Nähfadenfabr. u. Zwirnerei	*Julius Schürer. Hugo Schürer* **P.**
J. L. Schwarz	Eisenhandlung en gros	*Josef Schwarz.*
L. Schwarz		*Samuel Schwarz.*
Schweinhuber & Comp.		*Moritz Gutmann.*
Anton Schweinhuber	Schnitt- u. Modewaarenhdl.	*Anton Schweinhuber.*
F. Sedlmayr	Optiker u. Mechaniker	*Franz Sedlmayr.*
Alois Seidenschwanz		*Alois Seidenschwanz.*
Carl Seidl	Commission u. Spedition u. Dienstmann-Express-Inst.	*Carl Seidl.*
Georg Selzle		*Georg Selzle.*
Joh. Nep. Sichlern		*Johann Nepomuk Sichlern.*
Sieber'sche Papierf. G. Haindl	Papierfabrik	*Georg Haindl.*
Franz Siegle	Agentur u. Garnhdl. en gros	*Gustav Schwarz.*
Leop. Siegle	Commission u. Agenturen	*Leopold Siegle.*
Siller & Laar	Eisenhandlung	*Carl Siller. Carl Peschke.*
Aug. Söldner	Tuchhandlung	*August Söldner.*
S. Specht & Hutzelsieder	Thon-Steinzeug, Chamotte, bautechnische Artikel	*Sempert Specht. Julius Hutzelsieder.*
Carl Speth [**ZN.** Augsburg **HN.** Stuttgart]	Agentur roher Baumwolle	*Carl Speth in Stuttgart. Reinhold Bosch in Augsburg.*
Benno Stadler		*Benno Stadler.*
G. L. Städler	Strumpfw.- u. Strickgarnh.	*Georg Ludwig Städler.*
Georg Stark	Gastwirthschaft	*Ludwig Gustav Steinbach.*
J. G. Steger	Specereiwaaren	*Johann Georg Steger.*
Carl Stegmann	Schreibmaterialienhandlg.	*Carl Stegmann.*
Anton Steggenmüller		*Anton Steggenmüller.*
Albert Steiger	Colonial- u. Farbw., Mehlniederl. u. Steink. en gros	*Albert Steiger.*
J. Steiger	Garnhandlung u. Nähfadenf.	*Louise Steiger.*
Franz Stiegele		*Gustav Schwarz.*
Carl Stiehle & Silverio		*Oswald Silverio.*
Paul von Stetten	Bankgeschäft	*Carl v. Stetten. Paul Blossfeld* **P.**
J. A. Stocker		*Josef Alois Stocker.*
Josef Stöckl		*Josef Stöckl.*
Em. Strauss	Kurz- u. Strumpfwaaren	*Emanuel Strauss.*
Joh. P. Strauss	Stärkemacher	*Friedrike Strauss We.*
H. Streissguth	Lederhandlung	*Hermann Streissguth.*
J. Strigel	Cigarrenhandlung	*Jakob Striegel.*
Mathias Striegel's Nachfolger	Dreherei u. Spielw.-Gesch.	*Leonhard Schuhmacher.*
J. W. Summ	Strumpfwirkerw.	*Heinrich Summ.*
Christian Then	Pianofortefabrik	*Christian Thenn.*
Gottlieb Thenn		*Gottlieb Thenn.*
Ph. Thenn		*Philipp Thenn.*
Jacob Thomm	Schnittw. en gros	*Jakob Thomm. Jakobine Thomm* **P.**
Anton Trenkle		*Anton Trenkle.*
Carl Tröltsch & Comp.	Colonial- u. Farbw. en gros u. Landesproduktenhandl.	*Carl Tröltsch. Ludwig Tröltsch* **P.** *Wilhelm Bottler.* **P.**
Uhl & Comp.	Wechselgeschäft	*Gustav Adolf Uhl.*
Aquilin Vogel	Agenturen	*Aquilin Vogel.*
Brüder Vogel [**HN.** München **ZN.** Augsburg]	Schnitt- u. Modewaaren	*Wilhelm Vogel. Albert Vogel. Isidor Vogel.*
Pet. Ant. Vogelsberger sel. W.		*Amalie Vogelsberger We.*
A. Vogl	Schnittwaaren en gros	*Abraham Vogl in Pfersee. Samuel Vogl* **P.**

A. Voisin Seilerwaaren *Abraham Voisin.*
A. Volkart Buchdruckerei *Adolf Neeser.*
Augsburger Vorschuss-Verein Eingetragene Genossenschaft Creditgeschäft *Direktor: Albert Hauff. Cassier: Ludwig Beck Controlleur: Carl Keller.*
C. W. Wagenseil & Sohn Grosshandlung, Spedition u. Commission *Christoph Wilhelm Wagenseil. Ferdinand Wagenseil. Ludwig Robert Wagenseil* **P.** *Max Oberst* **P.**
Joh. Waloh'sche Kunst- und Landkartenhandlung Kunst- u Kartenhandl. *Adolf Waloh.*
J. B. Wassermann Col.-, Mat.- u Farbwaaren *Johann Wassermann.*
Haunstetter Weberei Weberei *Direktor Wilhelm Putz sen. Stellvertreter: Carl Puz. Zeichnung: der Zeichnende setzt der Firma seinen Namen bei unter Angabe seiner Eigenschaft.*
Mechanische Weberei am Fichtelbache in Augsburg Weberei *Direktor: Leopold Paulin. Stellvertreter: Sebastian Euringer. Zeichnung wie bei der Haunstetter Weberei.*
Leopold Weil Lederhandlung *Leopold Weil.*
Jakob Weiss Specereiwaaren *Elisabetha Weiss We.*
J. J. Weiss Specereiwaaren *Johann Weiss*
Jacob Weitzfelder Leder- u. Landesprodukte *Jacob Weitzfelder David Löffler* **P.**
L. Wenninger *Leonhard Wenninger.*
Rosine Wenninger Strumpfwirkwaaren *Rosine Wenninger.*
Wernecker & Farnbacher Kurz- u. Strumpfw. en gros *Mathias Farnbacher*
Carl Wildbrett Pergamentfabrik *Carl Wildbrett.*
S. Windprecht's antiqu. Buchh. Antiquarische Buchhandlung *Josef Windprecht.*
Wirth'sche Buchdruckerei Buchdruckerei *Carl Wirth.*
Wittig & Poehr *Peter Wittig. Alois Pöhr. Jakob Pöhr*
F. A. Witz Specereiwaaren *Friedrich August Witz.*
Ig. Wörle Möbelfabrik *Ignaz Wörle.*
Jos. Wolff'sche Buchhandlung Buchhandlung *Josef Wolff.*
F. Wolfrum Apotheke u. chem. pharm. Laboratorium *Friedrich Wolfrum.*
Johann Georg Wüst Specereiwaaren *Johann Georg Wüst.*
G. D. Wuggätzer Posamentiergeschäft *Georg David Wuggätzer.*
Zamponi & Sesiani Seide-, Putz- u. Modew. *Hermine Petz We. Johann Mayer* **P.**
Clemens Zell's Erben Specereiwaaren *Anton Zell. Vitus Zell* **P.**
A. Zelzer Garnhandlung *Andreas Zelzer.*
Ziegelei Augsburg Ziegelei *Direktor: Wilhelm Doppelmaier. Stellvertreter: Josef Gerhauser. Zeichnung: der Zeichnende setzt unter Angabe seiner Eigenschaft seinen Namen der Firma bei.*
H. Ziegler Möbelmagazin *Heinrich Ziegler.*
Leonhard Zimmermann *Leonhard Zimmermann.*
A. Zipprich Kleidermagazin *Andreas Zipprich.*
Georg Zolleis *Georg Zolleis.*
Zorn & Anzmann Geistliche Waarenhandlung *Adolf Zorn. Ferdinand Anzmann.*
Jakob Zorn *Barbara Zorn We. Eugen Zorn* **P.**

Aumühle. 13 Einwohner. LG. Passau II. BG. u. HG. Passau. **Advokaten** u. **Notare** s. Passau.

Pinsker et Gunder *Carl Gunder. Josef Pinsker.*

Aurach. LG. Herrieden. BG. u. HG Ansbach. **Advokaten:** s. Ansbach. **Notar:** s. Herrieden.

Joseph Anton Engelhardt Specereiw. u. Getreidehdlg *Josef Anton Engelhardt.*
Joseph Carl Leiss Specerei-, Ellen- u. Eisenw. *Josef Karl Leiss.*

Autenhausen. LG. Seßlach. BG. Kronach. HG. Bamberg. **Advokaten:** s. Kronach. **Notar:** s. Sesslach.

L. H. Gunzenhäuser Lederhandlung *Löb Hirsch Gunzenhäuser.*
Emanuel Gutmann Specerei- u. Schnittwaaren *Emanuel Gutmann.*

Babenhausen. 2000 Einwohner. LG. Babenhausen. BG. u. HG. Memmingen. **Advokaten:** s. Memmingen. **Notar:** Carl Hofmann.

Bernhard Engel Specerei-, Glas-, Porzellan-, Steingutwaaren *Heinrich Engel.*
Wilh. Foernlein Specerei- u. Schnittw. *J. A. Wilhelm Foernlein.*
Andreas Kohn Specerei- u. Schnittw. *Andreas Kohn.*
Ludwig Kuhn Apotheke u. Materialw. *Ludwig Kuhn.*
A. Mayr Käsehandlung *Alois Mayr.*

Müller et Comp.	Flachs- u. Wergspinnerei	*Persönlich haftende Gesellschafter: Josef Müller u. Abraham Birnbaumer.*
Ans. Rogg		*Anselm Rogg.*
T. Rogg	Eisenhandlung	*Theodor Rogg.*

Bärnau. 1318 Einwohner. LG. Tirschenreuth. BG Weiden. HG Amberg.
Advokaten: s Weiden. **Notar:** s. Tirschenreuth.

Ig. Herrschmann	Specerei- u Schnittw.	*Ignatz Herrschmann.*
Johann Wagner	Specerei- u. Schnittw.	*Johann Wagner.*
G. J. Zeilner	Specerei- u. Schnittw	*Georg Joseph Zeilner.*

Baierbach. 378 Einwohner. LG. Rotthalmünster BG. Pfarrkirchen. HG. Passau
Advokaten: s Pfarrkirchen **Notar:** s. Rotthalmünster

Johann Kagerer	Eisen u gemischte Waaren	*Johann Kagerer.*

Baiergrün. 375 Einwohner LG. Naila. BG u. HG Hof **Advokaten:** s. Hof. **Notar:** s. Naila.

J. A. Meister		*Johann Adam Meister.*

Baiersdorf. 1322 Einwohner. LG. Erlangen. BG u. HG. Fürth.
Advokaten: s Fürth **Notare:** s Erlangen

Joh. Ad. Arzberger	Specereiw. u. Roheisenhdlg.	*Johann Arzberger*
Moritz Bontè	Schaftfabrik	*Moritz Bontè.*
M. Ehrlich	Specereiwaarenhandlung	*Michael Ehrlich*
Moritz Engel	Galanterie-, Putz- u. Schnittwaarenhandlung	*Moritz Engel.*
Friedrich Fleischmann	Specerei-, Tabak-, Cigarren- u. Farbwaarenhandlung	*Friedrich Fleischmann.*
Hermann Frank		*Hermann Frank.*
H. Freitag		*Max Freitag.*
W. Lichtenstaedter		*Wolf Nathan Lichtenstaedter.*
J. Strauss	Schnitt- u Modewaarenh.	*Jonas Strauss.*

Baindlkirchen. LG. Friedberg. BG. Aichach. HG München l. d. J.
Advokaten: s. Aichach. **Notar:** s Friedberg

Georg Huber	Krämerei	*Georg Huber*

Baisweil. 564 Einwohner. LG. Kaufbeuern. BG u HG. Kempten.
Advokaten: s. Kempten. **Notar:** s. Kaufbeuern.

Peter Lederle	Specereiwaarenhandlung	*Peter Lederle.*

Bamberg. 25,972 Einwohner St. u. LG., BG. u. HG Bamberg.
Advokaten: J Buttner, J. Elsner, W v Killinger, P Kraus, F Kreitmair, L Meisner, J Prell, A Kapp, G Rothlauf, A. Rupp, Dr. J Schmidt, F C Scholler, Dr J Schüttinger, N Titus, J P Wolf, L. Wolfsthal.
Notare F M. Burkart, Dr J Gessner, J Krug, G F Schlessing.

Salomon Adlerstein	Rauhwaarenhandlung	*Salomon Adlerstein.*
C. Adlmanseder	Kohlenhandlung	*Carl Adlmanseder.*
G. Aichinger	Specereiw, Landesprodukten Spedition u Commission	*Georg Aichinger.*
Simon Bachmann	Hopfenhandel	*Simon Bachmann.*
Isaak Baerlein	Schnitt- u. Modewaaren	*Isaak Baerlein.*
Adolf Bail	Apotheke	*Adolf Bail.*
Balbiano & Scharff	Schnitt- u. Modew	*Joseph Anton Hammerbacher.*
A. J. Adalbert Baldi	Galanteriewaaren	*Adam Joseph Adalbert Baldi.*
Kgl. Bayer. Filialbank Bamberg ZN. [HN. Nürnberg]	Bank	*Der k. bayerische Staat Vorstand der hiesigen Filialbank und Disponent im kaufmännischen Verkehr ist der k. Bankoberbeamte Gabler Derselbe zeichnet die Firma durch Beisetzung seines Namens und Beidrückung des Siegels*
Mechan. Baumwollspinnerei und Weberei Bamberg	Spinnerei u. Weberei	*Vorstand der Gesellschaft ist der Verwaltungsrath. Vorsitzender: Friedrich Krackhardt Stellvertreter: Dr. Eugen Schneider Gerant: Johann Bickel. Controleur: Christoph Krackhardt. Gerant J Bickel und Controleur Chr. Krackhardt haben Collectiv-Procura; in deren Verhinderung zeichnet der Vorstand.*
J. B. Bausback	Eisenhandlung	*Johann Baptist Bausback.*
Fritz Bayer	Seifenf., Spec. u. Pfragnerei	*Friedrich Bayer.*
Friedrich Bayerlein	Apotheke	*Friedrich Bayerlein.*
M. A Bayerlein	Eisen- u Colonialw., Sped., Comm., Incasso	*Adam Bayerlein. Michael Bayerlein.*

J. M. Braun	Papierhandlung	*Ferdinand Kirchner.*
Ph. Bruell	Schnitt- u. Modewaaren	*Philipp Brüll.*
Buchner'sche Buchhandlg.	Buchhandlung	*Carl Buchner*
C. Büttner	Agentur- u. Commiss -Gesch.	*Carl Friedrich Rufus Büttner.*
Michael Burger	Agentur f Auswanderer nach Amerika. Agentur für die Leipziger Feuervers.-Anst.	*Adam Burger*
Friedrich Burkart		*Friedrich Burkart.*
J. B. Deckert	Kurzwaaren	*Johann Baptist Deckert.*
Chr. Dederer	Apothekerwaarenhandlung	*Carl Dederer Georg Weissbeck* **P.**
Seb. Degen	Specereiwaaren	*Sebastian Degen.*
Kilian Denner	Buchbinderei u. Portefeuillew.	*Kilian Denner.*
Emanuel Dessauer	Hopfenhandlung	*Emanuel Dessauer. Sigmund Dessauer. Carl Dessauer.*
Isidor Dessauer	Hopfenhandlung	*Isidor Dessauer. Carl Dessauer.*
Max Dessauer	Pechfabrik	*Max Dessauer*
Salomon Dessauer	Hopfenhandlung	*Salomon Dessauer*
J. Deuerling	Kurzw u Garnhandlg.	*Johann Deuerling*
Friedrich Dinkler	Schnitt-, Modew. u. Tuchh	*Friedrich Dinkler.*
M. Dirr'sche Ofenfabrik	Ofenfabrik	*Ursula Schödl We. Michael Schödl* **P.**
Benno Dotterweich	Schnitt- u. Modew	*Babette Dotterweich We*
Joh. G. Dotterweich	Schnitt- u. Modew.	*Johann Georg Dotterweich.*
Ph. Dotterweich	Tuchhandlung	*Philipp Dotterweich*
J. B Dros	Kurzwaaren	*Charlotte Dros.*
Bernhard Eger		*Bernhard Eger*
M. L. Eger	Schnitt- u. Modew.	*Maier Löw Eger.*
M. Ehrlich	Hopfenhandlung	*Bernhard Ehrlich.*
S. Ehrmann	Hopfenhandlung	*Samuel Ehrmann.*
F Ph. Eisenbrand	Weisswaaren	*Franz Philipp Eisenbrand.*
S. Eisfelder jun.	Tuchhandlung	*Samuel Eisfelder jun.*
Wm. Emminger	Hopfen-Grosshandl., Landesprod., Sped., Comm.	*Wilhelm Emminger.*
Friedrich Enke	Buchhandlung	*Friedrich Enke.*
Oscar Eysselein	Landesprod., Specereiw. Sped., Comm.	*Oscar Eysselein.*
Feldheim & Silbermann		*Jakob Julius Silbermann. Moritz Feldheim.*
Friedrich Fexer	Schnitt- u. Modew.	*Friedrich Fexer.*
Sigmd. Frank	Leinwandhandlung	*Sigmund Frank.*
M. Fried	Handlung	*Moritz Fried.*
M. Friessner	Liqueurf u. Prod.-Gesch.	*Moses Friessner. Isak Friessner.*
Actiengesellschaft für Gasbeleuchtung der Stadt Bamberg	Gasfabrik	*Vorstand ist der Verwaltungsrath. Vorsitzender: Johann Eduard Gnuva. Stellvertreter: Oscar Eysselein.*
Gebrüder Gerst	Hopfenhandlung	*Simon Gerst. Moritz Gerst.*
Goldmann & Klein	Hopfenhandlung	*Jakob Goldmann. Löb Klein. Meier Klein* **P.**
E. Goldmann	Hopfenhandlung	*Jakob Goldmann Sohn.*
M. Gottschall	Specereiwaaren	*Michael Gottschall.*
J. M. Grill	Leinwand- u Baumwollw.-H.	*Johann Michael Grill.*
Joh. Bened. Gross	Tabakfabrik	*Theodor Gross Rudolph Gross* **P.**
Rud. Gross	Tabakfabrik	*Rudolph Gross.*
Rud. Gross Schnupftabakfabrik	Schnupftabakfabrik	*Wilhelm Hoffmann.*
G. Gütermann	Garn- u. Kurzwaarenhdlg.	*Gustav Gütermann.*
J. Gutermann sen.	Hopfenhandlung	*Joseph Gutermann sen. Bernhard Gutermann* **P.** *Salomon Gutermann* **P.**
Joseph Gütermann	Hopfenhandlung	*Joseph Gutermann.*
E Güttermann & Comp.	Hopfenhandlung	*Elkan Güttermann. Gustav Buxbaum.*
S. W. Haas & Co.		*Sigmund Wilhelm Haas. Heinrich Haas.*
Jos. Ph. Hammelbacher	Schnitt- u. Modewaaren	*Joseph Philipp Hammelbacher.*
J. E Hammerbacher jun.	Kurzwaaren	*Johann Egid Hammerbacher jun.*
Hammerschmidt-Grenz	Holzhandlg. u Dampfsäge	*Friedrich Hammerschmitt. Joseph Grenz. Beide Gesellschafter dürfen nur gemeinschaftlich zeichnen.*
Gebrüder Hausmann	Deutsche u. engl. Manuf-Waaren en gros	*Joseph Hausmann. Wilhelm Hausmann.*
J. B. Haussmann	Specereiw, Landesprod., Sped., Comm.	*Christian Schwager.*

C. R. Heger	Specereiwaaren	*Carl Rainer Heger.*
Heinrich Heidenheimer	Grosshändler in Colonialw. u. Hopfenhandlung	*Heinrich Hirsch Heidenheimer.*
Dl. Heinzenknecht	Tuchhandlung	*Franz Geiger.*
W. E. Hepples Antiqu. u. Buchh.	Buchhandlung u Antiquar.	*William Emanuel Hepple.*
S. Hess	Lederhandlung	*Seligmann Hess.*
Gabriel Hesslein	Tuchhandlung	*Gabriel Hesslein.*
Herrmann Hesslein	Schnitt- u. Modewaaren	*Herrmann Hesslein. Nathan Hesslein.*
M. J. Hesslein	Landesprod., Comm. u. Sped.	*Arnold Hesslein. Benjamin Kupfer. Simon Hesslein.*
S. Hesslein jun	Lederhandlung	*Salomon Hesslein jun.*
A. Hirsch	Weinhandlung	*Abraham Hirsch.*
Moritz Hirsch		*Moritz Hirsch.*
Joh. Leonhard Höpfel	Kohlenhandlung	*Johann Leonhard Höpfel.*
Chr. Hofbauer & Cie.	Eisenhandlung	*Christian Hofbauer Georg Hofbauer sen.*
J. B. Hofmann	Specereiw., Landesprodukte, Sped., Comm.	*Johann Baptist Hofmann.*
Jos. Hofmann	Eisenhandl., Comm., Sped.	*Bernard Hofmann.*
S. Hohnert et Comp. HN. [**ZN** Regensburg]	Producten- u Getreidegesch.	*Sebastian Hohnert. Johann Baptist Weyermann.*
Wilhelm Holdermann	Parfümerie- u. Toilettew.-H.	*Wilhelm Ludwig Holdermann.*
J. A. Holland	Eisenhandlung	*Johann Holland.*
Gustav Hopf	Schnitt- u Modewaaren	*Hermann Gustav Hopf*
Th. v. d. Horst	Färberei, Schnitt- u. Modew.	*Theodor von der Horst.*
Carl Hübscher	Buchhandlung	*Carl Hübscher.*
Joh. Jahn	Specereiwaaren	*Johann Jahn.*
Hirsch Kastor	Hopfenhandlung	*Benedikt Kastor. Jette Kastor We.*
Gebrüder Kaufmann	Hopfenhandlung	*Leopold Kaufmann. Jacob Kaufmann. Babette Kaufmann We. Babette Kaufmann ist zur Firmenzeichnung nicht berechtigt.*
J. Kaufmann & Co.	Hopfenhandlung	*Julius Kaufmann. Moritz Kaufmann.*
Friedrich Keilholz	Landesprod., Comm., Sped. u. Importgeschäft	*Hedwig Keilholz We. Johann Gabriel Keilholz* **P.**
Joh. Gabr. Keilholz		*Andreas Keilholz.*
Frz. Kern	Kurzwaaren	*Franz Kern.*
Wm. Kirschner	Landesprod., Comm., Sped.	*Wilhelm Kirschner.*
Magnus Klee	Buchbinderei u. Portefeuillew	*Magnus Klee.*
Adam Knoll	Herren-Kleidermagazin und Tuchhandlung	*Adam Knoll.*
Koburger & Wassermanm	Hopfenhandlung	*Adolph Koburger. David Wassermann.*
J. B Koeberlein senior, Kgl. Hoftapezierer & Meubelhändler	Möbelhandl. u. Tapeziergesch.	*Johann Baptist Köberlein.*
Konrad Koeberlein	Tapeziergeschäft	*Konrad Koeberlein.*
Mich. Koeberlein	Tapeziergeschäft	*Michael Koeberlein.*
Conrad Körner		*Friedrich Loé.*
Nicolaus Kopp	Landesprod., Sped. u. Comm.	*Mariannne Edel We. Georg Edel* **P.**
Krackhardt et Comp.	Garnhandlung	*Friedrich Krackhardt et Comp.*
Jos. Leonard Kratzer	Commissions- u. Sped.-Gesch.	*Carl Rösch. Peter Franz Weismüller.*
Max Kreppel	Specereiwaaren	*Max Kreppel.*
Joseph Kronacher jun.	Hopfenhandlung	*Joseph Kronacher jun.*
Joseph Kronacher sen.	Grosshandl. in Hopfen	*Joseph Kronacher.*
Max Kronacher	Hopfen- u. Rauhwaarenhdl.	*Max Kronacher.*
Bamberger Kunstmühle	Kunstmühle	*Wilhelm Seidel.*
Kupfer, Hesslein & Co.		*Benjamin Kupfer Arnold Hesslein. Simon Hesslein.*
August Lamprecht k. b. Hof-Apotheker	Apotheke	*Augut Lamprecht.*
Carl Lamprecht		*Carl Lamprecht.*
Joseph Leger	Kohlenhandlung	*Joseph Leger*
J. Leibig	Kurzwaaren	*Jacob Leibig.*
Frz. Jos. Leininger	Specereiw., Landesprodukte, Sped., Comm.	*Franz Joseph Leininger.*
Johann Stephan Leist	Specereiw., Landesprodukte, Sped., Comm. u. Potasche	*Carl Lamprecht. Babette Lamprecht* **P.**
Carl Leitherer	Spirituosenfabrik	*Carl Leitherer*
Hch. Leo	Tabakhandlung	*Heinrich Leo.*

Caspar Less	Buchbinderei u. Portef.-W.	*Caspar Less.*
Lessing & Söhne	Hopfenhandlung	*Samuel Lessing. Benno Lessing. Simon Lessing.*
A. Lipp	Specereiwaaren	*Abraham Lipp.*
M. J. Lippmann	Hopfenhandlung	*Marx Lippmann. Isidor Lippmann* **P.**
J. G. Lurtz	Liniranstalt, Buchbinderei u. Portefeullewaaren	*Johann Georg Lurtz.*
Alexander Lust & Comp.	Hopfenhandlung	*Max Sulzbacher. Herrmann Lust.*
Georg Lust	Hopfenhandlung	*Georg Lust. Max Lust* **P.**
Herrmann Loewi	Landesprod., Comm., Sped.	*Herrmann Loewi. Simon Loewi.*
R. Madler		*Richard Madler.*
E. Mahr & Comp.		*Erhard Mahr. Eustach Lieber.*
J. Mich. Mahr	Essig- u. Liqueurfabrik	*Ambros Mahr.*
Friedr. Maurer vormals Carl Steinleitner	Colonial-, Farbw. u. Samengeschäft	*Friedrich Maurer.*
Joseph Mayer	Wagenfabrik	*Joseph Mayer.*
A Meininger	Tuch-, Bukskins- u. Baumwollenmanufactur	*Abraham Meininger.*
G. M. Meissner	Garnhandlung u. Kurzw.	*Georg Mathias Meissner.*
Nic. Jos. Merx	Spezereiw., Landesprodukte, Comm., Sped.	*Nicolaus Joseph Merx.*
B. F. Messerschmitt	Landesprod., Comm., Sped.	*Baptist Ferdinand Messerschmitt.*
Gebrüder Metzner	Landesprod., Comm., Sped.	*Franz Metzner.*
L. Metzner & Cie.	Landesprod., Comm., Sped.	*Louis Metzner et Cie.*
L. & F. Metzner		*Louis Metzner. Franz Metzner.*
Panc. Metzner	Specereiwaaren	*Joseph Metzner.*
Carl Meyer	Schnitt- u. Modew.	*Carl Meyer.*
S. Midas	Hopfenhandlung	*Heinrich Midas*
Morgenroth & Obermeier HN [ZN. Mannheim]		*David Obermayer. Emil Morgenroth in Mannheim.*
Eduard Morgenroth	Hopfenhandlung	*Emanuel Morgenroth.*
L. Morgenroth	Hopfenhandlung	*Lazarus Morgenroth. Heinrich Morgenroth. Jacob Morgenroth* **P.**
Müller & Graeff	Agentur- u. Commiss.-Bur.	*Fritz Müller. Alexander Graeff.*
Leonard Müller	Weinhandlung	*Leonard Müller.*
Ph. Müller	Specereiwaaren	*Philipp Müller.*
Bernhard Ney	Putz- u. Modewaaren	*Bernhard Ney.*
Carl Friedrich Niezoldi	Weinhandlung	*Joseph Niezoldi. Carl Wilhelm Niezoldi. Gustav Niezoldi.*
Gotthilf Niezoldi	Weinhdl., Liqueur- u. Essigf.	*Kunigunda Niezoldi We. Christian Niezoldi* **P.**
P. Raim. Niezoldi jun.	Weinhandlung	*Peter Raimund Niezoldi.*
J. F. Nidermaier	Tuchhandlung	*Josef Franz Niedermaier.*
L. Nüsslein's Söhne	Rauhwaarenhandlung	*Friedrich Nüsslein. Adam Nüsslein. Johann Adam Nüsslein.*
J. F. Pfeifer	Herren-Conf., Tuch-, Schnitt- u. Kurzwaarenlager	*Johann Friedrich Pfeifer.*
Gebr. Pfregner		*Alois Pfregner. Wilhelm Pfregner.*
Martin Putzel sen.	Hopfenhandlung	*Martin Putzel sen.*
Victor Leo Putzel	Hopfenhandlung	*Herrmann Kahn. Moritz Putzel.*
Heinrich Ramis	Kurzwaaren	*Heinrich Ramis.*
J. B. Ramis	Kurzwaaren	*Johann Baptist Ramis.*
Franz Rascher	Specereiw., Landesprodukte, Sped., Comm.	*Franz Rascher.*
J. B. Rascher	Fabrik antiker Holzschnitzwaaren u. Meubel	*Johann Baptist Rascher.*
Prof. Dr. Rau sel. Erbe	Parfümerie- u. Toilettew.	*Christine Weber We.*
K. S. Rauh	Kurzwaaren	*Anton Lederer. Ludwig Rau.*
Joh. Pet. Raulino & Comp.	Tabakfabrik	*Carl Michel.*
Reichmann & Strauss	Hopfenhandlung	*Julius Reichmann. Max Strauss.*
Otto Reindl	Buchhandlung	*Otto Reindl.*
H. Reitzenberger	Hopfenhandlung	*Heinrich Reitzenberger. Jette Reitzenberger* **P.** *Simon Reitzenberger* **P.**
G. F. Ringelmann	Seifenfabrik u. Specereiw.	*Georg Friedrich Ringelmann.*
W. Rqcholl	Tabakfabrik	*Joseph Eduard Gnuva. Paul Gnuva* **P.**
J. Rosenfelder	Landesprod., Comm., Sped.	*Isaak Rosenfelder.*
L. Rosenfeld Sohn	Bankgeschäft u. Hopfenhdl.	*Hirsch Hermann Rosenfeld. Lazarus Rosenfeld* **P.**

Rosenwald & Comp	Hopfenhandlung	*Nathan Rosenwald. Moritz Simonsfeld.*
Moritz Rosenwald	Hopfenhandlung	*Nathan Rosenwald. Marx Rosenwald. Elkan Rosenwald.*
Moritz Rosenwald sen.	Lederhandlung	*Moritz Rosenwald*
Chr. Rothkeppel	Apothekerwaarenhandlung	*Christoph Rothkeppel.*
J. N. Rudhart jr	Specereiw., Landesprodukte, Sped., Comm.	*Johann Nicolaus Rudhart.*
Joh. Bapt. Ruppert & Cie.	Speditionsgeschäft	*Carl Ludwig Jäger.*
Moritz Sack	Grosshandlung	*Moritz Sack. Gustav Sack* **P.**
Z. Sack	Hopfenhandlung	*Zacharias Sack. Anton Sack Max Sack.*
J. Gg. B. Schaupp	Leinwandhandlung	*Franz Löw.*
Daniel Schenk	Colonialwaaren en gros	*Daniel Schenk. J. N. Schmitt* **P.**
J. Schenk	Specereiwaaren	*Joseph Schenk*
Caspar Scherer	Weinhandlung	*Caspar Scherer.*
Joh. Bapt. Scherer	Specereiw., Landesprodukte, Sped, Comm.	*Johann Baptist Scherer.*
Joh. Mich. Scherer	Weinhandlung	*Ferdinand Scherer.*
Jos. Schilling	Specerei-, Farbw., Landespr., Samenhdl., Comm, Sped.	*Joseph Schilling.*
H. Schlegler	Eisenhandlung	*Heinrich Schlegler.*
Carl Schlegel	Specereiwaaren	*Carl Schlegel.*
Joh. Georg Schlimbach	Seifenf. u. Specereiw.	*Bonifaz Ultsch.*
Jean Schmittlein & Comp.	Handelsprod. en gros	*Jean Schmittlein. Theodor Gückel.*
Johann Schmittlein	Fabrikant	*Johann Schmittlein.*
Jos. Schnediz	Apotheke	*Jos. Schnediz.*
Gustav Schneider	Landesprod., Comm, Sped	*Gustav Balthasar Schneider.*
Jos. Karl Schneider	Weisswaaren	*Emmeline Schneider We.*
G. Schöner	Landesprod., Comm., Sped.	*Gottfried Schöner.*
Ernst Scholler	Metalldruckerei und Quincalleriehandlung	*Ernst Scholler.*
G. A. Schröppel	Conditorei u. Lebkuchenfabr	*Georg Albrecht Schröppel*
P. J. Schruck	Liqueur- u. Essigfabrik u. Spirituosengeschäft	*Karl Rösch. Peter Franz Weismüller.*
Joh. Bapt. Schuberth	Specereiwaaren	*Johann Baptist Schuberth.*
Josef Schürer	Tabakhandlung	*Heinrich Schürer Ernst Oertel. Gust. Kern.*
A. Schulz Möbelhandlung u. Tapezier	Möbelhandl u. Tapez.-Gesch.	*Anton Schulz.*
J. Schuster	Eisenhandlung	*Johann Schuster.*
Joh. Gabr. Schuster	Specereiw., Landespr, Sped, Comm u. Fettwaarenh.	*Johann Gabriel Schuster.*
Franz Schwager	Specereiw., Landesprodukte, Sped., Comm.	*Franz Schwager*
G. M. Schwager	Specereiw., Landesprodukte, Comm., Sped.	*Felix Schwaiger.*
Seidel & Cie.	Mehlhdl. en gros et en det., Agentur d. Magdeburger-Feuervers. u. Versicher.-Ges. „Donau" in Wien	*Wilhelm Seidel.*
Fritz Sevin	Weinhandlung	*Fritz Sevin.*
Fr. Seyfferth	Specereiw., Landesprodukte, Sped., Comm.	*Friedrich Seyfferth.*
J. Silbermann	Schnitt- u. Modewaaren	*Jonathan Silbermann.*
Simon Silbermann	Handlung	*Simon Silbermann.*
Lazarus Silbermann	Schnitt- u. Modewaaren	*Lazarus Silbermann. Louise Silbermann* **P**
B. F. Sippel	Apotheke	*Bernard Friedrich Sippel.*
Jos. Spörlein		*Jos. Spörlein.*
M. Spörlein	Spec.-, Kurz- u. Wollenw.	*Margaretha Spörlein.*
Ch. Stauch & Cie.	Eisengiesserei	*Commanditgesellschaft. Persönlich haftende Gesellschafter: Anton Langhammer, Wilh. Gramp, Christoph Strauch*
Jos. Julius Steinert	Leim- u. Wichsfabrik	*Julius Steinert.*
Baptist Steinheimer		*Johann Baptist Steinheimer. Max Welzenmüller* **P.**
B. Stiegelschmitt	Stärkefabrik	*Baptist Stiegelschmitt.*
Mart Jos. Stöber & Cie.	Weinhandlung	*Martin Joseph Stöber.*
Ch. M. Stöckel	Garnh., Kurz- u. Stickereiw.	*Christian Stöckel.*

Wilhelm Stössel	Specereiwaaren	*Marie Stössel We.*
Lorenz Stöttner	Spirituosenfabrik	*Lorenz Stöttner.*
Carl Strauss	Grosshändler u. Hopfenhdl.	*Carl Strauss.*
H. Strauss u. Comp.	Hopfenhandlung	*Heinrich Strauss. Josef Strauss.*
H. Strauss junior	Hopfenhandlung	*Ludwig Strauss. Moritz Friedmann* **P**.
Joseph Stummer	Weinhandlung	*Joseph Stummer.*
Adam Sünderhaft	Glas- u. Porzellanhdl.	*Adam Sünderhaft.*
Joh. Teupser	Specereiwaaren	*Joh. Teupser.*
E. F. Thomas	Specereiw., Landesprodukte, Sped., Comm.	*Barbara Thomas We.*
Fried. Aug. Thomas jun.	Specereiw., Landesprodukte, Sped., Comm.	*Friedrich August Thomas.*
Franz. Heinr. Thorbecke ZN. [**HN.** Cassel]	Tabakfabrik	*Wilhelm Jacob Ferdinand Moldenhauer in Cassel. Arthur v. Griesheim in Cassel. Franz Heinrich Thorbecke in Bamberg. Carl Mayer in Bamberg* **P.**
M Treumann & Sohn	Hopfenhandlung	*Samuel Treumann. Jacob Treumann.*
Carl Troll	Handlung	*Carl Troll.*
Hermann Uhlfelder	Hopfenhandlung	*Hermann Uhlfelder. Hannchen Uhlfelder* **P.**
August Ullmann	Weinhandlung	*August Ullmann.*
M. Ullmann	Schnitt- u. Modew.	*Marx Ullmann.*
Thomas Ultsch		*Thomas Ultsch.*
Friedrich Vogtherr	Specereiwaaren	*Friedrich Vogtherr.*
Ludwig Vogtherr	Specereiw., Landespr., Sped., Comm., Gips, Oelmühle u. Oelraffinerie	*Babette Vogtherr We. Friedrich Vogtherr* **P** *Julius Vogtherr* **P.**
M. A. Vornberger	Schnitt- u. Modew.	*Michael August Vornberger.*
Michael Vornberger		*Michael Vornberger.*
Vorschussverein zu Bamberg Eingetragene Genossenschaft	Creditgeschäfte	*Vorstandsmitglieder: Joseph Niezaldi Vorst., Joseph Franz Niedermaier Kassier, Heinr. Strauss, Buchführer. Zur Zeichnung ist jedes Vorstandsmitglied für sich allein bef.*
C. M. Wagner	Papierh. u. Contobücherf.	*Carl Michael Wagner.*
Jos. Wagner	Glas- u. Porzellanhandlg.	*Joseph Wagner*
Th. Fritz Wagner	Eisenhandlung	*Theodor Friedrich Wagner.*
M. Wald		*Adolph Wald*
A. E. Wassermann	Bankgeschäft	*Samuel Wassermann Angelo Wassermann* **P.** *Emil Wassermann* **P.**
F. J. Weber	Galanteriewaaren	*Christine Weber We.*
M. Wenglein	Grosshandlung u. Agenturen	*Michael Wenglein.*
M. Werthmann	Specereiwaaren	*Maria Barbara Werthmann.*
S. Wetzlar		*Salomon Wetzlar.*
Ferdinand J. Wucherer		*Margaretha Wucherer. Lorenz Wacherer.*
Fr. Züberlein	Buchhandlung	*Michael Burkart.*

Barthelmeßhausen. LG. Heilsbronn. BG. u. HG. Ansbach. **Advokaten:** s. Ansbach **Notar:** s. Heilsbronn.

Gebrüder Wolshofer	Hopfenhandlung	*Georg Leonhard Wolshofer. Johann Wolshofer.*

Battenberg. 282 Einwohner. LG. Grünstadt. BG. u. HG. Frankenthal
Advokaten: s. Frankenthal. **Notar**: s. Grünstadt.

Ph. Früh		*Philipp Früh.*
Krug & Cie.	Erdfarbenfabrik	*Jacob Krug II. Otto Friedrich Keppler.*
J. Laise		*Jacob Laise.*
J. Rings II	Erdfarbenfabrik	*Jacob Rings II.*

Battweiler. 355 Einwohner. LG., BG. u. HG. Zweibrücken. **Advokaten** u. **Notare:** s. Zweibrücken.

Nicolaus Blum	Fruchthandlung	*Nicolaus Blum.*
Jabob Lauer & Sohn	Kalkbrennerei	*Jacob Lauer. Jacob Lauer jr.*

Baunach. 1060 Einwohner. LG. Baunach. BG. u. HG. Schweinfurt.
Advokaten: s. Schweinfurt. **Notar:** M. Bauer.

F. Galler		*Friedrich Joseph Galler.*
Joh. Bapt. Roppelt		*Johann Baptist Roppelt.*

Bayreuth. 19,464 Einwohner. St. u. LG., BG. u. HG. Bayreuth.
Advokaten: A. Bachmann, W. Engerer, H. Herding, H. Heydenreich, F. Käfferlein, G. Meyer.
Notare: Dr. J. E. Käfferlein. C. A. Mader.

J. M. Aub	Ellenwaaren	*Fischel Aub.*
E. M. Bachmann	Ellenwaaren	*Emanuel Magnus Bachmann.*

Leo Bamberger	Hopfenhandlung	*Leo Bamberger. Salomon Bamberger.*
G. H. Barth	Lebkuchenfabrik	*Gustav Herrmann Barth.*
August Bauer	Apotheke	*Johann Jacob Gottlob August Bauer.*
J. A. Bauer	Garnh. en gros u. Kurzw	*Johann August Bauer.*
Joh. Julius Bauer	Melberei	*Johann Julius Bauer*
F. Baumgärtner	Spezereiwaaren	*Georg Friedrich Baumgärtner.*
Bayerlein'sche Brauerei	Bierbrauerei	*Christian Gottlieb Hugo Bayerlein.*
F C. Bayerlein	Baumwollenwaarenfabrik	*Friedrich Christian Bayerlein.*
J. L. Bayer	Seilerwaarenfabrik	*Johann Leonhardt Bayer*
Herrmann Bencker	Spezereiwaaren, Weinhandl., Liqueur- u. Essigfabrik	*Johann Christian Herrmann Bencker*
Bettmann & Kupfer	Glasperlenfabrikations- und Export-Geschäft	*Jacob Samuel Bettmann. Martin Kupfer.*
Friedrich Beyer	Juwelen-, Gold- u. Silberwaarenhandlung	*Friedrich Beyer.*
J. Blum'sche Kunstmühle ZN. [**HN.** in Doos bei Nürnberg]	Kunstmühle	*Johann Blum. Zur Zeichnung der Firma als Zweigniederl. ist nur J. Stelzner berechtigt.*
Joseph Boehlen	Weisswaarenhandlung	*Joseph Boehlen.*
Jacob Boehme	Bürsten- u. Pinselwaarenf.	*Margaretha Boehme.*
J. G. Boettger & Comp.	Meubelhandlung	*Johann Gottlieb Boettger* **A.** *Carl Theodor Schmidt. Eberhard Stelzner. Franz Türk. Johann Georg Julius Schaupp.*
J. A. Boller	Eisen- und Metallwaaren, Waffenhammerwerk und Schleiferei	*Jgnatz Andreas Boller.*
Louis Brehmer	Seilerwaarenhandlung	*Ludwig Brehmer.*
M. August Burger	Uhrenfabrikation	*Johann Michael August Burger.*
Th. Burger	Buch- u. Steindruckerei	*Christian Theodor August Friedrich Burger.*
Wolfg. August Burger	Uhrmacher	*Wolfgang August Burger.*
Loeb. Gerson Cahn	Ellenwaaren	*Bernhardt Cahn.*
Leonhardt Daur	Drechslerwaarenhandl.	*Johann Leonhardt Daur.*
Friedrich Degen	Conditorei	*Friedrich Degen.*
Sophie Degen	Putzwaaren	*Sophie Degen.*
Rosalie Deyel	Modewaaren	*Rosalie Deyel*
B. Diebel	Spezereiwaaren	*Bonaventura Diebel.*
Wilhelm Dietrich	Spezereiwaaren	*Joseph Wilhelm Dietrich.*
Fr. Carl Dilchert	Colonialwaaren en gros, Spiritus-, Essig- u. Knochenkohlefabrik	*Friedrich Carl Dilchert. Jacob Krauss.*
Eduard Dörnhöffer	Spezereiwaaren u. Spedition	*Eduard Paul Christoph Dörnhöffer.*
Georg Dollhopf	Melberei	*Georg Martin Dollhopf*
Friedrich Eissenbeiss	Spezereiwaaren	*Johann Leonhardt Conrad Eissenbeiss.*
Ottmar Eissenbeiss	Garn en gros	*Friedrich Adam Ottmar Eissenbeiss.*
E. Elbinger	Lebkuchenfabrik	*Johann Rudolph Eduard Elbinger.*
Georg Engelbrecht	Cigarrenfabrik	*Georg Engelbrecht.*
Andreas Ernst		*Andreas Ernst*
Joh. Eysser	Tapeziergeschäft u. Meubelf.	*Johann Adam Eysser.*
Gebr. Feilner	Spirituosen- u. Cigarrenh.	*Karl Christoph Feilner. Georg Heinr. Feilner.*
Friedrich Feustel HN. [**ZN.** Kissingen]	Bankgeschäft	*Friedrich Feustel. Ludwig Brand* **P.**
Isac Fleischmann	Hopfen- u. Viehhandel	*Isac Fleischmann.*
Anton Friedmann	Spezereiwaaren	*Anton Friedmann.*
Joseph Friedmann	Band-, Garn-, Knopf-, Kurz- u. Galanteriew. en gros	*Joseph Friedmann.*
Wilhelm Friedmann	Conditorei	*Marcus August Wilhelm Friedmann.*
Christian Friedrich	Nadlerwaaren	*Johann Christian Friedrich.*
Gasfabrik Bayreuth	Actiengesellschaft z. Zwecke der Gasfabrikation	*Die Direction besteht aus 5 Mitgliedern, nämlich: Friedrich Carl Dilchert, Herrmann v. Regemann, Theodor Wagner, Johann Georg Krauss, Anton Friedrich Keim. Die Firma wird durch sämmtliche Directionsmitglieder gezeichnet*
J. Gebhardt	Seilerwaarenhandlung	*Johann Gebhardt*
Gustav Gerber	Eisenhandlung	*Gustav Gerber.*
Carl Giessel	Buchhandlung	*Carl August Felix Giessel. August Leffler* **P.**
Johann Georg Graef	Juwelen-, Gold- u. Silberwaarenhandlung	*Johann Georg Graef.*
Grau'sche Buchhandlung	Buchhandlung	*Johann Christoph Heinrich Grau.*

Adolph Grünewald	Weinhandl. u. Specereiw	*Johann Adolph Wilhelm Grünewald.*
Friedrich W. Grünewald	Zinngiesserei	*Friedrich Wilhelm Grünewald.*
Heinrich Gummi	Specerei- u. Farbwaaren	*Friedrich Heinrich Gummi*
R. Th. H. Gummi	Apotheke	*Rudolph Theodor Herman Gummi.*
Andreas Friedrich Haendel	Riemerei	*Andreas Friedrich Haendel.*
Friedrich Haendel	Specereiw. Liqueurfabr.	*Friedrich Haendel*
Georg Haendel junior	Riemer	*Johann Georg Haendel.*
S. J. Harburger	Siegellack-, Federkiel- und Oblatenfabrik	*Samuel Harburger.*
G. Heidenreich	Mehlhandlung	*Georg Heidenreich*
J. N Heinz	Kleidermagazin	*Johann Nicolaus Heinz.*
Friedrich Helmreich	Specereiwaaren	*Christoph Friedrich Helmreich.*
August Hensel	Mechan. Werkstätte. Nähmaschinenfabrik	*Johann August Hensel. Eduard Zidler* **P.**
Christian Herold	Baumwollenwaarenfabrik	*Johann Christian Friedrich Herold.*
Georg Herrmann	Landesproduktenhandl.	*Georg Herrmann.*
J. S. Herrmann	Specerei- u. Colonialw.	*Johann Sebastian Herrmann.*
Heinrich Herzstein	Kurzwaarenhandlung	*Heinrich Herzstein.*
Carl Heuberger	Nadlerwaaren	*Johann Christoph Carl Heuberger.*
Z. Jul. Heuberger	Uhrenfabrikant	*Zacharias Julius Heuberger.*
J. M. Heuschmann	Buchbinderei, Galanteriew., Linir-Anstalt	*Johann Michael Heuschmann.*
Wilh. Hoeflich	Specereiw., Comm., Sped. u. Incasso	*Johann Christoph Wilhelm Hoeflich.*
Heinrich Hoereth	Buch- u. Steindruckerei	*Friedrich Christian Hoereth.*
Paul Hofmann	Kappenfabrik	*Paulus Hofmann.*
J. M. Hopfmüller	Specereiwaaren	*Johann Martin Hopfmüller.*
Christian Hübner	Weberei	*Johann Christian Lorenz Hübner.*
Herrmann Isner	Ellen- u. kurze Waaren	*Herrmann Isner.*
Joh. Jungkunst	Tuchfabrik	*Johann Jungkunst.*
Th. Kaeferstein	Specereiwaaren	*Johann Thomas Kaeferstein.*
F. A. Kaestner	Posamentiergeschäft	*Johanna Katharina Kaestner.*
J. Gottlob Kaestner	Specereiwaaren	*Eleonore Magdalena Kaestner.*
Joh. Carl Kaestner	Riemer	*Johann Carl Kaestner.*
S. Karpeles	Galanteriewaaren	*Salomon Karpeles.*
A. F. Keim	Garn en gros u. Strickgarnf.	*Anton Friedrich Keim. Ernst Keim* **P.**
Joseph Klein	Hopfenhandlung	*Joseph Klein.*
Kleidermagazin von J. Th. Knauer	Kleiderhandlung	*Johann Thomas Knauer*
F. C. Koegler	Buchbinderei	*Johann Leonhard Koegler.*
Königl. Bayer. Filialbank Bayreuth ZN. [HN. Nürnberg]	Bankgeschäfte	*Der kgl. Bayerische Staat. Vorstand und Disponent im kaufmänn. Verkehr ist der k. Bankoberbeamte Kimel und hat derselbe alle kaufmännischen Ausfertigungen unter Beidrückung des Siegels zu unterzeichnen und in dessen Verhinderung sein Stellvertreter der k. Bankcassier Johann Baptist Neidert.*
Königliche Hofapotheke	Apotheke	*Julie Mathilde Marie Opel, Marie Fides Elise Hofmann, Johann Christoph Meyer* **P.** *zeichnet die Firma: Kgl. Hofapotheke J. C. Meyer.*
Joh. Conrad Kolb	Specereiwaaren	*Christian Andreas Kolb.*
Joh. Georg Kolb	Leinen- u. Baumwollw.-F.	*Ludwig Kolb.*
Johann Mathäus Kolb	Specerei- u. Kurzw. Agent.	*Johann Mathäus Kolb. Christian Heinrich Friedrich Herold.*
Johann Georg Krauss	Baumwollenw.-F., Zwirnerei	*Henriette Krauss.*
Friedrich Kroher	Buchbinderei	*Johann Friedrich Kroher.*
Philipp Kroher	Specereiwaaren	*Philipp Kroher.*
J. Krück	Mehl- u. Produktenh.	*Jacob Krück.*
Luitpold Kurzmann	Ellenwaaren	*Luitpold Kurzmann.*
Kutz & Baer	Manufacturwaarenh. en gros	*Jacob Kutz Isaac Baer*
H. Lang	Wäschef., Leinen- u. Weissw.	*Heinrich Lang.*
Ulrich Langheinrich	Papierfabrik	*Ulrich Langheinrich.*
Johann Georg Lauterbach	Specereiw. Liqueurf.	*Johann Georg Lauterbach.*
J. M. Lauterkorn	Kleiderhandlung	*Johann Martin Lauterkorn.*
G. N. Leindecker	Uhrenfabrik	*Georg Nicolaus Leindecker.*
N. R. Loewenberger	Ellenwaaren	*Pauline Loewenberger. Max u. Raphael Löwenberger* **P.**
L. Loewenthal	Negoziant	*Loew Loewenthal.*

Konrad Mack	Schwarzblech- u. Kochgeschirrfabrik	*Johann Konrad Leonhard Mack. Carl Erhard Haefner* P.
Malzfabrik v. Carl Hofmann	Malzfabrik	*Carl Hofmann.*
Georg Martin	Gerberei	*Johann Michael Georg Martin.*
Adam Masel	Specereiwaaren	*Adam Masel.*
Bernhard Mayer	Ellenwaaren	*Loew Mayer*
Mechan. Baumwollen-Spinnerei	Baumwollenspinnerei	*Der Geschäftsbetrieb der Gesellschaft wird durch 2 Beamte besorgt, nämlich: Karl Kolb, Director; Christian Mainberger, Controleur. Diese beiden Beamten zeichnen die Firma gemeinschaftlich. Bei Abwesenheit des Controleurs Mainberger zeichnet der Director Kolb die Firma allein, während dieselbe bei Abwesenheit des Directors von dem Controleur und dem Vorstand Louis Rose wie folgt gezeichnet wird: Theodor Schmidt, Vorstand; Christian Mainberger. Den Vorstand der Gesellschaft bilden Louis Rose in seiner Eigenschaft als Vertreter und Repräsentant der Firma „Theodor Schmidt", Vorstand; Friedrich Feustel, Secretär u. Vorstandsstellvertreter. Der Vorstand zeichnet für die Gesellschaft: Mechanische Baumwollen-Spinnerei. Theodor Schmidt, Vorstand; Friedrich Feustel, Secretär. Der Ausschuss besteht aus folgenden Mitgliedern: Friedrich Feustel, Georg Funk, Friedrich Kimmel, Ludwig August Riedinger, Leopold Wilmersdörfer, Eduard v. Suckau, Louis Rose in Vertretung der Firma „Theodor Schmidt."*
Herrmann Mengert	Specereiwaaren	*Adam Friedrich Herrmann Mengert.*
J. Merkel	Spirituosen	*Johann Merkel*
Joh. Georg Meyer	Schuhfabrik	*Johann Georg Mayer.*
J. W. Meyer	Colonialwaaren en gros	*Johann Friedrich Wilhelm Meyer.*
Christian Münch junior	Colonialwaaren en gros	*Carl August Münch.*
Friedrich Nachtigall	Tapeziergeschäft	*Johann Friedrich Nachtigall.*
Thomas Pallmann	Siebmacher. Strohhutfabr.	*Thomas Pallmann.*
August Pausch	Specerei-, Farb-, Tabak-, Kurzwaaren	*Heinrich Christoph Friedrich Scherber.*
Heinrich Pueschel	Uhrenfabrik	*Heinrich Püschel.*
J. C. Rauh	Specereiwaaren	*Johanna Rauh.*
J. H. Rauh	Bierbrauerei	*Johann Heinrich Rauh.*
Albert Redlich	Ziegel- u. Kalkbrennerei	*Wilhelm Ludwig Albert Redlich.*
v. Regemann'sche Factorie	Ziegel- u. Kalkbrennerei	*Herrmann v. Regemann.*
H. Ries	Eisenhandlung	*Hans Ries. Friedrich Ries* P.
Karl Roder	Seilerwaarenhandlung	*Lorenz Karl Roder.*
W. Rosenmerkel	Specereiwaaren	*Salomon Wilhelm Rosenmerkel.*
G. Rosskamm	Garn-, Band- u. Spitzen en gros	*Gabriel Rosskamm.*
Johann Sack	Weberei	*Johann Sack.*
Heinrich Sammet	Gold- u. Silberwaarenhandl.	*Johann Christian Heinrich Sammet.*
Paulus Sammet	Packträger-Institut.	*Johann Paulus Sammet.*
J. E. Schaller	Weberei	*Johann Erhardt Schaller.*
H. Scharrer & Koch	Glasperlenfabrik	*Heinrich August Scharrer. Christian Koch. Victor Booth.*
Friedr. Schatz	Eisenhandlung	*Georg Friedrich Schatz.*
J. Schierbaum	Specerei- u. Produktenh.	*Johann Schierbaum.*
Leonh. Schindler	Weberei	*Leonhardt Schindler.*
P. Schindler junior	Ellenwaaren	*Peter Schindler.*
J. Ch. Schlenk	Gerberei	*Johann Christoph Schlenk.*
C. Schmidhammer	Parfümeriewaarenf.	*Johann Georg Christian Sophian Schmidhammer.*
Christoph Adam Schmidt	Colonialwaaren en gros	*Christoph Adam Schmidt.*
Ernst Schmidt	Galanterie- u. Spielwaaren	*Ernst Marian Georg Schmidt.*
George Schmidt	Bierbrauerei	*Johann Georg Schmidt.*
J. C. Schmidt	Eisen-, Stahl- u. Metallw.-H.	*Johann Christoph Schmidt. Georg Carl Schmidt.*
J. M. Schmidt	Drechslerwaaren	*Johann Matheus Schmidt.*
J. Konrad Schmidt	Kunstmühle	*Johann Konrad Schmidt.*
Theodor Schmidt	Zucker-Raffinerie u. Spirit.-Fabrik	*Karl Heinrich Willink. Gustav Adolph Schoen. Louis Rose. Herrmann Schmidt. Otto Rose. Emil Rose. Zur Zeichnung der Firma und zwar jeder einzeln sind berechtigt: Louis Rose, Hermann Schmidt, Otto und Emil Rose.*
J. Schneider	Weberei	*Johann Schneider.*
Christian Schobert	Kohlen-, Holz-, Petroleum-, Farben- u. Gypsgeschäft	*Christian Schobert.*
Wilhelm Schüller	Colonialw. u. Cigarrenhdlg., Bankgeschäft	*Johann Philipp Wilhelm Schüller. Carl Friedrich Schüller.*
J. L. Schuffenhauer	Specereiwaaren	*Johann Leonhard Schuffenhauer.*
S. Schwabacher	Bankgeschäft	*Salomon Schwabacher. Michael Schwabacher.*

Christian Schwarz	Kleider- u. Tuchhandlung	*Christian Eberhard Schwarz.*
J. Schweiger & Co.	Galanteriewaaren	*Ignaz Wilhelm Tripss.*
A. E. Schweitzer	Specereiwaaren	*Alois Eugen Schweitzer.*
B. Seligsberg	Bücher-Antiquariat	*Benedict Seligsberg.*
Adolarius Semmelmann	Eisenhandlung	*Sophie Barbara Friederika Semmelmann.*
Carl Senfft	Buchbinderei	*Johann Carl Senfft.*
A. Sinn	Weberei	*Antoinette Sinn.*
Sorge & Specht	Bonbonfabrik, Conditorei	*Hermann Specht. Otto Sorge.*
Friedr. Speckner	Specereiwaaren	*Sophie Speckner.*
Heinrich Stahn	Posamentiergeschäft	*Johann Heinrich Stahn.*
G. Staudt	Klempner	*Johann Staudt.*
J. Staudt	Seilerwaarenhandlung	*Johann Michael Staudt.*
Ed. Steingraeber	Clavierfabrik	*Eduard Steingraeber.*
Fritz Steininger	Weberei	*Friedrich Martin Michael Steininger.*
Joh. Sam. Stengel	Instrumentenfabrik	*Johann Simon Stengel.*
Joh. Alb. Stoll	Tuchfabrik	*Johann Albrecht Stoll.*
Joseph Strauss	Hopfenhandlung	*Joseph Strauss. Ernestine Strauss* **P.**
Martin Strauss	Hopfenhandlung	*Martin Strauss.*
C. Strebel HN. [ZN. Nürnberg]	Schirm- u. Strohhutfabr.	*Johann Caspar Strebel.*
Eduard Stützer	Specereiwaaren	*Eduard Stützer.*
Gebr. Teuscher	Glasperlenfabrik	*Bruno Teuscher. Wilhelm Oscar Teuscher. Albert Dietz.*
Emil Thon	Tapeziergeschäft	*Emil Thon.*
J. H. Trautner	Strumpfwaarenfabrik	*Johann Heinrich Trautner.*
Friedrich Ernst Tripps	Specereiwaaren	*Friedrich Ernst Tripss.*
Leopold Uhlfelder	Kurzwaaren	*Leopold Uhlfelder.*
Oskar Ulbrich	Cigarren-, Häring-, Käsehandlung en gros	*Oscar Ulbrich.*
Carl Vogel	Klempner	*Johann Carl Achatius Vogel.*
J. G. Vogel	Specereiwaaren	*Johann Georg Vogel.*
Julius Wagner	Hohl-, Tafel-Glas, Spiegel, Steingut, Porzellan	*Ernestine Wagner.*
Rich. Wagner	Steinkohlen en gros	*Mina Wagner. Theodor Wagner* **P.** *Die Firma wird nur durch den Procuristen gezeichnet.*
Heinrich Wendler	Weberei	*Johann Heinrich Wendler.*
J. H. Wengert	Weberei	*Johann Heinrich Wengert.*
Joh. Fried. Wich	Juwelenhandlung	*Adolph Wich.*
M. J. Wiedemann	Apotheke	*Max Joseph Wiedemann.*
D. Williams Wilmersdoerffer	Ellenwaaren	*David Williams Wilmersdoerffer.*
H. M. Wilmersdoerffer	Ellenwaaren	*Mayer Wilmersdoerffer.*
Max W. Wilmersdoerffer	Ellenwaaren	*Max Williams Wilmersdoerffer.*
L. W. Wilmersdoerffer	Bankgeschäft	*Leopold Williams Wilmersdoerffer.*
Friedrich Winterbeck	Posamentier- u. Knopfw.-H.	*Johann Friedrich August Winterbeck.*
C. Woelfel	Backsteinf., Granitschleiferei	*Johann Carl Woelfel.*
Jakob Würzburger senior	Ellenwaaren	*Moritz Würzburger.*
J. Würzburger junior	Ellenwaaren	*Isaac Würzburger.*
Leopold Würzburger	Negoziant	*Leopold Würzburger.*
G. L. Wunschel	Strumpfwaarenfabr.	*Georg Ludwig Wunschel.*
Hch. Zehelein	Porzellanwaaren	*Heinrich Zehelein.*

Bayersoyen. LG. Schongau. BG. Weilheim HG. München I. d. J.

Advokaten: s. Weilheim. **Notare:** s. Schongau

Franz Bierling	Gemischte Waaren	*Franz Bierling.*

Bebelsheim. 669 Einwohner. LG. Blieskastel. BG. u. HG. Zweibrücken.

Advokaten: s. Zweibrücken **Notar:** s. Blieskastel.

Jakob Kinsinger	Specereiwaarenhandlg.	*Jacob Kinsinger.*
Joseph Kinsinger	Handelsmühle	*Joseph Kinsinger.*

Bechhofen. 667 Einwohner. LG. Herrieden. BG. u. HG. Ansbach.

Advokaten: s. Ansbach. **Notar**: s. Herrieden.

S. Heinsfurther	Specereiwaarenhandl	*Seckel Heinsfurther.*
Georg Binder	Eisenhandlung	*Georg Binder.*
Koppel Hubert	Specerei- u. Rauhwaarenh.	*Koppel Hubert.*
August Kettler	Specereiwaarenh.	*August Kettler.*
D. L. Schloss	Schnittwaarenh.	*David Loeb Schloss.*
Marx Schloss	Pinself., Spec.- u. Lederh.	*Marx Schloss.*

Samuel Schloss	Schnittwaarenhandl.	*Samuel Schloss.*
Salomon Schulein	Schnittwaarenhandl.	*Salomon Schulein.*
A. Schuler	Apotheke	*Adolph Schuler.*
Lazarus Wohlfahrth	Schreibmat - u.Galant.-W.-H.	*Lazarus Wohlfahrth.*
Max Wohlfahrth	Schnitt- u. Eisenwaarenh	*Max Wohlfahrth.*
M. H Wohlfahrth	Schnittw - u Hopfentuchhdl.	*Moses Hirsch Wohlfahrth. Max Wohlfahrth* **P.**
Hermann Ziegler HN. [ZN. Friesdorf]	Apotheke	*Adolf Schuler von Oberbreit, Procurist für die Apotheke in Bechhofen.*
Moses Zollfrey	Schnittwaaren u. Tuchhandl.	*Moses Seckel Levi Zollfrey*
Adam Zollhöfer.	Eisenhandlung	*Adam Zollhöfer.*

Beedermühle. LG Homburg BG u HG Zweibrücken. **Advokaten:** s. Zweibrücken. **Notare:** s. Homburg.

Joseph Baumann	Handelsmühle	*Joseph Baumann.*

Beilngries. 1520 Einwohner. LG. Beilngries. BG Eichstädt. HG Nürnberg.
Advokaten: s Eichstädt. **Notar:** F X Meier

Jos. Beck	Spec.-, Schnittw. u. Tuchh.	*Joseph Beck.*
Alois Distlberger	Specerei- u. Schnittwaarenh.	*Alois Distlberger.*
Alois Guppenberger	Spez. u. Schnittwaaren	*Alois Guppenberger.*
Carl Knitel	Specerei- u. Schnittw -H.	*Carl Knitel.*
Johann Leuze	Specerei- u. Schnittw.-H.	*Johann Leuze*
Michael Meyer		*Michael Meyer.*
Joh. Moser	Spec -, Schnitt- u Farbw.-H.	*Joh. Moser*
J. A. Muser	Specerei- u. Schnittwaarenh.	*Johann Albert Muser*
J. B. Prinstner	Brauerei	*Johann Baptist Prinstner.*
J. B. Prinstner HN. [**ZN.**Prunn]	Dampf-Schneid- u. Kunstmühle	*Johann Baptist Prinstner.*
J. B. Prinstner HN. [**ZN.** Prunn]	Glasfabrik	*Johann Baptist Prinstner.*
J. B. Prinstner	Holzhandelgeschäft	*Johann Baptist Prinstner.*
J. B. Prinstner HN. [**ZN.** Töging]	Kalkbrennerei Ziegelfabrik	*Johann Baptist Prinstner.*
Michael Schattenhofer	Eisenhandlung	*Michael Schattenhofer.*
Otto Schnediz	Apotheke	*Otto Schnediz.*

Beilnstein. 116 Einwohner LG. Hemau. BG. u HG. Regensburg.
Advokaten s. Regensburg **Notar:** s. Hemau.

Johann Plank	Kunstmühle	*Johann Plank.*

Beindersheim. 533 Einwohner. LG, BG u. HG. Frankenthal.
Advokaten u. **Notare:** s Frankenthal.

C. Helbig	Specereiw.	*Conrad Helbig.*
K. Fruth	Specereiw.	*Conrad Fruth II.*

Bellenberg. 360 Einwohner. LG. Illertissen. BG u. HG Memmingen.
Advokaten: s. Memmingen **Notar:** Friedrich Weber in Illertissen

C. Beckert ZN. [**HN.** in Ulm]	Drahtfabrik	*Constantin Beckert. Constantin Conrad Beckert.*

Bellheim. 2670 Einwohner LG. Germersheim. BG. u HG. Landau.
Advokaten s. Landau. **Notare:** s Germersheim

Ph. M. Bossert	Manufactur- u. Takaksgesch.	*Philipp Michael Bossert.*
Heinr. Breinig	Mahl- u. Oelmühle	*Heinrich Breinig.*
Joseph Cuno	Specerei- u. Eisenwaaren	*Joseph Cuno.*
Joseph Harder	Mahl- u Oelmühle	*Joseph Harder.*
Eugen Müller	Cigarrenfabrik	*Eugen Müller.*
Carl Ph. Schönlaub	Specerei- u. Eisenwaaren	*Carl Philipp Schönlaub.*
F. Stephany	Specerei-, Eisenwaaren und Lederhandlung	*Franz Daniel Stephany.*
Weinmann & Schaefer	Bierbrauerei	*Herrmann Schäfer Joh. Bapt. Weinmann.*

Beratzhausen. 966 Einwohner LG. Hemau. BG. u. HG. Regensburg
Advokaten s Regensburg **Notar** s. Hemau.

Jacob Scheck		*Jakob Scheck*

Berching. 1464 Einwohner. LG. Beilngries. BG. Eichstädt. HG. Nürnberg.
Advokaten: s Eichstadt. **Notar:** s. Beilngries.

Jos. Glossner	Geschmeidehandl.	*Joseph Glossner*
Richard Mittenhuber	Specerei- u. Schnittw.-H.	*Richard Mittenhuber.*
Franz Pitt	Specerei- u. Schnittw.-H.	*Franz Pitt.*
Johann Michael Reiner	Eisenhandlung	*Johann Michael Reiner.*
Clement Schneeberger	Specerei- u. Schnittw.-H.	*Clemens Schneeberger.*

Berchtesgaden. 1812 Einwohner. LG. Berchtesgaden. BG. Traunstein. HG. München r. d. J.
Advokaten: s. Traunstein **Notar:** L. v Savoye.

Rudolf Eisenmann	Spec.-, Kurz- u Schnittw.	*Rudolf Eisenmann.*

Andreas Kaserer	Holzwaarenverleger	*Andreas Kaserer.*
Jakob Kerschbaumer	Schnitt-, Kurz- u. Holzw.	*Jakob Kerschbaumer.*
Anna Nusser	Strumpfwaaren	*Wilgefort Vanwerden.*
Seb. Papst		*Sebastian Papst.*
Andreas Renoth	Holzwaarenverleger	*Andreas Renoth.*
Johann Wallner	Holzwaarenverlag	*Anton Walch.*

Berg. 1020 Einwohner. LG. Kandel. BG. u. HG. Landau.
Advokaten: s. Landau. **Notar:** s. Kandel.

Damian Barth	Specerei- u. Ellenw.	*Damian Barth.*
Franz Bumiller	Specerei- u. Ellenw.	*Franz Bumiller.*
F. Ant. Walz	Specereiwaarenh.	*Franz Anton Walz.*

Bergel. 845 Einwohner. LG. u. BG. Windsheim. HG. Fürth. **Advokaten** u. **Notare:** s. Windsheim.

Carl Böser	Specereiw. u. Conditorei	*Johann Carl Friedrich Oswald Boser.*
Michael Kraft	Schnittwaarenh.	*Georg Michael Kraft.*
Michael Schwarz	Weberei u. Specereiw.	*Michael Schwarz.*
Doris Stumpf	Drechslerwaaren	*Doris Stumpf.*

Bergtheim. LG., BG. u. HG. Würzburg. **Advokaten** u. **Notare:** s. Würzburg.

Wilhelm Hammer	Apotheke	*Wilhelm Hammer.*

Bergzabern. 2522 Einwohner. LG. Bergzabern. BG. u. HG. Landau.
Advokaten: s. Landau. **Notar:** C. L. Hoerner.

Michael Agne	Eisenhandlung	*Michael Agne.*
J. Ph. Bosch	Specerei, Glas- u. Kurzw.	*Johann Philipp Bosch.*
Georg Brandt	Cigarren- u. Tabakhdl.	*Georg Brandt.*
Samuel Dreyfus		*Samuel Dreyfus.*
Aron Feiss	Fruchthandlung	*Aaron Feiss.*
Jung & Auffarth	Schnitt- u. Specereiw. und Weinhandlung	*Michael Jung. Friedrich Wilhelm Auffa*
August Jung	Bierbrauerei	*August Jung.*
J. Georg Jung	Weinhandlung	*Johann Georg Jung.*
Lorenz Hertl	Specerei- u. Schnittw.	*Lorenz Hertl.*
Kaufmann & Blum	Wein- u. Branntweinhdl.	*Peter Kaufmann. Laura Blum.*
Friedr. W. Kessler	Specerei- u. Schnittw.	*Friedrich Wilhelm Kessler.*
Gebrüder Mayer	Specerei- u. Schnittw.	*Heinrich Mayer. Gabriel Mayer.*
Isaac Müller		*Isaac Müller.*
Julius Neubert	Weinhandlung	*Julius Neubert.*

Bernbeuern. 574 Einwohner. LG. Schongau. BG. Weilheim. HG. München l. d. J.
Advokaten: s. Weilheim. **Notare:** s. Schongau.

Franz Anton Braunmüller		*Franz Anton Braunmüller.*

Berneck. 1294 Einwohner. LG. Berneck. BG. u. HG. Bayreuth.
Advokaten: s. Bayreuth. **Notar:** G. Burkart.

Moritz Eschenbach	Porzellan- u. Specereiw.	*Wilhelmine Louise Eschenbach.*
N. Hartung	Eisenhandlung	*Johann Nicolaus Hartung.*
J. Nicol. Heintz	Specereiwaaren	*Johann Nicolaus Heintz.*
Friedr Kaufmann	Krämerei	*Friedrich Kaufmann.*
Ludwig Koerbitz	Apotheke	*Ludwig Koerbitz.*
Joh. Georg Künneth	Bierbrauerei	*Johann Georg Künneth.*
J. C. Lotholz	Zeugfabrik	*Johann Carl Lotholz.*
Georg Reichel	Weberei	*Johann Georg Reichel.*
Friedr. Rögner	Conditorei	*Friedrich Carl Christian Roegner.*
G. C. Rögner	Conditorei	*Georg Carl Roegner.*
A. F. Schmidt	Gold- u. Silberwaarenlager	*Andreas Friedrich Schmidt.*
Adolph Schmidt	Uhrenfabrik	*Johann Christoph Adolph Schmidt.*
J. H. Schmidt	Weberei	*Jacob Heinrich Schmidt.*
Erhard Schneider	Weberei u. Schnittw. en gros	*Barbara Schneider. Johann Conrad Schi der P.*
A. Schobert	Specereiwaaren	*Adam Schobert.*
Christoph Weigand	Eisenhandlung.	*Johann Christoph Weigand.*

Berolzheim. 968 Einwohner. LG. Heidenheim. BG. Eichstädt. HG. Nürnberg.
Advokaten: s. Eichstädt. **Notar:** s. Heidenheim.

J. E. Herz	Lederhandlung	*Juda Emanuel Herz.*
A. H. Meyer	Specereiwaarenhandlung	*Abraham Hirsch Meyer.*
Seligmann Schönwalter	Specereiwaarenhandlung	*Seligmann Schönwalter.*
E. Schröder	Apotheke	*Ernst Schröder.*

Bertholsdorf. LG. Heilbronn. BG. u. HG Ansbach. **Advokaten:** s. Ansbach. **Notar:** s. Heilbronn.

Andreas Rupp	Specereiwaarenhdl.	*Andreas Rupp.*

Bertoldsheim. LG. Monheim BG. Donauwörth. HG Augsburg.
Advokaten: s. Donauworth **Notar:** s. Monheim

Jos. Rosenwirth		*Josef Rosenwirth.*

Bettbrunn. 150 Einwohner. LG. Riedenburg. BG. u. HG. Regensburg.
Advokaten: s Regensburg. **Notar:** s. Riedenburg.

Johann Pickl	Krämerei	*Johann Pickl.*

Bettenhausen. LG. Landstuhl. BG. u. HG. Zweibrücken. **Advokaten:** s. Zweibrücken. **Notar:** s. Landstuhl.

Abraham Isaac	Viehhandel	*Abraham. Isaac.*

Bettwar. LG. Rothenburg. BG. u. HG. Fürth. **Advokaten:** s Windsheim **Notar:** s Rothenburg.

Georg Leonh. Eberlein	Müller	*Georg Leonhard Eberlein.*

Betzenstein. 615 Einwohner. LG. Pottenstein. BG. u. G. Bayreuth.
Advokaten: s Schweinfurt. **Notar:** s. Pottenstein.

Philipp Jacob Galster	Specerei- u. Schnittw.	*Philipp Jacob Galster.*
H. Lipfert	Krämerei	*Heinrich Lipfert.*
Johann Schmidt	Spec.- u. Schnittw. Rosogliof.	*Johann Schmidt.*

Beutelsbach. 1038 Einwohner. LG. Vilshofen. BG. u. HG. Passau.
Advokaten: s. Passau. **Notar:** s. Vilshofen.

Franz Goegl	Krämerei	*Franz Goegl.*

Markt Bibart. 620 Einwohner. LG. Markt Bibart. BG. Windsheim. HG. Fürth.
Advokaten: s. Windsheim **Notar:** K F. Strebel

Heinrich Hering	Apotheke	*Heinrich Hering.*
Caspar Meinzinger	Specerei- u Eisenwaarenh.	*Caspar Meinzinger*
Jacob Weckert	Specerei- u. Eisenwaarenh	*Jacob Weckert.*

Biberbach. 350 Einwohner. LG Waldmünchen. BG. Neunburg v. W. HG. Regensburg.
Advokaten s. Regensburg **Notar** s. Waldmünchen.

Adam Babl	Krämerei	*Adam Babl.*

Biebergau. 520 Einwohner. LG Dettelbach BG. u. HG Würzburg.
Advokaten: s. Würzburg **Notar:** s Dettelbach.

Rosenheim & Schrotter	Viehhandel	*David Rosenheim. Joël Schrotter.*
S. Rosenheim	Gemischte Waarenhandlung	*Samuel Rosenheim.*

Biebermühle. LG. Pirmasens. BG. u. HG. Zweibrücken.
Advokaten: s Zweibrücken. **Notar:** s Pirmasens

Samuel Goebels Wwe.	Handelsmühle	*Jacob Louise Goebels. Friedrich Goebels* **P.**

Biedesheim. 660 Einwohner. LG Göllheim. BG. u. HG Kaiserslautern.
Advokaten: s. Kaiserslautern. **Notare:** s. Göllheim

Gimbel Elias	Specerei- u. Ellenw.	*Elias Gimbel.*
Gimbel Isaac	Specerei- u. Ellenw	*Isaac Gimbel.*
Gimbel L.	Specerei- u. Ellenw.	*Lehmann Gimbel.*
Hellurg Christoph II HN. [ZN. Rüffingen]	Specerei- u. Ellenw.	*Christoph Hellurg II.*
Lemmel Moses	Specerei- u. Ellenw.	*Moses Lemmel.*
Loeb Nathan	Specerei- u. Ellenw.	*Nathan Loeb.*
Sulenburger Isaac	Specerei- u. Ellenw	*Isaac Sulenburger.*

Bierbach. 770 Einwohner. LG Blieskastel. BG u HG Zweibrücken.
Advokaten: s. Zweibrücken. **Notar:** s. Blieskastel.

Philipp Sulbach	Specereiwaaren	*Philipp Sulbach.*

Bihlerdorf. LG. Immenstadt. BG u. HG. Kempten.
Advokaten: s. Kempten. **Notar:** s. Immenstadt.

Joh. G. Judas	Huckler & Specereihdl.	*Johann Georg Judas*
Johann Stach		*Johann Stach.*

Billenhausen. 500 Einwohner. LG. Krumbach. BG. u. HG. Memmingen.
Advokaten: s. Memmingen. **Notar:** Alois Kögelmayer in Krumbach.

Elisabeth Seitz Wittwe		*Elisabetha Seitz Wittwe.*

Billigheim. 1440 Einwohner. LG. Bergzabern. BG. u. HG Bergzabern.
Advokaten: s Landau. **Notare:** s. Bergzabern.

Aug. Baader	Weinhdl. u. Essigfabr.	*August Baader.*

Binswang. LG. Sonthofen BG. u. HG Kempten. **Advokaten:** s. Kempten. **Notar:** s. Sonthofen.

Joh. Mich. Mösmang	Nagelhändler	*Michael Mösmang.*
F. Ant. Mösmang	Nagelschmied	*Franz Anton Mösmang.*

Binswangen. 356 Einwohner. LG. Leutershausen BG. u. HG. Ansbach.
Advokaten: s Ansbach. **Notar:** s. Leutershausen.

Johann Georg Heller	Liqueurf., Spec.- u. Eisenh.	*Johann Georg Heller.*

Binswangen. 1074 Einwohner. LG. Wertingen. BG. u. HG. Augsburg.
Advokaten: s. Augsburg. **Notar:** s. Wertingen.

A. & M. Binswanger	Produktenhdlg	*Abraham S. Binswanger. Moses Binswanger.*
Emanuel Binswanger	Liqueurfabrik	*Emanuel Binswanger.*
Eml. Feigenbaum	Schnittw.- u Tuchhandlung	*Emanuel Feigenbaum.*
Jonas Gallinger	Specereiwaaren	*Jonas Gallinger.*
Josef Gallinger	Schnittwaaren	*Joseph Gallinger.*
Aaron Miller	Eisenwaaren	*Aaron Miller.*
Samuel Miller		*Samuel Miller.*
Marx Müller		*Marx Müller.*
Hirsch Löw Neuburger	Tuch- u. Schnittw.	*Hirsch Löw Neuburger.*
Aron Ofner	Eisen- u. Lederwaaren	*Aron Ofner.*
Arnold Schwarz		*Arnold Schwarz.*
Josef I. Strauss	Produktengeschäft	*Joseph Israel Strauss.*
Hirsch Wolf		*Hirsch Wolf.*

Birk. 246 Einwohner. LG. Pegnitz. BG. u. HG. Bayreuth.
Advokaten: s. Bayreuth. **Notar:** s. Pegnitz.

Johann Engelbrecht	Krämerei	*Johann Engelbrecht.*

Birkenleiten. LG., BG u. HG. München r. d. J. **Advokaten** u. **Notare:** s. München l. d. Isar

Blecken & Schur	Spinnerei, chem. Bleiche u. engl. Maschinen	*Wilhelm Heinrich Blecken. Johannes Schur*
Krämer'sche Kunstmühle München	Kunstmühle	*Carl Krämer. Christian Brandl* **P.**

Birkweiler. LG., BG. u. HG. Landau. **Advokaten** u. **Notare:** s Landau.

L. F. Diehl	Weinhandlung	*Ludwig Friedrich Diehl.*
J. J. Grassmück	Weinhandlung	*Johann Jacob Grassmück.*
J. F. Kerth	Weinhandlung	*Johann Friedrich Kerth.*

Birnbach. 580 Einwohner. LG. Griesbach. BG Pfarrkirchen. HG. Passau.
Advokaten: s. Pfarrkirchen. **Notar:** s. Griesbach.

Ignaz Auer	Gemischte Waaren	*Ignaz Auer.*

Bischberg. LG. Bamberg II, BG. u. HG Bamberg. **Advokaten** u. **Notare:** s. Bamberg.

Goldmann & Wachtel	Fettwaarenhandlung	*Jacob Goldmann. Julius Wachtel.*
Michael Wachtel	Hopfenhandlung	*Julius Wachtel.*

Bischbrunn. LG Stadtprozelten. BG u. HG. Aschaffenburg.
Advokaten s. Aschaffenburg **Notar** s. Stadtprozelten.

Johann Georg Vaeth	Specereiwaarenhdl.	*Johann Georg Vaeth.*

Bischheim. 587 Einwohner. LG. Kirchheimbolanden, BG. u. HG. Kaiserslautern.
Advokaten: s. Kaiserslautern. **Notar:** s. Kirchheimbolanden.

Chormann P.		*Philipp Chormann.*
Weil Franz	Handelsmühle	*Franz Weil.*

Bischoffgrün. 1429 Einwohner. LG. Berneck. BG. u. HG. Bayreuth.
Advokaten: s Bayreuth. **Notar:** s. Berneck

Greiner et Kaiser	Glasfabrik	*Johann Christoph Heinrich Kaiser. Magdalena Barbara Greiner. Die Firma wird gemeinschaftlich von Beiden gezeichnet.*
Greiner & Co.	Glasfabrik	*Martin Bodenschatz. Adam Poland.*
Friedericke Greiner Wittwe	Hohlglasfabrik	*Friederike Marie Greiner.*
J. H. Greiner	Krämerei	*Johann Heinrich Greiner.*
Johann Leonhardt Greiner's Wittwe, Sophie	Hohlglasfabrik	*Johanna Sophie Henriette Greiner.*
Leonhardt Greiner	Glasfabrik	*Leonhardt Greiner*
Christina Gubitz	Krämerei	*Christina Katharina Gubitz*
Johann Gottlob Munder	Glasfabrik	*Johann Gottlob Munder. Christian Munder* **P.**
Heinrich Purucker	Glasfabrik	*Heinrich Purucker*

Bischofsheim. 1428 Einwohner. LG. Bischofsheim. BG. Neustadt a. d. S HG. Schweinfurt
Advokaten: s. Schweinfurt. **Notar:** C. Wörlein

H. Brucker	Apotheke	*Heinrich Brucker.*
Maximilian Deutsch	Specereiwaaren	*Max Deutsch.*
G Dickas	Specerei- u. Eisenw.	*Gustav Dikas*

Franz Hergenröther	Lederhandlung	*Franz Hergenroether.*
Martin Langenbrunner's Wittwe		*Margaretha Langenbrunner.*
B. Neumann	Schnittwaarenh.	*Bernhard Neumann.*
J. A. Schoeppner	Specerei- u. Kurzw.	*Johann Adam Schöppner.*

Bissersheim. LG Grünstadt. BG u HG. Frankenthal. **Advokaten:** s. Frankenthal. **Notar:** s Grünstadt.

Daniel Puder	Mühle	*Daniel Puder.*

Blaich. 125 Einwohner LG. Culmbach. BG. u. HG. Bayreuth. **Advokaten:** s Bayreuth. **Notar:** s Culmbach.

Georg Lindner	Holzhandlung	*Johann Georg Lindner. Wolfgang Leopold Lindner* **P**.

Blaichach. LG Immenstadt BG u. HG Kempten. **Advokaten:** s Kempten. **Notar:** s. Immenstadt.

Heinrich Gyr		*Heinrich Gyr. August Gyr* **P**. *Johann Ehrsam.*

Bliesbolchen. 338 Einwohner LG Blieskastel. BG u. HG. Zweibrücken. **Advokaten** s. Zweibrücken. **Notare** s Blieskastel.

Friedrich Azeroth	Mehlhandlung	*Friedrich Azeroth.*
Johannes Jung	Specereihandlung	*Johannes Jung*
Johann Lauer	Specereiwaaren	*Johann Lauer.*
Johannes Minig	Specereihandlung	*Johannes Minig.*

Bliesdalheim. 348 Einwohner. LG. Hornbach. BG. u. HG. Zweibrücken. **Advokaten:** s Zweibrucken **Notar:** s. Hornbach

Jacob Leppla	Mahlmühle u. Holzhandel	*Jacob Leppla.*
A. Petry	Specereiwaaren	*Ambros Petry*
Peter Rabung	Branntweinhdlg. u. Sandsteinhandel	*Peter Rabung.*

Blieskastel. 1557 Einwohner LG. Blieskastel BG. u. HG. Zweibrücken. **Advokaten:** s Zweibrücken. **Notar:** F A. Wiest.

A. Apprederes	Specerei- u. Schnittwaaren	*Albert Apprederes.*
F. Apprederes	Buchbinderei u. Kurzw.	*Franz Apprederes*
Chr. Beresheim	Bierbrauerei u. Weinhdl	*Christian Beresheim.*
F. K. Beresheim	Essigfabrik	*Franz Carl Beresheim.*
Joh. Beresheim	Dreherei u. Kurzw	*Johann Beresheim.*
Paul Beresheim	Specereiwaarenh.	*Paul Beresheim.*
Wittwe Peter Blank	Specereiwaarenh.	*Angela Blank.*
G. Colling	Specereiwaarenh	*G. Colling.*
Johann Demuth	Cigarren- u. Tabakspinnerei	*Johann Demuth.*
Toussaint B. Dietz		*Toussaint Bernhard Dietz*
Aug. Freyseng	Seifenfabrik	*August Freyseng*
Christian Freyseng		*Christian Freyseng*
Heinrich Fonnet Wittwe	Specereiwaarenh.	*Therese Fonnet.*
Karl Greff	Weinhandlung	*Karl Greff*
M. Greff	Sattlerei u. Eisenw.	*Michael Greff.*
Carl Hager	Holzhandlung	*Carl Hager*
N. Jennerwein	Eisenhandlung	*Nicolaus Jennerwein.*
Abraham & Max Joseph	Viehhandel	*Abraham Joseph. Max Joseph.*
J. Joseph	Manufacturwaarenh.	*Isaac Joseph. Abraham Joseph.*
Samuel Isaak & Marx Oppenheimer		*Samuel Isaac. Marx Oppenheimer.*
P. Knaps	Mahlmühle	*Peter Knaps.*
Jacob König	Bierbrauerei	*Jacob Koenig.*
Carl Lamarche	Nägelfabrik	*Carl Lamarche.*
G. Lamarche	Gerberei	*Gerhard Lamarche.*
Gerhard Lamarche & Sohn	Gerberei	*Gerhard Lamarche. Carl Friedr. Lamarche.*
Abraham Levi III	Güterhandel	*Abraham Levi III.*
Alexander Levi	Schnittwaaren	*Alexander Levi.*
Aron Levi	Lederhandlung	*Aron Levi.*
Israel Levi	Gerberei u. Lederhandl	*Israel Levi.*
Lion Levi	Lederhandlung	*Lion Levi.*
Michael Levi	Lederhandlung	*Michael Levi.*
Nathan Levi	Schnittwaaren	*Nathan Levi*
Simon Levi Sohn von Salomon	Viehhandel	*Simon Levi. Salomon Levi* **P**.
Joseph Levy	Pferdehandel	*Joseph Levy.*
Simon Levy	Pferdehandel	*Simon Levy jr.*

Firma	Geschäft	Inhaber
C. P. Link	Specerei- u. Schnittw.	*Carl Peter Link.*
Bierbrauerei & Weinwirthschaft von Ferdinand Link	Bierbrauerei u. Weinh.	*Ferdinand Link.*
Karl Link	Weinhandlung	*Karl Link.*
Johann Marotte	Essighandlung	*Johann Marotte.*
Margaretha Messner	Putzwaarengeschäft	*Margaretha Messner.*
Valentin Neu	Lumpenhandel	*Valentin Neu.*
H. Nockin	Uhren-, Gold- u. Silberw.-H.	*Heinrich Nockin.*
Elias Oppenheimer	Pferdehandel	*Elias Oppenheimer.*
Isaac Oppenheimer		*Isaac Oppenheimer.*
Mathias Oppenheimer		*Carolina Levy.*
Moritz Oppenheimer		*Moritz Oppenheimer.*
Simon Oppenheimer	Schlosserei u. Eisenhdl.	*Simon Oppenheimer.*
Jos. Pauli	Holzhandel	*Joseph Pauli.*
Joseph Rausch	Bierbrauerei	*Joseph Rausch.*
Joseph Rausch & Sohn	Bierbrauerei	*Joseph Rausch sen. Joseph Rausch jr.*
Adolph Schwalb		*Adolph Schwalb.*
F. L. Seyfert		*Franz Ludwig Seyfert.*
P. Siegrist		*Peter Siegrist.*
H. O. A. Toussaint	Gerberei u. Lederhandl.	*Hermann Toussaint.*
Jacob Ullmann		*Jacob Ullmann.*
Leop. Ullmann		*Leopold Ullmann.*
Vorschussverein Blieskastel	Zweck des Vereines ist die Beschaffung v. Geldmitteln zur gegenseitigen Creditgewährung der Mitglieder unter sich.	*Der Vorstand besteht aus einem Director, Cassier u. Controleur. Die Firma wird durch 2 Vorstandsmitglieder gezeichnet.*
Joh. Peter Wack	Gerberei u. Lederh.	*Joh. Peter Wack.*
N. Wack	Weinhandlung	*Nicolaus Wack.*
Carl Wies		*Carl Wies. Gerhard Wies* **P.**
Louis Wies		*Louis Wies.*
Carl Wittenmeier	Bierbrauerei	*Carl Wittenmeier.*

Bliesmengen. 812 Einwohner. LG. Blieskastel. BG. u. HG. Zweibrücken.
Advokaten: s. Zweibrücken. **Notar:** s. Blieskastel.

Firma	Geschäft	Inhaber
Peter Linz	Kurzwaarenh.	*Peter Linz.*

Blumenauermühle. LG. Hornbach. BG. u. HG. Zweibrücken.
Advokaten: s. Zweibrücken. **Notar:** s. Hornbach.

Firma	Geschäft	Inhaber
Johannes Rauch	Handelsmühle	*Johannes Rauch.*

Bobenthal. 440 Einwohner. LG. Dahn. BG. u. HG. Zweibrücken.
Advokaten: s. Zweibrücken. **Notar:** s. Dahn.

Firma	Geschäft	Inhaber
Michael Burkhard	Specereiwaaren	*Michael Burkhard.*
Christian Schlick	Holzhandel u. Holzschuhe	*Christian Schlick.*

Bobingen. 1745 Einwohner. LG. Schwabmünchen. BG. u. HG. Augsburg.
Advokaten: s. Augsburg. **Notar:** s. Schwabmünchen.

Firma	Geschäft	Inhaber
J. Bobinger	Weberei	*J. Bobinger.*
Amalie Mayer'sche Kunstmühle	Kunstmühle	*Amalie Mayer We. Jakob Mürschhauser* **P.**
Jos. Scholz	Specereiwaaren	*Josef Scholz.*

Boch bei Prien. LG. Prien. BG. Traunstein. HG München r. d. J.
Advokaten: s. Traunstein. **Notar:** s. Prien.

Firma	Geschäft	Inhaber
F. Rischner	Fabrik	*Franz Rischner.*

Bodenwöhr. 369 Einwohner. LG. u. BG. Neunburg. HG. Regensbnrg.
Advokaten u. **Notare**: s. Neunburg v. W.

Firma	Geschäft	Inhaber
Ignatz Roscher	Specereiwaaren	*Ignatz Roscher.*
Jos. Schiessl	Specereiwaaren	*Josef Schiessl.*
Margaretha Stabl	Specereiwaaren	*Margaretha Stabl.*

Bobolz. 220 Einwohner. LG. Lindau, BG. u. HG. Kempten.
Advokaten: s. Kempten. **Notare**: s. Lindau.

Firma	Geschäft	Inhaber
David Forster		*David Forster.*

Böbingen. 628 Einwohner. LG. Edenkoben. BG. u. HG. Landau.
Advokaten s. Landau. **Notar**: s. Edenkoben.

Firma	Geschäft	Inhaber
Moses Weil	Specereiwaaren	*Moses Weil.*

Böchingen. 996 Einwohner LG. Edenkoben. BG u. HG. Landau
Advokaten s Landau. **Notare** s Edenkoben.

Michael Becker	Weinhandlung	*Michael Becker.*
Leon Dreyfus	Branntweinhandlung	*Leon Dreyfus.*
Abraham Kern	Pferde- u. Rindviehhandel	*Abraham Kern.*
Joh. Gg. Kost	Weinhandlung	*Joh. Gg. Kost.*
Jacob Lehmann	Wein- u. Branntweinhdl.	*Jacob Lehmann.*
Samuel Lehmann	Wein- u. Branntweinhdl.	*Samuel Lehmann.*
Adolph Metzger		*Adolph Metzger.*
David Metzger	Weinhandlung	*David Metzger*
Joh. Metzger	Weinhandlung	*Johannes Metzger.*
Isaac Metzger David's Sohn	Wein- u. Branntweinhdl.	*Isaac Metzger.*
M. S. Metzger	Branntweinhdl.	*Moses Metzger*
Jacob Wolff		*Jacob Wolff.*

Boehl. 1664 Einwohner LG. Ludwigshafen. BG. u. HG. Frankenthal.
Advokaten s. Frankenthal **Notare** s. Ludwigshafen.

Georg Adam Fischer	Getreidehandlung.	*Georg Adam Fischer.*
Gustav Gerson	Weinhandlung	*Gustav Gerson.*
Isaac L. Gerson	Viehhandel	*Isaac Löb Gerson.*
Isaac Gerson		*Isaac Gerson.*
Moritz Gerson		*Moritz Gerson.*
Daniel Loeb		*Daniel Loeb.*

Boersborn. 362 Einwohner LG. Waldmoor. BG. u. HG. Zweibrücken.
Advokaten s Zweibrücken **Notare** s. Waldmoor

Abraham Abraham	Viehhandel	*Abraham Abraham*
Loeb Abraham;	Viehhandel	*Loeb Abraham.*
Salomon Mai	Viehhandel	*Salomon Levi.*
Peter Schmidt	Spezereihandlung	*Peter Schmidt.*

Bogen. 1375 Einwohner. LG Bogen. BG Straubing. HG. Landshut.
Advokaten s. Straubing **Notar** Joh. Fr Pfeiler in Bogen.

Johann Barbarino	Specereiwaaren	*Theres Barbarino*
Georg Bielmaier	Specereiw. u. Fragnerei	*Georg Bielmaier.*
Josef Müller	Specereiwaaren	*Joseph Müller.*
Josef Pacher	Specereiw. u. Fragnerei	*Maria Pacher*

Bohm. LG. Seßlach BG. Kronach. HG. Bamberg. **Advokaten** s. Kronach. **Notar** s. Sesslach.

J. N. Schönmann		*Johann Nicolaus Schönmann.*

Bohnmühle bei Asselheim LG. Grünstadt. BG. u. HG Frankenthal.
Advokaten: s Frankenthal. **Notar:** s Grünstadt.

Sebastian Kunz	Mahl- Säg- u. Oelmühle	*Sebastian Kunz.*

Bolanden. 964 Einwohner. LG. Kirchheimbolanden. BG. u. HG. Kaiserslautern.
Advokaten s Kaiserslautern. **Notar** s. Kirchheimbolanden.

G. J. Becker HN. [ZN. Dreisen]	Rothgerberei u. Lederh.	*Georg Julius Becker.*
Krehbeil Joh. IV.	Handelsmühle	*Johann Krehbeil*
Ruppert Peter		*Peter Ruppert.*
Steil Daniel		*Daniel Steil.*

Bonnerstadt. LG. Höchstadt a d A. BG. u. HG Bamberg.
Advokaten s. Bamberg. **Notar** s. Höchstadt a. d. A.

David Hecht		*David Hecht.*
Jacob Leitner	Schnittwaarenhandlung	*Jacob Leitner.*
Isak Leitner		*Rosa Leitner We.*

Bonnland. LG Arnstein. BG. u. HG. Schweinfurt.
Advokaten s Schweinfurt **Notar** s. Arnstein.

Goldbach & Hecht	Gemischte Waaren	*Wolf Hecht. Abraham Goldbach.*

Brand. 490 Einwohner LG Kemnath. BG Weiden. HG. Amberg.
Advokaten: s. Weiden **Notar:** s. Kemnath.

Joseph Erhard	Gemischte Waaren	*Joseph Erhard.*
Carl Erhard	Gemischte Waaren	*Karl Erhard.*
Wolfg. Koenig	Gemischte Waaren	*Wolfgang Koenig.*
Christoph Pürner	Gemischte Waaren	*Christoph Pürner.*

Brand. 181 Einwohner. LG. Thiersheim. BG. u. HG. Hof.
Advokaten: s. Hof. **Notar:** s. Thiersheim.

J G. Brodmerkel	Wollen- u. Baumwollwaarenf. u. Weberei	*Christoph u. Carl Brodmerkel.*

J. Georg Fickenscher	Glaswaarenhandlung	*Johann Georg Fickenscher.*
Johann Frohmader	Schnittwaarenhandlung	*Johann Frohmader*
Julius Seuff		*Julius Seuff*
Erhardt Sommerer	Seifenfabr. u. Specereiw.	*Erhardt Sommerer.*

Brannenburg. LG. Rosenheim. BG Traunstein. HG. München r. d J.
Advokaten: s Traunstein. **Notare:** s. Rosenheim

Otto Steinbeis & Cons.	Dampfsägmühle u. Bierbrau. Schwellenfabrikation und Imprägnirung derselben	*Otto Steinbeis. Albert Haass Moritz Fränkel. Casimir Katz. Gottlieb Klumpp Carl Klumpp Carl Seibert Heinrich Lerch. Ludwig David Haas*

Breitenbach. 930 Einwohner LG., Waldmoor. BG. u. HG Zweibrücken.
Advokaten: s Zweibrücken **Notar** s. Waldmoor

Peter Alles	Frucht- u, Mehlhandlung	*Peter Alles.*
Christian Hemmer	Specereiwaaren	*Christian Hemmer.*
Frau Ludwig Jacob Kaempf		*Franziska Kaempf*

Breitenberg. 1012 Einwohner. LG Wegscheid. BG. u. HG. Passau.
Advokaten: s Passau **Notar:** s Wegscheid

F. C. Harslem	Gemischte W., Leinwand u. Garnhandlung	*Johann Bapt. Harslem.*

Breitenbrunn. 522 Einwohner. LG. Hemau. BG. u. HG. Regensburg.
Advokaten: s. Regensburg **Notar:** s Hemau

Johann Schneeberger	Specereiwaaren	*Johann Schneeberger.*
Joseph Schneeberger	Specereiwaaren	*Josef Schneeberger*
Sebastian Schneeberger	Specereiwaaren	*Sebastian Schneeberger.*

Breitenbrunn. LG. Wunsiedel. BG. u. HG. Hof. **Advokaten** s. Hof. **Notar** s Wunsiedel

Florentin Ziegler	Wollspinnerei	*Florentin Ziegler.*
Joh. Ziegler	Tuchf. u. Schafwollspinnerei	*Johann Ziegler.*

Breitfurth. 582 Einwohner. LG. Hornbach. BG. u. HG. Zweibrücken.
Advokaten s. Zweibrücken **Notar** s. Hornbach.

Jacob Bitsch	Kurzwaarenhandlung	*Jacob Bitsch.*
J Dahlem	Handelsmühle	*Magdalena Dahlem*
Daniel Fischer		*Daniel Fischer*
Johann Nicolaus Hussung		*Johann Nicolaus Hussung.*
Philipp Rebmann	Specereihandlung	*Philipp Rebmann.*
Jacob Weinland We.	Kurzwaarenhandlung	*Carolina Weinland.*

Brennenried. LG Weiler. BG. u. HG. Kempten. **Advokaten** s Kempten **Notar** s. Weiler

Fr. X. Himpel	Leineweberei	*Franz Xaver Himpel.*
J. B. Sutter	Nagelfabrik	*Johann Baptist Sutter.*

Bruck. 1760 Einwohner. LG. Bruck. BG. u. HG. München r. d. J.
Advokaten s. München l. d. Is. **Notar** E. Friedrich.

Mathias Hardt	Schnitt- u. Specereiw.	*Math. Hardt*
Jos. Rehm		*Jos. Rehm.*
Peter Trappentreu	Schnitt- u. Specereiw.	*Peter Trappentreu*

Bruck bei Erlangen. 1243 Einwohner. LG Erlangen. BG. u. HG. Fürth.
Advokaten s. Fürth. **Notare** s. Erlangen.

L. A. Dessauer		*Loeb Aron Dessauer.*
Joh. Leonh. Dornauer's seel. Wittwe		*Heinrich Dornauer*
N. B. Faber	Specereiwaarenh.	*Nikolaus Bernhard Faber*
Heinrich Fleischmann	Eisen- u. Hopfenhandl.	*Hirsch Fleischmann.*
G. C. Foerster	Kunstmühlbesitzer	*Georg Christoph Foerster*
Joh. Leonhard Gechter	Tabak- u. Cigarrenf.	*Georg Friedrich Gechter.*
Joh. Paul Gechter sel Wittwe	Tabak- u. Cigarrenf.	*Heinrich Gechter.*
Conrad Guggler	Tabak- u. Cigarrenf	*Conrad Guggler. Carl Otto Theodor Müller* P.
L. M. Heilborn		*Loeb Heilborn.*
B Lambert	Schnittwaarenh.	*Baruch Lambert*
Joseph Lewin	Tuchhandlung	*Joseph Lewin.*
Neder und Compagnie	Tabak- u. Cigarrenf.	*Johann Ernst Neder August Neder* P.
Schmaya David Rothschild		*Schmaya David Rothschild.*
E. Saenger		*Emanuel Nathan Saenger.*
Haenlein Ullmann		*Haenlein Ullmann.*

Bruck. 1324 Einwohner. LG Nittenau. BG. Neunburg v. W. HG. Regensburg.
Advokaten s Neunburg v W **Notar:** s Nittenau

M. Siml	Specerei- u. Schnittw.	*Michael Siml.*
J. Wohlfarth	Specerei- u Schnittw.	*Josef Wohlfarth.*

Bruckberg. Ldg, BG. u. HG. Ansbach. **Advokaten u. Notare** s Ansbach.

E. M. Guenther	Apotheke	*Erdmann Melchior Guenther.*
Johann Leonhard Klampfer	Schnitt- u Specereiwaarenh	*Johann Leonhard Klampfer.*

Bruchmühlbach. 280 Einwohner. LG Landstuhl. BG u. HG Zweibrücken.
Advokaten s Zweibrucken. **Notar** s. Landstuhl

Adam Faulhaber	Lederhandlung	*Adam Faulhaber*
Chr. Jakoby	Bierbrauerei	*Christian Jacoby*
D Kunz	Mehlhandlung	*Daniel Kunz.*
F Sieber	Specereiw. u Hefefabrik	*Friedrich Sieber.*
Paul Sofsky	Specereiwaaren	*Paul Sofsky.*
P Trautmann	Mehlhandlung	*Peter Trautmann*
Peter & Friedrich Weiss		*Andreas, Peter, Friedrich Weiss.*
Martin Wild	Gerberei u. Lederhdl.	*Martin Wild.*

Bruchweiler. 590 Einwohner LG. Dahn. BG. u. HG Zweibrücken
Advokaten s Zweibrucken **Notar** s Dahn

Anton Hammer	Handelsmühle	*Anton Hammer*

Brücken. 960 Einwohner LG. Waldmoor. BG u. HG. Zweibrücken.
Advokaten s Zweibrücken. **Notar** s. Waldmoor

Peter Biron	Specereiwaaren	*Peter Biron.*
Johann Hinkelmann	Holzhandlung	*Johann Hinkelmann.*
Abraham Maier	Specereiwaaren	*Abraham Maier*

Brückenau. 1615 Einwohner. LG. Brückenau. BG. Lohr. HG. Würzburg.
Advokaten s Lohr **Notar** J Kraus

David Cahner		*Emanuel Cahner Max Cahner.*
Ed. Dorn	Specerei-, Eisen-, Porzellan- u Kurzwaarenh.	*Eduard Dorn.*
A. J. Frank	Seifen- u. Lichterfabrik	*Anton Joseph Frank.*
Peter Gerlach	Spedition, Comm u Holzh.	*Peter Gerlach.*
B. B. Glück		*Bernard Benedict Glück.*
Ludwig Hergenroeder	Spec.-, Eisen- u. Kurzw -H.	*Ludwig Hergenroeder.*
Carl Kann	Schnittwaarenhdl.	*Karl Kann.*
Joseph Merk	Specerei- u. Eisenhdl.	*Joseph Merk*
Fr. Sippel	Apotheke	*Franz Sippel.*
Amand Straub		*Amand Straub.*
Anton Würth		*Anton Würth.*
Ferdinand Würth	Specerei- u. Eisenwaarenh.	*Ferdinand Würth.*

Bubenheim. 312 Einwohner. LG. Göllheim. BG. u. HG. Kaiserslautern.
Advokaten s Kaiserslautern **Notar** s Gollheim.

Marx S. Wittwe	Krämerei	*Sara Baum.*
Schmitt Ph.	Handelsmühle	*Philipp Schmitt. Johannes Schäfer* P.
Setzer Johs. II. Ehefrau	Handelsmühle	*Margaretha Muth. Johannes Setzer III.* P.

Buch. 560 Einwohner. LG. Kelheim. BG. u. HG. Landshut.
Advokaten s Landshut **Notar** s Kelheim

Johann Mittermaier	Krämerei	*Johann Mittermayer.*

Buchbrunn. 560 Einwohner. LG. Kitzingen. BG. u. HG. Würzburg.
Advokaten s Wurzburg **Notar** s. Kitzingen.

J. Mich. Hoffmann jr.	Weinhandlung	*Johann Michael Hoffmann.*
Michael Hoffmann	Weinhandlung	*Michael Hoffmann. Michael Hoffmann* P.
G B. Meuschel	Weinhandlung	*Georg Bernhard Meuschel.*
J. W. Meuschel senr. HN. [ZN. Rüdesheim]	Weinhandlung	*Wilhelm Gottlob Meuschel. Carl August Meuschel.*
Wilh. Meuschel jr.	Weinhandlung	*Johann Wilhelm Meuschel.*
Reichard Neeser	Weinhandlung	*Reichard Neeser.*
Carl Sattes	Weinhandlung	*Carl Sattes.*
W F. Sattes	Weinhandlung	*Wilhelm Friedrich Sattes.*
Peter Schlossnagel	Weinhandlung	*Peter Schlossnagel.*
Kaspar Schmitt	Weinhandlung	*Kaspar Schmitt.*
M. Schmitt	Weinhandlung	*Marie Schmitt. Kaspar Schmitt.*

Buchenau. LG. Regen. BG. Deggendorf. HG. Passau. **Advokaten:** s. Deggendorf **Notar:** s Regen

Ferdinand von Poschinger	Glasfabrik.	*Amalie v Poschinger*

Buchloe. 1011 Einwohner LG. Buchloe BG. u. HG. Augsburg.
Advokaten: s Augsburg **Notar:** Carl Gotz

L. Eberle	Specerei- u. Wachsw.	*Leonhard Eberle.*
Anton Grossmann	Specerei- u Schnittw.	*Anton Grossmann.*
Martin Kessler	Gerberei	*Martin Kessler.*
Oscar v. Kolb	Apotheke, Material- u. Farb-Waaren.	*Oscar v. Kolb*
Jos Kugelmann	Essigfabrik	*Josef Kugelmann.*
Gottl. Schick	Portefeuillefabrik.	*Gottl. Schick.*
Anton Wilhelm	Specerei- u Schnittw.	*Anton Wilhelm.*

Büchenbach. LG. Herzogenaurach. BG. u. HG Bamberg.
Advokaten: s. Bamberg **Notar:** s. Herzogenaurach.

Abraham Erdmann	Schnittwaarenhandlung	*Abraham Erdmann*
Wolf Herz	Spec.- u. Rauhwaarenh.	*Wolf Herz.*
A Rosenberg	Tuch-, Schnitt- u. Colonialwaarenhandl.	*Abraham Rosenberg.*
Seckel Lazarus Rosenberg	Schnittwaarenhandlung	*Seckel Lazarus Rosenberg*

Bühl. LG., BG. u. HG. Bayreuth. **Advokaten** u. **Notare:** s Bayreuth.

Seifert'sche Ziegelei	Ziegelei, Kalkbrennerei u. Drainageröhren	*Wilhelm Carl Heinrich Seifert.*

Bühl. LG. Immenstadt BG. u. HG Kempten. **Advokaten:** s Kempten **Notar:** s. Immenstadt.

Jos Sontheim		*Josef Sontheim.*

Bürgstadt. 1525 Einwohner. LG. Miltenberg. BG. u. HG. Aschaffenburg.
Advokaten: s. Aschaffenburg **Notar:** s. Miltenberg.

F. H. Blank	Material-, Farb-, Colonial- u Eisenhandl.	*Franz Herrmann Blank.*
Gg. Fch. Hench	Weinhandlung.	*Georg Friedrich Hench*
F. M. Schmitt	Senf- u Essigfabrik und gemischte Waarenhandl.	*Franz Adam Schmitt*

Büttharbt. 756 Einwohner. LG Aub. BG. u. HG Würzburg.
Advokaten: s. Würzburg **Notar:** s Aub

M. J. Bayerlein	Specerei- u. Kurzwaarenh.	*Michael Joseph Bayerlein.*
J. Frank	Gemischte Waarenhandl.	*Jüdlein Frank.*
Herz Hamburger	Gemischte Waarenhandl.	*Herz Hamburger.*
Joh. Bapst. Koch	Specerei- u. Kurzwaarenh.	*Johann Baptist Koch*
Anglo Lomtano, Apotheker	Apotheke	*Angelo Lomtano.*
J J. Zorn junr.	Gemischte Waarenhandl.	*Johann Jacob Zorn.*

Büttheim. LG. Bamberg I. BG. u HG. Bamberg. **Advokaten** u. **Notare:** s Bamberg

Abr. Hecht	Hopfenhandlung u. Schnittw.	*Abraham Hecht.*
Laz Reis		*Lazarus Reis.*

Burgalbermühle. LG Waldfischbach BG u HG Zweibrücken.
Advokaten: s Zweibrücken. **Notar:** s. Waldfischbach.

Michael Munzinger	Handelsmühle	*Michael Munzinger*

Burgau. 2161 Einwohner. LG Burgau. BG u HG Augsburg.
Advokaten: s. Augsburg. **Notar:** Josef Bader

Johann Bergmann	Spezereiwaaren	*Johann Bergmann.*
Josef Demharter	Schuhmacherm. u. Krämerei	*Josef. Demharter.*
Michael Eggstein	Specereiwaaren	*Michael Eggstein.*
Jgnaz Fäustle	Specereiwaaren	*Ignaz Fäustle.*
Johann Joas		*Johann Joas.*
Philipp Kastner Sohn	Bandfabrik.	*Ludwig Kastner.*
Johann Kleber	Specereiwaaren	*Johann Kleber.*
Jakob Scheppach		*Jakob Scheppach.*
Fr. Schropp		*Friedrich Schropp*
Johann Zenetti	Specerei- u. Eisenwaaren	*Johann Zenetti.*
Johann Zöschinger	Specereiwaaren	*Johann Zöschinger.*

Burgbernheim. 1664 Einwohner. LG u. BG. Windsheim. HG. Fürth.
Advokaten u **Notare:** s Windsheim.

Gerson Boehm	Gemischte Waarenhandl.	*Gerson Moses Boehm.*
Hesekiel Boehm	Gemischte Waarenhandl.	*Hesekiel Moses Boehm.*
Martin Kettler	Schnittwaarenhandl.	*Martin Kettler.*

L. Meyer	Conditorei u Specereiw	*Karl Ludwig Meyer.*
Julius Steitz	Apotheke	*Julius Steitz*
F. Uebelhoer	Specereiwaarenhandl.	*Ferdinand Uebelhoer.*

Burgebrach. 943 Einwohner. LG. Burgebrach. BG u HG Bamberg
Advokaten s Bamberg **Notar** C A Dollner

B. Berg	Zinngiesserei	*Baruch Berg.*
Ephraim Berg	Spezerei- u. Hopfenhandl.	*Ephraim Berg.*
Goldmann & Berg		*Samuel Goldmann. Samuel Berg.*
Isaak Goldmann	Specereiwaarenhandl	*Isaak Goldmann*
W Goldmann	Hopfen- u. Landesprod -H.	*Wolfgang Goldmann.*
Emanuel Heimann	Rauhwaarenhandlung	*Emanuel Heimann.*
Carl Schoppelrey	Conditorei	*Carl Schoppelrey.*

Burgfarrnbach. 1289 Einwohner. LG, BG u. HG Fürth.
Advokaten u **Notare:** s Fürth.

C. Laengenfelder	Specereiwaarenhdl	*Conrad Laengenfelder.*

Burggrub. LG. u. BG. Kronach. HG. Bamberg. **Advokaten** u **Notare:** s Kronach

Joh. Lindner	Specerei- u. Schnittw -H	*Joh. Lindner*

Burghaßlach. 970 Einwohner. LG. Scheinfeld BG Windsheim. HG. Fürth.
Advokaten: s Windsheim **Notar:** s. Scheinfeld

Wilhelm Barthel	Apotheke	*Jacobine Barthel. Richard Barthel* **P.**
Herrmahn Frank	Wein- u. Hopfenhdl	*Herrmann Frank*
H. Hellmann	Schnittw u Hopfengesch	*Hirsch Hellmann.*
Isaak Hellmann		*Louise Hellmann.*
Georg Hilpert		*Georg Hilpert.*
Isidor Isner	Weinhandlung	*Isidor Isner*
Christ. Jung	Specereiwaarenh.	*Christian Friedrich Jung.*
Leopold Künstler	Wein- u. Hopfenh	*Leopold Künstler.*
Urias Künstler	Weinhandlung	*Laemmlein Künstler.*
Lorenz Lehmann	Weinhandlung	*Lazarus Lehmann*
G. Mandelbaum	Hopfenhandlung	*Goetz Mandelbaum.*
J. Mandelbaum	Schnittwaarenhandlung	*Jacob Mandelbaum.*
S. Massenbacher	Weinhandlung	*Lippmann Massenbacher Seligmann Massenbacher* **P.**
H. L. Mossmann	Specereiwaarenhandlung	*Moses Mossmann.*
S. Sahlmann		*Salomon Sahlmann.*
J. S. Schwarzbauer	Wein- u. Hopfenhandl	*Isaac Schwarzbauer.*
Salomon Wortsmann	Hopfenhandlung	*Salomon Wortsmann.*

Burghausen. 3661 Einwohner. LG Burghausen BG Wasserburg HG München r d. J.
Advokaten: s Wasserburg **Notar:** A. Essl

J. S. Barbarino jun.	Specerei- u Schnittw.	*J S. Barbarino jun.*
Otto Barbarino	Specerei-, Schnitt-, Eisenw., Weinhdlg.	*Otto Barbarino*
Stephan Barbarino	Specerei- u. Schnittw	*Karl Barbarino*
J. B. Hubbauer	Spec -, Schnitt-, Mat -W	*Joh. Baptist Hubbauer.*

Burgkundstadt. 1300 Einwohner LG. Weißmain. BG. Kronach. HG. Bamberg.
Advokaten: s Kronach **Notar:** s Weissmain

Seligmann Bamberger	Tuchhandl. en gros	*Simon Bamberger. Gottlieb Bamberger.*
Bernh. Bayer	Tuchfabrikant	*Bernhard Bayer.*
Samuel Bettmann		*Samuel Bettmann.*
Jandorf Friedmann	Korbweidenhdl.	*Jandorf Friedmann.*
Carl Heinrich	Apotheker	*Carl Heinrich.*
Joachim Iglauer	Baumwollwaarenf	*Joachim Iglauer.*
Lamprecht Iglauer	Baumwollwaarenf	*Lamprecht Iglauer*
G. S. Kohn	Baumwollwaarenf.	*Rosette Kohn We.*
Joseph S. Kohn	Baumwollwaarenf.	*Joseph Kohn.*
Silbermann & Kraft		*Michael Kraft. Wilhelm Silbermann.*
Salomon Kraus	Schnittwaarenhandlg.	*Joseph Kraus. Heinrich Kraus*
Gebrüder Kupfer	Tuchhandl en gros	*Salomon Kupfer Simon Kupfer*
Heinrich Kupfer.	Tuchhandl. en gros	*Heinrich Kupfer.*
Gebr. Lindner		*Leopold Lindner. Herrmann Lindner*
David Löwel	Tuchhandl en gros	*David Löwel.*
Joh. Lutz	Specereiwaarenhdl	*Johann Lutz.*
Th. Maurer		*Theodor Maurer.*
B. S. Meininger		*Caroline Meininger We Abraham Meininger* **P.**

Emanuel Oppenheimer	Tuchhandl. en gros	*Salomon Sigmund Oppenheimer.*
Lazarus Oppenheimer	Tuchhandl. en detail	*Lazarus Oppenheimer.*
A. Pretzfelder & Comp.	Kurzwaarenhdl. en gros	*Adolph Pretzfelder. Philipp Pretzfelder.*
Ferdinand Pretzfelder	Hopfenhandlung	*Ferdinand Pretzfelder.*
M. Reckendorfer		*Moses Reckendorfer.*
Israel Rossmann	Baumwollwaarenf.	*Pankratz Lang.*
Michael Rothschild		*Wolf Felheim.*
Wolfg. Rothschild	Kurzwaarenh. en gros	*Wolfgang Rothschild. Salomon Rothschild* P.
E. S. Süssengut	Baumwollen-, Leinen- und Wollwaarenfabrikation	*Philipp Süssengut.*
A. Thurnauer sen.	Porzellanhandl.	*Isaac Thurnauer sen.*
Sch. Thurnauer jun.	Wein- u. Salzhandl.	*Abraham Scheyer Thurnauer.*
Gottlieb Sch. Thurnauer	Eisenhandlung	*Gottlieb Scheyer Thurnauer.*
Simon Weiermann	Fabrikant	*Simon Weiermann.*

Burglengenfeld. 2246 Einwohner. LG. Burglengenfeld. BG. u. HG. Regensburg.
Advokaten: s. Regensburg. **Notar:** Rupert Kössler in Burglengenfeld.

Apotheke von Louis Seitz	Apotheke	*Louis Seitz.*
Gebr. Dezotti & Sohn	Specereiwaaren	*Johann Baptist Dezotti.*
Mathilde Forstner		*Mathilde Forstner.*
Joseph Galler		*Joseph Galler.*
Jos. Graf		*Joseph Graf.*
A. Lassleben	Specereiwaaren	*Alois Lassleben.*
Karl Jos. Sallegg	Specereiwaaren	*Karl Josef Salegg.*
Jos. Stadler	Eisenhandlung	*Josef Stadler.*
Herrmann Streng		*Herrmann Streng.*
Joseph Streng	Specereiwaarenhdl.	*Josef Streng.*
Jos. Vanino Wittwe	Specereiwaaren	*Johann von Pauer.*

Burgpreppach. 560 Einwohner. LG. Hofheim. BG. u. HG. Schweinfurt.
Advokaten: s. Schweinfurt. **Notar:** s. Hofheim.

H. Adler	Tuchfabr. u. Tuchhandl.	*Hirsch Adler.*
Elias Blum	Specereiwaaren	*Wolf Blum.*
S. E. Blum sel. We.	Specereiwaaren	*Therese Blum.*
Joseph Friedmann	Specerei- u. Schnittw.	*Josef Friedmann. Emanuel Adler.*
Ludwig Neumann	Specerei- u. Weinhandlg.	*Ludwig Neumann.*
Menke Neumann	Specereiwaaren	*Menke Neumann.*

Burgsinn. 1430 Einwohner. LG. Gemünden. BG. Lohr. HG. Würzburg.
Advokaten: s. Lohr. **Notar:** s. Gemünden.

J. Hamburger	Schnittw. u. Eisenhdl.	*Juda Hamburger.*
H. Heinemann	Schnitt- u. Specereiw.-H.	*Haiem Heinemann.*
R. Klemmert	Specerei- u. Eisenw.-H.	*Rudolph Klemmert.*
J. Schiff	Specerei- u. Schnittw.-H.	*Isaac Schiff.*
Julius Stein	Schnittw. u. Leinenhandlung	*Julius Stein.*
Samuel Strauss	Gemischte Waarenhandlung	*Samuel Strauss.*

Burgthan. LG. Altdorf. BG. u. HG. Nürnberg. **Advokaten:** s. Nürnberg. **Notar:** s. Altdorf.

Johann Conrad Stiegler		*Johann Conrad Stiegler.*

Burgwindheim. 480 Einwohner. LG. Burgebrach. BG. u. HG. Bamberg.
Advokaten: s. Bamberg **Notar:** s. Burgebrach.

G. A. Pfaff	Schnitt-, Holz- u. Eisenw.-H.	*Georg Albert Pfaff.*

Burkardroth. 552 Einwohner. LG. Kissingen. BG. Neustadt a. d. S. HG. Schweinfurt.
Advokaten: s. Neustadt a. d. S. **Notar:** s. Kissingen.

B. Gros		*Bernhard Gros.*

Burrweiler. 1000 Einwohner. LG. Edenkoben BG. u. HG. Landau.
Advokaten: s. Landau. **Notar:** s. Edenkoben.

Abraham Brunner	Schnittw. u. Branntweinhdl.	*Abraham Brunner.*
Gebrüder Brunner	Getreidehandel	*Heinrich Brunner. Josaias Brunner.*

Busbach. 420 Einwohner. LG., BG. u. HG. Bayreuth. **Advokaten** u. **Notare:** s. Bayreuth.

Paulus Loew	Krämerei	*Paulus Loew.*

Busenberg. 678 Einwohner. LG. Dahn. BG. u. HG. Zweibrücken.
Advokaten: s. Zweibrücken.. **Notar:** s. Dahn.

Moses Kullmann		*Moses Kullmann.*
Wolf Kullmann		*Wolf Kullmann.*
Daniel Thunes	Holzhandlung	*Daniel Thunes.*

Buttenheim. 770 Einwohner. LG. Bamberg I. BG. u. HG. Bamberg.
Advokaten u. **Notare:** s. Bamberg.

M. Herrmann	Lederhandlung	*Marx Herrmann.*
Heinrich Katz	Specerei-, Schnitt-, Kurzw. u. Hopfenhandl.	*Heinrich Katz.*
J. B. Katz	Specerei- u. Schnittwaarenh.	*Isaak Bär Katz. Sprinz Katz* P.
L. Reis	Eisen, Specerei- u. Schnittw.	*L. Reis.*

Buttenwiesen. 800 Einwohner. LG. Wertingen. BG. u. HG. Augsburg.
Advokaten: s. Augsburg. **Notar**: s. Wertingen.

Lazarus Baldauf		*Lazarus Baldauf.*
M. Bauer	Liqueurfabrik	*Moses Bauer.*
Isaak Einstein	Specereiwaaren	*Isaak Einstein.*
Salomon Einstein	Handlung	*Salomon Einstein.*
S. M. Einstein	Handlung	*Samuel Einstein.*
Samuel Einstein	Handlung	*Samuel Einstein.*
Abraham Fuchs	Handlung	*Abraham Fuchs.*
Lazarus Horn	Handlung	*Babette Horn We.*
Isaak Hummel	Porcellanhandlung	*Isaak Hummel.*
Lazarus Hummel		*Lazarus Hummel.*
Abraham Klopfer	Schnittwaarenhandlung	*Abraham Klopfer.*
Leopold Klopfer		*Leopold Klopfer.*
Hirsch Lamfrom	Eisen- u. Specereiwaarenhdl.	*Hirsch Lamfrom.*
Jak. Lamfrom		*Jacob Lamfrom.*
Josef Lamfrom	Eisen- u. Colonialwaarenhdl.	*Josef Lamfrom.*
Bernhard Leiter		*Bernhard Leiter.*
J. Railing		*Josef Railing.*
Benjamin Railing		*Benjamin Railing.*
Seligmann Railing		*Seligmann Railing.*
Moses Rindskopf	Haut-, Fell- u. Rosshaarhandel u. Pelzwaaren	*Moses Rindskopf.*
Abraham Ritter		*Abraham Ritter.*
Salomon Sänger	Cigarren- u. Weinhandlung	*Salomon Sänger.*
Fanny Ullmann		*Fanny Ullmann We.*

Cadolzburg. 1344 Einwohner. LG. Cadolzburg. BG. u. HG. Fürth.
Advokaten: s. Fürth. **Notar:** A. Kühl.

Friedr. Schmitt	Specereiwaarenhandlg.	*Friedrich Schmidt.*
Carl Zink	Specereiwaarenhandlg.	*Karl Zink.*
M. Zink	Specereiwaarenhandlg.	*Magdalena Zink. Theodor Zink* P.

Carlsberg. 2239 Einwohner. LG. Grünstadt. BG. u. HG. Frankenthal.
Advokaten: s. Frankenthal. **Notare:** s. Grünstadt

Johann Doerner II	Specereiwaaren	*Johann Doerner II.*
Gg. H. Hornung	Specereiwaaren	*Georg Heinrich Hornung.*
A. Moser	Specereiwaaren	*Andreas Moser.*
Adam Reith	Specereiwaaren	*Johann Adam Reith.*
Jacob Schmitt III	Specereiwaaren	*Jacob Schmitt III.*
S. Ullmann	Schnittwaaren	*Samuel Ullmann.*

Casendorf. 550 Einwohner. LG. Thurnau. BG. u. HG. Bayreuth.
Advokaten: s. Bayreuth. **Notar:** s. Thurnau.

C. Bedau	Krämerei	*Christian Carl Martin Bedau.*
Conrad Braun	Krämerei	*Joh. Conrad Braun.*
J. J. Foerster	Krämerei	*Johann Jodocus Foerster.*

Castell. 674 Einwohner. LG. Wiesentheid. BG. u. HG. Schweinfurt.
Advokaten: s. Schweinfurt. **Notare:** s. Wiesentheid.

Georg Lor. Holzinger	Specereiwaarenhandlung	*Georg Lorenz Holzinger.*

Cham. 2643 Einwohner. LG. Cham. BG. Neunburg v. W. HG. Regensburg.
Advokaten: s. Neunburg v. W. **Notar:** Friedr. Falkner.

Joseph Alois Baumeister	Specerei- u. Ellenwaaren	*Josef Alois Baumeister.*
Pankratz Baumeister sel. Wittwe	Buchhandl. u. Buchbinderei	*Anna Baumeister.*
A. Boeheim	Specerei- u. Früchtenhandlg.	*Anton Boeheim.*
I. L. Boscowitz	Tuch- u. Schnittw. Hopfen, Wolle-Producten	*Isaak Lazarus Boscowitz. Max Boscowitz* P. *Moritz Boscowitz* P.
Karl Braunsperger	Kurzw. u. Beinringlergesch.	*Karl Braunsperger.*
J. B. Brunner	Specerei- u. Ellenwaaren u. Commissionsgeschäft	*Johann Baptist Brunner.*

Joseph Erras Wittwe		*Anna Erras.*
Jos. Fischer	Porcellan- u. Seinguthdlg.	*Josef Fischer.*
Jos. Greiner sel. Wittwe	Färberei	*Josefa Greiner.*
Johann Igl	Lederfabrik u. Lederhdlg.	*Johann Igl.*
Karl Kunz	Fragnerei	*Karl Kunz.*
Gottlieb Lederer	Specerei- u. Ellenwaaren	*Gottlieb Lederer.*
Carl Leisel	Apotheke	*Carl Leisel.*
Josef Xaver Lutz	Specerei- u. Ellenwaaren u. Lebzelterei	*Josef Xaver Lutz.*
Jos. Ant. Rathal		*Josef Anton Rathal.*
Theres Roider	Specerei- u. Ellenwaaren	*Theres Roider.*
Michael Seibold	Eisenhdlg. u. Waffenwaaren	*Michael Seibold.*
Jos. Thalhauser Handlung	Specerei- u. Ellenwaaren. Spedition u. Commission	*Josef Thalhauser.*
J. Winkler	Colonialw., Kurz- u. Farbw. Spir.- u. Essigfabr.	*Jacob Winkler. Eduard Oertl* P.

Chammünster. 320 Einwohner. LG. Cham. BG. Neunburg v. W. HG. Regensburg.
Advokaten: s. Neunburg v W. **Notar:** s. Cham.

Anton Schleiss	Krämerei u. Fragnerei	*Anton Schleiss.*

Colmberg. 760 Einwohner. LG. Leutershausen. BG. u. HG. Ansbach
Advokaten s. Ansbach. **Notar** s. Leutershausen.

Leonhard Eschenbacher		*Leonhard Eschenbacher.*
Samuel Hamburger	Schnittwaarenhandlung	*Samuel Hamburger.*
Feist Joel	Schnittwaarenhandlung	*Feist Joel.*
M. Selling	Hopfen, Rauhwaaren und Wollhandlung	*Mathias Selling*
Mathias Selling und Sohn	Woll- u. Hopfenhandlung	*Mathias Selling. Leopold Selling.*
Leonhard Strobel	Specereiwaarenhandlung	*Leonhard Michael Strobel.*

Conradsreuth. LG., BG. u. HG. Hof. **Advokaten** u. **Notare:** s. Hof

Oehme & Rudert	Schafwollspinnerei	*Otto Gustav Oehme. Johann Gottfr. Rudert*

Contwig. 1401 Einwohner. LG., BG. u. HG. Zweibrücken. **Advokaten** u. **Notare:** s. Zweibrücken.

Jacob Bender	Specereihandlung	*Jacob Bender.*
C. Koetz & Cie., offene Handelsgesellschaft	Handlung	*Conrad Koetz* A. *Carl Dressler.*
Jacob Lang	Specereiw. u. Kohlenhdlg.	*Jacob Lang.*

Cottenau. 236 Einwohner. LG., BG. u. HG. Bayreuth.
Advokaten u. **Notare:** s. Bayreuth.

Konrad Eschbach	Krämerei	*Konrad Eschbach.*

Creussen. 1140 Einwohner. LG. Pegnitz. BG. u. HG. Bayreuth.
Advokaten: s. Bayreuth. **Notar:** s. Pegnitz.

A. Beck	Specerei- u. Spirituosen u. Schnittwaaren	*Johann Adam Beck.*
Carl Dippold	Specerei- u. Schnittwaaren	*Carl Dippold.*
Friedrich Eberdt	Spec.-, Schnittw. u. Weinhdl.	*Sophie Eberdt.*
Christian Eck	Tuchfabrik	*Christian Theodor Eck.*
Georg Eck	Tuchfabrik	*Georg Peter Eck.*
C. A. Goeckel	Apotheke	*Wilhelmine Goeckel.*
C. Gruener	Spec.-, Schnittw. u. Condit.	*Christian Carl Heinrich August Gruener.*
Gg. Hautsch	Specerei- u. Schnittwaaren	*Johann Simon Bock.*
Carl Kragler	Tuchfabrik	*Carl Kragler.*
Joh. Kragler	Tuchfabrik	*Johann Christian Kragler.*
Anton Reichold	Weberei	*Johann Anton Reichold.*
Johann Martin Reichold	Weberei	*Johann Martin Reichold.*
Adam Sendelweck	Gerberei	*Adam Sendelweck.*
Gg. Wirth	Seifenfabrik	*Johann Georg Friedrich Wirth.*
J. C. Zemsch	Spec.-, Schnitt- u. Eisenw.	*Johanna Katharina Künneth.*

Cronenberg. 282 Einwohner. LG. Lauterecken. BG. u. HG. Kaiserslautern.
Advokaten: s. Kaiserslautern. **Notar:** s. Lauterecken.

Gillmann Peter der Junge	Landkrämerei	*Peter Gillmann der Junge.*

Cronheim. 518 Einwohner. LG. Gunzenhausen. BG. u. HG. Ansbach.
Advokaten: s. Ansbach. **Notar:** s. Gunzenhausen.

Salomon Bonné	Specereiwaarenhandlg.	*Salomon Bonné.*
Zacharias Buff	Specerei- u. Schnittwhdlg.	*Zacharias Buff.*
Emanuel Münster	Specereihandlung	*Emanuel Münster.*

Culmbach. 4743 Einwohner. LG. Culmbach. BG. u. HG. Bayreuth.
Advokaten: s. Bayreuth. **Notar:** S. F. K. Wündisch.

M. Angermann	Bandwaaren en gros.	*Johann Michael Angermann.*
Eduard Friedrich Barth	Bierbrauerei	*Eduard Friedrich Barth.*
Ch. Bauer	Getreidehandlung	*Christoph Bauer.*
F. L. Bauer	Schnittwaaren	*Franz Ludwig Bauer.*
Joh. Thomas Bauer	Lebkuchenfabrik	*Johann Thomas Bauer.*
And. Beck	Kunstmühle	*Andreas Beck.*
August Besold	Posamentiergeschäft	*August Besold.*
Konrad Beyerlein	Drechslerwaaren	*Konrad Beyerlein.*
Franz Blumroeder	Buchhandlung	*Franz Traugott Blumroeder.*
G. W. Christenn	Spécereiwaaren	*Georg Wilhelm Christenn.*
F. Ch. W. Christenn & Söhne	Lederfabrik	*Adolph Christenn. Christ. August Christenn.*
G. P. Degen		*Georg Peter Degen.*
F. C. Dollhopf	Färberei	*Friedrich Karl Dollhopf.*
Leonhard Eberlein	Bierbrauerei	*Leonhard Eberlein.*
J. W. Eck	Weberei	*Elisabetha Eck. Michael Dietz.* **P.**
A. Eichenmüller	Kunstmühle	*Anton Eichenmüller.*
Carl Fleischmann	Specereiwaaren	*Carl Fleischmann.*
Heinr. Fleischmann	Schnittwaaren	*Paul Heinrich Fleischmann.*
Ehr. Friedmann	Conditorei	*Ehrenfried Friedmann.*
Gewerbe- und Vorschussverein für Kulmbach	Gegenstand d. Unternehmens ist Beförderung und Vervollkommnung d. Gewerbewesens	*Vorstandsmitglieder sind: Michael Taeffner, Vorstand; Philipp Usselmann, Cassier; Wilhelm Poehlmann, Controleur. Die Firma wird gezeichnet durch den Vorstand u. in dessen Verhinderung durch den Cassier u. in Verhinderung des letzteren durch den Controleur.*
J. G. Geyer	Kürschnerei	*Johann Georg Geyer.*
Joh. Ad. Goeppner	Gold- u. Silberwaarenlager	*Johann Adam Goeppner.*
Ernst Grünler	Schnittwaaren	*Johann Heinrich Ernst Grünler.*
Heinr. Gummi jun.	Specw., Wein-Essigfabrik	*Albrecht Heinrich Ehrenfried Gummi.*
J. G. Habenstein	Weberei	*Johann Georg Habenstein.*
H. Haberstumpf	Schlosserei	*Christian Heinrich Haberstumpf.*
J. K. Hahn	Kammfabrik	*Johann Conrad Hahn.*
Johann Hartmann	Getreidehandlung	*Johann Hartmann.*
Math. Hering	Bierbrauerei	*Matheus Hering.*
Simon Hering	Bierbrauerei	*Simon Hering.*
Adolph Heuberger	Kurz- u. Spielwaaren	*Georg Heinrich Adolph Heuberger.*
J. M. Hirsch		*Johann Martin Hirsch.*
J. E. Hoffmann	Tuchfabrik	*Johann Erhard Hoffmann.*
J. C. Hohenner	Zinngiesserei	*Johann Christian Hohenner.*
Howeg & Horn	Fabrik von leinenen u. halbleinenen Geweben	*Albert Howeg. Max Horn.*
J. Georg Hübschmann	Gold- u. Silberwaarenlager	*Johann Georg Hübschmann.*
J. M. Hübner jun.	Bierbrauerei	*Johann Martin Hübner.*
Lorenz Hutschenreuther ZN. [HN. Selb bei Hof]	Porzellainfabrik	*Lor. Fr. Chr. Hutschenreuther.*
Erhardt Friedrich Jahn	Apotheke	*Ehrhardt Friedrich Jahn.*
Fr. Jahn	Liqueur-, Wein-, Delicathdl.	*Friedrich Christian Carl Jahn.*
T. M. Ibbach	Seifenfabrik	*Tobias Marquardt Ibbach.*
J. L. Kneitz	Specereiwaaren	*Johann Leonhard Kneitz.*
Christian Knopf	Schlosserei	*Johann Christian Paulus Knopf.*
Peter Krauss	Bierbrauerei	*Peter Krauss.*
J. F. Lauterbach	Bierbrauerei	*Johann Friedrich Lauterbach.*
Gebrüder Limmer	Kunstmühle	*Konrad Hermann Limmer. Gottlieb Limmer.*
Christoph Ludwig Maurer	Specereiwaaren	*Sabina Karolina Maurer.*
Friedr. Ernst Maurer	Specerei- u. Farbwaaren	*Henriette Maurer.*
Joh. Georg Meussdörffer	Bierbrauerei	*Johann Georg Meussdörffer.*
Nic. Meussdörffer		*Johann Nicolaus Meussdörffer.*
Heinrich Meyer	Posamentier- und Knopfwaarengeschäft	*Heinrich Meyer.*
Michael Michel	Bierbrauerei	*Michael Elias Michel.*
Johann Müller	Strumpfwirkerwaaren	*Johann Müller*
Ghristian Pertsch	Bierbrauerei	*Christian Felix Pertsch.*
Carl Petz	Bierbrauerei	*Carl Petz.*

Hans Petz	Bierbrauerei	*Hans Petz.*
Georg Konrad Pflug	Kleiderfabrik	*Georg Konrad Pflug.*
Conrad Plank	Bierbrauerei	*Johunn Conrad Plank.*
Hans Plank	Bierbrauerei	*Johann Simon Plank.*
Friedr Poehlmann	Exportbier-Dampfbrauerei	*Johann Friedrich Julius Poehlmann.*
Gg. Poehlmann		*Johann Georg Poehlmann.*
Wm. Poehlmann	Bierbrauerei	*Johann Georg Wilhelm Poehlmann.*
Joh. Georg Pückert	Tuchfabrik	*Johann Georg Pückert.*
Fried. Christn. Püttner	Farbholz-, Knochen-, Gewürz- u. Lohmühle. Colonial- u. Farbwaaren	*Friedrich Christian Püttner Christoph Heinrich Püttner. Heinrich Ludwig Püttner. Erhard Friedrich Püttner.*
Christian Reichel	Specereiw. u. Eisenhandlg.	*Leonhardt Christian Reichel.*
J. W. Reichel	Bierbrauerei	*Eva Margaretha Reichel. Carl Rizzi.*
G. Sandler	Bierbrauerei	*Margaretha Sandler.*
Hans Sandler	Bierbrauerei	*Johann Martin Sandler.*
Fritz Scheidig	Bierbrauerei	*Johann Friedrich Ernst Scheidig.*
Philipp Scheler	Kleiderfabrik	*Georg Friedrich Philipp Scheler.*
F. Christian Schmidt	Seifenfabrik	*Johann Friedrich Christian Schmidt.*
G. Friedrich Schmidt		*Georg Friedrich Schmidt.*
Heinrich Schneider-Scheuemann	Tuchfabrik	*Jacob Heinrich Schneider-Scheuemann.*
F. Schrader		*Franz Schrader.*
C. v. Staudt	Apotheke	*Carl Friedrich v. Staudt.*
Karl Strassburger	Strumpfwaarenfabrik	*Karl Heinrich Strassburger.*
Michael Taeffner	Bierbrauerei	*Michael Taeffner.*
Eduard Trendel	Fabrik von Feinleinen und Hosenzeug	*Eduard Trendel.*
J. J. Trendels Sohn	Leinene u. Rockstoffe, Barchente	*Wilhelm Friedrich Trendel.*
Daniel Christoph Troeger	Conditorei	*Daniel Christoph Troeger.*
J. C. Troeger	Glaserei	*Esther Ottilie Troeger.*
Ph. Usselmann	Tapisserie, Borten u. Comm.	*Johann Philipp Usselmann. Lucas Sauer* **P.**
Bernhard Viandt	Specerei-, Mat.- u. Farbw.	*Johann Bernhardt Viandt.*
Christian Wagner		*Georg Christian Wagner.*
Johann Simon Wagner	Specerei- u Farbwaaren	*Johann Friedrich Wagner.*
Theodor Wanderer	Buchhandlung	*Theodor Wanderer.*
Martin Weber	Bierbrauerei	*Martin Friedrich Weber.*
Philipp Weinmann	Tuchfabrik	*Philipp Karl Joseph Weinmann.*
Wilhelm Weinmann	Tuchfabrik	*Wilhelm Friedrich Weinmann.*
Louis Weiss	Bierbrauerei u Bierexportgeschäft	*Valentin Weiss. Eduard Weiss.*
Johann Gottfried Wiegandt	Zeugschmiede	*Johann Gottfried Wiegandt*
Conrad Wiessner	Kammfabrik	*Amalia Dorothea Wiessner.*
C. T. Wilsdorf	Zeugschmiede	*Carl Traugott Wilsdorf.*
A. G. Winkler	Zinngiesserei	*Adam Gottlieb Winkler.*
Christoph Paul Winterling	Riemerei	*Christoph Paul Winterling.*
Paul Zapf	Bierbrauerei	*Johann Paulus Zapf.*
G. W Zeitler	Specereiwaarenhandlung	*Georg Wilhelm Zeitler*
Johann Zeitler	Malzfabrik	*Johann Christoph Eberhardt Zeitler.*

Culmitz. 393 Einwohner. LG. Naila. BG. u HG. Hof.

Advokaten: s Hof. **Notar:** s. Naila.

Ph. Schuberth	Krämerei	*Heinrich Schuberth.*

Dachau. 1406 Einwohner. LG. Dachau. BG u. HG München r. d. J.

Advokaten: s. München l. d Is. **Notar:** C. Pfaffenzeller

Gebrüder Hörhammer	Malzfabrik	*Albert Hörhammer Eduard Hörhammer. August Luitpold Hörhammer.*
Michael Scharl	Schnitt- u. Specereiw.	*Michael Scharl.*
Vitus Sedlmayer	Krämerei	*Vitus Sedlmayer.*
B. C. Steinebach	Schnitt.-, Spec.-, Kurz- und Holzwaaren	*Bruno Carl Steinebach.*
Joseph Steinberger		*Jos. Steinberger.*
Johann Trinkgeld	Schnitt.-, Spec.- u. Eisenw.	*Joh. Trinkgeld.*

Dackenheim. 486 Einwohner. LG. Dürkheim. BG. u. HG. Frankenthal.

Advokaten: s. Frankenthal **Notar:** s. Dürkheim.

H. Fuss	Specerei- u. Ellenwaaren	*H. Fuss.*
P. Bentz	Specerei- u. Ellenwaaren	*Peter Bentz.*

Dahn. 1370 Einwohner. LG. Dahn. BG. u. HG. Zweibrücken.
Advokaten: s. Zweibrücken. **Notar:** P. J. Gink.

Michael Braun	Bierbrauerei	*Michael Braun.*
Eduard Dahm	Specereiwaaren	*Eduard Dahm.*
Valentin Ehrhart		*Valentin Ehrhart.*
Johann Marx Feisthauer	Specerereiwaarenhandl.	*Johann Marx Feisthauer.*
Fournier	Specereiwaaren	*Johanna Hauck.*
Samuel Halfen	Getreidehandlung	*Samuel Halfen.*
Samuel Halfen		*Samuel Halfen. Elias Sohn.*
Georg Hartmann	Bierbrauerei	*Georg Hartmann.*
Gebrüder Katz		*Julius Katz. Samuel Katz.*
Georg Keller		*Georg Keller.*
Valentin Lambert	Oelfabrik	*Valentin Lambert.*
Joh. Nep. Lang	Apotheke	*Johann Nepomuck Lang.*
Max Leiser	Holzhandel	*Marx Leiser.*
Ludwig Lungenbühl	Specereiw. u. Gerberei	*Ludwig Lungenbühl.*
Ludwig Mugler	Eisenhandlung	*Ludwig Mugler.*
Wittwe Pfeffer	Mehlhandlung	*Christina Kern.*
Johann Rebholtz	Holzhandlung	*Johann Rebholtz.*
Jakob Rosenstiel	Viehhandel	*Jacob Rosenstiel.*
Michael Rosenstiel	Viehhandel	*Michael Rosenstiel.*
Samuel Rosenstiel	Viehhandel	*Samuel Rosenstiel.*
Simon Rosenstiel	Viehhandel	*Simon Rosenstiel.*
Johannes Schantz	Mehlhandlung	*Johannes Schantz.*
Bernhard Schuster	Vieh- u. Lumpenhandel	*Bernhard Schuster.*
Joseph Schwarzmüller ZN. [HN. Fischwogermühle]	Holzhandel	*Joseph Schwarzmüller.*
Gebrüder Siegel		*Bernhard Siegel. Salomon Siegel. Carl Siegel.*

Dambach. 310 Einwohner. LG. Wassertrüdingen. BG. u. HG. Ansbach.
Advokaten: s. Ansbach. **Notar:** s. Wassertrüdingen.

Georg Geier	Specereiwaarenhandl.	*Johann Georg Geier.*
Johann Michael Wiest	Specereiwaarenhandl.	*Johann Michael Wiest.*

Damm. LG., BG. u. HG. Aschaffenburg. **Advokaten** u. **Notare:** s. Aschaffenburg.

Heinr. Dyroff	Specereiwaarenhandl.	*Heinrich Dyroff.*
Marzell & Comp. Steingutfabrik Damm	Fabrikation von Steingut-Waaren	*Kaspar Marzell. Anton Kopf.*

Dampfsäge. LG. Roding. BG. Neunburg v. W. HG. Regensburg.
Advokaten: s. Neunburg v W. **Notar:** s. Roding.

G. J. Fillweber & Comp.	Dampfsäge	*Georg Josef Fillweber. Josef Kriebel.*

Dannstadt. 1260 Einwohner. LG. Ludwigshafen. BG. u. HG. Frankenthal.
Advokaten: s. Frankenthal. **Notar:** s. Ludwigshafen.

Ludwig Kirschbaum	Specerei- u. Ellenwaaren	*Ludwig Kirschbaum.*

Dasing. 450 Einwohner. LG. Friedberg. BG. Aichach. HG. München l. d. J.
Advokaten: s. Aichach. **Notar:** s. Friedberg.

Martin Hanch	Krämerei	*Martin Hanch.*
Ulrich Paulus	Krämerei	*Ulrich Paulus.*

Daßwang. 340 Einwohner. LG. Parsberg. BG. u. HG. Amberg.
Advokaten: s. Amberg. **Notar:** s. Parsberg.

G. Ch. Haberkorn	Spec.- u. Schnittwaaren	*Georg Christian Haberkorn.*

Degersheim. 438 Einwohner. LG. Heidenheim. BG. Eichstädt. HG. Nürnberg.
Avdokaten: s. Eichstädt. **Notar:** s. Heidenheim.

Christoph Lutz	Krämerei	*Christoph Lutz.*

Deggendorf. 4567 Einwohner. LG. u. BG. Deggendorf. HG. Passau.
Advokaten: C. Brandl, M. Hutter, A. Lettenbauer, C. Perchtold, J. Plötz, F. Seidlmayr. C. Steyerer.
Notare: Friedrich Erb, Karl Hofer.

A. Absmaier	Eisen- u. Geschmeidehandl.	*Anton Absmaier.*
B. Crusilla	Schnittwaaren	*Bartlmae Crusilla.*
Deggendorf-Plattlinger Eisenbahngesellschaft	Actiengesellschaft zum Eisenbahnbetrieb	*Vorstand ist der aus 5 Mitgliedern bestehende Verwaltungsrath, bestehend aus: Gottlieb*

Fruth, Vorsitzender; Josef Platiel, Stellvertreter des Vorsitzenden; Josef Kandler, Josef Nachtigall, Ignaz Schlag. Die Firma wird gezeichnet durch den Vorsitzenden des Verwaltungsrathes: „Deggendorf-Plattlinger Eisenbahngesellschaft." Der Verwaltungsrath N. N. Bei Behinderung des Vorsitzenden: „Deggendorf-Plattlinger Eisenbahngesellschaft". Der Verwaltungsrath N. N. Stellvertreter.

F. X. Doppler	Kleiderhandlung	*Frz. Xaver Doppler.*
Franz Xaver Friedl	Fragnerei	*Franz Xaver Friedl.*
C. Güllich	Specerei- u. Schnittwaaren	*Carl Güllich.*
August Hintermaier	Eisenhandlung	*August Hintermaier.*
Ludwig Kandler	Papierfabrik	*Ludwig Kandler*
Anton Krauth sen.	Spec.- u. Schnittw. & Sped.	*Johann Nep. Krauth.*
Krüll'sche Buchhandlung ZN. [**HN.** Landshut]	Buchhandlung	*J. G. Woelfle.*
Anton Maierhofer	Spec.- u. Schnittw. & Sped.	*Anton Maierhofer.*
Michael Mauerer	Schafwollspinnerei	*Michael Mauerer.*
Carl Piechler	Spec. u. Schnittwaaren	*Carl Piechler.*
Joseph Ploetz	Posamentier	*Josef Ploetz.*
Fr. Ritzinger	Eisen- u Geschm.-W -H	*Friedrich Ritzinger.*
Otto Schmutzer	Spec u. Schnittwaaren	*Otto Schmutzer.*
J. J. Schwaighofer	Landesprod.-Comm., Spedit., Incasso & Agenturen	*Johann Julian Schwaighofer.*
M. Schwaighofer	Specerei- u. Schnittwaaren, Spedition	*Mathias Schwaighofer*
Anton Josef Vest		*Josef Anton Vest.*
Vorschussverein Deggendorf	Gewährung von Crediten an Mitglieder	*Der Vereinsvorstand zeichnet für den Verein; zur Zeichnung ist die Unterschrift von zwei Mitgliedern erforderlich; der Vereinsvorstand besteht aus: Gottlieb Schenke, Vorsitzender; Josef Nachtigall, Cassier; Josef Bernklau, Schriftführer. Obmann der Controlbehörde ist Advokat Ploetz. Die über aufgenommene Anlehen für den Verein auszustellenden Schuldurkunden sind von sämmtlichen Vorstandsmitgliedern und dem Obmann der Controlbehörde zu unterzeichnen.*

Deggingen. 824 Einwohner. LG. Nördlingen. BG. Donauwörth. HG Augsburg.

Advokaten: s. Donauwörth. **Notar:** s. Nördlingen.

Elias Dampf		*Elias Dampf.*
Mathilde Dampf		*Mathilde Dampf We.*
Caspar Finkl	Eisen- u. Geschmeidewaaren	*Caspar Finkl.*
Salomon Gegel		*Salomon Gegel.*
B. L. Höchstädter		*Baruch Löw Höchstädter.*
B. & M. Höchstädter	Specereiwaaren	*Benno Höchstädter. Marx Höchstädter.*
Baruch Höchstädter	Specereiwaaren	*Baruch Höchstädter.*
Bernhard Höchstädter jun.	Manufacturwaaren	*Bernhard Höchstädter.*
Moritz Höchstädter	Handlung	*Moritz Höchstädter.*
Salomon Kutz	Handlung	*Salomon Kutz.*
Georg Löfflad	Specereiwaaren	*Georg Löfflad.*
Samuel Neimann		*Samuel Neimann.*
Neuburger & Dampf		*Samuel Neuburger Maier Dampf beide in München.*
N. Neuburger		*Max Neuburger.*
A. Offenhäuser	Specereiwaaren	*Adam Offenhäuser.*
Michael Scheidle		*Michael Scheidle.*
D. Steinharter		*Daniel Steinharter.*
Bernhard Waitzfelder	Lederhandlung	*Bernhard Waitzfelder.*

Deidesheim. 2742 Einwohner. LG Dürkheim. BG u. HG. Frankenthal.

Advokaten: s. Frankenthal. **Notar:** s. Dürkheim.

E. H. Bassermann	Weinhandlung	*Emil Heinrich Bassermann.*
F. P. Buhl	Weinhandlung	*Josephine Buhl. Dr Franz Armand Buhl. Dr. Eugen Buhl.*
M. Coerver	Weinhandlung	*Martin Coerver.*
Friedrich Deinhard	Weinhandlung	*Friedrich Georg Deinhard. Dr. Andreas Friedrich Deinhard* **P.**
Adam Esprit	Specereiwaaren	*Adam Esprit.*
Oswald Feis	Weinhandlung	*David Feis. Louis Feis.*
Carl Giessen	Weinhandlung	*Carl Giessen.*
G. Harnisch	Weinhandlung	*Johann Gottfried Harnisch.*
F. A. Hellmich	Weinhandlung	*Ferdinand Adolph Hellmich.*
A. Henrici	Specereiwaaren	*Adam Henrici.*
Markus Hirsch	Specereiwaaren	*Markus Hirsch.*
L. A. Jordan	Weinhandlung	*Ludwig Andreas Jordan. Emil Bassermann* **P.**
J. B. Kimich		*Johann Baptist Kimich.*
Gebrüder Klenger	Weincommissionsgeschäft	*August Klenger. Jacob Klenger.*
Felix Koch	Weinhandlung	*Felix Koch.*

Heinrich Koch	Weinhandlung	*Heinrich Koch. Felix Koch* P.
J. A. Kraft	Specereiwaaren	*Johann Adam Kraft.*
Lederle & Giessen	Weinhandlung	*Joseph Giessen. Carl Giessen.*
Alexander Loeb		*Alexander Loeb.*
Goswin Matten	Weinhandlung	*Goswin Matten.*
Heinrich Meilhaus	Apotheke	*Heinrich Meilhaus.*
Rheinische Früchtenhandlung	Früchtenhandlung	*Andreas Biffar. Adam Biffar.*
Franz Joseph Schäffer & Sohn	Weincommissionsgeschäft u. Agentur	*Heinrich Schaeffer.*
Peter Anton Schaefer	Weincommissionsgeschäft	*Peter Anton Schäfer.*
Rudolph Schmitt	Weinhandlung	*Rudolf Schmitt. Oskar Schmitt.*
Heinr. Schmitt	Schaumweinfabrik u. Weinh.	*Heinrich Schmitt.*
Carl Schultz	Weinhandlung	*Carl Schultz.*
Heinrich Schultz	Weinhandlung	*Heinrich Schultz.*
Friedr. Seyler	Weinhandlung	*Emil Seyler. August Seyler.*
Fr. Leop. Spindler	Specereiwaaren	*Friedrich Leopold Spindler.*
J. W. Spindler	Weincommissionsgeschäft	*Johann Wilhelm Spindler.*
J. A. Steinebach Sohn	Weincommissionsgeschäft	*Lorenz Heis.*
L. Wolff & Sohn	Weinhandlung	*Ferdinand Wolff.*

Deining. 424 Einwohner. LG. Neumarkt. BG. u. HG. Amberg.
Advokaten: s. Amberg. **Notar:** s. Neumarkt.

Joh. Hiltl	Specerei- u. Ellenwaaren	*Johann Hiltl.*

Denklingen. LG. Buchloe. BG. u. HG. Augsburg. **Advokaten**: s. Augsburg. **Notar**: s. Buchloë.

Michael Hibler	Spec.-, Schnitt- u. Eisenw.	*Michael Hibler.*

Dennelohe. 181 Einwohner. LG. Wassertrüdingen. BG. u. HG. Ansbach.
Advokaten: s. Ansbach. **Notar**: s. Wassertrüdingen.

Georg Dürnberger	Specereiwaarenhandlung	*Johann Georg Dürnberger.*
Simon Schweizer	Specereiwaarenhandlung	*Simon Schweizer.*
Raph. Wieswachs	Schnittwaarenhandlung	*Raphael Wieswachs.*

Dettelbach. 2269 Einwohner. LG. Dettelbach. BG. u. HG. Würzburg.
Advokaten: s. Würzburg. **Notar:** Aug. Reuss.

J. B. Baumann	Apotheke	*Johann Baptist Baumann.*
Berthold Bing	Grosshandlung in Garn, Band- u. Kurzwaaren	*Berthold Bing.*
Nicolaus Blank	Conditorei u. Specereiw.	*Nicolaus Blank.*
Urban Degen	Conditorei u. Specereiw.	*Urban Degen.*
Georg Eckart	Specerei-, Eisen- u. Kurzw., u. Weinhandlung	*Georg Eckart.*
Conrad Eyerich	Specereiw. u. Weinhandl.	*Conrad Eyerich.*
August Feldheim	Weinhandlung	*August Feldheim.*
Gabriel Feldheim	Essigfabrik u. Weinhandl.	*Isack Feldheim.*
Julius Feldheim	Schnittwaaren	*Lazarus Feldheim.*
Salomon Feldheim	Schnittwaaren	*Salomon Feldheim.*
Fr. Franz	Conditorei- u. Specereiw.	*Franz Franz.*
J. B. Mann	Weinhandlung	*Johann Baptist Mann.*
Franz May	Specereiwaaren	*Franz May.*
J. Schaeffer	Specereiwaaren	*Joseph Schaeffer.*
Ph. Schloss	Schnittwaarenhandlung	*Philipp Schloss.*
J. Schmalgrund	Weinhandlung	*Jacob Schmalgrund.*
F. Th. Stahl	Weinhandlung	*Franz Thaddäus Stahl.*
Franz Jos. Then	Specereiwaaren	*Franz Joseph Then.*
Joh. Friedr. Walther	Weinhandlung	*Johann Friedrich Walther.*
S. Wannfried	Weinhandlung	*August Wannfried.*
Bernhard Wiesengrund	Weinhandlung	*Bernhard Wiesengrund. Caroline Wiesengrund* P. *Theodor Wiesengrund* P.
Leopold Wiesengrund	Weinhandlung	*Leopold Wiesengrund.*
David Zunz	Schnittwaaren	*David Zunz.*
Jacob Zunz	Schnittwaaren	*Jacob Zunz.*
Max Zunz & Comp.		*Jacob, Max, Sara, Sigmund, Auguste Wolf. Alfred Zunz. Moriz Zunz* P.
Wolf Zunz Sohn	Schnittwaaren	*Moses Zunz.*

Deuerling. 222 Einwohner. LG. Hemau. BG. u. HG. Regensburg.
Advokaten: s. Regensburg. **Notar:** s. Hemau.

Paul Schidel	Specereiwaaren	*Paul Schidel.*

Diebach. 640 Einwohner. LG. Hammelburg. BG. Lohr. HG. Würzburg.
Advokaten: s. Lohr. **Notar**: s. Hammelburg.

L. A. Müller	Specereiwaaren	*Ludwig Anton Müller.*

Diedelkopf. LG. Kusel. BG. u. HG. Kaiserslautern.
Advokaten: s. Kaiserslautern. **Notar**: s. Kusel.

Drumm L.	Handelsmühle	*Ludwig Drumm.*

Diedesfeld. LG. Edenkoben. BG. u. HG. Landau. **Advokaten**: s. Landau. **Notar**: s. Edenkoben.

August Baader	Bierbrauerei	*Johann August Schwarzwelles-Baader.*

Dielkirchen. 546 Einwohner. LG. Rockenhausen. BG. u. HG. Kaiserslautern.
Advokaten: s. Kaiserslautern.. **Notar**: s. Rockenhausen.

Gutmann Jakob	Specereiwaaren	*Jacob Gutmann.*
Gutmann Moritz	Specereiwaaren	*Moritz Gutmann.*
Hoster Jb.	Weinhandlung	*Jacob Hoster.*
Ed. J. Vogt	Gemischte Waaren	*Eduard Julius Vogt.*

Diemerstein. LG., BG. u. HG. Kaiserslautern. **Advokaten** u. **Notare**: s. Kaiserslautern.

Göbels	Handelsmühle	*Christian Göbels.*

Diespeck. 975 Einwohner. LG. Neustadt a. d. A. BG. Windsheim. HG. Fürth
Advokaten: s. Windsheim. **Notar**: s. Neustadt a. d. A.

S. Bauer	Cigarren- u. Specereihdlg.	*Salomon Bauer.*
Philipp Rosenbaum	Schnittwaarenhandlg.	*Philipp Rosenbaum.*
I. Rosenfels	Schnitt- u. Specereiwhdlg.	*Isaac Rosenfels.*
J. Schoenthal jr.	Schnitt- u. Specereiwhdlg.	*Julius Schoenthal.*
I. Seligbrunn	Specereiw. u. Garnhandlung	*Isaac Seligbrunn.*

Diessen. 1030 Einwohner. LG. Diessen. BG. Weilheim. HG. München l. d. J.
Advokaten: s. Weilheim. **Notar**: J. Speckner.

Franz Deininger	Specerei- u. Schnittwaaren	*Franz Deininger.*
Georg Koller		*Georg Koller.*
A. Lipp	Eisenhandlung	*Augustin Lipp.*
Christina Müller	Krämerei	*Christina Müller.*
Friedr. Schorn	Specerei- u. Schnittwaaren	*Friedrich v. Schorn.*
Mathä Anton v. Schorn	Specerei- u. Schnittwaaren	*Mathä Anton v. Schorn.*
Josef Zauner vormals Anton Schauer	Specerei- u. Schnittwaaren, Eisen u. Spirituosen	*Josef Zauner.*

Dietenhofen. 635 Einwohner. LG. Markt Erlbach. BG. Windsheim. HG. Fürth.
Advokaten: s. Windsheim. **Notar**: s. Markt Erlbach.

Joseph Frank	Schnittwaarenhandlung	*Joseph Frank.*
Johann Georg Friedlein	Schnittwaarenhandlg.	*Johann Georg Friedlein.*
Friedrich Lehner	Specereiwaarenhandlg.	*Friedrich Lehner.*
Joh. Neuser	Specereiwaarenhandlg.	*Johann Neuser.*
Konrad Nun	Specereiwaarenhandlg.	*Konrad Nun.*
Friedrich Schreyer	Specereiwaarenhandlg.	*Friedrich Schreyer.*
Hieronymns Stein	Schnittwaaren	*Hieronymus Stein.*

Dieterskirchen. 660 Einwohner. LG. u. BG. Neunburg v. W. HG. Regensburg.
Advokaten u. **Notare**: s. Neunburg v. W.

Elise Fuchs	Specerei- u. Schnittwaaren	*Elise Fuchs. Josef Fuchs* **P.**
Max Ploetz	Specerei- u. Schnittwaaren	*Max Ploetz.*

Dietfurt. 1056 Einwohner. LG. Riedenburg. BG. u. HG. Regensburg.
Advokaten: s. Regensburg. **Notar**: s. Riedenburg.

Josef Grau	Goldarbeiter	*Josef Grau.*
J. B. Helmstreit	Specerei- u. Schnittwaaren u. Eisenhandlung	*Wilhelm Proesch.*
Xaver Kastl	Eisenhandlung	*Franz Xaver Kastl.*
Joseph Maag	Specerei- u. Schnittwaaren, Material- u. Farbwaaren	*Josef Maag.*
Joseph Moser	Specerei- u. Schnittwaaren	*Josef Moser.*
Andreas Neuwirth	Specerei- u. Schnittwaaren	*Andreas Neuwirth.*

Dietmannsried. 450 Einwohner. LG. Grönenbach. BG. u. HG. Memmingen.
Advokaten: s. Memmingen. **Notar**: August Henneberger in Grönenbach.

Johann Epple	Specerei- u. Schnittwaaren	*Johann Epple.*
J. R. Reichart		*Johann Remig Reichart.*
Max Jos. Streng	Specerei u. Schnittwaaren	*Max Josef Streng.*
Josef Strietzel	Krämerei	*Josef Strietzel.*

Dillingen. 5237 Einwohner. LG. Dillingen. BG. Donauwörth. HG. Augsburg.
Advokaten: s. Donauwörth. **Notar:** C. Th. Kratzer.

J. N. Best		*Johann Nepomuk Best.*
Carl Friedrich Blättermann	Buchhandlung	*Carl Friedrich Blättermann.*
I. B. Böck	Specerei- u. Schnittwaaren	*J. B. Böck.*
Max Bratsch	Specerei- u. Schnittwaaren	*Johann Steichele. August Steichele* **P.**
J. M. Fürst	Specerei- u. Schnittwaaren	*J. M. Fürst.*
Al. Gentner	Instrumentenhandlung	*Alois Gentner.*
A. Gögelein		*Albert Gögelein.*
Josef Gradl	Specerei- u. Schnittwaaren	*Josef Gradl.*
Ludwig Haug		*Ludwig Haug.*
C. Harz'sche Buchhandlung	Buchhandlung	*Josef Harz.*
Leonhard Keller	Schreibmaterialienhandlg.	*Leonhard Keller.*
Georg Knorr	Specerei- u. Schnittwaaren	*Georg Knorr.*
J. E. Kohl	Specerei- u. Schnittwaaren	*J. E. Kohl.*
Kollmann'sche Buchhandlung	Buchhandlg. u. Antiquariat	*Peter Tabor.*
Carl Kränzle	Buchdruckerei u. Expedition des „Donauboten"	*A. Kolb.*
J. Nepom. Leveling	Eisenhandlg., Specerei- und Schnittw. u. Spirituosen	*Johann Nepomuk Leveling.*
F. S. Goney Mayer Wittwe		*Anna Mayer We.*
Xaver Mayer	Specerei- u. Schnittwaaren	*Franz Xaver Mayer.*
Alois Meyer	Schnittwaaren	*Alois Meyer.*
Josef Nusser	Eisenhandlung	*Josef Nusser.*
Jos. Schmidt	Specerei- u. Schnittwaaren	*Josef Schmidt.*
Al. Straub	Specerei- u. Schnittwaaren	*Alois Straub.*
Josef Stury	Specerei- u. Seilerwaaaren	*Josef Stury.*
Anton Wenninger		*Anton Wenninger.*
Anton Wolff	Materialwaaren	*Anton Wolff.*
Fr. X. Zeiler	Specereiw. u. Conditorei	*Franz Xaver Zeiler.*
Jakob Zimmermann		*Jakob Zimmermann.*

Dingolfing. 3003 Einwohner. LG. Dingolfing. BG. u. HG. Landshut.
Advokaten: s. Landshut. **Notare:** Xaver Sagmeister, F. X. Zimmermann.

Wolfgang Demmelmaier	Spec., Schnitt-, Eisen- u. Kurzwaaren	*Wolfgang Demmelmaier.*
Anton Ehrlacher	Specereiwaaren	*Anton Ehrlacher.*
Joh. Gg. Hauer	Specereiwaaren	*Johann Georg Hauer.*
Seb. Hauer	Tuchfabrik	*Sebald Hauer.*
Georg Hoedl sel. We.	Spec.-, Schnitt- u. Kurzw.	*Anna Hoedl.*
Max Hoedl	Nadlerei u. Papierhandl.	*Max Hoedl.*
Anton Roppele	Galanteriewaarenhandl.	*Anton Roppele.*
M. Spaeth	Specereiwaaren	*Max Spaeth.*
Joseph Steiner	Specereiwaaren	*Josef Steiner.*
Magdalena Wagner	Specereiwaaren	*Magdalena Wagner.*

Dinkelsbühl. 5060 Einwohner. LG. Dinkelsbühl. BG. u. HG. Ansbach.
Advokaten: s. Ansbach. **Notar:** A. F. Erckert.

J. C. Albrecht	Specerei- u. Farbw., Wachswaarenfabrik	*Joseph Carl Albrecht.*
Wilhelm Bauer	Strumpf- u. Wollwaarenfabr.	*Wilhelm Bauer.*
Carl Baumann	Schnitt-, Ellen- u. Posam.-Waaren	*Carl Baumann.*
Friedrich Bertsch und Sohn	Bijouterie-, Porzellan- u. Kurzwaaren	*Friedrich Wilhelm Bertsch. Heinrich Christian Friedrich Bertsch jun.*
Friedrich Böckh	Pinsel- u. Bürstenfabrik	*Friedrich Böckh.*
Wilhelm Böckh	Pinsel- u. Bürstenfabrik	*Wilhelm Böckh.*
Jos. Braun	Pinsel- u. Bürstenfabrik	*Joseph Mayer.*
Mathias Braun	Goldwaaren- u. Specereih.	*Mathias Braun.*
Joseph Brixner	Kurzwaaren	*Joseph Brixner.*
Wilhelm Brunner	Specereiw. & Lebküchnerei	*Carolina Brunner. Emanuel Wilh. Brunner* **P.**
Johann Georg Bühner	Drechslerwaaren	*Johann Georg Bühner.*
Creditverein Dinkelsbühl [eingetragene Genossenschaft]	Gewährung von Crediten an die Mitglieder	*Der Vorstand der Genossenschaft zeichnet für dieselbe in der Weise, dass sämmtliche Vorstandsmitglieder der Firma ihre Namensunterschriften mit Beifügung ihrer Funktion (Vorsitzender, Sekretär, Cassier) beisetzen. Vorstand der Gesellschaft: Wilhelm Krafft zu Dinkelsbühl, Vorsitzender; Adolph Meissner dort, Sekretär; Stadtcassier Christian Engelhardt, Cassier.*
Wilhelm Eduard Deeg	Strumpf- u. Wollwaarenfabr.	*Wilhelm Eduard Deeg.*

Carl Döderlein	Goldwaaren	*Carl Friedrich Döderlein.*
Friedrich Dörrer	Spec.-, Farb- u. Eisenw.	*Friedrich Dörrer.*
Carl Espenmüller sel. We.	Spec.-, Farb- u. Kurzw.	*Caroline Wilhelmine Espenmüller We.*
Ludwig Felger	Kurzwaaren	*Ludwig Felger.*
Friedrich Frank	Eisenhandlung	*Georg Friedrich Frank.*
Carl Gabler	Rothgerberei	*Carl Gabler.*
J. M. Gaenssler	Spec.- u. Farbwaaren	*Johann Michael Gaenssler.*
Jakob Gehring		*Jakob Gehring.*
Kaspar Gehring		*Kaspar Gehring.*
F. A. Graf		*Friedrich Adolph Graf.*
August Graser		*August Graser.*
Christian Grau	Spec.- u. Farbwaaren	*Christian Grau.*
Friedrich Grau und Sohn	Rothgerberei	*Friedrich Grau. Carl Mathäus Grau* **P.**
Max Gutmann	Rothgerberei	*Max Gutmann.*
J. M. Wolf Hamburger	Schnitt- u. Ellenwaaren	*Seligmann Josef Wolf Hamburger.*
S. Henschel		*Samuel Henschel. Friedrich Henschel* **P.**
Carl Heydner	Rothgerberei	*Carl Heydner.*
Friedrich Hezel	Eisenhandlung	*Friedrich Hezel.*
August Hölzlein	Strumpf- u. Wollwaarenf.	*August Hölzlein.*
Friedrich Hofbauer	Wollwaarenfabrik	*Friedrich Hofbauer.*
Wilhelm Hofbauer's Wittwe	Strumpf- u. Wollwaarenf.	*Caroline Hofbauer We. Wilhelm Hofbauer* **P.**
A. Hoffmann vormals Aug. Metzger	Fabrik gestrickter u. gewirkter Wollwaaren	*A. Hoffmann.*
Christian Hofmeister	Bandwaaren	*Christian Hofmeister.*
Carl Hussel	Wollenwaarengeschäft	*Carl Hussel.*
August Kern	Spec.- u. Farbw.	*August Kern.*
Gustav Kern sel. Wittwe	Strumpf- u. Wollwaarenf.	*Elise Kern We.*
Nicolaus Kern		*Nicolaus Kern.*
Johann Keungott	Rothgerberei	*Johann Keungott.*
Egidius Klausecker	Conditorei- u. Specereiw.	*J. Egidius Klausecker.*
Georg Karl Knab	Spielwaaren- u. Spinnräderf.	*Georg Carl Knab.*
Leonhard Koch	Schnitt- u. Ellenwaaren	*Georg Leonhard Koch.*
Wilhelm Krafft und Brand	Arrasgarnfabr., Strumpf- u. Wollwaarenfabrik	*Theodor Brand.*
Christian Ludwig Krämer		*Wilhelmine Krämer We. August Wilhelm Krämer* **P.**
Wilhelm Krämer	Eisenhandlung	*Wilhelm Krämer.*
Ludwig Kress	Spenglermeister	*Ludwig Kress.*
Carl Kueck	Hutmacher u. Filzschuhf.	*Carl Friedrich Kueck.*
Gottfried Kuch		*Gottfried Kuch.*
Wilhelm Kuch	Filzwaarenfabrik	*Friedrich Kuch.*
August Kühl	Kurzwaaren u. Regenschirmf.	*August Kühl.*
Ludwig Kühl	Kammfabrik u. Kurzwaaren	*Ludwig Kühl.*
Johann Linder		*Johann Baptist Linder.*
Joseph Linder		*Karoline Linder We.*
Wilhelm Link und Söhne	Strumpf- u. Wollwaarenf.	*Carl Link. Friedrich Link.*
Carl Lorenz	Strumpf- u. Wollwaarenf.	*Carl Lorenz.*
Mathäus Lorenz	Strumpf- u. Wollwaarenf.	*Mathäus Lorenz.*
Friedrich August Lustenöder	Strumpf- u. Wollwaarenf.	*Friedrich August Lustenöder.*
Adolph Meissner	Spec.-, Farb- u. Eisenw.	*Adolph Meissner.*
Wilhelm Mettmann	Rothgerberei	*Wilhelm Mettmann.*
Christ. Metzger	Arrasgarnfabrik	*Christian Metzger.*
August Neu	Getreidehandlung	*August Neu.*
Carl Nonnenmacher	Wollwaarenfabrik	*Carl Nonnenmacher.*
Ernst Nonnenmacher	Strumpf- u. Wollwaarenf.	*Ernst Nonnenmacher.*
Philipp Nonnenmacher	Strumpf- u. Wollwaarenf.	*Philipp Nonnenmacher.*
Friedrich Ohrling	Strumpf- u. Wollwaarenf.	*Friedrich Ohrling.*
Carl Prestel	Buchbinderei u. Schreibmat. Handlung	*Michael Friedrich Carl Prestel.*
Carl Reinhardt	Conditorei- u. Specereiw.	*Carl Reinhardt.*
Carl Rieker	Drechslerei u. Spielwaarenh.	*Carl Rieker.*
Alex. Rüger	Specerei- u. Farbwaaren	*Alexander Rüger.*
C. Schleicher	Schnitt- u. Ellenw.	*Carl Schleicher.*
Immanuel Schmidt	Strumpf- u. Wollwaarenf.	*Caroline Schmidt We. Wilhelm Schmidt* **P.**
Friedrich Schöppler	Rothgerberei	*Friedrich Schöppler.*
Caspar Schopf	Bandwaaren	*Kaspar Stephan Schopf.*

Chr. Schwarzländer	Specereiw. u. Lebküchnerei	*Christian Wilhelm Schwarzländer.*
Wilhelm Seidelmann	Specereiw. u. Lebküchnerei	*Wilhelm Seidelmann.*
Christian Simon	Specerei- u. Farbwaaren	*Adolf Simon.*
Johann Springer	Strumpf- u. Wollwaarenf.	*Johann Springer*
v. Stefenelli	Apotheke	*Adolf v. Stefenelli.*
Carl Stepper	Strumpf- u. Wollwaarenf	*Carl Stepper*
Carl Strauss	Strumpf- u. Wollwaarenf	*Carl Strauss.*
Mechan. Streichgarnspinnerei in Dünkelsbühl	Streichgarnspinnerei	*Vorstand ist der Ausschuss, bestehend aus folgenden Mitgliedern: Michael Schobert, Bürgermeister, Wilhelm Krafft, Fabrikant August Kern, Kaufmann: Karl Link Fabrikant; Christian Zirkler, Fabrikant; Gottfried Ruttmann, Privatier Zur Zeichnung und zwar gemeinschaftlich sind befugt: Hr. Schobert mit dem Sekretär Hrn. Wilhelm Krafft, welche beide nur ihre Namen unter die Firma setzen. Wilhelm Krafft* **P.**
Georg Strobel	Strumpf- u. Wollwaarenf	*Georg Strobel.*
Johann Volk	Eisenwaarenhandlung	*Johann Michael Volk.*
C W Walter	Specerei- u Eisenwaaren	*Carl Wilhelm Walter*
Georg Eduard Walter	Schnitt- u. Ellenwaaren	*Georg Eduard Walter.*
A. Walthr	Buchhandlung	*Adolph Walthr.*
Georg Wenng	Buchbinderei, Antiquariat u Schreibmaterialienhandl.	*Georg Wenng.*
Conrad Wiesend	Specereiw. u Lebküchnerei	*Ludwig Conrad Wiesend.*
Friedrich Wieser	Rothgerberei	*Friedrich Wieser*
Johann Georg Ludwig Wolf sel. Wittwe	Schnitt- u. Ellenwaaren	*Wilhelmine Wolf We.*
Wilhelm Zinn	Specereiw. u Lebküchnerei	*Wilhelm Zinn.*
Carl Zirkler	Strumpf- u. Wollwaarenf.	*Carl Zirkler.*
Christ. Zirkler	Strumpf- u. Wollwaarenf.	*Christian Zirkler.*
Gebrüder Zirkler	Fabrikanten	*Christian Zirkler. Carl Zirkler.*

Dinkelscherben. 807 Einwohner LG. Zusmarshausen. BG. u. HG Augsburg.
Advokaten: s. Augsburg **Notar:** s. Zusmarshausen.

Georg Dettenrieder	Specereiwaaren	*Georg Dettenrieder.*
Caspar Finkl	Eisenhandlung	*Caspar Finkl.*
Jakob Schmidt	Specereiwaaren	*Jakob Schmidt.*

Dirmstein. 1652 Einwohner LG Grünstadt BG. u HG. Frankenstein.
Advokaten s Frankenstein **Notare** s Grünstadt

Appolonia Rackens	Specereiwaaren	*Apollonia Backens.*
G. v. Camuzi	Weinhandlung, Kalk- und Ziegelbrennerei	*Gideon von Camuzi Heinrich Brandt* **P.**
Ph. Corell	Specerei- u. Ellenwaaren	*Philipp Corell..*
Philipp Cornelius	Mühle u. Mehlhandlung	*Philipp Cornelius.*
G. V Hoos	Specereiwaaren	*Georg Valentin Hoos.*
Gebrüder Janson	Mühle	*Christian Janson. Jacob Janson.*
David Kahn	Viehhandel	*David Kahn.*
Isaac Samuel Kahn	Pferdehandel	*Isaac Samuel Kahn.*
Moritz Kahn	Eisenhandlung	*Moritz Kahn.*
Moses Kahn	Getreidehandel	*Moses Kahn.*
Johannes Knab	Specereiwaaren	*Johannes Knab.*
Isaac Liebmann II	Pferdehandel	*Isaak Liebmann II.*
Moses Liebmann		*Moses Liebmann.*
David Maas	Ellen- u. Specereiwaaren	*David Maas.*
Jb. Neuschaefer	Specereiwaaren	*Jacob Neuschaefer.*
J Roemer	Weinhandlung	*Jocob Roemer*
Jacob Weil	Getreidehandel	*Jucob Weil.*

Dittenheim. 878 Einwohner. LG. Heidenheim. BG. Eichstädt. HG. Würzburg.
Advokaten: s. Eichstadt **Notar:** s. Heidenheim.

Moses Bergmann	Schnitt- u Specereiw.	*Moses Bergmann.*
Jacob Rosenfelder	Schnittwaaren	*Jakob Rosenfelder.*
Samuel Wolf Rosenfelder	Tuchhandlung	*Samuel Wolf Rosenfelder.*

Ditterswind. LG. Hofheim BG u. HG Schweinfurt. **Advokaten:** s Schweinfurt **Notar:** s. Hofheim

C. F. Weidmann	Krämerei	*Christian Friedrich Weidmann.*

Dittlofsroda. 473 Einwohner LG Hammelburg. BG. Lohr. HG. Würzburg.
Advokaten s. Lohr **Notar** s Hammelburg.

L. Nussbaum	Specereiwaaren	*Lipmann Nussbaum.*
A. N. Straus	Specereiwaaren	*Abraham Straus.*

Dittweiler. 409 Einwohner. LG. Waldmoor. BG. u. HG. Zweibrücken.
Advokaten: s. Zweibrücken. **Notar:** s. Waldmoor.

Theobald Becker	Kurzwaarenhandlung	*Theobald Becker.*
Theobald Closs	Specereiwaaren	*Theobald Closs.*
Nicolaus Jung	Frucht- u. Mehlhandlung	*Nicolaus Jung.*

Döfering. 633 Einwohner. LG. Waldmünchen. BG. Neunburg v. W. HG. Regensburg.
Advokaten: s. Neunburg v. W. **Notar:** s. Waldmünchen.

Andreas Kumschier	Krämerei	*Andreas Kumschier.*

Dörflas. 782 Einwohner. LG. Wunsiedel. BG. u. HG. Hof. **Advokaten:** s. Hof. **Notar** s. Wunsiedel.

Math. Arzberger & Sohn	Rothgerberei	*Johann Friedrich Arzberger.*
Johann Benker	Baumwollwaarenf. Bettzeuge Cantonats- u. schwarze Kopftücher mit Seide und Wolle vermischt	*Johann Heinrich Benker.*
Joh. Philipp Kastner	Baumwollwaarenfabrik	*Johann Philipp Kastner.*
J. Ch. Rahn	Specereiwaarenhandlung	*Johann Christoph Rahn.*
J. G. Rasp	Specereiwaaren	*Johann Georg Rasp.*
Carl Rockstroh senior	Wollen- u. Baumwollwaarenf.	*Carl Rockstroh.*
Chr. Peter Rockstroh	Wollen- u. Baumwollwaarenf. u. Specereiwaaren	*Heinrich Rockstroh.*

Dörnbach. 625 Einwohner. LG. Rockenhausen. BG. u. HG. Kaiserslautern.
Advokaten: s. Kaiserslautern. **Notar:** s. Rockenhausen.

Becker Isaac		*Isaac Becker.*

Dombühl. LG. Schillingsfürst. BG. Windsheim. HG. Fürth.
Advokaten: s. Windsheim **Notar:** s. Schillingsfürst.

Johann Georg Hauf	Specereiwaarenhandlung	*Johann Georg Hauf.*
Joh. Andreas Schubert	Specereiwaarenhandlung	*Johann Andreas Schubert.*

Donaustauf. 1130 Einwohner. LG., BG. u. HG. Regensburg.
Advokaten u. **Notare:** s. Regensburg.

Joseph Koestler vormals Zimmerer	Specereiwaaren	*Josef Koestler.*

Donauwörth. 3559 Einwohner. St. u. LG. u. BG. Donauwörth. HG. Augsburg.
Advokaten: J. Engelhard, M. Fleissner, J. Hofer, F. Prechter, A. Unzner. **Notare:** L. Kaler, J. Rosendahl.

J. N. Bayr	Gemischte Waaren	*Johann Nepomuk Bayr.*
Anton Bernhard	Buchbinderei	*Anton Bernhard.*
W. Birett		*Wilhelm Birett.*
Jacob Bumm jun.	Materialw. Spec. u. Comm.	*Jakob Bumm.*
F. J. Deffner	Spec.- u. Schnittw. u. Weinh.	*Franz Josef Deffner.*
F. A. Dietrich	Specereiw. u. Weinhandlg.	*Franz Andreas Dietrich.*
C. Feichtinger	Goldw. Specerei- u. Ellenw.	*Carl Feichtinger.*
Justus Grünewald	Weinhandlung u. Spirituosen	*Justus Grünewald.*
L. Hiebler		*Ludwig Hiebler.*
Max Hiebler		*Max Hiebler.*
J. S. Huppmann		*Johann Stephan Huppmann.*
F. S. Kiechle	Eisenhandlung	*Franz Kiechle.*
J. G. Koch		*Johann Georg Koch.*
Ignatz Kreikl		*Ignaz Kreikl.*
Joseph Kreickle'sche Relikten	Ellenwaaren	*Bernhard Kreickle.* A. *Josefa Kreickle.*
A. Krieger	Buchdruckerei	*Anton Krieger.*
August Leistner	Nadler- u. Galanteriewaaren	*August Leistner.*
Xaver Lettenbaur	Specerei- u. Schnittwaaren	*Franz Xaver Lettenbaur.*
J. D. Muff	Ellenwaaren	*Johann Nepomuk Kremer.*
Joh. Rützel	Weinhandlung u. Spirituosen	*Johann Rützel.*
Otto Schneidenbach	Specereiwaaren	*Otto Schneidenbach.*
J. G. Schoderer	Spec.-, Tabak- u. Schnittw.	*Josef Schoderer.*
C. Veith'sche Buchhandlung	Buchhandlung	*Ernst Rohmer. Wilhelm Beck.*
J. M. Wassermann		*Julianna Wassermann. Walburga Wassermann.* A.
J. N. Wiedemann jun.	Specerei- u. Eisenw. Lederhandlung u. Gerberei	*Anna Wiedemann We.*

Donndorf. 390 Einwohner. LG., BG. u HG. Bayreuth. **Advokaten** u. **Notare:** s. Bayreuth.

Sigm. Domeyer	Specereiwaaren	*Sigmund Domeyer.*

Donnersdorf. 631 Einwohner. LG. Gerolzhofen. BG. Neustadt a d S. HG. Schweinfurt.
Advokaten: s Neustadt a. d S. **Notar:** s. Gerolzhofen.

J. N. Schmitt — Specerei-, Eisen- u. Schnittwaarenhandlung — *Johann Nikolaus Schmitt.*

Doos. LG, BG u. HG Fürth. **Advokaten** u **Notare:** s Fürth.

Stelzner & Hubmann — Kunstmühle — *Georg Leonhard Stelzner. Georg Hubmann.*

Dorfbach. 290 Einwohner. LG Passau II. BG u HG Passau **Advokaten** u **Notare:** s Passau

Geschwister Bruckmaier — Krämerei — *Michael Bruckmaier* **A.** *Caroline Bruckmaier. Marie Neuhauser.*

Dorfen. 1400 Einwohner. LG. Dorfen BG Freising HG München I d. J.
Advokaten: s Freising **Notar:** Ludwig Hauser

Johann Bierling — Specerei- u. Schnittwaaren — *Johann Bierling.*
Franz Paul Moser — Specerei- u. Schnittwaaren — *Franz Paul Moser.*
Martin Scheicher — Spec.-, Schnitt- und Tuchw. u. Eisenhandlung — *Martin Scheicher.*
Carl Terofal — Apotheke u. Specereiw. — *Carl Terofal.*
Michael Zelzer — Specerei- u. Schnittwaaren — *Michael Zelzer.*
Valentin Ziegler — Specerei- u. Schnittwaaren — *Valentin Ziegler.*

Dorfprozelten. 985 Einwohner. LG. Stadtprozelten BG u. HG. Aschaffenburg.
Advokaten: s Aschaffenburg **Notar:** s. Stadtprozelten.

Kilian Hack — Krämerei — *Kilian Hack.*
Corbinian Sens — *Corbinian Sens.*

Dornhausen. LG. Gunzenhausen. BG. u. HG Ansbach. **Advokaten:** s Ansbach **Notar:** s Gunzenhausen.

Johann Conrad Lades — Specereiwaarenhandlung — *Johann Conrad Lades.*

Dornheim. 450 Einwohner. LG Markt Bibart BG. Windsheim HG. Fürth.
Advokaten s Windsheim. **Notar** s. Mkt. Bibart.

Jacob Löw Schoenfaerber — Gemischte Waarenhandlg. — *Jacob Loew Schoenfaerber.*
Ignatz Schoenfeld — Gemischte Waarenhandlg. — *Ignaz Schoenfeld.*

Dornitz. LG. Gräfenberg. BG. u. HG. Bamberg. **Advokaten:** s Bamberg **Notar:** s. Gräfenberg

David Frohmann — Schnittwaarenhandlung — *David Frohmann.*
Jakob Hofmayer u. Compagnie — Spec.-, Leder- u Schnittwh. — *Jakob Hofmayer. David Schulherr*
David Maennlein — Schnittwaarenhandlung — *Andreas Bähr.*
Bernhard Priester — Specereiwaarenhandlung — *Bernhard Priester.*

Dreisen. 677 Einwohner. LG. Göllheim. BG u HG. Kaiserslautern
Advokaten: s. Kaiserslautern **Notar:** s Göllheim.

Berg V. [Lohmühle] — Handelsmühle — *Valentin Berg.*
Blum Joseph — *Joseph Blum.*
Goldschmidt Heinr. — *Heinrich Goldschmidt. Gabriel Goldschmidt* **P.**
Oberlaender J. — Kaufmann, Wirthschaft und kgl. Postexpedition — *Jacob Oberländer*
Rupp V. [Münsterhof] — Handelsmühle — *Valentin Rupp.*
Schach 3er [Lohmühle] — Lohmühle — *Jacob Schach III.*

Dreschlhof. LG. Simbach. BG. Pfarrkirchen HG. Passau.
Advokaten: s. Pfarrkirchen **Notar:** s Simbach.

Maria Thalreiter — Krämerei — *Maria Thalreiter.*

Dudenhofen. 1230 Einwohner. LG Speier. BG. u. HG Frankenthal.
Advokaten: s. Frankenthal. **Notare:** s. Speier

J. Becker — Mühle — *Johannes Becker.*
F. Holdermann — Tabakblätterfabrik — *Friedr. Holdermann.*
Franz Mayer — Mühle — *Franz Mayer.*

Dürkheim. 5541 Einwohner. LG Dürkheim BG u. HG Frankenthal.
Advokaten: s Frankenthal. **Notare:** W Koster, L. Martini

Marx Aaron — *Marx Aaron.*
J. Anderssohn — Glaswaaren — *Johannes gen. Christian Anderssohn.*
Johannes Bachmann — Mehlhandlung — *Johannes Bachmann.*
Bad- u. Salinenverein Dürkheim — Badeanstalt u. Salzfabrikat. — *Der Vorstand besteht aus einem oder mehreren Mitgliedern. Die Firmirung erfolgt durch Unterschrift Eines der Mitglieder des Vorstandes oder deren Stellvertreter. Vorstandsmitglieder sind: Heinr. Bart Louis Fritz jun ; Abraham Kaufmann, jeder allein zur Zeichnung berechtigt.*
Conrad Bari — Specereiwaaren — *Eva Maria Hoebel.*
Joh. Mich. Bari — Specerei- u. Kurzwaaren — *Johann Michael Bari.*
Georg Bart jr. — Kohlenhandlung — *Georg Bart jr.*
Heinrich Bart — Bierbrauerei u. Weinhandlg. — *Heinrich Bart I.*
Ph. Bart — Essigfabrik, Hefe- u. Branntweinbr. — *Philipp Bart.*

Carl Beaufort We.	Getreide- u. Mehlhandlung	*Elisabetha Walther.*
H. Becker	Mühle u. Specereiwaaren	*Heinrich Becker.*
Bischoff	Apotheke	*Franz Bischoff.*
Jac. Burkgard		*Georg Jacob Burkgard.*
C. Cajar	Putz- u. Modewaarenhdl.	*Catharina Cajar.*
D. Catoir	Rothgerberei	*Daniel Catoir.*
Eduard Christmann	Weinhandlung	*Eduard Christmann.*
Johann Cron	Holz-, Kohlen- u. Weinhdl. Comm. u. Sped.	*Johann Cron.*
Gebrüder Dambach	Colon.- Ell.- u. Manufacturw.	*Christian Dambach. David Dambach.*
J. A. Ebersberger	Handlung	*Johann Adam Ebersberger.*
C. Esslinger	Weinhandlung	*Conrad Esslinger.*
J. Feldmann		*Joseph Feldmann.*
Joh. Gg. Fleischmann II	Specereiw. u. Seilerwaarenh.	*Johann Georg Fleischmann.*
Johann Heinrich Foos	Bürstenwaarenfabr.	*Johann Heinrich Foos.*
Johann Wilhelm Frank	Conditorei	*Elisabetha Frank.*
M. M. Frank	Manufacturwaaren	*Mathäus Frank. Herrmann Frank. Frank.*
Michael Gebhard		*Michael Gebhard.*
Jos. Goetzinger	Papierfabrik	*Joseph Goetzinger.*
Anselm Haas		*Anselm Haas.*
Heinrich Haas	Glaswaaren	*Heinrich Haas.*
Christian Huber	Mehlhandlung	*Christian Huber.*
Christian Haffner	Specerei- u. Kurzwaaren	*Christian Haffner.*
Heinrich Hamburger	Mehlhandlung	*Heinrich Hamburger. Victor Simon* **P.**
Jean Hammel	Colonialw. Mehl.u. Landesproducte	*Jean Hammel.*
Fz. Hauck	Weinhandlung, Essigfabr. u. Branntweinbrennerei	*Franz Hauck.*
W. J. Helm	Specereiwaaren	*Wilbrand Jacob Helm.*
Abraham Heller	Ellenwaaren	*Abraham Heller.*
Wilhelm Herbrand		*Wilhelm Herbrand.*
B. Hessel Hendrich	Rothgerberei u. Lederhdlg.	*Bartholomäus Hessel. Carl Hendrich.*
Aug. Heusser		*August Heusser.*
Julius Heusser	Weinhandlung	*Julius Heusser.*
J. Heusser	Gold- u. Silberwaaren	*Jean Heusser.*
Christian Huber	Mehlhandlung	*Christian Huber.*
Abraham Jonas	Mühle u. Mehlhandlung	*Abraham Jonas.*
Abr. Kaufmann	Weinhandlung	*Abraham Kaufmann.*
Moritz Kaufmann		*Moritz Kaufmann.*
Lazarus Keiffer	Mehlhandlung	*Lazarus Keiffer.*
J. C. Kinzel	Eisenhandlung	*Johann Kinzel.*
Peter Wendelin Koenig		*Peter Wendelin Koenig.*
Michael Kirchner	Holzhandlung	*Michael Kirchner.*
A. Krapp geb. Abel	Kappenfabrik	*Appollonia Krapp.*
Georg Lang	Buch-, Kunst- u. Musikalienh.	*Georg Lang.*
Jacob Lansche		*Jacob Lansche.*
Jh. Lauf	Mühle	*Johann Lauf.*
Jacob Leopold	Specereiwaaren	*Jacob Leopold.*
Katharina Leonhardt	Putz- u. Modegeschäft	*Katharina Leonhardt.*
F. Lieser Wittwe	Spenglerwaaren	*Louise Lausche.*
L. Lindemer	Büchsenfabrik u. Pulverhdl.	*Ludwig Lindemer.*
Alexdr. Loeb	Weinhandlung	*Alexander Loeb.*
Carl Luescher	Seifenfabrik. u. Specereiw.	*Carl Luescher.*
Aug. H. Martin	Mühlsteinfabrik	*August Heinrich Martin.*
Isaac Mayer jr.		*Isaak Mayer Mayer jr.*
Conrad Neubeck		*Sophia Klein.*
P. Noll	Specereiwaaren	*Peter Noll.*
F. Ott	Mehlhandlung	*Friedrich Ott.*
J. Rheinberger	Lithographiegeschäft	*Jacob Rheinberger.*
Ph. Reinhardt		*Philipp Reinhardt.*
Conrad Reitz	Eisenhandlung	*Conrad Reitz.*
Friedr. Resch		*Friedrich Resch.*
J. Reuter	Kürschnerw. u. Kappenfabr.	*Jacob Reuter.*
Wilh. Sauerbeck	Weinhandlung	*Heinrich Diffene.*
Valentin Scherer	Seifen- u. Lichterfabrik	*Valentin Scherer.*

Carl Schüpple	Sattler- u. Galantriewaaren	*Carl Schüpple.*
D Stürzenacker	Drechslerwaaren	*Daniel Stürzenacker.*
Fritz Tartter	Weincommissionsgeschäft	*Friedrich Tartter.*
Heinrich Tartter	Weincommissionsgeschäft u. Essigfabrik	*Heinrich Tartter.*
Jean Tartter	Weincommissionsgeschäft	*Jean Tartter.*
Jacob Tillmann & Sohn	Eisenhandlung, Handlung mit alten Metallen	*Jacob Tillmann. Heinrich Tillmann.*
Salomon Tillmann		*Salomon Tillmann.*
Susanna Walther		*Susanna Heusser.*
J. S. Weil	Commissionsgeschäft	*Jacob Salomon Weil.*
Lazarus Weil	Kleiderhandlung	*Lazarus Weil.*
Eduard Weiller. Carl Strauss Nachfolger	Seifen- u. Lichterfabrik	*Eduard Weiller.*
A. Wolf	Cigarren - u. Weinhandlung	*Abraham Wolf.*
Johann Georg Wolf II		*Johann Georg Wolf.*
Lazarus Wolf		*Lazarus Wolf.*
Nathan Wolf	Weinhandlung	*Nathan Wolf.*
Samuel Wolf		*Samuel Wolf.*
Joseph Würz	Specerei- u. Kurzwaaren	*Joseph Würz.*
Carl Zeitler	Buchbinderei, Posamentier- u. Kurzwaaren	*Carl Zeitler.*
Jacob Zohlenhofer		*Jacob Zohlenhofer.*
J. Gg Zumstein	Oelfabrik, Branntwein- und Weinhandlung, Specereiw.	*Johann Georg Zumstein.*

Dürrnbach. LG. Markt Erlbach. BG. Windsheim. HG Fürth.
Advokaten: s. Windsheim. **Notar:** s Markt Erlbach

Johann Stauff	Specereiwaarenhandlung	*Johann Stauff.*

Dürrwangen. LG. Dinkelsbühl. BG. u. HG. Ansbach **Advokaten** s. Ansbach. **Notar** s Dinkelsbühl.

M. Eisele	Schnittwaarenhandlung	*Mathias Eisele.*

Duttweiler. 670 Einwohner. LG. Neustadt a. d. H. BG u. HG. Frankenthal.
Advokaten: s. Frankenthal **Notar:** s. Neustadt a. d H

Joh. Philipp Bress	Holzhandlung	*Johann Philipp Bress.*
Georg Bress	Frucht- u Mehlhandlung	*Georg Bress.*
J. A. Durm	Specereihandlung	*Johann Adam Durm.*
Christian Lichti	Holzhandlung	*Christian Lichti.*

Dutzendteich. 120 Einwohner. LG., BG. u. HG. Nürnberg. **Advokaten** u. **Notare:** s. Nürnberg.

Joh. Wilhelm Spaeth	Maschinenfabrik	*Johannes Falk. Friedrich Schöberlein* **P.** *Wilhelm Hammerbacher* **P.**

Ebelsbach. 456 Einwohner. LG. Eltmann BG. u. HG. Schweinfurt.
Advokaten: s. Schweinfurt **Notar:** s. Eltmann.

Marcus Fischer	Specereihandlung	*Marcus Fischer.*
Wolf Nath. Hellmann	Spec - u. Eisenwaarenhdlg.	*Wolf Nathan Hellmann.*
Selig Rosenbacher	Schnittwaarenhandlung	*Selig Rosenbacher.*

Ebensfeld. 836 Einwohner. LG. Staffelstein. BG. Kronach. HG. Bamberg.
Advokaten s. Kronach. **Notar:** s Staffelstein.

J. Böhm's Wittwe	Spec.- u. Schnittwaarenhdl.	*Henriette Böhm We.*
Carl Dinkel	Spec.- u. Schnittwaarenhdl.	*Carl Dinkel.*
Peter Eisfelder	Colonial- u. Eisenwaarenhdl.	*Peter Eisfelder.*

Ebermannstadt. 688 Einwohner. LG Ebermannstadt BG u HG. Bamberg.
Advokaten s. Bamberg. **Notar** S. W. Romeis.

C. Stern	Handlung	*Conrad Stern*

Ebern. 1117 Einwohner. LG. Ebern. BG. u. HG. Schweinfurt.
Advokaten s. Schweinfurt. **Notar** M. Walk.

Martin Baetz	Strick- u. Drahtgarnfabrik	*Martin Baetz.*
Georg Eisfelder jun.	Specereiwaaren	*Georg Eisfelder.*
J. B. Greb	Spec.- Galantrie- u. Eisenw.	*J. B. Greb.*
Joh. Kaiser	Specereiwaaren u. Tuchfabr.	*Johann Kaiser.*
Friedrich Kappler	Specerei- Eisen- u. Kurzw.	*Friedrich Kappler.*
Johann Streit	Specereiwaaren	*Georg Friedrich Streit.*
B. J. Vergho	Specereiwaaren	*B. J. Vergho.*

Ebernburg. 446 Einwohner. LG. Obermoschel. BG. u. HG. Kaiserslautern.
Advokaten s. Kaiserslautern. **Notar** s. Obermoschel.

Gottlieb Isaac	Krämerei	*Isaac Gottlieb. Emanuel Gottlieb* **P.**
Gottlieb J.	Krämerei	*Jacob Gottlieb.*

Ebersberg. 1690 Einwohner. LG. Ebersberg. BG. Wasserburg. HG. München r. d. I.
Advokaten: s. Wasserburg. **Notar:** Julius Kissling, Stephan Zink.

Franz Bauer	Krämerei	*Franz Bauer.*
Joseph Bernauer	Krämerei	*Joseph Bernauer.*
Zeno Heilmaier	Krämerei	*Elise Heilmaier We.*
Joseph Kubitschech	Bettfedernhandl. u. Krämerei	*Joseph Kubitschech.*
Ulrich Weigl	Glaserei u. Krämerei	*Ulrich Weigl.*

Ebertsheim. 590 Einwohner. LG. Grünstadt. BG. u. HG. Frankenthal.
Advokaten: s. Frankenthal. **Notar:** s. Grünstadt.

Isaac Nachmann	Viehhandel	*Isaac Nachmann.*
Abraham Neumann	Viehhandel	*Abraham Neumann.*
Simon Neumann	Viehhandel	*Simon Neumann.*
Ph. Schworm	Mühle	*Philipp Schworm.*

Ebnath. 720 Einwohner. LG. Kemnath. BG. Weiden. HG. Amberg.
Advokaten: s. Weiden. **Notar:** s. Kemnath.

Jos. Carl Schreyer	Specereiwaaren	*Joseph Carl Schreyer.*

Kloster Ebrach. LG. Burgebrach. BG. u. HG. Bamberg. **Advokaten:** s. Bamberg. **Notar:** s. Burgebrach.

Kress & Oppel	Strohmosaik u. Korbwaaren	*Johann Valentin Kress* A. *Mathäus Oppel.*

Eckersmühlen. LG. Roth. BG. u. HG. Fürth. **Advokaten:** s. Fürth. **Notar:** s. Roth.

Gebr. Hofmann	Metall- u. Lahngoldfabrik	*Johann Philipp Hofmann.*

Edelsfeld. LG. Sulzbach. BG. u. HG. Amberg. **Advokaten:** s. Amberg. **Notar:** s. Sulzbach.

Kaspar Zagl	Specereiwaaren	*Kaspar Zagl.*

Edelstetten. 1000 Einwohner. LG. Krumbach. BG. u. HG. Memmingen.
Advokaten: s. Memmingen. **Notar:** Alois Högelmayer in Krumbach.

J. Benz	Specereiwaaren	*Josef Benz.*

Edenkoben. 5103 Einwohner. LG. Edenkoben.. BG. u. HG. Landau.
Advokaten: s. Landau. **Notare:** C. Börsch, R. Faber, M. Stett.

Heinrich Acker	Colonialwaaren	*Heinrich Acker.*
Carl Antz	Weinhandlung	*Carl Antz.*
Philipp Arnold	Weinhandlung	*Philipp Arnold.*
J. Baer	Eisenwaaren u. Glashandlg.	*Isaac Baer.*
Christian Bartz		*Christian Bartz.*
Peter Baumann	Specereiwaarenhandlung	*Peter Baumann.*
Louis Beyer	Rothgerberei	*Louis Beyer.*
Carl Friedrich Blaufus	Wein- u. Delicatessenhdlg.	*Carl Friedrich Blaufus.*
A. Bloch & Rothschild	Ellenwaaren	*Jacob Rothschild. Adolph Bloch* P.
Esaias Bloch	Ellenwaaren	*Esaias Bloch.*
M. Bloch & Sohn	Weinhandlung	*Adolph Bloch. Markus Bloch* P.
C. F. Boeckler	Colonialw. u. Glashandlung	*Carl Friedrich Boeckler.*
Ph. Croissant We.	Specereiwaarenhandlung	*Margaretha Croissant.*
Decker & Neu	Mechanische Werkstätte	*Peter Decker. Wilhelm Neu.*
H. Leoprecht Doll	Kurzwaarenhandlung	*Heinrich Leopold Doll.*
Nicolaus Doll	Mechanische Werkstätte	*Johann Nicolaus Doll.*
Albert Edesheimer	Commissionsgeschäft	*Albert Edesheimer.*
August Feldbausch	Weinhandlung	*August Feldbausch.*
Joh. Jacob Frank	Oelmühle	*Johann Jacob Frank.*
Sigm. Frank	Lumpenhandlung en gros	*Sigmund Frank.*
F. A. Froelich	Weinhandlung	*Elisabetha Schilling We. Pauline Louise Stiegelschmitt geb. Froehlich. Emil Carl Froelich* A. *Joh. Bapt. Stiegelschmitt. Gustav Adolph Froelich. Carl Albert Froelich. Anna Ida Rosa Froelich. Caroline Emilie Auguste Froelich. Für die beiden letzten, welche minderjährig sind, ist Friedrich Lang als Curator bestellt.*
Carl Geörg	Hemden- u. Wäschfabrik	*Carl Geörg.*
Nicolaus Gleich	Mahlmühle	*Nicolaus Gleich.*
Heinrich Grünewald	Schnittwaarenhandlung	*Heinrich Grünewald.*
Ph. Grünewald Jr.	Ellen- u. Kurzwaaren	*Philipp Grünewald.*
Loeb Gumbel	Schnittwaaren	*Loeb Gumbel.*
Jacob Hirsch & Sohn	Holzhandlung u. Sägewerk	*Jacob Hirsch. Emanuel Hirsch.*
Salomon Hirsch	Weinhandlung	*Salomon Hirsch.*
Wolf Isaac	Bankgeschäft	*Wolf Isaac.*
Samuel Kahn	Ellenwaaren	*Samuel Kahn.*
Benoit Kaufmann	Pferdehandel	*Benoit Kaufmann.*
August Kuby	Wein- u. Südfrüchtenhandl.	*August Kuby.*
Georg Laforet	Rothgerberei	*Georg Laforet.*

Ch. Lautenschläger	Lederhandlung	*Christoph Lautenschläger.*
Samuel Loeb jr.	Eisenhandlung	*Samuel Loeb junior.*
F. A. Lorenz	Weinhandlung	*Friedrich August Lorenz.*
Jacob Marx	Frucht- u. Mehlhandlung	*Jacob Marx.*
E. Mayer & Cie.	Weinhandlung	*Emanuel Mayer. Samuel Wormser.*
Eug. Meyer	Kohlenhandlung	*Eugen Meyer.*
Franz Meyer	Ziegelei	*Franz Meyer.*
Jacob Niederhöfer & Cie. und Christian Niederhöfer Söhne	Möbelfabrik	*Jacob Niederhöfer. Heinrich Niederhöfer. Nicolaus Niederhöfer.*
G. Nufer & Söhne	Mechanische Werkstätte	*Georg Nufer. Wilhelm Nufer. Jacob Nufer.*
Gottfried Ochsner	Wein- u. Branntweinhandl.	*Gottfried Ochsner.*
Heinrich Ochsner Wittwe		*Margaretha Ochsner.*
Heinrich Ochsner	Weinhandlung	*Heinrich Ochsner.*
Wilh. Ochsner	Eisenwaaren	*Wilhelm Ochsner.*
K. Orth	Gerberei u. Lederhandlung	*Kaspar Orth.*
Adam Schneider	Holzhandlung u. Fabrik von Gewehrschafthölzer	*Adam Schneider.*
Jacob Stahl	Specereiwaarenhandlung	*Jacob Stahl.*
Gustav Voelker		*Gustav Voelker.*
J. Voelker & Cie.	Weinhandlung	*Jacob Voelker.*
Vorschussverein Edenkoben	Verein zum Zwecke der Beschaffung von Geldmitteln und Gewährung von Crediten an die Mitglieder	*Den Vorstand bilden: Adolph Bloch, Carl Friedrich Boeckler, Fritz Voelker. Stellvertreter der beiden Ersteren: Carl Theodor Kaussler, Samuel Kahn.*
Carl Weidenreich	Ellenwaaren	*Carl Weidenreich.*
Benjamin Wolff	Bettfedernhandlung	*Benjamin Wolff. Cäsar Wolff* **P.**
Hugo Herz Wolff	Kurzwaarenhandlung	*Hugo Herz Wolff. Lion Wolff* **P.**

Ederheim. 510 Einwohner. LG. Nördlingen. BG. Donauwörth. HG. Augsburg.
Advokaten: s. Donauwörth. **Notar:** s. Nördlingen.

Salomon Rosenberger	Ellenwaaren	*Salomon Rosenberger.*
S. L. Rosenberger	Specereiwaaren	*Samson Löw Rosenberger.*

Edesheim. 2085 Einwohner. LG. Edenkoben. BG. u. HG. Landau.
Avdokaten: s. Landau. **Notar:** s. Edenkoben.

J. M. Boos	Eisen, Holz u. Materialw.	*Moses Mathaeus Boos.*
Joseph Friebis		*Joseph Friebis.*
Mathias Lederle	Weinhandlung	*Mathias Lederle.*
A. Machol Söhne	Langewaaren	*Wilhelm Machol.*
Nicolaus Staudinger	Kohlenhandlung	*Nicolaus Staudinger.*
Stempel & Meuth	Weinhandlung	*Herrmann Stempel. Herrmann Friedr. Meuth.*
Carl Tillmann	Weinhandlung	*Carl Anton Nicolaus Tillmann.*
Philipp Tillmann	Mahl- u. Oelmühle	*Philipp Tillmann.*

Edigheim. 865 Einwohner. Ldg., BG. u. HG. Frankenthal. **Advokaten u. Notare:** s. Frankenthal.

Ludwig Engel	Gastwirthschaft	*Ludwig Engel.*
Friedrich Enzenauer	Krämerei	*Friedrich Enzenauer.*
Martin Faber	Gastwirthschaft	*Martin Faber.*
Mich. Herget		*Michael Herget.*
Simon Hirschler	Getreidehandlung	*Simon Hirschler.*
G. Ph. Reibel	Handlung	*Georg Philipp Reibel.*
Wilhelm Riebel	Handlung	*Wilhelm Riebel.*
Joh. Rickert II	Handlung	*Johann Rickert II.*

Edling. LG. u. BG. Wasserburg. HG. München rechts der Isar.
Advokaten u. Notare: s. Wasserburg.

Joseph Stettner	Kaufmann	*Jos. Stettner.*

Egenburg. LG. Friedberg. BG. Aichach. HG. München l. d. J.
Advokaten: s. Aichach. **Notar:** s. Friedberg.

Joseph Seel	Krämerei	*Joseph Seel.*

Egenhausen. 301 Einwohner. LG. Leutershausen. BG. u. HG. Ansbach.
Advokaten: s. Ansbach. **Notar:** s. Leutershausen.

David Gutmann	Schnitt- u. Specereiwaarenh.	*David Gutmann.*
Wolfgang Kammermeyer	Schnitt- u. Specereiwaarenh.	*Wolfgang Kammermeyer.*
Lehmann u. Oettinger vormals Gebr. Schwarz	Schnitt-, Specerei- u. Wollwaarenhandlung	*Jakob Lehmann. Elias Oettinger.*
Josef Schwarz jun.	Schnitt- u. Specereiw.-Gesch.	*Josef Schwarz.*
Gebr. Weissmann	Vieh-, Wolle- u. Hopfenhdl.	*Maier Weissmann. Jakob Weissmann.*

Eggendobl. 140 Einwohner. LG. Passau I. BG. u. HG. Passau.
Advokaten u **Notare:** s. Passau

G. Dellekoenig — Geschmeidewaarenhandl. u. Spenglerei — *Georg Dellekoenig.*
J. N. Maier — Gemischte Waaren — *Johann Martin Maier.*

Eggenfelden. 1656 Einwohner. LG. Eggenfelden. BG. Pfarrkirchen. HG Passau.
Advokaten: s. Pfarrkirchen **Notar:** Eugen Wintrich.

Simon Eder — Fragnerei u Essighandlung — *Simon Eder.*
Georg Egger — Spec.- u. Schnittw., Eisen- u. Lederhandlung — *Georg Egger.*
Thomas Egger's We. — Specerei- u. Schnittw — *Anna Egger.*
Josef Findl — Lederfabrik — *Josef Findl.*
Ambros Kohlhaupt — Glashandlung — *Ambros Kohlhaupt.*
Josef Mayer — *Josef Mayer.*
Michael Pertl — Drechslerei — *Michael Pertl.*
Christian Scheipl — *Christian Scheipl.*
J. L. Schmidt sel. We. — Hafnerei — *Clara Schmidt.*
Adam Schrishahn — Tuchfabrikation — *Adam Schrishahn.*
Mathias Sterr — Gold- u. Silberwaarenlager — *Mathias Sterr.*
C. Zantner — Specerei- u Schnittw., Eisen, Material- u. Farbw. — *Carl Zantner.*

Egglfing. 320 Einwohner. LG Rotthalmünster BG. Pfarrkirchen. HG Passau.
Advokaten: s Pfarrkirchen **Notar:** Rotthalmünster

Josef Huber — Gemischte Waaren — *Josef Huber.*

Egglham. LG. u. BG. Pfarrkirchen. HG. Passau. **Advokaten** u. **Notare:** s Pfarrkirchen.

Franz Xaver Lehner — Krämerei — *Franz Xaver Lehner.*

Eggloffstein. LG. Gräfenberg. BG. u. HG. Bamberg. **Advokaten:** s. Bamberg. **Notar:** s. Gräfenberg.

Wilhelm Burkhardt — Specerei-, Schnitt- u. Eisenwaarenhandlung — *Johann Georg Wilhelm Burghardt*

Eggolsheim. 988 Einwohner. LG. Forchheim BG. u. HG. Bamberg.
Advokaten: s. Bamberg **Notar:** s. Forchheim.

Barth. Gerneth — Schnitt-, Spec.- u. Kurzw.-H. — *Bartholomäus Gerneth.*
Anton Stöhr — Specerereiwaarenhandl. — *Anton Stöhr.*

Eggstätt. LG. Trostberg. BG. Traunstein. HG. München r. d. J.
Advokaten s Traunstein. **Notar:** s. Trostberg

J. E. Hager — Spec -, Schnitt- u Kurzw. — *Johann Ev Hager.*

Eglfing. LG. u BG. Weilheim. HG. München l. d. J **Advokaten** u. **Notare;** s Weilheim

Consumverein Eglfing — Zweck des Vereins: Beschaff von Lebensmitteln für die Mitglieder — *Caspar Nagl, Vorsitzender. Mathias Mayer, Cassier: Josef Lutz, Schriftführer.*

Eging. LG. Viechtach. BG. Deggendorf. HG. Passau. **Advokaten** s. Deggendorf. **Notar** s Viechtach.

Franz Krottenthaler — Krämerei — *Franz Krottenthaler.*

Egling. LG. Landsberg. BG Weilheim. HG München l. d J.
Advokaten s. Weilheim. **Notar** s. Landsberg.

Simon Bacher — Krämerei — *Simon Bacher.*

Ehingen. LG. Wassertrüdingen BG. u. HG Ansbach.
Advokaten s. Ansbach. **Notar** s. Wassertrüdingen.

F Steinhauser — Conditorei- u. Specereiw.-H. — *Leonhard Friedrich Steinhauser.*

Ehlingen. 562 Einwohner. LG Blieskastel. BG u HG Zweibrücken.
Advokaten: s Zweibrücken. **Notar:** s. Blieskastel

Johann Brug — Specereiwaaren — *Johann Brug.*
Peter Lonsdorf — Fruchthandlung — *Peter Lonsdorf.*

Eibach. 364 Einwohner. LG. Schwabach. BG u. HG Fürth.
Advokaten s Fürth **Notar** s. Schwabach.

Spar- und Hilfsverein. Registr. Gesellschaft mit beschränkter Haftpflicht — Spar- u. Hilfskasse für die Mitglieder — *Der Vorstand besteht aus Jacob Steinmetz, Vorsitzender; Johann Leipold, Cassier.*

Eibelstadt. LG. Ochsenfurt. BG. u. HG. Würzburg.
Advokaten: s Würzburg. **Notar:** s. Ochsenfurt.

M. J. Koch — Spec.-, Schnitt- u Kurzw. — *Michael Joseph Koch.*

Eichelsbachermühle. LG. Pirmasens. BG. u. HG. Zweibrücken.
Advokaten: s Zweibrucken **Notar** s Pirmasens.

Sigmund Disqué — Handelsmühle — *Sigmund Disqué.*

Eichenbühl. LG. Miltenberg. BG. u. HG. Aschaffenburg.
Advokaten s Aschaffenburg. **Notar** s. Miltenberg

Ignatz Adelberger	Specereiwaarenhandl.	*Ignaz Adelberger.*

Eichendorf. 914 Einwohner. LG. Landau a. d. J. BG. Pfarrkirchen HG. Passau
Advokaten: s Pfarrkirchen **Notar:** s Landau a d Is

Jacob Anweg	Krämerei	*Jacob Anweg*
Leonhard Drexler	Zeugfabrikation	*Leonhard Drexler*
Anton Gresska		*Anton Gresska.*
J. G. Harder	Gemischte u. Eisenwaaren	*Joh Georg Harder.*
Georg Hauzenberger	Färberei	*Georg Hauzenberger.*
Theodor Mayer	Tuchfabrikation	*Theodor Mayer.*
F. H. Niedermaier		*Frz. Xav. Niedermaier*
Ignatz Ortler	Lederfabrikation	*Ignaz Ortler.*
Michael Pfreimbter	Eisenhandl. u. Schlosserei	*Michael Pfreimbter.*
Xaver Sailer	Färberei	*Xaver Sailer.*
Adelheid Scheipl	Lederfabrikation	*Adelheid Scheipl.*
Michael Steinbeck	Gürtlerei	*Michael Steinbeck.*
Johann Weinberger	Tuchfabrikation	*Johann Weinberger*

Eichenhausen. LG. u. BG Neustadt a. d. S. HG Schweinfurt.
Advokaten u. **Notare:** s Neustadt a d. S.

Salomon Ast	Gemischte Waaren	*Salomon Ast.*
L. J. Veilchenblau	Gemischte Waaren	*Lazarus Veilchenblau*

Eichstädt. 8051 Einwohner St. u. LG. u. BG. Eichstädt. HG. Nürnberg.
Advokaten: J Erthal, H Kolb, J. N Ottmann, J Saerve, J. Schwander, W Voltz.
Notare: S. J G Beck, Dr F Sendlbeck.

Jean Baer	Gemischte Waarenhandl.	*Johann Jacob Bär*
Wilhelm Beyer	Conditorei	*Johann Wilhelm Beyer.*
Ph. Brönner	Buchdruckerei- u. Buchhdl.	*Carl Brönner.*
S. & M. Dachauer	Schnitt- u. Modewaarenhdl.	*Simon Dachauer. Mayer Dachauer.*
Martin Daentler	Buchdruckerei u. Kunsthdl.	*Martin Daentler.*
Eduard Dorfler	Gemischte Waarenhandlung	*Eduard Dorfler.*
J. M. Heinrich Sohn	Eisen-, Messing u. Spec -H.	*Anna Heinrich.*
F. S. Hofer	Spec.-,Cig.-,Schnitt-u. Tuchh.	*Franz Sales Hofer*
J. Keim		*Johanna Keim We.*
Joh. Keller	Specereiwaarenhandl.	*Johann Keller*
J. N. Kirchner		*Johann Nepomuk Kirchner.*
J. F. Knab		*Johann Friedrich Knab.*
J. B. Koller	Färberei	*Johann Baptist Koller.*
Carl August Krauss	Tuch-, Ellenw u. Schnittw.-H.	*Carl August Krauss.*
Anton Kreibig	Uhrenfabrik	*Anton Kreibig.*
J. B. Laun		*Johann Baptist Laun.*
M. Laun	Spec.- u. Schnittwaarenhdl.	*Melchior Lauer.*
Löw Löw	Manufacturwaaren	*Löw Löw.*
Johann Matulka	Specereiwaarenhandl.	*Johann Matulka.*
Eustach Mayer		*Anton Mayer Josef Mayer* P.
M. Mayer	Specerei- u. Farbwaarenhdl.	*Michael Mayer.*
Thomas Moser	Tuch-, Ellen- u. Schnittw.H.	*Thomas Moser.*
J. Müller	Galanteriewaarenhandlung	*Johann Müller.*
G. A. Reicheneder	Eisen-, Messing- u. Specereiwaarenhandlung	*Max Reicheneder*
Joseph Reicheneder	Essig-, Liqueur- u. Weinf.	*Joseph Reicheneder.*
Julius Reicheneder	Band-, Weiss-, Wollwaaren, Stoff u. Strohhüte	*Julius Reicheneder*
F. B. Rössner	Specereiwaarenhandlg.	*Franz Benedikt Rössner.*
C. Rug	Conditorei- u. Specereiw.-H.	*Caspar Rug.*
Julius Schäfer	Specerei- u. Schnittwaarenh.	*Julius Wilhelm Schäfer.*
C. A. Stölzl	Eisen-, Messing und Geschmeidewaarenhandlg	*Carl August Stölzl.*
W Unger		*Willibald Unger.*
Ed. Voelkl	Specereiwaarenhandlg	*Eduard Völkl.*
Michael Völkl		*Michael Völkl.*
Alb. Weigel	Specereiwaarenhandlg.	*Friedrich Albert Weigel.*
A. Werner	Specereiwaarenhandlg.	*Andreas Werner.*

Markt Einersheim. 730 Einwohner LG. Markt Bibart. BG Windsheim. HG Fürth
Advokaten: s Windsheim **Notar:** s Markt Bibart

Johann Conrad Dill	Specereiwaaren	*Johann Conrad Dill.*
Carl Keinath	Colonial-, Eisen- u Schnittw	*Friedrich Carl Herrmann Keinath.*
H. A. Kluftinger	Specereiwaarenhandl.	*Heinrich August Kluftinger.*

Einöd. LG., BG. u HG Zweibrücken. **Advokaten** u **Notare:** s. Zweibrucken.

Christian Gustav Bellaire	Bierbrauerei	*Christian Gustav Bellaire.*
Christian David Burger	Specereihandlung	*Christian David Burger*
Joseph Feller	Specereihandlung	*Joseph Feller.*

Einselthum. 570 Einwohner LG. Kirchheimbolanden. BG. u. HG. Kaiserslautern.
Advokaten s Kaiserslautern **Notar** s. Kirchheimbolanden

Bardon Carl	Specereiwaarenhandlung	*Carl Bardon.*
Danenfelser Dav.		*David Danenfelser*
Ermarth J. [Wiesenmühle]	Handelsmühle	*Jacob Ermarth.*
Hassinger Christ		*Ch. Hassinger.*

Eisenberg. 1275 Einwohner. LG. Göllheim. BG. u. HG Kaiserslautern.
Advokaten s Kaiserslautern. **Notar** s. Gollheim

Burkhart Mathias	Krämerei	*Mathias Burkhardt.*
Friederich Johann	Papierfabrik	*Carl Theodor Friederich. Christ. Grässele* **P.**
Gärthner Carl	Specereiwaaren	*Karl Gärthner*
Gebrüder Gienanth ZN. [HN. Kaiserslautern]	Eisenwerk, Bergbau, Gussstahlfabrik	*Carl Freih. v. Gienanth. Ludwig u. Eugen Freih. v. Gienanth. Jakob Riff* **P.**
Grässele &. Gemündt	Handelsmühle	*Christian Grässele. Dr. Lorenz Gemündt.*
Hahn Jacob	Handelsmühle	*Jacob Hahn.*
Heilmann Gg. Ph.	Specereiwaaren	*Georg Phil. Heilmann.*
Kurtz Jacob	Handelsmühle	*Jacob Kurtz*
Mauer Andreas	Handelsmühle	*Andreas Mauer*
Schiffer Georg		*Georg Schiffer.*
Schiffer H.		*Heinrich Schiffer.*
Simon Elias		*Elias Simon.*

Eismannsberg. LG. Friedberg. BG. Aichach HG. München l. d. J.
Advokaten s Aichach. **Notar** s. Friedberg

Jacob Bichler	Krämerei	*Jacob Bichler.*

Elisenfels. LG. Thiersheim. BG u. HG. Hof **Advokaten** s Hof. **Notar** s Thiersheim.

Ebenauer & Comp.	Baumwollspinnerei u. mech. Weberei	*Max Ebenauer. Ferdinand Ebenauer Friedr Troeltsch. Hermann de Neufville. Friedrich Troeltsch* **P.** *Hermann de Neufville* **P.** *Hermann Knapp* **P**

Ellerstadt. 720 Einwohner. LG. Dürkheim. BG. u. HG Frankenthal.
Advokaten: s. Frankenthal **Notar:** s. Durkheim

B. Goldschmidt	Eisenhandlung	*Bernhard Goldschmidt.*
Moses Mayer	Getreidehandlung	*Moses Mayer.*
Samuel Mayer		*Samuel Mayer.*
A. Weil	Getreidehandlung	*Abraham Weil.*

Ellhofen. 370 Einwohner LG Weiler. BG. u. HG. Kempten.
Advokaten s Kempten **Notar** s Weiler

F. A. Stiefenhofer	Gemischte Waarenhandlg.	*Franz Anton Stiefenhofer.*
Gebr. Wachter	Käsefabrik u Grosshandlg.	*Franz Josef Wachter. Joh. Baptist Wachter*

Ellingen. 1720 Einwohner. LG. Ellingen. BG. Eichstädt. HG Nürnberg.
Advokaten s Eichstadt. **Notar** C. Hummel.

B. Ansbacher	Schnittwaarenhandlung	*Bernhard Ansbacher.*
Wolf Bauerfreund	Hopfen- u. Viehhandlg.	*Wolf Bauerfreund.*
J. W. Flösch	Schnittwaarenhandlg	*Joël Wolf Flösch.*
S. L. Gutmann	Rauhw. u Lederhandlg.	*Sussmann Loeb Gutmann*
A. Hammerschmidt	Gemischte Waarenhandlg.	*Andreas Hammerschmidt.*
Hrch. Kerpf	Liqueurfabrik	*Heinrich Kerpf*
I. G Memmert	Specereiwaarenhandlg.	*Johann Georg Memmert.*
Isaac Neuburger	Schnittwaarenhandlg.	*Isaak Neuburger.*
Benjamin Schülein	Schnittwaarenhandlg.	*Benjamin Schülein.*
Simon Schülein	Tuch-, Seiden-, Wollwaaren, Hopfenhandlung	*Simon Schülein.*
Babette Seitz	Liqueurf u. Specereiw.-H.	*Babette Seitz We.*
Wilh. Seitz		*Wilhelm Seitz.*
Lippmann Wolf		*Lippmann Wolf.*

Elmstein. LG Neustadt a. d. H. BG u. HG. Frankenthal
Advokaten: s. Frankenthal **Notar:** s. Neustadt a d H

C. Lantz	Mühle	*Carl Lantz.*

Eltmann. 1428 Einwohner. LG. Eltmann BG. u. HG. Schweinfurt.
Advokaten: s Schweinfurt. **Notar:** G B. Dürr

A. Bachmann	Tuch- u. Schnittwaarenhdlg	*Anselm Bachmann.*
J. H. Braun		*Johann Heinrich Braun.*
A. Brenner	Apotheke	*Georg Adam Brenner.*
Bapt. Heusinger	Schnitt- u. Spece eiw -H.	*Baptist Heusinger.*
Landwirthschaftlicher Credit-verein Eltmann	Zweck des Vereines ist Beschaffung v. Geldmitteln auf gemeinsch. Credit u. Creditgewähr. a d. Mitgld	*Georg Balthasar Dürr, Vorsitzender Hans Zehendner, Cassier Peter Amschler, Control*
Aug. Schmidt	Holzhandel	*August Schmidt. Valentin Erbes* P.
G. A. Steinert		*Georg Adam Steinert.*
Franz Ph. Wittmann	Specereiwaaren	*Franz Philipp Wittmann.*
Vorschussverein	Zweck des Vereines ist die Beschaffung v Geldmitteln behufs Creditgewähr. an d. Mitgld. im Bedürfnissfalle	*Caspar Friedrich, Vorsitzender. Casimir Cassier. Georg Andre, Controleur.*

Emskirchen. LG Markt Erlbach. BG. Windsheim. HG. Fürth.
Advokaten s Windsheim. **Notar** s. Markt Erlbach.

Wilhelm Friedrich Schwarz in Markt Emskirchen	Specerei-, Eisen-, Hopfen- u. Kamillenhandlg.	*Georg Philipp Christoph Eckart.*

Engelsdorf. LG. Cham. BG Neunburg v. W. HG. Regensburg.
Advokaten: s. Neunburg v W **Notar:** s. Cham

Andreas Heidinger	Specereiwaarenhdlg.	*Andreas Heidinger.*

Engelthal. LG Hersbruck. BG. u. HG Nürnberg. **Advokaten:** s. Nürnberg. **Notar:** s Hersbruck.

Kolb		*Hermann Kolb.*

Engertsham. LG. Passau II. BG. u. HG. Passau. **Advokaten** u. **Notare** s. Passau.

Marcus Eholzer	Krämerei	*Marcus Eholzer*

Enkenbach. 1487 Einwohner. LG., BG. u. HG Kaiserslautern.
Advokaten u. **Notare:** s. Kaiserslautern

Fels S.	Specereiwaaren	*Salomon Fels.*
Würz D.	Specereiwaaren	*David Würz. Heinrich Würz* P.

Ensdorf. 708 Einwohner. St. u. LG., BG. u. HG. Amberg.
Advokaten u **Notare:** s. Amberg

Anton Praller	Specerei- u. Schnittw.	*Anton Praller.*
Johann Praller		*Johann Praller.*
Georg Roggenhofer	Specerei- u Schnittw.	*Georg Roggenhofer.*

Ensheim. 1450 Einwohner. LG. Blieskastel. BG u. HG. Zweibrücken.
Advokaten: s Zweibrücken. **Notar:** s Blieskastel.

Christian Feix	Kalkhandlung	*Christian Feix.*
N. Fleisch	Dosenfabrik	*Nicolaus Fleisch.*
Johann Jung	Kurzwaarenhandlung	*Johann Jung.*
Peter Mohr	Kurzwaarenhandlung	*Peter Mohr*
Ed. Orth		*Eduard Orth.*
Nicolaus Pirrong We.	Kurzwaarenhandlung	*Nicolaus Pirrong Wittwe.*

Eppenbrunn. LG. Pirmasens BG. u. HG Zweibrücken.
Advokaten: s Zweibrücken. **Notar** s Pirmasens.

Nicolaus Hauck		*Nicolans Hauck.*
Jacob Jung	Holzhandlung	*Jacob Jung.*

Eppishausen. LG. Türkheim. BG. u. HG. Augsburg. **Advokaten:** s. Augsburg. **Notar:** s. Türkheim.

Ferd. Geiger		*Ferdinand Geiger.*

Eppstein. LG., BG. u. HG. Frankenthal. **Advokaten** u. **Notare:** s. Frankenthal.

Loeb & Baer	Handlung	*Daniel Loeb. Lazarus Baer.*
Isaac Weinnacht	Bäckerei u. Krämerei	*Isaac Weinnacht.*

Erbach. LG Homburg. BG u. HG. Zweibrücken. **Advokaten** s. Zweibrücken **Notar** s. Homburg.

Peter Mayer	Specereiwaaren	*Peter Mayer.*

Erbendorf. 1650 Einwohner. LG. Erbendorf. BG. Weiden. HG. Amberg.
Advokaten s. Weiden. **Notar** J G. Mayer in Erbendorf.

B. Behr	Specereiwaaren	*Bartholomäus Behr.*

Joseph Dietz	Eisenwaaren	*Joseph Dietz*
J. Holzbauer	Eisenhandlung	*Jakob Holzbauer.*
J. F. Kammerer	Specereiw. u. Seifenfabrik.	*Johann Friedrich Kammerer.*
J. Kost	Specerei- u Schnittw.	*Joseph Kost.*
C. Ludw. Lindner	Specereiwaaren	*Karl Ludwig Lindner.*
Joh. Rauch	Specereiw.- u Seifenhdlg	*Johann Rauch.*
L. v Schmauss	Apotheke	*Leo v. Schmauss.*
J. B. Schreyer	Specerei- u. Schnittw	*Johann Baptist Schreyer.*
Ch. Schultes	Galanteriewaarenhdlg.	*Christoph Schultes.*
J. B. Schultes		*Johann Baptist Schultes.*
L. F. Treller		*Leonhard Ferdinand Treller.*
H. Troetsch	Specereiwaaren	*Heinrich Troetsch.*

Erbshausen. LG. Arnstein. BG. u. HG. Schweinfurt. **Advokaten** s Schweinfurt **Notar:** s. Arnstein.

J. C. Goessmann	Specereiwaaren	*Johann Christoph Goessmann.*

Erdesbach. LG Kusel. BG. u. HG. Kaiserslautern. **Advokaten:** s. Kaiserslautern. **Notar:** s Kusel

Drumm Friedrich	Handelsmühle	*Friedrich Drumm.*

Erding. 2515 Einwohner.. LG. Erding. BG Freising. HG. München l. d. J.
Advokaten s. Freising **Notare:** N. Hohenadl, Cl. Piloty

Franz Eisenreich sel. Wittwe	Specerei- u. Schnittwaaren	*Anna Eisenreich*
Josef Feichtinger	Specerei- u. Schnittwaaren	*Josef Feichtinger.*
Georg Gartner	Porcellanhandlung	*Georg Gartner.*
J. N. Kerschbaum		*Joh. Nep. Kerschbaum.*
Max U. Kraus	Spec.-, Schnitt- u Tuchw. u. Eisenhandlg	*Max Ulrich Kraus.*
Sigmund Landgrebe	Apotheke	*Sigmund Landgrebe.*
Theodor Ortner	Goldwaaren	*Theodor Ortner.*
Mathias Riederer	Nadlerwaaren	*Mathias Riederer.*
Leopold Schatz Wittwe	Specerei- u. Schnittw.	*Sophie Schatz.*
Franz Schedelmeyer	Glaswaaren	*Franz Schedelmayer*
Florian Schiestl Wittwe	Posamentierwaaren	*Katharina Schiestl.*
Joseph Schmid	Geschmeidewaaren	*Josef Schmid.*
Max Schmidt	Seilerw. u. Leinölhdlg.	*Max Schmidt.*
S. Schneider		*Simon Schneider.*
Wilhelm Weindler	Specerei- u. Schnittw	*Wilhelm Weindler.*

Erfweiler. 646 Einwohner. LG. Blieskastel. BG. u. HG. Zweibrücken.
Advokaten s. Zweibrücken. **Notar** s. Blieskastel

Johann Joseph Bruch	Specereihandlung	*Johann Joseph Bruch.*
Elisabetha Brug		*Elisabetha Brug.*
Mathias Koch jr	Specereihandlung	*Mathias Koch jr.*
Christian Naab	Holzhandlung	*Christian Naab.*

Ergoldsbach. 610 Einwohner. LG. Rottenburg. BG. u. HG. Landshut.
Advokaten: s Landshut. **Notar:** s. Rottenburg

Max Frantz	Schnitt- u. Specereiw	*Max Frantz.*
Johann Zellner		*Johann Zellner.*

Ering. 1254 Einwohner. LG. Simbach. BG. Pfarrkirchen. HG. Passau.
Advokaten: s. Pfarrkirchen. **Notar:** s. Simbach.

F. X. Ezinger	Krämerei	*Franz Xav. Ezinger.*
Gebrüder Mayer	Gastwirthsch. u. Landesprod.	*Isidor Mayer. Gottfried Mayer. Xaver Mayer.*
F. B. Stuhlberger	Krämerei	*Franz Paul Stuhlberger.*

Erkheim. 670 Einwohner. LG. Ottobeuern. BG. u HG. Memmingen.
Advokaten: s. Memmingen. **Notar:** Michael Brunner in Ottobeuern

Alois Döss	Krämerei	*Alois Döss.*
Fr. Anton Fergg	Drechslerei	*Franz Anton Fergg.*
Carl Streng	Eisenhandlung	*Carl Streng.*
Lorenz Thoma		*Lorenz Thoma.*

Erlach. LG. Simbach. BG. Pfarrkirchen HG. Passau.
Advokaten s. Pfarrkirchen. **Notar** s. Simbach.

Menas Schoenauer	Fabrik feuerfester Thonw. u. Bergwerkprodukte	*Menas Schoenauer.*

Erlangen. 11,546 Einwohner. St. u. LG Erlangen. BG. u. HG. Fürth.
Advokaten: s. Fürth. **Notar:** C F W. Düll

Actiengesellschaft für Glas-, Spiegel- und Zinnfolienfabri-	Actiengesellschaft zur Fabrikation von Glas-, Spiegel- u. Zinnfolien	*Vorstand ist die Direction, welche besteht aus: Wilhelm Fischer I. Director, Ernest Hermann*

Firma	Geschäft	Inhaber
kation zu Erlangen HN. [ZN. Zwickau Sachsen]		*II. Director, Friedr. Wilh. Ganser III. Dir. Die Firma wird gezeichnet durch einen der Director. u. Gegenzeichn. durch den Cassier.*
Johann Peter Barthè	Handschuhfabrik	*Carl Theodor Barthè.*
Joseph Barthel	Eisenhandlung	*Joseph Barthel.*
Georg Carl Beer	Handschuhfabrik	*Georg Carl Beer.*
Julius Beer junior	Posamentierwaaren	*Andreas Julius Beer.*
Joh. Christn. Beer	Posamentierwaaren	*Johann Christian Beer.*
Joh. Georg Beer	Posamentierwaaren	*Johann Christ. Beer. Andreas Julius Beer.*
August Bencker	Ellen- u. Schnittwaaren	*August Wilhelm Bencker.*
G. H. Bencker	Handschuhfabrik	*Gotthard Heinrich Benker.*
Eduard Besold	Buchhandlung	*Eduard Besold.*
Beyer's sel. We.		*Katharina Beyer.*
Bierbrauerei Foerster et Comp.	Bierbrauerei	*Franz Frantz, Wilhelm Foerster* **A.** *Adolph Enke.*
Theodor Blaesing Universitäts-Buch- und Kunsthandlung	Buchhandlung	*Theodor Blaesing.*
Ch. L. Boehm		*Christian Lucas Boehm.*
Fr. Wm. Boehnke	Spec.-, Tabak-, Cigarrenh., Agenturen	*Friedrich Wilhelm Boehnke.*
Johann Georg Boehnke	Specereiw. u. Spiegelglasf.	*Johann Georg Martin Boehnke. Friedrich Wilhelm Boehnke* **P.**
C. Aug. Boettiger Apotheke zum Schwan	Apotheke	*Carl August Boettiger.*
August Bomhard	Conditorei, Lebküchnerei u. Specereiwaaren	*August Bomhard.*
Brauerei Wolfschlucht in Erlangen. Loewi & Cie.	Bierbrauerei	*Hermann Maier Loewi. Wolf Gunzenhaeuser. Dr. Jacob Herz. Bartholomäus Glaeser. Dr. Hans Pfaff. Johann Thaler. Friedrich Peter Schmidt. Adolf Enke. Paul Krafft. Andreas Foerster. Konrad Kronberger. Georg Michael Kurz. Friedrich Hake. Carl Loewi Franz Xaver Loritz. Dr. Gustav Gehring. Dr. Wilhelm Wollner. Franz Frantz. Johann Müller.*
C. C. Braun		*Christoph Claudius Braun.*
C. C. Brückner		*Conrad Christian Brückner.*
J. Gg. Bücking	Kammfabrik	*Mathäus Ernst Bücking. Johann Adam Bücking.*
Thomas Bücking	Kammfabrik	*Thomas Bücking.*
Caspari Erben	Tabakfabrik	*Gottschalk von Loewenich. Johann Carl von Loewenich.*
Carl Fr. Wilh. Cnopf	Handschuhfabrik	*Carl Friedrich Wilhelm Cnopf. Johann Carl Tobias Cnopf* **P.**
Andr. Deichert'sche Verlagsbuchhandlung	Buchhandlung	*Andreas Deichert.*
Geschwister Delawigne	Weisswaaren	*August Delawigne. Karoline Delawigne. Sophie Delawigne.*
Paul Dorsch	Landesproductenhandlung	*Paul Dorsch.*
G. Eifflaender junior	Papierhandlung	*Georg Eifflaender.*
J. C. Eifflaender	Strumpffabrik	*Friedrich Wilhelm Eifflaender.*
Ferdinand Enke Verlag	Buchhandlung	*Laura Enke. Maximiliana v. Praun. Maria Enke. Alfred Enke; sämmtl. sind nicht berechtigt, die Firma zu zeichnen. Paul Wagner* **P.**
Erlanger Gasgesellshaft	Gasfabrik	*Vorstand ist der Verwaltungsrath bestehend aus: Carl Weinmann, Vorsitzender. August Benker. Leonhard Hertlein. Johann Adam Bücking. Ludwig August Riedinger. Zur Zeichnung der Firma ist der Vorsitzende allein berechtigt; in dessen Verhinderung hat jedoch jedes der übrigen Verwaltungsrathsmitglieder in obenstehender Reihenfolge das Recht, die Firma zu zeichnen und zwar in der Weise, dass der Nachfolgende erst im Verhinderungsfalle seines Vormannes resp. Vormänner zur Zeichnung der Firma berechtigt wird. Ferner ist der Buchhalter Johann Veit Hertlein berechtigt, die Firma folgendermassen zu zeichnen: „Verwaltung der Gasfabrik Erlangen" Johann Veit Hertlein.*
Fabrik Lipowitz'scher Univers.-Deckfarben und chemisch. technischer Producte von Kindler und Compagnie	Universal-Deckfarbenfabrik, Dolomitfabr., Gypsmühle, Kreidenschneiderei und Pechsiederei	*Julius Kindler.*
Carl Fischer	Strumpfw.- u. Strickgarnf.	*Carl Fischer.*
Fleischmann'sche Kunstmühle	Kunstmühle	*Katharina Barbara Fleischmann. Adolph Fleischmann* **P.**

J. C. Fleischmann Wollspinnerei	Wollspinnerei	*Katharina Barbara Fleischmann. Adolph Fleischmann* P
Nicolaus Fleischmann's Wittwe		*Helene Fleischmann.*
H. Freitag	Wäschefabrik	*Max Freitag.*
A. C. Friedrich	Handschuhfabrik	*August Carl Friedrich.*
Joh. Froetsch	Pappendeckel, Packpapier u Dütenfabrik	*Johann Froetsch.*
Phil. Graetz	Spezereiwaaren	*Philipp Graetz*
Dr. Friedrich Heller	Chemische Fabrik	*Dr. Friedrich Heller.*
J C. Helm	Specereiwaaren	*Johann Conrad Helm.*
Hemden- nnd Waesche-Geschäft von Eduard Gsaenger	Hemden- u. Wäschefabrik	*Eduard Gsaenger.*
H. Henninger Bierbrauerei	Bierbrauerei	*Christiane Helbig Louis Süsskind* P.
Johann Leonh Hertlein	Ellen- u Schnittwaaren	*Johann Leonhard Hertlein.*
Hofapotheke	Apotheke	*August Grote*
Anton Hoffmann	Droguerie-, Specerei- und Farbenhandlung	*Ernst Friedrich Anton Hoffmann*
G. F. Hoffmann & Sohn	Strumpffabrik	*Georg Friedrich Hofmann Johann Leonhard Hofmann.*
Bartholomaeus Hühnerkopf	Strumpffabrik	*Johann Georg Hühnerkopf.*
Junge und Sohn	Buchdruckerei	*August Junge.*
Leonhard F Kalb		*Leonhard Friedrich Kalb*
Robert Kern	Specereiwaaren	*Leonhard Friedrich Gustav Robert Kern.*
J. Kleemann		*Johann Kleemann.*
Gg. Koenigsreuther	Handschuhfabrik	*Georg Karl Wolfgang Koenigsreuther.*
St L. Koenigsreuther und Sohn		*Stephan Ludwig Koenigsreuther.*
Carl Kornder	Specereiwaaren	*Johann Carl Kornder.*
Georg Nicolaus Kroenlein senior	Rothgerberei u. Lederhandl.	*Georg Nikolaus Kroenlein.*
Theodor Krische Universitaets-buchhandlung vormals Enke Sortiment	Buchhandlung	*Theodor Wilhelm Krische*
Joh. Gottfr. Lehner	Ellen-, Schnitt- u. Specereiw.	*Johann Gottfried Lehner.*
J. C. Loschge	Spec.-, Material- u Farbw.	*Johann Christoph Loschge*
Friedr. O. Loschge	Handschuhfabrik	*Friedrich O. Loschge.*
J. M Loschge	Specereiw. u. Kohlenhdlg.	*Johann August Friedrich Schmidt.*
Maschinen-Ziegelei Erlangen	Ziegelfabrik	*Johann Christian Conrad Rogler*
Wolfgang Meinetsberger		*Wolfgang Meinetsberger.*
C A. Memmert	Lederh., Specereiw., Wein- u Hopfenhandlung	*Carl August Memmert.*
A. Memmert's Wittib	Lederhandlung	*Anna Johanna Memmert*
Joh. Dav Mengin	Weissgerberei	*Johann David Mengin.*
J G. Mengin	Handschuhfabrik	*Johann Georg Mengin.*
G. P. Meusel		*Georg Paulus Meusel*
Gebrüder Müller	Hopfenhandlung	*Paulus Müller. Thomas Müller*
Carl Niklas	Bierbrauerei	*Carl Philipp Niklas.*
G. Niklas Malzfabrik	Malzfabrik	*Georg Niklas*
H. Oelschlaegel		*Johannn Leonhard Oelschlaegel. Henriette Oelschlaegel* P
Palm & Enke	Buchhandlung	*Adolph Enke.*
Palm's Verlags- und Sortiments-Buchhandlung	Buchhandlung	*Julius Palm.*
Paul Chr. Pfeiffer	Specereiwaaren	*Friedrich Pfeiffer*
Lorenz Raum	Specereiwaaren	*Lorenz Raum.*
J. Rogler		*Carl Gottlieb Gebhard Mehring. Adolph Mehring* P. *Robert Mehring* P.
Sigmund Rosenfels	Lederhandlung	*Sigmund Rosenfels*
L. Samhammer	Handschuhfabrik	*Amalia Samhammer.*
Th Scheidemandel Apotheke zum Adler	Apotheke	*Theodor Scheidemandel.*
Richard Schlichtegroll	Fabrik unverbrennb, Wärme nicht leitender Composition zur Umhüllung v. Dampfkesseln Asphaltfabrikate, Theerprodukte	*Richard Oskar Moritz Schlichtegroll.*
C. A. Schmidt	Handschuhfabrik	*Christoph Adam Schmidt*
Friedrich Peter Schmidt	Landesproduktenh, Incasso u. Agentur	*Friedrich Peter Schmidt.*

Heinrich Schmidt	Hopfen- u. Häuteh. en gros	*Heinrich Schmidt.*
J. A. Schmidt	Specereiwaaren	*Johann Anton Schmidt.*
J. Schneider	Handschuhfabrik	*Johann Georg Schneider.*
J. C. Scholl	Specereiwaaren	*Felix Christian Scholl.*
Christian Schwarz	Eisenhandlung	*Christian Schwarz.*
G. Wilh. Schwarz	Specereiwaaren	*Georg Wilhelm Schwarz.*
Conrad Segnitz	Eisenhandlung	*Conrad Segnitz.*
A. Steinbach	Ellen- u. Schnittwaaren	*Friedrich Steinbach.*
Wolfgang Steinbach	Ellen- u. Schnittwaaren	*Johann Friedrich Steinbach.*
S. Weinstock	Ellen- u. Schnittwaaren	*Samuel Weinstock.*
C. W. Weiss	Handschuhfabrik	*Johann Caspar Weiss.*
J. L. Wellhoefer	Zinngiesserei	*Johann Leonhard Wellhoefer.*
Ernst Will	Glas-, Porcell.- u. Steinguth.	*Ernst Will.*
N. Witzel	Galanterie- u. Kurzw.	*Nicolaus Witzel.*
J. F. Wolmershaeuser	Eisenhandlung	*Johann Friedrich Wolmershaeuser.*
Salomon Wuhrmann's Wittwe	Handschuhfabrik	*Kunigunde Wuhrmann.*

Erlau. LG. Wegscheid. BG. u. HG. Passau. **Advokaten**: s. Passau. **Notar**: s. Wegscheid.

Passauer mechanische Papierfabrik an der Erlau	Actiengesellschaft	*Die Actiengesellschaft wird durch einen Vorstand vertreten, bestehend aus einem bis drei Mitglieder. C. F. Heermann Vorstand.*

Markt Erlbach. 1220 Einwohner. LG. Markt Erlbach. BG. Windsheim. HG. Fürth.
Advokaten: s. Windsheim. **Notar:** E. J. A. Denk.

Georg Paulus Assmann		*Georg Paulus Assmann.*
Sigmund Buchbinder	Buchbinder	*Sigmund Buchbinder.*
Alex Brügel	Spec.-, Eisen- u. Ellenw.-H.	*Alexander Brügel.*
Conrad Clauss		*Conrad Clauss.*
Eduard Furkel	Specereiwaarenhandlung	*Eduard Furkel.*
Carl Ickelheimer	Schnittwaarenhandlung	*Carl Ickelheimer.*
D. Kitzinger	Schnitt- u. Hopfenhandlg.	*David Kitzinger. Moritz Kitzinger* **P.**
Bernhard Lehmann	Schnittw., Eisen- u. Lederh.	*Bernhard Lehmann.*
A. Stein	Hopfen- u. Wollenhdlg.	*Abraham Stein.*
Carl Ulrich, Apotheke in Mrkt. Erlbach	Apotheke	*Carl Ulrich.*
J. U. Wagner	Condit., Spec.- u. Ellenw.-H.	*Ulrich Wagner.*

Erlenbach. LG. Dahn. BG. u. HG. Zweibrücken. **Advokaten**: s. Zweibrücken. **Notar**: s. Dahn.

Simon Pfeiffer	Eisenhandlung	*Simon Pfeiffer.*
Simon Schwarz		*Simon Schwarz.*

Erlenmühle, Gemeinde Edesheim. LG. Edenkoben. BG. u. HG. Landau.
Advokaten: s. Landau. **Notar**: s. Edenkoben.

J. H. Heinemann	Mahlmühle	*Johann Heinrich Heinemann.*

Erlhammer. LG. Erbendorf. BG. Weiden. HG. Amberg. **Advokaten**: s. Weiden. **Notar**: s. Erbendorf.

H. B. Wittwe Ernestine Bauer	Eisenhüttenwerk	*Ernestine Bauer. Heinrich Bauer* **P.**

Ermershausen. 636 Einwohner. LG. Hofheim BG. u. HG. Schweinfurt.
Advokaten: s. Schweinfurt. **Notar**: s. Hofheim.

Carl Grübel	Spec.- u. Eisenwaarenhdlg.	*Carl Grübel.*
Salomon Stern	Spec.- u. Schnittwaarenhdl.	*Salomon Stern.*
Victor Stern	Schnittwaaren	*Victor Stern.*

Ermetzhofen. LG. Uffenheim. BG. Windsheim. HG. Fürth.
Advokaten: s. Windsheim. **Notar**: s. Uffenheim.

Hirsch Wolf Stark	Handlung	*Hirsch Wolf Stark.*

Ermreuth. 710 Einwohner. LG. Gräfenberg. BG. u. HG. Bamberg.
Advokaten: s. Bamberg. **Notar**: s. Graefenberg.

Uri Bamberger	Schnittwaarenhandlg.	*Uri Bamberger.*
J. H. Ermreuther	Schnittwaarenhandlg.	*Jonas Hirsch Ermreuther.*
Meier Holzinger	Eisenhandlung	*Meier Holzinger.*
Oberndorfer & Bamberger HN. [**ZN.** Nürnberg]		*Isaias Oberndorfer. Abraham B. Oberndorfer. Jakob Oberndorfer. Lämlein B. Oberndorfer.*
Isaias Oberndorfer	Spec.- u. Schnittwaarenhdl.	*Isaias Oberndorfer.*
Götz Rosenberger	Schnittwaarenhandlung	*Götz Rosenberger.*
Gebrüder Wimmelbacher	Hopfenhandlung	*Isaak Wimmelbacher. Bürlein Wimmelbacher.*
J. Wimmelbacher.	Schnittwaarenhandlg.	*Isaak Wimmelbacher.*

Ernstweiler. LG., BG. u. HG. Zweibrücken. **Advokaten** u. **Notare**: s. Zweibrücken.

Carl Breter	Specereiwaaren	*Carl Breter.*

Eschau. LG. Klingenberg. BG. u. HG. Aschaffenburg. **Advokaten:** s. Aschaffenburg. **Notar:** s. Klingenberg.

Loeb Strauss	Gemischte Waarenhandlg.	*Loeb Strauss.*

Eschenbach. LG. Heilsbronn. BG. u. HG. Ansbach. **Advokaten:** s. Ansbach. **Notar:** s. Heilsbronn.

Philipp Augustin	Condit., Specerei-, Eisen- u. Wachswaarenhdlg.	*Philipp Augustin.*
Anton Weissmann	Specereiwaarenhandlung	*Anton Weissmann.*

Eschenbach. 1400 Einwohner. LG. Eschenbach BG. Weiden. HG. Amberg. **Advokaten:** s. Weiden. **Notar:** Joh. Winkler in Eschenbach.

Ernst Burger	Schnitt-, Colonialw., Leder- u. Rohprodukte	*Ig. Kleber.*
Peter Prunhuber's Wittwe vormals Christian Gradl	Schnitt-, Specerei-, Kurz- u. Farbwaaren	*A. Prunhuber.*
Johann Hesl	Specerei- u. Kurzwaaren	*Johann Hesl.*
Joseph Rupprecht	Specerei- u Schnittw.	*Joseph Rupprecht.*
Joseph Schmid	Specerei- u. Schnittw.	*Joseph Schmid.*
Johann Vogl	Eisenhandlung	*Josef Vogl.*

Eschringen. 356 Einwohner. LG. Blieskastel. BG. u. HG. Zweibrücken. **Advokaten:** s. Zweibrücken. **Notar:** s. Blieskastel.

Carl Diener	Kalkhandlung	*Carl Diener.*
Michael Diener	Kalkhandlung	*Michael Diener.*
Mathias Noël	Kurzwaarenhandlung	*Mathias Noël.*

Eslarn. LG. Vohenstrauß. BG. Weiden. HG. Amberg. **Advokaten:** s. Weiden. **Notar:** s. Vohenstrauss.

Aug. Fürtsch	Specereiwaaren	*August Fürtsch.*

Eschlkam. 576 Einwohner. LG. Neukirchen. BG. Straubing. HG. Landshut. **Advokaten:** s. Straubing. **Notar:** s. Neukirchen.

Josepb Lackerbauer	Specereiwaaren	*Josef Lackerbauer.*
W. Riederer	Specereiwaaren	*Wolfgang Riederer.*

Eßfeld. LG. Ochsenfurt. BG. u. HG. Würzburg. **Advokaten:** s. Würzburg. **Notar:** s. Ochsenfurt.

F. Schaeffer	Specerei- u. Schnittw.-H.	*Friedrich Schaeffer.*

Essingen. 1592 Einwohner. LG., BG. u. HG. Landau. **Advokaten:** u. **Notare:** s. Landau.

Em. Kern	Getreidehdlg. u. Weinstein	*Emanuel Kern.*
Wilh. Rauh	Häute- u. Talghandlg.	*Wilhelm Rauh.*
H. Scharff & Sohn	Colonialw. u. Weinstein	*Heinrich Scharff. Emanuel Scharff.*
Isaac Weiss	Frucht- u. Mehlhandlg.	*Isaac Weiss III.*
Georg Wolf	Häute- u. Talghdl. u. Bettfedernhandlung	*Georg Wolf.*

Eßleben. 780 Einwohner. LG. Werneck. BG. u. HG. Schweinfurt. **Advokaten:** s. Schweinfurt. **Notar:** s. Werneck.

Leonhard Burlein	Specereiwaaren	*Leonhard Burlein.*
Joh. Martin Oestreicher	Specereiwaaren	*Johann Martin Oestreicher.*

Estenfeld. LG. Würzburg r. d. M. BG. u. HG. Würzburg. **Advokaten:** u. **Notare:** s. Würzburg.

Maier Birn	Schnitt- u. Kurzwaarenh.	*Maier Birn.*

Ettenbeuren. LG. Burgau. BG. u. HG. Augsburg. **Advokaten:** s. Augsburg. **Notar:** s. Burgau.

Johann Göppel	Krämerei	*Johann Göppel.*
Johann Gschwind	Krämerei	*Johann Gschwind.*

Ettmannsdorf. 278 Einwohner. LG. Schwandorf. BG. u. HG. Regensburg. **Advokaten:** s. Regensburg. **Notar:** s. Schwandorf.

Freihr. v. Ziegler'sches Polierwerk Ettmannsdorf	Polierwerk	*Franz Freiherr v. Ziegler.*

Etzelwang. LG. Sulzbach. BG. u. HG. Amberg. **Advokaten:** s. Amberg. **Notar:** s. Sulzbach.

Joh. Hollederer	Hopfenhandlung	*Johann Hollederer.*

Etzweiler. LG. Wolfstein. BG. u. HG. Kaiserslautern. **Advokaten:** s. Kaiserslautern. **Notar:** s. Wolfstei

Dreifuss M.	Specereiwaaren	*Maier Dreifuss.*
Frank Joseph	Specereiwaaren	*Joseph Frank.*
Guthmann Hirsch	Specereiwaaren	*Hirsch Guthmann.*
Rothschild Joseph	Specereiwaaren	*Joseph Rothschild.*
Rothschild Lazarus	Specereiwaaren	*Lazarus Rothschild.*
Wolf Leopold	Specereiwaaren	*Leopold Wolf.*

Euerdorf. 1000 Einwohner. LG. Euerdorf. BG. Lohr. HG. Würzburg. **Advokaten:** s. Lohr. **Notar:** A. Scheubel.

Otto Klüber	Apotheke	*Otto Klüber.*
Jos. Reinhard vormals Brand	Schlosserei- u. Eisenw.-H.	*Josef Reinhard.*

V. J. Scheiner	Specerei- u. Schnittwaarenh.	*Franz Scheiner.*
Frz. Stoehr	Spec., Wein- u. Branntw.-H.	*Franz Stoehr.*

Falkenberg. 523 Einwohner. LG. Eggenfelden. BG. Pfarrkirchen HG. Passau.
Advokaten: s. Pfarrkirchen. **Notar:** s. Eggenfelden.

Ignatz Reitter	Krämerei	*Ignaz Reitter.*

Falkenberg. 720 Einwohner. LG. Tirschenreuth. BG. Weiden. HG. Amberg.
Advokaten: s. Weiden. **Notar**: s. Tirschenreuth.

Augustin Fischer		*Augustin Fischer.*
Johann Liedl	Eisenhandlung	*Johann Liedl.*
Mathias Mayerhofer	Specerei- u. Ellenw.	*Mathias Mayerhofer.*
Josepha Schnurrer	Specerei- u. Ellenw.	*Josepha Schnurrer.*
Jos. Ernst Schreyer Detailw.-handlung	Specerei- u. Ellenw.	*Joseph Ernst Schreyer.*
Engelbert Schuller	Specerei- u. Ellenw.	*Engelbert Schuller.*

Falkendorf. LG. Herzogenaurach. BG. u. HG. Bamberg. **Advokaten:** s. Bamberg. **Notar:** s. Herzogenaurach.

Johann Wellhöfer	Specereiwaarenhandlung	*Johann Wellhöfer.*

Falkenstein. LG. Falkenstein. BG. Neunburg v. W. HG. Regensburg.
Advokaten: s. Neunburg v. W. **Notar:** Carl Freiherr v. Scheben.

Johann Mühleisen	Specereiwaaren	*Johann Mühleisen.*

Falkenstein. LG. Ludwigstadt. BG. Kronach. HG. Bamberg.
Advokaten: s. Kronach. **Notar**: s. Ludwigstadt.

Isidor Schreider	Eisenhammerwerk	*Isidor Schreider.*

Fassoldshof. LG. Weißmain. BG. Kronach. HG. Bamberg.
Advokaten: s. Kronach. **Notar:** s. Weissmain.

Kusel Adler	Schnitt- u. Specereiwaarenh.	*Kusel Adler.*
Jos. A. Westheimer	Schnitt- u. Specereiwaarenh.	*Joseph Westheimer.*

Faustermühle. LG. BG. u. HG. Zweibrücken. **Advokaten** u. **Notare:** s. Zweibrücken.

Daniel Wild HN. [ZN. Rosselmühle Gd. Thaleischweiler]	Handelsmühle	*Daniel Wild.*

Fechenbach. 766 Einwohner. LG. Stadtprozelten. BG. u. HG. Aschaffenburg.
Advokaten: s. Aschaffenburg. **Notar:** s. Stadtprozelten.

Josef Bergmann	Krämerei	*Josef Bergmann.*
Friedrich Hoerschel	Spec.-, Kurz-, Spielw., Glas, Porzellan, Tabak	*Friedrich Hoerschel.*
Raimund Motzel	Specereiwaarenhandlung	*Raimund Motzel.*
S. Selig	Schnitt- u. Specereiwaarenh.	*Sisel Selig*

Feil-Bingert. LG. Obermoschel. BG. u. HG. Kaiserslautern.
Advokaten: s. Kaiserslautern. **Notar:** s. Obermoschel.

Brück M.	Handlung	*Markus Brück.*

Feldkirchen. LG., BG. u. HG. München l. d. J. **Advokaten** u. **Notare:** s. München l. d. Is.

Benno Stacheter	Specereiwaaren	*Benno Stacheter.*

Fellheim. 735 Einwohner. LG. Babenhausen. BG. u. HG. Memmingen.
Advokaten: s. Memmingen. **Notar:** Carl Hofmann in Babenhausen.

Emanuel & Salomon Bacharach HN. [ZN. München]	Lederhandlung en gros	*Emanuel Bacharach. Salomon Bacharach.*
Leopold Bacharach	Lederhandlung	*Leopold Bacharach.*
Max Bacharach	Lederhandlung	*Max Bacharach. Jacob Bacharach* **P.**
Samuel Bacharach	Lederhandlung	*Samuel Bacharach.*
Heinrich Einstein	Rauhwaaren	*Heinrich Einstein.*
Jacob Einstein		*Jacob Einstein. Max Einstein* **P.**
Leopold Einstein	Rauhwaaren	*Leopold Einstein. Arnold Einstein* **P.**
Moritz Einstein	Handlung	*Moritz Einstein.*
Simon Einstein	Handlung	*Simon Einstein.*
Moritz Gerstle	Hopfenhandlung	*Moritz Gerstle.*
Salomon Gerstle	Hopfenhandlung	*Salomon Gerstle. Moritz Gerstle* **P.**
M. L. Heilbronner	Rauhwaarenhandlung	*Maier Löb Heilbronner. Ludw. Heilbronner* **P.**
A. Hirsch		*Aron Hirsch.*
A. Höchstaedter	Specereihandlung	*Arnold Höchstädter. Heinrich Höchstädter* **P.**
David Laupheimer,	Lange Waaren	*David Laupheimer.*
Elias Maier junior	Rauhwaaren	*Elias Maier junior.*
Elias Maier senior	Rauhwaaren	*Elias Maier senior.*
August Meier	Apotheke	*August Meier.*

Jos. Rosenthal		*Josef Rosenthal.*
Ludwig Rosenthal	Buch- u. Antiquariatshdlg.	*Ludwig Rosenthal.*
Leopold Schwabacher		*Leopold Schwabacher. Elias Schwabacher* P.
Josef Thannhauser	Specereiwaaren	*Josef Thannhauser.*

Feuchtwangen. 2180 Einwohner LG. Feuchtwangen. BG. u. HG. Ansbach.
Advokaten: s. Ansbach. **Notar**: Gottfr. Adam.

Georg Belschner	Specerei- u. Schnittwaaren	*Georg Belschner.*
Johann Paul Bräunlein	Conditorei u. Specereiw.-H.	*Johann Paul Bräunlein.*
Joh. Sim. Engel	Specerei- u. Schnittwaarenh.	*Johann Simon Engel.*
Friedrich Fichtel Apotheker	Apotheke	*Friedrich Fichtel Apotheker.*
Gebhard Graser	Schreibmat.-H. u. Kurzw.	*Gebhard Graser.*
Gebrüder Gunzenhäuser	Branntwein- u. Weinhdlg.	*Bernhard Gunzenhäuser. Josef Gunzenhäuser.*
Gabriel J. Gutmann	Handlung	*Gabriel J. Gutmann.*
Meyer Gutmann	Handlung	*Meyer Nathan Gutmann.*
Samuel Nathan Gutmann	Handlung	*Samuel Nathan Gutmann.*
W. I. Gutmann	Garnhandlung	*Wolf Joël Gutmann.*
Friedrich Wilhelm Hezel	Specerei- u. Schnittwaaren	*Friedrich Wilhelm Hezel.*
Ludwig Hezel	Eisenhandlung	*Ludwig Hezel.*
Hirsch Holzinger	Tuch- u. Schnittwaarenh.	*Hirsch Holzinger.*
Meier J. Holzinger	Lederhandlung	*Meier Jer. Holzinger.*
Mendel Holzinger	Tuch- u. Schnittwaarenh.	*Elkan Mendel Holzinger.*
Nathan Holzinger	Tuch- u. Schnittwaarenh.	*Samuel Nathan Holzinger.*
C. F. Horlacher	Specerei-, Schnitt- und gemischte Waarenhdlg.	*Carl Friedrich Horlacher.*
W. Kuch	Wildprethandlung	*Wilhelm Kuch.*
Christian Leuchs	Conditor- u. Specereiw.-H.	*Christian Leuchs.*
Gabriel Löb Lindenthal	Tuch- u. Schnittwaarenhdl.	*Gabriel Löb Lindenthal.*
Carl Nüzel	Kurzwaarenhandlung	*Karl Nüzel.*
N. Regensburger	Lederhandlung	*Nathan Regensburger.*
Carl Ferdinand Schröppel	Conditor- u. Specereiw.-H.	*Carl Ferdinand Schröppel.*
August Schütz	Specereiwaarenhandlung	*August Schütz.*
E. A. Schwabacher	Weisswaaren u. Spitzenhdl.	*Elias Amsan Schwabacher.*
Friedrich Simon	Fragnerei u. Seilerw.	*Friedrich Simon.*
Johann Simon	Fragnerei u. Seilerw.	*Johann Simon.*
Georg Strauss	Schreibmat.-H. u. Lithogr.	*Georg Strauss.*
Isaac A. Ullmann	Tuch- u. Schnittwaarenhdlg.	*Abraham Ullmann.*
Joel S. Ullmann	Tuch- u. Schnittwaarenhdlg.	*Joel Salomon Ullmann.*
Gebr. Weihermann	Eisenhandlg. u. Bankier	*Gabriel Weihermann. Wolf Weihermann.*
J. u. S. Weihermann	Eisenhandlung	*Jacob Weihermann. Simon Weihermann.*
J. M. Wolff	Glas- u. Porzellanhdlg.	*Johann Martin Wolff.*

Fichtelberg. 271 Einwohner. LG. Weidenberg. BG. u. HG. Bayreuth.
Advokaten: s. Bayreuth. **Notar**: Weidenberg.

Gebrüder Lindner	Glasperl- u. Spiegelglasfabr.	*Sigmund Lindner. Johann Lindner* A.

Finsterau. LG. Freyung. BG. u. HG. Passau. **Advokaten**: s. Passau. **Notar**: s. Freyung.

Franz Bloechinger	Resonanzholzfabrik	*Franz Bloechinger.*

Fischach. 696 Einwohner. LG. Zusmarshausen. BG. u. HG. Augsburg.
Advokaten: s. Augsburg. **Notar**: s. Zusmarshausen.

Gebrüder Bach	Specereiwaaren	*Isaak Bach. Lazarus Bach.*
Jacob Deller & Sohn	Specereiwaaren	*Jacob Deller. Hermann Deller.*
Simon Deller	Specereiwaaren	*Simon Deller.*
Joachim Fromm	Hopfenhandlung	*Joachim Fromm.*
M. Goetz	Eisenhandlung	*Moses Götz.*
Hirsch Gunz & Söhne	Eisen- u Geschmeidew.	*Josef Gunz. Moritz Gunz.*
Leopold Maier	Specerei-, Tuch- u. Schnittw.	*Leopold Maier. Nathan Maier* P.
Josef Mendle	Specerei-, Tuch- u. Schnittw.	*Josef Mendle.*
Josef Mendle jun.	Specereiwaaren	*Josef Mendle.*
Moses Silberschmid		*Moses Silberschmid.*
A. Weisenbeck & Lämmle	Handlung	*Karoline Weisenbeck We. Nathan Lämle. Jacob Weisenbeck* P.
Gabriel Weisenbeck	Handlung	*Gabriel Weisenbeck.*

Fischbach. 767 Einwohner. LG. Dahn. BG. u. HG. Zweibrücken.
Advokaten: s. Zweibrücken. **Notar**: s. Dahn.

Paul Fritz	Handlung	*Paul Fritz.*
Joseph Heim	Handelsmühle	*Joseph Heim.*

Friedr. Schantz	Krämerei	*Friedrich Schantz.*
Adam Schlick	Holzhandlung	*Adam Schlick.*
Joh. Georg Schlick	Holzhandlung	*Johann Georg Schlick.*

Fischen. 986 Einwohner. LG. Immenstadt. BG. u. HG. Kempten.
Advokaten: s. Kempten. **Notar**: s. Immenstadt.

Jos. Fleischhut	Specerei- u. Schnittwaarenh.	*Josef Fleischhut.*
Mechanische Weberei Fischen	Weberei	*Peter Paul Markhart Vorstand, Peter Markhart stellvertr. Vorstand, Friedrich Chur, Conrad Forster, Adolf Probst. Die Firma wird durch den Vorstand oder dessen Stellvertreter gezeichnet: „Mech. Weberei Fischen.“ Der Vorstand des Ausschusses N. N. bezw. der Stellvertreter des Vorstandes N. N.*
Jos. Anton Wenz	Mechan. Weberei	*Josef Anton Wenz.*

Fischeröfch. LG., BG. u. HG. Kempten. **Advokaten** u. **Notare**: s. Kempten.

Demeter & Fuchs	Handlung	*Heinrich Demeter. Anton Fuchs.*

Flachslanden. 610 Einwohner. LG. BG. u. HG. Ansbach. **Advokaten** u. **Notare**: s. Ansbach.

Michael Barthelmess	Specerei- u. Ellenwaarenh.	*Michael Barthelmess.*
Wilhelm Diez	Conditorei, Wein- u. Specereiwaarenhandlg.	*Wilhelm Carl Diez.*
J. P. Engerer	Specerei- u. Ellenwaarenh.	*Johann Peter Engerer.*
Wendel Meierhöfer	Specereiwaarenhandlung	*Wendel Meierhöfer.*

Fladungen. 723 Einwohner. LG. Mellrichstadt. BG. Neustadt a. d. S. HG. Schweinfurt.
Advokaten: s. Schweinfurt. **Notar**: s. Mellrichstadt.

Michael Josef Ernst	Apotheke	*Michael Josef Ernst.*
E. J. Frickhinger	Specereiwaaren	*Eduard Julius Frickhinger.*
Gg. C. Kümmeth	Specereiwaaren	*Georg Carl Kümmeth.*
Ferdinand Reinstein	Apotheke	*Ferdinand Reinstein.*
J. A. Reusch	Eisenhandlung	*Johann Adam Reusch.*
Vorschuss- & Sparverein zu Fladungen	Spar- u. Vorschusskassa für Mitglieder	*Den Vorstand bilden: Ferd. Reinstein Direct., Carl August Halbig. Gustav Beck.*

Flintsbach. LG. Rosenheim. BG. Traunstein. HG. München rechts der Isar.
Advokaten s. Traunstein. **Notar**: s. Rosenheim.

Jos. Schmid	Gastwirthschaft u. Prod.-H.	*Joseph Schmid.*

Flischbach. 212 Einwohner. LG. Waldmünchen. BG. Neunburg v. W. HG. Regensburg.
Advokaten: s. Neunburg v. W. **Notar**: s. Waldmünchen.

Anton Kraemmer	Holzhandlung	*Anton Kraemmer.*

Flomersheim. 784 Einwohner. Ldg., BG. u. HG. Frankenthal. **Advokaten u. Notare**: s. Frankenthal.

Ph. Helbig	Specereihandlg. u. Bäckerei	*Philipp Helbig.*
Friedrich Menges	Specereihandlung	*Friedrich Menges.*

Floß. 1781 Einwohner. LG. Neustadt a. WN. BG. Weiden. HG. Amberg.
Advokaten: s. Weiden. **Notar**: s. Neustadt a. WN.

Johann Bergler	Specereiwaaren	*Johann Jacob Bergler.*
A. Bloch	Landesprod.-, Leder-, Eisen- u. Tuchhandlung	*Abraham Bloch.*
M. Mayer Bloch	Spiegelglasfabr. u. Grossh.	*Isaac Moses Bloch.*
Sam. Mos. Bloch	Spiegelglasfabrik u. Flachsh.	*Samuel Moses Bloch.*
M. S. Bomeisler	Spiegelglasf. u. Schafwolle	*Araon Bomeisler.*
A. A. Boscowitz	Lederh., Wolle u. Hopfen	*Bab. M. Boscowitz. Jacob Boscowitz* **P.**
Leopold Engelmann	Landesproducte	*Bumfit Engelmann.*
M. J. Engelmann	Landesprod. u. Hopfenh.	*Isaias Engelmann.*
Heinr. Christian Glas	Specereiw. u. Conditorei	*Heinrich Christian Glas*
H. Hamburger	Weinhandlung	*Henoch Hamburger.*
Benno Herrschmann	Specereiwaaren	*Benno Herrschmann.*
H. Hoenigsberger	Landesproduktenh., Flachs u. Wolle	*Joseph Hoenigsberger.*
M. A. Hoenigsberger	Tuch-, Schnitt- u. Modew.-Handlung	*Aron Hoenigsberger.*
David Hoenigsberger Sohn	Tuch-, Schnitt- u. Modewaarenhandlung	*Isaac Hoenigsberger.*
J. L. Hoenigsberger et Comp.	Tuch-, Schnitt- u. Modew.-Hdlg., Wolle- u. Glasf.	*Babette Hönigsberger. Joseph Landecker.*
J. M. Hoenigsberger	Tuch-, Schnitt- u. Modew.-Handlung	*Joseph Hoenigsberger.*
S. Hoenigsberger	Liqueur- u. Essigfabrik	*Joseph Hoenigsberger.*
L. Langermann et Sohn HN. [**ZN.** Obermurrenthal]	Lederh., Wolle, Spiegelglasfabrik u. Landesprod.	*Loew Langermann. L. Salomon Langermann.*

M. Lichtenstetter	Kurzwaaren	*Moses Lichtenstetter.*
G. A. Marienscheck	Glas-, Steingut- u. Porzellanhandlg, u. Specereiw.	*Georg Adam Marienscheck.*
N. Reichenberger	Lederhdlg., Wolle, Spiegelglasfabrik	*Nathan Reichenberger. August Reichenberger. Sophie Reichenberger* P.
S. Schwarz	Lederhandlung	*Salomon Schwarz.*
Geb. Steinhardt	Glasfabr. u. Landesprod.-H.	*Joseph Steinhardt. Simon Steinhardt. Nathan Steinhardt.*
I. L. Weiss	Kurzwaaren	*Isaac Loew Weiss. Aaron Weiss.*
G. J. Windschügl	Spec.-, Eisen u. Materialw.	*Johann Georg Windschügl.*
S. Wilmersdörffer HN. [ZN. Weiden]	Specerei-, Schnitt- u. Bandwaaren u. Garn	*Josef Loew Wilmersdoerffer.*

Fockendorf. LG. Neustadt a. A. BG. Windsheim. HG. Fürth.
Advokaten: s. Windsheim. **Notar**: s. Neustadt a. A.

Mathaeus Ehrlinger	Handlung	*Mathaeus Ehrlinger.*

Föhrenbach. LG. Hersbruck. BG. u. HG. Nürnberg. **Advokaten**: s. Nürnberg. **Notar**: s. Hersbruck.

Jacob Reif	Handlung	*Jacob Reif.*

Forchheim. 4609 Einwohner. LG. Forchheim. BG. u. HG. Bamberg.
Advokaten: s. Bamberg. **Notar**: V. Wirth.

Wilhelm Bachmayer	Landesprod.-, Wein- u. Salzhandlg., Comm. u. Sped.	*Carl Ista.*
Joseph Buchmann	Colonialw., Landesprod.	*Joseph Löw Buchmann.*
J. A. Dumpert	Spec.-, Band- u. Kurzw.-H.	*Johann Andreas Dumpert.*
H. Ebert	Tuch- u. Schnittwaarenhdlg.	*Hajum Ebert.*
M. Eismann	Hopfenhandlung	*Moritz Eismann.*
F. R. Engelmaier	Specereiwaarenhdlg.	*J. R Engelmaier.*
Heumann Fränkel	Tuch- u. Schnittwaarenhdl.	*Heumann Fränkel.*
Jakob Frank	Eisen- u. Lederhandlg.	*Jacob Frank.*
G. Gattineau	Landesprodukte en gros	*Georg Gattineau.*
Bernhard Gröschel	Tuch- u. Schnittw. Hopfenh.	*Bernhard Gröschel.*
Mathäus Karg	Eisenhdl. u. Kupferschmiede	*Mathäus Karg.*
K. Kotz	Seifenfabrik	*Konrad Kotz.*
C. Kreul	Farbenfabrik	*Carl Kreul.*
J. Lederer	Glas- u. Porzellanhdlg.	*Jondoff Lederer.*
Isidor Lederer	Leder- u. Papierhandlg.	*Isidor Lederer.*
Joh. Mayer		*Johann Mayer.*
D. Morgenstern	Zinnfolienfabrik	*David Morgenstern.*
G. L. Müller	Seifenhandel	*Georg Leonhard Müller.*
J. B. Munsch	Specerei- u. Kurzwaarenh.	*Johann Baptist Munsch.*
Hirsch Neumann	Specerei- u. Schnittwaarenh.	*Hirsch Neumann.*
C. M. Oertel	Colonialwaaren u. Producte	*Carl Michael Conrad Oertel.*
Joh. Polster		*Johann Polster.*
Christian Prechtel & Co. [Commanditgesellschaft]	Lederfabrik	*Christian Prechtel* [*persönlich haftender Gesellschafter*].
Anton Sattler	Maschinenpapierfabrik	*Anton Sattler.*
Dr. O. Schmidt, Apotheker	Apotheke	*Dr. Ottmar Schmidt.*
Johann Schrauder	Conditorei- u. Specereiw.-H.	*Johann Schrauder.*
A. Fr. Streit	Buchhandlung	*Anselm Franz Streit.*
J. Weiss	Tuch-, Schnittw. u. Hopfenh.	*Jakob Weiss.*
Gebr. Zeiller HN. [ZN. Höchstädt a. A.]	Tuch-, Schnittw. u. Hopfenh.	*M. Moritz Zeiller. Moritz Zeiller. Sigmund Zeiller.*
Max Zeiller	Hopfenhandlung	*Max Zeiller.*
S. W. Zeiller & Sohn	Tuch- u. Schnittwaarenhdl.	*Max Zeiller.*
N. Zettelmaier		*Nicolaus Zettelmaier.*

Forst a. d. Haardt. 706 Einwohner. LG. Dürkheim. BG. u. HG. Frankenthal.
Advokaten: s. Frankenthal. **Notar**: s. Dürkheim.

A. Reichardt Sohn	Weinbau u. Weinhandel	*Andreas Reichardt. Eugen Reichardt.*
Lud. Spindler	Specereihandlung	*Ludwig Spindler.*
Emil Werle	Weinhandlung	*Emil Werle.*

Forstlahn. 200 Einwohner. LG. Kulmbach. BG. u. HG. Bayreuth.
Avdokaten: s. Bayreuth. **Notar**: s. Kulmbach.

Joh. Meisel	Krämerei	*Johann Meisel.*

Forth. 388 Einwohner. LG. Erlangen. BG. u. HG. Fürth.
Advokaten: s. Fürth. **Notar**: s. Erlangen.

M. Bernkopf	Schnittwaarenhandlg.	*Maenlein Bernkopf.*

Salomon Loebenthal	Schnittwaarenhandlg.	*Salomon Loebenthal.*
Hirsch Maienthau und Sohn	Schnittwaarenhandlg.	*Hirsch Maienthau. Carl Maienthau.*
S. Mezger	Handlung	*Samson Mezger. Sigmund Mezger.*
Wolf Mezger	Hopfen- u. Produktenh.	*Wolf Mezger.*
Abr. Schnaittacher	Schnittwaarenhandlung	*Abraham Schnaittacher.*
M. Schnaittacher	Schnittwaarenhandlg.	*Michael Schnaittacher.*
Isaac Schwarzhaupt	Hopfen- u. Produktenhdlg.	*Isaak Schwarzhaupt.*
Friedrich Woelfel	Eisen-, Leder-, Specereiw., Branntwein, Liqueurf.	*Friedrich Woelfel.*
S. Wollner	Eisenhandlung	*Sigmund Wollner.*

Frammersbach. LG. u. BG. Lohr. HG. Würzburg. **Advokaten u. Notare:** s. Lohr.

Carl Alexander Habersack ZN. [HN. Rothenbuch]	Apotheke	*Carl Alexander Habersack.*

Frankeneck. 426 Einwohner. LG. Neustadt a. d. H. BG. u. HG. Frankenthal.
Advokaten: s. Frankenthal. **Notar:** s. Neustadt a. d. H.

J. J. Gossler	Papierfabrik	*Kath. Gossler. Johann Erhard Gossler* **P.**
Heinrich Gossler	Papierfabrik	*Heinrich Gossler.*
Valentin Graf	Mühle	*Valentin Graf.*
Daniel Schähfer	Papierhandlung	*Daniel Schähfer.*

Frankenheim. 378 Einwohner. LG. Schillingsfürst. BG. Windsheim. HG. Fürth.
Advokaten: s. Windsheim. **Notar:** s. Schillingsfürst.

Johann Abel	Schlosserei	*Johann Abel.*
Johann Michael Guckenberger	Specereiwaarenhandlg.	*Johann Michael Guckenberger.*

Frankenhofen. LG. Dinkelsbühl. BG. u. HG. Ansbach. **Advokaten:** s. Ansbach. **Notar:** s. Dinkelsbühl.

Johann Georg Kratzel	Specereiwaarenhandlg.	*Johann Georg Kratzel.*

Frankenreuth. LG. Vohenstrauß. BG. Weiden. HG. Amberg.
Advokaten: s. Weiden. **Notar:** s. Vohenstrauss.

M. et A. Kupfer	Glasfabrik	*Alois Kupfer* **A.** *Moritz Kupfer.*

Frankenstein. 744 Einwohner. LG., BG. u. HG. Kaiserslautern. **Advokaten u. Notare:** s. Kaiserslautern.

Burkhardt & Schmidt	Holzhandlung	*Johannes Burkhardt. Isaac Schmidt.*
Haffen P.	Handelsmühle	*Paul Haffen.*
Kaufmann Jacob We.	Specereiwaaren	*Sara Simon.*
Mayer Daniel	Specereiwaaren	*Daniel Mayer.*
Schmidt J.	Specereiwaaren	*Isaac Schmidt. Gustav Schmidt* **P.**
Sebastian A.	Zündholzfabrik	*Andreas Sebastian.*

Frankenthal. 6553 Einwohner. LG., BG. u. HG. Frankenthal.
Advokaten: C. David, E. Dursy, Ph. Heintz, H. Horn, L. Kirchweger, C. Merkle, J. Thalmann.
Notare: F. Haase, J. E. Paraquin.

Albert & Hamm	Mechanische Werkstätte u. Schnellpressenfabrik	*Andreas Hamm. Andreas Albert.*
Actienbrauerei Frankenthal	Bierbrauerei	*Den Vorstand bilden: Andreas Hamm, Vorsitzender des Vorstandes; Moritz Sommer, Stellvertreter des Vorsitzenden; Friedrich Croissant, August Becher, Johann Peter Hubing, Christoph Becker, Martin Perron, letztere beide Ersatzmänner.*
C. Bauer	Bierbrauerei	*Carl Bauer.*
Ph. W. Braunsberg & Sohn	Gerberei u. Lederhandlg.	*Philipp Wilhelm Braunsberg. Johann Leonhard Braunsberg.*
Katharina Bregel	Manufacturwaaren	*Katharina Bregel.*
L. Bussjaeger	Gold- u. Silberwaaren	*Ludwig Bussjaeger.*
Joseph Cahn Söhne	Frucht- u. Repskuchenhdlg.	*Josef Cahn.*
Gg. Christmann.	Galanteriewaaren	*Georg Christmann.*
M. Croner We.	Kurzwaaren	*Christiane Himmelreich.*
Ph. Croner	Conditorei- u. Specereiw.	*Philipp Croner.*
Wtb. Croner & Sohn	Conditorei- u. Specereiw.	*Christiane Himmelreich. Wilhelm Croner.*
L. Dreifuss		*Leopold Dreifuss.*
J. Durlacher & Sohn	Auswanderungsexped., Commiss.- u. Geschäftsbureau, Incasso	*Simon Durlacher.*
J. Durlacher	Weinhandlung	*Simon Durlacher.*
Gebrüder Eberhard	Baumwollwaarenfabrik und Manufacturwaaren	*Karl Heinrich Eberhard. Philipp Eberhard*
Leopold Eberstadt	Manufacturwaaren	*Leopold Eberstadt.*
Franz Ehrhard	Ziegelfabr. u. Kalkbrennerei	*Franz Ehrhard.*
Carl Feyrer		*Carl Feyrer.*
Friedrich Fischer	Seifenfabrik u. Specereiw.	*Friedrich Fischer.*

J. Frank		*Joseph Frank.*
Frankenthaler Kesselschmiede Velthuysen, Albrecht & Cie.	Kesselschmiede	*Franz Velthuysen. Carl Albrecht. Carl Gentil.*
Friedr. Gamber	Specereiwaaren	*Friedrich Gamber.*
Gasanstalt Frankenthal	Gasfabrik	*Philipp Heintz, Vorstand. Friedrich Dupré, Stellvertreter.*
J. Gaschott	Eisenhandlung	*Johannes Gaschott.*
Gebrüder Gerhardt	Bierbrauerei	*Jacob Gerhardt. Wilhelmine Giesler.*
Gebr. Göhring	Dampfkesselfab., Blecharbeit jed. Art; Schiffbrückenbau	*Jacob Goehring. Julius Goehring. Ludwig Goehring* **P.**
Gg. Ph. Goldmann	Bierbrauerei	*Georg Philipp Goldmann*
Philipp Gresser	Weinhandlung	*Philipp Gresser.*
Johann Gutmann	Eisengiesserei	*Johann Gutmann.*
J. Hagenauer & Cie.	Tuch- u. Modewaarenhdlg., Hemdenfabrik	*Jacob Hagenauer. Anton Poignée.*
A. Hamm	Mech. Werkstätte. Glocken-, Eisen- u. Messinggiesserei	*Andreas Hamm.*
Johann Leonhard Hartmann	Conditorei- u Specereiw.	*Johann Leonhard Hartmann*
P. Hartmann	Kleiderhandlung	*Peter Hartmann.*
Heller & Peters	Cichorienfabrik	*Franz Daniel Heller. Carl Peters.*
J. Henrich	Musikalien- u. Instrum.-H.	*Julius Henrich*
Sal. Heydweiller & Cie.	Kohlenhandlung	*Valentin Heydweiller. Friedrich Dupré.*
D. Hirschler		*David Hirschler.*
Gebr. Hirschler	Landesprod., Mälzerei	*Aaron Hirschler. Siegfried Hirschler. Heinrich Hirschler.*
Ph. Hoelzel	Mühle	*Philipp Hoelzel.*
Philipp Horn	Schlosserwaarenfabrik und Eisenhandlung	*Philipp Horn.*
Georg Huber	Gold- u. Silberwaaren	*Georg Huber.*
D. Jacobi		*David Jacobi.*
Gebrüder Ingenohl HN. [ZN. Neuwied]	Cichorienfabrik	*Rudolf Ingenohl.*
S. Kahn		*Samuel Kahn.*
C. Kaiser		*Carl Kaiser.*
D. Kaufmann & Söhne	Branntweinbr u Spiritusfab.	*Marx Kaufmann. Moses Kaufmann.*
H. & J. Kaufmann	Malzfabr., Mehl- u Landesproducten	*Heinrich Kaufmann. Jakob Kaufmann.*
Franz & Carl Karcher	Zuckerfabrik	*Karl Heinrich Karcher. Philipp Heinrich Karcher. Katharina Benzino.*
Karcher & Cie. ZN. [HN Kaiserslautern weitere **ZN** Ludwigshafen, Maximiliansau, Dürkh. Landstuhl, Schopp, Bexbach]	Kohlen- u. Coakshandlg.	*Jacob Raab. Wilhelm Raab. Ernst Huber. Carl Heinrich Eduard Karsch. Lisette Heuschkel. Carl Heinrich Karcher August Karcher.*
J. C. Keller & Soehne	Kesselschmiede	*Friedrich Keller,*
Ph. Koerper	Buchhandl u Buchbinderei	*Philipp Koerper*
Johs. Kraus	Spec.- u. Kurzw. u. Wichsf	*Johannes Kraus.*
Kühnle'sche Maschinenfabrik	Maschinenf. u. Eisengiesserei	*Friedrich Kühnle. Heinrich Staab jr. Adolph Staab. Katharina Staab. Maria Waldbauer. Herrmann Mündler* **KP** *Richard Haumann* **KP**
M. Lemmel	Frucht- u. Repskuchen	*Moses Lemmel.*
Simon Loeb	Frucht- u. Repskuchen	*Simon Loeb. Isaak Loeb* **P.** *Adolf Loeb* **P.**
Max Loewe	Eisenhandlung	*Max Loewe.*
Jul. Ludwig	Posamentierw. u. Cigarren	*Julius Ludwig.*
S. & B. Lurch	Frucht- u. Repskuchen	*Salomon Lurch. Bernhard Lurch.*
S. Maas & Sohn	Lederhandlung	*Salomon Maas. Jacob Maas.*
S. Magenheimer		*Ludwig Magenheimer,*
Mann & Loeb	Manufacturwaaren	*Herrmann Loeb. Jacob Mann II. Benjamin Mann. Salomon Loeb. Ferdinand Loeb* **P.**
Adolph Mahla	Seifenfabrik	*Adolph Mahla.*
H. Marum	Eisenhandlung	*Heinrich Marum.*
M. Marum & Cie.		*Marcus Marum. Leonhard Marum.*
Friedrich Marx We.	Baumwollwaarenf. u. Färberei	*Martin Marx. Friedrich Marx* **P.**
Heinrich Mattil		*Elise Schlink. Johann Baptist Eisenhardt* **P.**
J. Mayer		*Jacob Mayer.*
Sigmund Mayer	Tuchschneidereigeschäft	*Sigmund Mayer.*

W. Mylius	Gerberei u. Rauhwaarenh.	*Heinrich Friedrich Wilhelm Mylius.*
S. Nathan	Manufacturwaaren	*Salomon Nathan.*
Abraham Neuberger	Ellenwaaren	*Abraham Neuberger.*
Gustav Neubronner	Weinhandlg. u. Puppenfabr.	*Marie Kirchner. Wigand Ignaz Johann Godron* P.
Joseph Neuberger	Glas- u. Kurzwaaren	*Heinrich Neuberger. Moritz Neuberger.*
Gustav Oberlaender	Apotheke	*Gustav Oberlaender.*
Carl Perron	Glas- u. Kurzwaaren	*Carl Perron.*
M. Perron	Lederhandlung	*Martin Perron.*
Valt. Perron	Lederhandlung	*Valentin Perron. Jacob Heinrich August Perron* P.
Anton Pfahler	Speditionsgeschäft	*Anton Pfahler.*
Gg. Queva	Mehlhandlung	*Georg Queva.*
Friedr. Reichard	Specerei- u. Kurzwaaren	*Friedrich Reichard.*
J. F. Reichert	Kurz- u. Weisswaarengeschäft, Hemdenfabrik	*Jacob Friedrich Reichert.*
J. Riel & Sohn	Holzhandlung u. Dampfsäge	*Jacob Riel III.*
J. Riel & Sohn Kohlenhandlg.	Kohlenhandlung	*Carl Riel.*
Georg Roeder	Apotheke	*Georg Roeder.*
J. M. Saam	Galanteriewaaren	*Johann Melchior Saam.*
Ph. Schmidt	Mehlhandlung	*Philipp Schmidt.*
Friedr. Schneider	Eisenhandlung	*Friedrich Schneider.*
J. X. Schreiner		*Johann Xaver Schreiner.*
Ch. Schuck	Seifenfabrik	*Christian Schuck., Heinrich Schuck* P.
S. Schulz	Frucht- u. Repskuchen	*Simon Schulz.*
Gebr. Schulz		*Josef Schulz. Simon Baer* P.
Philipp Seyfried	Tuchfabrik	*Philipp Seyfried.*
Moritz Sommer	Manufacturwaaren	*Moritz Sommer.*
J. J. Storck jr.	Cigarren-, Tabak- u. Spec.-waarenhandlung	*Johann Jacob Storck jr.*
Marie Trumpler	Modewaarengeschäft	*Marie Trumpler.*
Fr. Vaillant	Conditorei- u. Specereiw.	*Friedrich Vaillant.*
A. Weil	Kleidermagazin- u. Tuchhdl.	*Abraham Weil.*
Jacob Weill	Frucht- u. Repskuchenhdl.	*Jacob Weill.*
Joh. Wolf		*Johann Wolf IV.*
H. Zoeller	Conditorei- u. Specereiw.	*Heinrich Zoeller.*
J. B. Zwick	Stärkfabrik	*Johann Jacob Helbraeth.*

Frankenwinheim. 569 Einwohner. LG. Gerolzhofen. BG. u. HG. Schweinfurt.
Advokaten: s. Schweinfurt. **Notar**: s. Gerolzhofen.

Gerson Gerst	Specerei- u. Schnittwaarenh.	*Marianna Gerst.*
Gebrüder Hirsch	Getreidehandlung	*Salomon Hirsch. Simon Hirsch. Lämlein Hirsch* P.
Löw Hirsch	Essig-, Liqueur- u. Prod.-H.	*Maier Hirsch u. Moses Hirsch.*

Frankweiler. 920 Einwohner. LG., BG. u. HG. Landau. **Advokaten** u. **Notare**: s. Landau.

Jacob Bach	Weinhandl. u. Holzhdl.	*Jacob Bach.*
Conrad Eckerle	Weinhandlung	*Conrad Eckerle.*
C. Spitzfaden	Weinhandlung	*Conrad Spitzfaden.*

Frauenberg. LG. Erding. BG. Freising. HG. München l. d. J.
Advokaten: s. Freising. **Notar**: s. Erding.

Barthlmae Geiselbrechtinger	Krämerei	*Bartholomaeus Geiselbrechtinger.*

Frauenzell. LG. Grönenbach. BG. u. HG. Memmingen.
Advokaten: s. Memmingen. **Notar**: August Henneberger in Grönenbach.

Bessler et Martin	Butter- u. Käsehandlg.	*Josef Bessler. Thomas Martin.*

Freidorf. LG. Sonthofen. BG. u. HG. Kempten. **Advokaten**: s. Kempten. **Notar**: s. Sonthofen.

Gebrüder Natterer	Käsefabrik	*Franz Martin Natterer. Nicolaus Natterer. Jos. Anton Natterer. Ludwig Natterer. Franz Fidel Natterer. Nur Franz Martin u. Nikolaus Natterer sind zur Zeichnung und Vertretung der Firma berechtigt.*

Freinsheim. 2200 Einwohner. LG. Dürkheim. BG. u. HG. Frankenthal.
Advokaten: s. Frankenthal. **Notar**: s. Dürkheim.

Joh. Ludwig Becker	Holz-, Glas- u. Lederhdlg.	*Johann Ludwig Becker.*
M. Fraenkel	Gemischte Waaren	*Marx Fraenkel.*
Marx Gumparz	Specereiwaaren	*Marx Gumparz.*
Johannes Helinger	Specereiwaaren	*Johannes Helinger.*

Reichard Huck	Eisenh. u. mech. Werkstätte	*Reichard Huck.*
C. R. Jené	Buchhandlg. u. Specereiw.	*Carl Rudolf Jené.*
Michael Kaufmannn	Specereiwaaren	*Michael Kaufmann.*
H. Koch	Specereiwaaren	*Heinrich Koch.*
Michael Mangold	Weincommissionsgeschäft	*Michael Mangold.*
Lazarus Neu	Ellenwaaren	*Lazarus Neu.*
Gg. Neuschaefer	Specereiwaaren	*Georg Neuschaefer.*
Jacob Sieringer	Specereiwaaren	*Jacob Sieringer.*

Freising. 7839 Einwohner. St. u. LG. u. BG. Freising. HG. München l. d. J.
Advokaten: A. Hertel, L. Kleiter, J. N. Plctl, A. Schönmelzer, L. Thürmayer, M. Wagner.
Notare: F. Donle, V. Wenninger.

J. B. Aigner	Schnittwaarenhandlung	*J. B. Aigner.*
Gottfried Baumgartner	Apotheke	*Gottfried Baumgartner.*
G. Brückl	Specerei- u. Schnittwaarenh.	*Gottfried Brückl.*
M. Dannegger	Tuch- u. Modewaarenh.	*Mathias Danneger.*
Franz Datterer	Buchdruckerei, Verlagsbuchhandlung u. Leihbibliothek	*Franz Datterer.*
Anton Forster		*Anton Forster.*
Freisinger Vorschussverein	Gewährung von Crediten an Mitglieder	*C. H. Mittermayer, Vorsitzender; M. Saradeth, Kassier; Christian Huss, Schriftführer.*
Gasfabrik Freising	Gasfabrikation	*Den Vorstand bilden: Carl Jos. Mittermayr, Vorsitzender; C. Braun, Stellvertreter des Vorsitzenden; Martin Maurermayer, Peter Moissinano, Fabian Sebastian Euringer, Ludwig August Riedinger.*
Mathias Graf	Lederhändl. u. Schuhmacher	*Mathias Graf.*
Christian Huss	Specereiwaarenhändler	*Christian Huss.*
Johann Oberlintober	Spec.-, Schnittw., Wechselgeschäft, Agenturen und Feigenkaffeehandlg.	*Alfred Oberlintober.*
Ludwig Ostermann	Specereiwaarenhandl.	*Ludwig Ostermann.*
A. Pellkofer	Specereiwaarenhandlung	*Anton Pellkofer.*
Petuel & Comp.		*Ludwig Petuel. Leopold Geisler. Eduard Haager.*
F. P. Rosner		*Franz Paul Rosner.*
M. Saradeth	Specerei- u. Schnittwaarenh.	*Max Saradeth.*
F. M. Schader	Eisenhandlung	*Franz Schader.*
Alois Schmid	Eisenhandlung	*Alois Schmid.*
Joh. Dav. Schmidt	Specereiwaarenhandl.	*Johann David Schmidt.*
A. Schoen		*Adam Schoen.*
Josef Scholz vormals F. P. Müller	Specerei- u. Schnittwaaren	*Josef Scholz.*
P. Sieber	Geschmeidewaarenhandlg.	*Peter Sieber.*
Ant. Unthal	Lithographische Anstalt	*Anton Unthal.*
J. G. Woelfle	Buchhandlung	*Joh. Georg Woelfle.*
J. B. Zacherl		*Josef Zacherl.*
Josef Zacherl	Specereiwaarenhandlg.	*Josef Zacherl.*

Freiung. LG. Vilseck. BG. u. HG. Amberg. **Advokaten**: s. Amberg. **Notar**: s. Vilseck.

Joh. Christ. Baier	Specereiwaaren	*Johann Christian Baier.*
Andreas Lehner	Specereiwaaren	*Andreas Lehner.*

Frensdorf. LG. Bamberg II. BG. u. HG. Bamberg. **Advokaten** u. **Notare:** s. Bamberg.

S. Selig	Specerei-, Schnitt- u. Eisenwaarenhandlung	*Salamon Selig.*

Frickenhausen. 224 Einwohner. LG. Ochsenfurt. BG. u. HG. Würzburg.
Advokaten: s. Würzburg. **Notar:** s. Ochsenfurt.

Ad. Gresser	Gasthofbesitzer, Wein- und Getreidehandlung	*Louise Gresser. Conrad Gresser* P. *Joseph Gresser* P.
Gg. Meintzinger	Specerei- u. Kurzwaarenh.	*Georg Meintzinger.*
Ph. Meintzinger	Weinhandlung	*Philipp Meintzinger.*

Friedau. LG. Thiersheim. BG. u. HG. Hof. **Advokaten**: s. Hof. **Notar**: s. Thiersheim.

Florentin v. Glass	Stabhammerwerk	*Florentin v. Glass.*
Gottfried v. Glass	Baumwollspinnerei	*Gottfried v. Glass.*

Friedberg. 2306 Einwohner. LG. Friedberg. BG. Aichach. HG. München l. d. J.
Advokaten: s. Aichach. **Notar**: S. P. Rechenauer.

J. A. Fürst	Eisen- u. Farbwaaren	*Joseph Fürst.*
Gg. Gredler		*Georg Gredler.*
Anton Grundler	Specerei- u. Ellenwaaren	*Anton Grundler.*
Max Hartl	Eisen- u. Farbwaaren	*Max Hartl.*
Afra Henggi	Specerei- u. Ellenwaaren	*Afra Henggi.*
Jos. Müller	Spezereiwaaren	*Josef Müller.*
Jos. Schweyer	Landesproductenhandlung	*Joseph Schweyer. Josef Schweyer jr.* **P.**
Jos. Seidl	Spezereiwaaren	*Joseph Seidl.*
Jos. Sumser	Spec.-, Farb- u. Eisenw.	*Josef Sumser.*

Friedelhausen. LG. Wolfstein. BG. u. HG. Kaiserslautern.
Advokaten: s. Kaiserslautern. **Notar**: s. Wofstein.

Kuhn Philipp	Handlung	*Philipp Kuhn.*

Friedensheim. 927 Einwohner. LG. Dürkheim. BG. u. HG. Frankenthal.
Advokaten: s. Frankenthal. **Notar:** s. Dürkheim.

Abraham Dornberger		*Abraham Dornberger.*
Leopold Dornberger	Getreide- u. Viehhandel	*Leopold Dornberger.*
Johannes Klemmer	Specereiwaarenhandlg.	*Johannes Klemmer.*
Moses Loeb	Getreide- u. Viehhandel	*Moses Loeb.*
Samuel Mayer	Getreide-, Vieh- und Oelkuchenhandel	*Samuel Mayer.*
Ph. Messing	Specereihandlung	*Philipp Messing.*
Max Weil		*Max Weil.*
Isaac Weil	Getreide- u. Viehhandel	*Isaac Weil.*

Friedenfels. LG. Waldsassen. BG. Weiden. HG. Amberg. **Advokaten:** s. Weiden. **Notar:** s. Waldsassen.

F. J. Zeiller	Specereiwaaren	*Franz Joseph Zeiller.*

Friedensau. LG. Ludwigshafen. BG. u. HG. Frankenthal.
Advokaten: s. Frankenthal. **Notar:** s. Ludwigshafen.

Zuckerfabrik Friedensau	Zuckerfabrik	*Paul Weigle, Director, Vorstand; dessen Stellvertreter: Georg Gutbrod, Gustav Bachmayer.*
Joh. Conr. Rechlem HN. [ZN. Mannheim]	Rübenzucker-, Spiritus- u. Anilinfarbenfabrik	*Carl Gustav Bachmayer. Herrmann Heinrich Frickenhaus. Sophie Butterfass. Wilhelm Rechlem.*

Friesen. 820 Einwohner. LG. u. BG. Kronach. HG. Bamberg. **Advokaten** u. **Notare:** s. Kronach.

Salomon Friedmann	Hopfen- u. Pechhandlg.	*Salomon Friedmann.*
Ludwig Mosbacher	Schnittwaarenhandlung	*Ludwig Mosbacher.*
I. Rauh	Hopfen- u. Pechhandlung	*Isaak Rauh. Salomon Rauh* **P.**
Sal. Rossmann	Schnittwaarenhandlung	*Salomon Rossmann.*
David Strauss		*David Strauss.*
Salomon Strauss	Schnittwaaren- u. Tuchhdlg.	*Salomon Strauss.*

Friesenhausen. LG. Hofheim. BG. u. HG. Schweinfurt. **Advokaten** s. Schweinfurt. **Notar:** s. Hofheim.

Michael Fischer	Essigfabrik u. Landkramh.	*Michael Fischer.*

Friesenheimer Bann. LG. Ludwigshafen. BG. und LG. Frankenthal.
Advokaten: s. Frankenthal. **Notar:** s. Ludwigshafen.

Saame & Compagnie	Chemische Fabrik	*G. H. E. Saame. K. F. H. Schoetensack. J. G. Deiters.*

Frohnhofen. LG. Waldmoor. BG. u. HG. Zweibrücken.
Advokaten: s. Zweibrücken. **Notar:** s. Waldmoor.

Theobald Müller	Kurzwaarenhandlung	*Theobald Müller.*

Fronberg. LG. Schwandorf. BG. u. HG. Regensburg. **Advokaten:** s. Regensburg. **Notar:** s. Schwandorf.

Gottfried Eigner & Söhne	Eisenfabrik	*Tobias Eigner. Josef Eigner.*

Frontenhausen. 1218 Einwohner. LG. Vilsbiburg. BG. u. HG. Landshut.
Advokaten: s. Landshut. **Notar:** s. Vilsbiburg.

Jos. Aigner	Gemischte Waaren	*Josef Aigner.*
F. J. Auer	Gemischte Waaren	*Josef Auer.*
Mathias Duschl		*Mathias Duschl.*
Carl Lutz	Gemischte Waaren u. Eisenh.	*Carl Lutz.*
Michael Mahrer	Rothgerberei	*Michael Mahrer.*

Franz Mittringer	Lederfabrik	*Franz Mittringer.*
Marcus Niedermaier	Tuchfabrik	*Markus Niedermaier.*
Michael Schrank	Gemischte Waaren, Gürtler- u. Goldwaaren	*Michael Schrank.*
Edmund Warmuth	Apotheke	*Edmund Warmuth.*

Fuchsstadt. LG. Euerdorf. BG. Lohr. HG. Würzburg. **Advokaten**: s. Lohr. **Notar**: s. Euerdorf.

Moses Blumenthal	Pelzhandlung	*Moses Blumenthal.*
S. Kellermann	Specerei- u. Ellenwaarenh.	*Seligmann Kellermann.*

Fürstenzell. BG. Passau II. BG. und HG. Passau. **Advokaten** u. **Notare**: s. Passau.

A. Huber's Wwe.	Gemischte Waaren	*Anna Huber. Ferdinand Huber* **P.**

Fürth. 22,496 Einwohner. St. und LG. BG. und HG. Fürth.
Advokaten: J. Aldinger. J. Berolzheimer. U. Bögner. Dr. C. Feust. F. Frauenknecht. W. Gunzenhäuser. H. Kronacher.
Notare: S. Grünsfeld. Dr. J. Ortenau. J. Wolff.

Adelsdorfer & Höflich	Manufacturw. u. Commiss.-Gesch. in Kurzw.	*Max Adelsdorfer. Ludwig Höflich.*
Marx Adelung	Ellen-, Schnitt- u. Tuchw.	*Marx Adelung.*
J. V. Albrecht & Söhne	Gemischte Waaren	*Johann Albrecht.*
J. Angerer.		*Isaac Angerer.*
L. Angerer	Schnittwaarenhandlung	*Loew Angerer.*
Lippmann Anker		*Lippmann Anker.*
A. L. Ansbacher.	Bankgeschäft	*Samuel Ansbacher. Jonas Ansbacher.*
J. B. Apothofsky	Specereiw., Fragnerei	*Johann Bartholomäus Apothofsky.*
H. E. Arnstein	Spiegelglashandlung	*Haymann Elias Arnstein.*
Moritz Arnstein		*Moritz Arnstein.*
M. S. Arnstein	Spiegelglashandlung	*Samuel Arnstein.*
Daniel Aronstein vormals F. Feucht	Ellen- u. Schnittw.	*Daniel Aronstein.*
Asyl & Rosenfelder	Kurzwaaren	*Fritz Asyl, Samuel Rosenfelder.*
Eugen Augustin vorm. T. Schneider.		*Eugen Augustin.*
J. Bach	Manufacturwaaren u. Spiegelglasfabrik	*Baruch Bernhard Bach. Josef Bach.*
M. Bacharach	Ellen- u. Schnittw. en gros & en detail	*Jakob Bacharach. Max Bacharach* **P.**
Isac Baer	Hopfenhandlung	*Isac Baer.*
Simon Baer	Spiegelglasfabrik	*Simon Baer.*
Baerlein und Compagnie	Baumwollen- u. Leinengarnh.	*Emanuel Baerlein. Sophie Baerlein* **P.**
S. N. Bamberger	Manufacturwaaren	*Samson Baburger. Nathan Baburger.*
Gebrüder Bass	Tuchhandlung	*Rosalie Bass. Jacob Bass. Sigmund Bass* **P.**
N. L. Batzner	Manufacturwaaren	*Nachmann Loew Batzner.*
F. H. Bauer		*Friedrich Heinrich Bauer.*
Johann Friedrich Bauer	Metallschlägerei	*Johann Friedrich Bauer..*
J. Baumann	Putz- u. Modewaaren	*Jonathan Baumann.*
Bechert Sohn & Meyer		*Karoline Meyer.*
J. Bechmann junior	Ellen- u. Schnittwaaren	*Jonas Bechmaun.*
Julius Bechmann	Ellen- u. Schnittwaaren	*Julius Bechmann.*
W. Bechmann	Spiegelglasfabrik	*Wolf Bechmann.*
Beck & Comp.		*Georg Beck. Josef Starlsohn.*
Joh. Friedr. Beck	Tabakfabrik	*Johann Friedrich Beck.*
J. Bechert Boeld	Specereiwaaren	*Johann Heinrich Bechert.*
David Benda	Manufacturwaaren	*David Benda.*
Georg Benda	Metallfabrik	*Max Neubauer. Wilhelm Benda. Leopold Kirschbaum* **P.**
Bernhard Benedickt	Handlung	*Bernhard Benedickt.*
M. Benedict Sohn	Spiegelglasfabrik	*Abraham Heidingsfeld.*
Seligmann Bendit und Söhne	Spiegelglasfabrik	*Lippmann Bendit. Carl Bendit.*
Bergmann & Goetz	Handlung	*Isidor Goetz. (Zur Führung der Firma nur bis 30. Juni 1873 berechtigt.)*
B. Berneis	Ellen- u. Schnittw., Band- u. Garnhandlung	*Baermann Berneis.*
J. W. Berlin		*Wilhelm Berlin. Louis Berlin.*
J. Bernstein		*Jacob Bernstein.*
S. Bernstein und Compagnie	Garnhdlg., Web- u. Dochtgarn, engl. Twist- und Baumwollspinnerei	*Samuel Bernstein.*

Berolzheimer & Co.	Bank- u. Wechselgeschäft	*Gustav u. Ernst Berolzheimer.*
Berolzheimer und Illfelder	Bleistiftfabrik	*Leopold Illfelder. Heinrich Berolzheimer.*
Berolzheimer und Bloch in liquid. ZN. [**HN.** Nürnberg]	Bankgeschäft	*Salomon Emanuel Berolzheimer, Gustav Berolzheimer, Samuel Bloch, zugleich Liquidatoren.*
D. M. Berolzheimer		*David Moses Berolzheimer.*
Moritz Besels	Manufacturwaaren	*Moritz Besels. Heinrich Besels* **P.** *Sigmund Besels* **P.**
Bickart et Steindler	Ledergeschäft en *gros*	*Heinrich Steindler. Jakob Bickart.*
H. Biedermann		*Heimann Benedict Biedermann.*
L. Bierer	Manufacturwaaren	*Lazarus Bierer.*
F. Biermann		*Feist Biermann. Josef Biermann* **P.**
Fr. Ad. Billing und Sohn	Weinhandlung	*August Landmann.*
A. Bing		*Abraham Bing.*
S. Bing	Papier- u. Schreibmat.-H.	*Salomon Bing.*
S. Binswanger	Spiegelglasfabrik	*Samuel Binswanger.*
M. Birnbaum	Eisen- u. Metallwaaren	*Bernhard Birnbaum. Abraham Birnbaum.*
J. L. Bischoff	Specerei- u. Drechslerw.	*Johann Leonhard Bischoff.*
E. Blumgart	Tuchhandlung	*Elkan Blumgart.*
J. Boeschel	Specereiwaaren	*Jacob Boeschel.*
Konrad Bornickel		*Konrad Bornickel.*
J. Brandeis jr.	Manufacturw., Blattmetall-, Broncefarben- und Goldpapierfabrik	*Isaac Brandeis. Sigmund Brandeis.*
Brauerei Mailaender	Bierbrauerei	*Wolf Mailaender.*
J. Braun junior	Specereiwaaren	*Martin Braun.*
J. B. Braun	Chemische Producte	*Johann Bernhard Braun.*
Jean Braun		*Johann Michael Braun.*
Gebrüder Brebacher	Kurzwaaren-Export	*Wolf Brebacher. Samuel Fleissig* **P.**
M. J. Büchenbacher	Spiegelglasfabrik	*Babette Büchenbacher. Jacob Büchenbacher. Sigmund Büchenbacher. Lippmann Büchenbacher. Leopold Büchenbacher.*
J. L. Büttner's Erbe	Specereiwaaren	*Friedrich Margaretha Dimmling.*
J. S. Büttner	Schnittwaarenhandlung	*Johann Sixtus Büttner.*
Capelle & Gaetschenberger	Spiegelfabrik	*Johann Friedrich Capelle. Louis Gaetschenberger.*
David Cohn	Saffranmühle, Depôt von Tinten	*David Cohn.*
Julius Cohn	Cichorienfabrik	*Aron Feistmann. Moses Feistmann.*
C. F. Crailsheim		*Carl Friedrich Crailsheim.*
Daenzer & Sohn		*Friedrich Daenzer. Friedrich Wilhelm Daenzer.*
Henlein Daermaul		*Jette Daermaul.*
Danler & Cie. ZN. [**HN.** Nürnberg]	Metallwaaren, Landesprod., Hopfen, Comm., Sped. u. Agenturen	*Wilhelm Walde. Christoph Heiling* **P.**
S. Dellinger		*Simon Hirsch Dellinger.*
Michael Dengler	Specereiwaaren	*Georg Michael Dengler.*
G. Dettelbach und Compagnie	Manufacturwaaren	*Gabriel Dettelbacher.*
L. L. Dettelbacher Sohn	Spiegelglasfabrik	*Joël Dettelbacher.*
Conr. Dietz	Colonialwaaren, Cigarren	*Conrad Dietz.*
Johann Dietz		*Johann Ludwig Gross.*
J. J. Dispecker HN. [**ZN.** München]	Tuchhandlung	*Isaak Dispecker. Sigmund Dispecker. David Dispecker* **P.**
Dinkelspühler & Dorn	Eisen- u. Metallwaaren	*Paltiel Dinkelspühler. Salomon Dorn.*
Moses Dinkelspühler	Manufacturw. u. Metallhdl.	*Salomon Dinkelspühler.*
Seligmann Dinkelspühler		*Seligmann Dinkelspühler.*
M. Doernberger	Chirurg. Instrumentenhdlg.	*Max (Maier) Doernberger.*
Josef Dünkelsbühler HN [**ZN.** Nürnberg]	Manufacturw. u. Metallhdl.	*Joseph Dünkelsbühler. Sophie Dünkelsbühler* **P.**
Conr. Dan. Eckart	Lederhandlung	*Conrad Daniel Eckart.*
Joh. Gg. Eckart	Holzgalanteriew.- u. Chatullenfabrik	*Johann Georg Eckart.*
Joh. Paul Eckart	Specereiwaaren	*Johann Paul Friedrich Eckart.*
Ehrlich und Freudenreich	Spiegelglasfabrik	*Feust Ehrlich. Salomon Freudenreich.*
W. Ehrmann	Spiegelglasfabrik	*Wolf Joël Ehrmann. Leopold Ehrmann.*

Firma	Geschäft	Inhaber
Eiermann & Faber		*Max Hayum Eiermann. Moritz Faber.*
S. M. Einhorn	Lederhandlung en gros	*Sussmann Einhorn. Einhorn* **P.**
L. Eisenberger		*Ludwig Eisenberger.*
S. M. Eiser		*Seligmann Meyer Eiser.*
Moritz Eismann	Spevereiwaaren	*Moritz Eismann.*
Salomon Elieser	Ellen- u. Schnittwaaren	*Salomon Elieser.*
Alexander H. Ellern	Ellen- u. Schnittwaaren	*Alexander Hayum. Meier Ellern.*
H. Ellern & Feuchtwanger		*Hayum Ellern. Jacob Hirsch Feuchtwanger.*
Moses Ellern	Ellen-, Schnitt- u. Bandw. en gros	*Hayum Ellern Eichmann.*
M. Ellern	Papierhandlung en gros	*Arnold Ellern Eichmann.*
Sieslein Ellern	Ellen-, Schnitt- u. Bandw.	*Sieslein Ellern.*
J. M. End	Baumwoll- u. Leinenfabrik	*Johann Adam Friedrich End. Wilhelm End.*
J. W. Engelhardt et Compagnie Maschinenfabrik	Maschinenfabrikation	*Johann Wilhelm Engelhardt.*
M. Erlanger und Compagnie	Strumpf- u. Weisswaarenh.	*Julius Erlanger.*
J. Erlenbach	Ellen-, Schnitt-, Leinen- u. Weisswaaren	*Simon Erlenbach.*
A. Eschenbach vormals Strobel	Specerei- u. Farbwaaren	*Joseph Arnold Eschenbach.*
A. B. Faber ZN. [**HN.** Berlin]		*Ludwig Wallerstein. Adolph Hollerbusch. Lippmann Hollerbusch.*
J. G. Faber		*Johann Theodor Gottlieb Faber.*
David Fahrntrog	Ellen- u. Schnittwaaren	*Rebekka Fahrntrog*
Georg Farnbacher	Papierhandlung en gros	*Philipp Farnbacher.*
Gebrüder Farnbacher		*Heinrich Farnbacher. Wilhelm Farnbacher*
M. S. Farnbacher	Eisen- u. Metallwaaren	*Moses Farnbacher.*
Simon Farnbacher		*Simon Farnbacher.*
Fels & Götz ZN. [**HN.** Nürnberg]	Bankgeschäft	*Haimann Fels. Gottlieb Goetz.*
M. Fels	Manufacturwaaren	*Mayer Fels. Amalie Fels* **P.**
W. Frankfurter Fels	Ellen- u. Schnittw., Mode- u. Putzwaaren	*Leopold Fels. Schülein Fels.*
Feldmann & Hartmann	Strumpf- u. Weisswaarenh. en gros	*Wilhelm Feldmann. Jacob Hartmann.*
Gebr. Felsenstein	Pelz-, Rauhw. u. Lederhdl.	*Abraham Felsenstein. Johanna Felsenstein* **P.**
A. Fränkel Fellheimer	Ellen- u. Schnittw.	*Jacob Fränkel Fellheimer. Baruch Fränkel Fellheimer.*
Hirsch Fränkel Fellheimer	Schnittw. en gros	*L. Ollesheimer.*
L. Fränkel Fellheimer	Schnittw. en gros	*Leopold Fränkel Fellheimer.*
M. Feuchtenauer	Ellen- u. Schnittwaaren	*Gabriel Feuchtenauer.*
Bernhard Feuchtwanger	Spiegelglasfabrik	*Bernhard Feuchtwanger.*
Gebr. Feuchtwanger HN. [**ZN.** Nürnberg.]	Bankgeschäft	*Gabriel Feuchtwanger. Amson Feuchtwanger. Moses Rau* **P.** *Benjamin Feuchtwanger* **P.**
Julius Feuchtwanger	Ellen- u. Schnittwaaren	*Julius Israel Feuchtwanger.*
S. Feuchtwanger		*Fanny Feuchtwanger. Gabriel Feuchtwanger* **P.**
J. J. Fink	Specereiwaaren	*Johann Jacob Fink.*
F. Fleischauer	Apotheke	*Johann Konrad Friedrich Fleischauer.*
L. J. Fleischmann	Manufacturw. u. Spiegelglasfabrik	*Sigmund Fleischmann. Max Fleischmann.*
Forchheimer & Dinkelsbühler		*Getta Ellern.*
Forchheimer & Schloss	Ellen- u. Schnittwaaren	*Marx Schloss.*
Eml. Forster		*Emanuel Forster.*
A. Fränkel		*Abraham Fränkel.*
Gebrüder Fränkel	Spiegelglasfabrik	*Nathan Fränkel. Simon Fränkel.*
Café Fränkel	Restauration, Caféhaus	*Jacob Fränkel.*
J. B. Fränkel	Ellen- u. Schnittw. u. Confectionsgeschäft	*Isaak Ber Fränkel. Samuel Fränkel.*
Sigmund Fränkel		*Sigmund Fränkel.*
S. A. Frankenau		*Salomon Frankenau.*
M. Frankfurter	Ellen- u. Schnittwaaren	*Josef Weil. Wolf Frankfurter.*
Friesenhausen & Gutmann	Ellen- u. Schnittwaaren	*Meyer Wolf Gutmann. Nanni Gutmann* **P.**
Gebrüder Fuchs & Meier		*Johann Adam Fuchs. Michael Fuchs. Johann Caspar Meier.*
G. L. Fuchs & Söhne	Broncefarbenfabrik	*Johann Friedrich Fuchs. Michael Fuchs.*
Gaswerk Fürth	Gasfabrik	*Stadtgemeinde Fürth. Max Neubauer* **P.**
Johann Adam Gebhardt	Colonialwaaren en gros	*Leonhardt Münch.*

Firma	Geschäft	Inhaber
Geiershöfer & Compagnie	Weinhandlung	*Abraham Geiershöfer.*
J. Gerst	Manufacturw.- u. Spiegelglasfabrik	*Moritz Gerst.*
Julius Glaser	Landesprod. Hopfen u. Metallwaaren	*Julius Glaser.*
Isaak Götz		*Isaak Götz.*
J. L. Goetz	Ellen- u. Schnittwaaren	*Samuel Götz. Emanuel Gotz. David Heumann.*
J. Goldberger		*Josua Goldberger.*
Goldscheider & Mandelbaum	Garnhandlung	*Josef Goldscheider. Ignatz Mandelbaum.*
A. Goldscheider	Ellen- u. Schnittw., Band- u. Posamentirwaaren	*Aron Goldscheider.*
H. M. Goldscheider	Eisen- u. Metallhdlg.	*Max Goldscheider.*
Simon Goldstein	Tuchwaaren	*Simon Goldstein. Julius Goldstein.*
S. Gostorffer	Spiegelglasfabrik	*Madlon Gostorffer. Ferdinand Marx.*
Gruberts Wwe. & Bücker	Baumwollen- u. Leinenfabr.	*Margaretha Babette Grubert. Nicolaus Marcus Grubert.*
Wilhelm Friedrich Grubert		*Wilhelm Friedrich Grubert.*
Gebr. Grüner		*Johann Georg Grüner. Georg Grüner. Heinrich Grüner.*
M. Gutmann HN. [ZN. Nürnberg.]	Hopfenhandlung	*Nathan Gutmann.*
Georg Haberfellner jun.	Rosolifabrik	*Georg Haberfellner.*
Ludwig Haberfellner	Rosolifabrik	*Christian Friedrich Ludwig Haberfellner.*
H. F. Hänichen & Ammon	Presshefe- u. Spiritusfabrik	*Sigmund Böhm.*
B. L. Hamburger	Juwelenhandlung	*Benedict Hamburger.*
A. Hangel		*Abraham Hangel.*
Hassberger & Dreschfeld	Leinen- u. Säckefabrik	*Samuel Hassberger. Wolf Dreschfeld.*
L. Hausmann & Comp.	Spiegelglasfabrik	*Lippmann Michael Hausmann. Samuel Hausmann.*
H. Hechinger	Spiegelglasfabrik	*Hirsch Hechinger. David Hechinger.*
Conrad Heinrich		*Johann Conrad Friedrich Heinrich.*
Th. Heid	Kleiderhandlung	*Theodor Heid.*
Leopold Heilbronn	Spiegelfabrik	*Dorothea Heilbronn. Emil Marx.*
Moritz Heinemann	Eisen- u. Metallhdlg en gros & en detail	*Moriz Heinemann.*
Gebrüder Heinrich	Zinnfigurenfabrik	*Johann Konrad Heinrich. Johann Georg Heinrich.*
Helbing & Ritter	Putz- u. Modewaaren	*Adolf Helbing. Lina Helbing* P.
Hellmann & Rosenthal	Landesprod. Hopfen u. Metallwaaren	*Julius Hellmann. Abraham Rosenthal.*
G. Hellmuth	Landesprod., Hopfen- u. Metallwaaren	*Götz Hellmuth.*
J. Hellmuth		*David Neuburger.*
Henle Gebrüder	Juwelenhandlung	*Wilhelm Henle. Friedrich Henle. Wilhelm Carl Henle.*
Simon Hendle	Manufacturwaaren	*Simon Hendle.*
Gebrüder Herzfelder	Ellen- u. Schnittw. en gros	*Hieronymus Herzfelder. Abraham Herzfelder.*
H. J. Herzfelder		*Hirsch Josef Herzfelder.*
Isaak Hess		*Isaak Simon Löw Hess.*
J. Hesse's Druckerei	Lithographie	*Joseph Hesse.*
J. L. Hesselberger	Tuchhandlung	*Hermann Rosenbaum. Robert Stern.*
Max Hesselberger	Exportgeschäft	*Max Hesselberger.*
Sigmund Heumann	Schnittwaaren en gros	*Sigmund Heumann.*
H. Heymann	Messerfabrication	*Jonas Heymann.*
Hirschmann & Leibiger vorm. Stoeber	Drechslerwaaren	*Johann Georg Arel.*
David Jacob Hirschmann		*Nanny Hirschmann.*
J. J. Hirschmann	Ellen- u. Schnittwaaren	*Joel Hirschmann. David Joel Hirschmann.*
David Marx Hirschmann	Ellen-, Schnitt- u. Spezereiwaaren	*David Marx Hirschmann.*
H. Hirsch	Spiegelglasfabrik	*Haymann Hirsch.*
J. M. Hirschmann	Ellen- u. Schnittwaaren	*Jacob Loeb Hirschmann. Salomon Aufseesser.*
M. L. Hirschhorn		*Moses Loeb Hirschhorn.*
Eduard Hirt & Sohn	Handel mit fremden Hölzern, Hörnern, Elfenbein, Perlmutter etc.	*Conrad Hirt.*
J. G. Höfler	Oblaten- und Stärkefabr.	*Johann Georg Heinrich Höfler.*

Conrad Hofmann	Specereiwaaren	*Conrad Hofmann.*
G. C. Hofmann		*Gottfried Christoph Hofmann.*
Heinrich Hoffmann	Landesproductenhandlung	*Heinrich Salomon Hoffmann.*
W. Hofer	Fabrik von Broncefarben, Procat und Blattmetall	*Wilhelm Hofer. Elisabetha Hofer* **P.** *Gregor Hofer* **P.**
D. B. Holländer & Compagnie	Manufacturwaaren	*Rosalie Holländer. Daniel Herrmann. Theodor Rindskopf. Rosalie Holländer ist zur Führung der Firma nicht berechtigt.*
Gebrüder Holländer		*Moses Holländer. Schülein Holländer.*
J. H. Holzinger	Ellen- u. Schnittwaaren	*Jacob Hirsch Holzinger. Jeremias Nathan Holzinger. Jette Holzinger* **P.**
A. N. Holzinger	Ellen- u. Schnittwaaren	*Abraham Holzinger.*
S. Hamburger Hollerbusch		*Samuel Hollerbusch.*
Adolf Hollerbusch		*Adolf Hollerbusch.*
Mayer Hollerbusch	Bleistiftfabrik	*Adolf Hollerbusch. Lippmann Hollerbusch. Ludwig Wallerstein.*
E. Hommel	Lederhandlung	*Emanuel Hommel.*
J. B. Honig's Söhne	Export u. Commission Nürnberger u. Fürther Kurz- u. Spielwaaren	*Albert Honig, Leopold Honig, Ignaz Honig* **P.**
M. Honig & Comp.		*Max Honig, Adolph Honig.*
Simon Hummel		*Simon Hummel.*
Elias Ichenhäuser ZN. [HN. Nürnberg].	Bankgeschäft	*Simon Ichenhäuser. Seligmann Ichenhäuser. Baer Ichenhäuser. David Ichenhäuser.*
Emanuel Ichenhäuser		*Mayer Heumann.*
Simon Ichenhäuser	Specereiwaaren	*Simon Ichenhäuser.*
Leopold Iller	Lederschlüsselschilderfabr., Holzornamenten- u. Jalousienfabrik	*Leopold Iller.*
Leopold Illfelder & Comp.	Manufacturwaaren	*Leopold Illfelder. Bernhard Bert. Sigmund Wassertrüdinger.*
Ch. Jüll		*Christoph Jüll.*
Joh. Pet. Käppner	Drechslerwaaren	*Johann Peter Käppner.*
Karpf & Frank		*Seligmann Frank. Isaac Karpf.*
Paul Keck		*Paul Keck.*
J. L. Cohn Kern		*Jacob Löb Cohn Kern.*
J. L. A. Kieffer	Ellen- u. Schnittwaaren	*Johann Leonhard August Kieffer.*
A. Kirschbaum	Specereiwaaren	*Abraham Kirschbaum.*
Isaac Josef Klein sen.	Conditorei	*Isaac Josef Klein.*
Theodor Klinger vormals Veit Spengler		*Theodor Klinger.*
D. Klugmann	Ellen-, Schnitt-, Strumpf- u. Weisswaaren	*David Klugmann.*
Carl König	Specerei- u. Parfümeriew.	*Carl Friedrich Amandus König.*
M. C. Königsberger	Ellen- u. Schnittwaaren u. Tuchhandlung	*Michael Block.*
Max Karl Königsberger	Lederhandlung	*Max Carl Königsberger.*
Josef Körmeier	Kleiderhandlung	*Josef Körmeier.*
Leopold Kohnstamm		*Leopold Kohnstamm.*
M. Kohnstamm	Manufacturwaaren	*Moritz Heinemann.*
L. J. Kornblum	Papierhandlung en gros	*Siegfried Josef Löwe.*
Moritz Koschland	Wolle- u. Leinenhandlung	*Moritz Koschland.*
Ph. Krailsheimer	Spiegelglasfabrik	*Philipp Krailsheimer. Karoline Krailsheimer* **P.**
David Krakauer	Manufacturwaaren	*David Krakauer.*
Löw Kranz	Galanteriewaaren	*Löw Kranz.*
Max Krausser	Commission u. Appretur	*Maximilian Krausser.*
S. Kronheimer	Ellen- u. Schnittwaaren	*Samuel Kronheimer.*
Johann Kühl	Buchhandlung	*Johann Kühl.*
C. Kürschner	Hopfenhandlung	*Carl Kürschner. Adolph Kürschner.*
H. Landmann		*Lazarus Landmann. Ernst Landmann* **P.**
S. M. Emil Landmann	Manufacturwaaren	*Samuel Martin Emil Landmann.*
Moritz Langermann	Landesprod. Hopfen, Metall- u. Wollhandlung	*Moritz Langermann.*
J. H. Lederer	Spiritusfabrik	*Johann Georg Wilhelm Lederer.*
Adolf Lehmann	Weinhdlg. u. Landesprod.	*Abraham Lehmann. Lotte Lehmann* **P.**
J. L. Lehmann	Spiegelglasfabrik	*Jonathan Lehmann. Leopold Lang.*
L. Alexander Lehmann	Landesprod., Hopfen u. Metallhandlung	*Maier Neu.*

Joh. Lehner	Specereiwaaren u. Agentur	*Johann Lehner.*
A. Lemberger		*Abraham Lemberger.*
Carl Lendle	Specereiwaaren	*Carl Lendle.*
Leonhardy & Fürtsch	Specereiw., Niederl. künstl. Wassers u. Agentur	*Georg Michael Fürtsch.*
Gustav Lepper	Broncefarbenfabrik, Blattmetall- u. Brocatfabr.	*Karl Lepper, Friedrich Lepper.*
Seligmann Levi		*Koppel Baiersdorfer Berl.*
Benjamin Lewin		*Benjamin Lewin.*
Lewald's Söhne	Lederfabrik	*Michael Lewald. Lion Lewald. Aaron Stern.*
Dan. Ley	Agenturengeschäft u. Manufacturwaaren	*Georg Christian Daniel Ley. Maria Sabina Voit. Johann Peter Eduard Ley. Magdalena Ley* **P.**
J. M. Lieser		*Maier Lieser.*
L. Lilienthal	Manufacturwaaren	*Louis Lilienthal.*
Jean Ernst Linz	Specereiw. u. Landesprod.	*Jean Christoph Ernst Philipp Nikolaus Linz.*
Konrad Linz		*Konrad Linz.*
Max Löhe	Specerei- u. Materialw.	*Jacob Maximilian Andreas Loehe.*
G. Löwensohn	Buchhandlung, Lithogr. und Coloriranstalt	*Gersch Löwensohn.*
J. H. Löwensohn	Manufacturwaaren	*Jacob Hirsch Löwensohn.*
Isidor Löwenhaar	Ellen- und Schnittw. en gros	*Beppi Löwenhaar. Leopold Löwenhaar* **P.** *Moritz Löwenhaar* **P.**
Gebrüder Löwi, Friedrich Lust aus Frankfurt a. M. Nachfolger		*Samuel Löwi. Carl Löwi.*
Samuel Löwi		*Samuel Löwi.*
Hermann Maier Löwi	Holzgeschäft, Vertretung der Granitgewerkschaft Vilshofen	*Herrmann Maier Löwi.*
J. G. H. Lotter	Lebküchnerei	*Sigmund Heinrich Lotter.*
Joh. Paul Lotter	Lebküchnerei u. Specereiw.	*Johann Paul Lotter.*
A. E. Lowositz	Ellen- und Schnittw.	*Löw Felsenheld.*
W. L. Mailänder		*Wolf Mailänder.*
H. Manheimer		*Hermann Manheimer.*
Simon Mannes		*Simon Mannes.*
L. Massenbacher		*Lippmann Massenbacher.*
Dr. Eduard Mayer, Apotheker	Apotheke	*Dr. Stephan Karl Eduard Mayer.*
Gg. Christ. Mayer		*Georg Christoph David Mayer. Johann Adam Mayer* **P.**
J. C. Meier	Blattmetallfabrik	*Johann Caspar Meier.*
L. H. Mergentheimer		*Lippmann Mergentheimer.*
Max Mergentheimer	Manufacturwaaren	*Max Mergentheimer.*
Friedrich Metz		*Friedrich Metz.*
Samuel Model	Specereiwaaren	*Samuel Model.*
D. Morgenstern	Folienfabrik	*David Morgenstern Dr. jur.*
J. P. Morgenstern	Manufactur- u. Kurzw.	*Josef Pfeifer Morgenstern.*
M. Morgenthau	Spiegel- u. Spiegelglasfabrik	*Moses Morgenthau.*
G. H. Nathan Mühlhäuser		*Gabriel Mühlhäuser. Moritz Mühlhäuser.*
Joh. Gg. Müller	Specereiwaaren	*Johann Georg Müller.*
Julius Müller		*Julius Müller.*
Johann Paul Nabholz's Sohn		*Joseph Anton Nabholz.*
M. M. Nathan in liquid. HN. [ZN. Nürnberg]	Bankgeschäft	*Moritz Mühlhäuser. Heinrich Mühlhäuser. Leopold Mühlhäuser. Sigmund Mühlhäuser. Sämmtlich als Liquidatoren bestellt.*
Sigmund Nathan HN [ZN. Nürnberg]	Bank- und Wechselgeschäft	*Sigmund Nathan. Gerson Graumann* **P.**
G. Naumburger	Ellen- u. Schnittwaaren und Bänderhandlung	*Gerson Naumburger.*
Max Naumburger	Specereiwaaren	*Max Naumburger.*
Z. Naumburger		*Zilli Naumburger.*
C. A. Naumann	Buch- u. Schreibmaterialienh.	*Caspar Adam Naumann.*
N. Nehm & Comp.		*Nahum Nehm. Moritz Friedsam.*
E. B. Neuburger	Ellen- und Schnittw.	*Max Reis.*
Gebr. Neuburger	Landesprod. Hopfen u. Metallhandlung	*Mathias Josef Neuburger. Josef Neuburger. Zacharias Neuburger. Herz Neuburger.*

L. Neuburger's Sohn	Landesprod. Hopfen u Metallhandlung	*Lippmann Weissman*
Julius Neu ZN. [**HN.** Fürth]		*Julius Neu. Moritz Neuburger. Josef Neuburger* **P.**
G. Neumann & Comp.	Ellen- und Schnittw.	*Gustav Neumann. Babette Neumann* **P.**
J. Obermeyer	Manufactur- und Kurzw.	*Isaac Obermeyer. Julius Obermeyer.*
Oberndorfer & Bamberger	Ellen- und Schnittw.	*Bernhard Bamberger.*
Moritz Oberdorfer	Putz- und Modewaaren	*Moritz Oberdorfer.*
G. Ochs & Cie. vorm. Grelinger Goldhorn	Ellen- und Schnittw.	*Götz Ochs.*
J. B. Ochs	Ellen- und Schnittw.	*Johann Georg Friedrich Ochs.*
David Oestrich	Spiegel- u. Spiegelglasfabrik	*David Oestrich.*
J. B. Oettinger & Cie.	Ellen- und Schnittwaaren	*Isaac Bernhard Oettinger Wolf Steindecker.*
Offenbacher's sel. Wwe.	Spiegelglasfabrik	*Löbine Offenbacher.*
Lazarus Offenbacher	Ellen- und Schnittwaaren	*Lazarus Offenbacher.*
Lippmann Offenbacher's Sohn Nachfolger	Manufacturwaaren	*Lotte Böhm. Salomon Kolb. Moritz Böhm* **P.**
Michael Offenbacher	Spiegelglasfabrik	*Michael Offenbacher. Lazarus Haas.*
Moses Offenbacher		*Moses Offenbacher.*
S. J. Offenbacher	Papier- u. Schreibmaterialienhandlung	*Samuel Offenbacher.*
B. L. Offenstadt & Co.	Nürnberger Manufactur en gros und Hornlager	*Loeb Moses Offenstadt. Baer Offenstadt. Anton Offenstadt* **P.**
M. Ollesheimer	Manufacturwaaren	*Moritz Ollesheimer.*
Josef Offenbacher Oppenheimer		*Sophie Oppenheimer.*
J. Ordenstein	Landesprod. Hopfen, Metall- und Hutstoffe	*Isaak Ordenstein.*
D. Ostheimer	Manufacturwaaren	*David Ostheimer*
J. Oster		*Johann Philipp Oster.*
J. M. Ott		*Johann Michael Ott.*
A. Ottensoser		*Abraham Ottensoser*
J. Ottensoser		*Jonas Ottensoser.*
Jonas Schülein Ottensoser	Ellen- und Schnittwaaren	*Jonas Schülein Ottensoser*
August Christian Ottmann	Specereiw. und Weinhdl.	*August Christian Ottmann.*
Joh. Carl Otto	Möbelfabrik	*Johann Carl Otto.*
M. Peter	Lederhandlung	*Mathäus Peter.*
Gebrüder Pflaum	Hopfenhandlung	*Alexander Pflaum. Adolph Pflaum.*
Ph. Pirner	Specereiwaaren	*Johann Philipp Pirner.*
Wilhelm Pluntky		*Wilhelm Pluntky.*
Joach. L. Prager	Manufacturwaaren	*Adolph Prager Max Prager*
Heinrich Probst	Tuchhandlung	*Heinrich Probst.*
W. S. Pröls	Rosolifabrik	*Johann Wolfgang Simon Pröls*
H. Ratz	Apotheke- u. Mineralwasserf.	*Heinrich Ratz.*
Wilhelm Raub		*Wilhelm Johann Raub*
Gustav Redelsheimer		*Gumperz Redelsheimer.*
D. Regensburger	Ellen- und Schnittwaaren	*David Regensburger.*
L. Reichmann		*Lämlein Reichmann.*
J. Reinemann	Hopfenhandlung	*Isidor Reinemann.*
Adolf Riegelmann	Landesprod. Hopfen- u Metallhandlung	*Babette Riegelmann.*
J. G. Riegel	Seifenfabrik u. Specereiw.	*Johann Georg Riegel.*
J. C. Riessner's Sohn	Manufacturwaaren	*Friedrich Konrad Riessner.*
E. Rindskopf	Nürnberger Kurz- u. Spielwaaren en gros	*Elias Rindskopf.*
S. Rindskopf	Ellen-, Schnitt- und Kurzw.	*Samuel Rindskopf.*
Hermann Rosenbaum	Ellen- und Schnittwaaren	*Franz Lebermann.*
Joseph Rosenbaum	Ellen- und Schnittwaaren	*Joseph Rosenbaum.*
Jacob Rosenberg	Handlung	*Jacob Rosenberg.*
Rosenberg & Erdmann	Tuchhandlung	*Asur Rosenberg. Isaac Erdmann.*
August Rosenfeld HN. [**ZN.** Augsburg]	Handlung	*August Rosenfeld.*
S. Rosenfelder	Handlung	*Simon Rosenfelder.*
Adolph Rosenthal	Handlung	*Adolph Rosenthal.*
Emil Rosenthal	Manufacturwaaren	*Emil Emanuel Rosenthal.*
D. Rosenthal	Landesprod. Hopfen u. Metallhandlung	*Samuel Rosenthal.*

Heinrich Rosenthal jun.	Schnittwaaren	*Heinrich Rosenthal.*
J. A. Rossteuscher	Ellen- und Schnittwaaren	*Johann Andreas Rossteuscher.*
Anton Roth	Schreibmaterialienhandlung	*Anton Roth.*
Gebr. Rügländer	Landesprod. Hopfen u. Metallhandlung	*David Rügländer. Samson Rügländer.*
J. M. Ruff	Holzhandlung	*Johann Michael Ruff.*
Gebrüder Sahlmann	Landesprod. Hopfen u. Metallhandlung	*Bernhard Sahlmann. Anton Sahlmann.*
M. Sahlmann & Comp.	Hopfenhandlung	*Moritz Sahlmann.*
S. Sahlmann	Hopfenhandlung	*Sigmund Sahlmann.*
Schachmann & Frank	Schnittwaaren en gros	*Moses Schachmann. Samuel Frank.*
Joh. Friedr Schaller	Spiegelglasfabrik und Nürnberger Waaren	*Johann Friedrich Schaller. Carl Schaller.*
Ludwig Schaum	Möbel-, Tapeten- und Rouleauxhandlung	*Ludwig Schaum.*
Lorenz Scheidig	Steinpappe-, Holzbronce- u. Goldrahmenfabrik	*Lorenz Scheidig Franz Emil Adalb. Scheidig*
Stephan Scheidig & Sohn	Brillenfabrik und optisches Institut	*Stephan Scheidig. Konrad Scheidig.*
Georg Joseph Scheuer	Cichorienfabrik	*Johann Mathäus Scheuer. Johann Heinrich. Friedrich Scheuer*
J. J. Scheuer jun.		*Johann Josef Scheuer*
Joh. Math. Scheuer	Specereiwaaren	*Johann Mathäus Scheuer.*
J. W. Schienerer	Feingoldschlägerei	*Johann Wilhelm Schienerer.*
C. G. Schlegel	Kurzwaaren-, Schildkrot u. Büffelschmuckfabrik	*Carl Gottlieb Schlegel.*
H. Schlenker		*Hayum Schlenker.*
A. Schloss jun.	Ellen- und Schnittwaaren	*Aron Schloss. Babette Schloss* **P.**
S. Schloss & Cie.	Ellen- und Schnittwaaren	*Samuel Schloss. Gabriel Rosenthal.*
A. C. Schmelz	Eisen- u. Metallw. Lahngold- und Broncefabrik	*Christoph August Schmelz.*
J. Ludw. Schmid's Buchhandlung	Buch-, Kunst- u. Papierhdlg.	*Lisette Friederika Schmid.*
Chr. Heinrich Schneider	Putz- und Modewaaren	*Christian Heinrich Schneider*
J. H. Schneider & Schröder's Witwe	Brillenfabrik und optisches Institut	*Margaretha Schröder.*
J. H. Schneider & C. Schröder, Joh. Erh. May's sel. Erben	Brillenfabrik und optisches Institut	*Johann Georg Julius Schröder*
Schönthal & Cie.	Buntpapierfabrik	*Philipp Schönthal. David Schönthal.*
Carl Schopflocher	Ellen-, Schnitt-, Wollen-, Baumwollen- u Seidenw.	*Elkan Schopflocher.*
Heinrich Schopflocher	Ellen- und Schnittw. und Hopfenhandlung	*Heinrich Schopflocher. Rosa Schopflocher* **P.**
J. H. Schopflocher	Ellen- und Schnittwaaren	*Salomon Schopflocher. Nathan Schopflocher.*
Nathan Schopflocher	Ellen- und Schnittwaaren	*Isaak Schopflocher. Louise Schopflocher* **P.**
Joh. Chr. Schreiber's Sohn & Co.	Zinnfigur., Tombakfingering- u. Uniformknöpfefabrik	*Friedrich Schreiber. Rudolph Emil Hering.*
C. Schüssel jun.	Galanterie- u. Tapisseriew.	*Conrad Schüssel*
J. C. Schüssel	Galanteriewaaren	*Johann Christoph Schüssel.*
Joh. Gottfr. Schuhmacher	Glaserei, Glasw. u. Porcellanwaarenhandlung	*Johann Gottfried Schuhmacher.*
M. Schuhmacher		*Johann Michael Schuhmacher.*
S. Schuhmann		*Samuel Schuhmann.*
Schwab & Comp.	Landesprod. Hopfenhandlung Metallhdlg. u. Malzfabrik	*Joseph Schwab.*
Isaak Schwab		*Isaak Schwab.*
Leopold Schwab	Hopfen-Pech-Getreidehdlg.	*Leopold Schwab.*
Jonas Schwarz' seel. Erbe		*Johann Peter Junker.*
A. Schweizer	Stahlbrillenfabrik	*Abraham Schweizer. Max Schweizer* **P.**
D. Schweizer	Exportgeschäft	*David Schweizer.*
J. Schweizer		*Israel Schweizer.*
Elias Schwelheimer	Manufacturwaaren	*Abraham Coh. Jacob Ichenhäuser.*
A. Seckstein	Spiegelglasfabrik	*Abraham Seckstein.*
Paul Segnitz' sel. Wwe. & Sohn	Broncefarbenfabrik	*Ehrhard Segnitz.*
Thomas Heinr. Senkeisen's Sohn	Optisches Institut	*Johann Friedrich Senkeisen.*
Joh. Siebenkäs	Specerei- u. Farbwaaren u. Schiesspulver	*Johann Siebenkäs.*

Joh. Leonh. Siebenkäs	Specereiwaaren	*Johann Leonhard Siebenkäs.*
Ph. Siebenkäs		*Philipp Konrad Heinrich Siebenkäs.*
Siegel's Wittwe	Spiegelfabrik	*Martin Heiter.*
Heinrich Sörgel's Buch- u. Kunsthandlung u. Leihbibliothek	Buch- u. Kunsthandlung u. Leihbibliothek	*Johann Heinrich Sörgel.*
Sonnenapotheke von Hermann Müller	Apotheke	*Hermann Müller.*
Eduard Spahn		*Eduard Adolph Spahn.*
Joseph Springer		*Rosa Springer.*
N. Springer	Manufacturwaaren	*Nathan Springer*
J. G. Steger	Specereiwaaren	*Johann Georg Steger.*
Leopold Steiner		*Therese Steiner.*
Steinhardt & Co. (Commanditgesellschaft)	Bronce- u. Metallfarbenfabr.	*Rudolf Steinhardt, pers. haftender Gesellschafter.*
H. Stern	Garnhandlung, Baumwollspinnerei	*Hirsch Stern. Benno Stern* P.
Jacob Stern	Regenschirmfabrik	*Jacob Stern.*
Wilhelm Stern	Gold- und Buntpapierfabrik gepresster und glatter Goldborden	*Wilhelm Stern.*
Georg Stöckel	Conditorei u. Specereiw.	*Georg Christoph Stöckel.*
Johann Jacob Stöber Lindner's Erbe	Broncefarbenfabrik	*Johann Michael Ludwig Stöber Leonhard Heinrich Stöber* P.
N. Strauss jun.	Ellen-, Schnitt- u. Strumpfw.	*Nathan Strauss*
Carl Strelin Apotheke z. Stern	Apotheke	*Carl Strelin.*
Heinrich Strobel und Sohn	Manufacturwaaren	*Johann Georg Strobel.*
G. A Strunz		*Georg Adam Strunz.*
P. C. Strunz		*Philipp Christoph Strunz.*
Gebrüder Sulzbacher	Tuchhandlung	*Aron Löb Sulzbacher. Julius Sulzbacher*
M Theilheimer		*Moritz Meier Theilheimer.*
H. A.-Tischendorf	Specerei u. Farbwaaren u. Schiesspulver	*Johann Michael Schwarz.*
Aug. Tochtermann		*Friedrich August Tochtermann.*
Moritz Tuchmann	Landesprod. Hopfen u. Metallhandlung	*Moritz Tuchmann.*
H. Uffenheimer	Broncefarbenfabrik	*Hermann Uffenheimer.*
Carl Uhlfelder	Kurzwaaren en gros	*Carl Uhlfelder.*
Maier Uhlfelder	Ellen- und Schnittwaaren	*Löw Uhlfelder.*
S. Uhlmann	Landesprod. Hopfenhandlg	*Max Uhlmann. Sigmund Uhlmann*
Ullmann und Engelmann	Manufacturwaaren	*Samuel Ullmann. Karl Johann Ludwig Engelmann. Julius Schürrmann.*
Bernhard Ullmann & Comp.	Broncefarben- und Blattmetallfabrik, Broncefarben-Export-Commissionsgesch.	*Bernhard Ullmann. Lotte Ullmann* P. *Carl Ullmann* P.
Moritz Ullmann	Tuchhandlung	*Moritz Ullmann. Doris Ullmann*
Ullstein & Cie.		*Wilhelm Berlin. Louis Berlin.*
Friedrich Umrath	Colonial-, Material- u. Farbw	*Philipp Friedrich Umrath.*
J. Volkhardt & Sohn	Buchdruckerei	*Julius Volkhardt. Eduard Volkhardt.*
Falk Vorhaus' sel. Wwe.	Steinwaaren	*Louise Vorhaus.*
A. St. Wagner	Holzgalanteriewaarenfabrik	*Andreas Stephan Wagner.*
Paul Walde		*Paul Walde.*
Peter Waldmann	Drechslerwaaren	*Johann Christian Ernst Waldmann.*
A. Walter		*Abraham Walter.*
Friedrich Walther		*Johann Friedrich Walther.*
L. Wassermann	Landesprod. Hopfen	*Justie Wassermann. Justie Ottenstein*
H Wassertrüdinger	Wechselgeschäft	*Hayum Wassertrüdinger.*
S. Wassertrüdinger	Wechselgeschäft	*Moses Samuel Wassertrüdinger.*
Ludwig Wassmuth	Glas- u Porcellanwaaren	*Johann Friedrich Wassmuth.*
Weber & Ott	Baumwoll- u. Leinenfabrik, Wollwaaren	*Konrad Ott. Christian Heinrich Hornschuch.*
Conrad Weber		*Conrad Weber.*
M. Fr. Weber	Weberei	*Konrad Weber.*
J. N. Weber	Specereiwaaren und Delicatessenhandlung	*Johann Nicolaus Weber.*
Weigmann & Streng	Pech- u. Harzhandlung	*Johann Philipp Streng. Christian Friedrich Weigmann.*

Firma	Geschäft	Inhaber
Andr. Weigmann	Glas- u. Porcellanhandlung	*Johann Andreas Weigmann.*
W. M. Weikersheimer	Ellen-, Schnitt- u. Tuchw	*Hermann Mohr. Jacob Mohr*
Abraham Weil jun.	Ellen-, Schnitt-, Tuchw, Flanell- und Rockstoffe	*Abraham Weil. Sigmund Weil.*
David L. Weil	Ellen- und Schnittw.	*Louise Weil.*
Gebrüder Weil	Filzwaaren- u Hutstofffabrik	*Bernhard Weil.*
Isaac Weil	Hutstoffe, Filzwaaren, Filzschuhfabrik	*Isaac Weil sen. Isaac Weil* **P.**
Simon Weil		*Simon Weil.*
A. K. Weinschenk	Spiegelglasfabrik	*Carl Weinschenk*
J. Marx Weissmann		*Samuel Oppenheimer.*
Joh. Mich. Wellner	Glaserei u. Glaserhandlung	*Johann Michael Wellner*
Conrad Daniel Werner		*Daniel Waldmann.*
J. Wertheimer	Landesprod. und Hopfen	*Ernestine Wertheimer.*
Jac. Wertheimber		*Moritz Moses Hirsch Faber. Louise Faber* **P.**
J. Em. Wertheimber HN. [ZN. Frankfurt a. M.]	Bankgeschäft	*Emanuel Wertheimber. Meyer Walter* **P.** *Rindskopf Abraham* **P.** *Schmidt Josef* **P.** *Löffler Heinrich* **P.** *Von den letzteren drei Personen zeichnen immer zwei collectiv die Firma*
L. Wilmersdörffer	Commission und Export in Kurzwaaren	*Lazarus Wilmersdörffer*
Christian Winkler & Sohn	Spiegelglasfabrik	*Johann Georg Ludwig Winkler.*
Christoph Adolf Winter	Eisen- und Kurzwaaren	*Christoph Adolf Winter.*
Johann Friedr. Wörner	Seilerw. mech. Schuhmacherartikel u. Gummiw.	*Johann Friedrich Wörner.*
Johann Wörner	Lederhandlung	*Johann Wilhelm Wörner.*
Wolf's Israel sel. Söhne	Spiegelglasfabrik	*Wolf Wolf.*
Adam Wolf	Lederhandlung	*Johann Adam Wilhelm Wolf.*
W. Wolfsheimer	Garnhandlung	*Wolf Wolfsheimer*
Carl Zach jun.		*Johann Carl Zach.*
Georg Zach's sel. Sohn	Spiegelglasfabrik	*Karl Zach. Georg Leonhardt Fuchs.*
Feist Zedermann	Modewaaren, Teppichfabrik	*Babette Zedermann.*
Gebrüder Zederholz	Glaswaarenhandlung	*Samson Zederholz. Babette Zederholz.*
Ziegele & Hauck		*Johann Michael Hauck. George Ziegele.*
D. M. Zimmer	Kurzwaarenhandlung	*Abraham Zimmer.*
H. J. Zimmer jun.	Manufacturw.	*Hennoch Isaak Zimmer.*
Menki Zimmer	Manufacturw.	*Menki Zimmer Moses Zimmer.*
S. D. Zimmer	Manufacturw	*Seckel Zimmer.*

Fürtherkreuzung. LG. BG. und HG. Nürnberg **Advokaten** u **Notare:** s. Nürnberg

Firma	Geschäft	Inhaber
R. Hagen	Chemiker	*Dr. Richard Hagen.*

Füssen. 1640 Einwohner. LG. Füßen BG. und HG. Kempten.
Advokaten s Kempten. **Notar:** I. B. P Riebel

Firma	Geschäft	Inhaber
Andreas Art	Spec.-, Schnitt-, u. Kurzw.	*Andreas Art*
Johann Baur	Posamentirw	*Johann Baur.*
Johann Dännler	Buchbinderei	*Johann Dännler.*
Ludwig Doser	Specerei- u. Schnittw.	*Ludwig Doser.*
Leonh. Eglinger	Färberei	*Leonhard Eglinger.*
J. Ch. Güntsch	Buchbinderei- und Schreibmaterialienhdl.	*Johann Christian Güntsch.*
J. C. Güntsch	Muschelwaarenfabrik	*Johann Christof Güntsch.*
Sebast. Hensel	Specereiw.	*Sebastian Hensel*
Franz Josef Immler	Specereiw.	*Josef Immler.*
Karl August Kummer	Specerei- u. Eisenw. Leder, Incasso, Sped.	*Karl August Kummer.*
Mathilde Left	Specerei- u. Schnittw.	*Mathilde Left.*
Adam Mayr		*Adam Mayr.*
Mechanische Seilerwaarenfabrik in Füssen	Seilerwaarenfabrik	*Vorstand ist der Verwaltungsrath: Karl Friedrich Herrmann, Vorstand. Theodor Keppel, stellvertretender Vorstand. Die Firma wird gezeichnet: „Mechanische Seilerwaarenfabrik in Füssen“ Der Vorstand des Verwaltungsrathes N. N. bezw. der stellvertretende Vorstand des Verwaltungsrathes N. N. Hugo Schauber* **P.** *Hermann Kohler* **P.**
Franz Jos. Müller	Specerei- u. Schnittw.	*Franz Jos. Müller*
Karl Schieder	Mater-, Spec.- u. Eisenw.	*Karl Schieder.*

Caspar Schradler	Glashandlung	*Caspar Schradler.*
Georg Seckler	Conditorei- u. Speccreiw	*Georg Seckler.*
Ambros Scelos	Schnittw.	*Ambros Scelos*
Josef Süs		*Josef Süs.*
Karl Wachter	Specereiw	*Karl Wachter.*
Joseph Waschmitius HN [ZN. Rosshaupten]	Apotheke	*Josef Waschmitius.*
Franz Paul Weihner's Wittwe	Specereiw.	*Anna Weihner.*
Gg. Zächerl	Specereiw., Wachswaarenf. Lebküchnerei, Landesproducte und Branntweinbr	*Georg Zächerl.*

Fuhrn. LG. und BG. Neunburg v. W. HG. Regensburg. **Advokaten** u **Notare** s. Neunburg v W.

Franz Mundigl	Specereiw.	*Franz Mundigl.*
Mich. Wenzl	Specereiw.	*Michael Wenzl.*

Furth i. W. 3463 Einwohner. LG. Furth. BG. Neunburg v. W. HG. Regensburg.
Advokaten s. Neunburg v W **Notar:** H Braun in Furth.

Michael Datzl	Specerei- und Schnittw. und Gastwirthschaft	*Michael Datzl.*
Josef Fischer	Handlung	*Josef Fischer.*
J. G. Höchstetter's Wittwe	Specerei- u. Schnittw.	*Juliana Höchstetter.*
Joseph Kellner	Specerei- u. Schnittw.	*Walburga Kellner.*
Adam Mühlbauer's Wittwe	Eisenhandlung	*Eva Mühlbauer.*
Wolfgang Riedl	Specerei- u. Schnittw.	*Wolfgang Riedl.*
Michael Roider	Papierfabrik	*Michael Roider.*
Franz Sterr	Schnitt-, Specerei- u. Bankgeschäft	*Wolfgang Reisinger.* *Franz Sterr* **P.**
Anton Utz	Specerei- u. Schnittw.	*Anton Utz.*
Franz Wild & Söhne	Pechfabrik	*Franz Wild sen.* *Franz Wild jun.* *Alois Wild.*
Eduard Wolf.	Apotheke	*Eduard Wolf.*
Georg Zimmerer.		*Babette Zimmerer* **A.** *Katharina Zimmerer.* *Anna Zimmerer* *Josefa Zimmerer.*

Fußgönnheim. 1012 Einwohner. LG. Ludwigshafen. BG. und HG. Frankenthal.
Advokaten: s. Frankenthal **Notar:** s. Ludwigshafen.

Moses Metzger.	Specereiwaaren	*Moses Metzger.*
Moses Vollmer.	Fruchthandlung	*Moses Vollmer.*

Gangkofen. 1000 Einwohner. LG Eggenfelden. BG Pfarrkirchen. HG Passau.
Advokaten: s. Pfarrkirchen. **Notar** s. Eggenfelden

Carl Blatner	Specerei- u. Schnittw	*Georg Blatner.*
J. Blatner	Specerei- u. Schnittw. und Eisenhandlung	*Josef Blatner.*
Rupert Hofreiter	Specerei- u. Schnittw. und Eisenhandlung	*Thomas Rothmaier.*
Mathias Klosterbauer	Specerei- u. Schnittw.	*Mathias Klosterbauer.*
Ludwig Mayerhofer		*Ludwig Mayerhofer.*

Garham. LG. Vilshofen BG. u. HG. Passau. **Advokaten** s. Passau. **Notar** s. Vilshofen.

Johann Huber	Krämerei	*Johann Huber.*

Garmisch, Sitz des Ldg Werdenfels. 1539 Einwohner. LG Werdenfels in Garmisch. BG. Weilheim. HG. München l. J
Advokaten s. Weilheim **Notar:** Th. Möser

Karl Hohenleitner	Krämerei	*Karl Hohenleitner.*
Joseph Oswald	Krämerei	*Joseph Oswald.*

Gars. LG. Haag. BG. Wasserburg. HG. München r. J. **Advokaten** s. Wasserburg. **Notar:** s. Haag

A. Romer	Specerei- u. Schnittw.	*Anton Romer*
J. Wolfer	Specerei- u. Schnittw.	*Josef Wolfer.*

Gassenmühle. LG. Blieskastel. BG. u. HG. Zweibrücken.
Advokaten: s Zweibrücken. **Notar:** s. Blieskastel

Ludwig Michler	Handelsmühle	*Ludwig Michler.*

Gauersheim. 640 Einwohner. LG. Kirchheimbolanden. BG. u. HG. Kaiserslautern.
Advokaten s. Kaiserslautern **Notar** s. Kirchheimbolanden

Decker Heinrich	Handelsmühle	*Heinrich Decker.*
Steuerwald Karl	Handelsmühle	*Karl Steuerwald.*
Zündwaarenfabrik Gauersheim	Zündholzfabrik	*Carl Decker.*
Ohligmacher & Comp. in liquid.		*Alexander Kuhn, zugleich Liquidatoren.*

Gaugrehweiler. 835 Einwohner. LG. Rockenhausen. BG. u. HG. Kaiserslautern.
Advokaten: s. Kaiserslautern. **Notar**: s. Rockenhausen.

Becker Leopold	Handlung	*Leopold Becker.*
Gallinger Aaron	Handlung	*Aaron Gallinger.*
Gallinger L.	Handlung	*Lazarus Gallinger. Abraham Gallinger* P.
Rothenberger Sal.	Handlung	*Salomon Rothenberger.*
Schmidt Heinr.	Handlung	*Heinrich Schmidt.*
Schwarzschild Jac.	Handlung	*Jacob Schwarzschild.*

Gaukönigshofen. 546 Einwohner. LG. Aub BG. u. HG. Würzburg.
Advokaten: s. Würzburg. **Notar**: s. Aub.

D. H. Goldstein	Specerei- u. Ellenwaarenh.	*David Hirsch Goldstein.*
Moritz Mainzer	Specerei- u. Ellenwaarenh.	*Moritz Mainzer.*

Gebenbach. 580 Einwohner. LG. Vilseck. BG. u. HG. Amberg.
Advokaten: s. Amberg. **Notar**: s. Vilseck.

Georg Hager	Specerei- u. Ellenw.	*Georg Hager.*
Andreas Wiesgickl	Specerei- u. Ellenw.	*Andreas Wiesgickl.*

Gebenhofen. LG. Friedberg. BG. Aichach. HG. München I. d. J.
Advokaten: s. Aichach. **Notar**: s. Friedberg.

Joseph Funk	Krämerei	*Joseph Funk.*

Gebsattel. LG. Rothenburg. BG. Windsheim. HG. Fürth. **Advokaten**: s. Windsheim. **Notar**: s. Rothenburg.

Franz Ludwig Endress	Specereihandlung	*Franz Ludwig Endress.*

Gefrees. 1460 Einwohner. LG. Berneck. BG. u. HG. Bayreuth.
Advokaten: s. Bayreuth. **Notar**: s. Berneck.

Gg. Jahreiss	Specereiw., Spirituosen	*Georg Michael Jareiss.*
Martin Jahreis	Weberei	*Johann Martin Jahreis.*
Georg Michael Jahreys	Krämerei	*Georg Michael Jahreyss.*
Georg Künneth jun.	Specerei- und Schnittwaaren, Spirituosen	*Georg Wilhelm Künneth.*
Joseph Künneth	Seifenfabrikant	*Joseph Michael Künneth.*
Gg. Müller	Krämerei	*Johann Georg Müller.*
Ernst Petzet	Apotheke	*Ernst Petzet.*
Nicolaus Popp	Zeugschmiede u. Eisenh.	*Nicolaus Popp.*
Georg Rogler	Baumwollenfabrik	*Johann Georg Rogler.*
Michael Rogler	Krämerei	*Johann Michael Rogler.*
J. A. Schmidt	Seilerwaaren	*Johann Andreas Schmidt.*
Carl Schwab	Lebküchnerei	*Johann Carl Schwab.*

Geigant. 440 Einwohner. LG. Waldmünchen. BG. Neunburg v. W. HG. Regensburg.
Advokaten: s. Neunburg v. W. **Notar**: s. Waldmünchen.

Michael Ecker	Krämerei	*Michael Ecker.*

Geigenreuth. LG., BG. u. HG. Bayreuth. **Advokaten** u. **Notare**: s. Bayreuth.

Geigenreuther Dampfsäge-Verwaltung	Dampfsägmühle	*S. kgl. Hoheit Herzog Alex. v. Württemberg.*
Geigenreuther Kunstmühl-Verwaltung	Kunstmühle	*S. kgl. Hoheit Herzog Alex. v. Württemberg.*

Geinsheim. LG. Neustadt a. H. BG. u. HG. Frankenthal
Advokaten: s. Frankenthal. **Notar**: s. Neustadt a. H.

A. Bloch & Rothschild		*Jacob Rothschild. Adolph Bloch.*

Geiselberg. 479 Einwohner. LG. Waldfischbach. BG. u. HG. Zweibrücken.
Advokaten: s. Zweibrücken. **Notar**: s. Waldfischbach.

Heinrich Burkhart	Holzhandlung	*Heinrich Burkhart.*
H. Hauck III.	Holzhandlung	*Heinrich Hauck III.*
Heinrich Klein II.	Specereihandlung	*Heinrich Klein II.*

Geiselhöring. 1609 Einwohner. LG. Mallersdorf. BG. Straubing. HG. Landshut.
Advokaten: s. Straubing. **Notar**: s. Mallersdorf.

Joh. Hofbauer	Specerei-, Schnitt- u. Eisenw.	*Johann Hofbauer.*
Kuchler Carl	Lederfabrik	*Karl Kuchler.*
Josef Loichinger	Specerei-, Schnitt- u. Eisenw.	*Josef Loichinger.*
Andreas Plasi	Lebküchnerei	*Andreas Plasi.*
J. G. Rall	Specerei-, Schnitt- u. Eisenw.	*Johann Georg Rall.*
Sim. Vogl vorm. Krempl	Specerei-, Schnitt- u. Eisenw.	*Simon Vogl.*
Joh. Georg Zeller, Tuchmacherei und Tuchhandlungsgeschäft	Tuchfabrik u. Tuchhandlung	*Johann Georg Zeller.*

Geisenfeld. 1361 Einwohner. LG. Geisenfeld. BG. Freising. HG. München l. J.
Advokaten: s. Freising **Notar:** Ch. Heller A Mesmeringer

Gg. Hällmayr	Specerei-, Schnitt- u. Eisenw	*Georg Hällmayr.*
Andreas Müller	Buchbinderei	*Andreas Müller.*
Anton Stephan	Specerei-, Schnitt- u. Eisenw.	*Martin Stöber.*
Willibald Unger	Specerei-, Schnitt- u. Eisenw.	*Willibald Unger.*

Gelchsheim. LG Aub. BG. u. HG. Würzburg. **Advokaten:** s. Würzburg. **Notar:** s. Aub

Joh. Philipp Ising	Specereiw. u Lederhdlg.	*Johann Philipp Ising.*

Geldersheim. 1045 Einwohner. LG. Werneck. BG. u. HG. Schweinfurt.
Advokaten s. Schweinfurt. **Notar** s. Werneck.

Georg Adam Günther	Spec.-, Eisenw. u. Tabak	*Georg Adam Günther*
Jacob Weichselbaum	Glashandlung	*Jacob Weichselbaum.*
Moses Weichselbaum's Wwe.	Tuch- u. Schnittw.	*Fanny Weichselbaum.*

Geltendorf. LG. Bruck. BG. u. HG. München r. J. **Advokaten:** s. München r I. **Notar:** s. Bruck

Anton Gigl	Krämerei	*Anton Gigl.*

Gemünden. 1836 Einwohner. LG. Gemünden. BG. Lohr. HG. Würzburg.
Advokaten: s Lohr **Notar:** A. Reinhard.

Jos. Adelmann	Specereiwaarenhandlung	*Joseph Adelmann*
Franz Becker		*Franz Becker.*
F. Brönner	Specereiwaarenhandlung	*Franz Brönner.*
Christin	Apotheke	*Otto Christin. Eduard Steinheimer* **P.** *Firma wird nur durch den Procu gezeichnet.*
Joh. Bapt. Cussina	Schnittwaarenhandlung	*Johann Baptist Cussina.*
Franz Stephan Eberlein	Eisenhandlung	*Wilhelm Ludwig Eberlein.*
Carl Friedrich Frank ZN. [HN. Coburg]	Sped.-Comm. u. Bankgesch.	*H. Friedr. Rob. Bischoff. A. C. F. Lober*
Ph. Hannawacker	Specereiwaarenhandlung	*Philipp Hannawacker.*
M. J. Neschert	Landesproductenhandlung	*Michael Josef Neschert. Wilhelm L Neschert* **P.** *Adam Dittmar* **P.**
W. L. Neschert	Landesproductenhandlung	*Wilhelm Ludwig Neschert.*
Jos. Pinchien	Spec.- u. Kurzwaarenhdlg.	*Joseph Pinchien.*
Heinr. Ronkarz	Specereiwaarenhandlung	*Heinrich Ronkarz.*
W. B. Schloss	Schnittwaarenhandlung	*Wolf Baer Schloss.*
Moses Sichel	Schnittwaarenhandlung	*Moses Sichel.*

Gemünda. LG. Seßlach. BG. Kronach. HG. Bamberg. **Advokaten:** s. Kronach. **Notar:** s. Sesslach.

J. G. Gossenberger	Gemischte Waarenhandlung	*Johann Gottlieb Gossenberger*

St. Georgen. Vorstadt von Bayreuth. s. Bayreuth.

J. Gottfr. Popp	Weberei	*Johann Gottfried Popp.*
Johann Georg Weigel	Specereiwaaren	*Margaretha Weigel.*

Georgenberg. LG. Vohenstrauß. BG. Weiden. HG. Amberg. **Advokaten:** s. Weiden. **Notar:** s. Vohens

Simon Pichler	Specerei- u. Schnittw	*Simon Pichler.*

Georgensgemünd. 1249 Einwohner. LG. Roth. BG. u. HG Fürth.
Advokaten: s. Fürth **Notar:** s. Roth.

Lippmann Gern	Handlung	*Lippmann Gern.*
Marg. Harländer	Specerei- u. Eisenwaarenh.	*Margaretha Harländer*
Mayer & Arnold	Papierfabrik	*Carl Arnold. Carl Mayer.*
W. C. Schuh	Spec.- u. Eisenwaarenh.	*Wilhelm Carl Schuh.*
Joseph Welsch	Broncefarben u. Brocatfabr	*Joseph Welsch.*
S. S. Wissmann		*Salomon Selig Wissmann.*

Gerasmühle. LG. Schwabach. BG. u. HG. Fürth. **Advokaten:** s. Fürth. **Notar:** s. Schwabach.

J. L. & P. Weidner ZN. [HN. Nürnberg]	Blattmetallfabrik	*Thomas Paul Weidner. Joh. Lothar W*

Gerbach. LG. Rockenhausen. BG. u. HG. Kaiserslautern.
Advokaten s. Kaiserslautern. **Notar:** s. Rockenhausen.

Höhn Valentin	Krämerei	*Valentin Höhn.*

Gergweis. LG. Osterhofen. BG. Deggendorf. HG. Passau. **Advokaten** s. Deggendorf. **Notar** s Oste

Johann Schreiber	Specerei-, Eisen- u. Schnittwaaren	*Johann Schreiber.*

Gerhardsbrunn. 242 Einwohner. LG. Landstuhl. BG u. HG. Zweibrücken.
Advokaten: s. Zweibrücken. **Notar:** s. Landstuhl.

Branntweinbrennerei Gerhardsbrunn. Eingetragene Genossenschaft	Branntweinbrennerei	*Der Vorstand besteht aus drei Mitgliedern: Jacob Höh, Vorsitzender. Rich. Munzinger, Stellvertreter. Gustav Müller, Cassier. Die Firma wird gezeichnet durch den Vorsitzenden des Vorstandes, in dessen Verhinderung durch den Stellvertreter, und in beider Verhinderung durch den Cassier.*
Nicolaus Müller II.	Specereiwaaren	*Nicolaus Müller II.*

Germersheim. 10,181 Einwohner. LG. Germersheim. BG. u. HG. Landau.
Advokaten: s. Landau. **Notar** J. B. Keller. F. S. Sartorius.

Leopold Annathau	Manufacturwaarenh.	*Leopold Annathau.*
And. Batteiger	Mehlhandlung	*Andreas Batteiger.*
J. M. Bernion	Grosshandlung	*Joseph Hess. Carl Dürr.*
V. Bernion		*Valentin Bernion.*
Max Domis	Sattlerei	*Maximilian Domis.*
Em. Dreyfuss	Baumaterialien- und Brennholzhandlung	*Emanuel Dreyfuss.*
Jos. Dreyfus	Specerei- u. Kurzw.	*Joseph Dreyfus.*
Nathan Dreyfus	Holzhandlung	*Johannette Dreyfuss.*
S. Dreyfus		*Sigmund Dreyfus.*
Nicolaus Eichhorn	Specerei- u. Kurzw.	*Nikolaus Eichhorn.*
Joh. Esslinger	Specerei- u. Kurzw.	*Friedrich Esslinger.*
Wilhelm Fliesen	Seifen- u. Lichterfabrik	*Amalie Vollmer.*
Michael Frommer		*Michael Frommer.*
Eugen Glas	Colon.- u. Kurzw., Tabakh.	*Eugen Glas.*
Conrad Hatzenbühler	Specerei-, Kurz-, Eisen- u. Seilerwaaren	*Conrad Hatzenbühler.*
Ludwig Hatzfeld	Specerei- u. Kurzw	*Ludwig Hatzfeld.*
Heene & Cayenz	Glas- u. Apothekerutensiliengeschäft	*Philipp Heene. Wilhelm Cayenz.*
Phil. J. Heimberger	Specerei- u. Kurzw.	*Philipp Jacob Heimberger*
Caspar Herrlein	Spec.- u. Kurzw. u. Lederh.	*Caspar Herrlein.*
Jacob Hess		*Jacob Hess.*
Johann Horr		*Johann Horr.*
Dom. Hügenell	Buchdruckerei	*Dominik Hügenell.*
Ferdinand Kahn	Schnittwaaren	*Babette Kahn. Wilhelm Kahn. Karl Kahn.*
Leonhard Kahn's Söhne	Schnittwaaren	*Valentin Kahn Lazarus Kahn. Gustav Kahn* P.
Georg Kleehaas	Kurz-, Glas-, Porcellan- u. Spielwaaren	*Georg Kleehaas.*
Jean Lederle		*Jean Lederle.*
Friedrich Lemmert & Arboyast	Kohlenhandlung	*Friedrich Lemmert Franz Anton Arboyast.*
Friedrich Lemmert	Wildprethandlung	*Friedrich Lemmert.*
Johannes Lemmert	Fischhandlung	*Johannes Lemmert.*
Mich. Lemmert	Holzhandlung	*Michael Lemmert.*
Heinrich Leopold	Manufacturwaaren	*Heinrich Leopold.*
Ferdinand Levi	Wein-, Tabak- u. Oelhandl.	*Ferdinand Levi.*
Joseph Liedl	Specereiwaarenhandlung	*August Liedl.*
Jacob Linn	Leder- u. Schuhhandl	*Jacob Linn.*
Georg Mayer		*Georg Mayer.*
Ph. H. Monée	Specereiwaarenhandlung	*Philipp Heinrich Monée.*
Caspar Müller	Mahlmühle	*Caspar Müller*
Johann Pfirrmann	Specerei- u. Kurzwaaren	*Johann Pfirrmann.*
H. Rheinheimer	Kunst- Mode- Färberei und Druckerei, Baumwollwaarenhandel	*Hch. Rheinheimer.*
Martin Rösch	Specerei- u. Kurzw.	*Martin Rösch. Johann Heinrich Rösch.*
Jacob Scharff	Oel- u. Möbelhandlung	*Jacob Scharff.*
Ph. Scharfenberger	Conditorei	*Philipp Scharfenberger.*
Frz. P. Schultz	Specereiwaarenhandlung	*Franz Peter Schultz.*
Jean Scotti	Eisen-, Manufactur- und Kohlenhandlung	*Johann Scotti.*
Eduard Serr	Rothgerberei u. Lederh.	*Eduard Serr*
A. Sieber	Kurzwaaren en gros	*Adolph Sieber.*
L. Sieber	Manufacturw., Weinhandl	*Ludwig Sieber.*
Jacob Staudt	Colonial-, Farb-, Kurzw.- u. Lederhandlung	*Jacob Staudt.*

Ludwig Theison	Gerberei- und Lederwaarenh.	*Ludwig Theison.*
W. Ungeheuer	Mehlhandlung	*Wilhelm Ungeheuer.*
Jacob Vollmer	Specerei- u. Kurzw.	*Jacob Vollmer.*
Sam. Vollmer	Kurzwaarenhandlung	*Samuel Vollmer.*
Leopold Weiss	Frucht- und Mehlhandlung	*Leopold Weiss.*
M. Wiedemann sr.	Stroh-, Filz- u. Stoffhutfabr.	*Martin Wiedemann.*

Gern. LG. Eggenfelden. BG. Pfarrkirchen. HG. Passau.
Advokaten s. Pfarrkirchen. **Notar:** s. Eggenfelden.

Carl Reittinger	Krämerei	*Carl Reittinger.*

Geroda. LG. Brückenau. BG. Lohr. HG Würzburg. **Advokaten** s. Lohr. **Notar:** s. Brückenau.

Wolf Strauss	Specerei- u. Schnittw.	*Wolf Strauss.*

Geroldsgrün. LG. Naila. BG. u. HG. Hof. **Advokaten:** s. Hof **Notar:** s. Naila.

H. E. Fischer	Handlung	*Heinrich Ernst Fischer.*
Joh. Georg Weber	Spec.- u. Schnittwaarenh.	*Johann Georg Christoph Weber.*

Geroldshausen. LG. Ochsenfurt. BG. u. HG. Würzburg.
Advokaten s. Würzburg. **Notar** s. Ochsenfurt.

Jacob Neumann	Gemischte Waaren	*Jacob Neumann.*

Gerolfingen. 579 Einwohner. LG. Wassertrüdingen. BG. u. HG. Ansbach.
Advokaten: s. Ansbach. **Notar:** s. Wassertrüdingen.

Leonhard Geudenberger	Specereiwaarenhandlung	*Johann Leonhard Geudenberger.*
A. Pfeiffer	Specereiwaarenhandlung	*Andreas Pfeiffer.*
Jacob Rötter	Ellenwaarenhandlung	*Johann Jacob Rötter.*
Magdalena Zollhöfer	Specereiwaarenhandlung	*Maria Magdalena Zollhöfer.*

Gerolsheim. 761 Einwohner. LG., BG. u. HG. Frankenthal.
Advokaten u. **Notare:** s. Frankenthal.

Johannes Hoyer II.	Specereiwaaren	*Johannes Hoyer II.*
Gebr. Kochenburger	Ziegel- u. Kalkbrennerei	*Adam Kochenburger. Jacob Kochenburger.*
J. Loeb	Specereiwaaren	*Jacob Loeb.*

Gerolzhofen. 2079 Einwohner. LG. Gerolzhofen. BG. u. HG. Schweinfurt.
Advokaten: s. Schweinfurt. **Notar:** A. Hippler.

Aron Hirschberger	Specerei-, Schnitt- u. Kurzwaarenhandlung	*Aron Hirschberger.*
Marcus Hirschberger	Schnitt- u. Eisenwaarenhdlg.	*Marcus Hirschberger.*
J. M. Krais	Specerei- u. Eisenwaaren	*Johann Mathäus Krais.*
G. A. Mittenzwey	Specerei- u. Eisenwaaren	*Eva Mittenzwey.*
J. C. Pabst		*Johann Conrad Pabst.*
Friedrich Ruck	Apotheke	*Friedrich Ruck.*
Benj. Uhlfelder	Schnitt- u. Kurzw.	*Benjamin Uhlfelder.*
J. P. Weigand	Specerei-, Kurz- u. Eisenw.	*Johann Peter Weigand.*

Gersheim. 616 Einwohner. LG. Blieskastel. BG. u. HG. Zweibrücken.
Advokaten: s. Zweibrücken. **Notar:** s. Blieskastel.

Christian Barth	Colonial- u. Kurzwaarenh.	*Christian Barth.*
Peter Burkhardt	Mühle	*Peter Burkhardt.*
Johann Hansel	Specereihandlung	*Johann Hansel.*
Abraham Kahn	Leder- und Viehhandel	*Abraham Kahn.*
Johann Kaufmann	Specereiwaaren	*Johann Kaufmann.*
Marx Levi	Metzgerei- u. Rindviehhandel	*Marx Levi.*
Leopold Löb		*Leopold Löb.*
F. Maurer	Handelsmühle	*Franz Maurer.*
Maria Müller	Specereihandlung	*Maria Müller.*
Aug. Schmitt	Handelsmühle	*Aug. Schmitt.*

Gerzen. LG. Vilsbiburg. BG. u. HG. Landshut. **Advokaten:** s. Landshut. **Notar:** s. Vilsbiburg

Joseph Vogl	Weiss- u. Rothgerberei	*Josef Vogl.*

Giebelstadt. LG. Ochsenfurt. BG. u. HG. Würzburg **Advokaten:** s Würzburg. **Notar:** s Ochsenfurt.

G. C. Keller	Specerei- und Schnittw. und Getreidehandlung	*Georg Konrad Keller jr.*

Gimmeldingen. 1841 Einwohner LG. Neustadt a. H. BG. u. HG. Frankenthal.
Advokaten s. Frankenthal. **Notar:** s. Neustadt a. H.

Johannes v. Erden	Specereiwaaren	*Johannes v. Erden.*
Jacob Ferckel	Mühle	*Jacob Ferckel.*
Jacob Haas III	Holzhandlung	*Jacob Haas III.*

Johann Friedrich Haas	Specereiwaaren	*Johann Friedrich Haas.*
Jacob Klohr	Branntweinbrennerei	*Jacob Klohr.*
Ludwig Klohr		*Ludwig Klohr.*
Johann Wilhelm Lingenfelder	Weincommissionsgeschäft	*Johann Wilhelm Lingenfelder. Heinrich Wilhelm Lingenfelder* P.
Friedrich Mahlar	Weincommissionsgeschäft	*Friedrich Mahla.*
Friedrich Müller I	Weincommissionsgeschäft	*Friedrich Müller.*
Nicolaus Mummert	Weincommissionsgeschäft	*Nicolaus Mummert.*
Mathäus Rübsamen	Mühle	*Mathäus Rübsamen.*
Christian Adam Schultz	Specereiwaaren	*Christian Adam Schultz.*
Philipp Peter Steigelmann	Weincommissionsgeschäft	*Philipp Peter Steigelmann.*
Jacob Wiedemann	Mühle	*Jacob Wiedemann.*

Ginerting. LG. Prien. BG. Traunstein. HG. München r. J.
Advokaten: s. Traunstein. **Notar**: s. Prien.

Lorenz Bauer HN. [**ZN.** Jaasdorf] Krämerei		*Lorenz Bauer.*

Ginsweiler. LG. Lauterecken. BG. u. HG. Kaiserslautern.
Advokaten: s. Kaiserslautern. **Notar**: s. Lauterecken.

Göttel Jacob	Handelsmühle	*Jacob Göttel.*

Glanmünchweiler. 519 Einwohner. LG. Waldmoor. BG. u. HG. Zweibrücken.
Advokaten: s. Zweibrücken. **Notar**: s. Waldmoor.

Carl Breith	Specereiwaaren	*Carl Breith.*
Simon Frank	Viehhandel	*Simon Frank.*
Jacob Hoffmann	Specereiwaaren	*Jacob Hoffmann. Heinrich Burging* P.
Gustav Lang	Specereiwaaren	*Gustav Lang.*
B. Lehné	Sattlerei	*Bernhard Lehné.*
Zacharias Moses		*Zacharias Moses.*
Conrad Weber	Gerberei	*Conrad Weber.*
Daniel Weber	Rothgerberei	*Daniel Weber.*
Ludwig Weber	Handelsmühle	*Ludwig Weber.*
Carl Zimmermann	Gerberei	*Karl Zimmermann..*

Glashütten. LG., BG. u. HG. Bayreuth. **Advokaten** u. **Notare**: s. Bayreuth.

Eberhardt Goldfuss	Krämerei	*Eberhardt Goldfuss.*
Johann Georg Weigel	Krämerei	*Johann Georg Weigel.*

Gleisweiler. 583 Einwohner. LG. Edenkoben. BG. u. HG. Landau.
Advokaten: s. Landau. **Notar**: s. Edenkoben.

Heinrich Unger	Papierfabrik	*Friedrich Heinrich Unger.*
Ph. Unger	Maschinenfabrik	*Philipp Unger.*

Glött. LG. Dillingen. BG. Donauwörth. HG. Augsburg.
Advokaten: s. Donauwörth. **Notar**: s. Dillingen.

Alois Breit	Handlung	*Alois Breit.*
Christof Schmid	Handlung	*Christof Schmid.*

Gnodstadt. LG. Ochsenfurt. BG. u. HG. Würzburg. **Advokaten**: s. Würzburg. **Notar**: s. Ochsenfurt.

I. S. Goldstein	Gemischte Waarenhandlung	*Isaak Salomon Goldstein.*

Gochsheim. 1824 Einwohner LG., BG. u. HG. Schweinfurt. **Advokaten** u. **Notare**: s. Schweinfurt.

Actienmahlmühle Gochsheim	Handelsgetreidemahlmühle	*Andr. Vogel als Vorsitzender. Gg. Hehn, Peter Deppert, Ulrich Krug, Erhard Krug, Jacob Geyer, Hch. Pfister jr.*
Beisswanger Julius früher Graf	Specereiwaarenhandlung	*Julius Beisswanger.*
H. Gundersheimer	Schnitt- u. Specereiwaarenh.	*Hirsch Gundersheimer.*
A. Mohr	Weinhandlung	*Abraham Mohr.*
David Mohr	Schnitt- u. Kurzwaarenh.	*David Mohr.*
E. Mohr	Specerei u. Schnittwaarenh.	*Ensel Mohr.*
Gebrüder Mohr	Hopfenhandlung	*David Mohr. Abraham Mohr.*
J. Rosenblatt	Handlung	*Isaak Rosenblatt.*

Godramstein. LG., BG. u. HG. Landau. **Advokaten** u. **Notare**: s. Landau.

Heinrich Kinck	Handlung	*Heinrich Kinck.*

Göcklingen. LG., BG. u. HG. Landau. **Advokaten** u. **Notare**: s. Landau.

J. Ernsheimer & Söhne HN. [**ZN.** Pforzheim-Baden]	Weinhandlung	*Isaac Ernsheimer. Bernhard Ernsheimer. Emanuel Ernsheimer.*

Göggingen. LG., BG. u. HG. Augsburg. **Advokaten** u. **Notare**: s. Augsburg.

Eusebius Schiffmacher & Comp.	Mechan. Baumwollzwirnerei	*Wilhelm Butz jun.* A. *Eusebius Schiffmacher. Georg Pflaumer* P.

Göllheim. 1544 Einwohner. LG. Göllheim. BG. u. HG. Kaiserslautern.
Advokaten s. Kaiserslautern. **Notar**: J. Klee in Göllheim

Dreher Johannes	Handlung	*Johannes Dreher. Jacob Dreher* P.
Felsenthal Baruch	Handlung	*Baruch Felsenthal.*

Hecht Louis	Handlung	*Louis Hecht.*
Hecht Salomon	Handlung	*Salomon Hecht.*
Kirschner A.	Handlung	*August Kirschner.*
Löb Hermann I	Handlung	*Hermann Löb I. Ferdinand Löb* **P.**
Löb Hermann II	Handlung	*Hermann Löb.*
Löwel C.	Kalksteinbrennerei	*Carl Löwel.*
Rocher D.	Apotheke	*David Rocher.*
Rörig Anton	Gerberei	*Anton Rörig.*
Rörig Karl	Kunsthefenfabrik	*Karl Rörig*
Stauff Heinrich	Handlung	*Heinrich Stauff.*
Straus Gabriel	Handlung	*Gabriel Straus.*
Straus Henoch	Handlung	*Henoch Straus. Abraham Freiberg* **P.** *Samuel Straus III* **P.**
Straus Moses	Handlung	*Moses Straus I. Emanuel Straus* **P.**
Straus Samuel I	Handlung	*Samuel Straus I.*
Straus Samuel II	Handlung	*Samuel Straus II.*
Tuteur E.	Handlung	*Ezechiel Tuteur.*
Winsweiler Wilh.	Handlung	*Wilhelm Winsweiler.*

Gönheim. 750 Einwohner. LG. Dürkheim. BG. u. HG. Frankenthal.
Advokaten: s. Frankenthal **Notar:** s. Dürkheim.

Conrad Becker	Getreidehandlung	*Conrad Becker.*
Simon Dornberger	Schnitt- u. Tuchwaarenhdlg.	*Simon Dornberger.*
Jacob Früh	Krämerei	*Jacob Früh.*
Iacob Knauff	Specereihandlung	*Jacob Knauff*
Johannes Marnet	Specereihandlung	*Johannes Marnet.*

Gösweinstein. 434 Einwohner. LG. Pottenstein. BG. u. HG. Bayreuth.
Advokaten: s. Bayreuth. **Notar:** s. Pottenstein.

H. Poehlein	Krämerei	*Heinrich Poehlein.*
Karl Schatz's Wittwe	Krämerei	*Kunigunda Schatz.*
Mich. Schroll	Lederhandlung	*Michael Schroll.*
Stephan Zahn	Krämerei	*Stephan Zahn.*

Goffingsmühle. LG. Hornbach. BG. u. HG. Zweibrücken.
Advokaten: s. Zweibrücken. **Notar** s. Hornbach.

Christian Maurer	Handelsmühle	*Christian Maurer.*

Goldbach. 1280 Einwohner. LG., BG. u. HG. Aschaffenburg.
Advokaten u. **Notare** s. Aschaffenburg.

L. Löb	Specerei- und Eisenwaaren-Handlung	*Louis (Lazarus) Löb.*

Goldkronach. 879 Einwohner. LG Berneck. BG. u. HG. Bayreuth.
Avdokaten: s. Bayreuth. **Notar:** s. Berneck.

Fr. Grieshammer	Krämerei	*Johann Friedrich Grieshammer.*
Wilhelm Grieshammer	Goldarbeiter, Specereiw.	*Wilhelm Grieshammer.*
Christoph Adam Herold	Specereiwaaren	*Christoph Adam Herold.*
Heinrich Meissdörfer	Tuchfabrik	*Heinrich Ernst Meissdörfer.*
Theodor Zippelius		*Theodor August Zippelius.*

Gosholz. LG. Weiler. BG. u. HG. Kempten. **Advokaten:** s. Kempten. **Notar:** s. Weiler

Joh. G. Immler & Comp.	Weinhandlung	*Joh. Gg. Immler Josef Anton Sohler.*
Gebrüder Wiedemann	Käshandlung	*Johann Wiedemann. Ludwig Wiedemann.*

Goßmannsdorf. 695 Einwohner. LG. Ochsenfurt. BG. u. HG. Würzburg.
Advokaten s. Würzburg **Notar** s. Ochsenfurt.

A. M. L. Hamberger	Schnitt-, Specerei- u. Weinhandlung	*Moses Löser Hamberger.*
M. Hecht	Handlung	*Mayer Hecht.*
Heinrich Meckel	Eisenhandlung	*Heinrich Meckel.*
J. Saalheimer	Handlung	*Isaac Gabriel Saalheimer.*

Grabenstadt. LG. u. BG. Traunstein. HG. München r. J. **Advokaten** u. **Notare:** s. Traunstein.

Al. Bayer	Bierbrauerei	*Alois Bayer.*

Gräfenbach. LG. BG. u. HG. Ansbach. **Advokaten** u. **Notare:** s. Ansbach.

Lorenz Hess	Specereiwaarenhandlung	*Johann Lorenz Hess.*

Gräfenberg. 1045 Einwohner. LG. Gräfenberg. BG. u. HG. Bamberg.
Advokaten: s. Bamberg. **Notar:** J. A. Dietzfelbinger

G. M. Memmert	Specerei-, Schnitt-, Farb- u. Eisenwaarenhdlg. u. Tuffsteinbruchbesitzer	*Heinrich Dorn.*
J. R. Memminger	Specerei- u. Schnittwaaren-Handlung	*Friedrich Leibinger.*

Wilhelm Roscher	Apotheke	*Wilhelm Roscher.*
Conrad Schmidt	Specerei-, Schnitt- u. Eisenwaarenhandlung	*Conrad Schmidt.*
M. Wiedder	Specerei-, Schnitt- u. Manufacturwaarenhandlung	*Martin Wiedder.*

Grafenaschau. LG. Werdenfels in Garmisch. BG. Weilheim. HG. München l. J.
Advokaten: s. Weilheim **Notar:** s. Werdenfels in Garmisch.

Gräflich v. Quadt Isny'sche Glashüttenverwalt. Grafenaschau	Glashüttenwerk	*Otto Graf v. Quadt Wykradt-Isny.*

Grafenau. 815 Einwohner. LG. Grafenau. BG Deggendorf. HG. Passau.
Advokaten s. Deggendorf. **Notar** Georg Allescher in Grafenau.

Fr. P. Huber	Schnitt- u. Specereiwaaren	*Franz Paul Huber.*
Joh. Bapt. Koch	Schnitt- u. Specereiwaaren	*Johann Bapt. Koch.*
Joh. Bapt. Koch jr. ZN. [HN. Nürnberg]	Holzwaarenfabrikant	*Joh. Bapt. Koch.*
Anton Tiefenböck sel. Wwe	Schnitt- u. Specereiwaaren	*Franziska Tiefenböck.*

Grafengehaig. LG. Stadtsteinach. BG. Kronach. HG. Bamberg.
Advokaten: s. Kronach. **Notar:** s. Stadtsteinach.

Andr Müller HN. [ZN. Guttenberg]	Woll- u. Baumwollwaarenfabrik	*Ernst Julius Müller. Christoph Adolph Müller. Margaretha Müller Margaretha Müller ist zur Firmenzeichnung* ***nicht*** *berechtigt.*

Grafenrheinfeld. 985 Einwohner. LG., BG. u. HG. Schweinfurt.
Advokaten u. **Notare:** s. Schweinfurt.

J. C. Linhart	Handlung	*Johann Chrisostomus Linhart.*

Grafenwöhr. 946 Einwohner. LG Eschenbach. BG. Weiden. HG. Amberg.
Advokaten: s Weiden. **Notar:** s. Eschenbach.

W. Adam Keck	Specereiwaaren	*Wolfgang Adam Keck.*
Andreas Schmidt	Specerei- u. Schnittwaaren	*Andreas Schmidt.*
Mich. Specht	Eisenhandlung	*Michael Specht.*
Veit Thurn	Specereiwaaren	*Veit Thurn.*

Grafing. 739 Einwohner. LG. Ebersberg. BG. Wasserburg. HG. München r. J.
Advokaten s. Wasserburg **Notar** s. Ebersberg.

Jos. Lackner	Leder-, Mat. u. Eisenw.	*Jos. Lackner.*
Friedrich Hochreiter	Leder-, Mat. u. Eisenw.	*Friedrich Hochreiter.*
Joseph Weittenauer	Krämerei	*Joseph Weittenauer.*

Grainet. LG. Waldkirchen. BG. u. HG. Passau. **Advokaten** s. Passau. **Notar:** s. Waldkirchen.

Raimund Pfefferl	Handlung	*Raimund Pfefferl.*

Greding. 1011 Einwohner. LG. Greding. BG. Eichstädt. HG. Nürnberg.
Advokaten s. Eichstadt **Notar:** A Müller

Fr. Xaver Leiss	Spitzen-, Ellen- und Eisenwaarenhandlung	*Friedrich Xaver Leiss.*
B. Mann	Apotheke	*Johann Baptist Mann.*

Greifenberg. LG. Landsberg. BG. Weilheim. HG. München l J.
Advokaten s. Weilheim **Notar** s Landsberg.

Josef Hasinger	Krämerei	*Genovefa Hasinger.*

Grethen. 1050 Einwohner. LG Dürkheim. BG. u. HG Frankenthal.
Advokaten s. Frankenthal. **Notar** s. Dürkheim.

Bernhard Frank	Specerei- u. Ellenwaarenhdlg.	*Benedict Frank.*
H. Haberer	Krämerei	*Heinrich Haberer.*
Franz Kraft	Krämerei	*Franz Kraft.*
Johann Andreas Krämer	Specereihandlung	*Johann Andreas Krämer*
Heinrich Rottenhauser	Specereihandlung	*Heinrich Rottenhausser.*
K. Strauss	Seifen- u. Lichterfabrik	*Karl Strauss.*

Greußenheim. LG. Würzburg l. M. BG u HG Würzburg.
Advokaten u. **Notare** s. Würzburg.

Emanuel Hirnheimer	Krämerei	*Emanuel Hirnheimer.*

Griesbach. 1126 Einwohner. LG. Griesbach. BG. Pfarrkirchen. HG. Passau.
Advokaten : s. Pfarrkirchen. **Notar** Emil Kornmüller

F. Ign. Brucker	Specerei- u. Schnittwaaren, Kurz - Geschmeidewaaren, Eisenhdlg. u. Agenturen	*Franz Ignaz Brucker.*
P. Ant. Egger	Specerei- u. Schnittwaaren	*Carl Egger.*
Josef Jungwirth	Specerei- u. Schnittwaaren	*Josef Jungwirth.*
Kröpl	Specerei- u Schnittwaaren	*Andreas Fesl.*
Andreas Mühlbauer	Fragnerei u. Seilerei	*Andreas Mühlbauer.*

Griesbeckerzell. LG. u. BG. Aichach. HG. München l. I. **Advokaten** u. **Notare**: s. Aichach.

Peter Heimer	Krämerei	*Peter Heimer.*

Griesstädt. LG. u. BG. Wasserburg. HG. München r. I. **Advokaten** u. **Notare**: s. Wasserburg.

Franz Xaver Kreitmayr	Krämer	*Franz Xaver Kreitmayr.*

Grönenbach. 800 Einwohner LG. Grönenbach. BG. u. HG. Memmingen.
Advokaten: s. Memmingen. **Notar**: August Henneberger.

J. Ev. Bauer, Apotheker	Apotheke	*Ludwig Kuhn.*
Ludwig Bichteler	Krämerei	*Ludwig Bichteler.*
Georg Fehr	Gemischtes Waarengeschäft	*Georg Fehr.*
Keller & Kolb	Gemischtes Waarengeschäft	*Max Kolb.*

Grösdorf. LG. Kipfenberg. BG. Eichstädt HG. Nürnberg.
Advokaten: s. Eichstädt. **Notar**: s. Kipfenberg.

J. B. Prinstner	Glasfabrik	*J. B. Prinstner in Beilngries.*

Grötschenreuth. LG. Erbendorf. BG. Weiden. HG. Amberg.
Advokaten: s. Weiden. **Notar**: s. Erbendorf.

F. P. Reichenberger	Krämerei	*Joseph Martin Reichenberger.*

Großbockenheim. 768 Einwohner. LG. Grünstadt. BG. u. HG. Frankenthal.
Advokaten: s. Frankenthal. **Notar**: s. Grünstadt.

Leopold Kahn	Getreide-, Mehl- u. Steinkohlenhandlung	*Leopold Kahn.*
Salomon Levi	Getreidehandlung	*Salomon Levi.*
Jacob Maas	Handlung	*Jacob Maas.*
Josef Mayer	Handlung	*Josef Mayer.*
Leopold Mayer	Ellenwaarenhandlung	*Leopold Mayer.*
Sophie Mussel Wittwe		*Sophie Mussel.*

Großenried. LG. Herrieden. BG. u. HG. Ansbach. **Advokaten**: s. Ansbach. **Notar**: s. Herrieden.

Josef Wiedemann	Specereiwaarenhandlung	*Josef Wiedemann.*

Großhabersdorf. LG. Cadolzburg. BG. u. HG. Fürth. **Advokaten**: s. Fürth. **Notar**: s. Cadolzburg.

Johann Martin Breidenstein	Weberei	*Johann Martin Breidenstein.*
Johann Friedrich Kuhr	Specereiwaarenhandlung	*Johann Friedrich Kuhr.*
Johann Andreas Plazöder	Specereiwaarenhandlung	*Johann Andreas Plazöder.*

Großhaslach. LG., BG. u. HG. Ansbach **Advokaten** u. **Notare**: s. Ansbach.

Johann Stenz	Specerei- u. Schnittwaaren-Handlung	*Johann Stenz.*

Großheubach. LG. Klingenberg. BG. u. HG. Aschaffenburg.
Advokaten: s. Aschaffenburg. **Notar**: s. Klingenberg.

Vincenz König	Specereiwaarenhandlung	*Vincenz König.*

Großkarlbach. 913 Einwohner. LG. Grünstadt. BG. u. HG. Frankenthal.
Advokaten: s. Frankenthal. **Notar**: s. Grünstadt.

Wilhelm Catoir	Mühle	*Wilhelm Catoir.*
G. F. Friedrich	Papierfabrik	*Georg Friedrich Friedrich.*
C. Titting	Mühle und Oel	*Christian Titting.*
G. W. Webel	Mühle	*Georg Wilhelm Webel.*
Ph. H. Friedr. Webel	Mühle	*Philipp Hermann Friedrich Webel.*
David Wolff II	Handlung	*David Wolff II.*
Jacob Wolff	Handlung	*Jacob Wolff.*
Hironymus Wolff	Handlung	*Hieronymus Wolff.*

Großköllnbach. 1040 Einwohner. LG. Landau a. I. BG. Pfarrkirchen. HG. Passau.
Advokaten: s. Pfarrkirchen. **Notar**: s. Landau a. I.

Katharina Simbeck	Gemischte Waaren	*Katharina Simbeck.*

Großlangheim. 1258 Einwohner. LG. Kitzingen BG. u. HG. Würzburg.
Advokaten: s. Würzburg. **Notar**: s. Kitzingen.

C. J. Benkert	Specereiwaarenhandlung	*Carl Joseph Benkert.*
S. Frank	Gemischte Waarenhandlung	*Rika Frank.*
Abraham Sonn	Specereiwaarenhandlung	*Abraham Sonn.*

Großniedesheim. LG., BG. u. HG. Frankenthal. **Advokaten** u. **Notare**: s. Frankenthal.

Johannes Fischer	Backstein-, Branntwein- u. Essigfabrik	*Johannes Fischer.*
G. Müller	Specereiwaarenhandlung	*Georg Müller.*

Großostheim. 2489 Einwohner. LG., BG. u. HG. Aschaffenburg.
Advokaten u. **Notare**: s. Aschaffenburg.

Liebmann Gärtner	Eisen-, Holz- u. Manufacturwaarenhandlung	*Liebmann Gärtner.*
M. C. Hock	Spec.-, Schnitt- u. Eisenw.	*Mathäus Hock.*
F. Jäger	Spec.-, Colonial- u. Eisenw.	*Franz Jäger.*

C. J. Petermann	Specerei-, Schnitt- u. Kurzwaarenhdl.	*Carl Josef Petermann.*
J. A. Reinhard	Specerei-, Schnitt- u. Kurzwaarenhdl.	*Johann Adam Reinhard.*
Otto Richter	Apotheke	*Otto Richter.*
Joseph Waller	Specerei- u. Schnittwaarenh.	*Joseph Waller.*

Großrichberg. LG Hersbruck. BG. u. HG. Nürnberg. **Advokaten** s Nürnberg. **Notar** s. Hersbruck.

Conrad Westphal	Krämerei	*Conrad Westphal.*

Großschönbrunn. 569 Einwohner. LG. Vilseck. BG. u. HG. Amberg
Advokaten s Amberg **Notar** s Vilseck

Johann Mayer	Eisenwaaren	*Johann Mayer.*
Gg. Schenk	Specerei- u. Ellenw.	*Margaretha Schenk. Johann Schenk* **P.**

Großsteinhausermühle. LG, BG. u. HG. Zweibrücken. **Advokaten** u **Notare** s. Zweibrücken.

H. Bruck	Mahlmühle	*Heinrich Bruck.*

Großwallstadt. 1126 Einwohner. LG. Obernburg. BG. u HG. Aschaffenburg.
Advokaten s. Aschaffenburg. **Notar** Obernburg.

Carl Hollerbach	Specerei-, Eisen- u. Kurzwaarenhdl.	*Carl Leonhard Hollerbach.*
M. Kuhn	Specerei-, Kurz-, Porcellan- u. Eisenwaarenhdl.	*Michael Kuhn.*
A. S. Reichert	Specereiwaarenhandlung	*Sebastian Reichert.*
Samuel Stern	Specerei- u. Kurzwaarenh.	*Samuel Stern.*

Großweidenmühle. LG., BG. u. HG. Nürnberg. **Advokaten** u **Notare** s. Nürnberg.

Johann Fröscheis	Handlung	*Georg Andreas Fröscheis Georg Heinrich Schroll.*

Grub. LG. u. BG. Weiden. HG. Amberg **Advokaten** u. **Notare** s. Weiden.

Joh. Prössl	Spiegelglasfabrik	*Johann Prössl.*

Grünbach. LG. Erding. BG Freising. HG. München I. J.
Advokaten s. Freising. **Notar** s Erding.

Balthasar Lechner	Krämerei	*Balthasar Lechner.*

Grünenbach. LG. Weiler. BG. u. HG. Kempten. **Advokaten** s Kempten **Notar** s. Weiler

Anton Zumstein	Specereiwaarenhandlung	*Anton Zumstein.*

Grünstadt. 3407 Einwohner. LG. Grünstadt. BG u. HG. Frankenthal.
Advokaten s Frankenthal. **Notar** S. Machwirth. J Minges.

Daniel Adler	Manufacturwaaren	*Daniel Adler.*
Daniel Altschüler	Specereiwaaren	*Daniel Altschüler.*
Z. Altschüler's Söhne	Ellenwaaren	*Philipp Altschüler. Heinrich Altschüler*
Peter Baum	Schweinhandel	*Peter Baum.*
Becker & Rossee	Bankgeschäft	*Christian Becker. Franz Heinrich Rossee. Wilhelm Becker.*
J. F. Becker	Handlung	*Johann Friedrich Becker.*
J. Becker	Specereiwaaren	*Johannes Becker.*
Johann Philipp Becker	Handlung	*Johann Philipp Becker.*
Jacob Berg's Wittwe	Kurzwaaren	*Helena Weil.*
Friedrich Blatz	Schweinhandel	*Friedrich Blatz.*
Peter Blatz	Schweinhandel	*Peter Blatz.*
David Blüm's Wittwe	Handlung	*Elisabeth Fisch.*
Gebrüder Bordello	Steingutfabrik	*Franz Bordello. Ludwig Massenez* **P.**
Jacob Breitwieser IV.	Bierbrauerei	*Jacob Breitwieser* IV.
August Bruck	Apotheke	*August Bruck.*
Ch. Butterfass	Cigarren, Traubenzucker u. künstl. Düngmittel en grbs. Agenturen- u. Wechselg.	*Christoph Butterfass.*
Friedrich Catoir	Gerberei	*Friedrich Catoir.*
Franz Cattany	Schweinhandel	*Franz Cattany.*
Heinrich Dorner		*Heinrich Dorner.*
F. W. Endres	Specerei- u. Eisenw.	*Friedrich Wilhelm Endres.*
J. N. Eyer	Putzgeschäft u. Pulverhdl.	*Johann Nicolaus Eyer.*
Raphael Fey	Pferdehandel	*Raphael Fey.*
Theodor Fisch		*Theodor Fisch.*
Jean B. Flöhr	Specereiwaaren	*Johann Baptist Flöhr.*
Isaac Fränkel	Putzgeschäft	*Isaak Fränkel.*
Chr. Frankfurter's Sohn	Specerei- u. Eisenw.	*Christian Frankfurter.*
N. Freyberger	Papier- u. Wachshdl.	*Nathan Freyberger.*
Gerson Hanf's Sohn	Manufactur- u. Kurzw. und Hanfhandlung	*Markus Hanf.*

S. Hanf's Wwe.	Modewaarenhandlung	*Sara Hanf.*
Adolph Hartmann		*Adolph Hartmann.*
Chr. Heichemer	Eisenhandlung	*Christian Heichemer.*
Carl Ludwig Heinemann	Specerei- u. Schnittw.	*Carl Ludwig Heinemann.*
E. Hering	Bürstenfabrik u Cigarrenh.	*Elisabetha Levasier*
Heydenreich & Butterfass	Fabrik in Brauer- u. Boden-Glasuren	*Philipp Heidenreich. Heinrich Butterfass.*
Bernhard Jacobi	Ellen- u. Galanteriew	*Sara Jacobi. Isaac Jacobi* P. *Ludwig Friedrich Jacobi* P.
Johannes Jost's Wittwe		*Dorothea Jost.*
Is. Kahnweiler	Ellenwaaren	*Isaak Kahnweiler.*
Joseph Kellerbach		*Joseph Kellerbach.*
G. F Kircher	Gerberei	*Georg Friedrich Kircher.*
Adam Köster	Teppich- u. Leinwandh.	*Adam Köster*
M. Kuhn		*Marx Kuhn.*
Philipp Christian Leipold's Wwe.	Cigarren- und Schreibmaterialienhandlung	*Christiana Jost.*
Hermann Levi	Weinhandlung	*Hermann Levi.*
Wilhelm Levi	Fett-, Seifen- und Lichtwaarenhandlung	*Wilhelm Levi.*
Wolfg. Levi	Weinhandlung	*Wolfgang Levi.*
Chr. Lieberich	Spenglerwaaren	*Christian Lieberich*
W. Lieberich	Spengler- u. Glaswaaren	*Wilhelm Lieberich.*
Isidor Löb	Frucht u. Mehlhandlung	*Isidor Löb*
Simon Löb	Frucht- u. Mehlhandlung	*Simon Löb*
Carl Maas	Specerei- u. Repskuchenh.	*Carl Maas.*
Emanuel Mass		*Emanuel Maas.*
Mann & Seltsam	Gasgesellschaft	*Philipp Leonhard Mann. Wilhelm Seltsam. Elise Seltsam.*
Moritz Mann	Eisenhandlung	*Moritz Mann.*
Joh. Leonh. Mann	Manufacturwaaren	*Philipp Leonhard Mann. Jacob Emerich* P.
Gustav Marx	Lederhandlung	*Gustav Marx.*
Jacob Marx	Specereiwaaren	*Jacob Marx.*
P. F. Mayer		*Peter Friedrich Mayer.*
Georg Metzner	Schweinhandel	*Georg Metzner.*
Wilhelm Müller	Korb- u. Schuhwaaren	*Wilhelm Anton Müller.*
Joseph Nachmann	Mehlhandlung	*Joseph Nachmann.*
Carl Nahm I		*Carl Nahm I.*
Gebr. Nahm	Leder- u. Häutehandlung	*Carl Nahm. Samuel Nahm.*
Heinrich Nahm I	Leder- u. Häutehandlung	*Johanna Nahm.*
H. Nahm II	Leder- u. Häutehandlung	*Heinrich Nahm II.*
Hieronymus Nahm	Leder- u Häutehandlung	*Hierongmus Nahm.*
J. L. Nahm	Grüze-, Graupe-, Dürrgemüs- u. Oelkuchenh.	*Josef Leopold Nahm.*
Michael Nahm	Leder- u. Häutehandlung	*Michael Nahm.*
Nicolaus Nahm	Leder- u. Häutehandlung	*Nicolaus Nahm.*
Alexander Nehb	Spenglerw. n. Mineralöl	*Alexander Nehb.*
Friedrich Quast	Holzhandlung	*Friedrich Quast.*
Fr. Rauschkolb	Holzhandlung	*Friedrich Simon Rauschkolb.*
Reinhold & Hessel	Tabakfabrik	*Adolph Fries.*
Chr. Riedel	Schreibmaterialienhandlung	*Christian Riedel.*
Rudolph Rosenberger	Specerei- u. Kurzwaarenh.	*Rudolph Rosenberger.*
Magdalena Schäffer	Putzwaaren	*Magdalena Schäffer.*
Simon Schäffer	Schreibmaterialienhdl.	*Simon Schäffer.*
Schiffer & Mann		*Philipp Leonhard Mann. Jacob Emmerich* P.
Schiffer, Mann & Reibold		*Jacob Schiffer. Philipp Leonhard Mann. Christian Reibold I. Jacob Emmerich* P
G. Schmidt	Cigarrenhandlung	*Georg Schmidt*
L. Schneider-Völkel	Leinenhandlung	*Ludwig Schneider.*
F. Schuhmacher	Tapezierergeschäft	*Friedrich Schuhmacher.*
H. Schuhmacher	Glaswaarenhandlung	*Heinrich Schuhmacher.*
Joseph Schwab I	Manufacturwaaren	*Josef Schwab I.*
Joseph Schwab II	Manufacturwaaren	*Daniel Schwab II*
Moritz Schwab	Wattfabrik u. Modewaarenh	*Moritz Schwab III.*
M. Seltsam	Bierbrauerei, Branntweinbrennerei u. Essigfabrik	*Michael Seltsam.*

Markus Simon	Ellenwaaren	*Markus Simon.*
David Spitzhoff	Specerei- u. Kurzwaaren	*David Spitzhoff.*
Geschwister Spitzhoff	Specerei- u. Kurzwaaren	*Magdalena Spitzhoff. Charlotte Spitzhoff.*
Fr. Steiber	Gold- u. Silberwaaren	*Friedrich Steiber.*
Philipp Strieby	Drechslerwaaren	*Philipp Strieby.*
J. Stumpf	Seifenfabrik	*Jacob Stumpf.*
Jacob Stumpf	Kürschnerw. u. Kappenf.	*Jacob Stumpf II.*
M. Stumpf	Seifenfabrik	*Georg Ludwig Stumpf. Philipp Michael Stumpf* **P**.
Carl Thieme ZN. [**HN.** Kirchheimbolanden]	Buch- u. Steindruckerei	*Carl Thieme. Simon Schäffer* **P**.
J. G. Trautmann	Weberei-, Baumwoll- und Leinwandwaaren	*Johann Georg Trautmann.*
Th. Victor	Apotheke	*Theodor Victor.*
Rudolph Weber	Gold- u. Silberw.	*Rudolph Weber.*
Moses Weil		*Moses Weil.*
Marcus Weiss		*Marcus Weiss.*
Moritz Weiss		*Moritz Weiss.*
A. Werle	Schweinhandel	*Anton Werle.*
Gebrüder Wertheimer	Manufacturwaaren	*Heinrich Wertheimer. Gustav Wertheimer.*
C. F. Wittmann	Spec.-, Farb-, u. Eisenw.	*Carl Friedrich Wittmann.*
Zeitz & Rossée	Weinhandlung	*Franz Zeitz. Karl Rossée*

Grüntegernbach. LG. Dorfen. BG. Freising. HG. München I. J.
Advokaten s. Freising. **Notar** s. Dorfen.

M. Klotz	Handlung	*Michael Klotz.*

Günzburg. 3442 Einwohner. LG. Günzburg. BG. u. HG. Augsburg.
Advokaten s. Augsburg **Notar**. J Obermaier. J. Pfefferle.

Blank & Co. HN. [**ZN.** Würzburg]	Baumwolle, Carderie, Wattfabrik, Cement	*Franz Xaver Blank.*
J. N. Blank	Eisenhandlung	*Johann Nepomuk Blank.*
L. Böckelen	Specereiw. u. Commissionsg.	*Ludwig Bockelen.*
Leopold Buhmayr	Glaswaaren	*Leopold Buhmayr.*
J. G. Bolhard	Essig-, Liqueur-, Branntw.- u. Spiritusfabrik	*Anton Georg Bolhard.*
Caspar Burkart	Specerei- u. Schnittwaaren	*Crescenz Burkart Wwe. Ludwig Happach* **P**.
Gebrüder Daumer	Weinhandl. u. Sped.	*Wilhelm Daumer. Mathias Daumer.*
Andreas Dirr	Eisenhandlung	*Andreas Dirr.*
Carl Forstner	Conditorei- u. Specereiw.	*Carl Forstner.*
Chr. Gernbeck.	Eisen-, Kurz- u. Galanteriew.	*Christoph Gernbeck.*
Josef Gernbeck		*Josef Gernbeck.*
Xaver Glogger	Stickereiwaarenfabrik und Specereiw.	*Franz Xaver Glogger.*
Josef Hertle		*Josef Hertle.*
Lorenz Hirn	Holzhandlung	*Anna Hirn Wwe.*
August Koller	Leinwand- u. Baumwollgarn en gros	*August Koller.*
Carl Mayer	Specerei- u. Schnittw.	*Carl Mayer.*
Mechanische Weberei in Günzburg a. d. Donau	Weberei	*Den Vorstand der Gesellschaft bildet der Ausschuss, bestehend aus: Carl Rommel, Vorstand des Ausschusses; Xaver Blank, Stellvertreter desselben; Friedrich Chur, Franz Hertlein, Carl Gollwilzer jr., Ausschussmitglieder; Carl Mayr, Albert Schoffer, Carl Bürger, Ersatzmänner.*
A. Minholz	Specerei- u. Schnittw. und Getreidehandlung	*Anton Minholz.*
A. Mossauer, Buchbinder	Buchbinderei, Buch- und Schreibmaterialienhdlg	*Franz Anton Mossauer.*
J. Nep. Mossauer	Spec.-, Farb-, u. Materialw.	*Johann Nepomuk Mossauer.*
Carl Niederhofer		*Carl Niederhofer.*
Christoph Niederhofer	Weinhandlung	*Christoph Niederhofer*
Johann Nusser	Gerberei	*Johann Nepomuk Nusser.*
Josef Paul	Buchdruck. u. Spielkartenf.	*Josef Paul.*
Franz Rebay	Eisenhandlung	*Franz Rebay.*
D. Schrotz	Conditorei	*Dominikus Schrotz.*
Stuber & Krieger	Malzfabrik	*Wilhelm Stuber. Andreas Krieger. Ludwig Fernsemer* **P**.
Josef Wiedemann	Gold- u. Specereiw.	*Josef Wiedemann.*
Rudolf Zenetti	Specerei- u. Wachsw.	*Rudolf Zenetti.*

Gumsweiler. LG. Lauterecken. BG. u. HG. Kaiserslautern.
Advokaten s. Kaiserslautern. **Notar** s. Lauterecken.

Gross Franz [Schrammenmühle]	Handelsmühle	*Franz Christian Wilhelm Gross.*

Gundelfing. 2762 Einwohner. LG. Riedenburg. BG. u. HG. Regensburg.
Advokaten: s. Regensburg. **Notar** s. Riedenburg.

Johann Schels	Holz- u. Getreidehandlung	*Johann Schels.*

Gunzendorf. LG. Bamberg I. BG. u. HG. Bamberg. **Advokaten** u **Notare**: s. Bamberg.

H. Engel	Specerei- u. Schnittwaarenh.	*Hirsch Engel.*
Simon Schloss	Specerei- u. Schnittwaarenh.	*Simon Schloss.*

Gunzenhausen. 2686 Einwohner. LG. Gunzenhausen. BG. u. HG. Ansbach.
Advokaten: s. Ansbach. **Notar** J. Ch. Friedrich.

S. B. Asyl	Handlung	*Seckel Bär Asyl.*
L. Bachmann	Handlung	*Ludwig Bachmann.*
G. Bergmann	Specerei- u. Schnittw.	*Gumper Bergmann.*
K. H. Berolzheimer	Specerei- u. Schnittw.	*Kalmann Hänlein Berolzheimer.*
S. B. Bing		*Salomon Bernhard Bing.*
Enslein Blumenstein	Schnittwaaren- u. Hopfenh.	*Enslein Blumenstein.*
J. Blumenstein	Schnittwaaren- u. Hopfenh.	*Joseph Blumenstein.*
Dampfmühle in Gunzenhausen	Dampfmühle	*Christian Killinger in Ansbach. Eugen Kress* P.
Christoph Döderlein	Eisenhandlung	*Charlotte Döderlein.*
J. A. Eberlein	Lederhandlung	*Johann Andreas Eberlein.*
Eidam & Comp.	Malzfabrik	*Georg Moritz Eidam. Christian Conrad David Eidam. Wolf L. Gutmann, Banquier in Ansbach. Die beiden letzteren sind, jeder für sich allein, berechtigt, die Gesellschaft zu vertreten.*
Ludwig Faulstich	Specerei- u. Farbw. Com. u. Agenturen	*Friedrich Faulstich. Ludwig Faulstich jun.*
Em. Forster		*Emanuel Forster.*
Johann Leonhard Gebhardt	Specereiw.	*Johann Leonhard Gebhardt.*
Jacob Gerst	Ellenwaaren	*Jacob Gerst.*
Gebrüder Hesselberger HN. [ZN. Augsburg]	Hopfenhandlung	*Max Hesselberger. Wilhelm Hesselberger zu Augsburg. Abraham Hesselberger* P.
Christian Hezner	Seilerwaarenhandlung	*Georg Christian Hezner.*
Babetta Hirschinger		*Babetta Hirschinger.*
Maria Hogenauer		*Maria Hogenauer Wwe.*
August Horold	Essig- u. Rosalifabrik	*August Horold.*
F. Huss	Dampfmühle	*Friedrich Huss.*
Christian Klein	Conditorei, Lebküchnerei u. Specereiw.	*Christian Klein.*
Heinrich Klein sen.		*Heinrich Klein sen.*
Karl Klein	Conditorei, Lebküchnerei u. Specereiw.	*Carl Klein.*
G. M. Kränzlein		*Georg Michael Kränzlein.*
V. Kromwell	Leinenhandlung	*Veis Kromwell.*
Georg Lehmann		*Georg Lehmann. Anton Lehmann* P.
Georg Michael Leuchs	Apotheke	*Georg Michael Leuchs.*
S. Reinemann	Hopfenhandl. u. Landesp.	*Samuel Reinemann. Jacob Reinemann. Sigmund Mezger.*
August Richter	Specereiwaaren	*August Richter.*
Christian Röschel	Ellen- u. Kurzwaaren	*Christian Röschel.*
Ludwig Schäfer	Conditorei, Lebküchnerei u. Specereiw.	*Ludwig Schäfer.*
Friedrich Schneider am Marktpl.	Lederfabrikant	*Friedrich Schneider.*
J. G. Schreyer's Buchhandlung Ad. Graf	Buchhandlung	*Adolf Graf.*
Edmund Schürer	Ellen- u. Kurzwaaren	*Johann Thomas Edmund Schürer.*
August Sebald vorm. Schnauffer	Conditorei, Lebküchnerei u. Specereiw.	*August Sebald.*
S. W. A. Seemann		*Seligmann Wolf Ascher Seemann.*
Sigmund Söning	Pinsel- u. Bürstenfabrik	*Sigmund Söning.*
Joh. Georg Telorac	Tuchfabrik	*Johann Georg Telorac.*
Carl Weiss	Specereiw. u. Darmsaitenh.	*Carl Weiss.*
Joh. Wittigschlager	Strumpffabrik	*Johann Wittigschlager.*
Johann Leonhard Wucherer	Eisenhandlung	*Ludwig Wucherer.*
Wilh. Wucherer	Schnitt- u. Kurzw. u. Eisenh.	*Wilhelm Wucherer.*

Guteneck. LG. Naabburg. BG. Neunburg v. W. HG. Regensburg
Advokaten s. Neunburg v. W. **Notar** s. Naabburg.

Wolfgang Weiss	Holzhandlung	*Wolfgang Weiss.*

Haag. 933 Einwohner. LG. Haag. BG. Wasserburg. HG. München r. J.
Advokaten: s. Wasserburg. **Notar:** Fr. Krafft.

K. Enzensberger		*Karl Enzensberger.*
Jos. Hüber	Schnitt- u. Specereiw.	*Bartlmä Oberwallner.*
J. Hummel & Sohn	Seide- u. Bandw.	*Karl August Hummel. Jacob Hummel.*
F. M. Lebewohl		*Franz Michael Lebewohl.*
E. Reicheneder	Schnitt-, Spec. u. Farbw.	*Eugen Reicheneder.*
Lor. Rieger	Schnitt-, Specerei-, Eisen- u. Farbwaaren	*Lorenz Rieger.*

Haag. 372 Einwohner. LG. Auerbach. BG. u. HG. Amberg.
Advokaten: s. Amberg. **Notar:** s. Auerbach.

Casp. Knodt	Specereiw.	*Kaspar Knodt.*
Wolfgang Propst	Specereiw.	*Wolfgang Probst.*

Haardt. 1250 Einwohner. LG. Neustadt a. H. BG. u. HG. Frankenthal.
Advokaten: s. Frankenthal. **Notar:** s. Neustadt a. H.

Jacob Klein	Glaspapierfabrik	*Jacob Klein.*
Elisabetha Köhler	Specereiwaarenhandlung	*Elisabetha Köhler.*
Adam Mangold	Specereiwaarenhandlung	*Adam Mangold.*
N. Martin	Weincommissionsgeschäft	*N. Martin.*
Adam Merkel	Weincommissionsgeschäft	*Adam Merkel.*
Jakob Müller	Küferei	*Jacob Müller.*
G. Wiedemann	Specereiwaarenhandlung	*Georg Wiedemann.*

Haardt. LG. Pappenheim BG. Eichstädt. HG. Nürnberg.
Advokaten: s. Eichstädt. **Notar:** s. Pappenheim.

Jacob Däschler	Steinhandlung	*Jacob Däschler.*

Habkirchen. 462 Einwohner. LG. Blieskastel. BG. u. HG. Zweibrücken.
Advokaten s. Zweibrücken. **Notar:** s. Blieskastel.

Nicolaus Klein	Krämerei	*Nicolaus Klein.*
Philipp Klein	Specerei- u. Eisenhandlung	*Philipp Klein.*
Jacob Maurer	Handelsmühle	*Jacob Maurer.*
Michael Theobald		*Michael Theobald.*

Hagenbach. LG. Ebermannstadt. BG. u. HG. Bamberg.
Advokaten: s. Bamberg. **Notar:** s. Ebermannstadt.

David Hutzler	Lederhandlung	*David Hutzler.*

Hahnbach. 822 Einwohner. LG. Vilseck. BG. u. HG. Amberg.
Advokaten: s. Amberg. **Notar** . s. Vilseck.

Franz Trösch	Specereiwaaren	*Franz Trösch.*
Johann Trösch	Specereiwaaren	*Johann Trösch.*

Haidenburg. 200 Einwohner. LG. Vilshofen. BG. u. HG. Passau.
Advokaten s. Passau. **Notar:** s. Vilshofen.

Johann Preuss	Krämerei	*Johann Preuss.*

Haindlfing. LG u. BG. Freising. HG. München. l. J. **Advokaten** u. **Notare:** s. Freising.

Benedict Hartl	Krämerei	*Benedict Hartl.*

Hainfeld. 853 Einwohner. LG. Edenkoben. BG. u. HG. Landau.
Advokaten: s. Landau. **Notar** . s. Edenkoben.

Johann Bossung	Weinhandlung	*Johann Bossung.*
Egidius Christmann	Weinhandlung	*Egidius Christmann.*
Jacob Glaser	Weinhandlung	*Jacob Glaser.*
Ch. Weisbrod	Oel- u. Mahlmühle	*Christian Weisbrod.*

Hainsbach. LG. Mallersdorf. BG. Straubing. HG. Landshut.
Advokaten s. Straubing. **Notar:** s. Mallersdorf.

A. Beck	Krämerei	*Anton Beck.*

Hainsfarth. 1407 Einwohner. LG. Oettingen. BG. Donauwörth. HG. Augsburg.
Advokaten: s. Donauwörth. **Notar:** s. Oettingen.

Mendel Gift	Specerei- u. Schnittw.	*Mendel Gift.*
Hirsch Gunzenhauser	Rauhwaarenhandlung	*Hirsch Gunzenhauser.*
Isaak Oberndorfer	Specerei- u. Schnittw.	*Isaak Oberndorfer. Salomon Oberndorfer.*
David Ries	Specerei- u. Schnittw.	*David Ries.*
Emanuel J. Selz	Specerei- u. Schnittw.	*Jakob Emanuel Selz. Emanuel Jacob Selz.*
S. Steinharter	Specerei- u. Schnittw.	*Salomon Steinharter.*

Halblech. LG. Schongau. BG. Weilheim. HG. München I J.
Advokaten s. Weilheim **Notar** s. Schongau.

Berg- und Hüttenbetrieb der Grafen Eckbrecht von Dürkheim-Montmartin — Berg- u. Hüttenwerk — *Ernst Gf. Eckbrecht Dürkheim-Montmartin. Otto Graf Eckbrecht Dürkheim-Montmartin. Karl Graf Eckbrecht Dürkheim-Montmartin.*

Haldenwang. LG., BG. u. H.G. Kempten. **Advokaten** u. **Notare:** s. Kempten.

Rebsamen & Kündig — Kunstwollfabrik — *Johann Rebsamen. Heinrich Kündig.*

Hallstadt. LG Bamberg I. BG. u. HG. Bamberg. **Advokaten** u. **Notare:** s. Bamberg.

Georg Steinheimer — Specereiwaarenhdl. — *Georg Steinheimer.*

Hals. 588 Einwohner. LG. Passau I. BG. u. HG. Passau. **Advokaten** u. **Notare** s. Passau.

Anton Frölich — Tabakfabrik — *Antonia Frölich.*

Passauer Holzwaarenfabrik Hals — Actiengesellschaft zur Holzwaarenfabrikation — *Vertreten durch einen Vorstand aus 5 Mitgliedern: Mathäus Zohstetter, Vorsitzender.* A *Joh. Bapt. Koch. Mathias Waldbauer. Paul Egger. Guido Kühbacher. Der Vorsitzende des Vorstandes zeichnet die Firma: „Passauer Holzwaarenfabrik Hals. N. N. Vorsitzender."*

Hambach. 2196 Einwohner. LG. Neustadt a. H. BG. u. HG. Frankenthal.
Advokaten s. Frankenthal. **Notar:** s. Neustadt a. H.

Gebrüder Baader — Stärke-, Rollgerste- u. Sagof. — *Wilhelm Baader jun. Simon Baader jun.*
Simon Baader — Weinhandlung — *Simon Baader.*
Joseph Fillibeck — Gemischte Waaren — *Joseph Fillibeck.*
Grohe & Lederle — Weinhandlung — *Georg Friedrich Grohe. Johann Lederle.*
F. Ch. Heiligenthal — *Franz Christian Heiligenthal.*
Carl Lederle — Weinhandlung — *Carl Lederle.*
Paul Lederle — Weinhdadlung — *Paul Lederle.*
C. Lichtenberger — Weinstein- u. Spirituosenf. — *Carl Theodor Lichtenberger.*
Wilh. Lederle & Rauch — Weinhandlung — *Wilhelm Lederle. Joseph Rauch. Joseph Lederle* P.
Franz Nicolaus — Specereiwaaren — *Franz Nicolaus.*
Joseph Schreck — Gemischte Waaren — *Joseph Schreck.*

Hammelburg. 2750 Einwohner. LG. Hammelburg. BG Lohr. HG. Würzburg.
Advokaten s. Lohr. **Notar:** F. W Kohlhaas.

Jos. Falk — Specerei- u. Kurzw. — *Joseph Falk.*
C. v. Günther — Apotheke — *Carl von Günther.*
M. C. Hesselbach — Specerei- u. Eisenw. — *Michael Conrad Hesselbach sen.*
S. B. Hesselbach — Specerei- u. Materialw. — *Sebastian Benedict Hesselbach.*
Daniel Katz — Specerei.-, Schnitt- u. Posamentierwaaren — *Daniel Katz.*
Heinrich Katz — Schnittwaaren — *Heinrich Katz.*
Mayer Katz — Specerei- u. Schnittw. — *Mayer Katz.*
Julius Mayer — Schnitt- u. Kurzw. — *Julius Mayer.*
Hermann Nussbaum — Schnittwaaren — *Hermann Nussbaum.*
L. J. Nussbaum — Schnittwaaren — *Leopold Nussbaum.*
J. Andr. Pfaff — Eisenhandlung — *Johann Andreas Pfaff.*
Gebrüder Schlessinger — Schnittwaaren — *David Schlessinger. Abraham Schlessinger.*
Jonas Schlessinger — *Jonas Schlessinger.*
Lippmann Schlessinger — *Lippmann Schlessinger.*
Anton Schmal — Spec.-, Kurz- u. Porcellanw. u. Mineralwasserfabrik — *Anton Schmal.*
H. A. Schultheiss — Specereiwaaren — *Heinrich Aloys Schultheiss.*
Emanuel Stern — Schnittwaaren — *Emanuel Stern.*
H. C. Zapf — *Helbig Christian Zapf.*

Hammer. LG., BG. u. HG. Nürnberg. **Advokaten** u. **Notare** s. Nürnberg.

J. M. Nölp & Comp. — Kunstmühle — *Johann Melchior Nölp. Johann Michael Satzinger.*

Hammerschmiede Bonn. LG., BG. u. HG. Landau. **Advokaten** u. **Notare:** s. Landau.

Louis Bähr — Hammerschmiede — *Louis Bähr.*

Handzell. LG u. BG. Aichach. HG. München I. J. **Advokaten** u. **Notare** s. Aichach.

Andreas Wöhrle — Krämerei — *Andreas Wöhrle.*

Hanhofen. LG. Speyer. BG. u. HG. Frankenthal. **Advokaten** s. Frankenthal. **Notar:** s. Speyer.

Fz. Becker — Mühle — *Franz Josef Becker.*

Happurg. LG. Hersbruck. BG. u. HG. Nürnberg. **Advokaten:** s. Nürnberg. **Notar:** s Hersbruck.

J. G. Ullherr — Hopfenhandlung — *Dietrich Friedrich Leonhard Ullherr.*

Harbatzhofen. LG. Weiler. BG. u. HG Kempten. **Advokaten:** s. Kempten. **Notar:** s. Weiler.

L. Kolb	Käse- u. Butterhandlung	*Leo Kolb.*

Harburg. 1323 Einwohner. LG. u. BG. Donauwörth. HG. Augsburg.
Advokaten u. **Notare:** s. Donauwörth.

B. L. Blumgart	Eisenhandlung	*Bernhard Blumgart.*
Georg Friedrich Deffner	Spezereiwaaren	*Georg Friedrich Deffner.*
Abraham Eppstein	Schnittwaaren	*Abraham Eppstein.*
Hirsch Guggenheimer	Schnittwaaren	*Hirsch Guggenheimer.*
Josef Guggenheimer	Kleiderhandlung	*Josef Guggenheimer.*
A. Hiller	Schnittwaaren	*Abraham Hiller.*
Hermann Hiller	Kurzwaaren	*Hermann Hiller.*
Mathias Melzner	Specereiwaaren	*Mathias Melzner.*
N. Nebel	Schnittwaaren	*Johann Nebel.*
Bernhard Röder		*Kohla Röder Wwe.*
J. Röder jun.	Specereiwaaren	*Isaak Röder.*
Heinrich Schäfer	Lebküchnerei u. Conditorei	*Heinrich Schäfer.*
Bernhard Stein	Schnittwaaren	*Gerson Stein. Bernhard Stein* P.
Marx Ulrich		*Jacob Ulrich. Isaak Ulrich.*
Friedrich Weiler	Specereiwaaren	*Friedrich Weiler.*
A. Zink	Liqueurfabrik	*Andreas Zink.*
Jacob Zink	Schlosserwaaren	*Jacob Zink.*

Hardenburg. 470 Einwohner. LG. Dürkheim. BG. u. HG. Frankenthal.
Advokaten: s. Frankenthal. **Notar:** s. Dürkheim.

J. Heusser	Sägmühle	*Jean Heusser.*
Louis Rödter's Nachfolger Schaaf	Papierfabrik	*Philipp Jacob Schaaf.*

Hardorf. 226 Einwohner. LG. Osterhofen. BG. Deggendorf. HG. Passau.
Advokaten s. Deggendorf. **Notar:** s. Osterhofen.

Benedict Oeller	Specerei-, Schnitt- u. Eisenwaaren	*Benedict Oeller.*

Harras. LG. Kötzting. BG. Straubing. HG. Landshut. **Advokaten:** s Straubing. **Notar:** s. Kötzting.

Joseph Windorfer	Eisenhammer	*Josef Windorfer.*

Harsberg. LG. Waldfischbach. BG. u. HG. Zweibrücken.
Advokaten: s. Zweibrücken. **Notar:** s. Waldfischbach.

Maria Eva Baumann	Spezereihandlung	*Maria Eva Baumann.*

Harsdorf. LG. Culmbach. BG. u. HG. Bayreuth. **Advokaten** s. Bayreuth. **Notar:** s. Culmbach.

Christoph Stöcker	Krämerei	*Christoph Stöcker.*

Hartkirchen. 952 Einwohner. LG. Rotthalmünster. BG. Pfarrkirchen. HG. Passau.
Advokaten s. Pfarrkirchen. **Notar:** s. Rotthalmünster.

Anton Friederich	Spec.- u. gemischte Waaren	*Anton Friederich.*
Paul Friederich	Spec.- u. gemischte Waaren	*Paul Friederich.*

Harxheim. 480 Einwohner.. LG. Göllheim. BG. u. HG. Kaiserslautern.
Advokaten s. Kaiserslautern. **Notar**. s. Göllheim.

Becker Peter	Ellenwaarenhandlung	*Peter Becker.*
Brubacher H.	Handelsmühle	*Heinrich Brubacher.*
Curschmann G.	Handelsmühle	*Georg Curschmann.*
Griebe M.	Specereiwaarenhandlung	*Michael Griebe.*
Hahn Georg	Handelsmühle	*Georg Hahn.*
Herr Jean	Handelsmühle	*Jean Herr.*
Käge H.	Handelsmühle	*Heinrich Käge.*
Moog J.	Gerberei	*Jacob Moog.*
Peuckert Johannes	Specereiwaarenhandlung	*Johannes Peuckert.*
Scheuer Johannes	Krämerei	*Johannes Scheuer.*

Haselbach. LG. Grafenau. BG. Deggendorf. HG. Passau.
Advokaten: s. Deggendorf. **Notar:** s. Grafenau.

Rupert Weinberger	Gemischte Waaren u. Bierbrauerei	*Rupert Weinberger.*

Haslach. LG., BG. u. HG. Kempten. **Advokaten** u. **Notare:** s. Kempten.

Joh. Ev. Eichele	Käsehandlung	*Johann Evang. Eichele.*
Xaver Wassermann	Käsehandlung	*Xaver Wassermann.*

Haslmühle. LG., BG. u. HG. Amberg. **Advokaten** u. **Notare:** s. Amberg.

Frz. Paul Rubenbauer	Specereiwaaren	*Franz Paul Rubenbauer.*

Hasloch. 580 Einwohner. LG. Stadtprozelten. BG. u. HG. Aschaffenburg.
Advokaten: s. Aschaffenburg. **Notar:** s. Stadtprozelten.

Karl Schönlein	Wein- u. Specereihandlung	*Karl Schönlein.*
Bernhard Seidner	Specerei- u. Holzhandlung	*Bernhard Seidner.*

Haslocher Eisenwerk. LG. Stadtprozelten. BG. u. HG. Aschaffenburg.
Advokaten: s. Aschaffenburg. **Notar.** s. Stadtprozelten.

Ph. Kurtz	Eisenwerk	*Friedrich u. Karl Kurtz.*

Haßel. LG. Blieskastel. BG. u. HG. Zweibrücken.
Advokaten: s. Zweibrücken. **Notar:** s. Blieskastel.

Emanuel Hager	Krämerei	*Emanuel Hager.*

Hasselberg. LG. Stadtprozelten. BG. und HG. Aschaffenburg.
Advokaten: s. Aschaffenburg. **Notar:** s. Stadtprozelten.

Georg Dressler jun.	Krämerei	*Georg Dressler jun.*

Haßfurt. 2325 Einwohner. LG. Haßfurt. BG. u. HG. Schweinfurt.
Advokaten s. Schweinfurt. **Notar:** M. J. Raab.

J. Aufsesser	Tuch- u. Schnittw.	*Jacob Aufsesser.*
A. Baum & Co.	Kurz- u. Strumpfw. en gros	*Abraham Baum.*
Creditverein für den Landgerichtsbezirk Hassfurt. Eingetragene Genossenschaft	Der Verein hat den Zweck seinen Mitgliedern Vorschüsse gegen Verzinsung zu gewähren.	*Vorstände der Genossenschaft: Apotheker August Tretzel, Vorsitzender. Stadtschreiber Michael Fassnacht, Cassier. Kaufmann Franz Schneider, Controleur.*
J. Hesslein & Comp.	Specerei- u. Schnittw.	*Simon Lonnerstädter.*
Hohmann & Gerber	Wein, Pech, Cigarren, Spirituosen u. Landesproducte en gros, Incasso, Agent.	*Johann Adam Hohmann. Carl Gerber.*
G. Knorr	Holzhandlung, Dampfmahl-, Gyps-, Loh- u. Sägemühle	*Georg Knorr.*
A. Kohnstam	Kleidermagazin	*Abraham Kohnstam.*
J. Kohnstamm	Specereiw. u. Weinh.	*Jakob Kohnstamm.*
Sigmund Kohnstam	Hopfenhandlung	*Sigmund Kohnstamm.*
Josef Lichtenstetter	Weinhandlung	*Josef Lichtenstetter.*
S. L. Lonnerstädter	Tuch- u. Schnittw.	*Samson Lonnerstädter.*
Seligm. Lonnerstädter		*Seligmann Lonnerstädter.*
Ant. Müller jun.	Specereiw., Samen u. Landesproducte, Com. u. Güteragentur	*Anton Müller jun.*
G. A. Müller	Getreidehandel	*Georg Anton Müller.*
H. Müller & Comp.	Landwirthschaftlich. chemische u. Knochenkohlef.	*August Tretzel. Heinrich Müller.*
J. B. Reinhard	Specereiw. u. Wachszieherei	*Johann Baptist Reinhardt.*
Ph. C. Reinhard	Conditorei u. Specereiw.	*Philipp Carl Reinhard.*
Adam Jos. Schneider	Specereiwaarenhandlung	*Adam Joseph Schneider.*
Franz Schneider	Specereiwaaren	*Georg Franz Schneider.*
J. M. Scheuerer	Conditorei u. Specereiw.	*Johann Michael Scheuerer.*
Leonard Scholl	Specereiwaaren	*Josefa Scholl.*
Valentin Scholl	Eisenhandlung	*Valentin Scholl.*
Franz Veth	Colonialw. u. Landesprod.	*Franz Veth.*

Haßloch. 5095 Einwohner. LG. Neustadt a. H. BG. und HG. Frankenthal.
Advokaten s. Frankenthal. **Notar:** s. Neustadt a. H.

Bernhard Bohrmann	Pferdehandel	*Bernhard Bohrmann.*
Jacob Bohrmann	Pferdehandel	*Jacob Bohrmann.*
Leopold Bohrmann	Pferdehandel	*Leopold Bohrmann.*
R. Bruchhaus	Specerei- u. Eisenwaarenh.	*Heinrich Robert Bruchhaus.*
Phl. H. Eisenmayer	Waldsamenhdl.	*Philipp Heinrich Eisenmayer.*
Johannes Fackt	Viehhandel	*Johannes Fackt.*
Häberle & Baumann	Bierbrauerei	*Carl Friedrich Häberle. Daniel Heinrich Baumann.*
E. Heene		*Engelhard Heene.*
Abraham Herz	Viehhandel	*Abraham Herz.*
Joh. Höring	Tabakhandlung	*August Höring. August Höring P.*
Gustav Kämmerer	Tabakhandlung	*Gustav Kämmerer.*
Fruchthandlung v. Samuel Klaus	Getreide u. Repskuchenh.	*Samuel Klaus.*
A. Lederle		*Anton Lederle.*
L. Löb	Specereiwaaren	*Lazarus Löb.*

J. Mayer — Specereiw. u. Viehhandel — *Jacob Mayer.*
Daniel Sauerbrunn's Erben — *Emilie Sauerbrunn.*
Georg Sauerbrunn — Seifenfabrik — *Georg Sauerbrunn.*
Philipp Scherdel — *Philipp Scherdel.*

Hattenhofen. LG. Bruck. BG. u. HG. München r. J. **Advokaten** . s. München l. I. **Notar:** s. Bruck.

Andreas Weinmayr — Krämerei — *Andreas Weinmayr.*

Haunstetten. LG., BG. u. HG. Augsburg. **Advokaten** u. **Notare:** s. Augsburg.

Georg Käss — Bleiche, Färberei u. Appreturanstalt — *Georg Käss.*

Hauptstuhl. 384 Einwohner. LG. Landstuhl. BG. u. HG. Zweibrücken.
Advokaten: s. Zweibrücken. **Notar:** s. Landstuhl.

Heinrich Barth jun. — Eisenhandlung — *Heinrich Barth jun.*
Franz Spanier — Krämerei — *Franz Spanier.*
Jean Spanier II — Krämerei — *Johann Spanier II.*

Hausen. LG. Staffelstein. BG. Kronach. HG. Bamberg.
Advokaten: s. Kronach. **Notar:** s. Staffelstein.

Gebr. Silbermann — Mühle — *Gallus Silbermann. Michael Silbermann. Dorothea Silbermann. Dorothea Silbermann ist nicht berechtigt, die Firma zu zeichnen.*

Hauzenberg. 800 Einwohner. LG. Wegscheid. BG. u. HG. Passau.
Advokaten: s. Passau. **Notare**: s. Wegscheid.

J. N. Bauer — Gemischte- u. Eisenw. — *Johann Nep. Bauer.*
F. X. Kaiser — Specerei- u. Schnittwaaren — *Franz Kaiser.*
Otto Koller — Gemischte Waaren — *Otto Koller.*

Heckendalheim. 293 Einwohner. LG. Blieskastel. BG. u. HG. Zweibrücken.
Advokaten: s. Zweibrücken. **Notar** s. Blieskastel.

Wilhelm Ansel — Kalkhandlung — *Wilhelm Ansel.*
Johann Buchheit — Specerei- u. Kurzwaarenh. — *Johann Buchheit.*
Wilhelm Buchheit — Kalkhandlung — *Wilhelm Buchheit.*
Peter Deutsch — Kalkhandlung — *Peter Deutsch.*
Michael Fuchs — Kalkhandlung — *Michael Fuchs.*

Hegge. LG., BG. u. HG. Kempten. **Advokaten** u. **Notare:** s. Kempten.

Louis Steinhauser — Papierfabrik — *Louis Steinhauser.*

Heideck. 929 Einwohner. LG. Hilpoltstein BG. u. HG. Amberg.
Advokaten: s. Amberg. **Notar:** s. Hilpolstein.

Ant. Baumann — Gemischte Waaren — *Anton Baumann.*
Martin Eggenberger — Gemischte Waaren — *Martin Eggenberger.*
Jos. Anton Schmidpeter — Specerei- u. Schnittw. — *Joseph Anton Schmidpeter.*

Heidenheim. 1621 Einwohner. LG. Heidenheim. BG. Eichstädt. HG. Nürnberg.
Advokaten: s. Eichstädt. **Notar:** Ch. Frauenholz.

Georg Andreae — Samenhandlung — *Georg Andreae.*
Alexander Frech — Specerei- u. Galanteriew. — *Alexander Frech.*
S. Gunz — Gerberei- u. Lederh. — *Salomon Gunz.*
L. H. Gutmeyer — *Landlein Hirsch Gutmeyer.*
Friedrich Hörner — Conditorei — *Friedrich Hörner.*
Eduard Kranz — Apotheke — *Eduard Kranz.*
Lea Lippmann — Specerei- u. Kurzwaaren — *Lea Lippmann Wwe.*
Elias Neuburger — *Elias Neuburger.*
Isaak Neuburger — Specerei- u. Schnittwaarenh. — *Isaak Neuburger.*
Model Neuburger — Specerei- u. Schnittwaarenh. — *Model Neuburger.*
S. A. Obermeyer — *Salomon Abraham Obermeyer.*
Amson Sommer — Specerei- u. Schnittw. — *Amson Sommer.*

Heidesheim. LG. Grünstadt. BG. u. HG. Frankenthal. **Advokaten** s. Frankenthal. **Notar:** s. Grünstadt.

Conrad Walter — Mahlmühle — *Conrad Walter.*

Heidingsfeld. 3051 Einwohner. LG. Würzburg l. d Main. BG u. HG. Würzburg.
Advokaten u. **Notare:** s. Würzburg.

M. Bach — Ziegelei — *Mathias Bach.*
Salomon Bachmann & Comp. — Eisen- u. Metallwaarenh. — *Jacob Bachmann* A *Amalie Bachmann. Samson Bachmann* P.
A. Bamberger — Schnittwaaren — *Alexander Bamberger.*
M. Birn — Crystall- u. Porcellanh. — *Moritz Birn.*
S. Breitenbach — Weinhandlung — *Samuel Breitenbach.*

Bernhard Dessauer	Essig- u. Liqueurfabrik	*Bernhard Dessauer.*
Hermann Dessauer	Liqueur-, Essig- u. Branntweinfabrik	*Hermann Dessauer.*
Leopold Dessauer's Wwe.	Weinhandlung	*Marianna Dessauer*
Anton Eckert	Bierbrauerei	*Anton Joseph Eckerl.*
W. Ehlers	Bierbrauerei	*Wilhelm Ehlers.*
Carl Fiegl, Apotheker	Apotheke	*Carl Fiegl.*
A. Frankh	Schnittwaaren	*August Frankh.*
J. Hanauer	Specereiw.- u. Lederh.	*Isaac Hanauer.*
J. Hellmann & Comp.	Weinhandlung	*Juda Hellmann. Sigmund Hellmann.*
Amson Kahn	Landesproductenhandlung	*Amson Kahn.*
Simon Palm	Weinhandlung	*Simon Palm.*
W. Reinstein	Weinhandlung	*Katharina Reinstein.*
Emil Reuter	Bierbrauerei	*Emil Reuter.*
S. Romann	Specerei- u. Schnittw.	*Samuel Romann.*
Moritz Rosenheim	Weinhandlung	*Moritz Rosenheim.*
S. Schlenker	Schnittwaarenh.	*Salomon Schlenker.*
A. Schwabacher & Cie.	Weinhandlung	*Amson Schwabacher. Isaac Schwabacher.*
J. E. Schwabacher	Weinhandlung	*Mayer Schwabacher. Samuel Schwabacher.*
N. Silberschmidt	Wollenhandlung	*Nihm Silberschmidt.*
Johann Weh		*Johann Weh.*

Heiligenstadt. 423 Einwohner. LG. Ebermannstadt. BG. u. HG. Bamberg.
Advokaten: s. Bamberg. **Notar:** s. Ebermannstadt.

Wolf Frank	Eisen- u. Schnittwaarenh.	*Wolf Frank.*
Jos. Seckendorfer	Spec.-, Schnitt- u. Landesproductenhandlnng	*Joseph Seckendorfer.*
Jacob Strauss	Specereiwaarenhandlung	*Jacob Strauss.*

Heiligenstein. LG. Speyer. BG. u. HG. Frankenthal. **Advokaten:** s. Frankenthal. **Notar:** s. Speyer.

Franz Koch	Pfälzer Blätter-Tabak	*Franz Josef Koch.*

Kloster Heilsbronn. 917 Einwohner. LG. Heilsbronn. BG. u. HG. Ansbach.
Advokaten s. Ansbach. **Notar:** Johann Landgraf.

Johann Georg Bess	Specerei- u. Schnittwaarenh.	*Johann Georg Bess.*
L. Dornberger	Specereiwaarenhandlung	*Leonhard Dornberger.*
Friedrich Hagenah	Specerei- u. Schnittwaarenh.	*Friedrich Hagenah.*
August Kündinger	Glashandlung	*Ernst August Kündinder.*
Johann Abraham Lang	Eisenhandlung	*Johann Abraham Lang.*
Johann Philipp List	Eisenhandlung	*Johann Philipp List.*
Heinrich Löber	Tuchfabrik	*Christoph Heinrich Löber.*
C. H. Ludwig	Tuchfabrik	*Georg Carl Adam Ludwig.*
Carl Friedrich Recknagel	Apotheke	*Carl Friedrich Recknagel.*
Mathias Schäffenegger	Specereiwaarenhandlung	*Mathias Schäffenegger.*
Georg Albrecht Schröppel	Conditorei, Lebküchnerei u. Specereiwaarenhandlung	*Georg Albrecht Schröppel.*
J. G. Schröppel	Specerei- u. Saamenhandlung	*Johann Adam Schröppel.*
Johann Walther	Specerei- u. Lederhandlung	*Johann Walther.*

Heimenkirch. LG. Weiler BG. u. HG. Kempten. **Advokaten**: s. Kempten. **Notar**: s. Weiler.

Salomon Karg	Specereiwaarenhandlung	*Salomon Karg.*
Josef Ohmayer	Specereiwaarenhandlung	*Josef Ohmayer.*

Heining. LG. Passau II. BG. u. HG. Passau. **Advokaten** u. **Notare:** s. Passau.

Georg Jungwirth	Krämerei	*Georg Jungwirth.*

Heinrichsheim. LG. Neuburg a. D. BG. Donauwörth. HG. Augsburg.
Advokaten s. Donauwörth. **Notar**: s. Neuburg a. D.

Heinrich Müller	Specerei- u. Ellenwaaren	*Heinrich Müller.*

Heinrichshofen. LG. Landsberg. BG. Weilheim. HG. München I. J.
Advokaten: s. Weilheim. **Notar** s. Landsberg.

Johann Wörle	Krämerei	*Johann Wörle.*

Helfkam. 200 Einwohner. LG. u. BG. Deggendorf. HG. Passau. **Advokaten** u **Notare:** s. Deggendorf.

G. Schenke	Zündholz- u. Wichsfabrik	*G. Schenke. Carl Maier* P.

Hellerndorf. LG. Forchheim. BG. u HG. Bamberg. **Advokaten:** s. Bamberg **Notar:** s. Forchheim.

Samuel Katz	Handlung	*Samuel Katz.*

Helmbachermühle b. Lambrecht. LG. Neustadt a. H. BG. u. HG. Frankenthal.
Advokaten s. Frankenthal. **Notar** s. Neustadt a. H.

Feirabend & Waltz	Pappdeckelfab., Holzschneiderei, Holzhandel	*Johann Jacob Feirabend. Pompejus Waltz.*

Helmbrechts. 2157 Einwohner. LG. Münchberg. BG. u. HG. Hof.
Advokaten: s. Hof. **Notar:** s. Münchberg

Gg. Friedr Flessa	Specerei- u. Kurzw, Porcellan, Eisen u. Spirituosen	*Georg Friedrich Flessa.*
Chr Geigenmüller	Handlung	*Johann Christian Geigenmüller*
G. L. Haack	Specereiwaaren	*Georg Leonhard Haack.*
J. N. Jahreiss	Specereiwaaren	*Johann Nicol. Erdmann Jahreiss.*
A. F. Knopf	Baumwollwaarenfabrik	*August Friedrich Knopf.*
Georg Ernst Lenz	Schnitt- u Specereiwaarenh.	*Georg Ernst Lenz.*
Gottlieb A. Lenz	Baumwollwaarenfabrik	*Adam Gottlieb Christian Lenz.*
J. A. Müller HN. [ZN. Burgbernheim]	Baumwollwaarenfabrik	*Johann Adam Müller.*
Christ. Pöhlmann	Specereiwaaren	*Johann Emil Christian Pöhlmann.*
Heinrich Pöhlmann		*Johann Matthäus Heinrich Pöhlmann.*
Conrad Ruckdeschel	Baumwollwaarenfabrik	*Friedrich Ruckdeschel.*
N. Ruckdeschel		*Nicolaus Ruckdeschel.*
L. Seiffert	Seifenfabrik- u. Specereiw.	*Louis Seiffert.*
F. Weiss	Baumwollwaarenfabrik	*Christoph Friedrich Weiss.*

Helmitzheim. LG. Mkt Bibart. BG. Windsheim. HG. Fürth.
Advokaten: s. Windsheim. **Notar:** s. Mkt. Bibart

J. J. Därr	Gemischte Waarenhandl.	*Johann Jacob Därr.*

Heltersberg. 748 Einwohner. LG. Waldfischbach. BG. u. HG. Zweibrücken.
Advokaten: s. Zweibrücken. **Notar:** s. Waldfischbach.

Adam Burkhart	Holzhandlung	*Adam Burkhart.*
Georg Fols	Holzhandlung	*Georg Fols.*
S. Götz	Specereiwaaren	*Salomon Götz.*
Michael Mang	Mehlhandlung	*Michael Mang.*
P. Mang	Manufact.-, Porcellan-, Glas- u. Kurzwaaren, Gastwirthschaft, Goldfischzucht	*Peter Mang.*
Georg Stilb	Holzhandlung	*Georg Stilb.*
Jacob Stucky	Holzschuh- u. Holzhandl.	*Jacob Stucky.*
Heinrich Weissmann	Holzhandlung	*Heinrich Weissmann.*
Heinrich Weissmann	Holzhandlung	*Heinrich Weissmann.*

Hemau. 1415 Einwohner LG. Hemau. BG. u. HG. Regensburg.
Advokaten: s. Regensburg **Notar:** Josef Kerling in Hemau.

Johann Ehemann		*Johann Ehemann.*
Jacob Forster	Specereiwaaren	*Jacob Forster*
Alois Heckmayr vorm. Forster	Conditorei- u. Specereiw.	*Bonifaz Haag*
Joseph Knechtl	Specereiwaaren	*Josef Knechtl.*
Josef Leibl vorm. Leuze	Manufactur- u. Specereiw.	*Josef Leibl.*
Jacob Schneeberger	Specerei- u. Schnittw.	*Jacob Schneeberger.*
Joh. Wismüller	Specerei-, Schnitt-, Eisen- u. Geschmeidewaaren	*Johann Wismüller.*

Hengersberg. 1289 Einwohner. LG Hengersberg. BG. Deggendorf HG. Passau.
Advokaten: s. Deggendorf. **Notar:** Dr Karl Gareis.

Jos. Müller	Specerei- u. Schnittw.	*Josef Müller.*
Jos. Müller jun.	Eisenhandlung	*Josef Müller jun.*
Fr. Jos. Salegg	Specerei- u Schnittwaaren u Eisenhandlung	*Josef Salegg*

Hennenbach. LG., BG u. HG. Ansbach. **Advokaten** u. **Notare** s. Ansbach.

Andreas Schäfer	Wollen- u. Baumwollenf	*Andreas Schäfer. Dorothea Fees* **P**

Herbitzheim. 269 Einwohner. LG. Blieskastel BG u. HG. Zweibrücken.
Advokaten: s. Zweibrücken. **Notar** s. Blieskastel.

Franz Haag	Specereihandlung	*Franz Haag.*
Michael Hunsicker	Specereihandlung	*Michael Hunsicker.*
Johannes Kempf	Fruchthandlung	*Johannes Kempf.*
Johann Ries	Handelsmühle	*Johann Ries.*
Carl Ritter	Handelsmühle	*Carl Ritter.*
Johann Peter Schöndorf	Oelmühle	*Johann Peter Schöndorf.*

Herbolzheim. LG Uffenheim. BG. Windsheim. HG. Fürth.
Advokaten s Windsheim **Notar** s. Uffenheim.

J. Ph. C. Göbel	Specereiwaarenhandlung	*Johann Philipp Caspar Göbel.*

Hergensweiler. LG. Lindau BG. u. HG. Kempten. **Advokaten** s Kempten. **Notar** s. Lindau.

J. Bodler		*Johann Bodler.*

Hermersberg. 669 Einwohner LG. Waldfischbach. BG. u. HG. Zweibrücken.
Advokaten s. Zweibrücken **Notar:** s Waldfischbach.

Ludwig Altherr	Specereiwaaren	*Ludwig Altherr.*
Fr Martin	Specereiwaaren	*Franz Martin.*
Val. Munzinger	Specereihandlung	*Valentin Munzinger*
Jacob Schmalenberger	Specereihandlung	*Jacob Schmalenberger.*

Herrnmühle b. Bersbach. LG, BG. u. HG. Würzburg. **Advokaten** u. **Notare** s. Würzburg

Th Binding	Kunstmühle	*Theodor Binding*

Herrieden. 1068 Einwohner. LG. Herrieden. BG. u. HG. Ansbach.
Advokaten s Ansbach **Notar** Guido-Ehrlicher

Xaver Kammerbauer	Tuchhandlung	*Franz Xaver Kammerbauer.*
Baptist Kiefer	Specereiwaarenhandlung	*Baptist Kiefer.*
Josef Kraft	Eisenhandlung	*Josef Kraft.*
Johann Lunz	Specereiwaarenhandlung	*Johann Lunz.*
Carl Rögner	Apotheke	*Karl Rögner.*
Joseph Schmidt	Specereiwaarenhandlung	*Josef Anton Schmidt*
Georg Franz Schneider	Spec.- u Galanteriewaarenh.	*Georg Franz Schneider.*
Constantin Schweitzer	Spec.-, Kunst- u. Galanteriewaarenhandlung	*Conrad Kopf Walburga Kopf, Ehefrau* P.

Hersbruck. 3194 Einwohner. LG. Hersbruck. BG. u. HG. Nürnberg.
Advokaten: s Nürnberg **Notar:** J. G. Dinkel.

J. W. Auernheimer	Kunstmühle	*Johann Wolfgang Auernheimer.*
Andreas Baum Nr 191		*Andreas Baum.*
S. A. Baum		*Sebastian Andreas Baum.*
C. Deinlein		*Conrad Deinlein.*
Held & Comp.	Hopfenhandlung	*Georg Held in Hersbruck. Georg Held in Lauf. Dietrich Held in Lauf.*
Friedr. Langguth	Specerei- u. Ellenwaarenhdlg.	*Johann Friedr Ludwig Langguth.*
J. G. Langguth	Specerei- u. Ellenwaarenhdlg.	*Johann Georg Langguth.*
Jacob Müller'sche Kunstmühle	Kunstmühle	*Jacob Müller.*
Andreas Raum	Hopfenhandlung	*Albrecht Raum. Christoph Raum.*
Johann Conrad Raum	Specereiwaaren	*Johann Conrad Raum.*
J. W. Raum's Sohn Tobias Raum	Hopfenhandlung	*Tobias Raum.*
J. G Scharrer	Bierbrauerei- u. Hopfenh.	*Johann Georg Scharrer.*
Conrad Schmidt	Hopfen- u. Landesproductenhandlung	*Conrad Schmidt.*
Joh. Schmidt	Schnittwaarenhandlung	*Joh Schmidt.*
J. A. Schmidt	Hopfenhandlung	*Johann Paul Theodor Schmidt. Jacob Schmidt.*
J. L. Schwarzkopf	Sieb- u. Spielwaarenhdl.	*Johann Leonhard Schwarzkopf*
G. A. Sörgel	Spec.- u. Ellenw.	*Juliana Sörgel Wwe*
Joh. Thoma		*Johann Thoma.*
Daniel Vogel	Eisen- u. Farbwaaren	*Daniel Vogel.*
J. G. Westphal		*Johann Georg Westphal.*
C. Wolfrum	Specereiwaarenhandlung	*Carl Wolfrum.*

Herschberg. 734 Einwohner LG. Waldfischbach BG u HG Zweibrücken.
Advokaten: s Zweibrücken. **Notar:** s Waldfischbach.

J. M. Frank	Frucht- u- Mehlhandlung	*Joseph Mayer Frank.*
Adam Göbels (Weihermühle)	Handelsmühle	*Adam Göbels.*
S Kahn	Fruchthandlung	*Samuel Kahn.*
Isaac David Kling	Specereiwaaren	*Isaak David Kling.*
Leopold Koch	Frucht- u Mehlhandlung	*Leopold Koch.*
Isaac Löb	Viehhandel	*Isaac Löb.*
Salomon Mai	Specereiwaaren	*Salomon Mai*
Mayer Mai	Fruchthandlung	*Mayer Mai.*
Carl Müller (Conradsmühle)	Handelsmühle	*Carl Müller.*
Jacob Rheinheimer	Viehhandel	*Jacob Rheinheimer.*
Baruch Weis		*Baruch Weis.*
Michel Weis	Specereiw. u Viehhandel	*Michel Weis.*
Samuel Weis	Pferde- u. Viehhandel	*Samuel Weis.*

Hertlingshausen. 707 Einwohner. LG. Grünstadt. BG. u. HG. Frankenthal.
Advokaten: s. Frankenthal **Notar:** s. Grünstadt.

Göbels	Mühle	*Johannes Göbels.*
Leonhard Heinrich	Specereiwaarenhandlung	*Leonhard Heinrich.*

Lorenz Kraft	Specereiwaarenhandlung	*Lorenz Kraft.*
J. A. Noll	Specereih. u. Streichholzf.	*Johann Adam Noll.*
A. Mann	Specereiwaarenhandlung	*Adam Mann.*
K. Michel	Oelkuchenhandl.	*Karl Michel.*

Herxheim a. Berg. 572 Einwohner. LG Dürkheim. BG u. HG Frankenthal.
Advokaten: s Frankenthal. **Notar** s Dürkheim

A. J. Löw	Fruchthandlung	*Abraham Josef Löw.*
C Weiller	Krämerei	*Carl Weiller.*

Herxheim. 3840 Einwohner LG., BG u. HG. Landau **Advokaten** u. **Notare:** s Landau

D. Blum & Sohn	Dampfmühle- u Mehlhandl.	*Daniel Blum. Sigmund Blum David Blum jun.* P. *Joseph Blum* P.
Sigmund Blum		*Sigmund Blum.*
Wolfgang Blum	Ellenwaaren	*Wolfgang Blum*
C. Duttenhöfer	Gemischte Waaren	*Conrad Duttenhöfer.*
S. Wagner	Gerberei u. Lederh	*Severin Wagner.*
Emanuel Wolff	Eisenwaaren	*Emanuel Wolff*
Moses Wolf	Leinwand- u Garnhandl.	*Moses Wolf. Moses Wolf jun.*
Raphael Wolf	Leinwand- u. Garnhandl.	*Raphael Wolf. Jonathan Wolf* P

Herzogaurhütte. LG. Waldmünchen. BG. Neunburg v W HG. Regensburg.
Advokaten s. Regensburg **Notar:** s Waldmünchen

Glasfabrik Gebrüder Schiedermeier in Herzogaurhütte	Glasfabrik	*Heinrich Schiedermeier.*

Herzogenaurach. 1865 Einwohner. LG. Herzogenaurach. BG. u. HG. Bamberg.
Advokaten: s Bamberg. **Notar** L. Senfft.

Max Beyschlag	Apotheke	*Max Beyschlag*
Georg Brand	Specereiwaarenh.	*Georg Brand.*
Ad. Dickas	Tuchfabrik	*Adam Dickas.*
J. L. Dorsch	Specereiwaarenhandl.	*Johann Leonhard Dorsch.*
Franz Faulhaber	Specereiwaarenhandl	*Franz Adam Faulhaber.*
Wolfgang Maier	Specereiwaarenhandl.	*Wolfgang Maier.*
Joseph Malterer	Specerei- u. Eisenwaarenh.	*Ursula Malterer Wwe. Friedr. Stubenrauch* P.
Friedrich Ernst Roppelt	Specereiwaarenhandl.	*Friedrich Ernst Roppelt.*
Joh. Bapt. Russ	Specereiwaarenhandl	*Johann Baptist Russ.*
Franz Xaver Weiss	Specereiwaarenhandl.	*Kunigunda Weiss Wwe*
August Wirth	Glas-, Porcellan- u. Steingut-handlung	*August Wirth.*
Augustin Wirth u. Comp.	Tuchfabrik	*Augustin Wirth. Georg Steiser. Georg Adler. Friedrich Roppolt. Christoph Fischer Christoph Wirth. Adam Dickas Michael Galster. Johann Daigfuss. Georg Heldrich* A. *Georg Heldrich zeichnet. „Für Augustin Wirth und Comp. Georg Heldrich.“*
Heinrich Wirth	Tuchfabrication u. Schnittwaarenhandlung	*Heinrich Wirth.*
Thomas Zimment	Specereiwaarenhandlung	*Thomas Zimment.*

Heßdorf. 447 Einwohner. LG. Gemünden. BG. Lohr. HG Würzburg.
Advokaten: s. Lohr **Notar**: s. Gemünden.

Simon Adler	Tuch-, Schnittw., Band- und Garnhandlung	*Simon Adler.*
B. H. Baumann	Tuch-, Schnittw., Band- und Garnhandlung	*Baruch Hirsch Baumann*
Löb Forchheimer	Tuch- Schnittw, Band- und Garnhandlung	*Löb Forchheimer.*
M. F. Nordmann	Tuch-, Schnittw.-, Band- und Garnhandlung	*Moses Nordmann.*
Abraham Stern	Tuch-, Schnittw.-, Band- und Garnhandlung	*Abraham Stern.*
S. Stern	Tuch-, Schnittw -, Band- und Garnhandlung	*Süsel Stern.*
Isaac Straus	Tuch-, Schnittw.-, Band- und Garnhandlung	*Isaac Straus.*

Heßheim. 1000 Einwohner. LG., BG. u. HG Frankenthal. **Advokaten** u. **Notare** s. Frankenthal.

H. Hirschler	Getreidehandlung	*Heinrich Hirschler.*
M. S. Hirschler	Getreidehandlung	*Moritz Simon Hirschler.*
Salomon Hirschler	Getreidehandlung	*Salomon Hirschler I.*
Simon Hirschler	Getreidehandlung	*Simon Hirschler.*

Hettenhausen. LG. Waldfischbach. BG u HG. Zweibrücken.
Advokaten s Zweibrücken. **Notar:** s. Waldfischbach.

Michael Brügel	Handelsmühle	*Michael Brügel.*

Hettenleidelheim. 1076 Einwohner LG. Grünstadt. BG u. HG. Frankenthal.
Advokaten: s Frankenthal **Notar:** s Grünstadt.

Lazarus Allenberg		*Lazarus Allenberg*
H. Allenberg	Fruchthandlung	*Hermann Allenberg.*
Isaac Allenberg	Fruchthandlung	*Isaac Allenberg.*
Gebrüder Josef und Ludwig Herrmann	Käsehandlung	*Josef Herrmann. Ludwig Herrmann.*
Ludwig Unterländer	Käsehandlung	*Ludwig Unterländer.*

Heuchelheim. 656 Einwohner. LG, BG. u. HG. Frankenthal. **Advokaten** u **Notare** s Frankenthal

J. Helbig	Specereiwaaren	*Johannes Helbig*
Elias Lorch	Getreidehandlung	*Elias Lorch.*
Wilhelm Rasp	Krämerei	*Wilhelm Rasp.*

Hexenagger. 214 Einwohner LG. Riedenburg BG. u. HG. Regensburg
Advokaten s Regensburg **Notar:** s. Riedenburg

Joseph Peter	Gastwirthschaft u Krämerei	*Josef Peter.*

Hilpertshausen.. LG. u. BG Aichach. HG. München I. J **Advokaten** u. **Notare** s. Aichach.

Joseph Kneissl	Krämerei	*Josef Kneisl.*

Hilpoltstein. 1517 Einwohner LG. Hilpoltstein. BG u. HG Amberg.
Advokaten s. Amberg **Notar:** M. Buchner in Hilpoltstein.

Franz Michael Benz	Krämerei	*Franz Michael Benz.*
Martin Braun	Apotheke	*Martin Braun.*
Oswald Di Bell	Specerei-, Farb-, Schnitt- u. Eisenwaaren u. Glashdlg.	*Joseph Di Bell.*
Xaver Egerer	Specerei-, Schnitt- u. Wachswaaren	*Xaver Egerer.*
Johann Hammer	Specerei- u. Schnittw.	*Johann Hammer.*
Michael Herrmann	Specereiwaaren	*Mathias Falkner.*
Philipp Schlipp sel. Wittwe	Specereiwaaren u Tuchhdlg.	*Gottfried Ochsenmeier.*
J. Schoyerer		*Joseph Schoyerer.*
Babette Schuster Wittwe	Specereiwaaren	*Babette Schuster*

Hilpoltstein. 540 Einwohner. LG. Gräfenberg. BG. u. HG. Bamberg.
Advokaten s. Bamberg **Notar** s. Grafenberg

Conrad Golster	Specerei-, Schnittw.-, Eisen- u. Lederhandlung	*Conrad Golster.*

Hilst. LG. Pirmasens. BG. u. HG Zweibrücken. **Advokaten:** s. Zweibrücken. **Notar** s. Pirmasens.

Andreas Conrad II	Specereihandlung	*Andreas Conrad II.*

Hiltersried. 322 Einwohner. LG. Waldmünchen BG Neunburg v. W. HG. Regensburg.
Advokaten: s. Neunburg. v W **Notar** s. Waldmünchen

Joseph Stangl	Holzhandlung	*Josef Stangl.*
Georg Wagner	Holzhandlung	*Georg Wagner.*

Himmelkron. 953 Einwohner LG. Berneck. BG. u. HG Bayreuth.
Advokaten s. Bayreuth **Notar** s. Berneck.

Friedr. A. Ganzleben	Specerei- u. Baumwollwfab.	*Friedrich Adam Ganzleben.*
Joh. Matthäus Löwinger	Krämerei	*Johann Matthäus Löwinger.*
M Schinzel jun.	Krämerei	*Johann Michael Schinzel.*

Hindelang. 2237 Einwohner LG. Sonthofen. BG. u HG. Kempten.
Advokaten s. Kempten. **Notar** s. Sonthofen.

Leopold Eberhardt	Specerei- u. Schnittwhdlg	*Leopold Eberhardt.*
Joh. Casp. Göhl sel. Erben	Specerei- u. Schnittwhdlg.	*Johann Michael Göhl.*
F. S. Zillibiller	Fabrikation v. Butter, Emmenthaler-, Schweizer-, Limburger- u. Ramadau-Käse. Gemischte Waarenh.	*Franz Sales Zillibiller.*

Hinterweidenthal. 607 Einwohner LG. Dahn. BG. u. HG. Zweibrücken.
Advokaten s. Zweibrücken. **Notar** s. Dahn.

Georg Heinrich Buchmann	Holzhandlung	*Georg Heinrich Buchmann.*
Friedrich Disqué	Mahlmühle	*Friedrich Disqué.*
Georg Heinrich Hauter	Holzhandlung	*Georg Heinrich Hauter.*
Philipp Osthoff	Mehlhandlung	*Philipp Osthoff.*
Jacob Puster	Holzhandlung	*Jacob Puster.*
Karl Puster	Holzhandlung	*Karl Puster.*
Jacob Schäfer	Holzhandlung	*Jacob Schäfer.*
Gebrüder Schenk	Holzhandel u. Sägemühle	*Michael Schenk. Friedrich Schenk.*
Jacob Schenk	Holzhandlung	*Jacob Schenk.*

Georg Reinhard Sprau		*Georg Reinhard Sprau.*
Jacob Steinmann	Holzhandlung	*Jacob Steinmann.*
Peter Vogel		*Peter Vogel.*
Jacob Vogt	Viehhandel	*Jacob Vogt*

Hinzweiler. LG. Lauterecken BG u. HG. Kaiserslautern.
Advokaten s. Kaiserslautern. **Notar** s. Lauterecken.

Cappel A.	Krämerei	*Adam Cappel.*

Hirschau. LG. München l. J. BG u. HG München r J **Advokaten** u. **Notare** s München l. I.

J. A. Maffei ZN. [**HN** München]	Eisenwerk u. Locomotivfab	*Hugo Ritter von Maffei.*

Hirschau. 1634 Einwohner. St. u. LG. BG u. HG. Amberg. **Advokaten** u. **Notare:** s Amberg

Dorfner & Comp.	Porzellan- u. Steingutfabr.	*Joseph Dorfner* **A.** *Johann Dorfner. Michael Dorfner.*
Johann Dorfner	Bierbrauerei	*Johann Dorfner.*
Fischer Paul Detailhandlung	Specerei- u. Schnittw.	*Paul Fischer.*
Adam Hausner	Eisenhandlung	*Adam Hausner.*
Heindl Franz Detailhandlung	Specerei- u. Schnittw.	*Franz Heindl.*
Otto Lindig	Apotheke	*Otto Lindig.*
Paul Lunkenbein	Specerei- u. Schnittw.	*Paul Lunkenbein.*
Joh. Mader	Specerei- u. Schnittw. u. Bergwerk	*Johann Mader.*
Jos. Nissl	Specerei- u. Schnittw,	*Joseph Nissl.*
Thomas Schreiner	Specerei- u. Schnittw.	*Thomas Schreiner.*

Hirschhorn. 625 Einwohner. LG. Eggenfelden. BG. Pfarrkirchen. HG Passau.
Advokaten s. Pfarrkirchen. **Notar** s. Eggenfelden.

Peter Mehlsteibl	Gemischte Waaren	*Peter Mehlsteibl.*

Hirschhorn. 419 Einwohner. LG. Otterberg. BG. u. HG. Kaiserslautern.
Advokaten s. Kaiserslautern. **Notar** s. Otterberg.

Lersch Johannes	Specereiwaaren	*Johannes Lersch.*

Hitzleried. LG. Füßen. BG u. HG. Kempten. **Advokaten** s. Kempten. **Notar:** s. Füssen

Josef Furtenbach		*Josef Furtenbach.*

Hobbach. 452 Einwohner LG Klingenberg. BG. u. HG Aschaffenburg.
Advokaten s. Aschaffenburg **Notar** s. Klingenberg

A. Herold	Specerei- u. Schnittwhdlg.	*Anselm Herold.*
Elias Baer Lindheimer	Gemischte Waarenhdlg.	*Elias Bär Lindheimer. Jacob Oppenheimer* **P.**

Hochdorf. 610 Einwohner. LG. Ludwigshafen. BG. u. HG. Frankenthal.
Advokaten: s. Frankenthal. **Notar** s Ludwigshafen

Heinrich Janson	Specereiwaarenhdlg.	*Heinrich Janson.*
Schneider & Hoerdt	Tabak- und Cigarrenfabrik	*Philipp Schneider Peter Hördt.*
Pet. Zimmermann	Cigarrenfabrik	*Peter Zimmermann.*

Hochspeyer. 1716 Einwohner. LG., BG u. HG Kaiserslautern.
Advokaten u. **Notare** s. Kaiserslautern.

K. Bruchhaus	Eisen-, u. Specereihandlung	*Robert Bruchhaus.*
Häberle Joh.	Holzhandlung	*Johann Häberle.*
Häberle Peter	Bierbrauerei	*Peter Häberle.*
Mock & Wenzel HN. [**ZN.** Dürkheim a/H]	Kohlenhandlung	*Heinrich Mock. Jacob Wenzel.*
Müller Ad.	Specereiwaaren	*Adolph Müller.*
Ritter S. F.	Gerberei	*Friedrich Sigmund Ritter.*
Rubel A. I	Viehhandel	*Abraham Rubel.*
Rubel Abraham III	Viehhandel	*Abraham Rubel III. Johann Isaac Rubel* **P.**
Rubel Theobald	Viehhandel	*Theobald Rubel.*
Sch M.		*Meyer Sch.*
Würz F.	Ziegelei	*Friedrich Würz.*

Hochstadt. 225 Einwohner. LG. Lichtenfels BG. Kronach. HG. Bamberg.
Advokaten s. Kronach. **Notar** s. Lichtenfels.

Pfretzschner & Pfaff	Eisen- u. Metallwaarenhlg., Kohlen- u. Incassogeschäft	*Carl Pfretzschner. Joh. Math. Pfretschner.*

Hochstätten. 537 Einwohner. LG. Obermoschel. BG. u. HG. Kaiserslautern.
Advokaten s. Kaiserslautern. **Notar** s. Obermoschel.

Wolf Bernhard	Handlung	*Bernhard Wolf.*
S. Krämer	Brod- u. Mehlhandlung	*Salomon Krämer.*

Hochstein. 435 Einwohner. LG Winnweiler. BG u HG Kaiserslautern.
Advokaten s. Kaiserslautern **Notar** s. Winnweiler

Gebrüder Gienanth ZN. [HN. Kaiserslautern] | Eisenwerk, Bergbau u. Gussstahlfabrik | *Carl Freiherr v Gienanth. Ludwig u. Eugen Freih. v. Gienanth. Jacob Griff* P.

Höchberg. 1278 Einwohner LG. l. M. BG. u. HG Würzburg **Advokaten** u **Notare** s. Würzburg.

S. Eckstein | Specereiwaaren | *Salomon Eckstein.*
S. Salin | Specereiwaaren | *Samuel Salin.*

Höchheim. 422 Einwohner. LG Königshofen. BG. Neustadt a. S. HG Schweinfurt.
Advokaten: s. Neustadt a S **Notar** s. Konigshofen.

Loeser Friedmann | Specereiwaaren | *Löser Friedmann.*
Salomon Elias Friedmann | Specerei-, Schnittwaaren- u. Eisenhandlung | *Salomon Elias Friedmann. Elias Friedmann* P.
Jacob Sommer | | *Jacob Sommer*

Höchstadt. a. d. Aisch. 1760 Einwohner LG Höchstadt a. Aisch. BG u. HG. Bamberg.
Advokaten s. Bamberg **Notar:** O Ziegler

Georg Freudenberger | Specereiwaarenhandlung | *Georg Freudenberger.*
Johann Hummel | | *Barbara Hummel Wwe.*
Anton Jos. Riegler | Schnitt- u. Specereiwaarenh. | *Anton Joseph Riegler.*
Ferdinand Thaler | Eisenhandlung | *Ferdinand Thaler.*
Friedrich Voigt | Apotheke | *Friedrich Voigt.*
Franz Lothar Weber | Specerei- u. Lederh. | *Franz Lothar Weber*
J. B. Zeuner | Specereiwaarenhandlung | *Maria Barbara Zeuner Wwe*

Höchstädt. 2406 Einwohner LG Höchstädt. BG. Donauwörth. HG. Augsburg.
Advokaten s. Donauwörth **Notar** Ignatz Bäuerle.

Specerei- u. Schnittwaarenhdlg von Josef Beck | Specerei- u. Schnittw. | *Josef Beck.*
Strumpfwirkerei von Josef Beck | Strumpfwaaren | *Josef Beck.*
Handlung von C. Buchmayr | Specereiwaaren | *Carl Buchmayr.*
Handlung von Xaver Fallenbacher | Handlung | *Franz Xaver Fallenbacher*
Handlung von Leopold Kaltenegger | Specerei- u. Schnittw. | *Leopold Kaltenegger.*
Joh. Nep. Markmiller | Eisenhandlung | *Johann Nepomuk Markmiller.*
Nadlerei u. Galanteriewaarenhandlung von Josef Pollak | Nadlerei- u. Galanteriew. | *Josef Pollak*
Specerei- u. Schnittwaarenh. von Josef Pollak | Specerei- u. Schnittwaaren | *Josef Pollak.*
Handlung von Katharina Sallinger | Specerei- u. Porcellanw. | *Katharina Sallinger Wwe.*
Handlung von Thaddäus Steidle | Specerei- u. Schnittw., Porcellanh. u. Ziegelfabrik | *Thaddäus Steidle.*
Maria Anna Unger Ww. | Specerei- u. Schnittw. | *Maria Anna Unger Wwe.*

Höhenkirchen. LG., BG. u. HG München. r J **Advokaten** u. **Notare:** s. München l. I.

Georg Seiler | Krämerei | *Georg Seiler.*

Höheinöd. 330 Einwohner. LG. Waldfischbach. BG. u. HG. Zweibrücken.
Advokaten s Zweibrücken. **Notar** s Waldfischbach.

Jacob Faul | Ziegelei | *Jacob Faul.*
Jacob Levy | Viehhandel | *Jacob Levy.*
Leopold Mann | Pelzwaarenhandlung | *Leopold Mann.*
Michael Weis | Specereihandlung | *Michael Weis*

Höhenstadt. LG. Passau II. BG. u. HG. Passau. **Advokaten** u **Notare** s. Passau.

Alois Kristlbauer | Specerei- u. Schnittwaaren | *Alois Kristlbauer*

Höhfröschen. LG Pirmasens. BG. u. HG Zweibrücken. **Advokaten** s. Zweibrücken. **Notar** s Pirmasens.

Georg Knecht We. | Specereihandlung | *Katharina Knecht.*

Höll. LG. Waldmünchen. BG. Neunburg v. W. HG. Regensburg.
Advokaten s Neunburg v W **Notar** s. Waldmünchen

Andre Gruber | Krämerei | *Andreas Gruber.*

Höllenhammer i. Spessart. LG. Rothenbuch. BG u. HG. Aschaffenburg.
Advokaten s. Achaffenburg. **Notar** s. Rothenbuch

Rexroth | Nagelfabr. u. Eisendreherei | *Friedrich August Rexroth.*

Höllrich. LG. Gemünden. BG Lohr HG. Würzburg. **Advokaten** s. Lohr **Notar** s Gemünden.

I. Baumann | Gemischte Waaren | *Isaac Baumann.*

Hördt. LG. Germersheim. BG. u. HG. Landau. **Advokaten** s. Landau. **Notar** s Germersheim.

Elias Dreyfus | Ziegel- u. Kalkbrennerei | *Elias Dreyfus.*

Hörstein. 1054 Einwohner. LG. Alzenau. BG u. HG. Aschaffenburg.
Advokaten s. Aschaffenburg. **Notar** s. Alzenau.

Jos. Math. Löwenthal | Spec.-, Schnitt- u. Eisenwh. | *Josef Löwenthal.*
Conrad Sauer | Zündholzfabrik | *Conrad Sauer.*

Hof. 14,397 Einwohner. St. u. LG. BG. u. HG. Hof.
Advokaten E. Guth C D Bunte O König E. Militzer W Rau J F. Sand L. Ch. Scherber. C. G Wagner E. v. Wenz.
Notar Gustav Weyse

Angermann & Geigel	Ellenwaaren	*Friedrich Angermann Ignaz Geigel.*
Angermann & Pfannschmidt	Ellenwaaren	*Carl Julius Pfannschmidt.*
Gebr. Angermann	Bierbrauerei	*Johann Gottlieb Angermann.*
Erhardt Bauer	Glaserei	*Adam Sophian. Erhardt Bauer.*
Eduard Bermel	Essigfabrik	*Friedrich August Eduard Bermel.*
Alb. Brass	Filzenf. für Papierfabrication	*Albert Brass*
Franz Büching	Buchhandlung	*Franz Büching.*
G. H. Dotzauer	Landesproducte Com.-Sped Incasso	*Georg Heinrich Dotzauer.*
Fr. Eberdt	Specereiw. u. Spirituosen	*Friedrich Wilhelm Carl Eberdt.*
J. J. Faehler	Specereiwaaren	*Johann Jacob Fähler.*
G. A. Fehre	Seilerwaaren	*Gustav Adolf Fehre.*
Louis von Feilitzsch	Destilation	*Freih. Carl Edmund Ludwig von Feilitzsch. Friedrich Gustav Kaspar Richard von Feilitzsch.*
Carl Frank	Manufactur- u. Kurzw.	*Moritz Frank. Gustav Zeidler. Ferdinand Müller* P.
Franck & Wunnerlich	Woll- u Baumwollwaarenf.	*Hermann Ludolph Wunnerlich. Ernst Ludwig Frank. Robert Wunnerlich.*
J. Franz	Appreteur	*Johann Nicolaus Franz.*
S. Frohwein	Handlung	*Steph. Heinr. Wilh. Frohwein.*
J. G. Gahm	Wollen- u Baumwollenw	*Wilhelm Eduard Wächter. Christian Gottfried Pössnecker.*
Gasbeleuchtungs-Actiengesellschaft zu Hof	Gasfabrikation	*Die Gesellschaft wird durch einen Ausschuss, bestehend aus 7 Mitgliedern, vertreten: Ernst Militzer, Vorstand. Carl Hermann v. Münch. Friedrich Wolfgang Carl Franck. Friedrich Moritz Steinhäuser. Hermann Ludolf Wunnerlich. Carl Friedrich Stöckel. Johann Christian Gebhardt. Die Fertigungen der Firma durch den Ausschuss erfolgen in der Weise: „Der Ausschussvorstand der Gasbeleuchtungs-Actiengesellschaft N. N.", dann aus einem Directorium, bestehend aus: Mathäus Wilhelm Baumgärtl, technischer Director Gustav Münchferber. Jeder der beiden Directoren zeichnet die Firma: „Gasbeleuchtungs-Actiengesellschaft N N."*
Friedrich Gebhardt	Specereiwaaren	*Johann Friedrich Gebhardt.*
Gebrüder Gebhardt	Woll- u. Baumwollwaaren	*Johann Carl Albrecht Gebhardt. Georg Friedrich Wilhelm Alexander Franz Sudfeld. Georg Wilhelm Gebhardt* P
H. Gebhardt & Sohn	Bierbrauerei	*Johann Christian Gebhardt.*
J. F. Gegner	Säckler- u. Gummiwaaren	*Johann Jacob Gegner.*
A. Gerber	Appreteur- u. Tuchscherer	*Johann Andreas Gerber.*
Friedrich Geyer	Weisswaaren	*Maria Katharina Caroline Geyer. Eduard Julius Geyer* P.
Joh. Geyer		*Johann Geyer.*
Franz Graefenhan		*Franz Carl Wilhelm Gräfenhahn.*
G. A. Grau & Comp.	Buchhandlung	*Johann Rudolph Lion.*
Carl Gross	Appreteuranstalt	*Carl Gross*
Heinrich Grossmann	Kurz- u. Galanterieh.	*Heinrich Georg Grossmann.*
Hagen & Grau	Garn, Cigarren u. Agenturen	*Carl Otto Herrmann Hagen, Wilhelm Ernst Julius Grau.*
Louis Heerdegen	Specereih., Roth-, Weiss- u. Wollgarn-Agentur	*Franz Ludwig Heinrich Heerdegen.*
Friedrich Heinrich	Seifenfabrik	*Erhardt Carl Christian Heinrich. Christoph Philipp Heinrich.*
J. Hellmann	Landesproductenhandlung	*Ignatz Hellmann.*
Georg Hendel		*Georg Leonhardt Hendel.*
C. H. Hergert		*Carl Heinrich Hergert.*
Friedrich Herold	Zinngiesserei u. Glash	*Johann Friedrich Herold.*
Chr Hofmann	Goldwaarenlager	*Johann Christoph Christian Hofmann*
Joseph Hofmann	Specereiwaaren	*Joseph Hofmann.*
Julius Hoffmann	Gold- u Silberwaarenlager	*Georg Julius Christoph Hoffmann.*
Peter Horn	Tuchfabrik	*Georg Peter Raimund Horn.*
Friedrich Joerdens	Sped. u Com. Grosshandl.	*Friedr. Jördens Gottlob Ernst Fedor Jördens.*
J. G. Joerdens Erben	Spec., Sped. u. Com.	*Friedrich Ernst Jördens*
Georg Christian Kaestner	Unternehmen z. Verbreitung verbesserter landwirthsch. Maschinen, Eisenhandl.	*Georg Christian Kästner.*

Firma	Geschäft	Inhaber
P. R. Kanna	Eisenhandlung	*Johann Birkel.*
Karmann & Strauss	Handlung	*Gustav Hermann Strauss. Otto Karmann.*
Hermann Kiessling		*G Hermann Kiessling*
F A. Kirsch	Nadler	*Franz August Kirsch.*
E. G. Kleemann	Kürschnerwaaren	*Elias Gottlieb Kleemann.*
Heinrich Knoch	Garnhandlung	*Heinrich Christoph Erdmann Knoch.*
Königl bayer. Filialbank Hof ZN. [HN. Nürnberg]	Bankgeschäft	*Der kgl. bayer. Staat. Vorstand u. Disponent ist der k. Bankoberbeamte u. Cassier Johann Ernst Kleemann. Carl Lucas k. Bankbuchhalter. Die Firma wird durch den Bankbeamten, in dessen Abwesenheit durch den Bankbuchhalter unter Beidrückung des Siegels gezeichnet. Alle Schuldscheine u. Banknoten sind unter der Firma u. Siegelbeidrückung der k. bayerischen Bank auszufertigen u. mit vier Unterschriften zu versehen nämlich: des k. Bankdirectors, k. Banquiers oder deren Stellvertreter, des k. Bankoberbeamten u. des k. Buchhalters.*
Adam Koenitzer	Eisenhandlung	*Johann Adam Könitzer.*
C G. Kohler Söhne	Grosshandlung	*Christian David Eduard Kohler. Carl August Kohler.*
Carl Krahmer	Specereiwaaren	*Nicol Carl Krahmer.*
Albert Krauss	Mechan. Weberei	*Albert Krauss.*
Chr H. Krauss sen.		*Christian Heinrich Krauss.*
Carl Lampert	Woll- u. Baumwollwaarenf.	*Carl Lampert.*
Landgraf & Hofmann	Woll- u. Baumwollwaarenf.	*Johann Carl Bernhardt Hofmann Hermann Jahreis.*
Albrecht Langheinrich	Specereiwaaren u. Seifenf	*Johann Adam Albrecht Langheinrich.*
Gg. Langheinrich	Conditorei	*Johann Georg Langheinrich.*
Georg Langheinrich jr. Erbe	Seifenf., Colonialw. en gros	*Christian Wilhelm Langheinrich. Carl Schels* **P.**
C. Lehmann jr.	Kohlenhandlung	*Carl Lehmann.*
E. T Lehmann	Eisenhandl u Stahlw	*Friedrich Justus Schmausser.*
Leonhardt Prinzing & Cie. HN. [ZN. Baumwollspinnerei Kirchenlamitz]	Jute-, Werkspinnerei und Weberei, Flachsspinn- u. Weberei	*Georg Moritz Prinzing. Friedrich August Prinzing. Ernst Adolph Lienhardt. Marie Wumerlich. Robert Lienhardt. Arthur Lienhardt. Alfred Lienhardt. Nur die drei Erstgenannten sind zur Zeichnung der Firma befugt.*
Lossow	Weisswaaren	*Carl Julius Emil Lossow.*
Mechanische Weberei in Hof	Actiengesellschaft mit dem Zwecke des Betriebs einer mechan. Weberei	*Die Firma wird durch den Ausschuss und die Geschäftsführung vertreten. Der Ausschuss besteht aus 6 Mitgliedern nämlich: Georg Friedrich Wilhelm Alexander Franz Sulfeld, Vorstand, Georg Heinrich Moritz Hagen Vorstands Stellvertreter, Johann Christian Gebhardt, Hermann v. Münch, Georg Heinrich Moritz Hagen, Johann Georg Petermann, Vollziehender des Ausschusses ist allein der Vorstand oder dessen Stellvertreter, welche die Firma zeichnen „Der Ausschuss der mechanischen Weberei N. N“ Die Geschäftsführung besteht aus: Anton Friedrich Waltz, Gustav Heinrich Georg Waltz, Conrad Fried. Ottmar Weidner. Die Geschäftsführung zeichnet die Firma: ‚Mechanische Weberei“ und wird dieselbe in der Regel von 2 Mitgliedern der Geschaftsführung gezeichnet Bei Cassaposten ist jedoch nur eine Unterschrift nöthig.*
Mechanische Weberei von D. Regensburger	Mechanische Weberei	*David Regensburger. Carl Thoma* **P.**
Heinrich Meyer	Garnhandlung, Specerei und Incasso	*Friedrich Hugo Meyer. Carl Eccardt* **P.**
J. A. Meyer	Garnhandlung	*Joseph Andreas Meyer.*
Erh. Moll	Specerei- u. Schnittw	*Johann Erhardt Carl Moll.*
Georg Münch & Cie.	Woll- u. Baumwollwaarenf.	*Gustav Münch-Ferber, Ernst Christov Rudolph Münch.*
Nene Baumwollspinnerei Hof	Actiengesellschaft z. Zwecke einer mech. Baumwollsp.	*Der Vorstand besteht aus 7 Mitgliedern: Kgl. bayr Bank in Nürnberg, bayr. Hypotheken- u. Wechselbank in München. Adolph Waltz Vorsitzender, Adolph Lienhardt Stellvertreter, Carl Pfretschner, Julius Pfannschmidt, Wilhelm Fickentscher. Die Firma wird durch den Vorsitzenden des Vorstandes oder dessen Stellvertreter gezeichnet: „Neue Baumwollspinnerei Hof N. N“ Vorsitzender des Vorstandes oder N N. Stellvertretender Vorsitzender des Vorstandes.*
Chr. Oelschlaegel	Schnittwaarenhandlung	*Christian Oelschlägel.*
A. Peetz	Garn u Agenturen	*Johann Anton Christian Peetz.*
Georg Petermann	Bierbrauerei u. Malzfabrik	*Thomas Flessa.*
Rudolph Petzet	Mehlagentur	*Rudolf Petzet*
G. A. Poehlmann	Ellenwaaren u Garn	*Johann August Poehlmann.*
Eugen Pohl	Apotheke	*Eugen Andreas Pohl*
Peter Poland	Kurz- u. Galanteriew.	*Peter Raimund Poland*
Friedr. Prinzing & Co.	Garn en gros, Spedition u. Incasso	*Georg Moritz Prinzing. Friedrich August Prinzing. Carl Hess* **P.**

J. G. Prinzing	Specereiwaaren	*Johann Georg Prinzing.*
Chr. Prückner	Fabrik chemischer Producte	*Hugo Heinrich Sigmund Prückner. Hans Wilhelm Oswald Gotthold Prückner.*
P. Puchta	Specereiwaaren	*Johann Peter Puchta.*
August Püttner	Eisen- u. Kurzwaarenhdl.	*Christian Friedrich Leister.*
Jb. Fr. Püttner's Sohn	Com.- Sped.- und Landesproductenhandlung	*Carl Jänichen. Fritz Krippner*
Rein & Cie.		*Friedrich August Hermann Rein.*
Christ. Reinhardts Erbin	Landesproductenhandl. Sped. u. Commission	*Rosine Reinhardt. Bernhard Fischer* **P.**
A. Roeder	Specerei u. Cigarren en gros, Spedition	*Albrecht Röder.*
Roell & Eichhorn	Specereiw. Kohlenhandlung, Sped. u. Com.	*Johann Christian Eichhorn. Wilhelm Ludwig Roell.*
Fr. Rohmig		*Johann Gottfried Rohmig.*
J. Rothmund	Strumpfwirkerwaaren	*Johann Christian Rothmund.*
F. v. Rücker	Apotheke	*Ludwig Carl Ferdinand von Rücker.*
Heinr. Sartori	Mehl- u. Getreidegeschäft	*Hermann Christian Ludwig Sartori.*
Herrmann Schiebler	Manufacturwaaren en gros	*August Hermann Schiebler.*
Schmidt & Co.	Kohlen- und Coacsgeschäft, Fabrikat. geschmiedeter Nägel u. Drahtstiften	*Johann Schmidt. Georg Anton Krauss.*
Frz. Schneider	Specereiwaaren	*Johann Franz Georg Schneider.*
Gustav Schneider	Spec. u. Delicatessenh.	*Johann Friedrich Gustav Schneider.*
J. Aug. Schroedel	Specereiwaaren	*Johann August Schrödel.*
Johannes Schulz	Weiss- u. Bandwaaren	*Hans Mingo Schulz.*
Thilo Seidel	Garn en gros, Com. u. Sped.	*Thilo Seidel.*
Heinrich Steinhäuser	Woll- u. Baumwollwaarenf.	*Friedrich Moritz Steinhäuser. Edmund Gustav Wunnerlich. Heinrich Ludwig Steinhäuser* **P.**
Fr. Stöckel		*Carl Friedrich Stöckel.*
Adam Lorenz Stoll	Tuchf. u. Tuchhandlung	*Adam Lorenz Stoll.*
S. Stoll	Gürtlerwaaren	*Salomon Stoll.*
Friedrich Trautner	Bierbrauerei	*Christian Friedrich Trautner.*
Im Thurn'sche Baumwollspinnerei	Baumwollspinnerei	*Johann Conrad im Thurn. Max Ebenauer* **P.** *Ferdinand Ebenauer* **P.**
Hermann Vogel	Specereiwaaren	*Carl Friedrich Hermann Vogel.*
Robert Vorhölzer	Maschinenf. u. Kesselsch.	*Christian Joseph Robert Vorhölzer.*
Rudolph Wächter	Garn, Baumwollenhandlung, Agenturen u. Incasso	*Carl Mathäus Rudolph Wächter.*
Walther & Wagner	Lampen- u. Metallwaarenf.	*Johann Christoph Walther. Wilhelm Wagner.*
Ad. Waltz	Bankgeschäft und Spedition	*Adolph Friedrich Anton Waltz.*
Carl Weiss		*Johann Carl Albrecht Weiss.*
Carl Wiessmath	Ellenwaaren	*Carl Wiessmath. Eduard Wilhelm Immler* **P.**
Gebrüder Wild	Drahtstiftfabrik und Mühlproductenhandel	*Johann Friedrich Wild* **A.** *Albrecht Wild.*
H. Wild, Opticus	Optiker	*Hermann Wild.*
Philipp Wolff	Färberei	*Johann Philipp Wolff.*
Philipp Wolff, Filiale ZN. [HN. Berlin]	Tuch- u. Baumwollwaarenf.	*Philipp Friedrich Johann Wolff. Carl Heinrich Ludwig Lochenvitz* **P.**
C. Heinr. Zeidler	Destilation	*Christian Heinrich Zeidler.*

Hofenstetten. LG. u. BG. Neunburg v. W. HG. Regensburg.

Advokaten u. **Notare:** s. Neunburg v. W.

Joh. Schmidt	Specerei- u. Ellenwaaren	*Johann Schmidt.*

Hofheim. 976 Einwohner. LG. Hofheim. BG. u. HG. Schweinfurt.

Advokaten: s. Schweinfurt. **Notar:** Th. Kissling.

A. J. Bayer	Apotheke	*Adam Josef Bayer.*
Joh. Eisfelder	Spec.- u. Schnittwaaren	*Johann Eisfelder.*
J. G. Gerhard	Papier- u. Eisenwaarenh.	*Johann Georg Gerhard.*
Carl Winkler	Spec.- u. Schnittwaaren	*Carl Winkler.*
Leonhard Zink jun.	Specereiwaaren	*Leonhard Zink jun. Leonhard Zink sen.* **P.**
M. Zink	Specereiwaaren	*Michael Zink.*

Hofkirchen. 739 Einwohner. LG. Vilshofen. BG. u. HG. Passau.

Advokaten: s. Passau. **Notar:** s. Vilshofen.

Joh. Nep. Bauer	Goldarbeiterei	*Joh. Nep. Bauer.*
Kaspar Mooser	Gemischte Waaren	*Caspar Mooser.*

Hof-Trifftern. LG. u. BG. Pfarrkirchen. HG. Passau. **Advokaten** u. **Notare:** s. Pfarrkirchen.
Ignaz Abel sel. Wwe. Gemischte Waaren *Crescenz Abel.*

Hohenau. LG. Freyung. BG. u. HG. Passau. **Advokaten:** s. Passau. **Notar:** s. Freyung.
Joh. Nep. Moosbauer Krämerei *Anna Moosbauer.*

Hohenberg. 813 Einwohner. LG. Selb. BG. u. HG. Hof.
Advokaten: s. Hof. **Notar:** s. Selb.
C. M. Hutschenreuther Porcellanfabrik *Christian Wilhelm Leonhard Hutschenreuther. Philipp Auvera. Heinrich Carl Friedrich Wolf.*
F. Mainer Specereiwaaren *Friedrich Elias Ferdinand Mainer.*
Christian Prell, *Christian Friedrich Prell.*
J. J. Schletz Specerei- u. Ellenwaaren *Johann Julius Schletz.*
M. Wölfel Specereiwaaren *Johann Matthäus Wölfel.*

Hohenbürg. 766 Einwohner. LG. Parsberg. BG. u. HG. Amberg.
Advokaten: s. Amberg. **Notar:** s. Parsberg.
Georg Praun Specereiwaarenhandlung *Georg Praun.*
V. Salzinger Specerei- u. Schnittwaaren *Vincenz Salzinger. Alois Costa* P.
G. Stöckl Specereiwaaren *Georg Stöckl.*

Hoheneckeu. LG., BG. u. HG. Kaiserslautern. **Advokaten** u. **Notare:** s. Kaiserslautern.
Compter F. [Espensteigermühle] Handelsmühle *Friedrich Compter.*

Hohenfeld. 487 Einwohner. LG. Kitzingen. BG. u. HG. Würzburg.
Advokaten: s. Würzburg. **Notar:** s. Kitzingen.
Heinrich Gernert Holzhandlung *Heinrich Gernert.*
Gg. Mich. Ch. Kesselring Specerei- u. Weinhandlung *Georg Michael Christoph Kesselring.*

Hohenkammer. LG. u. BG. Freising. HG. München l. J. **Advokaten** u. **Notare:** s. Freising.
Anton Seitz Krämerei *Anton Seitz.*

Hohenkemnath. LG., BG. u. HG. Amberg. **Advokaten** u. **Notare:** s. Amberg.
Leonhard Gehr Specereiwaaren *Leonhard Gehr.*

Hohenöllen. LG. Lauterecken. BG. u. HG. Kaiserslautern.
Advokaten: s. Kaiserslautern. **Notar:** s. Lauterecken.
Schuhmacher Fried. Krämerei *Friedrich Schuhmacher.*

Hohenstadt. 730 Einwohner. LG. Hersbruck. BG. u. HG. Nürnberg.
Advokaten: s. Nürnberg. **Notar:** s. Hersbruck.
G. M. Pickel Hopfenhandlung *Georg Michael Pickel.*
Gebrüder Prihäussner Hopfenhandlung *Johann Heinrich Prihäussner. Johann Prihäussner.*
J. G. Scharrer & Söhne Hopfenhandlung *Johann Georg Scharrer sen. Johann Georg Scharrer jun. Johann Scharrer.*
Seitz & Scharrer Hopfenhandlung *Georg Seitz. Heinrich Scharrer.*
Wagner & Brunner Hopfenhandlung *Johann Georg Wagner. Georg Brunner.*

Hohenthan. LG. Aibling. BG. Traunstein. HG. München r. J.
Advokaten: s. Traunstein. **Notare:** s. Aibling.
Lorenz Dengler Krämerei *Lorenz Dengler.*

Hohenwart. LG. Vilsbiburg. BG. u. HG. Landshut. **Advokaten:** s. Landshut. **Notar:** s. Vilsbiburg.
Xaver Greiner Krämerei *Xaver Greiner.*

Hohenwart. LG. Erding. BG. Freising. HG. München. l. J.
Advokaten: s. Freising. **Notar:** s. Erding.
Andreas Haindl Spec.- u. Schnittwaaren *Andreas Haindl. Regina Haindl* P.

Hohenwart. LG. Schrobenhausen. BG. Aichach. HG. München l. J.
Advokaten: s. Aichach. **Notar:** s. Schrobenhausen.
Martin Rieger Spec.- u. Schnittwaaren *Martin Rieger.*

Hohenzell. LG. u. BG. Aichach. HG. München l. J. **Advokaten** u. **Notare:** s. Aichach.
Ulrich Gröpmeier Krämerei *Ulrich Gröpmeier.*

Holenbrunn. LG. Wunsiedel. BG. u. HG. Hof. **Advokaten:** s. Hof. **Notar:** s. Wunsiedel.
Georg Magdt Landesproductenhandlung *Georg Magdt.*

Hollfeld. 1040 Einwohner. LG. Hollfeld. BG. u. HG. Bayreuth.
Advokaten: s. Bayreuth. **Notar:** A. Küster.
Johann Dippold Krämerei *Johann Dippold.*
Johann Dresel Seifenfabrik *Johann Dresel.*
Julius Ernst Buchbindergeschäft *Julius Ernst.*
Joseph Thaddäus Gardill Krämerei *Joseph Thaddäus Gardill.*
Julius Hartung Apotheke *Julius Wilhelm Philipp Hartung.*

Valentin Hereth	Krämerei	*Valentin Hereth.*
Abraham Mondschein	Schnittwaarenhandlung	*Abraham Mondschein.*
S. Mondschein	Schnittwaarenhandlung	*Samuel Mondschein.*
Peter Polster	Krämerei	*Peter Polster.*
Hironimus Schuhmann	Schnittwaarenhandlung	*Hironimus Schuhmann.*

Hollstadt. LG. u BG. Neustadt a. S. HG. Schweinfurt. **Advokaten** u. **Notare:** s. Neustadt a. S

Franz Brand	Specerei- u. Kurzwaarenh.	*Franz Brand.*

Holnstein. LG. Sulzbach. BG. u. HG. Amberg. **Advokaten**: s. Amberg. **Notar:** s. Sulzbach.

Johann Herbst	Specereiwaaren	*Johann Herbst.*
Johann Meickl	Specereiwaaren	*Johann Meickl.*

Holzheim. LG. Dillingen. BG. Donauwörth. HG. Augsburg.
Advokaten: s. Donauwörth. **Notar:** s. Dillingen.

Anton Koch		*Anton Koch.*

Holzkirchen. 900 Einwohner. LG. Miesbach. BG. u. HG. München r. I.
Advokaten: s. München r. I. **Notar:** s. Miesbach.

Th. Berger	Holzhandlung, Dampfsägew. und Fabrik roher Profil-Holzwaaren	*Theodor Berger.*
Joseph Morassi	Dampfsäge	*Joseph Marassi.*
Mathias Seidl	Spec.-, Schnitt- u. Eisenw.	*Mathias Seidl.*

Holzkirchen. LG. Vilshofen. BG. u. HG. Passau. **Advokaten**: s. Passau. **Notar**: s. Vilshofen.

Johann Striedl	Krämerei	*Johann Striedl.*

Homburg. 3351 Einwohner. LG. Homburg. BG. u. HG. Zweibrücken.
Advokaten: s. Zweibrücken. **Notar:** F. Bartels.

Christian Baumann	Handelsmühle	*Christian Baumann.*
Ph. Bohnenblusch	Glas- u. Porcellanhandlung	*Philipp Bohnenblusch.*
August David		*August David.*
Jacob Demuth	Korbh. u. Tabakspinnerei	*Jacob Demuth.*
E. Dümmler	Weinhandlung u. Salzhandel	*Ernst Dümmler.*
J. Eibeler	Uhrenhandlung	*Joseph Eibeler.*
F. Engelbach	Seifenfabrik	*Friedrich Engelbach.*
Heinrich Jacob Euler	Rothgerberei	*Heinrich Jacob Euler.*
Jacob Eyer's Wwe.		*Margaretha Eyer.*
Friedrich Fischer	Kammhandlung	*Friedrich Fischer.*
Friedrich Fretz	Ellen- u. Specereiwaaren	*Friedrich Fretz.*
Fretz & Hofmann	Holzhandlung	*Friedrich Fretz. Jacob Hofmann.*
Gottfried Joseph	Viehhandel	*Joseph Gottfried.*
Leopold Hatry	Viehhandel	*Leopold Hatry.*
J. Hiltner	Ellen- u. Specereiwaaren	*Johann Hiltner.*
Jacob Hirsch		*Jacob Hirsch.*
Isaac Hirsch & Carl Neu	Viehhandel	*Isaak Hirsch. Carl Neu. Salomon Hirsch* P. *Leopold Hirsch* P.
Leopold Hirsch		*Leopold Hirsch.*
Ludwig Hirsch	Mehlhandlung	*Ludwig Hirsch.*
F. & Ch. Jacoby	Bierbrauerei	*Ferdinand Jacoby. Wilhelm Jacoby. Ludwig Jacoby.*
Joseph Joseph	Viehhandel	*Joseph Joseph.*
Daniel Kiefer [Schelmenkopf]	Fouragehandlung	*Daniel Kiefer.*
Michael Klug	Gerberei- u. Lederhandlung	*Michael Klug.*
Michael Klug jun.	Gerberei- u. Lederhandlung	*Michael Klug jun.*
Albert Köbig	Eisenhandlung u. Fabrik geschmiedeter Schuh- und Baunägel	*Albert Köbig. Jacob Köbig* P. *Carl Cullmann* P.
Theodor Köbig	Eisenhandlung	*Theodor Köbig.*
Carl Leschhorn	Bierbrauerei	*Carl Leschhorn.*
Chr. Leschhorn	Drechsler u. Specereiwaaren	*Christian Leschhorn.*
Aron Levi	Lederhandlung	*Aron Levi.*
Chr. Lotz	Specereiw. u. Seifenfabrik	*Christian Lotz.*
Karl Lotz	Apotheke	*Karl Lotz.*
Louis Georg	Specerei- u. Seilerwaaren	*Georg Louis.*
Franz Daniel Martin	Rothgerberei	*Franz Daniel Martin.*
Raphael Moses	Viehhandel	*Raphael Moses.*
J. Oberdörfer	Ellen- u. Specereiwaaren	*Johann Oberdörfer.*
D. Oppenheimer	Kleiderhandlung	*David Oppenheimer.*

M. Oppenheimer	Kleiderhandlung	*Max Oppenheimer.*
Georg Peill	Bierbrauerei	*Georg Peill.*
Louis Purpur	Glashandlung	*Louis Purpur.*
Johann Rechtenwald	Tabakspinnerei	*Johann Rechtenwald.*
Christian Sauerbrey	Ellen- u. Specereiwaaren	*Christian Sauerbrey.*
Philipp Sauerbrey	Gold- u. Silberwaarenhand.	*Philipp Sauerbrey.*
Friedrich Schäfer	Gerberei	*Friedrich Schäfer.*
Jacob Schäfer	Ellen- u. Specereiwaaren	*Jacob Schäfer.*
Gustav Scharffenberger	Ellen- u. Specereiwaaren	*Gustav Scharffenberger.*
Heinrich Schärpf		*Heinrich Schärpf.*
Peter Joseph Schleck	Gerberei u. Lederhandl.	*Peter Joseph Schleck.*
Adam Scholer	Ellen- u. Specereiwaaren	*Adam Scholler*
Frau Louis Scholler		*Philippine Scholler.*
Carl Schramm	Papierhandlung	*Carl Schramm.*
Ludwig Schwarz	Bierbrauerei	*Ludwig Schwarz.*
A. Seligmann	Viehhandel	*Adam Seligmann.*
Joseph Seligmann	Ellen- u. Specereiwaaren	*Joseph Seligmann.*
Michael Seligmann		*Michael Seligmann.*
Nathan, Simon & Moses Seligmann	Viehhandel	*Nathan, Simon, Moses Seligmann.*
Philipp Seligmann	Ellen- u. Specereiwaaren	*Abraham Seligmann.*
W. Seligmann	Viehhandel	*Wilhelm Seligmann*
Wilhelm Simon	Ellen- u. Specereiwaaren	*Wilhelm Simon.*
Jacob Stiefel	Eisenhandlung	*Jacob Stiefel.*
Ludwig Süssdorf	Färberei	*Ludwig Süssdorf.*
F. Voitl	Essig- u. Hefefab. u. Holzh.	*Ferdinand Voitl.*
Carl Weber	Specereiwaaren u. Mahlmühle	*Carl Weber.*
Christian Weber		*Christian Weber.*
Georg Wecker	Mälzerei	*Georg Wecker.*
David Moses Wolf & Wolf Wolf	Viehhandel	*David Moses Wolf. Wolf Wolf.*

Homburg. LG. Marktheidenfeld. BG. Lohr. HG. Würzburg.
Advokaten: s. Lohr. **Notar:** s. Marktheidenfeld.

Emanuel Heimann	Spec.-, Schnitt- u. Eisenw.	*Emanuel Heimann.*

Honsolgen. LG. Buchloe. BG. u. HG. Augsburg. **Advokaten:** s. Augsburg. **Notar:** s. Buchloe.

Carl Ernst	Specereiwaaren	*Carl Ernst.*

Hopfennohe. LG. Auerbach. BG. u. HG. Amberg. **Advokaten:** s. Amberg. **Notar:** s. Auerbach.

Sebastian Kugler	Specereiwaaren	*Sebastian Kugler.*

Hopferstadt. LG. Ochsenfurt. BG. u. H.G. Würzburg. **Advokaten:** s. Würzburg. **Notar:** s. Ochsenfurt.

Friedr. Beck	Gemischte Waaren	*Friedrich Beck.*

Horb. LG. Lichtenfels. BG. Kronach. HG. Bamberg. **Advokaten:** s. Kronach. **Notar:** s. Lichtenfels.

A. Reuter	Spec.- u. Schnittwaarenh.	*Abraham Reuter.*

Horbach. 330 Einwohner. LG. Waldfischbach. BG. u. HG. Zweibrücken.
Advokaten: s. Zweibrücken. **Notar:** s. Waldfischbach.

Wilh. Arnold	Kurzwaarenhandlung	*Wilh. Arnold.*
Jacob Klein	Kurzwaarenhandlung	*Jacob Klein.*
Wittwe Klug [Horbachermühle]	Handelsmühle	*Maria Anna Klein.*
Nicolaus Lenhard [Schwanenmühle]	Mühle u. Holzhandel	*Nicolaus Lenhard.*

Hornbach. 345 Einwohner. LG. Hornbach. BG. u. HG. Zweibrücken.
Advokaten: s. Zweibrücken. **Notar:** E. Karsch.

W. Bohl Wittwe		*Sophie Bohl.*
Peter Brill	Manufactur-, Kurz- u. Colonialwaarenhandlung	*Peter Brill.*
Friedrich Eberhard	Mühle	*Friedrich Eberhard.*
Theodor Engelmann		*Sophie Simon.*
Ch. Grünewald	Bierbrauerei- u. Specereiw.	*Christian Grünewald.*
Haas Gottlieb	Uhrenhandlung	*Gottlieb Haas.*
A. Hannitz	Weinhandlung	*Dr. August Hannitz.*
Friedrich Holderbaum	Handelsmühle	*Friedrich Holderbaum.*
J. Kirsch		*Jacob Kirsch.*
Christian Koch		*Christian Koch.*
J. Kreischer		*Jacob Kreischer.*
Ph. J. Neumüller	Färberei	*Philipp Jacob Neumüller.*
J. Oberlinger	Bierbrauerei	*Jacob Oberlinger.*

J. W. Pfeiffer	Apotheke	*Friedrich Wilhelm Pfeiffer.*
Bierbrauerei von Ch. Ruf	Bierbrauerei	*Christian Ruf.*
L P. Ruf	Seifen- u. Lichterhandlung	*Ludwig Peter Ruf*
Louis Schery	Colon.-, Mater -, Kurz- und Schnittwaaren	*Louis Schery.*
J. Theisohn		*Jacob Theisohn*
Fr. Wahl	Bierbrauerei	*Friedrich Wahl.*
Joseph Weber	Handelsmühle	*Joseph Weber.*
A. Wild	Gerberei	*August Wild.*
Carl Friedrich Wild		*Carl Friedrich Wild*
Wildt & Glasser	Gerberei	*Julie Kremer Adolph Glasser.*

Hürben. 1170 Einwohner. LG Krumbach BG. u HG. Memmingen.
Advokaten s Memmingen **Notar** Dr Friedr Striedinger in Hürben

Lazarus Barbier	Bettfedernhandlung	*Lazarus Barbier.*
Benedikt Dick		*Benedikt Dick.*
Josef Dick	Bürstenfabrik	*Josef Dick.*
F. J. Einsle		*Franz Josef Einsle*
Götz & Ottinger	Rauch- u. Tuchwaarengesch	*Gustav Götz. Samuel Ottinger.*
Carl Guggenheimer	Weinwirthschaft	*Carl Guggenheimer.*
S. Guggenheimer's Erben	Weinhandlung en gros	*Karl Guggenheimer.*
Samuel J. Guggenheimer	Handlung	*Samuel Joachim Guggenheimer.*
Seligmann A. Guggenheimer	Handlung	*Seligmann Guggenheimer.*
Abraham Harburger & Sohn	Eisen- u. Metallwaaren	*Abraham Harburger. Gustav Harburger.*
S. Harburger's Söhne		*Seligmann Harburger. Leopold Harburger. Bernhard Harburger* **P.** *Elias Harburger* **P.**
J. Heilbronner	Handlung	*Josef Heilbronner.*
Georg Hilber	Schlosserei	*Georg Hilber.*
H. W Höchstädter	Pferde u. Waarenhandel	*Hirsch Wolf Höchstädter*
Aron Kahn	Uhrenhandlung	*Aron Kahn.*
Benedict Kahn	Handlung	*Benedikt Kahn.*
Michael Kahn	Gold- u. Silberarbeiten	*Michael Kahn.*
Conrad Kleiner	Hammerschmiede	*Conrad Kleiner.*
Klopfer & Heymann	Schnitt- u Spezereiwaaren	*Leopold Klopfer. Isaak Heymann.*
Moses Klopfer	Bäckerei	*Moses Klopfer*
Aron Landauer		*Aron Landauer.*
Hirsch Landauer	Rothgerberei	*Hirsch Landauer.*
Leopold Josef Landauer		*Leopold Josef Landauer.*
Max J Landauer	Uhrenhandlung	*Mathias Landauer.*
Simon Landauer	Manufacturw. en gros	*Simon Landauer.*
Veit Landauer		*Max Landauer. Seligmann Guggenheimer* **P.** *Albert Landauer* **P.**
Josef Levinger	Grosshandlung	*Josef Levinger.*
Samuel Levinger	Handlung	*Samuel Levinger.*
Löffler & Landauer	Rauhwaarenhandlung	*Maier Landauer. Gumper Löffler*
J. H. Oettinger Wttb		*Esther Oettinger.*
Hirsch Pflaumlocher	Schneiderwaaren	*Hirsch Pflaumlocher.*
A. Rösle	Käseh. u. Naturleinwaaren-Bleiche in Hohenrausen b. Kronach	*Anton Rösle.*
A. Sänger	Spec -, Porcell.- u. Hopfenh.	*Abraham Sänger.*
Johann Georg Schremmer	Leimfabrik	*Johann Georg Schremmer.*
Max Stettauer, Thanhauser's Nachfolger	Schnittwaaren	*Max Stettauer.*
Süsskind J. Guggenheimer & Sohn	Schnitt- u Garnwaaren	*Clara Guggenheimer Joachim Süsskind Guggenheimer* **A**
Abraham Thanhauser		*Abraham Thanhauser.*
David Thanhauser		*David Thanhauser.*
Jonas Thanhauser		*Jonas Thanhauser.*
S. H. Thanhauser	Hutfabrik	*Seligmann Thanhauser*
Anton Waltenberger & Comp.	Viehhandel	*Anton Waltenberger* **A.** *Jacob Waltenberger. Josef Waltenberger Johann Willauer. Balthasar Diem.*
Josef Wassermann	Tuch u. Schnittwaaren	*Josef Wassermann*
Johann Weng		*Johann Weng.*

Hüttenbach. 878 Einwohner. LG. Lauf. BG. u. HG. Nürnberg.
Advokaten: s. Nürnberg. **Notar**: s. Lauf.

A. Boskowitz	Handlung	*Abraham Boskowitz.*
A. Emreuther	Schnittwaaren-, Wollen- u. Hopfenhandlung	*Abraham Bär Emreuther.*
Ph. Hermann & Cie.	Hopfenhandlung	*Philipp Hermann. Moritz Hermann.*
David Hofmann	Hopfenhandlung	*Lord David Salomon Hofmann.*
Simon Holländer	Spezereiwaarenhandlung	*Simon Holländer.*
Joseph Isner	Schnittwaarenhandlung	*Joseph Isner.*
Salomon Kaiser	Hopfenhandlung	*Salomon Kaiser.*
Rosette Landauer	Schnittwaarenhandlung	*Rosette Landauer Wwe.*
H. Springer		*Heinrich Springer. Salomon Springer* **P.**
Meier Steinberger	Hopfenhandlung	*Meier Steinberger.*

Hüttenheim. 778. Einwohner. LG. Marktbreit BG. u. HG. Würzburg.
Advokaten: s. Würzburg. **Notar**: s. Marktbreit.

Aaron Heidingsfelder	Gemischte Waarenhandlung	*Aaron Bär Heidingsfelder.*
Samuel Krämer	Gemischte Waarenhandlung	*Samuel Krämer.*
Louis Liebenstein	Weinhandlung	*Louis Liebenstein.*

Hundsweiher Sägmühle. LG. Waldfischbach. BG. u. HG. Zweibrücken.
Advokaten: s. Zweibrücken. **Notar**: s. Waldfischbach.

Johann Wittmer HN. [**ZN.** Waldfischbach]	Sägmühle u. Holzhandel	*Johann Wittmer.*

Hutthurn. 270 Einwohner. LG. Passau I. BG. u. HG. Passau. **Advokaten** u. **Notare**: s. Passau.

Jacob Gahbauer	Zeugweberei	*Jacob Gahbauer.*
Mathias Kornexl	Krämerei	*Mathias Kornexl.*

Jägerndorf. LG. Arnsdorf. BG. Pfarrkirchen. HG. Passau.
Advokaten: s. Pfarrkirchen. **Notar**: s. Arnsdorf.

Nicolaus Cortolezis	Eisen-, Geschmeide-, Tuch-, Schnitt- u. Colonialw.	*Nicolaus Cortolezis.*

Jägersburg. LG. Waldmoor. BG. u. HG. Zweibrücken. **Advokaten**: s. Zweibrücken. **Notar**: s. Waldmoor.

Philipp Hernig	Krämerei	*Philipp Hernig.*

Jägerthal. LG. Dürkheim. BG. u. HG. Frankenthal. **Advokaten**: s. Frankenthal. **Notar**: s. Dürkheim.

L. Cordier's Wittwe	Pappendeckelfabrik	*Peter Heinrich Cordier.*

Ichenhausen. 2281 Einwohner. LG. Günzburg. BG. u. HG. Augsburg.
Advokaten: s. Augsburg. **Notar**: s. Günzburg.

Moritz Affhauser		*Moritz Affhauser.*
J. Aufhäuser	Specereiwaaren	*Israel Aufhäuser.*
Salomon Bachmann	Specereiwaaren	*Salomon Bachmann.*
Mayer Dreyfuss		*Mayer Dreyfuss.*
Heinrich Einstein	Specereiwaaren	*Heinrich Einstein.*
Jos. Fellheimer		*Josef Fellheimer.*
L. S. Friedberger	Specerei- u. Schnittwaaren	*Leopold Samuel Friedberger.*
Gebrüder Gerstle	Tuch-, Bucksking-, Wolle- u. Rauhwaarenhandlung	*Abraham O. Gerstle.*
J. Gradmann	Specerei- u. Schnittwaaren	*Jakob Gradmann.*
J. M. Gschwind	Specerei- u. Schnittwaaren	*Johann Michael Gschwind.*
Isaak Günzburger	Ellenwaaren	*Isaak Günzburger.*
Sigmund Günzburger	Ellenwaaren	*Sigmund Günzburger.*
Benjamin Gundelfinger		*Benjamin Gundelfinger.*
Gebrüder Gundelfinger	Kleider- u. Tuchhandlung	*Benjamin Heinrich Gundelfinger. Elkan Gundelfinger.*
Elias Gutmann	Lederhandlung	*Ephraim Gutmann.*
Sigmund Gutmann	Weisswaaren	*Sigmund Gutmann.*
Julius Harburger		*Julius Harburger.*
Jos. Heilbronner	Spiegelhandlung	*Josef Heilbronner.*
Carl Heinzl	Specerei- u. Schnittwaaren	*Carl Heinzl.*
S. G. Heller	Galanteriewaaren	*Samuel Gabriel Heller.*
Heinrich Hessel		*Heinrich Hessel.*
Heinrich Hirsch		*Heinrich Hirsch.*
Samuel Hirsch		*Samuel Hirsch.*
Jacob Holländer	Galanteriewaaren	*Jacob Holländer.*
Daniel Koschland & Sohn	Specerei- u. Schnittwaaren	*Daniel Koschland. Israel Koschland.*
Israel Koschland	Spec.-, Schnitt-, Confections- u. Wollwaaren	*Lazarus Koschland. Seligmann Koschland* **P.**

Nathan Koschland	Weisswaaren	*Nathan Koschland.*
Samuel Koschland	Weisswaaren	*Samuel Koschland.*
Anselm Krämer	Spec.-, Rauch-, u. Schnittw.	*Anselm Krämer.*
Gebrüder Krämer & B. Weimersheimer	Handel in rohen Hautw. u. Fellen	*Leopold Krämer. Raphael Krämer. Bernhard Weimersheimer.*
Josef Krämer	Spec.- u. Schnittwaaren	*Josef Krämer.*
Krieger & Thaler	Kunstmühle	*Andreas Krieger. Josef Thaler. Josef Stegmann* **P.**
Isaak Liebermann		*Isaak Liebermann.*
Julius Liebermann		*Julius Liebermann.*
Leopold Maier	Ellenwaaren	*Leopold Maier.*
Leopold Mann	Spec.- u. Ellenw.	*Leopold Mann.*
Heinrich Mayer	Ellenwaaren	*Heinrich Mayer.*
Max Mayer	Ellenwaaren	*Max Mayer.*
Moses Mayer	Ellenwaaren	*Moses Mayer.*
Philipp Mayer	Specereiwaaren	*Philipp Mayer.*
J. G. Moll	Spec.- u. Schnittwaaren	*Johann Nepomuk Moll.*
Heinrich Neuburger	Cigarrenhandlung	*Heinrich Neuburger.*
Josef Neuburger	Spec.- u. Schnittwaaren	*Josef Neuburger.*
Meyer Neuburger	Spec.- u. Ellenwaaren	*Meyer Neuburger.*
A. Regensburger		*Abraham Regensburger.*
G. A. Reichenberger	Eisenhandlung	*Gerson Abraham Reichenberger.*
H. S. Reitlinger		*Heinrich Samuel Reitlinger.*
Nathan Rosenberger	Geldwechsel- u. Spielwaarengeschäft	*Nathan Rosenberger.*
Salomon Rosenberger		*Salomon Rosenberger.*
Ulrich Rosskam	Ellenwaaren	*Ulrich Rosskam.*
J. Schnattinger		*Isaak Schnattinger.*
J. R. Seligmann	Schnitt- und Manufacturw. en gros	*Helene Seligmann Wwe. Nathan Seligmann* **P.** *Heinrich Seligmann* **P.**
Spar- und Creditverein Ichenhausen. Registrirte Gesellschaft mit beschränkter Haftpflicht.	Gewährung von verzinslichen Darlehen an Jedermann. Sparkasse	*Vorstand der Gesellschaft ist G. Moll, dessen Stellvertreter ist W. Wiedenmayer.*
Ferdinand Steiger	Materialwaaren	*Josef Schmid.*
Samson Steppacher		*Samson Steppacher.*
Gebrüder Sulzer	Kleider- u. Tuchhandlung	*Hermann Sulzer. Michael Sulzer.*
Jakob Vikler		*Jakob Vikler.*
H. R. Victor	Schreibmaterialienhandlung	*Hirsch Rafael Victor.*
Heinrich Wimpfheimer	Glas-, Porcellan- u. Steinguthandlung, Geschmeide, pharm. Utensilien	*Heinrich Wimpfheimer.*
Gebrüder Wolff	Ellenwaaren	*Elias Wolff. Samuel Wolff. Samuel Meyer.*

Ickelsheim. LG. Uffenheim. BG. Windheim. HG. Fürth **Advokaten:** s. Windheim. **Notar:** s. Uffenheim.

J. Weissmann	Gemischte Waarenhandlung	*Juda Weissmann.*

Igengen. LG. Buchloe. BG. u. HG. Augsburg. **Advokaten:** s. Augsburg. **Notar:** s. Buchloe.

Johannes Lotterer	Handlung	*Johannes Lotterer.*
Urban Schöner	Handlung	*Urban Schöner.*

Igettenbach. LG. Wolfstein. BG. u. HG. Kaiserslautern.
Advokaten: s. Kaiserslautern. **Notar:** s. Wolfstein.

Weber Carl	Spec.-, Manufacturw. u. Instrumente	*Carl Weber.*

Iggelheim. 2010 Einwohner. LG. Ludwigshafen. BG. u. HG. Frankenthal.
Advokaten: s. Frankenthal. **Notar:** s. Ludwigshafen.

David Dreyfuss	Specereiwaaren	*David Dreifuss.*
Bernhard Mayer	Specereiwaaren	*Bernhard Mayer.*
Jacob Mayer	Specereiwaarenhandlung	*Jacob Mayer.*
Salomon Mayer	Mehlhandlung u. Maklerei	*Salomon Mayer.*
Jacob Mayer	Specereiwaarenhandlung	*Jacob Mayer.*
Michael Mayer	Specereiwaarenhandlung	*Michael Mayer.*
Jacob Sieber	Waldsaamenhandlung	*Jacob Sieber.*

Illertissen. 1400 Einwohner. LG. Illertissen. BG. u. HG. Memmingen.
Advokaten: s. Memmingen. **Notar:** Friedrich Weber.

Jos. Baur	Specerei- u. Schnittwaarenh.	*Josef Baur.*
J. Hummel	Apotheke	*Josef Hummel.*

Max Kempter	Gastwirthschaft, Hopfenh.	*Maximilian Kempter.*
Theodor Stadelmayr	Spec.- u. Schnittwaarenh.	*Theodor Stadelmayr.*

Ilmünster. LG. Pfaffenhofen. BG. Freising. HG. München l. J.
Advokaten: s. Freising. **Notar:** s. Pfaffenhofen.

Michael Orthmair	Krämerei	*Michael Orthmair.*

Immenstadt. 1857 Einwohner. LG. Immenstadt. BG. u. HG. Kempten.
Advokaten: s. Kempten. **Notar:** J. Haggenmüller.

F. F. Fleschhut	Specereiwaaren, Käse- und Butterhandlung	*Franz Fidel Fleschhut.*
Carl Theod. Frey	Specereiwaaren	*Karl Theodor Frey.*
Fidel Hagenauer	Spec.- u. Schnittwaaren	*Max Hagenauer sen. Max Hagenauer jun.*
Max Hagenauer	Spec.- u. Schnittw., Garnh. en gros, Leinen, mechan. Gurtenweberei u. Agent.	*Max Hagenauer.*
Carl Herburger	Specerei- und Farbwaaren, Cigarren en gros	*Carl Herburger.*
Gebrüder Herz	Käsefabrik	*Michael Herz. Frz. Josef Herz. Ernst Köberlin* P.
Carl Hiebeler	Goldwaaren	*Karl Hiebeler.*
J. N. Kössel	Material- u. Farbwaarenh.	*Joh. Nep. Kössel.*
Pet. Paul Markhart	Sped. Com. u. Incasso	*Peter Paul Markhart.*
Mechanische Bindfadenfabrik	Bindfadenfabrik	*Karl Josef Holzheu. Adolf Probst* A. *Otto Probst. Julius Probst. Friedrich Ritter v. Lössl. Otto Probst* P. *Josef Stahl* P.
Eduard Müller HN. [ZN. Oberstaufen]	Apotheke u. Specereiw.	*Eduard Müller.*
Max Schmid	Specerei- u. Schnittwaaren	*Max Schmid.*
Th. Seyfert	Weinhandlung	*Thomas Seyfert.*
Anton Ulrich		*Anton Ulrich.*
Th. Vogt	Eisen- u. Galanteriewaaren	*Thaddä Vogt.*
Albert Zick	Eisen- u. Galanteriewaaren, Nähmaschinenniederlage, Baumwoll- u. Wollgarnh.	*Albert Zick.*

Immesheim. LG. Göllheim. BG. u. HG. Kaiserslautern.
Advokaten: s. Kaiserslautern. **Notar:** s. Göllheim.

Hahn D. [Kleinmühle]	Handelsmühle	*David Hahn. Isaac Hahn* P.

Imsbach. LG. Winnweiler. BG. u. HG. Kaiserslautern. **Advokaten:** s. Kaiserslautern. **Notar:** s. Winnweiler.

Saarbach L.	Handelsmann	*Lazarus Albert Saarbach.*

Imsweiler. LG. Winnweiler. BG. u. HG. Kaiserslautern.
Advokaten: s. Kaiserslautern. **Notar:** s. Winnweiler.

Carl A. Limbacher	Handelsmühle	*Carl Adam Limbacher.*

Inchenhofen. 706 Einwohner. LG. u. BG. Aichach. HG. München l. J.
Advokaten u. **Notare:** s. Aichach.

K. Hörhammer	Krämerei	*Karl Hörhammer.*
Andreas Metzger	Krämerei	*Andreas Metzger.*
Joseph Mayr	Krämerei	*Josef Mayr.*

Indersdorf. LG. Dachau. BG. u. HG. München r. J. **Advokaten:** s. München r. I. **Notar:** s. Dachau.

Jacob Hotz	Apotheke	*Jakob Hotz.*

St. Ingbert. 6918 Einwohner. LG. St. Ingbert. BG. u. HG. Zweibrücken.
Advokaten: s. Zweibrücken. **Notar:** H. M. Horn in St. Ingbert.

Actien-Glashütte St. Ingbert — Glasfabrik — *Vorstand ist der Verwaltungsrath. Vorsitzender des Verwaltungsrathes ist: Franz Jacob Schwarz, welcher die Firma zeichnet: „Der Verwaltungsrath der Actien-Glashütte St. Ingbert“. N. N. Vorsitzender.*

Jos. Beer	Eisen- u. Holzhandlung	*Joseph Beer.*
M. Beer jun.	Specereiwaaren	*Mendel Beer jun.*
Louis Beer	Mühle	*Louis Beer.*
W. Chandon	Bierbrauerei	*Wilhelm Chandon.*
W. Chandon jun.	Spec.- u. Kurzwaaren.	*Wilhelm Chandon jun.*
Carl Custer	Gerberei- u. Lederhandlung	*Carl Custer.*
J. Dahlem	Handelsmühle	*J. Dahlem.*
M. Eberhard	Specereiwaaren	*Michael Eberhard.*
J. J. Frack	Sattlerei- u. Lederhandl.	*Johann Josef Frack.*
Joh. Friedrich	Spec.-, Schnitt- u. Farbw., Incasso	*Johann Friedrich.*

Philipp Gottmann	Spec.- u. Schnittwaaren	*Philipp Gottmann.*
J. J. Grewenig	Colon.- u. Kurzw., Rolltabak. spinnerei	*Johann Josef Grewenig.*
J. Grewenig jun.	Specerei- und Schnittwaaren, Tabakspinnerei	*Johann Grewenig jun.*
Jul. Grewenig [auf d. Schnappach]	Specereiwaaren	*Julius Grewenig.*
Carl Gros jun.	Bierbrauerei	*Carl Gros jun.*
J. Hellenthal	Mahlmühle	*Johann Hellenthal.*
L. Herz Ww.	Manufactur- Mode- u. Kurzwaaren en gros u. en detail	*Josephine Herz Wwe. Gustav Herz* **P.**
Rudolf Herz		*Rudolf Herz.*
P. Heusser	Bierbrauerei	*Peter Heusser.*
C. Hofmann	Weinhandlung	*Carl Hofmann.*
J. Hofmann	Specereiwaaren	*Johannes Hofmann.*
Erhardt Jochum	Glasf. u. Glashand., Spec. u. Schnittwaaren	*Franz Jacob Erhardt Jochum.*
Heinrich Jost	Uhrfabrik u. Handlung	*Heinrich Jost.*
Jacob Jost	Kleider- u. Tuchhandlung	*Jacob Jost.*
W. Kahn & Comp.	Seifenfabrik	*Wolf, Samuel u. David Kahn.*
Philipp Klink	Materialwaaren	*Philipp Klink.*
Gebrüd. Krämer HN. [**ZN.** Eisenhüttenwerk „Stahlhütte" bei Adenau an der Ahr, Stentrischer Hammer i. Kreis Saarbrücken, Erbacher Fabr. bei Homburg, Firma: „Erbacher Fabrik Gebrüder Krämer]	Eisenwerk	*Philipp Heinrich von Krämer. Heinrich auch Philipp Heinrich Krämer. Friedrich Krämer sen. Gustav Adolph Krämer. Carl Ludwig Oscar Krämer.*
Lamarche & Schwarz HN. [**ZN.** Ludwigshafen a/R. Speyer, Neustadta/H.,Landau, Rohrbach, Winden, Bruchmühlbach, Homburg, Einöd, Zweibrücken].		*Peter, Carl, Theodor Lamarche. Franz Jacob, Jacob, Franz, Heinrich Schwarz. Ernst Rösler* **P.**
C. M. Laur	Bierbrauerei	*Carl Michael Laur.*
Wittwe Carolina Lion		*Carolina Lion.*
Peter Müller	Wein- u. Branntweinh.	*Peter Müller.*
E. Munzinger	Specereiwaaren	*Christian Munzinger.*
L. Munzinger	Bierbrauerei	*Ludwig Munzinger.*
Ph. Munzinger		*Philipp Munzinger.*
Fritz Panzerbieter	Materialwaaren	*Friedrich Panzerbieter.*
Georg Peters jr.	Bierbrauerei	*Peters Georg jun.*
J. J. Peters	Colon.-, Kurz.- u. Specereiw.	*Johannes Joseph Peters.*
Conrad Pflug	Tuchhandl. u. Kleiderf.	*Conrad Pflug.*
Peter Quiring	Schlosserei u. mech. Werkst.	*Peter Quiring.*
J. Reidiger	Handelsmühle	*Johannes Reidiger sen. Johannes Reidiger jr.*
D. Ritter	Buch- u. Schreibmaterialienh.	*Daniel Ritter.*
Geschwister Schank	Putzwaaren	*Elisabetha Schank. Catharina Schank.*
Hch. Schmitt	Seifenfabrik	*Heinrich Schmitt.*
Gebrüder Stief	Specereiwaaren	*Jacob u. Peter Stief.*
Jac. Stief	Wein- u. Branntweinh.	*Jacob Stief.*
P. Stief	Handlung	*Peter Stief.*
Michael Thiery		*Michael Thiery.*
J. Uhl junior	Specereiw., Eisen, Dielen	*Johann Uhl.*
Vorschussverein St. Ingbert	Zweck des Vereines ist die Beschaffung v. Geldmitteln behufs Creditgewährung der Mitglieder unter sich	*Der Vorstand besteht aus einem Director, Cassier u. Controleur. Zur Zeichnung der Firma durch den Vorstand sind 2 Unterschriften erforderlich.*
August Wack	Buchbinderei, Schreib- und Galanteriewaarenh.	*August Wack.*
Wilhelm Weiler	Cigarren- u. Tabakspinnerei	*Wilhelm Weiler.*
Jacob Weirich		*Jacob Weirich.*
Weyland, Meuth & Cie.	Maschinenf. Eisengiesserei, Kesselschmiede u. Dampfhammerwerk	*Johann Jacob Weyland. Eduard Meuth. Hermann Fr. Meuth.*
J. Woll	Specerei- u. Schnittw.	*Johannes Woll.*

P. Woll	Manufactur-, Colonial-, und Glaswaaren	*Paul Woll.*
P. J. Woll	Specerei- u Schnittwaaren, Glashandlung	*Peter Joseph Woll.*
P. Zepp	Specerei- u. Mehlhandl.	*Peter Zepp.*

Ingenheim. 1580 Einwohner. LG Bergzabern. BG u. HG Landau
Advokaten s Landau **Notar** s Bergzabern

Leon Altschul	Eisenwaarenhandlung	*Leon Altschul.*
Blum & Roos Söhne	Oelhandl. u. Güterhandel	*Jonathan Blum. Eduard Roos*
Isaac Feith	Eisen- u. Materialwaarenh	*Isaak Feith der Erste*
M. & H. Fischel	Specereiw u Getreidehandl.	*Moses Fischel. Heinrich Fischel.*
H. Fried	Landesproductengeschäft	*Hermann Fried. Heinrich Fried.*
Abraham Haas	Glas- u. Porcellanhandlung	*Abraham Haas.*
Gabriel Haas	Specereiwaaren	*Gabriel Haas.*
Israel Haas		*Israel Haas.*
Leon Haas d. J.	Mehlhandlung	*Leon Haas der Junge*
Nathan Haas	Mehlhandlung	*Nathan Haas*
Raph. Haas	Mehlhandlung	*Raphael Haas.*
Samuel Halfin	Fruchthandlung	*Samuel Halfin.*
Gebrüder Roos	Holzhandlung	*Salomon Roos. Isaac Roos*
Israel Roos	Glas- u. Porcellanwaarenh.	*Israel Roos.*
Samson Roos HN. [ZN Maximiliansau]	Holzhandlung	*Samson Roos. Leopold Roos* **P**
Jacob Weil der Junge	Manufactur.- u. Specereiw.	*Jacob Weil der Junge. Emanuel Weil.*
Julius Weil		*Julius Weil.*
Heinrich Weiss & Sohn	Güterhandel	*Heinrich Weiss. Hermann Weiss.*

Ingolstadt. 19,398 Einwohner. St. u. LG Ingolstadt. BG. Aichach. HG München I. J.
Advokaten: s. Aichach. **Notar** S. Bauer. J Kohlendorfer M. Seidlmayer.

Wilh. Ferdinand Arauner	Specereiwaaren	*Konrad Oberdorfer.*
Friedrich Börner	Kupferwaarenf. u. Eisenh.	*Friedrich Börner.*
Creditverein Ingolstadt. Eingetr. Genossenschaft	Verein zum Zwecke d. Creditgewährung an Mitgl.	*Den Vorstand bilden: Clemens Widmann Director Jos. Eichlingler, Cassier. Melchior Emmer, Controleur.*
Adolph Engerer	Material- n. Specereiw.	*Adolph Engerer.*
J. Englhard	Schnitt- Lein- u. Baumwollw.	*Joh. Nep. Englhard.*
Max Fellermayer	Specereiw, Wechselgeschäft u. Spedition	*Max Fellermayer.*
Friedrich Hummel	Specereiwaaren	*Friedrich Hummel.*
Kappes'sche Handlung v J. M. Lorenz	Specereiw., Tabak Com. u. Spedition	*Jacob Max Lorenz.*
Joh. Nep Krafft	Specerei- u. Farbwaaren	*Johann Nepomuk Krafft.*
Krüll'sche Buchhandlung	Buch-, Kunst-, Musikalien- u. Schreibmaterialienh.	*Eduard Weiss*
Raph. Pascolini	Spec.- u. Ellenwaaren	*Raphael Pascolini.*
J. B. Paur	Specereiw, Cigarren u Tabak	*Baptist Paur.*
Ferd. Stegmaier	Spec. u. Farbw. u. Cigarren	*Ferdinand Stegmaier.*
J. N. Steinhauser	Spec.- u. Farbw, Cigarren, Tabak, Sped. u Com.	*Ludwig Steinhauser.*
E. C. Stoeber	Specereiwaaren	*Eduard Carl Stöber.*
J. G. Vornberger	Specereiwaaren	*Joh. Gg Vornberger.*
C. Widmann	Specerei- u. Ellenwaaren	*Clement Widmann.*

Inning. LG. Starnberg. BG Weilheim. HG. München I J.
Advokaten s. Weilheim **Notar** s. Starnberg

Frany Xaver Huber	Gemischte Waaren	*Franz X Huber.*

Insingen. LG Rothenburg. BG. Windsheim. HG. Fürth. **Advokaten** s Windsheim. **Notar:** s. Rothenburg

F. A. Baum	Specereiwaarenhandlung	*Friedrich August Baum.*

Jochsberg. LG Leutershausen. BG u. HG Ansbach **Advokaten** s Ansbach **Notar** s Leutershausen.

Mathias Körber	Specereiwaarenhandlung	*Johann Mathias Korber.*
Georg Zwanziger	Specereiwaarenhandlung	*Georg Zwanziger.*

Iphofen. 1737 Einwohner. LG. Markt Bibart BG Windsheim HG. Fürth.
Advokaten: s. Windsheim **Notare:** s. Markt Bibart

Petr. Schedel	Spec.-, Schnitt- u. Kurzwh.	*Peter Schedel*
Joh. Seb. Weissenseel	Spec.-, Schnitt- u. Kurzwh.	*Johann Sebastian Weissenseel.*
H. J. Wirsching	Spec.-, Schnitt- u Kurzwh	*Michael Joseph Wirsching.*

Ipsheim. 788 Einwohner. LG. u. BG. Windsheim. HG. Fürth.
Advokaten u. **Notare**: s. Windsheim.

F. Schlez	Specerei-, Conditorei-, Eisen- u. Schnittwaarenhandl.	*Friedrich Schlez.*
J. B. Schuett	Specereiwaarenhandlung	*Johann Balthasar Schütt.*
J. L. Uebler	Specereiwaarenhandlung	*Johann Leonhard Uebler.*

Irrsee. LG. Kaufbeuern. BG. u. HG. Kempten. **Advokaten:** s. Kempten. **Notar:** s. Kaufbeuern.

W. Jall	Specerei- u. Schnittwhdlg.	*Wendelin Jall.*

Isel. LG., BG. u. HG. Kempten. **Advokaten** u. **Notare:** s. Kempten.

Willibald Göppel	Flossmeister u. Holzhandel	*Willibald Göppel.*

Isen. 767 Einwohner. LG. Haag. BG. Wasserburg. HG. München r. J.
Advokaten: s. Wasserburg. **Notar:** s. Haag.

Chr. Heilmaier	Krämerei	*Mathias Heilmaier.*
Chr. Heilmaier	Rothgerberei	*Christian Heilmaier.*
Joh. Nagl	Krämerei	*Johann Nagl.*
Joseph Reitmayr	Krämerei	*Jos. Reitmayr.*

Ismaning. LG., BG. u. HG. München r. J. **Advokaten** u. **Notare:** s. München l. I.

Emballage-Papierfabrik Ismaning von Dr. Härlin & Cie.	Papierfabrik	*Dr. Jul. Härlin. F. Eysslin. C. F. Brucker.*

Issigau. LG. Naila. BG. u. HG. Hof. **Advokaten:** s. Hof. **Notar:** s. Naila.

Adam Pültz	Specereiwaarenhandlung	*Johann Adam Pültz.*

Ixheim. 900 Einwohner. LG., BG. u. HG. Zweibrücken. **Advokaten** u. **Notare:** s. Zweibrücken.

Georg Baumann	Handlung	*Georg Baumann.*
Conrad Moschel	Specereihandlung	*Conrad Moschel.*
Johann Schlosser [Ixheimer-Hammer]	Hammerwerk	*Johann Schlosser.*

Kairlindach. LG. Herzogenaurach. BG. u. HG. Bamberg.
Advokaten: s. Bamberg. **Notar**: s. Herzogenaurach.

Wolf Sternbach	Schnittwaarenhandlung	*Wolf Sternbach.*

Kaiserhammer. LG. Naila. BG. u. HG. Hof. **Advokaten:** s. Hof. **Notar**: s. Naila.

R. Barsch	Glasperlenfabrik	*Rudolph Barsch.*

Kaiserslautern. 15,289 Einwohner. LG., BG. u. HG. Kaiserslautern.
Advokaten: Sal. Frenkel. F. Gross. M. Hatry. J. Keller. J. Neumayer. F. Stockinger. C. Welsch.
Notare: Th. Dexheimer. C. Hartmann. F. Ilgen.

Altschuler Ferd. & Steiner	Weinhandlung	*Ferdinand Altschuler. Lio Steiner.*
Altschuler J.	Weinhandlung	*Josef Altschuler.*
Altschuler S.	Weinhandlung	*Salomon Altschuler sen.*
André Val. Lotz & Söhne	Möbelfabrik	*Christian Lotz. Ludwig Lotz. Carl Lotz.*
Baecker J.	Mehlhandlung	*Isaac Bäcker.*
Bauer Anton	Blechwaarenhandlung	*Anton Bauer.*
Bauer H.	Posamentir- u. Kurzwaaren-Geschäft	*Heinrich Bauer.*
Becker Friedrich	Früchtenmehl u. Producten-handlung	*Friedrich Becker.*
Becker Fr. jr.	Leinenhandlung	*Friedrich Becker.*
Becker Gebrüder	Kurzwaaren- u. Commissions-geschäft	*Moses Becker. Isaac Becker.*
Becker Js.	Viehhandel	*Isaac Becker.*
Bender F. D.	Bierbrauerei	*Franz Daniel Bender.*
Best J.	Steingut-, Porzellan- u. Glas-niederlage	*Jacob Best.*
Beutel G.	Colonial- und Manufactur-waarengeschäft	*Elise Thomas. Valentin Beutel* P.
Beutel G. & Sohn	Manufacturwaarenhdlg.	*Elise Thomas. August Beutel.*
Blum Hermann HN. [**ZN.** Steinbach]		*Hermann Aron Blum.*
Boecking Gebrüder	Eisenhandlung	*Adolph Ludwig Böcking.*
Boeckler & Comp.	Malzfabrik	*Carl Böckler. Franz Sommerrock.*
Bour W.	Tabakfabrik	*Willibald Bour.*
Brozler Frz.	Maschinenhandlung	*Franz Brozler.*
Bumüller J.	Manufactur- und Colonial-waarengeschäft	*Johann Baptist Bumüller.*
Carra F.	Cafegeschäft	*Georg Jacob Carra.*
Compter J.	Gerberei	*Friedrich Compter.*

Crusius C.	Uhrenfabrik u. Handlung	*Carl Crusius.*
Deinlein Joseph	Apotheke	*Joseph Deinlein.*
Démuth L.	Specerei- u. Kurzw.	*Ludwig Démuth.*
Diehl Henriette	Modewaarengeschäft	*Henriette Diehl.*
Diehl Friedrich	Tuchhandlung	*Friedrich Diehl.*
Dietrich Andreas	Holzhandlung	*Andreas Dietrich.*
Dietrich Franz	Kohlenhandlung	*Franz Christoph Dietrich.*
Drumm J. P.	Stärkefabrik	*Peter Drumm.*
Düngerfabrik Kaiserslautern	Düngerfabrik	*Dr. Otto Wetler, Vorstand.*
Dünkelberg Ch.	Specerei- u. Eisenwhdlg.	*Sophie Ruff.*
Eckel Nicolaus	Möbelfabrik	*Nicolaus Johann Eckel.*
Eichling Ch.	Kunst- u. Handelsgärtnerei	*Philipp Eichling.*
Eisenwerk Kaiserslautern	Eisenwerk	*Friedrich Carl Euler, Vorstand der Gesellschaft bis zum 1. April 1874. Derselbe zeichnet die Firma durch Beifügung seines Namens u. seiner Eigenschaft.*
Emig Ch.	Mehlhandlung	*Christian Emig.*
Feldmüller & Gelbert	Maschinen-Riemenfabrik	*Franz Feldmüller. Wilhelm Feldmüller.*
Feldmüller Franz	Gerberei	*Franz Eppler.*
Samuel Fels	Manufacturwaarenhdlg.	*Samuel Fels.*
Fischer Heinrich	Kammfabr.	*Heinrich Fischer.*
Fleischbein Louis	Kurzwaaren	*Louis Fleischbein.*
Carl Föcking	Corsetten-Fabrik	*Carl Heinrich Föcking.*
Fouquet Aug.	Weinhandlung	*August Fouquet.*
Frank Daniel	Kurz- u. Strumpfwaaren	*Leopold Frank.*
Frey Aaron	Viehhandel	*Aaron Frey.*
Fritsch Louis	Posamentirgeschäft	*Louis Fritsch.*
Fröhlich Ludwig	Viehhandel	*Ludwig Fröhlich.*
Fuchs F. W.	Holzhandlung	*Friedrich Wilhelm Fuchs.*
Gallinger A.	Herrenconfection	*Aron Gallinger. Moritz Gallinger* **P.**
Gasanstalt	Gasfabrik	*Vorstand der Gesellschaft ist der Verwaltungsrath, welcher aus 7 Mitgliedern besteht: Carl Hohle, Philipp Gerlach, Franz Florian Meuth, Beno Carl v. Wächter, F. Carl Nicolaus Thomas, Daniel Kühne, Friedrich Orth.*
Gebrüder Gienanth HN. [ZN. Hochstein, Eisenberg, Trippstadt].	Eisenwerk, Bergbau, Gussstahlfabrik	*Carl, Ludwig, Eugen Freiherr v. Gienanth. Jacob Riff* **P.**
Geiger L.	Fabrik feuerfester Backsteine	*Ludwig Geiger.*
Gelbert Carl	Bierbrauerei	*Karl Gelbert.*
Gelbert F.	Holzhandlung	*Franz Gelbert.*
Gelbert J.	Bierbrauerei	*Johann Gelbert.*
Gelbert Ww.	Handelsmühle u. Mehlhdlg.	*Gg. Abraham Wilh. Gelbert.*
Gerlach Frdr.	Handelsmühle	*Heinrich Gerlach.*
Goerg C.	Mehlhandlung	*Carl Philipp Bernhard Görg*
Goerg K. jr.	Buchbinderei	*Carl Görg.*
Gotthold K.	Buchhandlung	*Carl Gotthold.*
Gotthold Carl jr.	Kammfabrik	*Carl Gotthold jun.*
Goetz S. A.	Manufactur-, Specerei- und Kurzwaaren	*Simon Abraham Götz.*
Graf H.	Schirmfabrik	*Hermann Graf.*
Groell Friedr.	Blechwaaren	*Friedrich Gröll.*
Hanf Js.	Specerei- u. Ellenwaaren	*Isaac Hanf.*
Hasemann M.	Sesselfabr.	*Michael Hasemann.*
Haymann Daniel We.	Manufacturwaaren	*Anna Maria Schlessinger.*
Heck Louis	Weinhandlung	*Louis Heck.*
Heinz C.	Cigarrenfabrik	*Christian Heinz.*
Heisel Heinrich	Mehlhandlung	*Heinrich Heisel.*
Heister G.	Galanterie- u. Kurzwaarengeschäft	*Georg Heister.*
Helldoerfer J.	Putz- u. Modewaarenhdlg.	*Johann Helldörfer.*
Herbig Carl II	Leistenfabrik	*Carl Herbig II.*
Herbig Jb.	Holzhandlung	*Jacob Herbig.*
Herz Herrmann	Eisenhandlung	*Hermann Herz.*
Heusser C.	Specereiwaarenhdlg., Speditions- und Commissionsg.	*Carl Heusser.*
Heuschkel H. We.	Colonial-, Kurz-, Glas- und Porzellanwaarengeschäft	*Maria Rau.*

Heyeck P.	Uhrenfabrik	*Peter Heyeck.*
Hirsch Theodor	Wechsel- u. Staatseffecten-Geschäft	*Theodor Hirsch.*
Hoffmann Joh. Gg.	Specereiwaarenhdlg.	*Johann Gg. Hoffmann.*
Hofmann & Hütwohl	Kochgeschirrfabrik	*Friedrich Hofmann. Louis Hütwohl.*
Hohmann Lazarus	Frucht-, Mehl- u. Specereiwaarenhandlung	*Lazarus Hohmann.*
Hohmann S. W.	Lederhandlung	*Simon. Wolf Hohmann.*
Holtzbacher & Etienne	Holzhandlung	*Gustav Adolph Holzbacher. Frd. Breithaupt* **P.**
Hornef Johann	Specereiwaaren	*Johann Hornef.*
Hübsch Ludwig		*Ludwig Hübsch.*
Jacob Alb.	Manufactur-, Colonial- und Eisenwaarenhdlg.	*Johann Nicolaus Albert Jacob.*
Jacob Val. Sohn	Manufacturwaaren	*Carl Theodor Jacob.*
Jänisch H.	Bierbrauerei	*Gustav Heinrich Jänisch.*
Jansohn Carl	Blechwaaren	*Carl Jansohn.*
Jung J.	Specereiwaaren	*Jacob Jung.*
Jung J. jun.	Holzhandlung	*Jacob Jung.*
Kafitz Peter	Manufactur- und Specereiwaarenhandlung	*Peter Kafitz.*
Kahn J.	Manufacturwaarengeschäft	*Julius Kahn.*
Kahn Leopold	Specereiwaaren	*Leopold Kahn.*
Kaiserslauterer Ultramarinfabrik	Ultramarinfabrik	*Dr. H. Wilkens, Vorstand, welcher die Firma unter Beifügung seiner Eigenschaft zeichnet.*
Kammgarnspinnerei Kaiserslaut.	Kammgarnspinnerei	*J. Schön, Vorstand. Carl Löwel* **P.** *Rudolph Wilkens* **P.**
Karcher Gebrüder	Klenganstalt u. Waldsamenhdlg. u. Manufacturw.	*Katharina Benzino. Adolph Karcher. Carl Joseph Karcher. Ludwig Adolph Ritter* **P.**
Karcher & Raquet	Holzhandlung	*Joh. Amalie Dorothea Günther. Christian Karcher* **A.** *Theodor Karcher* **P.**
Kayser J.	Buchdruckerei	*Johann Kayser.*
Kayser Herrmann	Buchdruckerei	*Hermann Carl Kayser.*
Karsch C.	Kohlen-, Wein- u. Papierhandlung	*Carl Philipp Karsch.*
Kaufmann Carl	Eisenhandlung	*Karl Kaufmann.*
Kaufmann David	Eisenhandlung	*David Kaufmann.*
Kehr Franz	Frucht- u. Mehlhandlung	*Franz Kehr.*
Kehr Joseph	Bank- und Wechselgeschäft	*Joseph Kehr.*
Kehr Joseph jun.	Fruchthandlung	*Joseph Kehr jun.*
Kehr & Siegel	Landesproductengeschäft	*Joh. Leopold Kehr. Carl Siegel.*
Keller Joh.	Gerberei	*Johann Keller.*
Kieffer Emil	Uhrengläserfabrik	*Emil Kieffer.*
Klein Jean	Mehlhandlung	*Jean Klein.*
Kling H.	Färberei u. Weberei	*Heinrich Kling.*
Koch Jul.	Zuckerbäckerei	*Julius Koch.*
Köhl & Conrad	Bierbrauerei	*Joh. Heinrich Köhl. Carl Conrad.*
Köster S.	Leinenhandlung	*Simon Köster.*
Korn J.	Kürschnerei	*Jacob Korn.*
Krauss G.	Handelsmühle	*Georg Krauss.*
Krauss J.	Handelsmühle	*Johann Krauss.*
Kuntz J.	Möbelfabrik	*Johann Kuntz.*
Labroisse A. & K.	Glaswaarenhandlung	*Joh. Albert Labroisse. Kättchen Labroisse-Klautern.*
Laval Friedr.	Speditionsgeschäft	*Friedrich Laval.*
Liebrich A.	Blechwaarenhandlung	*Adam Liebrich.*
Liebrich Friedrich	Bierbrauerei	*Friedrich Liebrich.*
Liebrich Jacob	Specereiwaaren	*Jacob Liebrich.*
Lotz Chr.	Sattlerei	*Christian Lotz.*
Lotz Hch. & Comp.	Tapetenfabrik	*Heinrich Lotz.*
G. Maas	Kurz- u. Colonialwaaren,	*Georg Maas.*
Mahla Ph. Rd.	Buchbinder u. Schreibm.	*Philipp Reinhard Mahla.*
Maier A.	Frucht- u. Mehlhandlung	*Joh. Abraham Maier. Moritz Maier.*
Mandel D.	Frucht- u. Productenhdlg.	*David Mandel.*
Mandel Carl		*Karl Mandel.*
Mandel Louis & Hermann	Fruchthandlung	*Joh. Louis Mandel. Lazarus Hermann.*
Marhoffer C.	Bierbrauerei	*Carl Marhoffer.*

Mayer Gebrüder	Cigarrenfabrik	*Joh. Otto Ludwig Mayer. Simon Mayer.*
Mayer Jacob		*Jacob Mayer.*
Mayer J.	Bierbrauerei	*Johann Mayer.*
Meuth Hugo	Buch-, Kunst- u. Musikalienhandlung	*Hugo Meuth.*
Moellinger Julie	Modes	*Julie Möllinger.*
Möser	Bank- u. Wechselgeschäft	*Friedrich Möser.*
Müller A.	Mahl- u. Lohnmühle	*Andreas Müller.*
Müller & Brück	Kohlenhandlung	*Wilhelm Brück.*
Müller D.	Lederhandlung	*Daniel Muller.*
Müller Franz J.	Colonial- u. Kurzwaarenhdlg.	*Franz Joseph Müller.*
Munzinger Al.	Holzhdlg., Dampfsägemühle u. Cementgeschäft	*Albert Munzinger.*
Neu E.		*Emanuel Neu.*
Neu Heinr.	Lackirer - Farbwaarenhandel Fabrik für Holzmaaserwalzen z. Imitat. für Holzart.	*Heinrich Neu.*
Neugass J.	Pferdehandel	*Isaac Neugass.*
Neugass Max	Specerei-, Frucht- und Productenhandlung	*Maximilian Neugass.*
Neumond M.	Fruchthandlung	*M. Neumond.*
Nockel Jacob	Bürstenfabrik	*Jacob Nockel.*
Nonnweiler Friedrich	Sattlerei	*Friedrich Nonnweiler.*
Orth Gebrüder	Bierbrauerei- u. Essigfabr.	*Paul Orth.*
Orth Gebrüder	Bierbrauerei	*Karl Orth. Carl Theodor Orth.*
Orth Ad. We.	Kattunfabrik	*Friedrich u. Wilhelm Orth.*
Pfaff	Handelsmühle	*Carl Pfaff.*
Pfeiffer Gebrüder	Maschinenfabrik	*Joh. Carl u. Jacob Pfeiffer.*
Pfeiffer J.	Maschinenf. u. Eisengiesserei	*Jacob Pfeiffer.*
Pfleger & Keuth HN. [ZN Weidenthal]	Holzhandlung	*Jacob Pfleger. Jacob Keuth.*
Pitthan Fr.	Seifenfabrik	*Friedrich Jacob Pitthan.*
Pixis F.	Spec.-, Kurz-, Glas- u- Eisenwaarenhandlung	*Friedrich Pixis.*
Preiss J.	Kurzwaarenhandlung	*Jos. Preiss.*
Presser L.	Tuchhandlung	*Ludwig Presser.*
Raab Gebrüder	Kurzwaarenhandlg. en gros, Wattfabrik, Wollenfabrik-Spinnerei, Holzh. u. Sped.	*Dorothea Frennag. Jacob Raab. Carl Eppelsheimer.*
Raab-Karsch & Comp. HN. [ZN. Frankenthal, Ludwigshafen, Maximiliansau, Landstuhl, Dürkheim, Schopp, Bexbach].	Kohlen- und Coakshandlung u. Pulverfabrik	*Heinrich Raab. Jacob Raab. Eduard Karsch. Lisette Heuschkel. Wilhelm Raab. Ernst Huber. Karl Heinrich Karcher. August Karcher.*
Raquet Wilhelm	Gerberei	*Wilhelm Raquet.*
Reichard Clem. Aug.	Taback- u. Cigarrenf.	*Clemens August Reichard. Christian Lalios Hock* **P.**
Reinhard Joseph	Cigarrenfabrik	*Joseph Reinhard.*
Renth J.	Holzhandlung	*Jacob Renth.*
Rettig Carl	Glas-, Porcellan- u. Spielw.	*Carl Rettig.*
Rheinstrom H.	Dütenf., Papier- Lumpenh.	*Johann Veit Rheinstrom.*
Ries Johannes [Backsteinfabrik in Enkenbach]	Kohlen- u. Coakshandl.	*Johann, Friedrich u. Hermann Riess.*
A. Ricker	Apotheke	*E. L. A. Ricker.*
Ries & Raab	Erd-Spedition	*Heinrich Raab. Carl Eppelsheimer. Friedrich u. Hermann Riess.*
Rocker	Goldwaaren	*Georg Rocker.*
Rohr Ph.	Buchdruckerei, Buch-, Kunst- u. Musikalienhandlung	*Philipp Rohr.*
Franz Römer & Söhne	Dampfschmiedmühle, Holzh.	*Franz Römer sen. u. jun. Heinr. u. Nicol. Römer.*
Römer Gebrüder	Mechan. Werkstätte	*Carl Römer.*
Rosenbaum J.	Ellen- u. Spezereiwaarengeschäft	*Johann Rosenbaum.*
Rubel Ruben	Mehl- u. Seifehandlung	*Ruben Rubel.*
Rügemer W.	Schreibmaterialwaaren	*Wilhelm Friedrich August Rügemer.*
Ruff Otto	Schreibmaterialwaaren	*Otto Ruff.*

Salmon W.	Zuckerbäckerei	*Wilhelm Salmon.*
Sauer Ph.	Cigarrenfabrik	*Philipp Sauer.*
Schimper & Cie.	Maschinenfabrik	*Ernst Schimper. Ernst Müller. Theodor Hoppf.*
Schmidt Fr. vormals Carl Guth	Spec.- und Eisenw, Agent.	*Franz Schmidt.*
Schmidt Johanna	Glas-, Porcellan- u. Specerei	*Johanna Schmidt.*
Schmidt Philipp	Specerei- u. Kurzwaarenh.	*Philipp Peter Schmidt.*
Rud. Schmitt HN. [**ZN.** Alsenz]	Kohlenh., Commissionsg.	*Rudolf Schmitt.*
Schöneberger C.		*Carl Schöneberger.*
Schöneberger C. jr.	Cigarren- u. Tabakfabrik	*Carl Schöneberger jun.*
Schöneberger Gebrüder	Baumwollen- u. Halbbaumwollenfabrik	*Heinrich Ludwig Schöneberger. Ludwig Schöneberger.*
Schuck Carl	Bierbrauerei	*Carl Schuck. Philipp Schuck.*
Schuck Jacob	Seifenfabrik	*Jacob Schuck.*
Schwarz Ad.	Specereiwaaren	*Adam Schwarz.*
Schwarz F.	Malz- u. Essigfabrik	*Friedrich Schwarz.*
Schwarz Johann	Bierbrauerei	*Carl Johannes Schwarz.*
Schwarz Carl	Gerberei	*Karl Schwarz.*
Schwarz S.		*Samuel Schwarz.*
Schweitzer J.	Blechwaarenhandlung	*Joh. Michael Schweitzer.*
Schweitzer Ludwig	Kürschner- u. Specereih.	*Ludwig Schweitzer.*
Seifried Carl	Glas-, Spiegel- u. Porcellanwaarenhandlung	*Karl Seifried.*
Seitz Jacob	Specerei-, Korkstopfen- und Brauerpechhandlung	*Jacob Seitz.*
Seitz K.	Essigfabrik	*Karl Seitz.*
Simbgen Theob.	Gerberei	*Theobald Simbgen.*
Simon G.	Viehhandel	*Gumbel Simon.*
Simon Simon	Viehhandel	*Simon Simon.*
Sonnenberg L.	Handelsgeschäft mit fertigen Kleidern	*Lazarus Sonnenberg.*
Sparkasse im Arbeiterverein. Registrirte Gesellschaft mit beschränkter Haftpflicht.	Zweck d. Gesellschaft: Verwaltung der Ersparnisse der Mitglieder	*Den Vorstand bilden: Orth Wilhelm, Director. Jacob Theodor, Cassier. Mahla Philipp Reinhard, Controleur.*
Spross Geschwister	Weiss-, Mercerie-, Tapisserie- u. Modewaarenhandlung	*Henriette Anna Maria Spross. Karl Adolph Eduard Spross.*
Stähle L.	Uhrenfabrik u. Handlung	*Ludwig Stähle.*
Stang Lud.	Bierbrauerei	*Ludwig Stang.*
Steinbacher J.	Brieftaschenfabrik	*J. Steinbacher.*
Steiner Jacob	Eisenhandlung	*Jacob Steiner.*
Steiner Michael	Fruchthandlung	*Michael Steiner.*
Steingutfabrik	Steingutfabrik	*Franz Florian Meuth, Vorstand. Heinrich Karl Nehl, Director.*
Stephani Franz D.	Colonial-, Kurz- und Eisenwaarenhandlung	*Franz Daniel Stephani.*
Stephani W. II.	Gerberei	*Wilhelm Stephani II.*
Stephany L. & C.	Seifenfabrik	*Ludwig u. Karl Stephany.*
Stern Abraham	Specereiwaaren	*Abraham Stern.*
Stern B.		*Benjamin Stern.*
Straus Markus		*Markus Straus.*
Straus Michael	Viehhandel	*Michael Straus.*
Stubenrauch M.	Gold- u. Silberwaarenlager	*Maximilian Stubenrauch.*
Tascher Gebrüder	Bierbrauerei	*Valentin u. Friedrich Wilhelm Tascher.*
Tascher H.	Tapezier (u. Kaufmann)	*Heinrich Tascher.*
J. J. Tascher	Buch- u. Kunsthandlung	*Johann Jacob Tuscher. Aug. Gerle* **P.**
Tascher Carl	Glaser	*Carl Tascher.*
Theobald H. J.	Cigarrenfabrik	*Heinrich Julius Theobald.*
Thomas C. N.	Colonial-, Kurz-, Glas- und Steingutwaarenhandlung	*Karl Nicolaus Thomas.*
Traumer F.	Möbelfabrik	*Franz Trauner.*
Tuteur A.	Manufacturw. Herrnkleiderf.	*Aron Tuteur.*
Ullmann & Feibelmann	Sackhandlung	*Joseph Ullmann. Emanuel Feibelmann.*
Vendig R.	Kleiderhandlung	*Raphael Vendig.*
Vogel Jean	Colon.-, Schuh-, Schirm-, u. Gummiwaaren	*Jean Vogel.*
Gustav Vögeli	Schreiner- u. Tüncherartikel en gros	*Gustav Vögeli.*

Vorschussverein Kaiserslautern	Creditgewährung an Mitgld.	*Den Vorstand bilden: Karl Nicolaus Thomas, Direktor. Adam Schwarz, Cassier. Ludwig Krafft, Controleur.*
Wächter B. C.	Bierbrauerei	*Benno Carl v. Wächter.*
Wagner A.	Bierbrauer	*Adam Wagner.*
Wagner Joseph	Specereiwaarenhandlung u. Senffabrik	*Joseph Wagner.*
Weber Gebrüder	Manufacturwaaren en gros u. en detail	*Heinrich Weber.*
Weber Gebrüder	Möbelfabrik	*Joseph und Friedrich Franz Weber.*
Weber & Heller	Baumwollenweberei	*Heinrich Weber und Johannes Heller.*
Weiler A.	Mehlhandlung	*Aaron Weiler.*
Weiler Marcus	Manufacturwaaren	*Marcus Weiler.*
Weill Nathan	Manufacturwaarenhandl.	*Nathan Weill.*
Welsch Frd.	Manufacturwaaren	*Ferdinand Welsch.*
Welsch Lud.		*Ludwig Welsch.*
Winkelmann Frz.	Spänglerwaaren	*Franz Winkelmann.*
Ziegler Carl	Sattlerei	*Carl Ziegler.*

Kallmünz. 1262 Einwohner LG. Burglengenfeld. BG. u. HG. Regensburg.

Advokaten: s. Regensburg. **Notar**: s. Burglengenfeld.

Johann Lindner	Specerei- u. Schnittw.	*Johann Lindner.*
Joh. Adam Streitel	Specerei- u. Schnittw.	*Margaretha Streitel.*

Kallstadt. 1123 Einwohner. LG. Dürkheim. BG. u. HG. Frankenthal.

Advokaten: s. Frankenthal. **Notar**: s. Dürkheim.

Herrmann Hofer	Specereiwaarenhandlg.	*Herrmann Hofer.*
J. Kuhn	Handlung	*Jacob Kuhn.*
J. Loeb	Handlung	*Jonas Loeb.*
Jakob Mayer	Handlung	*Jacob Mayer.*
Dorothea Pausinsky Wwe.	Commissionär	*Dorothea Pausinsky.*
Friedr. Wilh. Schneyder	Commissionär	*Friedrich Wilhelm Schneyder.*
Carl Friedrich Schuster	Weinhandlung	*Carl Friedrich Schuster.*

Kaltenbrunn. 799 Einwohner. LG. u. BG. Weiden. HG. Amberg.

Advokaten u. **Notare**: s. Weiden.

Max Hoffmann	Krämerei	*Max Hoffmann.*
Paul Hoffmann	Krämerei	*Anna Hoffmann.*

Kandel. 3500 Einwohner. LG. Kandel. BG. u. HG. Landau.

Advokaten: s. Landau. **Notar**: C. Jung. C. Sommer.

E. Fischer	Holzhdlg. u. Dampfsäge	*Elias Fischer.*
A. J. Haas	Spec.- u. Ellenw., Landesproducte	*Abraham Haas. Jacob Haas.*
Michael Jäger	Ellen- u. Kurzwaaren	*Michael Jaeger.*
Philipp Jung	Specerei- u. Ellenwaaaren	*Philipp Jung.*
Eduard Reiser	Eisenwaarenhandlung	*Eduard Reiser.*
Heinrich Reiser	Specereiwaaren	*Heinrich Reiser.*
J. M. Reiser	Eisenwaaren	*Franz Michael Reiser.*
F. Roth		*Friedrich Roth.*
J. Roth senior	Specereiwaarenhandlung	*Jacob Roth senior.*
K. Roth	Eisenwaaren	*Carl Roth.*
Ph. Rothhaas	Gerberei	*Philipp Rothhaas.*
Jacob Todt		*Jacob Todt.*

Karbach. 1170 Einwohner. LG. Rothenfels. BG. Lohr. HG. Würzburg.

Advokaten: s. Lohr. **Notar**: s. Rothenfels.

Mayer Samuel	Schnitt- u. Specereiwaarenh.	*Mayer Samuel.*
N. Rosenband	Schnittwaarenhandlung	*Nathan Rosenband.*
F. Tannewald	Schnittwaarenhandlung	*Feifel Tannewald.*

Karlstadt. 2186 Einwohner. LG. Karlstadt. BG. Lohr. HG. Würzburg.

Advokaten: s. Lohr. **Notar**: Eugen Huberti.

Bernhard Ansehn, Apotheker	Apotheke	*Bernhard Ansehn.*
Jos. Hagenauer	Specerei- u. Schnittwaarenh.	*Joseph Hagenauer.*
Karlstadter Baufabrik		*Alexander v. Hagedorn. Friedrich Mayer.*
Ph. Kessler	Schnittwaarenhandlung	*Philipp Kessler.*
Fried. Kieser	Specerei- u. Kurzwaarenh.	*Friedrich Kieser.*
J. M. Koch	Schnittwaarenhandlung	*Johann Mathias Koch.*

F. Conr. Mainhards Erben	Specerei- u. Eisenwaaren-Lager	*Adam Valentin Mainhard.*
Ch. A. Massa Wwe.		*Friedrich Mayer.*
B. Müllerklein	Specerei- u. Schnittwaarenh.	*Bernhard Müllerklein.*
J. G. Pfeuffer	Specereiwaarenhandlung	*Johann Georg Pfeuffer.*
Georg Siligmüller	Bierbrauerei	*Franz Conrad Siligmüller.*

Karolinenhütte. LG. Burglengenfeld. BG u. HG. Regensburg.
Advokaten s. Regensburg **Notar** s. Burglengenfeld.

L. Bechtler	Hohofen, Giesserei und Maschinenfabrik	*Karl Wagner.*

Karpfham. 210 Einwohner. LG. Griesbach. BG. Pfarrkirchen. HG. Passau.
Advokaten: s. Pfarrkirchen. **Notar** s. Griesbach.

Theres Hofaichner & Consorten	Gemischte Waaren	*Josef Hofaichner* **A.** *Anna u. Therese Hofaichner.*
Friedrich Lindinger	Krämerei	*Friedrich Lindinger.*

Kastenmühle. LG. Berneck. BG u. HG Bayreuth. **Advokaten:** s. Bayreuth **Notar:** s. Berneck.

H. C. Sachs	Kunstmühle	*Conrad Sachs* **A.** *Lisette Sachs. Heinrich Sachs. Henriette Küneth. Margar. Schlemmer.*

Kastl. 930 Einwohner. LG. Kastl. BG. u. HG. Amberg.
Advokaten s Amberg. **Notar** Paul Besold in Kastl.

Mathias Ehrensperger	Handlung	*Mathias Ehrensperger.*
Handlung Simon Ehrensperger	Handlung	*Simon Ehrensperger.*
Handlung von Johann Niebler	Specerei- u. Eisenwaaren	*Johann Nibler.*
Handlung von Elise Pozel	Handlung	*Elise Pozel.*
Johann Walter	Handlung	*Johann Walter.*
Wolfg. Weigel	Specereiwaarenhandlung	*Wolfgang Weigl.*

Katzbach. LG. Waldmünchen. BG. Neunburg a. W. HG. Regensburg.
Advokaten s Neunburg v W **Notar** s. Waldmünchen.

Joseph Schlecht	Gastwirthschaft u Holzh.	*Josef Schlecht.*

Katzenbach. LG. Rockenhausen. BG. u. HG. Kaiserslautern.
Advokaten s. Kaiserslautern. **Notar** s. Rockenhausen.

Boos Elisabetha	Specereiwaaren	*Elisabetha Damm.*

Katzweiler. 759 Einwohner. LG. Otterberg. BG. u. HG. Kaiserslautern.
Advokaten s. Kaiserslautern. **Notar** s. Otterberg.

Becht Jean	Col.-, Kurz.- u. Manufacturw.	*Jean Becht.*
Glück G. P.	Färberei	*Georg Peter Glück.*
Henn H.	Handelsmühle	*Heinrich Henn.*
Henn H. [Schaafmühle]	Handelsmühle	*Heinrich Henn.*

Kaubenheim. LG. u. BG. Windsheim. HG Fürth. **Advokaten** u. **Notare** s. Windsheim.

H. Stein	Handlung	*Hirsch Stein. Bernhard Stein* **P.**

Kaudorf. LG. Herrieden. BG. u. HG. Ansbach. **Advokaten:** s. Ansbach. **Notar:** s. Herrieden.

Wilhelm Graf	Specereiwaarenhandlung	*Wilhelm Graf.*

Kaufbeuren. 4482 Einwohner. St. u. LG. Kaufbeuren. BG. u. HG. Kempten.
Advokaten s Kempten. **Notar** L. Kuchenbauer

J. Apin	Seifenfabrik	*Jacob Apin.*
F. & J. Bachschmid	Baumwollwaaren en gros	*Friedrich Bachschmid. Julius Bachschmid.*
Bäckler & Schmid	Baumwollwaaren en gros	*Gustav Schmid.*
J. A. Bendl	Specerei- u. Schnittw	*Johann Schmid.*
B. Boos	Naturholztapetenfabrik und Fabrikat. v. Decorationen i. Holzmanier f Zimmer etc.	*B. Boos. Fr. X. Huber* **P.**
L. M. de Crignis	Specerei- und Schnittw. und Weinhandlung	*Julius Probst.*
G F. Daumiller's Wittwe	Specerei- u. Schnittw.	*Jeanette Daumiller.*
Joseph Dussler	Glaswaaren	*Josef Dussler.*
Th. Dussler	Glaswaaren	*Thomas Dussler*
H. Eberd	Leimfabrik	*Heinrich Eberd.*
Georg Erdmannsdorfer	Eisenhandlung	*Georg Erdmannsdorfer.*
Adolf Espermüller	Mechan. Sägmühle, Gypsmühle u. Oelfabr.	*Adolf Espermüller.*
Förster & Günther		*Heinrich Förster Martin Günther.*
Casp. Gerhauser	Eisenh. u. Landesprod.	*Josef Gerhauser.*

Lud. Gerzabeck	Specereiwaaren	*Ludwig Gerzabeck.*
Martin Günther	Specerei- u. Schnittwaaren	*Martin Günther.*
Haag & Müller	Oelfabrik u. Raffinerie	*Christof Müller.*
Julius Haag	Specereiwaaren	*Julius Haag.*
Carl Haffner	Baumwollw. en gros	*Carl Haffner. Carl Haffner* P.
Joh. Bapt. Heiss	Getreide u. Landesprodh.	*Joh. B. Heiss.*
Ferd. Hohbach	Destillation, Liqueur- und Weinhandlung	*Ferdinand Hohbach.*
Sigmund Jehle	Glas- u. Porcellanhandl.	*Sigmund Jehle.*
J. Käs		*Josef Käs.*
Albert Kayser	Materialwaaren	*Albert Kayser*
Friedrich Mayr zum Mohren	Gastwirthschaft	*Friedrich Mayr.*
Georg Mayr	Buchhandlung	*Georg Mayr.*
Mechanische Baumwollspinnerei & Weberei Kaufbeuren	Mech. Baumwollspinnerei u. Weberei	*Der Vorstand besteht aus: Theodor Walch Vorsitzender. Moritz Schäfer, Stellvertreter Joh. Haid* P. *Die Firmenzeichnung erfolgt durch den Vorsitzenden u. in dessen Verhinderung durch den Stellvertreter folgendermassen: „M. B. Sp. u. W. Kaufbeuren. Der Vorst. N. N. Vorsitzender bezw. Vorstand. N. N. Stellvertreter des Vorsitzenden.*
Joh. Chr. Meyr		*Johann Christof Meyr.*
Chr. Alb. Meyer		*Christian Albert Meyer.*
Nicolaus Moosmang	Käsefabrik	*Nicolaus Moosmang.*
Max Nötinger	Eisenhandlung u. Guincailleriewaaren	*Max Nötinger Max Nötinger jr.* P.
J. J. Probst	Specerei- u. Schnittw.	*Albert Probst.*
Reckenberger Cementfabrik von Joh. Schmid & Comp.	Cementfabrik	*Johann Schmid* A. *Basilius Kretz.*
August Rehle	Kurzw. en detail u. en gros	*Georg Rehle.*
Georg Rehle	Kurz- u. Bandwaaren	*Georg Matthäus Rehle sen.*
Julius Rehle	Specerei- u. Schnittw.	*Julius Rehle.*
J. Reinhardt	Buchbinderei u. Agentur	*Julius Reinhardt.*
Carl Riederer	Landesproductenhandlung	*Karl Riederer.*
Joh. Rommel	Weberei	*Johannes Rommel.*
Joh. Friedr. Roth	Material- u. Specereiwaaren, Samen- u. Hopfenhandl.	*Johann Friedrich Roth.*
J. D. Schäfer		*Gustav Schäfer.*
J. M. Schmid, zum Schiff	Rothgerberei u. Lederh.	*Johann Martin Schmid.*
Daniel Schropp	Conditorei u. Specereiw.	*Daniel Schropp.*
Melchior Spielberger	Käsfabrik	*Albert Spielberger.*
Michael Steur	Butter- u. Käsehandl.	*Michael Steur.*
Christian Uhl	Specerei- u. Schnittw.	*Christian Uhl.*
Wagenseil & Schrader's Nachfolger	Baumwollwaaren en gros	*Emil Ulrich Schäfer.*
Ulrich Weber		*Ulrich Weber.*
M. Zeller	Wachsw. u. Lebküchnerei	*Markus Zeller.*

Kelheim. 2861 Einwohner LG. Kelheim. BG u. HG. Landshut.
Advokaten s. Landshut. **Notar:** M. Buchner in Kelheim

M. Achatz	Specerei- u. Schnittwaaren	*Max Achatz.*
J. G. Braun	Specerei- u. Schnittwaaren	*Johann Georg Braun.*
Franz Haberl	Specerei- u. Schnittwaaren	*Franz Haberl.*
J. B. Sedlmaier	Specerei- u. Schnittwaaren	*Johann Baptist Sedlmaier.*
Widmann & Comp., Speditionsgeschäft	Speditionsgeschäft	*Heinrich Widmann. Joh. Bapt. Sedlmayr.*
H. Widmann	Specerei- u. Schnittwaaren	*Heinrich Widmann.*

Kellberg. LG. Passau I. BG. u. HG. Passau. **Advokaten** u. **Notare** s. Passau.

Lorenz Kronawitter	Gemischte Waaren	*Lorenz Kronawitter.*

Kemnath. 1508 Einw. LG. Kemnath. BG. Weiden. HG. Amberg **Advokaten** s. Weiden. **Notar:** J. J. Schoberth.

Bernhard Daubenmerkl	Rothgerberei u. Lederh.	*Bernhard Daubenmerkl.*
Georg Eberth	Seilenwaarenhandlung	*Georg Eberth.*
Florian Höhl	Apotheke	*Florian Höhl.*
Chr. Hollnstein		*Christian Hollnstein.*
Anna Kiessl		*Georg Meissl.*
Joseph Kugler, Schlossermeister	Schlosserei- u. Schlosswhdl.	*Joseph Kugler.*
Alois Metschnabel	Specerei- u. Schnittwaaren	*Alois Metschnabel.*
Franz Michael Metschnabel	Specerei- u. Schnittwaarenh. u. Weinhandlung	*Franz Michael Metschnabel.*

Joseph Andreas Pöllath	Specerei- u. Schnittwaaren	*Joseph Andreas Pöllath.*
F. J. Prunhuber	Specerei- u. Schnittwaaren	*Franz Joseph Prunhuber.*
Johann Reichold	Leinen- u. Baumwollwhdl.	*Johann Sebastian Reichold.*
Leop. Sammenthreiter	Specerei- u. Schnittw.	*Leopold Sammenthreiter.*
G. Schauer sen.		*Georg Schauer sen.*
Franz Xaver Stock, Lebzelter u. Wachszieher	Lebzelter- u. Wachszieherei	*Franz Xaver Stock.*
Franz Xaver Werthmüller	Galanteriewaarenhandlung	*Franz Xaver Werthmüller.*
Franz Zwack sel. Wwe.	Pfragnerei	*Margaretha Zwack.*

Kemnath. LG. u. BG. Neunburg v. W. HG. Regensburg. **Advokaten** u. **Notare**: s. Neunburg v. W.

Anton Kraus	Specerei- u. Schnittwaaren	*Anton Kraus.*

Kempten. 11.000 Einwohner. St. u. LG., BG. u. HG. Kempten.

Advokaten: K. Appel. P. Aschenauer u. Wechsel-Notar. J. Kriener. Dr. J. B. Mayrhofer. Dr. J. G. Vogl. B. Schwab. J. B. Weixler. J. P. Westermaier. Dr. C. Wirth.

Notare: C. O. Geisenhof. E. Lang.

Heinrich Abrell	Seifenfabrik	*Ferdinand Abrell.*
Martin Abrell	Seifenfabrik	*Johann Martin Abrell.*
Christoph Ade jun.	Rauhwaarenhandlung	*Christoph Ade.*
Stephan Ade	Specereiwaaren	*Stefan Ade.*
Fr. Jos. Ahr	Litzenfabrik	*Franz Josef Ahr.*
Florian Anwander, Werkzeugfabrikant in Kempten	Werkzeugfabrik	*Florian Anwander.*
N. Bail	Mater.-, Spec.- u. Farbw.	*Carl Bail.*
Bartikeit & Comp.	Baumwollspinnerei u. Weber.	*Joh. Ulrich Bartikeit.*
Batzer & Koch	Wattfabrik	*Josef Koch. Fridolin Batzer.*
Fridolin Batzer		*Fridolin Batzer.*
Bayerische Hypothek & Wechselbankfiliale Kempten ZN. [HN. München]	Bankgeschäft	*Den Vorstand bilden: C. Frauenholz, Cassier und Tröltsch, Buchhalter, welche gemeinsam die Firma zeichnen.*
Carl Bayr	Manufactur- u. Tuchw.	*Karl Bayr.*
Bierbrauerei zum Stift von W. Wässle	Bierbrauerei	*Willibald Wässle.*
J. A. Billmann	Buchdruckerei	*Josef Steinhauser.*
Carl August Blenk	Posamentierwaaren	*Karl August Blenk.*
Christian Blenk	Manufact. Tuch- u. Specw.	*Christian Blenk.*
Carl Brigelius vorm. Tauscher	Specereiwaaren	*Carl Brigelius.*
C. Marco Calgeèr	Kirchenparamente u. Weissw.	*Christian Marco Calgeèr.*
Johann Leonhard Dannheimer	Specerei- u. Ellenwaaren	*Johann Leonhard Dannheimer.*
J. J. Dannheimer, „zum goldenen Fass“	Weinhandlung	*Heinrich Dannheimer.*
Sebast. Dannheimer	Leinen- u. Baumwollenw.	*Sebastian Dannheimer.*
Tobias Dannheimer.	Buchhandlung	*Magdalena Schachermayer. Johann Dannheimer. Rosina Dannheimer. Elise Schachermayer. Joh. Karl Ebbekke. Alfonsa Ebbekke-Hiller. Tobias Heinrich Dannheimer* **P.**
Demeter & Fuchs	Leder- u. Rohhäutegeschäft en gros u. en detail	*Demeter u. Fuchs.*
Th. Dobler	Specerei- u. Ellenwaaren	*Theodor Dobler.*
Franz Josef Döser	Weberei	*Franz Josef Döser.*
Georg Dürr	Spec.-, Colon.- und Farbw. Com. u. Agenturen	*Georg Friedrich Gotthold Dürr. Paul Theodor Dürr.*
Georg Ebenhoch	Specereiwaaren	*Georg Ebenhoch.*
M. L. Einstein	Bank- u. Wechselgeschäft	*Moritz Löb Einstein.*
Joh. Mich. Endres	Specereiwaaren	*Johann Michael Endres.*
W. Fergg	Material-, Farbwaaren und Spirituosen	*Wilhelm Fergg.*
H. Fischer		*Heinrich Fischer.*
Joh. Pet. Fischer	Specerei- u. Materialw.	*Johann Peter Fischer.*
Math. Fischer	Specereiwaaren	*Mathäus Fischer.*
A. Flach	Manufactur- u. Tuchw.	*Andreas Flach.*
Adolf Frey	Specerei u. Ellenw.	*Adolf Frey.*
August Friedrich	Zwirnerei u. Garnhandl.	*August Friedrich.*
Jac. Fritz	Handels-Agent	*Jacob Fritz.*
B. Gabler „zum Adler“		*Dr. Tobias Gabler. Johann Georg Fischer. Die Firma wird von Beiden collectiv gezeichnet.*

J. Gantner	Mechanische Leinweberei u. Sackfabrik	*Ignaz Gantner.*
Claude Genève	Ellenw. Herrengarderobe u. Damen-Confectionsgesch.	*Louise Genève.*
Joh. Glatthaar	Eisenhandlung	*Johannes Glatthaar*
O. F. Göhring	Kurzwaaren	*Otto Friedrich Göhring.*
Andreas Graf	Gold- u. Silberwaaren	*Andreas Graf.*
August Grüber	Manufactur- u. Tuchwaaren u. Tapeten	*August Grüber.*
Andreas Haggenmüller	Eisenhandlung	*Maria Anna Alteneder.*
Jos. Haggenmiller vorm. Thoma		*Josef Haggenmiller.*
Paulus Hauser	Leinen- u. Baumwollwaaren, Betten, Flaum- u. Bettfed.	*Katharina Hauser.*
Heberle & Comp.		*Joh. Michael Kienle. Joh. Georg Heberle.*
Heinr. Helmer	Ziegeleien	*Heinr. Helmer.*
Heinrich Hilfinger	Destillation u. Weinhandl.	*Heinrich Hilfinger.*
Joh. Hörmiller	Ellenwaaren	*Johann Hörmiller.*
K. Hofapotheke v. A. Fuchs	Apotheke	*Anton Fuchs.*
Joh. Jac. v. Jenisch HN. [ZN. Pfronten]	Com., Sped., Incassogesch. u. Agenturen, Landesp.	*Johann Jacob Ritter v. Jenisch. Henri v. Jenisch.*
Kahn & Ullmann	Colonialwaareng. en gros	*Hermann Kahn.*
Joseph Keckle	Specerei- u. Ellenw.	*Josef Keckle.*
Kemptner Actiengesellschaft für Gasbeleuchtung	Gasfabrik	*Die Vorstandschaft bildet der Verwaltungsrath, welcher aus folgenden Mitgliedern besteht: Otto Rist, Vorsitzender. Johann Jacob Ritter v. Jenisch, Stellvertreter des Vorsitzenden. Simon Kremser. Ludwig August Riedinger. Karl Keller. Die Firma wird durch den Vorsitzenden oder in dessen Verhinderung durch den Stellvertreter gezeichnet: »Verwaltung der Gasfabrik Kempten«. N. N. Vorsitzender. N. N. Stellvertreter des Vorsitzenden.*
J. A. Kesel „zum Londonerhof"	Schnittwaaren	*Johann Adam Kesel.*
Ludwig Kesel		*Ludwig Kesel.*
Joh M. Kienle	Holzhandlung	*Johann M. Kienle.*
G. G. Kohler's Wittwe	Drechslerwaaren	*Katharina Kohler.*
Heinrich Kohler & C.	Galanterie- u Kurzw.	*Anna Maria Kohler.*
Josef Kösel'sche Buchhandlung	Buchhandlung	*Pauline Huber. Ludwig Huber* **P.**
Simon Kremser	Eisenhandl., Salz-, Kurz- u. Galanteriewaaren	*Simon Kremser.*
Ferd. Kühne	Kürschnerwaaren	*Adalbert Kühne.*
Mathäus Kühne jun.	Leinen- u. Baumwollwaaren en gros	*Karl Christian Kies.*
K. Kühne		*Karl Kühne.*
L. Laifle	Käsehandlung	*Leonhard Laifle.*
R. Laifle	Hucklerei	*Roman Laifle.*
Lechleitner, Uelses & Comp.	Viehglockenfabrik	*Johann Alois Lechleitner. Franz Lechleitner. Johann Lechleitner. Raimund Lechleitner. Franz Strobel. Anton Strobel. Adolf Schwarz. Alois Singer.*
Aug. Leipert	Bank- u. Wechselgeschäft	*August Leipert. August Friedrich Leipert.*
Jac. Loher sel. Wwe.		*Euphrosine Loher.*
Gustav Martin	Handlung	*Gustav Martin.*
Mayr & Koch	Thonwaarenfabrik	*Christian Mayr.*
Bened. Mayr	Musikaliengesch. u. Schreibmaterialien	*Benedicta Mayr.*
F. Alphons Mayr	Weiss- u. Posamentierwh.	*Alphons Mayr.*
Joh. Mayr		*Johannes Mayr.*
Mechanische Baumwollspinnerei & Weberei Kempten	Baumwollspinnerei u. Weber.	*Paul v. Stetten, Vorstand. Karl v. Bally, stellvertr. Vorstand. Die Zeichnung der Firma erfolgt: »M. B. Sp. u. Web. Kempten«. N. N., Vorstand. N. N., stellvertr. Vorst. Heinrich Düwell* **P.** *Gustav Sauer* **P.**
Mechanische Seidenzwirnerei in Kempten	Seidenzwirnerei	*Martin Hilfinger sen. Heinrich Hilfinger jun.*
Gebr. Merkle	Käsehandlung en gros	*Karl Gottlieb Merkle. Karl Christian Merkle.*
J. Mart. Oexle	Kunstmühle	*Johann Martin Oexle.*
Ostler & Albrecht	Holzhandlung	*Joh. Baptist Ostler. Jos. Anton Albrecht. Josef Albrecht.*
Wilh. Pabst	Gold- u. Silberwaaren	*Friedrich Wilhelm Pabst.*

H. Pfeiffer	Strumpffabrik	*Heinrich Pfeiffer.*
J. R. Reichart	Färberei, Leinw - u. Kattundruckerei	*Johann Remigius Reichart.*
Joseph Renn		*Josef Renn.*
Joh. Riedle	Holzhandlung	*Frz Josef Riedle. Xaver Riedle.*
C. F. Riesch	Agenturgeschäft für Baumwolle u. andere Industrie-Artikel	*Karl Friedrich Riesch.*
Christ. Rist & Comp.		*Christoph Rist. Jacob Widemann.*
Max Rist	Manufactur- und Tuchw. en gros u. en detail, Seide u. Kirchenparamente	*Georg Steinle.*
Joh. Adam Röhlin [Au b. Kempten]		*Johann Adam Röhlin.*
Matth. Röhlin	Strumpffabrik	*Johann Adam Röhlin.*
J Rommel	Leinen- u. Baumwollwaaren en gros	*Johann Rommel.*
Aug. Friedr. Roth	Leinen- u. Baumwollwaaren en gros	*Franz Chapius.*
Christ. Friedrich Sailer	Specereiwaaren	*Christoph Friedrich Sailer.*
Alois Sandholz's Söhne	Baumwollspinnerei u. Weber.	*Max Sandholz. Josef Sandholz* **P.**
Adolf Schachenmayr	Käshandlung en gros	*Adolf Schachenmayr.*
Joh. Schachenmayr	Specereiwaaren	*Johann Schachenmayr.*
Adolph Schachenmayr	Käse- u. Landesprodhandl., Commission u. Incasso	*Adolph Schachenmayr.*
M Schachenmayr	Papierfabrik	*Oscar Schachenmayr.*
Schmidt & Ellhardt	Käshandlung en gros	*Friedrich Schmidt. August Ellhardt.*
Fritz Schnetzer		*Fritz Schnetzer.*
Joh. Schnetzer	Holzhandlung	*Johann Schnetzer.*
Max Schnetzer	Zündholzfabrik	*Max Schnetzer. Johannes Schnetzer* **P.**
Schnetzer & Wittmayr	Käshandlung en gros	*Heinrich Wittmayr. Xaver Sattler. Casculus Schnetzer* **P.**
Johann Schnitzer, „zum grünen Baum"	Bierbrauerei, Essigfabrik u. Branntweinbrennerei	*Anna Schnitzer. Heinrich Schnitzer* **A.** *Eduard, Anna, Bertha, August, Ernst u. Clotilde Schnitzer.*
H. Sendtner		*Heinrich Sendtner.*
Spar- und Vorschuss-Verein Kempten. Eingetragene Genossenschaft	Zweck des Vereines ist die Ansammlung eines Gesellschaftsvermögens, um aus denselben den Vereinsmitgliedern verzinsliche Vorschüsse zu geben, sodann die Annahme v. Darlehen der Vereinsmitgl. zur verzinslichen Anlage	*Andreas Schmölz, Vorsitzender. Benedict Haggenmiller, Schriftführer. Georg Kittsteiner, Cassier. Joh. Weissenhorn, Ludwig Büder, Sebastian Schuster, Ersatzmänner. Die Firma, unter welche mindestens zwei Vorstandsmitglieder ihre Namen zu setzen haben, wird von denselben gezeichnet: »Spar- u. Vorschussverein Kempten eingetragene Genossenschaft.«*
Albert Steinhauser	Spec. u. Landesprod., Agent.	*Albert Steinhauser.*
J. A. Steinhauser	Materialwaaren	*Josef Anton Steinhauser.*
Jos. Steinhauser	Buchdruck. u. Buchhandl.	*Josef Steinhauser.*
Andreas Stoller	Kleidermagazin	*Andreas Stoller.*
Stoller & Keppel	Gold- u. Silberwaaren	*Theodor Keppel.*
C. Sucker	Specereiwaaren	*Johann Prestel.*
Bertha Trillhaase HN. [ZN. Memmingen]		*Bertha Trillhaase.*
L. Ullmann & Söhne	Bank-, Wechsel- u. Incassog.	*Liebmann Ullmann. Hermann Ullmann. Nathan Ullmann.*
J. A. Wachter	Käs- u. Butterhandlung	*Josef Anton Wachter.*
J. Gg. Wagenseil, Färbermeister	Baumwollweberei u. Färber.	*Marie Wagenseil. Mathias Wagenseil* **P.**
Karl Wagenseil	Colon.-, Specerei-, Schnitt-, Leinen- u. Baumwollw.	*Karl Wagenseil.*
Albert Wagner's Söhne	Ellenwaaren	*Heinrich Wagner. Emil Hugo Wagner.*
Julius Walch	Gold- u. Silberwaaren	*Julius Walch.*
Ulrich Walch	Specereiwaaren	*Johann Ulrich Walch.*
B. Weber		*Benedict Weber.*
Joh. Weidle	Specerei- und Kurzwaaren en gros u. en detail	*Johannes Weidle.*
L. Weiss & Comp.	Papier-, Schreibmaterial- u. Galanteriehandlung	*Leonhard Weiss. Otto Rebmann.*

Andreas Weitnauer am Thor	Specereiwaaren	*Andreas Weitnauer.*
Christ. Weitnauer sel. Söhne	Specereiw., Wein u Incasso	*Johannes Weitnauer.*
Wiedemann & Keller	Käshandlung en gros	*Johann Ulrich Wiedemann.*
Max Wittmayr [Brecte b Kempt.]	Holzhandlung	*Max Wittmayr*
Christoph Wolf & Sohn		*Christoph Wolf. Wilhelm Wolf.*
O. Zabüsnig	Landschafts-Photograph	*Otto v. Zabüsnig.*
A. Zängerle	Specereiw. u Landesprodh.	*Alfred Zängerle.*
Ziegelei Wang bei Kempten	Ziegelfabrik	*Den Vorstand bilden: Carl Bail, Vorsitzender. Karl Hail, Stellvertreter des Vorsitzenden. Albert Steinhauser. Lukas Biechteler. Simon Wagenseil. Ludwig Röhlin. Wilhelm Schnetzer Die Firma wird durch den Vorsitzenden oder in dessen Verhinderung durch den Stellvertreter gezeichnet: »Ziegelei Wang bei Kempten«. Der Vorstand N. N. oder der Vorstand N N., Stellvertreter.*
F. Xav. Ziegerer & Sohn	Leinen- u. Baumwollwaaren en gros	*Xaver Ziegerer.*
Martin Zorn	Materialwaaren	*Martin Zorn.*
Stephan Zorn	Specereiwaaren	*Stephan Zorn.*
Zorn & Wiedemann	Eisenhandlung	*Georg Caspar Zorn. Babette Zorn. Eugen Zorn. Babette Zorn ist zur Firmazeichnung nicht berechtigt.*

Kerzenheim. 1010 Einwohner. LG. Göllheim. BG. u. HG. Kaiserslautern.
Advokaten: s Kaiserslautern. **Notar**: s. Göllheim

Bernhardt Jacob's Wwe.	Handlung	*Elisabetha Schaaf.*
Klein Leopold	Handlung	*Leopold Klein.*
Klein Simon	Handlung	*Simon Klein.*
Miesel Peter	Handlung	*Peter Miesel.*
Jacob Samuel	Fruchtgeschäft, Commission	*Jacob Samuel.*

Kettelborf. LG. Heilsbronn. BG. u. HG. Ansbach. **Advokaten**: s. Ansbach. **Notar**: s. Heilsbronn.

Joh. Gg. Geyer	Specereiwaarenhandlung	*Johann Georg Geyer.*

Keysserhammer. LG. Naila. BG. u. HG. Hof. **Advokaten**: s. Hof. **Notar**: s. Kirchenlamitz.

C. Keysser HN. [**ZN.** Dürrenheiderhammer]	Hammerwerk	*Carl Theodor Keysser.*

Keysserhammer in Dürrenheid. LG. Nordhalben. BG. Kronach. HG. Bamberg.
Advokaten s. Kronach **Notar**: s. Nordhalben.

C. Keysser ZN. [**HN.** Keysserhammer LG. Naila]	Hammerwerk	*Carl Theodor Keysser.*

Kindenheim. 895 Einwohner LG. Grünstadt. BG. u. HG Frankenthal.
Advokaten s. Frankenthal **Notar** s. Grünstadt

S. Baum	Handlung	*Seligmann Baum.*
A. Jacobi	Mineralwasser-Anst., Essigspritt u. Liqueurfabrikat.	*Abraham Jacobi.*
K. Jacobi	Handlung	*Carl Jacobi.*
Philipp Lang	Handlung	*Philipp Lang.*
Aaron Levy	Handlung	*Aaron Levy.*
J. Levi	Handlung	*Jonas Levi.*
Jacob Müller	Fruchthandlung	*Jacob Müller.*
Isaak Müller	Fruchthandlung	*Isaak Müller.*
P. Mundorff	Specerei- und Kurzwaareng. Kunstdüngerhandlung	*Peter Mundorff.*
Simon Neu	Handlung	*Simon Neu.*
A. Strauss	Handlung	*Abraham Strauss.*
Moses Strauss	Handlung	*Moses Strauss*

Kinding. LG. u. BG. Eichstädt. HG. Nürnberg. **Advokaten** u. **Notare** s. Eichstädt.

F. Gossmann vorm. C. Bullinger	Papierfabrik	*Friedrich Gossmann.*

Kipfenberg. 789 Einwohner. LG. Kipfenberg. BG. Eichstädt. HG. Nürnberg.
Advokaten: s. Eichstädt. **Notar**: Fr. Frech.

Heinr. Altmannsperger	Specereihandlung	*Heinrich Altmannsperger*
Joseph Arzt, Apotheker in Kipfenberg	Apotheke	*Joseph Arzt.*
M. E. Laun	Specereiwaarenhandlung	*Max Eugen Laun.*
L. Anton Plazotta	Gemischte Waarenhandl.	*Ludwig Anton Plazotta.*

Kirchdorf. LG. Haag. BG. Wasserburg. HG. München r. J.
Advokaten: s. Wasserburg. **Notar**: s. Haag

Joh. Georg Zirnbauer	Krämerei	*Georg Zirnbauer.*

Kirchenlaibach. 268 Einwohner. LG. Weidenberg. BG. u. HG. Bayreuth.
Advokaten: s. Bayreuth. **Notar**: s. Weidenberg.

Christoph Beck	Krämerei	*Johann Christoph Beck.*
Mich. Hess	Krämerei	*Michael Hess.*
Fr. Schmidt	Krämerei	*Johann Friedrich Schmidt.*

Kirchenlamitz. 1785 Einwohner. LG. Kirchenlamitz. BG. u. HG. Hof.
Advokaten: s. Hof. **Notar**: C. K. Hofmann.

A. Hoffmann	Liqueurfabrik u. Spec. ereiw.	*Friedrich August Hoffmann.*
E. Köppel & Comp.	Wollen-, Halb- und Baumwollen u. Flanellfabrik	*Eduard Köppel.*
Heinrich Lammers	Apotheke	*Heinrich August Lammers.*
Erhard Maurer	Handlung	*Leonhard Heinrich Christoph Maurer.*
Heinrich Räithel	Spicereiwaaren	*Johann Andreas Heinrich Räithel.*
C. H. Schneider	Baumwollenfabrik	*Christian Heinrich Schneider.*
Christian Sommer	Spicereiwaaren	*Amalie Sommer.*
Wilh. Wiesner	Specerei- und Farbwaaren, Producte	*Wilhelm Michael Wiesner.*

Kirchenpingarten. LG. Weidenberg. BG. u. HG. Bayreuth.
Advokaten: s. Bayreuth. **Notar**: s. Weidenberg.

Th. Erhard	Krämerei	*Thomas Erhard.*

Kirchenreinbach. LG. Sulzbach. BG. u. HG. Amberg. **Advokaten**: s. Amberg. **Notar**: s. Sulzbach.

Johann Kopp	Specerei- u. Schnittwaaren	*Johann Kopp.*

Kirchenthumbach. 743 Einwohner. LG. Eschenbach. BG. Weiden HG. Amberg.
Advokaten: s. Weiden. **Notar**: s. Eschenbach.

Michael Kroher	Handlung	*Michael Kroher.*
Johann Praun	Handlung	*Johann Praun.*
Georg Püttner	Handlung	*Georg Püttner.*
Heinrich Schlögl	Weberei	*Heinrich Schlögl.*
Baptist Schmidt		*Johann Adam Schmidt.*
Baptist Seemann	Specerei- u. Schnittw.	*Baptist Seemann.*

Kirchham. LG. Rotthalmünster. BG. Pfarrkirchen. HG. Passau.
Advokaten: s. Pfarrkirchen. **Notar**: s. Rotthalmünster.

Martin Leeb	Gemischte Waaren	*Martin Leeb.*

Kirchheim a. d. Ecke. 899 Einwohner. LG. Grünstadt. BG. u. HG. Frankenthal.
Advokaten: s. Frankenthal. **Notar**: s. Grünstadt.

J. Adler	Branntweinbrennerei	*Isaak Adler.*
M. Hammel	Mühle	*Michael Hammel II.*
Elias Kohlmann	Getreidehandel	*Elias Kohlmann.*
Heinrich Kohlmann	Spicereiwaaren	*Heinrich Kohlmann.*
Jacob Kohlmann	Ellenwaaren	*Jacob Kohlmann.*
J. Kohlmann	Ellenwaaren	*Isaak Kohlmann.*
W. Kohlmann	Branntweinhandlung	*Wilhelm Kohlmann.*
V. Metzger	Bierbrauerei, Liqueurfab. u. Spicereiwaaren	*Valentin Metzger.*
Joh. Werner	Mühle	*Johann Werner.*

Kirchheim. LG. Würzburg l. Main. BG. u. HG. Würzburg. **Advokaten** u. **Notare**: s. Würzburg.

Samuel Schloss	Spicereiwaarenhandlung	*Samuel Schloss. Leopold Schloss* **P.**

Kirchheimbolanden. 4850 Einwohner. LG. Kirchheimbolanden. BG. u. HG. Kaiserslautern.
Advokaten: s. Kaiserslautern. **Notar**: F Bolza. Ph. Metz.

Adler & Goldmann	Colonial- u. Schnittw.	*Moses Goldmann. Leon Goldmann.*
Adler L.	Colonial- u. Schnittw.	*Ludwig Adler.*
Avril Christoph	Specerei- u. Kurzwaaren	*Christoph Avril.*
Becker Hch.	Rothgerberei	*Heinrich Becker.*
Becker R.	Rothgerberei	*Reinhard Becker.*
Bender Louis	Spicereiwaaren	*Louis Bender.*
Braunewell's Ph. Sohn	Eisenhandlung	*Philipp Christian Braunewell jun.*
Brogino Jac. Ant.	Colonial-, u. Schnittwaaren u. Oelmühle	*Carl Friedrich Lennig. Ignaz Adam Lennig* **P.**
Chormann L.	Bierbrauerei	*Ludwig Chormann.*
Decker A.	Frucht- u. Mehlhandlung	*Abraham Decker.*
Decker M.	Frucht- u. Mehlhandlung	*Michael Decker.*
Decker Simon	Frucht- u. Mehlhandlung	*Simon Decker.*
Dercum Theodor	Apotheke	*Theodor Dercum.*

Dittel P. H.	Specereiwaaren	*Philipp Joseph Dittel.*
Ettling Friedrich	Apotheke	*Fried. Karl Wilhelm Ettling.*
Fischer Joh. P.	Bäcker u. Mehlhändler	*Johann Philipp Fischer.*
Fuchs Marie	Modewaarenhandlung	*Marie Fuchs.*
Giessen Carl	Wein-, Kohlen- u Salzhdl.	*Cornelius Giessen.*
W. Gotthold	Buch- und Musikalienhandl., Schreib- u Zeichenmat.	*Johann Heinrich Gotthold.*
Günther K.	Kürschnerw. u. Kappenf.	*Carl Günther.*
Hartenbach & Rotberg	Cigarrenfabrik	*Jacob Hartenbach. Philipp Rotberg*
Heimerle	Seifenfabrik	*Peter Heimerle.*
Huber W.	Kürschner u. Huthändler	*Georg Wilhelm Huber.*
Hümmer Elise	Bierbrauerei	*Elisabetha Bechthold.*
Kahn D	Handlung	*Daniel Kahn.*
Kahn Leopold	Handlung	*Leopold Kahn.*
Kahn Wolfrath	Handlung	*Wolfrath Kahn.*
Kanoffsky J.	Bäckerei u. Handelsgesch.	*Johannes Kanoffsky.*
Kirchner Tobias	Eisenwaarenh. u. Schlosser.	*Tobias Kirchner.*
Kobelt & Stadelmann	Spec.-, Mater.-, u. Farbw. u. Cafeesurrogatfabrik	*Christoph Kobelt. Johann Heinrich Stadelmann.*
Kölsch D.	Tuchhandlung	*Daniel Kölsch.*
Lambert Georg	Specerei- u. Schnittwaaren	*Georg Lambert.*
F. A. Lanz & Sohn	Seifenfab. Spec.- u. Kurzw.	*F. A. Lanz u. Friedrich Alois Lanz.*
Levi David	Handlung	*David Levi.*
Levi Leo sel. Wwe.	Handlung	*Sara Oppenheimer. David Levi* P
Liebeck G. H.	Färberei	*Georg Heinrich Liebeck.*
Lindner H.	Eisen- u. Klempnerwaaren	*Karl Heinrich Lindner*
Lucä L. G.	Kurzwaaren u. Cigarren	*Ludwig Christian Lucä.*
Meninger		*Franz Meninger.*
Mayer J.		*Jacob Mayer.*
Moder L.	Mehlhandlung	*Ludwig Moder*
Neugass Leopold		*Leopold Neugass.*
Ottmann Ph.	Färberei	*Georg Philipp Ottmann.*
Ritterspach W.	Dampfsäge- u. Holzdrahtf.	*Ernst Wilhelm Ritterspach.*
Rittinger Carl	Eisenwaarenhandlung	*Carl Rittinger*
Ruff C.	Buch- u Schreibmaterialienh.	*Conrad Ruff*
Rüganer J.		*Jac. Joh. Heinr. Rüganer*
Schiffmann Conrad	Uhrenfabrik	*Conrad Schiffmann.*
Schmahl Georg	Modewaarenhandlung	*Georg Schmahl.*
Schwarz J.	Schnittwaaren	*Isaac Schwarz.*
Seyler Gebrüder	Gerberei u. Lederhandl.	*Carl u. Adolph Seyler.*
Stöckel Ldg.	Specereiwaaren	*Jos. Nicol. Ludwig Stöckel.*
Straus J.		*Joseph Straus.*
Süskind B.	Eisenwaaren	*Benjamin Süskind.*
Thieme Carl HN. [ZN. Grünstadt]	Buchdruckerei	*Carl Friedrich Thieme. Simon Schäfer* P.
Thieme u. Lucä	Düttenfabrik	*Carl Thieme. Ludwig Christian Lucä.*
Tiessé Al.	Glas- u. Porcellanwaarenh.	*Alexander Tiessé.*
Tresch A.	Specerei- u. Kurzwaaren	*Adam Tresch.*
Völkel J. II.	Seilerwaaren	*Jacob Völkel II.*
Vorschussv. Kirchheimbolanden	Creditgewähr. an die Mitgl.	*Ludwig Christian Lucae, Vorstand. Georg Kurschmann, Rechner.*
Würtz J.	Bürstenfabrik	*Johann Würz.*

Kirchleus. LG. Culmbach. BG. u. HG. Bayreuth. **Advokaten:** s. Bayreuth. **Notar:** s. Culmbach.

S. H. Kern	Bierbrauerei	*Simon Heinrich Kern.*

Kirchrimbach. LG. Scheinfeld. BG Windsheim. HG Fürth. **Advokaten** s Windsheim. **Notar** s. Scheinfeld.

Paulus Hassler	Specereiwaarenhandlung	*Paulus Hassler.*

Kirchzell. LG Amorbach. BG. u. HG. Aschaffenburg **Advokaten** s. Aschaffenburg. **Notar** s. Amorbach.

F. M. Oster	Handlung	*Franz Math. Oster.*

Kirkel. 1204 Einwohner. LG. Waldmoor. BG. u. HG. Zweibrücken. **Advokaten** s. Zweibrücken **Notar** s. Waldmoor.

Jacob Biet	Specereihandlung	*Jacob Biet.*
Christian Leibrock	Handelsmühle	*Christian Leibrock.*
Georg Jacob Noll-Hussung	Specereihandlung	*Noll Hussung.*
Heinrich Noll	Fouragehandlung	*Heinrich Noll.*
Friedrich Schwender	Fouragehandlung	*Friedrich Schwender.*

Kirrweiler. LG. Edenkoben. BG. u. HG. Landau. **Advokaten**: s. Landau. **Notar**: s. Edenkoben.

J. W. Wiertz.	Zwirnfabrik	*Friedrich Wilhelm Wiertz. Christian Wilhelm Chelius.*

Kirschbachermühle. LG. Hornbach. BG. u. HG. Zweibrücken.
Advokaten: s. Zweibrücken. **Notar**: s. Hornbach.

Joseph Hauter	Handelsmühle	*Joseph Hauter.*

Kissing. LG. Friedberg. BG. Aichach HG. München I. J. **Advokaten**: s. Aichach. **Notar**: s. Friedberg.

Georg Wanner	Handlung	*Georg Wanner.*

Kissingen. 2591 Einwohner. LG. Kissingen. BG. Neustadt a. S. HG. Schweinfurt.
Advokaten: s. Neustadt a. S. **Notar**: M. Heller.

Actiengesellschaft des Bade-Etablissements Kissingen	Actiengesellschaft zum Betriebe eines Cur- u. Badeetablissements	*Den Vorstand bilden: Dr. Gatschenberger, Vorsitzender des Vorstandes. Dessen Stellvertreter A. Bauer, Johann Kaiser, Phil. Heilmann, Fr. Feustel, J. Martin.*
Anton Bauer	Specerei-, Eisen- u. Kurzw.	*Anton Bauer.*
J. Bergmann & Comp.	Galanterie- u. Spezereiw.	*Josef Bergmann.*
S. Ehrlich	Schnittwaaren	*Samuel Ehrlich.*
J. Engelbrecht	Specerei- u. Eisenh.	*Ignaz Josef Engelbrecht.*
Fried. Feustel ZN. [**HN.** Bayreuth]	Bankgeschäft	*Friedrich Feustel. Alexander Kühne* **P.**
Fr. Franz	Galanteriewaaren	*Friedrich Karl Franz.*
Jos. Goldstein	Manufacturen	*Josef Goldstein.*
Leopold Goldstein	Schnittwaaren	*Leopold Goldstein.*
Carl Grohmann	Schnittwaaren	*Carl Grohmann.*
Ph. Hailmann	Buch-, Kunst- u. Musikalienh.	*Philipp Hailmann.*
A. Herramhof	Spedit., Com. u. Colonialw. en gros	*Adalbert Herramhof.*
Moses Hofmann	Schnittwaaren	*Moses Hofmann.*
J. B. Ihl	Apotheke	*J. B. Ihl.*
Herz F. Kugelmann	Bankgeschäft u. Antiquitäten	*Herz Feitel Kugelmann.*
Isaac Leuthold	Schnittwaarenhandlung	*Isaac Leuthold.*
Julius Löwenau	Lederhandlung	*Julius Löwenau.*
Simon H. Löwenthal	Schnittwaaren	*Simon Herz Löwenthal.*
M. Lutz	Wagenfabrik	*Michael Lutz.*
H. Morck Ww.	Schnittwaarenhandlung	*Regina Morck. Leopold Morck* **P.**
H. Poppermann	Schnittwaaren	*Nanny Poppermann.*
Hermann Rosenau	Lederhandlung	*Hermann Rosenau.*
S. Schiffmann		*Simon Schiffmann.*
Carl Schöller	Specereiwaaren, Weinhandl. u. Kunstmühle	*Carl Schöller.*
Josef Schöller	Eisen-, Glas- u. Porcellanh.	*Josef Schöller.*
August Schmandt	Schnittw. u. Tapetenh.	*August Schmandt.*
David Schwed	Schnitt- u. Modewaarenh.	*David Schwed.*
Sal. Schwed	Specerei- u. Schnittwaarenh.	*Salomon Schwed.*
Franz Steigerwald's Nachfolger	Glaswaarenhandlung	*August Fuchs.*
Mayer Wittekind Ww.	Schnittwaaren	*Regina Wittekind.*
S. A. Wittekind	Schnittwaaren	*Salomon Wittekind.*
Friedr. Aug. Zapf	Galanteriewaaren en gros u. en detail	*Friedrich August Zapf.*

Kittlmühle. LG. Passau I. BG. u. HG. Passau. **Advokaten** u. **Notare**: s. Passau.

Josef Kerber	Oelfabrik	*Josef Kerber. J. B. Kuhdorfer* **P.**

Kitzingen. 5931 Einwohner. St. u. LG. Kitzingen. BG. u. HG. Würzburg.
Advokaten: s. Würzburg. **Notare**: Ch. Fertig. M. Schamberg.

August Ammann	Specereiwaaren	*Julius August Amman.*
J. L. Bachmann	Weinhandlung	*Georg Bachmann. Claudius Bachmann.*
Julius Bertholdt	Weinhandlung	*Julius Bertholdt.*
Adam Franz Berwein	Specereiwaaren	*Franz Xaver Berwein.*
Christoph Buchner	Weinhandlung	*Christoph Nicolaus Buchner.*
Roman Busch	Specerei- u. Colonialwh.	*Andreas Roman Busch.*
C. R. Clingestein	Weinhandlung	*Carl Reinhold Clingestein.*
C. W. Dauch	Spielwaarenhandlung	*Johann Christoph Wolfgang Dauch.*
Seb. Dauch	Conditorei- u. Specereiw.	*Johann Sebastian Dauch.*
Val. Dauch Wittb.		*Margaretha Dauch.*
J. M. Dedel	Specerei- u. Colonialwh.	*Jacob Michael Dedel.*
Carl Otto Deuster	Weinhandlung	*Carl Otto Deuster. Oscar Deuster* **P.**

Franz C A. E. Dietrich	Weinhandlung	*Franz Carl August Eduard Dietrich.*
Theod. Diez	Apotheke	*Theodor Diez.*
Philipp Dros		*Philipp Dros.*
Th. Ehemann	Bierbrauerei	*Thomas Ehemann. Carl Reichard Deuster* **P.**
Anton Engert	Chocoladefabrik	*Anton Engert*
V. Engert	Specereiwaaren	*Valentin Engert.*
Ludwig, Fick	Buchhandlung	*Johann Ludwig Fick.*
J. P. Fink	Schnittwaaren	*Johann Peter Fink.*
Fritz Freytag	Productenhandlung	*Caspar Karl Fritz Freytag.*
Carl Fritz	Weinhandlung	*Carl Fritz*
C. L. Frobenius	Weinhandlung	*Carl Ludwig Frobenius.*
Franz Frobenius	Weinhandlung	*Franz August Frobenius.*
Friedrich Gebhard		*Friedrich Gebhard.*
Aron Gerst	Landesproductenhandlung	*Aron Gerst. Caroline Gerst* **P.**
Nathan Gerst	Getreidehandlung	*Nathan Gerst.*
Fr. Hassler	Conditorei- u. Specereiw	*Georg Friedrich Hassler.*
E. Hellermann	Essig- u Liqueurfabrik	*Emanuel Hellermann.*
Joh. H. Henninger	Weinhandlung	*Christ. Heinrich Roth. Joh. Wilh. Roth.*
Eugen Hof	Spec.-, Mater.- u. Kurzw.	*Eugen Friedrich Peter Hof.*
G. Hübner	Weinhandlung	*Christian Friedrich Reichard Hübner. Georg Heinrich Hübner.*
Hummel & König	Ziegelei	*Wolfgang König. Andreas Hummel.*
Rud. Klauser	Weinhandlung	*Carl Klauser. Rudolph Klauser.*
F. C Kleindienst	Landesproducte	*Friedrich Karl Kleindienst*
Heinrich Kleinfeller	Weinhandlung	*Paul Böckelmann.*
B. Kleinschroth	Bierbrauerei	*Balthasar Kleinschroth.*
Simon Klugmann	Weinhandlung	*Simon Klugmann.*
J. C. Korb	Specereiwaaren	*Johann Kaspar Korb.*
Gg. Leonh. Krauss	Weinhandlung	*Andreas Krauss.*
Hermann Kröncke	Apotheke	*Hermann Kröncke.*
Lappi & Eschrich	Weinhandlung	*Georg Ernst Carl Lappi. Gustav Adolph Leopold Eschrich.*
D. Lauber	Weinhandlung	*David Lauber.*
Leonhard Laudenbach	Conditorei- u Specereiw.	*Leonhard Laudenbach.*
Sigm. Lehmann Sohn	Weinhandlung	*Jacob Lehmann.*
Bernh. Lenz	Holzhandlung	*Johann Bernhard Lenz.*
Carl Leo jun.	Weinhandlung	*Franz Carl Leo. August Gustav Lorenz Leo* **P.**
Valentin Joseph Leo	Weinhandlung	*Valentin Joseph Leo.*
Andreas Lorenz	Weinhandlung	*Andreas Lorenz.*
Eduard Lotz	Weinhandlung	*Eduard Lotz. Albert Eduard Lotz. Karl Lotz.*
Joh. Lutz	Backsteinf., Bretter-, Steinkohlen- u. Steinplattenh.	*Johann Lutz.*
Alois Mayer	Specerei- u. Eisenw.	*Nepomuk Mayer*
Joseph Mayer	Specereiwaaren	*Joseph Mayer.*
Emil Dan. Metsch	Weinhandlung	*Emil Daniel Metsch.*
H. Metzges	Maschinenbäckerei, Dampf-, Loh- u. Sägemühle	*Heinrich Metzges.*
Friedr. Mugler		*Johann Friedrich Jacob Heinrich Mugler.*
Caspar Ott	Landesproducte	*Kaspar Ott.*
J. Permaneder's Sohn	Specerei- u. Eisenw.	*Johann Permaneder.*
Louis Pflug	Weinhandlung	*Louis Bernhard Pflug.*
Adolph Roth		*Adolph Roth.*
Joh. Christ. Roth & Comp.	Weinhandlung	*Johann Christoph Roth.*
Nicolaus Roth	Weinhandlung	*Heinrich Roth jun. Gottlob Roth.*
J. L. Rückel	Glas- u. Porcellanh.	*Johann Ludwig Rückel.*
Carl Heinrich Sander	Weinhandlung	*Carl Heinrich Sander.*
F. Sander & Comp.	Weinhandlung	*Franz Sander.*
Gebrüder Sander	Weinhandlung	*Louis Springmann. Georg Nicolaus Heinrich Henninger.*
Johann Heinrich Sander sen.	Weinhandlung	*Wilhelm Sander.*
Joh. Peter Schedel Wwe.	Lederhandlung	*Anna Schedel. Ignaz Schedel* **P.** *Valentin Schedel* **P.**
Bernhardt Scheidt	Schnittwaaren	*Bernhard Scheidt.*
L. Scheidt		*Louis Scheidt.*

Simon Scheidt	Weinhandlung	*Simon Scheidt.*
Wolf Scheidt	Schnittwaaren	*Wolf Scheidt.*
Carl Sitzler	Weinhandlung	*Adelheid Sitzler*
Christian Sitzler	Weinhandlung	*August Spiess.*
Seligmann Sonn	Detailhandlung	*Seligmann Sonn.*
Spar- & Vorschussverein Kitzingen. Eingetragene Genossenschaft	Gewähr. verzinslicher Vorschüsse an Mitglieder u. Sparcassa	*Den Vorstand bilden: J. K. Korb, Vorsitzender. J. Schmitt, Cassier. F. Vogel, Controleur. Die Firma wird durch Beifügung des Namens der drei, mindestens aber zweier Vorstandsmitglieder gezeichnet.*
F. Springmann	Rosshaarspinnerei	*Friedrich Eduard Springmann.*
Louis Springmann		*Louis Springmann.*
Clemens Steiner	Weinhandlung	*Clemens Steiner.*
H. Stern HN. [ZN. Mainstockheim]	Eisenhandlung	*Hirsch Stern.*
J. V. Wagner	Schnittwaarenhandlung	*Johann Valentin Wagner.*
Martin Weinkamer		*Johann Baptist Weinkamer.*
Carl Wolff jun.	Landesproducte u. Mineralw.	*Carl Dominikus Wolff.*
C. H. Zang	Specerei- u. Eisenwaaren	*Carl Heinrich Zang.*
J. G. Zürlein	Spezereiwaaren	*Johann Georg Zürlein.*

Klammer. LG. Grafenau. BG Deggendorf. HG. Passau.
Advokaten s. Deggendorf. **Notar** s. Grafenau.

J. B. Heiss	Holzhandlung, Sägmühle	*Joh. Bapt, Heiss. Franz Jung* P

Kleinbockenheim. 577 Einwohner. LG. Grünstadt. BG. u. HG. Frankenthal.
Advokaten s. Frankenthal. **Notar:** s Grunstadt.

Elias Eckhaus	Getreidehandel	*Elias Eckhaus.*
Valentin Krauss		*Valentin Krauss.*
Jonas Levystein	Getreidehandel	*Jonas Levystein.*
Abraham Mayer	Specereiwaaren	*Abraham Mayer.*
Jacob Mayer	Viehhandel	*Jacob Mayer.*
Jos. Mayer I	Mehlhandlung	*Joseph Mayer.*

Kleinerdlingen. 468 Einwohner. LG. Nördlingen BG. Donauwörth. HG. Augsburg.
Advokaten s. Donauwörth **Notar:** s. Nordlingen.

Sandel Bühler	Rauhwaaren- u Bettfedernh.	*Sandel Bühler.*
Samson Eppstein	Schnittwaarenhandlung	*Samson Eppstein.*
M. Ettenheimer	Handlung	*Moses Ettenheimer.*
S. Ettenheimer	Schnitt- u. Specereiwaarenh.	*Salomon Ettenheimer.*
L. B. Kohn	Handlung	*Löw Baruch Kohn.*
K. Lauchheimer	Schnittwaarenhandlung	*Koppel Lauchheimer.*
Abr. Rosenfeld	Weinhandlung	*Abraham Rosenfeld.*
Moses Wolf	Producten- u. Pferdeh.	*Moses Wolf.*

Kleinhaslach. LG., BG. u. HG. Ansbach. **Advokaten** u. **Notare:** s. Ansbach.

Johann Hirschmann	Specereiwaarenhandlung	*Johann Hirschmann.*
Johann Georg Hirschmann	Specereiwaarenhandlung	*Johann Georg Hirschmann.*

Kleinheubach. 1330 Einwohner. LG. Miltenberg. BG. u. HG. Aschaffenburg.
Advokaten: s. Aschaffenburg. **Notar:** s. Miltenberg

Friedrich Jacob Bohn	Specereiwaarenhandlung	*Friedrich Jacob Bohn.*
Philipp Friedrich Jacob Bohn	Specereiwaarenhandlung	*Philipp Friedrich Jacob Bohn.*
J. F. Fertig	Specereihandlung	*Jacob Friedrich Fertig.*
Theodor Gerster	Apotheke	*Theodor Gerster.*
Friedr. Ant. Jacob		*Friedrich Anton Jacob.*
L. Mannheimer	Schnittwaarenhandlung	*Leon Mannheimer.*
Ter Meer & Weymar HN. [ZN. Kreuzwertheim]	Früchtengelee und Heidelbeerfarbenfabrik	*Carl Weymar Edmund ter Meer.*
Johann Ludwig Müller	Specereiwaarenhandlung	*Johann Ludwig Müller*
G. Samoniel	Schnittwaarenhandlung	*Gottfried Samoniel.*
Abraham Sichel	Schnittwaarenhandlung	*Abraham Sichel.*
Emanuel Sichel	Schnitt- u. Kurzwaarenh.	*Emanuel Sichel.*
Simon Sichel	Schnitwaarenhandlung	*Simon Moses Sichel.*
Bär Wetzler	Schnitt- u. Eisenwaarenh.	*Bär Wetzler.*
M. Wetzler	Schnittwaarenhandlung	*Max Wetzler. Löb Wetzler.*

Kleinkarlbach. 609 Einwohner. LG. Grünstadt. BG. u. HG. Frankenthal.
Advokaten s. Frankenthal. **Notar** s. Grünstadt.

W. Kling	Mühle	*Wilhelm Kling.*
G. J. Lang	Mühle	*Georg Jacob Lang.*

L. Lang | Mühle | *Ludwig Lang.*
Peter Müller | Mühle u. Mehlhandlung | *Peter Müller.*
L. Schiffer | Mühle | *Ludwig Schiffer.*
B Schmidt | Mehl- u. Specereihandl. | *Bernhardt Schmidt.*
Spiess & Klunk | Farbenfabrik | *Carl Friedrich Spiess. Georg Klunk.*

Kleinlangheim. 1293 Einwohner. LG. Kitzingen. BG. u. HG. Würzburg.
Advokaten: s. Würzburg. **Notar:** s. Kitzingen.

David Hähnlein | Specerei- u. Schnittwaarenh. | *David Hähnlein.*
M. Handburger | Spec.-, Schnitt- u. Weinh. | *Mendlein Handburger.*
G. Rosenblatt | Specerei- u. Schnittwaarenh. | *Gerson Rosenblatt.*
H. Rothfeld | Weinhandlung u. Essigfabr. | *Hirsch Rothfeld.*
Wolf Schmidt's Sohn | Weinhandlung | *Moses vulgo Moritz Schmidt.*
Ferdinand Seitz | Commissionsg. in Landesp. u. Wein | *Ferdinand Seitz.*
J. Sondhelm | Wolle- u. Specereiwaarenh. | *Jacob Sondhelm.*
Sigmund Sondhelm | Weinhandlung | *Süssmann Sigmund Sondhelm.*

Kleinniedesheim. LG., BG. u. HG. Frankenthal. **Advokaten** u. **Notare:** s. Frankenthal.

Kullmann & Westkirch | Holz- u. Kohlenhandlung | *Georg Kullmann. Georg Westkirch. Franz Bernhard Westkirch* P.

Kleinostheim. LG., BG. u. HG. Aschaffenburg. **Advokaten** u. **Notare:** s. Aschaffenburg.

D. Dömling | Specereiwaarenhandlung | *Dominikus Dömling.*

Kleinrinderfeld. LG. Würzburg l. Main. BG. u. HG. Würzburg.
Advokaten u. **Notare:** s. Würzburg.

Krafft | Apotheke | *Johann Evangelist Marcus Krafft.*
Joh. Jos. Werr | Gemischte Waarenh. | *Johann Josef Werr.*

Kleinschwarzenbach. LG. Münchberg. BG. u. HG. Hof.
Advokaten: s. Hof. **Notar:** s. Münchberg.

Andreas Bächer | Weberei | *Johann Nicol. Erdmann Frank.*

Kleinsteinach. LG. Haßfurt. BG. u. HG Schweinfurt. **Advokaten** s. Schweinfurt. **Notar** s. Hassfurt.

Hirsch Adler | Specereiwaaren | *Hirsch Adler.*
Heinemann Dessauer | Specerei- u. Kurzwaarenh. | *Heinemann Dessauer.*
Samuel Lichtenstetter | Eisen-, Schnitt- u. Specereiwaarenhandlung | *Samuel Lichtenstetter.*

Kleintettau. 288 Einwohner. LG. Ludwigstadt. BG. Kronach. HG. Bamberg.
Advokaten. s. Kronach. **Notar:** s. Ludwigstadt.

Stephan Eckardt | Hohlglaswaarenfabr. | *Stephan Eckardt.*
F. Gruner | Hohlglaswaarenfabr. | *Friedrich Gruner*
A. S. Heinz | Hohlglaswaarenfabr. | *Adam Sigmund Heinz.*
Ernst Heinz | Hohlglaswaarenfabr. | *Ernst Heinz.*
G. A. Heinz | Hohlglaswaarenfabr. | *Georg Adam Heinz. Joseph Heinz* P.
Georg Friedrich Heinz | Hohlglaswaarenfabr. | *Georg Friedrich Heinz.*
A. Müller | Hohlglaswaarenfabr. | *Adam Müller.*
Gg. Fr. Müller | Hohlglaswaarenfabr. | *Georg Friedrich Müller.*

Kleinwallstadt. 1407 Einwohner. LG. Obernburg. BG. u. HG. Aschaffenburg.
Advokaten: s Aschaffenburg. **Notar**. s. Obernburg.

Philipp Freund | Schnitt-, Specerei- u. Eisenwaarenhandl. | *Philipp Freund.*
J. K. Kuhn | Schnitt-, Specerei- u. Eisenwaarenhandl. | *Joseph Kaspar Kuhn.*
Joseph Siegel | Mehl- u. Colonialwaarenhdl., Agentur in Mühlproduct. | *Joseph Siegel.*
Abraham Stern | Schnitt-, Specerei- u. Eisenwaarenhandl. | *Abraham Stern.*
Adam Weigand | Specerei-, Eisen-, Farb- u. Kurzwaarenhandl. | *Adam Weigand.*

Kleinweidenmühle. LG., BG. u. HG. Nürnberg. **Advokaten** u. **Notare** s. Nürnberg.

Kneidel'sche Kunstmühle | Kunstmühle | *Wolfgang Ernst Kneidel.*

Kleukheim. LG. Staffelstein. BG. Kronach. HG. Bamberg.
Advokaten: s. Kronach. **Notare** s. Staffelstein.

J. Schmitt jun. | Gemischte Waarenhandlung | *Johann Schmitt.*
Joh. Schmitt sen. | Gemischte Waarenhandlung | *Johann Schmitt.*

Klingenberg. 824 Einwohner. LG. Klingenberg. BG. u. HG. Aschaffenburg.
Advokaten s. Aschaffenburg **Notar:** Jos. Link.

Joh. Jos. Adrian	Colonial- u. Specereiwh.	*Johann Joseph Adrian.*
Mayer Fried	Schnittwaarenhandlung	*Mayer Fried.*
B. Kuhn vorm. Jos. Hessler jun.	Schnittwaarenhandlung	*Benedict Kuhn.*
Fr. Richter	Apotheke	*Franz Richter.*
Friedr. Sickenberger	Colonial-, Specerei- u. Eisenwaarenhandlung	*Franz Friedrich Sickenberger.*
Joh. Schmitt III	Colonial- u. Specereiwh.	*Johann Schmitt III*
Adam Scholz	Buchbinderei	*Adam Scholz.*

Klingenbrunn. LG. Grafenau. BG. Deggendorf. HG. Passau.
Advokaten s. Deggendorf **Notar:** s. Grafenau.

J. Lötz	Glasfabrik	*Johann Lötz.*

Klingenmünster. LG. Bergzabern. BG. u. HG. Landau. **Advokaten** s. Landau. **Notar** s Bergzabern.

G. M. Hoffmann	Mahlmühle	*Georg Michael Hoffmann.*

Kneispermühle. LG., BG. u. HG. Zweibrücken **Advokaten** u. **Notare:** s. Zweibrücken

Adam Fischer & Sohn	Mühle u. Waffenschmiede	*Adam Fischer sen. Adam Fischer jun.*

Knetzgau. LG. Eltmann. BG. u. HG. Schweinfurt. **Advokaten:** s. Schweinfurt. **Notar:** s Eltmann.

Raimund Zwierlein	Specereiwaaren	*Raimund Zwierlein.*

Knittelsheim. 630 Einwohner. LG. Germersheim. BG. u. HG. Landau.
Advokaten: s Landau. **Notar:** s. Germersheim.

L. Disqué	Oel- u. Mahlmühle	*Ludwig Disqué.*
Pet. Schott	Waldsamenhandlung	*Apollonia Schott. Benedict Schott* P.

Knopfhammer. LG. Berneck. BG. u. HG. Bayreuth. **Advokaten:** s. Bayreuth. **Notar:** s. Berneck.

Joh. Mich. Claumüntzer	Hammerwerk	*Johann Michael Claumüntzer.*

Ködit. LG., BG. u. HG. Hof. **Advokaten** u. **Notare:** s. Hof.

P. Fischer	Handlung	*Peter Fischer.*

Königsbach. 811 Einwohner. LG Neustadt a. H. BG. u. HG. Frankenthal.
Advokaten s. Frankenthal **Notar** s. Neustadt a. H

F. V. Ziegler	Weincommissionsgeschäft	*Franz Valentin Ziegler.*
Sebastian Ziegler	Weincommissionsgeschäft	*Sebastian Ziegler.*

Königsfeld. LG Hollfeld. BG. u. HG. Bayreuth. **Advokaten:** s.Bayreuth. **Notar:** s. Hollfeld.

Pankratz Dicker	Galanteriewaarenhandl.	*Pankratz Dicker.*

Königshofen i. Grabfeld. 2244 Einwohner. LG. Königshofen. BG. Neustadt a. S. HG. Schweinfurt.
Advokaten: s. Neustadt a. S. **Notar** Juc Reuss.

Apothe zum Mohren von Fr. Meuschel	Apotheke	*Friedrich Meuschel.*
M. Berlenz	Specerei- u. Eisenw.	*Wilhelm Berlenz.*
G. J. Einstädter	Schnitt- u. Specereiwaarenh.	*G J. Einstädter.*
S. H. Einstädter	Specereiwaaren	*Samuel Hirsch Einstädter.*
David Friedenhain	Schnittwaaren	*Seligmann Friedmann.*
Gebrüder Kohn	Schnittwaaren	*Meyer Kohn. Karl Kohn.*
J. Ph. Mahr	Specereiwaaren	*J. Ph. Mahr.*
Em. Rosenblüth	Schnittwaaren	*Emanuel Rosenblüth.*
J. B. Schmitt	Specerei- u. Kurzwaaren	*J. B. Schmitt.*
S. Stern	Schnittwaaren	*Selig Stern.*

Königshofen. LG. Wassertrüdingen. BG. u HG. Ansbach.
Advokaten: s. Ansbach. **Notar:** s. Wassertrüdingen.

Friedrich Zimmermann	Spec.- u. Eisenwaarenh.	*Johann Friedrich Zimmermann*

Königshütte. LG. Waldsassen. BG. Weiden. HG Amberg.
Advokaten: s. Weiden **Notar:** s. Waldsassen.

F. v. Glass	Eisengiesserei u. Emaillirwerkstätte	*Florentin v. Glass.*

Königsstein. LG. Sulzbach BG. u. HG. Amberg. **Advokaten:** s. Amberg. **Notar:** s. Sulzbach.

Georg Schertl	Spec.-, Schnitt- u. Eisenw.	*Georg Schertl.*

Kösching. LG. Ingolstadt BG. Aichach. HG München I. J.
Advokaten s Aichach. **Notar:** s. Ingolstadt.

Martin Petz	Schnitt- u. Kurzw.	*Martin Petz.*
Franz Schmid	Specerei-, Schnitt-, Kurz- u. Eisenw. u. Mehlhandl.	*Franz Schmid.*

Köstlarn. 650 Einwohner. LG. Rotthalmünster. BG. Pfarrkirchen. HG. Passau.
Advokaten: s. Passau. **Notar:** s Rotthalmünster

Michael Grabmayer	Gemischte Waaren	*Michael Grabmayer.*
Alois Kopp	Gemischte Waaren	*Alois Kopp.*
J. Strauss	Gemischte Waaren	*Jacob Strauss.*

Kötzting. 1600 Einwohner LG. Kötzting. BG. Straubing HG Landshut.
Advokaten s. Straubing **Notar** E. Widmann

Wilhelm Braun	Apotheke	*Wilhelm Braun.*
Franz Paul Decker	Specerei- u. Schnittwaaren	*Franz Paul Decker.*
J. B. Fabrici	Specerei- und Schnittwaaren u Essigfabrik	*Anna Windorfer*
Heinrich Ring	Specerei- u. Schnittwaaren	*Heinrich Ring.*
Johann Süss	Spec.-, Glas- u Kurzwh.	*Johann Süss.*

Kollbach. LG. Eggenfelden. BG. Pfarrkirchen. HG. Passau.
Advokaten: s. Pfarrkirchen **Notar** s. Eggenfelden

Andreas Framberger	Gemischte Waaren	*Andreas Framberger.*

Konnersreuth. 770 Einwohner. LG. Waldsassen. BG. Weiden HG. Amberg.
Advokaten s. Weiden. **Notar** s. Waldsassen

Johann Grillmeier	Specereiwaaren	*Johann Grillmeier.*
Georg Kutzer in Konnersreuth	Specereiwaaren	*Georg Kutzer.*
Joseph Mühlfenzl	Specerei- u. Schnittwaarenh.	*Joseph Mühlfenzl.*
Johann Adam Reichl	Specereiwaaren	*Johann Adam Reichl. Katharina Reichl* P.

Kottern. LG., BG. u HG. Kempten. **Advokaten** u **Notare** s. Kempten.

Spinnerei, Weberei & Maschinenfabrik Kottern	Spinnerei, Weberei u. Maschinenfabrik	*Den Vorstand bilden: Caspar Hanegger, Vorstand. Johann Fries, stellvertr. Vorstand. Johann Jacob Bär* P. *Die Firma wird durch den Vorstand oder dessen Stellvertreter gezeichnet. »Spin., Web. u. Maschfab. Kottern.« N. N., Vorstand bezw. N. N., Stellvertreter des Vorstandes*

Kottweiler. 813 Einwohner. LG Landstuhl. BG. u. HG Zweibrücken.
Advokaten: s. Zweibrücken. **Notar:** s Landstuhl.

Johann Herzer	Oelmühle	*Johann Herzer.*
Philippina Herzer	Specereiwaaren	*Phillippina Herzer.*
Karl Poth's Wittwe	Holzhandlung	*Anna Maria Poth.*
Franz Carl Steinacker	Specereihandlung	*Franz Karl Steinacker.*
Johannes Wolf I	Rothgerberei	*Johannes Wolf I.*

Kottweiler-Schwanden. LG. Landstuhl. BG u. HG. Zweibrücken.
Advokaten s Zweibrücken. **Notar:** s. Landstuhl.

Ludwig Eberhardt Gutheil	Holzhandlung	*Ludwig Eberhardt Gutheil.*

Krähenberg. LG. Homburg. BG. u. HG. Zweibrücken. **Advokaten:** s. Zweibrücken **Notar:** s. Homburg.

Johann Philipp Leiner	Fruchthandlung	*Johann Philipp Leiner.*

Kraiburg. 923 Einwohner. LG. Mühldorf. BG. Wasserburg. HG München r. J.
Advokaten s. Wasserburg. **Notar** s. Mühldorf.

Xaver Hardt	Posamentier	*Xaver Hardt*
Joh. Nep. Hardt	Schnitt- u. Specereiwaaren	*Joh. Nep. Hardt.*
Erh. Plöderl	Schnitt-, Spec.- u. Materw.	*Erhard Plöderl.*
Joh. Riedl	Wein- u. Getreidehandl.	*Joh. Riedl.*
J. D. Silverio	Schnitt- u. Specereiw.	*Franziska Silverio. Johann Michael Rothmaier* P
Sebastian Stöttner's Erben	Schnitt- u. Specereiw.	*Sebastian Greissl.*

Krebs. LG Immenstadt. BG. u. HG. Kempten. **Advokaten** s. Kempten. **Notar:** s. Immenstadt.

Pius Strobel	Enzianfabrik	*Pius Strobel.*

Kreuzmühle Gd. Arzheim. LG., BG. u. HG. Landau **Advokaten** u. **Notare:** s. Landau.

Josef Bähr	Mahl-, Oel- u. Sägmühle	*Joseph Bähr.*

Kreuzwertheim. LG. Stadtprozelten. BG. u. HG. Aschaffenburg.
Advokaten s. Aschaffenburg **Notar:** s. Stadtprozelten.

Ph. Enz	Krämerei	*Ph. Enz.*

Kriegsfeld. 1120 Einwohner. LG. Kirchheimbolanden. BG u. HG. Kaiserslautern.
Advokaten s Kaiserslautern. **Notar:** s. Kirchheimbolanden

Huber J.	Viehhandel	*Johann Huber.*
Obeé Louis	Handlung	*Louis Obée.*
Quast G.	Viehhandel	*Georg Quast.*
Schilling P.	Fruchthandlung	*Peter Schilling.*
Senger Ph. H.	Krämerei	*Philipp Heinrich Senger.*
Stern J.	Handlung	*Joseph Stern.*

Kriegshaber. LG., BG. u. HG. Augsburg. **Advokaten** u. **Notare**: s. Augsburg.

J. Bachmann	Handlung	*Isaak Bachmann.*
D. Koch	Farb- und Specereiwaaren en gros u. en detail	*David Koch.*
Marx Mayer	Handlung	*Marx Mayer.*

Kröppen. LG. Pirmasens. BG. u HG. Zweibrücken. **Advokaten**: s. Zweibrücken. **Notar**: s. Pirmasens.

Christian Hunsicker	Ziegelei	*Christian Hunsicker*
Friedrich Mistler	Handlung	*Friedrich Mistler.*

Kronach. 3779 Einwohner. LG. u. BG. Kronach. HG. Bamberg.
Advokaten: M. Barlet. H. Düll. G. J. Herbert. A. Kahr. M. Kaiser. A. Partheymüller.
Notare: C. Fey. F. S. Pollmann.

Hermann Bachmann.	Schnitt- u. Modewaaren	*Hermann Bachmann.*
S. & M. Bamberger	Schnittwaaren	*Sigmund u. Max Bamberger.*
J. B. Burger	Specerei- und Kurzwaarenh.	*Johann Baptist Burger.*
Apotheke zum Einhorn B. Daig	Apotheke	*Baptist Daig.*
Georg Jos. Fillweber	Flossholzhändler u. Kunstmühlbauer	*Georg Joseph Fillweber. Theodor Fillweber* **P.** *für das Kunstmühlgeschäft.*
Carl Hänel	Spec.-, Farb- u. Materialwh.	*Carl Hänel.*
J. M. Hennemann	Kunstgärtnerei u. Samenh.	*Johann Michael Hennemann.*
Conrad Kestel	Seifenfabrik	*Conrad Kestel.*
And. Lang	Spec.-, Farb- u. Porcellanh.	*Andreas Lang.*
Baptist Markert	Lederhandlung	*Raimund Hartmann.*
M. Markert	Spec.- u. Farbwaarenh.	*Julius Heim.*
Z. Mosbacher	Schnitt- u. Modewaarenh.	*Zacharias Mosbacher.*
J. M. Pfaff	Eisenhandlung	*Johann Pfaff.*
Sigmund Pfaff	Spec.-, Kurz- u. Wollwh.	*Sigmund Pfaff.*
Carl Pfretschner	Bank- u. Wechselgeschäft, Agenturen	*Carl Pfretschner. Gottfried Pfretschner* **P.**
Gottf. Pfretschner		*Friedrich Pfretschner.*
Conrad Romig	Flossholzhandel	*Conrad Romig.*
M. F. Schaller	Spec.- u. Schnittwaarenh.	*Melchior Felix Schaller.*
Jos. Silbermann	Schnitt- u. Modewaarenh.	*Joseph Silbermann* **P.** *Joseph Silbermann.*
Otto Spörl	Apotheke	*Otto Spörl.*
M. Stösslein	Specerei- u. Schnittwh.	*Michael Stösslein.*
Simon Strauss	Schnitt- u. Modewaarenh.	*Simon Strauss.*
Sigmund Süssheim	Schnitt- u. Modewaarenh.	*Sigmund Süssheim.*
F. Ultsch	Spec.-, Kurzw. u. Weinh.	*Friedrich Ultsch.*

Krückenbach. LG., BG. u. HG. Kaiserslautern. **Advokaten** u. **Notare**: s. Kaiserslautern.

Gerlach Ph. HN. [**ZN.** Kaiserslautern]	Knochen- u. Knochenmehlh.	*Philipp Christian Gerlach.*

Krugzell. LG., BG. u. HG. Kempten. **Advokaten** u. **Notare**: s. Kempten.

Jacob Abele	Holzhandlung	*Jacob Abele.*
Xaver Albrecht	Holzhandlung	*Xaver Albrecht.*

Krumbach. 1500 Einwohner. LG. Krumbach. BG. u. HG. Memmingen.
Advokaten: s. Memmingen. **Notar**: Alois Högelmayer.

Ernst Bader zum Raffler	Wachszieherei	*Ernst Bader.*
Franz Bader	Conditorei	*Franz Bader.*
Franz S. Bader	Gastwirthschaft u. Weinh.	*Franz S. Bader.*
Georg Bader & Comp.	Schweinhandel	*Georg Bader* **A.** *Florian Gossner. Johann Nep. Bosch.*
Thomas Bader	Kupferschmied	*Thomas Bader.*
Rupert Biber	Handlung	*Rupert Biber.*
Wilhelm Biber	Tuch- u. Modewaaren, Bettfedern u. Lederhandl.	*Wilhelm Biber.*
Jac. Breller		*Jacob Breller.*
J. Gg. Graf	Seilerei	*Joh. Georg Graf.*
Josef Anton Gulden	Seilerei	*Josef Anton Gulden.*
Eduard Hager	Conditorei	*Eduard Hager.*
Gebrüder Herz & Comp.	Holzschnitzwaarenf.	*Josef Herz. Xaver Herz. Apollonia Herz. Thaddä Herz* **P. & A.**
M. Jochner	Kupferschmied	*Michael Jochner.*
A. Kling		*Anselm Kling.*
A. Kober	Buchdruckerei	*Alois Kober.*
V. Linder	Weberei	*Valentin Linder.*
M. Lipp	Eisenhandlung	*Moritz Lipp.*

Alois Mayer	Handlung	*Victoria Mayer.*
M. Mayer	Handlung	*Johann Michael Mayer.*
Max Mayer, Apotheker	Apotheke	*Max Mayer.*
B. Miller	Zinngiesserei	*Benjamin Miller.*
Alois Neidhardt	Posamentier	*Alois Neidhardt.*
Anton Rampp	Uhrmacher	*Anton Rampp.*
Ferdinand Reiss	Droguen-, Material-, Farb-, Specerei- u. Tahakhandl. Lager von Tapeten und Goldleisten	*Josef Reiss.*
L. Saumweber	Priechler	*Lorenz Saumweber.*
A. Sixt	Weberei	*Anselm Sixt.*
B. Thalhofer	Leimfabrik	*Balthasar Thalhofer*
Fr. Vogel		*Cäcilie Vogel.*
M. Wiedemann	Schneider	*Michael Wiedemann.*

Kühbach. LG u. BG. Aichach. HG. München I. J. **Advokaten** u. **Notare** s. Aichach.

Andreas Hafner	Handlung	*Andreas Hafner.*
J. Klass	Spec.-, Tabak- u. Cigarrenh	*Josef Klass.*

Kümersbruck. St. u. LG, BG u. HG Amberg. **Advokaten** u **Notare** s. Amberg.

Wenzeslaus Mihldorf	Steingutfabrik	*Wenzeslaus Mühldorfer.*

Künzing. LG. Osterhofen. BG. Deggendorf HG. Passau.
Advokaten: s Deggendorf. **Notar:** s. Osterhofen.

Alois Löffler	Krämerei	*Alois Löffler.*

Küps. 1030 Einwohner. LG. u. BG. Kronach. HG. Bamberg.
Advokaten u **Notare** s. Kronach.

G. Greiner's Söhne	Porcellanfabrikant	*Karl Wilhelm Albert Maurer.*
Adam Leffer	Spec.- Schnitt- u. Kurzwh.	*Adam Leffer.*
Moses Oppenheimer	Handlung	*Moses Oppenheimer.*
Sigm. Rosenbaum's Söhne	Spec.- u. Landesprodukten-handlung en gros	*Simon Rosenbaum. Leopold Rosenbaum.*

Kürnraith. LG. Vilseck BG. u. HG. Amberg. **Advokaten:** s. Amberg. **Notar.** s. Vilseck.

Johann Manl	Specereiwaaren	*Johann Manl.*

Kulmain. LG. Kemnath. BG. Weiden. HG Amberg. **Advokaten:** s. Weiden **Notar:** s. Kemnath.

J. Reichenberger	Spec.-, Schnitt- und Eisen-waaren u. Früchte	*Josef Reichenberger.*
Ambros Wiesend	Specereiwaaren	*Ambros Wiesend.*

Kulz. LG. u. BG. Neunburg HG. Regensburg. **Advokaten** u. **Notare:** s. Neunburg v. W.

Joh. Vetter	Specereiwaaren	*Johann Vetter.*

Kunreuth. 520 Einwohner. LG. Forchheim. BG. u. HG. Bamberg.
Advokaten s. Bamberg **Notar:** s. Forchheim.

Ph. Braun	Leder- u. Schnittwaarenh.	*Philipp Braun.*
M. Buchstein jun.	Spec.-, Leder- u. Eisenh	*Max Buchstein jun.*
Jacob Ehrenbacher	Spec.- u. Schnittwaaren u. Productenhandlung	*Jacob Ehrenbacher.*
Carl Heumann	Spec u Schnittwaarenh.	*Carl Heumann.*

Kusel. 2768 Einwohner. LG. Kusel. BG. u. HG. Kaiserslautern.
Advokaten: s. Kaiserslautern. **Notare** J. Heck. J. Pasquay.

Blatteau & Grimm	Viehhandel	*Carl Blatteau. Carl Grimm.*
Christian Ludw. Blitt	Manufact.-, Colon.- u. Kurzw. Kohlenhandel, Agenturen	*Christian Ludwig Blitt.*
Ch. Braun	Seifenfabrik	*Christian Braun.*
Th. Canstatt	Apotheke	*Theodor Canstatt.*
Daniel Conrad	Bierbrauerei	*Daniel Conrad.*
Christian Dick	Fabrikat. v. Pflastersteinen, Eisenhandlung	*Christian Dick.*
Friedr. Dick II	Bierbrauerei	*Friedrich Carl Dick.*
J. Dick		*Jacob Dick.*
Jacob Emich's Wwe.	Gerberei	*Henriette Koch.*
Jacob Ph & C. Fink	Tuch- u. Streichgarnfabr.	*Jacob Philipp, Philipp, Caroline u. Ad Fink.*
Hermann Fritz	Colonial- u. Manufacturw	*Hermann Fritz*
Hierthes C. jun.	Bierbrauerei	*Carl Hierthes jun.*
Hierthes L.		*Ludwig Hierthes.*
Koch K. Ph.	Bierbrauerei- u. Weinh.	*Karl Philipp Koch.*
Lammert Joseph		*Joseph Lammert.*

Lammert J. B. & Comp.	Holz- u. Kohlenh.	*Joh. Baptist Lammret. Friedrich Meyer. Friedrich Fuchs II.*
Leyser Ph.		*Philippine Neu.*
Linn Karl	Gerberei	*Karl Linn.*
Löhlein Friedrich	Apotheke	*Friedrich Löhlein.*
Mayer C.		*Karl Mayer.*
Mayer Friedrich	Mehl- u. Holzhandlung	*Friedrich Mayer.*
Neu C.		*Karl Philipp Neu.*
Pitthan C. J.	Seifenfabrik	*Casimir Jacob Pitthan.*
Pitthan H. J.	Seifenfabrik	*Heinrich Jacob Pitthan.*
Plauth P.		*Peter Plauth.*
Reiss L.		*Ludwig Reiss.*
Gebrüder Römmig	Kurz- u. Wollenwaaren	*Philipp u. Karl Römmig.*
Schleip Gebrüder	Nagel- u. Drahtstiftenfabrik	*Ludwig u. Adolph Schleip.*
Heinrich Schlosser's Wwe.	Colonialw. und Landesproductengeschäft	*Charlotte Kallmann.*
Schlosser Jacob	Colonial- u. Ellenw.	*Jacob Schlosser.*
Wack Joh.	Bank- u. Wechselgeschäft	*Johann Wack. Wilhelm v. Günther.*
Wack M. E.		*Michael Wack.*
Weitzel J.	Rothgerberei- u. Lederh.	*Jacob Weitzel.*
Zöllner Daniel	Streichgarnsp. u. Strumpfwf.	*Daniel Zöllner.*

Lacher. 1790 Einwohner. LG. Neustadt a. H. BG. u. HG. Frankenthal.
Advokaten: s. Frankenthal. **Notar**: s. Neustadt a. H.

A. Mayer	Wattfabrik	*Abraham Mayer.*
C. Rheinwald	Wattfabrik	*Konrad Rheinwald. Karl Waibel.*

Lackenhäuser. LG. Waldkirchen. BG. u. HG. Passau. **Advokaten**: s. Passau. **Notar**: s. Waldkirchen.

Fr. X. Rosenberger	Specereiwaaren	*Franz Xav. Rosenberger.*

Laineck. LG., BG. u. HG. Bayreuth. **Advokaten** u. **Notare**: s. Bayreuth.

Sophian Kolb	Flachsspinnerei	*Franz, George, Karl, Heinrich Kolb, Friedrich Feustel. Die Firma wird gezeichnet von George und Heinrich Kolb und zwar von jedem selbstständig.*

Lambrecht. 2288. Einwohner. LG. Neustadt a. H. BG. u. HG. Frankenthal.
Advokaten: s. Frankenthal. **Notar**: s. Neustadt a. H.

Born & Merkel	Tuchfabrik	*Friedrich Born. Jacob Merkel.*
F. Born	Tuchfabrik	*Friedrich Born.*
A. Botzong	Tuchfabrik	*Andreas Botzong.*
Andr. Botzong	Tuchfabrik	*Andreas Botzong.*
Gebrüder Botzong	Tuchfabrik	*Hartmann Botzong. Georg Botzong.*
G. F. Botzong	Tuchfabrik	*Georg Friedrich Botzong.*
J. J. Brandess	Tuchfabrik	*Johann Jacob Brandess.*
J. Dbes	Apotheke	*Jacob Dbes.*
Ehrhart & Weyland	Tuchfabrik	*Peter Ehrhart. Georg Weyland.*
J. Emrich	Schweinehandel	*Jacob Emrich.*
Peter Emrich	Schweinehandel	*Peter Emrich.*
Erste Färbereigesellschaft	Färberei	*Friedrich Born. Andreas Botzong. Georg Botzong. Hartmann Botzong. Peter Ehrhart. Jacob Fuchs. Peter Fuchs. Daniel Haas. Carl Hellmann. Jacob Kölsch. Andreas Mattil. Carl Moritz. Jacob Oehlert. Carl Oehlert. Peter Oehlert sen. Peter Oehlert jun. Jacob Römer. Jeremias Sauerbrunn. Jacob Schlosser. Peter Strauch's Wittwe. Casimir Wagner jun. Georg Weyland.*
Zweite Färbergesellschaft von Koch & Cie	Tuchfabrik u. Färberei	*Peter Ohler. Georg Raquet. Jacob Brandess. Peter Wolff. Friedrich Becker. Johann Raquet. Friedrich Born. Jacob Merkel. Georg Simon. Heinrich Hauck. Georg Koch. Friedr. Wilhelm III. Jacob Raquet III. Jacob Heinrich Kimmel.*
Gebr. Fuchs	Tuchfabrik	*Peter Fuchs. Georg Fuchs* P.
J. Fuchs & Söhne	Tuchfabrik	*Jacob Fuchs. Heinrich Fuchs. Jacob Fuchs.*
P. N. Fuchs	Tuchfabrik	*Peter Nicolaus Fuchs.*
Jac. Georg	Tuchfabrik	*Heinrich Georg.*
Haas & Botzong	Tuchfabrik	*Daniel Haas. Carl Botzong.*
D. Haas	Tuchfabrik	*Daniel Haas.*
Elisabetha Haas	Specerei- u. Fllenwaaren	*Elisabetha Haas.*
Gebr. Haas	Tuchfabrik	*Adam Haas. Jacob Haas.*
J. Häussling	Wattfabrik	*Jacob Häussling.*
Heinr. Heng	Maschinenfabrik	*Heinrich Heng.*
J. Herbrand	Tuchfabrik	*Johannes Herbrand.*

Firma	Geschäft	Inhaber
C. Hoscus Wwe.		*Catharina Kaysing.*
Fr. Kimmel	Tuchfabrik	*Friedrich Kimmel.*
Franz Kimmel	Tuchfabrik	*Franz Kimmel.*
H. J. Kimmel	Tuchfabrik	*Heinrich Jacob Kimmel.*
Fr. Klein	Gerberei	*Anna Maria Kuntz. Heinrich Klein* **P.**
Hch. Klein	Rothgerberei	*Heinrich Klein.*
Koch & Comp.	Tuchfabrik	*Georg Koch. Georg Simon. Heinrich Hauck.*
C. A. Kölsch	Tuchfabrik	*Carl Adolph Kölsch.*
Kölsch & Hellmann	Tuchfabrik	*Carl Hellmann. Jacob Kölsch.*
L. Lorenz	Gemischte Waaren	*Ludwig Lorenz.*
Gebrüder Marx	Tuchfabrik	*Jacob Marx. Peter Marx. Heinrich Marx.*
H. Marx Wb.	Tuchfabrik	*Elisabetha Wagner. Louis Marx* **P.**
J. Marx Färber	Tuchfabrik u. Schönfärberei	*Jacob Marx.*
J. J. Marx	Tuchfabrik	*Johann Jacob Marx. Albert Marx. Karl Marx.*
Mattil & Oehlert	Tuchfabrik	*Andreas Mattil. Carl Oehlert.*
Gebr. Mattil	Tuchfabrik	*Friedrich Mattil. Carl Mattil.*
Heinrich Mattil	Wollspinnerei	*Heinrich Mattil.*
R. Mattil jun.	Agentur- u. Commissionsg.	*Reinhard Mattil.*
R. Mattil & Sohn	Wollgarn u. Wollwaarenf.	*Reinhard Mattil sen. Reinhard Mattil jun.*
Carl Merkel	Gemischte Waaren	*Carl Merkel.*
Heinrich Merkel	Specerei- u. Eisenwaaren	*Heinrich Merkel.*
Jacob Metzger	Tuchfabrik	*Jacob Metzger.*
Carl Moritz	Tuchfabrik	*Carl Moritz.*
Jacob Moritz	Tuchfabrik	*Jacob Moritz.*
A. Müller jun.	Tuch- u. Wollgarnfabrik	*Adam Müller jun.*
Otto Obermaier	Agentur- u. Commissionsg., Tuchfabrikation	*Otto Obermaier.*
P. Oehler sen.	Tuchfabrik	*Peter Oehler sen.*
P. Oehler jun.	Tuchfabrik	*Peter Oehler jun.*
J. Oehlert	Tuchfabrik	*Jacob Oehlert. Johannes Oehlert* **P.**
J. Oehlert & Cie.	Tuchfabrik	*Johannes Oehlert. Valentin Eitelmann. Valentin Koch.*
Carl Oehlert & Cie.	Tuch- u. Buckskinfabrik	*Carl Oehlert Heinrich Gürleth.*
Hch. Ohler	Säge- u. Oelmühle	*Heinrich Ohler.*
Jacob Ohler	Seifenfabrik	*Jacob Ohler.*
Peter Ohler	Tuchfabrik	*Peter Ohler.*
G. Raquet	Tuchfabrik	*Georg Raquet.*
J. Raquet	Tuchfabrik	*Johannes Botzong.*
Joh. Ritter	Tuchfabrik	*Johannes Ritter.*
J. Römer	Tuchfabrik	*Jacob Römer. Jacob Römer jun.* **P.**
Ph. P. Römer	Specerei- u. Ellenwaaren	*Philipp Peter Römer.*
Jacob Samsel		*Jacob Samsel.*
J. Sauerbrunn	Tuchfabrik	*Friedrich Müller* **A.** *Jacob Sauerbrunn.*
M. E. Schmitt	Gemischte Waaren	*Michael Eugen Eduard Schmitt.*
Gebrüder Seib	Mechan. Werkstätte	*Ludwig Seib. Heinrich Seib.*
Georg Seib	Wattfabrik	*Georg Seib.*
Gebrüder Strauch	Tuchfabrik	*Daniel Strauch. Ludwig Strauch.*
L. & P. Strauch	Tuchfabrik	*Ludwig Strauch. Peter Strauch.*
Strauch & Söhne	Tuchfabrik	*Karl Strauch. August Strauch.*
M. Stubenvoll	Wattfabrik	*Michael Stubenvoll.*
Carl Stütz	Tuchfabr. u. Schönfärberei	*Carl Stütz.*
H. Theiss	Tuchfabrik	*Heinrich Theiss.*
I. Tuchfabrik	Tuchfabrik	*Friedrich Born. Andreas Botzong. Hartmann Botzong. Peter Ehrhart. Jacob Fuchs. Peter Fuchs. Jacob Georg. Daniel Haas. Karl Hellmann. Jacob Kölsch. Hartmann Marx Wwe. Johann Jacob Marx. Michael Marx Wwe. Jacob Merckel. Jacob Metzger. Karl Moritz. Peter Ohler. Peter Oehlert sen. Peter Oehlert jun. Jeremias Sauerbrunn. Jacob Schlosser. Jeremias Schlosser's Wittwe. Peter Strauch's Wittwe. Georg Weiland. Jacob Weiland's Wwe. Peter Wolff.*
II. Tuchfabrik	Tuchfabrik	*Andreas Botzong. Georg Botzong. Hartmann Botzong. Peter Ehrhart. Jacob Fuchs. Peter Fuchs. Daniel Haas. Karl Hellmann. Jacob Kölsch. Hartmann Marx Wwe. Jacob Marx. Michael Marx Wwe. Peter Oehlert sen. Peter Oehlert jun. Jeremias Sauerbrunn. Jacob Schlosser. Peter Strauch's Wwe. Friedrich Waltzinger. Georg Weiland. Jacob Weiland.*
III. Tuchfabrik	Tuchfabrik	*Karl Hellmann. Jacob Kölsch. Andreas Mattil. Johannes Raquet. Friedrich Waltzinger.*

IV. Tuchfabrik Schlossmaschine	Tuchfabrik	*Georg Friedrich Botzong. Jacob Brandess. Peter Ehrhardt. Jacob Georg. Georg Koch. Friedrich Kimmel. Heinrich Iacob Kimmel. Adam Müller's Wwe. Jacob Metzger Peter Ohler Jacob Oehlert. Georg Raquet. Jacob Römer. Heinrich Theiss Casimir Wagner jun. Georg Weyland.*
D. Vogt	Sattlerei u. Lederhandl.	*Daniel Vogt*
C. Wagner & Wurster	Tuchfabrik	*Casimir Wagner sen. Casimir Wagner jun. Ludwig Wurster.*
Walkmühlgesellschaft	Tuchfabrik	*Friedrich Born. Andreas Botzong. Hartmann Botzong. Peter Ehrhart. Jacob Fuchs. Peter Fuchs. Daniel Haas. Carl Hellmann. Jacob Kölsch. Hartmann Marx Wb. Jacob Marx. Johann Jacob Marx. Michael Marx Wb. Jacob Metzger Peter Ohler. Jacob Oehlert. Peter Oehlert sen. Johann Raquet Jeremias Sauerbrunn. Jacob Schlosser Peter Strauch Wb. Casimir Wagner sen. Friedrich Waltzinger Georg Weyland. Peter Wolff*
F. Waltzinger	Tuchfabrik	*Friedrich Waltzinger.*
J. Weber	Frucht- Wein- u. Kohlenh.	*Jacob Weber*
Wilhelm & Raquet	Tuchfabrik	*Friedrich Wilhelm III. Iacob Raquet III.*
Gebr. Winkelmann	Glaswaaren u. Möbelf.	*Heinrich Winkelmann. Friedrich Winkelmann.*
J. Winkelmann	Glaswaarenhandlung	*Friedrich Winkelmann.*
Winkelmann & Hellmann	Tuchfabrik	*Peter Hellmann. Carl Winkelmann.*
P. Wolff	Tuchfabrik	*Peter Wolff.*

Lambrecht-Grevenhausen. LG. Neustadt a. H. BG. u. HG Frankenthal
Advokaten: s. Frankenthal. **Notar:** s. Neustadt a. H.

J. Huthmacher	Handlung	*Iohannes Huthmacher*

Lambsheim. 2165 Einwohner. LG., BG. u. HG. Frankenthal.
Advokaten u. **Notare** s. Frankenthal.

J. Chan & Sohn	Getreide- Mehl- u. Viehh.	*Iacob Chan. Samuel Chan.*
Jacob Hirsch	Oelkuchenhandlung	*Iacob Hirsch.*
Louis Hubing	Colonialwaaren	*Louis Hubing.*
Gebr. Kaufmann	Getreide- Mehl- u. Viehh.	*Heinrich Kaufmann. Moses Kaufmann.*
Carl Fr Reudelhuber	Malzfabrik	*Carl Friedrich Reudelhuber*
J. St. Reudelhuber	Mühle	*Iohann Georg Reudelhuber III.*
Jonas Simon	Getreidehandel	*Ionas Simon.*
Isaac Wolff	Oelkuchen- u. Getreideh.	*Isaac Wolff.*
Marcus Wolff	Eisen- u. Getreidehandlung	*Marcus Wolff.*

Lamerdingen. LG. Buchloe. BG. u. HG. Augsburg. **Advokaten** s. Augsburg. **Notar:** s. Buchloe.

Franz Müller	Handlung	*Franz Müller.*

Lamm. 1331 Einwohner. LG Neukirchen. BG. Straubing. HG. Landshut.
Advokaten s Straubing **Notar** s. Neukirchen.

Andreas Dimpfl	Rothgerberei	*Andreas Dimpfl.*
Joseph Liebl	Specereiwaaren	*Iosef Liebl.*

Lampertsmühle. LG., BG. u. HG Kaiserslautern. **Advokaten** u. **Notare** s. Kaiserslautern.

G. F. Grohé Henrich ZN. [HN. Neustadt a. H]	Baumwollspinnerei	*Iohann Ludwig Wolf. Louise Wolf. Friedrich Hetzel. Wilhelm Fahr* **P.**

Landau. 11081 Einwohner. LG., BG. u. HG. Landau.
Advokaten: T Böcking J Kuhn. T Mahla J Petersen. C. Sartorius. C. Scholler.
Notare: L. Bastian. W Heuck. G Keller C F A Kössler.

Gabriel Altschul	Hopfenhandlung	*Gabriel Altschul.*
J. W. Antz	Gold- u. Silberwaarenh.	*Iohann Wilhelm Antz.*
Theodor Apfel	Commission- u. Speditionsg.	*Theodor Apfel.*
J. B. Arnaud's Sohn	Galanterie- u. Kinderspielwaarenhandlung	*Iohann Baptist Arnaud.*
J. Auerbacher, früher J. B. Springer	Conditorei	*Iacob Auerbacher*
Ad. Bangenheim	Kurz- u. Schnittwaarenh.	*Adolph Bangenheim.*
H. Bender & Comp.		*Leopold Clauss.*
L. Benedict	Kurz- u. Bandwaaren	*Leopold Benedict.*
Gebrüder Bilabel	Baumwollweberei, Manufact.- u. Kurzwaaren	*Gustav Bilabel. Philipp Bilabel.*
C. Bolza	Holzstiftenfabrik	*Carl Bolza.*
Wolfgang Born	Schnittwaarenhandlung	*Wolfgang Born.*
Carl Brechter	Tuch- u. Schnittwaarenh.	*Carl Brechter.*
Georg Brück	Pastetenf u. Delikatessenh.	*Georg Theophil Brück.*
H. G. Capeller	Kurz- u. Schnittwaaren	*Heinrich Gotthard Capeller*
M. Cerf Wb.	Bankgeschäft u. Weinh.	*Marianna Cerf. Leopold Carl Löb* **P.**

Gustav Clauss	Seifen- u. Lichterfabr.	*Gustav Clauss.*
Heinrich Clauss	Galanteriewaarenhandl.	*Heinrich Clauss.*
Louis Claus	Leder- u. Kurzwaarenh.	*Joh. Ludwig Claus.*
Cöster & Unruh	Schirmfabrik	*Jacob Cöster. Heinrich Unruh.*
Jacob Cordier	Tuch- u. Kleiderhandl.	*Jacob Cordier.*
Cullmann & Rapp [Landau u. Rohrbach]		*Willibrand Cullmann. Carl Rapp.*
Gebrüder Dannheisser	Spezereiwaaren	*Josef u. Salomon Dannheisser.*
Marx Dannheiser	Eisenhandlung	*Marx Dannheisser.*
F. C. Demetz	Ellenwaaren	*Franz Carl Demetz.*
Ebel & Reinig	Specereiwaaren	*Johann Ebel, August Reinig.*
N. Eisenhardt	Colonialwaaren, Tabakfabr. u. Weinhandel	*Nicolaus Eisenhardt.*
Carl Feldbausch	Ellenwaaren	*Carl Feldbausch.*
J. B. Feldbausch	Colonial- u. Materialwh.	*Johann Baptist Feldbausch.*
C. Aug. Fischer	Bürsten- u. Pinselfabrik	*Carl August Fischer.*
Hirsch Frank	Bank- u. Commissionsg.	*Zacharias genannt Hirsch Frank.*
Carl Fritz	Schnittwaaren	*Carl Fritz.*
J. C. Ganter	Wollwaaren, Hemdenconfect.	*Ludwig König.*
Gerhardt & Schnell		*Carl Iosef Gerhardt. Iohann Carl Schnell.*
Joh. Leonhard Geropp	Lederhandlung	*Johann Leonhard Geropp.*
Johann Griessmer	Ellenwaaren	*Johann Griessmer.*
Emil Hauck	Tuch- u. Modewaarenh.	*Emil Hauck.*
Gebrüder Hauck		*Emil Hauck. August Hauck.*
Friedrich Heilsberg	Gold- u. Silberwaarenh.	*Friedrich Heilsberg.*
Joh. Ludw. Heintz	Gemischte Waaren	*Johann Ludwig Heintz. Otto Heintz* **P.**
Gebrüder Heitz	Weinhandlung	*Heinrich Otto Heitz. Georg Iacob Heitz.*
Friedr. Jacob Heng	Weinhandlung	*Friedrich Iacob Heng.*
Jacob Jäger	Material- Farb- u. Colonialwaarenhandlung	*Jacob Jäger.*
Joass Söhne & Comp.	Eisengiesserei	*Ferdinand Ludwig Clauss. Heinrich Ioass. Jacob Joass. Carl Heusser.*
Fr. Th. Joass	Eisenhandlung	*Friedrich Theodor Joass.*
Ludwig Joass	Eisenwaarenhandlung	*Ludwig Joass.*
L. Joass' Söhne	Mechan. Werkstätte	*Heinrich Joass. Jacob Joass.*
Johann Jacob Jung	Bierbrauerei	*Johann Jacob Jung.*
Valentin Juncker	Holzhandlung	*Valentin Juncker.*
David Kann	Manufacturwaarenhandl.	*David Kann.*
J. Kann	Schnittwaarenhandlung	*Johannette Schweitzer.*
Jacob Kastner	Specereiwaarenhandlung	*Jacob Kastner.*
Wilhelm Kaul	Specereiwaarenhandlung	*Wilhelm Kaul.*
Eduard Kaussler	Buchdruckerei u. Buchh.	*Eduard Kaussler.*
Heinrich Kern	Tabakfabrik	*Heinrich Kern.*
J. B. A. Kern	Tabak- u. Cigarrenf.	*Karl Kill.*
August Kessler	Galanteriewaarenh.	*August Kessler.*
J. M. Kichl	Fleischwaarenhandlung	*Johann Michael Kichl.*
H. J. Kimmel	Ellenwaaren u. Garnhandl.	*Wilhelm Benz.*
Kirrner, Willmann & Comp.	Eisen-, Glas- u. Porcellanh.	*Mathäus Willmann. Floridas Winterhalder* **P.**
Philipp Daniel Knobloch	Gerberei u. Lederhandlung	*Philipp Daniel Knobloch.*
Ed. Ferd. Koch	Specereiwaaren	*Eduard Ferdinand Koch.*
Heinrich Leopold Koch	Lederhandlung	*Heinrich Leopold Koch.*
Kölnische Feuerversicherungs-Gesellschaft Colonia. HN. Cöln [ZN. Landau]	Feuerversicherungsgesellsch.	*Mitglieder des Verwaltungsrathes sind: von Wittgenstein. J. M. Dumond. Ph. Engels. D. Leiden. J. Heuser. Abr. Oppenheimer. Ign. Seydlitz. J. D. Herstadt. Eduard Schmitzler. Als Director fungirt: Jacob Heinrich Mussart u. als dessen Stellvertreter Friedrich Kalb. Hauptagent für Landau ist: August Weyland.*
Sebastian Körber	Weinhandlung	*Sebastian Korber.*
Alois Kohlendorfer	Spezereih., Sped., Commis. u. Incasso	*Alois Kohlendorfer.*
Ludwig Kollmar	Weinhandlung	*Ludwig Kollmar.*
Franz Kruppenbacher's Wwe.	Kurzwaaren	*Elisabetha Fries.*
Wilhelm Kumpf	Tuchhandlung	*Wilhelm Kumpf.*
Lamarche & Schwartz [Rohrbach, Winden, Maximiliansau]	Kohlenhandlung	*Peter Lamarche. Carl Lamarche. Theodor Lamarche. Franz Jacob Schwartz. Jacob Schwartz. Franz Schwartz. Heinrich Schwartz. Ernst Rösler* **P.**

Landauer Gasbereitungsgesellschaft	Gasfabrik	*Der Verwaltungsrath besteht aus folgenden Mitgliedern: Friedrich Norbert Mahler, August Weyland. Jacob Schwenk. Clemens*
Vorstand, als derzeitiger Bürgermeister von Landau. Meuner. Ferdinand Böcking. Wilhelm Weber.		
Landauer Porzellanofen-Fabrik von Löb & Trapp	Porcellanofenfabrik	*Lazarus genannt Louis Löb. Emil Trapp.*
Landauer Volksbank	Bankgeschäft	*Lazarus genannt Louis Löb. Adolph Dercum. Ludwig Theodor Röller.*
Emil Lang	Specereiwaarenhandlung	*Franz Emil Jacob Lang.*
J. Ph. Lang	Seifen- u Lichterfabrik	*Johann Philipp Lang.*
Geschwister Lehmann	Kurzwaaren	*Rosa Lehmann. Antoinette Lehmann.*
Joh. Bapt. Lerch	Specereiwaaren	*Johann Baptist Lerch.*
Phil. Lerch		*Philipp Lerch.*
Jonas Levy jun.	Schnittwaarenhandlung	*Jonas Levy jun.*
Simon Levi	Weinhandlung	*Simon Salomon Levi.*
L. Löb	Schnittwaarenhandlung	*Lazarus Löb.*
Louis Löwenstein		*Louis Löwenstein.*
Lutz & Seithes HN. [ZN. Winden]	Kohlenhandlung	*Georg Lutz. Jacob Seithes.*
Bernhard Marx	Früchten- u. Mehlhandl.	*Bernhard Marx.*
Mass & Stahl	Modewaarenhandlung	*Sophie Maas. Hedwig Stahl.*
Louis Mayer	Colonialwaarenhandlung	*Louis Mayer.*
Simon Mayer	Galanteriewaarenhandl.	*Simon Mayer.*
Jacob Mersinger vormals G. M. Thaler	Tabakfabrik	*Jacob Mersinger.*
Jos. Morin & Sohn	Ellenwaaren	*Joseph Morin. Eduard Morin.*
Müller & Weyland	Bankgeschäft u. Weinh.	*August Weiland. Albert Kroll* **P.** *Carl Friedrich Jung* **P.**
C. Müller		*Christine Müller.*
Heinrich Müller	Effecten-, Wechsel- und Incassogeschäft	*Georg Philipp Heinrich Müller.*
J. Philipp Müller	Colonialwaarenhandlung	*Johann Philipp Müller.*
Benjamin Neuburger	Kurz- Spiel- u. Glaswaaren	*Benjamin Neuburger.*
W. Niederreuther	Mühle	*Wendel Niederreuther.*
Joh. Petermann	Weinhandlung	*Johannes Petermann.*
Rudolph Pfeiffer	Tuchhandlung	*Rudolph Pfeiffer.*
Raab, Karsch & Comp. ZN. [HN. Kaiserslautern] weitere Zweig-Niederlassungen Frankenthal, Ludwigshafen, Landstuhl, Dürkheim, Schopp und Bexbach, Maximiliansau	Kohlen- und Coakshandlung u. Pulverfabrik	*Heinrich Raab. Jacob Raab. Wilhelm Raab. Ernst Huber. Carl Eduard Heinrich Karsch. Lisette Heuschkel. Karl Heinrich Karcher. August Karcher.*
Valentin Reischert	Specereiwaarenhandlung	*Robert Anton Driendl.*
L. Th. Röller	Galanteriewaarenhandl. und Specereiwaaren	*Ludwig Theodor Röller.*
Heinrich Römer	Ellenwaaren	*Heinrich Römer. Heinrich Römer.*
Ferdinand Rossi	Kurzwaaren	*Ferdinand Rossi.*
Carl Schickendantz	Gold- u. Silberwaarenhandl.	*Carl Schickendantz.*
Anton Schiesel	Buch- u. Schreibmaterhandl.	*Anton Schiesel.*
August Schimpff	Colon.- u. Materialwaarenh.	*August Schimpff.*
Johann Michael Schneider	Fleischwaarenhandlung	*Johann Michael Schneider.*
Joh. Carl Schnell	Modewaarenhandlung	*Johann Carl Schnell.*
Ad. Schultz	Colonial- u. Kurzwaaren	*Karl Schultz.*
Rudolph Schulz.	Specereiwaaren	*Rudolph Schulz.*
Schultz & Lehmann	Colonial- u. Kurzwaarenh.	*Carl Schulz. Joseph Michael Lehmann.*
Alphons Sohn	Manufacturwaarenhandl.	*Alphons Sohn.*
Julius Sohn	Baumwollw.- u. Leinwandh.	*Julius Jacob Sohn.*
Stempel & Meuth	Weinhandlung	*Herm. Stempel. Herm. u. Friedr. Meuth.*
Theodor Stern & Comp.	Rosshaarfabrik	*Theodor Stern. Michael Stern.*
F. Stöcke	Manufacturwaarenhandl.	*Elisabetha Stöcke.*
Friedrich Stöpel jun.	Holzhandlung	*Friedrich Stöpel jun.*
Geschwister Störk	Schnittwaarengeschäft	*Lina u. Emma Störk.*
Tiator & Büttingshausen	Kunst- u. Schreibmaterhdl.	*Joseph Tiator. Otto Büttingshausen.*
Joseph Tiator	Kunst- u. Schreibmaterhdl.	*Joseph Tiator.*
Trapp & Müller	Fabrik künstl. kohlensauren Wasser	*Johann Friedrich Emil Trapp und Georg Heinrich Müller.*

Friedrich Trapp	Specereiwaaren	*Friedrich Trapp.*
F. J. Trapp	Weinhandlung	*Friedrich Jacob Trapp.*
Gustav Trapp	Weinhandlung	*Gustav Trapp.*
Johann Trapp	Colonialwaarenhandlung	*Johann Friedrich Emil Trapp.*
Adam Trauth	Specereiwaaren u. Garnh.	*Adam Trauth.*
J. Ph. Trauth	Seifen- u. Lichterfabrik	*Johann Philipp Trauth.*
Ch. Ufer	Specerei- u. Eisenwaaren	*Robert Ufer.*
Jacob Ufer	Eisen- u. Metallwaarenh.	*Adolph Ufer.*
Walter & Comp.	Tabak- u. Cigarrenfabrik	*Elise Walter. Peter Finkler.*
Friedrich Weber	Holzhandlung	*Friedrich Weber.*
Reinhard Weber	Holzhandlung	*Reinhard Weber. Philipp Weber* **P.**
Gebrüder Weiss	Modew., Tuch u. Confect.	*Leon Weiss. Samuel Weiss.*
J. Weiss jun.	Weinhandlung	*Jacob Weiss jun.*
M. David Weiss	Lederhandlung	*Moses genannt David Weiss.*
Wilhelm Friedrich Wolff	Weinh. u. Essigf. u. Agent.	*Wilhelm Friedrich Wolff sen. Wilhelm Friedr. Wolff jun.*
Ludwig Wormser	Kleidermagazin	*Ludwig Wormser.*
Salomon Wormser	Tuchhandlung	*Salomon Wormser.*
F. J. Zahn	Glas- u. Porcellanhandl.	*Friedrich Joseph Zahn.*
Landau a. J. 2365 Einwohner. LG. Landau a. J. BG. Pfarrkirchen. HG. Passau.		
Advokaten: s. Pfarrkirchen. **Notar:** G. Köstler. J. Schmidtkonz.		
August Christenn	Apotheke	*August Christenn.*
Anton Gerhaher	Specerei- u. Schnittwaaren, Eisen- u. Tuchhandlung	*Anton Gerhaher.*
Johann Lamhofer	Specerei- u. Schnittwaaren	*Johann Lamhofer.*
Xaver Leindl	Specerei- u. Schnittwaaren	*Franz X. Leindl.*
Anton Westermaier	Handlung	*Anton Westermaier.*
Josef Wimmer	Tuchfabrication	*Josef Wimmer.*
Landsberg. 3466 Einwohner LG. Landsberg. BG. Weilheim. HG. München I. J.		
Advokaten: s. J. Weilheim. **Notar:** G. Zech. H. Zintgraf.		
Alois Haggenmüller	Eisenhandlung	*Balbina Haggenmüller.*
Fr. Herz	Buchbinderei, Lithographie u. Galanteriewaaren	*Fridolin Herz.*
Herz & Schmid	Bank- u. Wechselgeschäft, Incasso von Wechseln	*Fridolin Herz. Alois Schmid.*
Anton Hörl	Spec.- u. Schnittwaaren	*Anton Hörl.*
F. P. Koch	Rothgerberei	*Franz Paul Koch.*
Alois Leidescher	Spec.- u. Schnittwaaren	*Alois Leidescher.*
Josef Lipp	Eisenhandlung	*Josef Lipp.*
Johann Lutzenberger		*Johann Lutzenberger.*
F. P. Ostermaier	Schnitt- u. Specereiw.	*Otto Braun.*
Karl Rieder	Specerei- Schnitt- u. Farbw.	*Carl Rieder. Heinrich Rieder* **P.**
Heinrich Rieder		*Heinrich Rieder.*
Xaver Schindler	Seifenfabrik	*Xaver Schindler.*
Cölestin Schmid	Strumpfwaaren	*Cölestin Schmid.*
Joseph Stürzer	Weberei	*Joseph Stürzer.*
Georg Verza	Buchhandlung	*Georg Verza.*
Johann Nepomuk Villgradter	Posamentierwaaren	*Joh. Nep. Villgradter.*
Max Villgradter	Specerei- u. Schnittw.	*Max Villgradter.*
Xaver Weber sel. Wittwe	Eisenhandlung	*Katharina Weber.*
F. P. Will	Spec.- u. Schnittwaaren	*Joh. Nep. Will.*
Landshut. 14554 Einwohner. St. u. LG., BG. u. HG. Landshut.		
Advokaten: A. Burkhard. A. Desch. J. Eschborn. J. Götz. C. Imhof. Dr. F. Keck. H. Martini. M. Pillmayer. C. Richter. M. Spies. O. Zängerle.		
Notare: E. Barth. K. Raumaier. J. Wein.		
Johann Albert sel. Erben	Galanteriewaarenhandlung	*Anton Gerstl.*
Franz P. Attenkofer's Buch-, Kunst u. Schreibmaterialien- u. Musikalienhandlung	Buch-, Kunst-, Schreibmat.- u. Musikalienhandl.	*Franz P. Attenkofer.*
Alois Bierling	Manufacturwaarenh. en gros	*Alois Bierling.*
Adolph Böhm & Comp. (Commanditgesellschaft)	Bank- u. Wechselgeschäft	*Adolph Böhm, pers. haftender Gesellschafter*
Anton Brüllbeck	Gürtler- u. Kurzwaarenh.	*Anton Brüllbeck.*
Creditverein Landshut	Zweck des Vereines ist die wirthschaftlich. Interessen seiner Mitglieder durch Eröffnung eines Conto-Correntcredits z. fördern.	*Der Ausschuss besteht aus: Oscar Dallmer I. Vorstand. Anton Weiss, II. Vorstand Carl Harhammer, Cassier. Dr. Willemer Buchhalter. Anton Jackemaier. Dr Anton Wimmer. J. B. v. Zabüsnig, Cen*

soren. Adolf Böhm, M Ehrenmiller, Meyer, Lengmiller jun. J Schön. J. Spreuer. Zeiss, Ersatzmänner. Die Firma wird durch den Vorstand oder dessen Stellvertreter gezeichnet »Creditverein Landshut« N. N. Vorstand.

Oscar Dallmer	Papier- u. Schreibmaterhdl.	*Oscar Dallmer.*
Johann Nepomuk Deutter	Spec - u. Materialw., Leder, Sped, Com, Incasso	*Johann Nepomuk Deutter.*
Martin Ehrenmüller	Specerei u. Kurzwaaren	*Martin Ehrenmüller.*
A Erlmaier	Specereiwaaren	*Andreas Erlmaier.*
Georg Fahrmbacher's Tabakfabrik von A. Bierling	Cigarren- u. Tabakfabr.	*Alois Bierling.*
M. Alois Fahrmbacher	Tabak- und Cigarrenfabrik., Schnupftabak, Wichse u Lederlakfabrik	*M. Alois Fahrmbacher.*
Fleischmann'sche Antiquariats-Buchhandlung	Antiquariatsbuchhandlung	*Josefine Fleischmann.*
J. Gehrer	Uhrmacher, Optische Anstalt	*Josef Gehrer*
Joseph Grasberger	Schleifwerk	*Joseph Grasberger.*
Carl Harhammer	Huf- und Waffenschmiede, Eisenwaaren	*Carl Harhammer.*
Jos. Ant. Hensinger	Schnitt- u. Modewaaren	*August Imhof.*
Franz Ser. Hilz	Eisen- u. Landesprodh.	*Franz Seraph Hilz.*
Johann Hirthammer, Spezereihandlung	Specereihandlung	*Johann Hirthammer.*
Anton Huber zum Vitailn	Spec -, Material- u. Farbw.	*Anton Huber.*
A. Jackermayer	Specerei- u Materialwaaren en gros u. en detail	*Anton Jackermayer.*
L. Kaufmann & Cie. zum Auer	Spec.- u. Materialw, Wein, Früchte en gros u. en detail, Sped. u. Com.	*Ludwig Pappenberger.*
Thaddäus Kaufmann	Schnitt- u. Tuchwaarenh	*Xaver Kaufmann.*
Eduard Kindler	Specereiwaaren	*Eduard Kindler.*
Max Kohlndorfer, Detailhdlg	Seilerwaarenhandlung	*Max Kohlndorfer.*
Karl Kopf	Spec.-, Material- und Colonialwaaren, Sped. Incasso	*Christian Holzhausen.*
Karl Krauth	Specerei-, Farb-, Kurz- und Schnittw. Sped. u. Com.	*Karl Krauth.*
Franz Kaspar Krieger	Bortenfabrik	*Franz Kaspar Krieger.*
Krüll'sche Universitäts-Buchhandlung HN. [ZH. Deggend.]	Buchhandlung	*Georg Wölfle*
Kunstdünger & chemische Productenfabrik in Landshut	Kunstdünger und chemische Productenfabrik	*Dr. Anton Wimmer.*
Heinr. Laun	Specereiw. Tabak, Cigarren, Com., Sped, Incasso und Agent	*Heinrich Laun.*
August Lengmüller	Modewaarenhandlung	*August Lengmüller.*
B. Liebherr	Schafwollspinnerei u Kunstmühle	*Ludwig Liebherr*
Specerei- u. Tabakwaarenhdlg. von Joseph Mehringer	Specerei- u. Tabakwaarenh.	*Josef Mehringer.*
Michael Meindl	Schnitt- u. Modewaarenh	*Oscar Dallmer.*
Joh. Nep Moises	Gürtlerei	*Johann Nepomuk Moises.*
Victor Naagen	Specereiwaaren	*Victor Naagen.*
Negele Herrmann vorm. Königer	Kurzwaaren en detail	*Hermann Negele.*
Th. Jos Neuhauser seel. Wwe.	Spec.- u. Materialw, Wein	*Christoph Schmidt.*
Jos. Nösch	Tuchfabrik	*Joseph Nösch*
Joh. Nep. Oberpauer	Schnittwaarenhandlung	*Joh Nep. Oberpauer.*
X. Pichlmaier	Gold- u. Silberwaarenf.	*Xaver Pichlmaier.*
Frhr. v. Podewils'sche Brauerei	Bierbrauerei	*Constantin Freih. v. Podewils.*
Xaver Prummer	Nadlerwaaren	*Xaver Prummer.*
M. Puille	Specerei- u Farbwaaren	*Max Puille.*
Anton Raab	Schnitt- u. Tuchwaarenh	*Anton Wilhelm Raab*
Rauber & Hänlein chemische Brodfabrik ZN. [HN München]	Brodfabrik	*Alexander Hänlein. Adolph Rauber.*
Alois Ressl seel Wittwe Schnittwaarenhandlung	Schnittwaarenhandlung	*Margaretha Ressl.*
J. F. Rietsch	Buchdruckerei	*Johann Ferdinand Rietsch.*

Johann Nep. Salleck	Tuchfabrik	*Antonia Salleck.*
Ludwig Schäfer Getraide- & Mehlhandelsgeschäft	Getreide- u. Mehlhandelsg.	*Ludwig Schäfer.*
Adam Schardt	Specereiw., Leder u. Tabak	*Adam Schardt.*
Hildegardus Schmidt's Ww.	Specereiwaaren	*Hildegardus Schmid.*
Joh. Nep. Schmidtbauer seel Ww.	Spec.-, Schnitt- u. Porcellw., Leder- u. Essigf.	*Marie Schmidbauer.*
J. Jgn. Schneider	Specerei-, Farb- u. Kurzw., Sped. Com. u. Inc. Agent.	*Adolf Weinreich.*
Cigarren & Tabakhandlung von M. Schwaiger	Cigarren u. Tabakhandl.	*Marie Schwaiger.*
J. H. Sigmunds seel. Erben	Spec. u. Materw., Leder	*Josef v. Bauer-Breitenfeld.*
Franz X. Simmet	Specereiwaaren	*Franz Xaver Simmet.*
Georg Stangl	Pfragnerei u. Eisenh.	*Georg Stangl.*
Jos. Thalmayer sen.	Bortenfabrik	*Josef Thalmayer.*
Jos. & M. Thallmaier	Knopf-, Posamentier- und Weisswaarengeschäft	*Josef Thallmayer. Max Thallmayer.*
Jos. Thomann'sche Buchhandlung & Buchdruckerei	Buchhandlung u. Buchdruck.	*Joh. Bapt. v. Zabuesnig.*
Carl Tschurtschenthaler	Eisen- u. Geschmeidewh.	*Carl Tschurtschenthaler.*
Anna Vogl	Porcellangeschäft	*Anna Vogl.*
Raimund Wagner	Specereigeschäft	*Raimund Wagner.*
Dr. H. Willemer	Fabrik für Chemikalien und photogr. Apparate	*Dr. Heinrich Willemer.*

Landstuhl. 2560 Einwohner. LG. Landstuhl. BG. u. HG. Zweibrücken.

Advokaten: s Zweibrücken. **Notare:** J. Forthuber. F. Röbel.

H. Bickner	Colonialwaaren	*Heinrich Bickner.*
Julius Dahl Wittwe	Holzhandlung	*Julius Dahl.*
Louis Feinthel	Färberei	*Louis Feinthel.*
Joh. Gamber	Hutfabrik	*Johann Gamber.*
Johann Ganning	Gastwirthschaft	*Johann Gunning.*
M. Kastner		*Michael Kastner.*
Heinrich Klingel	Colonialw. en gros, Eisen, Wein u. Dünger	*Heinrich Klingel.*
Carl Lellbach	Spec.- u. Schnittwaaren	*Carl Lellbach.*
J. Martin	Colonial- u. Manufacturw.	*Jacob Martin.*
Franz Mayer	Manufacturw. u. Kappenf.	*Franz Mayer.*
Joseph Mayer	Seilerei	*Joseph Mayer.*
Muck & Benzino	Draht-, Stiften- u. Kettenf.	*Ludwig Benzino. Oscar Muck.*
N. Müller	Rothgerberei	*Nicolaus Müller.*
Friedr. Orth	Specerei- u. Schnittw.	*Friedrich Orth.*
J. A. Pallmann	Specerei- u. Manufacturw. u. Mahl- u. Oelmühle	*Joseph Anton Pallmann.*
Jacob Pallmann		*Jacob Pallmann.*
Nicola Pallmann	Colonialwaaren	*Nicola Pallmann.*
A. W. Pletsch	Grosshandlung	*Aerian Wilhelm Pletsch.*
Johannes Raquet	Gerberei	*Johann Raquet.*
Albert Reichard	Buchbinderei und Schreibmaterialienhandlung	*Albert Reichard.*
J. Reichard	Holzhandel u. Sandsteinlief.	*Jacob Reichard.*
Georg Schirber	Bierbrauerei	*Georg Schirber.*
Carl Schuhmacher	Colonial- u. Spielwaaren	*Carl Schuhmacher.*
Jacob Sofsky	Specerei- u. Schnittwaaren	*Jacob Sofsky.*
Carl Wilhelm Tretter	Colonialwaaren	*Carl Wilhelm Tretter.*
Anton Wagner I	Metzgerei u. Weinwirthsch.	*Anton Wagner I.*
Carl Wentzler	Holzhandel	*Karl Wentzler.*

Langenaltheim. 1170 Einwohner. LG. Pappenheim BG. Eichstädt. HG. Nürnberg.

Advokaten: s. Eichstädt. **Notar:** s. Pappenheim.

Heinrich Arauner	Handlung	*Heinrich Arauner.*
M. Arauner	Handel mit Fussbodenplatten u. Lithographiesteinen	*Michael Arauner.*
G. M. Däschler jr.	Lithographiesteinhandel	*Georg Michael Däschler. Johann Däschler.*

Langenerringen. 1372 Einwohner. LG. Schwabmünchen. BG. u. HG. Augsburg.

Advokaten: s Augsburg. **Notar:** s. Schwabmünchen.

Ferdinand Götz	Essigfabrik	*Friedrich Götz.*
Sebast. Miller	Spec.-, Schnitt- u. Eisenw.	*Sebastian Müller.*
M. A. Rall Wittwe	Specereiwaaren	*Agnes Rall's Wwe.*

Langenhaßlach. 600 Einwohner. LG. Krumbach. BG. u. HG. Memmingen.
Advokaten s. Memmingen. **Notar** Alois Högelmayer in Krumbach.

Dominikus Huber	Specereihandlung	*Dominikus Huber.*
Anton Kräutler	Weber	*Anton Kräutler.*
Johann Schorer	Weber	*Johann Schorer.*
Georg Waltenberger	Specereihandlung	*Georg Waltenberger.*

Langenried. LG. Weiler. BG. u. HG Kempten. **Advokaten** s. Kempten. **Notar:** s. Weiler.

Martin Prinz	Käsehändler	*Martin Prinz.*

Langenzenn. 1759 Einwohner. LG Cadolzburg. BG. u. HG. Fürth.
Advokaten s. Fürth. **Notar.** s. Cadolzburg.

M. C. Holzhey	Handlung	*Max Carl Holzhey.*
J. M. Schmidt	Handlung	*Johann Michael Schmidt.*
Johann Wilhelm Stadlinger	Schnittwaarenhandlung	*Johann Wilhelm Stadlinger.*
J. Gg. Stellwaag	Posamentiergeschäft	*Johann Georg Stellwaag.*
Joh. Leonhard Stiegler	Handlung	*Johann Leonhard Stiegler.*
Heymann Thalheimer	Handlung	*Heymann Thalheimer.*
L. Wellhöfer	Apotheke u. Specereihandl.	*C. Wellhöfer.*
Joh. Thom. Winkler	Specereiwaarenhandlung	*Johann Thomas Winkler.*

Langquaid. 943 Einwohner. LG. Rottenburg. BG u. HG. Landshut.
Advokaten s. Landshut. **Notar:** s. Rottenburg.

Andreas Burgmaier	Specereiwaaren	*Andreas Burgmaier.*
Jos. Maier	Specereiwaaren	*Josef Maier.*
Anton Röhrl	Specereiwaaren	*Anton Röhrl.*

Lanzendorf. LG Berneck. BG. u. HG. Bayreuth. **Advokaten:** s. Bayreuth. **Notar:** s. Berneck.

Konrad Wehner	Krämerei	*Konrad Wehner.*

Laubenheim. LG. u. BG. Windsheim. HG Fürth. **Advokaten** u **Notare:** s. Windsheim.

L. S. Künstler	Schnitt-, Spec.- u. Weing	*Lämmlein Künstler.*

Laudenbach. LG. Karlstadt. BG. Lohr. HG. Würzburg. **Advokaten:** s. Würzburg. **Notar** s. Karlstadt.

W. Süsser	Handlung	*Wolf Süsser.*
L. Worms	Handlung	*Levi Worms.*

Laudenbach. LG. Miltenberg. BG. u. HG. Aschaffenburg.
Advokaten: s. Aschaffenburg. **Notar:** s. Miltenberg.

C. G. Popp	Specereiwaarenhandlung	*Carl Georg Popp.*

Lauf. 3051 Einwohner. LG. Lauf. BG. u. HG. Nürnberg.
Advokaten: s. Nürnberg. **Notar** H. Weingärtner.

C. Arnold	Kunst- u. Handelsmühle	*Conrad Arnold. Jean Arnold* **P.**
J. F. Barth	Kunstmühle	*Johann Friedrich Barth.*
J. F. Barth & Weigmann	Hopfenhandlung	*Johann Friedrich Barth. Georg Weigmann.*
Christ. Belzner	Conditorei u. Lebküchnerei, Spec.- u. Porzellanhdlg.	*Christian Belzner.*
C. Gramp	Tabakfabrik	*Conrad Gramp.*
Chr. Huber	Spec.- u. Schnittwaarenh.	*Johann Christian Huber.*
M. G. König	Specereiwaarenhdlg.	*Michael Gottlieb König.*
J. C. Meinel	Conditorei, Spec.- u. Weinhandlung	*Johann Carl Meinel.*
Joh. Schmidt	Specereiwaarenhandlung	*Johann Schmidt.*
Wiss'sche Kunst- und Handelsmühle	Kunst- u. Handelsmühle	*Oscar Wiss. Georg Wiss. Fried. Springer* **P.**
Johann Wilhelm Wolz	Specereiwaarenhandlung	*Johann Wilhelm Wolz.*
Andreas Zitzmann	Specerei- u. Eisenwhdlg.	*Georg Andreas Zitzmann.*
N. C. Zitzmann		*Nicolaus Carl Zitzmann.*

Laufach. 1113 Einwohner. LG. Rothenbuch. BG. u. HG. Aschaffenburg.
Advokaten: s. Aschaffenburg **Notar** s. Rothenbuch.

Conrad Fuss	Specereiwaarenhdlg.	*Conrad Fuss.*
J. C. Müller	Eisen- u. Hüttenwerk	*Johann Josef Müller.*
Verein für chemische Industrie in Mainz ZN. [HN. Mainz]	Verein für chem. Industrie	*Die Direction bilden: Heinrich u. Hermann Dietze. In Verhinderung eines der Directoren sind zur eventuellen Zeichnung berechtigt: Dr. Frescinus, Carl Bettelhäuser, Carl Federhaff, Louis Cerras.*

Laufen. 1442 Einwohner. LG. Laufen. BG. Traunstein. HG. München r. J.
Advokaten s. Traunstein. **Notar:** C. Uebersezig.

Ludwig Altinger	Gemischte Waaren	*Ludwig Altinger.*
Augustin Edelmann	Eisen- u. Geschmeidwaaren	*Augustin Edelmann.*

Franz Gasteger	Gemischte Waaren	*Franz Gasteger.*
Johann Holz	Gemischte Waaren	*Sebastian Angerer.*
Ign. Schmidhuber Sohn	Gemischte Waaren	*Florian Schmidhuber.*
Jos. Wally's Wittwe	Gemischte Waaren	*Maria Wally Wwe.*

Lauingen. 3720 Einwohner. LG. Lauingen. BG. Donauwörth. HG. Augsburg.
Advokaten s. Donauwörth. **Notar** C. F. X Mayer

Johann Böld	Spccereihandlung u. Handels-Gärtnerei	*Johann Böld.*
Wolf. Feller	Specerei- u. Schnittw.	*Wolfgang Feller.*
Benedikt Keisl	Specerei- u. Schnittw.	*Benedict Keisl.*
Fr Sales Krämer	Spccereiwaaren	*Franz Sales Krämer.*
Ludw. Lechner	Eisenhandlung	*Ludwig Lechner.*
Jean Mayrlipp	Tuch- u Schnittwaarenhdlg.	*Jean Mayrlipp.*
G. M. Ranzenberger	Specerei- u. Wachswaaren	*Michael Ranzenberger*
J. A. Zenetti	Specerei- u. Schnittwaaren	*Josef Anton Zenetti.*
Ludwig Zenetti	Eisenhandlung	*Ludwig Zenetti.*

Laumersheim. LG. Grünstadt. BG. u. HG. Frankenthal.
Advokaten: s. Frankenthal. **Notar:** s. Grünstadt.

S. Kehr	Handlung	*Simon Kehr.*
J. Mayer	Getreide- u. Oelkuchenhdlg.	*Jonathan Mayer.*
Moses Mayer	Getreide- u. Oelkuchenhdlg.	*Moses Mayer.*

Lauterach. LG. Grönenbach. BG. u. HG. Memmingen.
Advokaten s. Memmingen. **Notar** August Henneberger in Grönenbach.

Jos. Burtscher	Eisenhandlung	*Josef Burtscher.*

Lauterecken. 1219 Einwohner. LG. Lauterecken. BG u. HG. Kaiserslautern.
Advokaten: s. Kaiserslautern. **Notar:** L. Gassert.

Callmann Wm. Lud.		*Wilhelm Ludwig Callmann.*
Fischer Ludwig	Specereiwaaren	*Ludwig Fischer.*
Fischer Peter junior	Specereiwaaren	*Peter Fischer jun.*
Heegé C. Fr.	Apotheke	*Carl Friedrich Heegé.*
Henrich Heinrich	Rothgerberei	*Heinrich Henrich.*
Henrich Louis	Specereiwaaren	*Louis Henrich.*
Hönes Friedr.	Lohrindenhandlung	*Friedrich Hönes.*
Hönes Heinrich	Gerberei	*Valentin Heinrich Hönes.*
Hönes L. V.	Seifenfabrik	*Ludwig Hönes.*
Horbach Heinrich	Handelsmühle	*Heinrich Horbach.*
Horbach W.	Weinhandlung	*Wilhelm Horbach.*
Keller	Specereiwaaren	*Julius Friedrich Keller.*
Kiltz Joh.	Bierbrauerei	*Johann Kiltz*
Maino F.		*Franz Maino*
Purpus Ludwig	Bierbrauerei	*Ludwig Purpus.*
Schlemmer J.	Handelsmühle	*Johann Schlemmer.*
Schmelzer Ludwig	Specereiwaaren	*Ludwig Schmelzer*
Schreiber A.	Specereiwaaren	*Anton Schreiber.*

Lauterhofen. 927 Einwohner. LG. Kastl. BG. u. HG. Amberg.
Advokaten s. Amberg. **Notar**. s. Kastl.

Joseph Gehr	Specerei- u. Schnittw.	*Joseph Gehr*
Thomas Kneittinger	Specerei- u. Schnittw	*Thomas Kneittinger.*
Michael Schuhmann	Eisen- u Geschmeidewhdlg	*Michael Schuhmann.*
Leonhard Thumann	Spec.-, Schnitt- u. Kurzw.	*Leonhard Thumann.*

Lautersheim. 462 Einwohner. LG. Göllheim. BG. u. HG. Kaiserslautern.
Advokaten s. Kaiserslautern. **Notar** s. Göllheim.

Catoir F.	Specereiwaaren	*Friedrich Catoir.*
Mann Martin	Specereiwaaren	*Martin Mann I.*
Mann W.	Bierbrauerei	*Wilhelm Mann.*
Schwind Georg	Specereiwaaren	*Georg Schwind.*

Lautzkirchen. 816 Einwohner. LG. Blieskastel BG. u. HG. Zweibrücken.
Advokaten: s. Zweibrücken **Notar** s. Blieskastel.

Lorenz Augspurger	Handelsmühle	*Lorenz Augspurger.*
Ludwig Beer	Handelsmühle	*Michael Beer.*
Hoeh Ludwig	Mühle	*Ludwig Höh.*
Joh. Albert Redelberger [Lautzircher Mühle]	Handelsmühle	*Johann Adam Redelberger.*
J. Spohn	Specereihandlung	*Jacob Spohn.*

Lechbruck. 1069 Einwohner LG Füssen. BG. u. HG. Kempten.
Advokaten s. Kempten. **Notar:** s. Füssen.

Michael & Carl Fichtl	Flossmeister u. Holzhändler	*Michael u. Karl Fichtl.*
Mich. Keller	Flösser, Sägemüller u. Holzhändler	*Michael Keller.*
Cornel Knappich	Flösser u. Holzhändler	*Cornel Knappich.*

Lechhausen. 4087 Einwohner. LG Friedberg. BG. Aichach. HG. München l. J
Advokaten s. Aichach. **Notar** s. Friedberg

Carl Bleimair	Galanteriewaarenhdlg.	*Karl Bleimair.*
Carl August von Brentano'sche K. b. Hofseidenzeug & Kirchenstofffabrik	Seidenzeug- u. Kirchenstofffabrik	*Karl Aug. v. Brentano. Theodor v. Brentano* P.
Benedict Gerl	Spec.- u. Schnittw.	*Benedict Gerl.*
Adam Hofmann	Spec.- u. Schnittw.	*Adam Hofmann.*
F. X. Kinshofer	Spec.- u. Schnittw.	*Franz Xaver Kinshofer*
X. Lindisch	Krämerei	*Xaver Lindisch.*
Joh. Ohnesorg		*Joh. Nep. Ohnesorg.*

Lehrberg. 1166 Einwohner. LG., BG. u. HG. Ansbach **Advokaten** u. **Notare:** s. Ansbach.

Friedrich Kern	Specereiwaarenhandlung	*Georg Friedrich Kern.*
Josef Feist Lehrberger	Schnittwaarenhandlung	*Josef Feist Lehrberger.*
Johann Georg Lustig	Melberei u. Specereiwhdlg.	*Johann Georg Lustig.*
Johann Georg Rogner	Specereihandlung	*Johann Georg Rogner.*
Johann Michael Stadtler	Specerei- u. Eisenhandlung	*Johann Michael Stadtler.*

Leimersheim. 1418 Einwohner. LG. Germersheim. BG. u. HG. Landau.
Advokaten s. Landau. **Notar:** s. Germersheim.

Gebrüder Mayer	Eisenhandlung	*Joseph Mayer. Jacob Mayer.*
Carl Leon Stern	Leder- u. Landesprod.	*Carl Leon Stern.*

Leipheim. 1666 Einwohner LG. Günzburg. BG. u. HG. Augsburg.
Advokaten s Augsburg. **Notar** s. Günzburg.

Bilfinger & Sohn	Landesprod., Butter- und Schmalzhdlg.	*Carl Friedrich Bilfinger. Rudolf Bilfinger.*
J. B. Kohler	Specerei- u. Schnittw.	*Johann Bernhard Kohler*
J. G. Rösch	Specerei- u. Schnittw.	*Johann Georg Rösch.*

Lendershausen. 480 Einwohner. LG. Hofheim. BG. u. HG. Schweinfurt.
Advokaten: s. Schweinfurt. **Notar** s. Hofheim.

M. Reus	Specerei- u. Schnittwhdlg.	*Maier Reus.*
S. M. Seligstein	Landesproductenhandlung	*Seligmann Seligstein.*
S. J. Sondheimer	Specereiwaaren	*Salomon Sondheimer.*

Lengenfeld. LG. Parsberg. BG. u. HG. Amberg. **Advokaten** s. Amberg. **Notar** s. Parsberg.

Ch. Baumer	Specerei- u. Schnittwaaren	*Christian Baumer.*

Lengfurt. LG. Marktheidenfeld. BG. Lohr. HG. Würzburg.
Advokaten s. Lohr. **Notar**: s. Marktheidenfeld.

J. P. Wolz	Spec.-, Schnitt-, Kurz- und Eisenwaaren- u. Lederhdl.	*Johann Philipp Wolz.*

Lenggries. LG. Tölz BG. Weilheim. HG. München l. J
Advokaten: s. Weilheim. **Notar:** s. Tölz.

Johann Mathias Kyrein seel. Relicten	Spec.- u. Schnittw	*Klara, Josef, Mathias, Elisabeth und Ernst Kyrein. Josef Kyrein* P.

Lenkenthal. LG. Waldmünchen. BG. Neunburg v. W. HG. Regensburg.
Advokaten: s. Neunburg v W **Notar:** s. Waldmünchen.

C. F. v. Lenk	Spiegelglasfabrik	*Carl Franz Ritter v. Lenk-Dittersberg.*

Lenkersheim. LG. u. BG. Windsheim. HG. Fürth. **Advokaten** u **Notare**. s. Windsheim.

Isaac Löwenfels	Specereiwaarenhandlung	*Isaac Löwenfels*

Lennersrieth. LG. Vohenstrauß. BG. Weiden. HG. Amberg.
Advokaten: s. Weiden. **Notar** s. Vohenstrauss.

Adam Dobmeier	Eisenwaarenhandlung	*Adam Dobmeier.*

Lentersheim. LG. Wassertrüdingen. BG. u. HG. Ansbach.
Advokaten s Ansbach. **Notar** s. Wassertrüdingen.

Michael Burger	Specereiwaarenhandlung	*Johann Michael Burger*

St. Leonhard. LG., BG. u. HG. Nürnberg. **Advokaten** u. **Notare:** s. Nürnberg.

M. G. Sauber	Feingoldschlägerei	*Markus Gottfried Sauber.*

Leopoldsdorf. LG. Wunsiedel. BG. u. HG. Hof. **Advokaten**: s. Hof. **Notar**: s. Wunsiedel.

H. von Müller	Perlenhütten und Schneidmühlen	*Hugo von Müller.*

Leopoldsgrün. LG., BG. u. HG. Hof. **Advokaten** u. **Notare**. s. Hof.

W. H. Löhner	Specereiwaaren	*Wolfgang Heinrich Löhner.*

Leuchtenberg. LG. Vohenstrauß. BG. Weiden. HG. Amberg.
Advokaten: s. Weiden. **Notar** s. Vohenstrauss.

Andreas Agler	Handlung	*Andreas Agler.*
Adam Langmann	Specereiwaaren	*Adam Langmann.*

Leupoldstein. LG. Pottenstein. BG. u. HG. Bayreuth. **Advokaten** s. Bayreuth. **Notar** s. Pottenstein.

Kilian Gröschel	Krämerei	*Kilian Gröschel.*

Leutershausen. 1430 Einwohner. LG. Leutershausen. BG. u. HG. Ansbach.
Advokaten s. Ansbach. **Notar**: Carl Pürkhauer.

Moses Ansbacher	Tuch- u. Schnittwaarenhdlg.	*Fanny Ansbacher Wwe.*
Nathan Ansbacher	Tuch- u. Schnittwaarenhdlg.	*Nathan Ansbacher.*
Christian Dürnhöffer	Lebküchnerei und Specereiwaarenhandlung	*Christian Dürnhöffer.*
G. L. Dürnhöffer	Specerei- und Eisenwaarenhandlung	*Johann Michael Dürnhöffer.*
Georg Habett	Seifensiederei u. Specereiw.	*Georg Habett.*
Manufacturwaaren- und Schreibmaterialien-Handlung von Samuel Hartmann	Manufactur- u. Schreibmat.-Handlung	*Samuel Hartmann.*
Carl Held	Apotheke	*Carl Held.*
J. Gg. Heller	Lebküchnerei- u. Specereiwaarenhandlung	*Johann Georg Heller.*
Georg Hezner	Spec.-, Seiler- u. Eisenwhdl. u. Seilermeister	*Georg Hezner.*
Georg Hobelt	Specereiwaarenhdlg.	*Georg Hobelt.*
Georg Knoll	Specereiwaarenhdlg.	*Georg Knoll.*
J. M. Körber	Tuch- u. Schnittwhdlg.	*Michael Körber*
Martin Krauss	Landesprodukten- u. Oelfabrik	*Martin Krauss.*
L. Stern	Specerei- und Wollwaarenh.	*Lazarus Stern.*
A. Weil	Lederhandlung	*Abraham Weil.*
J. C. Wellhöffer	Specereiwaarenhandlung	*Johann Conrad Wellhöffer.*
J. J. Wilmersdörffer	Specereiwaarenhandlung	*Friedrich Wellhöffer*
L. Wittelshöfer	Tuch- u. Schnittwaarenh.	*Seckel Wittelshöfer.*
Johann Georg Wellhöfer	Eisenhandlung	*Johann Georg Wellhöfer.*

Lichtenau. 1040 Einwohner. LG. Heilsbronn. BG. u. HG. Ansbach.
Advokaten: s. Ansbach. **Notar**: s. Heilsbronn.

Emmerich Gös HN. [ZN. Windsbach]	Apotheke	*Emerich Gös.*
Georg Michael Himmelseher	Schnittwaarenhandlung	*Georg Michael Himmelseher.*
Carl Leuchs	Specereiwaarenhandlung	*Leonhard Carl Leuchs.*
Michael Weidner	Conditorei u. Specereiwhdl	*Maria Barbara Weidner Wwe.*

Lichtenberg. 915 Einwohner LG. Naila. BG. u. HG. Hof. **Advokaten**: s. Hof. **Notar**: s. Naila.

Emil Jahreis	Handlung	*Emil Jahreis.*
F. Jungkunz	Specereiwaaren	*Georg Friedrich Jungkunz.*
Joh. Carl Jungkunz	Specereiwaaren	*Carl Robert Jungkunz.*
H. C. Quehl	Tuchfabrik	*Johann Heinrich Quehl.*

Lichtenfels. 2128 Einwohner. LG. Lichtenfels. BG. u. HG. Kronach.
Advokaten: s. Kronach. **Notar**: A. Wilhelm.

G. Bauer	Korbwaarenhandlung	*Gottlieb Bauer.*
Joh. Behringer	Specerei-, Schnitt- u. Kurzwaarenhandlung	*Johann Behringer.*
A. Bruckner	Schreibmaterialienhandl.	*Andreas Bruckner.*
Em. Brüll	Schnittwaarenhandlung	*Emanuel Brüll.*
Martin Brüll	Lederhandlung	*Martin Brüll.*
Max Brüll	Specerei- u. Schnittwaarenh.	*Max Brüll.*
Simon Brüll	Hopfen- u. Landesprodh.	*Simon Brüll.*
Wolfg. Brüll	Weinhändler	*Wolfgang Brüll.*
Fr. Büttner	Buchhändler	*Friedrich Büttner.*

C. Dippold	Specerei u. Kurzwaarenh.	*Carl Dippold.*
Aron Ehrmann	Schnittwaarenhandlung	*Däniel Ehrmann.*
S. A. Ehrmann	Schnittwaarenhandlung	*Samuel Aron Ehrmann.*
S. J. Ehrmann	Schnittwaarenhandlung	*Samuel Joel Ehrmann. Wilhelm Ehrmann.*
Salomon Ehrmann	Schnitt-, Eisen- u. Metallw.	*Salomon Ehrmann.*
Erhardt Gagel jun.	Korbwaarenmanufacturhdl.	*Ehrhardt Gagel.*
Lorenz Gagel	Specereiwaarenhandlung	*Lorenz Gagel. Johann Gottfried Gagel* P.
H. Gick		*Heinrich Gick.*
Arnold Gosser	Korbwaarenhdl.	*Arnold Gosser.*
J. B. Göhl	Specereiwaarenhandlung	*Johann Baptist Göhl.*
A. Gutherz	Spec.- u. Schnittwaarenh.	*Alexander Gutherz.*
A. Gutmann	Schnittwaaren- u. Federh.	*Abraham Gutmann. Philipp Gutmánn.*
Philipp Gutmann	Spedit.- u. Commissionsg.	*Philipp Gutmann.*
J. Hofmann	Färberei	*Johann Hofmann.*
E. Kaufmann	Kurz- u. Porcellanwh.	*Ernst Kaufmann.*
Georg Krauss	Korbwaarenhandlung	*Georg Krauss.*
Gg. Krauss & Ci.	Bierbrauerei	*Georg Krauss. Karl Söhnlein. Arthur Greiner. Karl Söhnlein ist zur Firmenzeichnung nicht berechtigt.*
Heinr. Krauss	Korbwaarenhandlung	*Heinrich Krauss.*
Johann Krauss	Korbwaarenhandlung	*Joh. Krauss.*
Johann Mayer	Glas- u. Porcellanhandlung	*Johann Mayer.*
P. Mahr	Specereiwaarenhandlung	*Peter Mahr.*
C. Molendo	Spec.- u. Kurzwaarenhdl.	*Carl Molendo.*
Nickolaus Schardt	Korbwaarenhandlung	*Nicolaus Schardt.*
Schlesinger & Ci.	Korbwaarenhandlung	*Julius Schlesinger.*
Nic. Schmidt	Kurzwaarenhandlung	*Nicolaus Schmidt.*
J. M. Silbermann	Handlung	*Josef Melchior Silbermann.*
Spar- u. Creditverein in Lichtenfels. Eingetr. Genossenschaft	Gewährung von Crediten an Mitglieder. Sparkasse	*Der als Verwaltungsausschuss bezeichnete Vorstand besteht aus acht Mitgliedern. Die vom Vereine ausgehenden Erlässe u. Bekanntmachungen werden vom Vorsitzenden Georg Schier u. Schriftführer Johann M. Grimm, die Empfangsbescheinigungen von Zahlungen dagegen vom Vorsitzenden, Cassier Johann Hönninger u. Hauptbuchhalter Thomas Heinzenknecht gezeichnet.*
M. Traub	Spec.-, Eisen- u. Metallwh.	*Markus Traub.*
And. Ultsch	Leim- u. Düngerfabr.	*Andreas Ultsch.*
A. Wenglein	Apotheke	*Adam Wenglein.*
Markus Wertheimer	Spec.- u. Hopfenhandlung	*Markus Wertheimer.*
J. D. Zenner	Schnittw., Eisen- u. Spech.	*Isaak Zenner sen.*
J. Pfeuffer Zenner	Schnittw., Eisen- u. Spech.	*Isaak Zenner jun.*

Lichtenthal b. Zwiesel. LG. Regen. BG. Deggendorf. HG. Passau
Advokaten s. Deggendorf. **Notar** s. Regen.

Gebrüder Stangl	Glasfabrik	*Michael Stangel. Otto Stangel.*

Lierheim. LG. Nördlingen. BG. Donauwörth. HG. Augsburg.
Advokaten s. Donauwörth. **Notar** s. Nördlingen.

C. A. Meyer	Kunstmühle	*Johann Georg Meyer.*

Limbach. 814 Einwohner. LG. Waldmoor. BG. u. HG. Zweibrücken.
Advokaten: s. Zweibrücken. **Notar**: s. Waldmoor.

Luise Hierthes	Specereihandlung	*Luise Hierthes.*
Conrad Kötz HN. [ZN. Contwig u. Ormesheim]	Ziegel- u. Gypsfabrik	*Conrad Kötz.*
Jacob Russi	Specereihandlung	*Jacob Russi.*
Johann Schwarz	Handelsmühle	*Johann Schwarz.*
Gebrüder Weber	Mühle	*Otto. Weber. Carl Weber.*

Lind. LG. Markt Erlbach. BG. Windsheim. HG. Fürth.
Advokaten: s. Windsheim. **Notar**: s. Markt Erlbach.

Johann Steinmetz	Weberei	*Johann Sixtus Steinmetz.*

Lindau. 5311 Einwohner. St. u. LG. Lindau. BG. u. HG. Kempten.
Advokaten. s. Kempten. **Notar**: O Gombart.

Herm. u. Wilh. Abraham	Handlung	*Hermann Abraham. Wilhelm Abraham.*
W. Abraham	Specereiw. u. Sped.	*Wilhelm Abraham.*
Bayerische Hypotheken- und Wechselbankfiliale Lindau ZN. [HN. München]	Bankgeschäft	*Den Vorstand bilden der Cassier E. Johannes und der Buchhalter H. Lehle, welche die Firma gemeinsam zeichnen.*

A. Beltinger	Sped. u. Commissionsgesch. u. Kunstfabrik	*Anselm Beltinger.*
Fr. Boulan		*Friedrich Prampaindit Boulan.*
Braun & Scheidler	Specereiwaaren	*Gebhard Zerwick.*
Mathias Brombeiss		*Mathias Brombeiss.*
Jacob Dinner	Getreidehandlung	*Melchior Schiesser.*
Joh. Jacob Eibler	Getreidehandlung	*Johann Jacob Eibler.*
Eierteigwaarenfabrik z. Glocke Gebr. Oberreit	Eierteigwaarenfabrik	*Joh. Jacob Oberreit. Friedrich Oberreit.*
G. L. Enderlein	Specereiwaaren	*Georg Ludwig Enderlein.*
M. M. Enderlein	Specereiwaaren	*Martin Mathias Enderlein.*
Sebast. Fischer	Handlung	*Sebastian Fischer.*
Fuchs & Gänssler	Handlung	*Emil Fuchs. Josef Gänssler.*
Gasfabrik Lindau Jäger & Ci.	Gasfabrik	*Bonaventura Jäger. Joh. Hoffmann. Natalie Roth.*
Wilh. Gastpar	Landesprod., Com. u. Sped.	*Wilhelm Gastpar.*
C. A. Geist		*Karl Georg August Geist.*
Jos. Geuppert vorm. Bernhard Zeuss-Bader	Specereiwaaren	*Josef Geuppert.*
J. U. Gloggengiesser	Schnittwaaren	*Joh. Ulrich Gloggengiesser jun.*
Paul Götzger	Landesprod. u. Käse	*Paul Götzger.*
J. G. Gresser	Schnittw. u. Leinwandh.	*Joh. Georg Gresser.*
Heinrich Gruber	-	*Heinrich Gruber.*
Christoph Gullmann	Getreideh., Sped. u. Com.	*Christoph Gullmann. Eugen Gullmann* P.
Joh. Hager-Vater	Schuhw.-, Leder- u. Schuhmacherwaarenhandlung	*Johannes Hager sen.*
Andr. Helmensdorfer	Specereiw. u. Getreideh.	*Andreas Helmensdorfer.*
Mart. Helmensdorfer	Specereiwaaren	*Joh. Mart. Helmensdorfer.*
Mart. Helmensdorfer & Ci.	Eisen-, Stahl- u. Messingw. en gros, Sped. u. Com.	*Martin Helmensdorfer. Ulrich Thoman.*
Ulrich Hüber	Drechslerwaaren	*Ulrich Hüber.*
A. Hütt	Strumpfwaaren	*Andreas Hütt.*
Mathäus Jundt seel. Ww.		*Katharina Jundt. Raimund Kinkelin* P.
Georg Klefler		*Georg Klefler*
Bernh. Koch	Glas- u. Porcellanhandl.	*Bernhard Koch.*
Martin Koch	Optisches Institut	*Martin Koch sen Martin Koch jun.*
Wilh. Ludwigs Buchhandl.	Buchhandlung	*Wilhelm Ludwig.*
Gebrüder Menz	Spiel- u. Kurzw. en gros	*Michael Menz. Ludwig Menz.*
J. L. Müller	Specereiwaaren	*Jacob Lorenz Müller.*
Georg Näher	Schnittwaaren	*Georg Näher.*
Ed. & Fch. v. Pfister HN. [ZN. München]	Stahl- u. Eisenw. en gros Getreide, Sped. u. Com.	*Eduard v. Pfister. Eugen v. Pfister. Otto v. Pfister. Joh. Nepom. Mayer. Rudolf Tauber* P *Joh. Baptist Wild* P.
F. Rasco	Spec., Modew. u. Niederlage v. ungar. Mehl	*Ferdinand Rasco.*
Leonhard Rechsteiner	Specereiwaaren	*Magdalena Rechsteiner.*
Math. Rieger'sche Buch- und Kunsthandlung (Joh. Thoma Stettner)	Buchhandlung	*Johann Thomas Stettner. Karl Stettner* P
Joh. Gg. Riesch	Landesproductenhandlung	*Gottfried Riesch.*
Rueppracht & Ci.	Sped. u. Com.	*Freyh. August von Rueppracht. Johann Schweicker* P. *Carl von Rueppracht* P.
Joh. Schaidler		*Johann Schaidler.*
Daniel Schielein et Compagnie	Landesprod., Com., Sped. u. Agenturen	*Christian Eduard Holzhauser*
Jacob Schielein	Säcklerwaaren	*Jacob Schielein.*
J. Schmid Götzger	Uhrenfabrik	*Josef Schmid.*
J. C. Schnell	Schnittwaaren	*Elise Schnell.*
Martin Schobloch	Posamentierwaaren	*Karl Hildebrand.*
Schupp & Gloggengiesser	Landesproduct.- u. Schmalzh.	*Gottfried Friedrich Schupp. Johann Ulrich u. Johann Reinhard Gloggengiesser. Martin Mathias Enderlein* P.
Johannes Schweicker	Leinwandhandlung	*Johannes Schweicker.*
Josef Schweicker	Specereiwaaren	*Josef Schweicker.*
Martin Spengelin et Comp.	Sped. Com. u. Agenturg.	*Martin und Hermann Spengelin. Hermann Spengelin* P. *Georg Klefler* P. *Jacob Maier* P.

L. Sontheimer Weberm. Wwe.	Weberei	*Louise Sontheimer.*
Conrad Stoffel HN. [ZN. München]	Sped Com. u Getreide	*Rosa Stoffel. Emil Stoffel. Wilhelm Fuchs* **P.**
Joh. Thomann jun.	Eisenhandlung	*Joh. Ulrich Thomann.*
J. G. Wartmann	Posamentierwaaren Band- u. Garnh. en gros u en detail	*Johann Georg Wartmann.*
Daniel Wilhalm	Nudelfabrik	*Georg Wilhalm.*
Daniel Wilhalm sen.		*Daniel Wilhalm.*

Linden. LG. Landstuhl. BG. u HG. Zweibrücken. **Advokaten:** s. Zweibrucken. **Notar:** s. Landstubl.

Jacob Fuhrmann	Specereiwaaren	*Jacob Fuhrmann.*

Linden. LG. Markt Erlbach. BG. Windsheim. HG Fürth.
Advokaten s. Windsheim. **Notar:** s. Markt Erlbach.

Christian Bürkert	Specereiwaarenhandlung	*Christian Bürkert.*

Lindenberg. 1400 Einwohner. LG. Weiler. BG. u. HG Kempten.
Advokaten s. Kempten. **Notar:** s. Weiler.

F. J. Ellgass	Gastgeber z. Hirsch. (Post)	*F. J. Ellgass.*
J. G. Hauber	Käsefabrik	*Joh. Georg Hauber. Johann Paul Huber* **P.**
Jos. Kohler	Weinhandlung	*Josef Kohler.*
Joh. Mayer	Specereiwaaren	*Johann Mayer.*
J. Gg. Oesterle	Specereiwaaren	*Joh. Georg Oesterle.*
Ulrich Pfanner	Specereiwaaren	*Ulrich Pfanner.*
Alois Rädler	Käsefabrik	*Lorenz Rädler*
Stenzel & Huber	Strohhutfabrik	*Valentin Stenzel. Anton Stenzel. Johann Georg Huber.*
Gottl. Stiefenhofer	Spec.- u. Schnittwaaren	*Gottlieb Stiefenhofer.*
J. Ulrich Wiedemann	Strohhutfabrik	*Johann Ulrich Wiedemann.*

Lindenhardt. LG. Pegnitz. BG. u. HG. Bayreuth **Advokaten:** s. Bayreuth. **Notar:** s. Pegnitz.

Jacob Seyffertb	Krämerei	*Jacob Seyfferth.*

Lixenried. LG. Waldmünchen BG. Neunburg v. W. HG. Regensburg.
Advokaten: s. Neunburg v W **Notar:** s Waldmünchen.

Anton Bierl	Bierbrauerei u. Krämerei	*Anton Bierl.*

Lobloch. LG. Neustadt a. H. BG. u. HG. Frankenthal. **Advokaten:** s Frankenthal. **Notar:** s. Neustadt a. H.

Heinrich Arndorff	Oelmühle u. Essigfabrik	*Heinrich Arndorff.*
Heinrich Bauer II	Mühle	*Heinrich Bauer II.*
Johannes Ferckel	Mühle	*Johannes Ferckel.*
Paul Köhler	Weincommissionsgeschäft	*Paul Köhler.*
Wilhelm Lingenfelder	Weincommissionsgeschäft	*Wilhelm Lingenfelder.*
Leonhard Wiedemann	Mühle	*Leonhard Wiedemann.*

Lobsing. LG. Riedenburg. BG. u. HG. Regensburg **Advokaten:** s. Regensburg. **Notar:** s. Riedenburg

Xaver Schmid	Krämerei	*Xaver Schmid.*

Lößlohe. LG. Vohenstrauß. BG Weiden. HG. Amberg.
Advokaten s. Weiden. **Notar** s. Vohenstrauss.

Wilhelm Mayer	Specereiwaaren	*Wilhelm Mayer.*

Lohnsfeld. 685 Einwohner. LG. Winnweiler. BG. u. HG. Kaiserslautern.
Advokaten s. Kaiserslautern **Notar:** s. Winnweiler.

Bender Benjamin	Handlung	*Benjamin Bender.*
Neuberger Lazarus	Handlung	*Lazarus Neuberger.*
Neuberger M.	Viehhandel	*Martin Neuberger. Benedict u. August Neuberger* **P.**
Vendig Benedict	Handlung	*Benedict Vendig.*

Lohnweiler. LG. Lauterecken. BG. u. HG. Kaiserslautern.
Advokaten s. Kaiserslautern. **Notar** s. Lauterecken.

Schreck Jacob	Krämerei	*Jacob Schreck.*

Lohr. 4223 Einwohner. LG u. BG. Lohr. HG Würzburg.
Advokaten: F Harth. O. Kaul. J Köth D Steigerwald B. Straub **Notar** C. L. Huberti.

August Breitenbach	Handlung	*August Breitenbach.*
Creditverein Lohr Eingetragene Genossenschaft	Zweck des Vereins ist die Beschaffung v. Geldmitteln auf gemeinsch. Credit	*Der Vorstand besteht aus: Carl Grimm, Director. Franz August Weigand, Cassier. Fr. Krapf, Controleur. Carl Vogt, Cassier-Stellvertreter. Die Firma wird durch zwei Vorstandsmitglieder gezeichnet.*
F. W. Dildey	Handlung	*Franz Wilhelm Dildey.*

Gewerbekasse Lohr a/M.	Verein zum Betriebe eines Bankgeschäftes behufs gegenseitiger Beschaffung d. im Gewerbe u. Wirthsch. nöthigen Geldmittel auf gemeinschaftl. Credit	*Der Vorstand besteht aus: G. L. Rexroth, Director. Otto Mayer, Cassier. Max Joseph Michel, Controleur. Eduard Ruck, Stellvertreter der Vorstandsmitglieder. Die Firma wird durch zwei Vorstandsmitglieder gezeichnet.*
Carl Grimm	Papierfabrik	*Carl Grimm.*
Hermann Habenicht	Apotheke	*Hermann Habenicht.*
Ph. Heim's Buchhandlung	Buch- u. Kunsthandlung	*Philipp Heim.*
Ch. Jenemann	Glas- u. Spielwaaren	*Christoph Jenemann.*
Franz Joseph Keller	Specerei- u. Schnittw.	*Franz Josef Keller.*
W. Keller	Buchhandlung	*Wilhelm Keller.*
Hotel Kessler	Hôtel	*August Kessler.*
G. v. Kiesling & Comp.	Fabrikation von Holzstoff zur Papierfabrikation	*Gottfr. v. Kiesling. Karl Heck. Rudolf Rosée.*
Jos. Kunkel	Spec.- u. Schnittwaaren	*Joseph Kunkel.*
J. N. Mann	Conditorei- u. Specereiw.	*Johann Nicolaus Mann.*
Heinr. Jos. Mayer		*Georg Franz Deufert.*
Max Jos. Michel	Spec.-, Eisen- u. Kurzw.	*Max Joseph Michel.*
Gebr. Nöth	Schneidemühle	*Johann Nöth. Georg Joseph Nöth.*
G. L. Rexroth HN. [ZN. Lichtenau bei Rothenbuch]	Eisenwerk	*Georg Ludwig Rexroth.*
C. E. Ruck	Specerei- und Schnittwaaren, Glas- u. Porcellanhandl.	*Carl Eduard Ruck.*
Georg Scherer	Spec.- u. Schnittwaaren	*Georg Scherer.*
Samuel H. Selig	Modewaaren	*Samuel Selig.*
Carl Vogt	Schnitt- u. Modewaaren	*Carl Vogt.*
Gerhard Willms	Eisenhandlung	*Wilhelm Reitz.*

Lopp. LG. Thurnau. BG. u. HG. Bayreuth **Advokaten:** s. Bayreuth. **Notar** s. Thurnau.

Johann Schubert	Krämerei	*Johann Schubert.*

Lorenzreuth. LG. Wunsiedel. BG. u. HG. Hof. **Advokaten:** s. Hof. **Notar:** s. Wunsiedel.

C. G. Laubmann	Baumwollwaarenfabrik	*Carl Gottlob Laubmann.*

Ludwigshafen. 7892 Einwohner. LG. Ludwigshafen. BG. u. HG. Frankenthal.
Advokaten: s. Frankenthal. **Notar:** Carl Moré.

Altstadt & Mayer HN. [ZN. Mannheim]	Holzhandlung	*Heinrich Altstadt. Adolf Mayer*
C. Bähr	Kurz- u. Schnittwaaren	*Carl Bähr.*
Louis Bauss	Posamentierwaaren	*Louis Bauss.*
Baum & Fischer ZN. [HN. Mannheim]	Commission u. Spedition	*Johann Ludwig August Baum. Frz. Fischer.*
Baugeschäft von Jos. Hoffmann & Söhne	Baugeschäft	*Josef Hoffmann. Franz Hoffmann. Wendelin Hoffmann.*
Bayerisch Pfälzische Dampfschleppschifffahrtsgesellsch.	Gesellschaft zum Zwecke d. Betriebes d. Dampfschleppschiffahrt	*Carl Freih. v. Gienanth, Vorstand des Verwaltungsrathes Andreas Jordan, dessen Stellvertreter. Carl Lindenmayer, Director.*
Georg Becker	Wechsel- u. Incassogesch.	*Georg Becker.*
Johann Adam Benckiser ZN. [HN Pforzheim]	Fabrik für Brückenbau	*Alphons Benckiser. Louis Reimann. Dr. August Reimann.*
Boyer & Consorten	Fabrication von Luftheitzungsapparaten	*Johann Friedrich Kaufmann. C. Pönsgen* **P.**
J. B. Borler	Sped.- u. Agenturgesch.	*Johann Baptist Borler. Gustav Adolf Redwitz.*
Dl. Brubacher	Galanteriew., Tapezierer u. Sattlergeschäft	*Daniel Brubacher.*
Fr. Wm. Corcilius	Specerei- u. Ellenwaaren	*Friedrich Wilhelm Corcilius*
F. W. Elês	Wildhäutehandlung	*Friedrich Wilhelm Elês.*
C. Aug. Exter	Bank- u. Speditionsgesch.	*Carl August Exter. Wilhelmine Wiedemann* **P.**
Carl Hch. Fickeisen	Holzhandlung	*Carl Heinrich Fickeisen.*
G. H. Frommann	Beinschwarzhandlung	*Gustav Heinrich Frommann.*
Michael Gebhard	Holzh. u Gewehrschaftfabr.	*Mich. Gebhard.*
Gebrüder Giulini	Chemische Fabrik	*Dr. Lorenz Giulini. Georg Hirschel* **P.**
C. v. Göhl	Agenturen, Specerei- und Speditionsgeschäft	*Conrad v. Göhl.*
Julius Goldschmitt	Weinhandlung u. Agentur.	*Julius Goldschmitt.*
Clemens Grohe	Com. u. Sped., Hauptagent. der niederländisch. Dampfschiffrhederei	*Clemens Grohe.*

Max Hauck	Specerei- u. Tabakhandlung, Agentur der Feuer- und Lebensversicherungsg. für Deutschland in Gotha	*Max Hauck.*
Dr. Ph. J. Hainz	Apotheke	*Dr. Philipp Jacob Hainz.*
Jean Hofmann	Agentur-, Commissions- und Incassogesch., Vermiethungs- u. Anfragecomptoir	*Jean Hofmann.*
M. Hohmann	Specereiwaaren	*Mayer Hohmann.*
Carl Huss	Sped., Com. u. Incasso	*Julius Huss.*
Carl Jacob	Lederhandlung	*Carl Jacob.*
D. Johann	Agentur- u. Commissionsg.	*Daniel Johann.*
L. Joseph	Weinhandlung	*Leopold Joseph.*
Katz & Klumpp ZN. [HN. in Gernsbach]	Holzhandlung	*Casimir Katz. Gottlieb Klumpp.*
F. Kaufmann	Com. u. Sped.	*Johann Friedrich Kaufmann. Joh. Necker* **P.**
Nathan Kaufmann	Commissionsgeschäft	*Nathan Kaufmann.*
Hch. Kinzel	Lederhandlung	*Heinrich Kinzel.*
Ed König	Fabrik künstl. Mineralw.	*Eduard König.*
Königl. Bayr. Actiengesellschaft der Pfälzischen Nordbahnen	Eisenbahngesellschaft	*Den Vorstand bilden: Albert von Jäger, Director. Eugen Mündler, stellvertr. Director.*
Königl. Bayer. Filialbank Ludwigshafen ZN. [HN. Nürnberg]	Bankgeschäft	*Der bayer. Staat. Vorstand und Disponent im kaufmännischen Verkehre ist der k.*

Bankoberbeamte Carl Voltz. Cassier ist Julius Feiler und Buchhalter Rudolph Josef Zürn. Die Firma wird durch den k. Bankoberb., in dessen Verhinderung durch den Cassier oder Buchh. (unter Beidrückung des Siegels) gezeichnet. Alle Schuldscheine und Banknoten, sowohl bei Privatanlagen als auch bei Depositen müssen nebst dem Banksiegel noch mit vier Unterschriften versehen sein, nämlich derjenigen des k. Bankdirectors, des k. Banquiers, des k. Bankoberbeamten und des k. Cassiers.

Kuhn & Adler	Kunstwollfabrik	*Saloma Kuhn, Adler.*
Bernhard Krämer	Getreidehandel	*Bernhard Krämer.*
Lamarche & Schwarz ZN. [HN. St. Ingbert]	Steinkohlenhandlung	*Peter Lamarche. Carl Lamarche. Theodor Lamarche. Franz Jacob Schwarz. Jacob Schwarz. Franz Schwarz. Ernst Rösler* **P.**
S. Lederle HN. [ZN. Mannheim & Mainz]	Com., Sped., Landesprod. u. Agenturengeschäft	*Sebastian Lederle. Albert Lederle.*
S. Lederle & Cie.	Dampfschleppschiffahrtsg.	*Eduard Parit. Gerhard Krausen. Sebastian Lederle. Adolph Würth.*
S. Lederle Pfälzische Provincialbank (Commanditgesell.	Bankgeschäft	*Sebastian Lederle. (Persönl. haft. Gesellschafter) H. Mammelsdorf* **P.**
Michel, Lederle & Cie.	Düngerfabrik	*Dr. Ferd. Reinhardt Michel. C. F. Löhmer* **P.**
Fr. Lichtenberger & Weiner	Weinhandlung	*Jona Adler. Friedrich Lichtenberger. Christ. Weiner.*
Lippmann & Birnbaum	Materialw. en gros	*Max Lippmann. Franz Philipp Birnbaum.*
Carl Ludowici	Formziegel u. Thonwaarenf.	*Carl Ludowici.*
Ludwigshafener Guanolager Gesellschaft	Guanolager	*Karl Betz. Carl v. Toussaint*
Ludwigshafener Actienbrauerei	Bierbrauerei	*Den Vorstand der Gesellschaft bilden: Georg Jacob Stockinger. Paul Giulini. Jacob Götz. Friedrich Hetzel. Johann Baur. Geschäftsleitender Director Carl Maas.*
Heinrich Merkel	Specereiwaaren	*Heinrich Merkel.*
Franz von Mörs	Holz- u. Ruhrkohlenh.	*Franz von Mörs.*
Wolf Netter	Eisen-, Metall- u. Bergproductenhandlung	*Samuel Netter. Joseph Netter. Jacob Netter. Hermann Netter.*
Gebr. Neuberger	Hopfenhandlung	*Marx Neuberger. Joseph Neuberger.*
D. Neuschäfer	Essigfabrik	*Daniel Neuschäfer.*
E. R. Pfaff	Spec.- u. Ellenwaaren	*Eduard Robert Pfaff.*
Pfälzische Maximiliansbahn	Eisenbahngesellschaft	*Albert von Jäger, Director. Eugen Mündler, stellvertr. Director.*
Pfälzische Ludwigsbahn	Eisenbahngesellschaft	*Albert v. Jäger, Director. Eugen Mündler, stellvertr. Director.*
Raab Karsch & Cie. ZN. [HN. Kaiserslautern, weitere **ZN.** Frankenthal, Landstuhl, Dürkheim, Schopp, Maximiliansau, Bexbach].	Steinkohlen- u. Coakshandl., Pulverfabrik	*Wilhelm Raab. Jacob Raab. Ernst Huber. Eduard Karsch. Lisette Heuschkel. Carl Heinrich Karcher. August Karcher*

Fl. Rohrbach	Cigarren- u. Schreibmaterh.	*Florian Rohrbach.*
W. Ruclius	Glas- u. Porcellanwaaren u. Cigarren	*Wilhelm Ruclius.*
Ruth & Brubacher	Colonial- u. Materialw. und Spirituosen	*Heinrich Ruth. Daniel Brubacher.*
Schlink & Rutsch	Oel- u. Futtermehlfabrik	*Dr. Heinrich Schlink. Alexis Rutsch.*
Conrad Schmitt	Schuhwaarenlager	*Conrad Schmitt.*
Schmidborn & Cie.	Steinkohlenhandlung, Roh- u. Stabeisen	*Carl Schmidborn. Theodor Röchling. Carl Röchling. Friedrich Röchling. Ernst Röchling. Engelbert Klingenburg. Carl Fecht* P.
Gustav Schneider	Spec.-, Kurz- und Schuhw., Delicatessenhandlung	*Gustav Schneider.*
Ph. Schüle	Mehlhandlung	*Johann Philipp Schüle.*
Carl Schwinn	Sped.- u. Agenturengesch.	*Carl Schwinn.*
Carl Steingräber	Buchbinderei, Schreibmaterh. u. Comptoirbücherfabr.	*Carl Steingräber.*
B. & K. Steyer	Modegeschäft	*Bina Steyer. Katharina Steyer.*
Susmann & Kuhn	Landesprod.- u. Commissionsgeschäft	*Aron Susmann. Abraham Kuhn.*
Vereinigte Rheinische Wasserglasfabriken	Wasserglasfabrik	*Vincenz v. Bärle. Heinrich Pfropfe. Clemens Trumpler* P. *Wilhelm Gründler* P.
Volksbank Ludwigshafen am Rhein [Eingetragene Genossenschaft]	Bankgeschäft	*Den Vorstand bilden: C. Esswein, Director. Franz Ph. Biernbaum, Stellvertreter. D. Johann, Cassier. Frz. Zängler, Controleur. Zur giltigen Zeichnung ist die Unterschrift zweier Vorstandsmitglieder nöthig.*
Waggonfabrik Ludwigshafen	Waggonfabrik	*A. Vorstandsmitglieder: Georg Rittner, Vorsitzender. Ferd. Jordan. Samuel Nöther. Julius Dingler. Adolph Schwinn. B. Ersatzmänner: Gustav Krämer. Ludwig Frh. v. Gienanth. Ferdinand Scipio. Technische Directoren: Rudolph Schmitt. G. Rittner und kaufmännischer Director, der die Firma ebenfalls zeichnet. »Waggonfabrik Ludwigshafen« Adolph Jacquet.*
Weingart & Kaufmann	Landesproducten- und Oelkuchenhandlung en gros	*Baudoix Kaufmann. Bernhard Weingart.*
Ph. Wilde	Specereiwaaren	*Philipp Wilde.*
J. Wolff & Cie.	Colonialwaaren en gros	*Isaak Wolff. Jacob Wolff.*
Würth & Hauck	Kohlen- u. Coakshandl.	*August Würth. Max Hauck.*
Gebr. Zaiser	Holz- u. Kohlenhandlung	*Julius Zaiser. Christ. Siegel.*
August Zechbauer	Holzhandlung	*August Zechbauer. Saladie Zechbauer* P.

Ludwigshöhe. LG. Lauf. BG. u. HG. Nürnberg. **Advokaten**: s. Nürnberg. **Notar**: s. Lauf.

G. Zechmeyer	Handlung	*G. Zechmeyer.*

Ludwigstadt. 1420 Einwohner. LG. Ludwigsstadt. BG. Kronach. HG. Bamberg.
Advokaten: s. Kronach. **Notar**: E. Bermuth.

A. Bergner	Eisen- u. Specereihandl.	*Armin Bergner.*
Andreas Eichhorn	Galanteriewaarenhandlung	*Andreas Eichhorn.*
Heinrich Heinz	Handlung	*Heinrich Heinz.*
Emil Leube	Apotheke	*Emil Leube.*
Wilhelm Rall		*Wilhelm Rall.*
Wilh. Reinwald	Wollspinnerei	*Wilhelm Reinwald.*
Wilh. Reinwald & Söhne in Ludwigstadt	Spec.- u. Schiefertafelh.	*Wilhelm Reinwald. Heinrich Reinwald. Julius Reinwald. Die Gesellschaftsvertretung wird in Gemeinschaft ausgeübt.*
Herwart Unbehaun	Färberei- u. Schnittwaarenh.	*Herwart Unbehaun.*
Vorschussverein zu Ludwigst. Eingetr. Genossenschaft	Gewähr. verzinslicher Vorschüsse an die Mitglied.	*Der Vorstand der Genossenschaft besteht aus folgenden Mitgliedern: Emil Selling, Director. Carl May, Buchhalter. Christian Stauch, Cassier. Otto Dietz, Ersatzmann. Die Zeichnung geschieht in der Weise, dass zwei Mitglieder des Vorstandes der Firma ihre Namen beisetzen.*

Ludwigsthaler Glashütte. LG. Pirmasens. BG. u. HG. Zweibrücken.
Advokaten: s. Zweibrücken. **Notar**: s. Pirmasens.

Licht, Wahl & Schmitt	Uhrengläserfabrik	*Philipp Licht. Friedrich Wahl. Philipp Schmitt.*
Stengel & Greiner	Glasfabrik	*Heinrich Stengel. Peter Greiner. Ludwig Greiner.*
Theobald et Compagnie		*Christian Theobald. Friedrich Theobald. Friedrich Wahl. Philipp Schmidt. Nur die beiden Ersten sind zur Firmenzeichnung berechtigt.*

Ludwigsthal. LG. Regen. BG. Deggendorf. HG. Passau.
Advokaten: s. Deggendorf. **Notar**: s. Regen.

J. Pauli	Glasfabrik	*Josef Pauli.*

Ludwigswinkel. 390 Einwohner. LG. Dahn. BG. u. HG. Zweibrücken.
Advokaten: s. Zweibrücken. **Notar**: s. Dahn.

J. Kutscher	Handlung	*Johannes Kutscher.*
Fried. Wanzel [Rösselsbronnerhof]	Handlung	*Friedrich Wanzel.*

Lülsfeld. LG. Gerolzhofen. BG. Neustadt a. S. HG. Schweinfurt.
Advokaten: s. Neustadt a. S. **Notar**: s. Gerolzhofen.

B. Bernath	Spec.-, Schnitt- u. Kurzwh.	*Berlein Bernath.*

Luhe. LG. u. BG. Weiden. HG. Amberg. **Advokaten** u. **Notare**: s. Weiden.

Seb. Enders	Krämerei	*Sebastian Enders.*

Luisenfels. LG. Regen. BG. Deggendorf. HG. Passau. **Advokaten**: s. Deggendorf. **Notar**: s. Regen.

J. Wildberger	Holzstoff- u. Pappenfabrik	*Dr. Johannes Wildberger.*

Luppburg. LG. Parsberg. BG. u. HG. Amberg. **Advokaten**: s. Amberg. **Notar**: s. Parsberg.

Maria Flierl	Spec.- u. Schnittwaaren	*Maria Flierl.*

Mackenbach. 846 Einwohner. LG. Landstuhl. BG. u. HG. Zweibrücken.
Advokaten: s. Zweibrücken. **Notar**: s. Landstuhl.

Peter Kühlwetter	Specereihandlung	*Peter Kühlwetter.*
J. Rothenbusch	Specerei- u. Kurzwh.	*Rothenbusch.*
Valentin Schmitt	Specereihandlung	*Valentin Schmitt.*

Märzisried. LG., BG. u. HG. Kempten. **Advokaten** u. **Notare**: s. Kempten.

A. Seif	Eisengiessereifabrik	*Anton Seif.*

Maikammer. 2324 Einwohner. LG. Edenkoben. BG. u. HG. Landau.
Advokaten: s. Landau. **Notar**: s. Edenkoben.

Jacob Bleuter	Fabrik verzinnter Eisenw.	*Jacob Bleuter.*
Jacob Mayer	Branntweinhandlung	*Jacob Mayer.*
Salomon Mayer	Weinhandlung	*Salomon Mayer.*
N. Müller	Branntwein- u. Essigfabr.	*Nicolaus Müller.*
Nicolaus Platz II	Weinhandlung	*Nicolaus Platz II.*
Peter Schmitt	Weinhandlung	*Peter Schmitt.*
Wendelin Schmitt	Weinhandlung	*Wendelin Schmitt.*
Gebrüder Ullrich	Eisenh. u. verz. Eisenw.	*Anton Ullrich. Franz Ullrich.*
Joseph Weisbrod	Mühle	*Joseph Weisbrod.*
Johann Ziegler	Weinhandlung	*Johann Ziegler.*

Mainberg. LG., BG. u. HG. Schweinfurt. **Advokaten** u. **Notare**: s. Schweinfurt.

Wm. Sattler sen.	Tapetenfabrik	*Jens Sattler u. Christian Wilhelm Sattler.*

Mainbernheim. 1389 Einwohner. LG. Kitzingen. BG. u. HG. Würzburg.
Advokaten: s. Würzburg. **Notar**: s. Kitzingen.

S. Charon	Weinhandlung	*Samson Charon.*
Manuel J. Kohn	Siegellackfabrik	*Manuel Isaak Kohn.*
J. Liebenstein	Weinhandlung	*Isaak Liebenstein.*
C. Luchs	Apotheke	*Carl Luchs.*
J. Nürnberger	Weinhandlung	*Joseph Nürnberger.*
Carl Schmidt	Porzellanwaarenhandlung	*Georg Carl Schmidt.*
L. Schönfärber	Galanterie- u. Schnittwhdl.	*Löb Schönfärber.*
Ernst Simon	Lichter- u. Seifenfabrik	*Ernst Simon.*
C. A. Späth	Cigarrenfabrik	*Carl August Späth.*
Ernst Stockheim	Weinhandlung	*Max Stockheim. Heinrich Stockheim.*
Friedr. Bernh. Zang	Specereiwaarenhandlung	*Friedrich Bernhard Zang.*

Mainburg. 1391 Einwohner. LG. Mainburg. BG. u. HG. Landshut.
Advokaten: s. Landshut. **Notar**: Rupert Spitzl in Mainburg.

J. Blickenberger	Gemischte Waaren	*Joseph Blickenberger.*
J. Dallmayer	Gemischte Waaren	*Ignaz Dallmayer.*
M. Hällmayer	Gemischte Waaren	*Michael Hällmayer.*
J. Riegele	Gemischte Waaren	*Babette Riegele.*

Maineck. 423 Einwohner. LG. Weismain. BG. Kronach. HG. Bamberg.
Advokaten: s. Kronach. **Notar**: s. Weismain.

Jos. Triest HN. [ZN. Altenkunstadt]	Rauhwaarenhdlg.	*Joseph Triest. Ferdinand Triest P.*
Chr. Jahn	Specerei-, Eisen- u. Schnittwaarenhandlung	*Christoph Jahn.*

Mainklein. LG. Weismain. BG. Kronach. HG. Bamberg.
Advokaten: s. Kronach. **Notar**: s. Weismain.

Joh. Deimel	Specerei- u. Eisenhdlg.	*Johann Deimel.*

Mainleus. 389 Einwohner. LG. Culmbach. BG. u. HG. Bayreuth.
Advokaten: s. Bayreuth. **Notar**: s. Culmbach.

Joh. Eber	Handlung	*Johann Eber.*
Johann Friedrich Wagner	Holzhandlung	*Johann Friedrich Wagner. Johann Conrad Wagner.*

Mainstockheim. 1287 Einwohner. LG. Dettelbach. BG. u. HG. Würzburg.
Advokaten: s. Würzburg. **Notar**: s. Dettelbach.

Friedrich Brückner	Weinhandlung	*Friedrich Brückner.*
J. Feldhahn	Weinhandlung	*Isaak Feldhahn. Hermann Feldhahn* P.
L. Feldhahn	Weinhandlung	*Ludwig Feldhahn. Isaak Feldhahn* P.
S. Friedmann	Weinhandlung	*Samuel Friedmann.*
G. A. Hübscher	Specereiwaaren	*Georg Andreas Hübscher.*
Eduard Hummel	Specereigesch. u. Fabrication landwschaftl. Maschinen	*Eduard Hummel.*
Leon Lehmann	Weinhandlung	*Leon Lehmann.*
Jean Leybach	Weinhandlung	*Johann Leybach. Joh. Christian Leybach* P.
B. Müller	Weinhandlung	*Bernhard Müller.*
Georg Rasp	Weinhdlg. u. Landesprod.	*Georg Rasp.*
Carl Wilhelm Röder	Weinhandlung	*Georg Michael Röder. Wilhelm Röder.*
Wolf Rothstein	Eisenhandlung	*Wolf Rothstein.*
Leser Scheid	Schnittwaarenhandlung	*Leser Scheid.*
P. Schneider	Weinhandlung	*Wilhelm Schneider. Michael Schneider.*
Th. Serger	Apotheke	*Theodor Serger.*
M. Ullmann		*Maier Ullmann.*

Maisach. LG. Bruck. BG. u. HG. München r. J.
Advokaten: s. München l. I. **Notar**: s. Bruck.

Joseph Schropp	Krämerei	*Joseph Schropp.*

Malching. LG. Rotthalmünster. BG. Pfarrkirchen. HG. Passau.
Advokaten: s. Pfarrkirchen. **Notar**: s. Rotthalmünster.

Josef Edenhofer	Handlung	*Josef Edenhofer.*

Malgersdorf. LG. Arnsdorf. BG. Pfarrkirchen. HG. Passau.
Advokaten: s. Pfarrkirchen. **Notar**: s. Arnsdorf.

Joseph Bergmaier	Krämerei	*Josef Bergmaier.*

Mallersdorf. 640 Einwohner. LG. Mallersdorf. BG. Straubing. HG. Landshut.
Advokaten: s. Straubing. **Notar**: C. Hofmann.

G. M. Weingärtner	Spec.-, Ellen-, Eisen- und Wachswaaren u. Fragnerei	*Georg Michael Weingärtner.*

Mantl. LG. u. BG. Weiden. HG. Amberg. **Advokaten** u. **Notare**: s. Weiden.

J. Hoffmann	Specerei- u. Schnittwaaren	*Joseph Hoffmann.*

Margetshöchheim. LG. Würzburg l. M. BG. u. HG. Würzburg.
Advokaten u. **Notare**: s. Würzburg.

M. J. Gehrig	Specereiwaaren	*Michael Josef Gehrig.*

Maria Rhein. LG., BG. u. HG. Kempten. **Advokaten** u. **Notare**: s. Kempten.

Clemens Riefler	Mechaniker	*Clemens Riefler.*

Marienthal. LG. u. BG. Deggendorf. HG. Passau. **Advokaten** u. **Notare**: s. Deggendorf.

Josef Kandler	Papierfabrik	*Josef Kandler.*

Marienthal. 483 Einwohner. LG. Rockenhausen. BG. u. HG. Kaiserslautern.
Advokaten: s. Kaiserslautern. **Notar**: s. Rockenhausen.

Berg Abraham	Handlung	*Abraham Berg.*
Dreifuss Abr.	Handlung	*Abraham Dreifuss. Moritz Dreifuss* P.
Dreifuss H.	Handlung	*Heinrich Dreifuss. Wilhelm Dreifuss* P.
Schwarz David	Handlung	*David Schwarz.*
Schwarz Jacob	Handlung	*Jacob Schwarz.*

Marklkofen. LG. Dingolfing. BG. u. HG. Landshut. **Advokaten**: s. Landshut. **Notar**: s. Dingolfing.

Joh. Nep. Harder	Specereiwaaren	*Johann Nepomuck Harder.*

Marktbreit. 2158 Einwohner. LG. Marktbreit. BG. u. HG. Würzburg.
Advokaten: s. Würzburg. **Notare**: E. Alzheimer.

H. B. Altmann	Weinhandlung	*Salomon Schild.*
J. Astruck	Seilerwaarenfabrik	*Julius Astruck.*
Joahim Beer seel. Sohn		*Regine Astruck.*
Th. Ebert	Seiler- u. Fettwaaren	*Michael Ebert.*
Joh. Christian Fischer	Weinhandlung	*Johann Gottlob Kluge. Christ. Ernst Fischer.*
Fischer & Kluge HN. [ZN. Pappenheim]	Lithographiestein- u. Bodenplattengeschäft	*Johann Gottlob Kluge. Christ. Ernst Fischer. Gotthelfs Pressl* P.

Fr. Fleischmann	Eisen-, Blech- und Metallwaaren en gros	*Georg Friedrich Fleischmann. August Fleischmann. Oscar Fleischmann.*
Conrad Frey	Bierbrauerei	*Conrad Frey.*
Carl Gärtner	Conditorei- u. Specereiw.	*Carl Gärtner.*
G. C. Gärtner	Specereiwaaren	*Georg Caspar Gärtner. Julius Gärtner* **P.**
Georg Günther	Colonialwaaren en gros u. Farbholzmühle	*Johann Jacob Heinrich Strelin. Georg Wilhelm Ernst Strelin.*
S. Hamburger	Weinhandlung	*Samuel Hamburger.*
A. Hartmann		*Achatius Hartmann.*
J. F. Hartmann	Commission, Spedition und Agenturen	*Julius Hartmann. Adolph Hartmann* **P**
B. Herzfelder	Ellenwaaren	*Bernhard Herzfelder.*
I. Herzfelder	Ellenwaaren	*Isaac Herzfelder.*
Wilhelm Hofmeister Apotheker	Apotheke	*Wilhelm Hofmeister.*
Heinrich Hummel		*Sophie Hummel. Emma Bauer. Wilhelm Schleussner* **A.**
Heinrich Krauss	Specereiwaaren	*Heinrich Krauss.*
Gg. Ch. Kreglinger	Goldwaaren	*Georg Christian Kreglinger.*
Bernhard Kühorn	Weinhandlung	*Bernhard Kühorn.*
B. Kürzinger	Weinhandlung	*B. Kürzinger.*
Carl Lehmann	Weinhandlung	*Carl Lehmann.*
Gg. Lhd. Lenz	Landesproduktenhdlg.	*Georg Leonhard Lenz.*
E. Mosbacher	Weinhandlung	*Elias Mosbacher.*
Michel Mosbacher	Weinhandlung	*Michael Mosbacher.*
Max Neumann	Weinhandlung	*Max Neumann.*
S. Rosenfeld	Weinhandlung	*Samuel Rosenfeld. Elias Mosbacher* **P.**
Chr. Rupprecht		*Christian Rupprecht.*
L. Schäfer	Weinhandlung	*Lazarus Schäfer.*
Sigmund Schloss	Weinhandlung	*Rosalie Schloss Wwe.*
L. A. Schwab	Weinhandlung	*Heinemann Schwab.*
N. Stahl	Weinhandlung	*Nathan Stahl.*
E. A. Tauber		*Wilhelm Tauber.*
Wm. Tauber'sche Kunstmühle	Kunstmühle	*Wilhelm Tauber. Eduard Tauber* **P.**
Verwaltung der Oelmühle bei Ochsenfurt	Oelmühle	*Sophie Hummel. Emma Bauer. Wilhelm Schleussner* **A.** *Eduard Oertel* **P.**
Carl Wirthmann	Effecteng., Com., Incasso	*Karl Wirthmann.*

Markt-Graitz. LG. Lichtenfels. BG. Kronach. HG. Bamberg.

Advokaten: s. Kronach. **Notar** s. Lichtenfels.

Lorenz Deimel	Handlung	*Lorenz Deimel.*
C. Stubenvoll	Handlung	*Conrad Stubenvoll.*

Marktheidenfeld. 1941 Einwohner. LG. Marktheidenfeld. BG. Lohr. HG. Würzburg.

Advokaten: s. Lohr. **Notar:** Math. Diener.

Bernh. Flasch	Spec.- u. Eisenwaarenh.	*Bernhard Flasch.*
Jos. Flasch	Wein-, Specerei- u. Schnittwaarenhandlung	*Joseph Flasch.*
F. Fessel	Apotheke	*Franz Fessel.*
Gg. Grön		*Georg Grön.*
Gg. Kunkel	Specerei- u. Schnittwaarenh.	*Georg Kunkel.*
Frz. Leininger	Specerei-, Eisen-, Glas- und Porcellanwaarenhandl.	*Georg Michael Orth.*
G. M. Orth	Wasserglasfabrik	*Georg Michael Orth.*
Jos. Andr. Ruppert	Spec.-, Eisen-, Kurz- und Wachswaarenhandl.	*Joseph Andreas Ruppert.*
Joh. Leonh. Steinam	Spec.- u. Schnittwaarenh.	*Heinrich Wirsching.*

Marktleuthen. 1300 Einwohner. LG Kirchenlamitz. BG. u. HG. Hof

Advokaten: s. Hof **Notar:** s. Kirchenlamitz.

Carl Bauer	Specereiwaarenhandlung	*Karl Ferdinand Bauer.*
Andr. Benker	Eisenhandlung	*Andreas Benker.*
J. Goldschadt	Schnittwaaren u. Weberei	*Nicolaus Jacob Goldschadt.*
Heinr. Hutzler		*Heinrich Hutzler.*
Ernst Köppel	Specereiw.-, Garn-, Lumpen-, Knochen- u. Getreideh.	*Johann Christoph Ernst Köppel.*
Philipp Vogel	Handlung	*Johann Philipp Vogel.*

Marktsteft. 1215 Einwohner. LG. Kitzingen. BG. u. HG. Würzburg.

Advokaten s. Würzburg. **Notar:** s. Kitzingen.

Martin Bach	Essigfabrik	*Martin Valentin Bach.*
Matthäus Beuschel	Cigarren- u. Tabakhandl.	*Mathäus Beuschel.*

J. Böhr & Sohn	Weinhandlung	*Joseph Böhr.*
C. F. Emmert	Specereiwaarenhandl.	*Christoph Friedrich Emmert.*
Josef Fellner	Wein, Spirit. u. Cigarrenh.	*Josef Fellner*
Fr. Freytag & Co.	Weinhandl. u. Schaumweinf.	*Konrad Friedrich Freytag. August Seitz.*
Gebrüder Freytag	Landesproductenhdl.	*Conrad Friedrich Freytag. Johann Carl Freytag sen.*
Joh. Martin Kesselring	Weinhandlung	*Johann Martin Kesselring.*
Theobald Lammet	Weinessigfabrik	*Hermann Theobald Eduard Lammet.*
Georg Ludwig Lampert & Sohn	Colonial- u. Landesprodh.	*Franz Börger. Ernst Carl Phil. Börger* P.
Lorenz Lehmann	Weinhandlung	*Lorenz Lehmann.*
Ernst Mümpfer		*Ernst Christoph Mümpfer.*
Leonhard Orth	Landesproductenhandlung	*Johann Leonhard Orth.*
Heinrich Ott	Landesproductenhandlung	*Johann Heinrich Ott.*
Lazarus Rosenstein	Schnittwaarenhandlung	*Lazarus Rosenstein.*
Martin Schwab Wwe.	Landesproductenhandlung	*Maria Rosina Schwab.*
Andreas Speier	Landesproductenhandlung	*Georg Andreas Speier.*
Joh. Speier	Essigfabrik u. Weinh.	*Johann Speier.*
J. Unrein	Apotheke	*Julius Unrein.*

Markt-Zeuln. LG. Lichtenfels. BG. Kronach. HG. Bamberg.
Advokaten: s. Kronach. **Notar:** s. Lichtenfels.

J. Hoffmann	Weinhändler	*Jacob Hoffmann.*
J. B. Osta	Kurz- u. Schnittwh., Colon. en gros u. en detail, Landesprod. u. Safran-Mühle	*Georg Osta.*
L. Partheymüller	Handlung	*Leonhardt Partheymüller.*
Otto Schmid	Apotheke	*Otto Schmid.*

Marnheim. 1006 Einwohner. LG. Kirchheimbolanden. BG. u. HG. Kaiserslautern.
Advokaten: s. Kaiserslautern. **Notar** s. Kirchheimbolanden.

Anhäuser P.	Handelsmühle	*Peter Anhäuser.*
Baab D. [Rindenmühle]	Handelsmühle	*Daniel Baab.*
Berg	Handelsmühle	*Carl Berg.*
Bloch Adam	Handlung	*Adam Bloch*
Decker D.	Handlung	*Daniel Decker.*
Decker Isaac	Handlung	*Isaac Decker.*
Decker Joseph Wwe.	Handlung	*Caroline Steinfeld.*
Decker Lazarus	Handlung	*Lazarus Decker*
Adolf Fleischmann	Cigarren- u. Schreibmaterh.	*Adolph Fleischmann.*
Limbacher Jacob [Steinmühle]	Getreide- u. Handelsmühle	*Jacob Limbacher.*

Maroldsweisach. 584 Einwohner. LG. Ebern. BG. u. HG. Schweinfurt.
Advokaten s. Schweinfurt. **Notar**: s. Ebern.

Fried. Lud. Mayer	Specereiwaaren	*Friedrich Ludwig Mayer.*
Moritz Schloss	Specereiwaaren	*Moritz Schloss.*
Julius Stern	Specereiwaaren	*Julius Stern*
Joh. Heinrich Walss	Specereiwaaren	*Johann Heinrich Walss.*

St. Martin. LG. Edenkoben. BG. u. HG. Landau. **Advokaten** u **Notare** s. Edenkoben.

Jacob Gienandt	Waffenschmiede	*Jacob Gienandt.*

Martinlamitz. LG. Rehau. BG. u. HG. Hof. **Advokaten** s. Hof **Notar:** s. Rehau.

Anspach, Förderreuther & Cie. ZN. [HH. Nürnberg]	Betrieb eines Hochofens u. einer Eisengiesserei nebst Eisenhandlung	*Johannes Andreas Förderreuther. Heinrich Anspach.*

Maßbach. 1223 Einwohner LG. Münnerstadt. BG. Neustadt a. S. HG. Schweinfurt
Advokaten: s. Neustadt a. S. **Notar**: s. Münnerstadt.

L. H. Fränkel	Specereiwaaren	*Lazarus H. Fränkel.*
Aron Frank	Leder- u. Landesprodh.	*Aron Frank.*
Leo Katzenberger	Specereiwaaren	*Leo Katzenberger.*
Aaron Mars	Specereiwaaren	*Aaron Mars.*
Sussmann Sussmann	Schnittwaaren	*Sussmann Sussmann.*

Massing. 582 Einwohner. LG. u. BG. Pfarrkirchen. HG. Passau. **Advokaten** u. **Notare:** s. Pfarrkirchen.

J. Georg Lipf	Specerei- u. Schnittwaaren	*Joh. Georg Lipf.*

Maßweiler. LG., BG. u. HG. Zweibrücken. **Advokaten** u. **Notare:** s. Zweibrücken.

Adam Bauer	Specereihandlung	*Adam Bauer.*

Matzenbach. 162 Einwohner. LG. Landstuhl. BG. u HG. Zweibrücken.
Advokaten: s. Zweibrücken. **Notar:** s. Landstuhl.

Peter Leppla	Handelsmühle	*Peter Leppla.*
P. Leppla & Cie, HN. [ZN. Altenglan Bruchmühlbach]	Mahlmühle	*Franz Leppla. Jacob Leppla. Peter Leppla. Carl Leppla.*

Maubach. LG. Ludwigshafen. BG. u. HG. Frankenthal. **Advokaten**: s. Frankenthal. **Notar**: s. Ludwigshafen.

Conrad Rodenhäuser	Krämerei	*Conrad Rodenhäuser.*

Mauerstetten. LG. Kaufbeuern. BG. u. HG. Kempten.
Advokaten: s. Kempten. **Notar**: s. Kaufbeuern.

Johann Bracht	Specereiwaarenhandl.	*Johann Bracht.*

Mauschbach. LG. Hornbach. BG. u. HG. Zweibrücken. **Advokaten**: s. Zweibrücken. **Notar**: s. Hornbach.

Georg Joas Wb.	Handlung	*Susanna Weber. Jacob Joas.*

Maxdorf. LG., BG. u. HG. Frankenthal. **Advokaten** u. **Notare**: s. Frankenthal.

Johs. Grübel	Ziegelf. u. Waldsamenh.	*Johannes Grübel.*
Joh. Leonhardt	Steinkohlen- u. Lumpenh.	*Johann Leonhardt.*

Maxhütte. LG. Burglengenfeld. BG. u. HG. Regensburg.
Advokaten: s. Regensburg. **Notar**: s. Burglengenfeld.

A. Streitl	Handlung	*Anton Streitl.*

Maximiliansau. (Gmde Pfortz.) 112 Einwohner. LG. Kandel. BG. u. HG. Landau.
Advokaten s. Landau. **Notar**: s. Kandel.

Gebrüder Gehrlein	Holzh. u. Dampfsägmühle	*Jacob Gehrlein jun. Nicolaus Gehrlein.*
Kausch-Klein & Cie.	Handlung	*Jacob Kausch. Carl Klein. Eduard Kolitz.*
Raab, Karsch & Co. ZN. [HN. Kaiserslautern & ZN. Ludwigshafen, Landstuhl, Bexbach, Frankenthal, Dürkheim, Schopp].	Kohlen- u. Coakshandl.	*Jacob Raab. Wilhelm Raab. Ernst Huber. Lisette Heuschkel. Eduard Karsch. Karl Heinrich Karcher. August Karcher.*

Max-Joseph-Thal. LG. Haag. BG. Traunstein. HG. München r. J.
Advokaten: s. Traunstein. **Notar** s. Haag.

Joseph Oppenrieder	Eisen- u. Waffenhammerw.	*Joseph Oppenrieder.*

Mechtersheim. LG. Speyer. BG. u. HG. Frankenthal. **Advokaten**: s. Frankenthal. **Notar**: s. Speyer.

Gottfried Gund	Specereiwaarenh.	*Gottfried Gund.*

Meckenheim. 1933 Einwohner. LG. Neustadt a. H. BG. u. HG. Frankenthal.
Advokaten: s. Frankenthal. **Notar**: s. Neustadt a. H.

Ph. Daab	Spec.- u. Ellenwaaren	*Philipp Daab.*
Joh. Goger	Holzhandel	*Johann Goger.*
Wilhelm Götz	Getreide- u. Viehhandel	*Wilhelm Götz.*
Joh. Philipp Herzberger	Spec.- u. Ellenwaaren	*Johann Philipp Herzberger.*
Joh. Horr I		*Johannes Horr I.*
Joh. Horr I. & Ferdinand Feiss	Oelkuchenhandlung	*Johannes Horr I. Ferdinand Feiss.*
Leonhard Horr		*Leonhard Horr.*
Johann Philipp Langfinger	Ziegelei	*Johann Philipp Langfinger.*
Ph. Jb. Seiberth	Specereiwaaren	*Philipp Jacob Seiberth.*
Abraham Weil Wb.	Frucht- u. Viehhandel	*Barbara Reiss.*
Jacob Weil	Getreide- u. Viehhandel	*Jacob Weil.*
Johannes Zitt	Getreide- u. Viehhandel	*Johannes Zitt.*

Medelsheim. 542 Einwohner. LG. Hornbach. BG. u. HG. Zweibrücken.
Advokaten. s. Zweibrücken. **Notar**: s. Hornbach.

Carl Rössler	Specereihandlung	*Karl Rössler.*
Wittwe Schneider	Specereihandlung	*Katharina Schneider.*
J. P. Wack	Bierbrauerei	*J. P. Wack.*
Peter Zeh	Specereiwaaren	*Peter Zeh.*

Mehlmeisl. 500 Einwohner. LG. Kemnath. BG. Weiden. HG. Amberg.
Advokaten: s. Weiden. **Notar**: s. Kemnath.

Michael Völkl	Specereiwaaren	*Michael Völkl.*
Michael Voit	Specereiwaaren	*Michael Voit.*

Meitingen. 270 Einwohner. LG. Wertingen. BG. u. HG. Augsburg.
Advokaten: s. Augsburg. **Notar**: s. Wertingen.

GussstahlfabrikvonGeorgBerchtold	Gussstahlfabrik	*Georg Berchtold.*

Mellrichstadt. 1921 Einwohner. LG. Mellrichstadt. BG. Neustadt a. S. HG. Schweinfurt.
Advokaten: s. Neustadt a. S. **Notar**. B. Langenbrunner.

Consum-Verein Mellrichstadt. registrirte Gesellschaft mit beschränkter Haftpflicht.	Beschaffung von Consumtibilien für die Mitglieder	*Den Vorstand bilden: Alois Theodor Trauschel, Director. Peter Maisch Lagerhalter. Frz. Rauch, Controleur. Die Firma zeichnet der Director, in dessen Verhinderung der Controleur mit Beidrückung des Vereinssiegels.*

Credit- & Vorschussverein in Mellrichstadt. Eingetragene Genossenschaft.	Gewährung von Crediten an die Mitglieder	*Den Vorstand bilden: Heinrich Reder, Director. Carl Stern, Cassier. Gustav Will, Controleur.*
Carl Ernst	Eisenwaaren	*Carl Ernst.*
H. J. Ernst	Specerei- und Eisenwaaren	*Heinrich Jacob Ernst.*
Max Goldberg	Spec.- u. Farbw. u. Getreideh.	*Max Goldberg.*
Herz Heinemann	Schnittwaaren	*Herz Heinemann.*
Josef Jäger	Spec.-, Farb-, Galanterie- u. Glaswaaren	*Josef Jäger.*
H. Lommelaars & Comp.		*Heinrich Premer. Johann Lommelaars.*
Isaac Mantel	Schnittwaaren u. Tuchfabr.	*Isaac Mantel.*
N. Morelli	Specereiwaaren	*Nicolaus Morelli.*
Korbflechterei von Graf Julius v. Soden & Comp. ZN. [HN. Neustädtles]	Korbflechterei	*Graf Julius v. Soden. Louise v. Soden. Carl Ernst.*
Nathan Stern & Sohn	Schnittwaaren	*Carl Stern. Levi Stern.*

Memmelsdorf. 636 Einwohner. LG. Ebern. BG. u. HG. Schweinfurt

Advokaten s. Schweinfurt. **Notar** . s. Ebern.

S. Korn	Spec.- u. Ellenwaaren	*S. Korn.*
A. Lebrecht	Spec.- u. Ellenwaaren	*Abraham Lebrecht.*
L. Lipmann	Spec.- u. Ellenwaaren	*Leopold Lipmann.*
M. Nordheimer & Comp.	Schnitt- u. Specereiwaarenh.	*David Gunzenhäuser.*
Chr. Reich	Spec.- u. Ellenwaaren	*Christian Reich.*

Memmelsdorf. LG. Bamberg I. BG. Kronach. HG. Bamberg.

Advokaten : s. Kronach. **Notar** s. Bamberg.

Pet. Jos. Nüsslein	Spec.-, Eisen- u. Schnittwh.	*Peter Joseph Nüsslein.*

Memmingen. 7109 Einwohner. BG. HG. St. u. LG Memmingen.

Advokaten Christian Friess. Josef Glas. Martin Kilp. Alfred Kranzfelder. Theodor Reischle. Ludwig Remond. Michael Roggenhofer. Wilhelm von Wachter. **Notar**: August Hebberling.

Chr. v. Amon vormals A. Seyler	Apotheke	*Christian v. Amon.*
David Amann b/Kornhaus	Specerei- u. Eisenw.	*Augusta Amann. Elias Beck* **P.**
Johann Amann	Schlosserei	*Johann Amann.*
C. H. Bachmayr	Wachszieherei	*Carl Heinrich Bachmayr.*
C. H. Bachmayr junior	Colonial-, Glas-, Steingutw. u. Wachsbleiche	*Carl Heinrich Bachmayr.*
Carl Bauer	Specereiwaaren	*Carl Bauer.*
Christoph Ludwig Beck	Handlung	*Christoph Ludwig Beck.*
Oskar Besemfelder	Buchhandlung	*Oskar Besemfelder.*
Benedikt Josef Büchele	Feilenhauerei	*Benedict Josef Büchele.*
Tobias Clauss	Landesproducte, Commission u. Agenturen	*Friedrich Clauss.*
Carl Dämpfle		*Lisette Dämpfle. Karl Dämpfle. Ferdinand Dämpfle* **A.**
F. W. Daumüller	Specereiwaaren u. Tapeten	*Friedrich Wilhelm Daumüller.*
J Derpsch zum Kaufhaus	Specerei- u. Oehlhandlung	*Friedrich Derpsch.*
Friedrich Dorn	Blumenfabrik	*Friedrich Dorn.*
Leonh. Dorn	Specereiwaaren	*Leonhard Dorn.*
Johann Friedrich Erhardt	Spec.-, Material- u. Farbw.	*Johann Friedrich Erhardt.*
Heinrich Flach	Tuchhandlung	*Heinrich Flach.*
Elias Friess	Specereihandlung	*Gottlob Traugott Metzeler.*
Michael Friess	Eisenwaaren	*Johann Elias Zorn.*
Thomas Friess	Spec.-, Glas- u. Porzellanw.	*Rosine Friess.*
Gebrüder Frommel ZN. [HN. Augsburg]	Colonial- u. Farbwaaren u. Spedition	*Franz Frommel in Augsburg. Eduard Glaser* **P.**
Wilhelm Fuggs	Kurzw. u. fert. Werkzeuge	*Franz Wilhelm Josef Fuggs.*
Friedrich Gradmann zum Bienenkorb	Specereiwaaren	*Friedrich Gradmann.*
Christ. Gufer	Specerei- u. Farbwaaren	*Christian Gufer.*
Johann Georg Häring Sohn	Strumpfwirker	*Johann Georg Häring.*
Theodor Haggenmüller	Maschinenfabrik	*Theodor Haggenmüller.*
Bernh. Hartnig	Buchhandlung	*Bernhard Hartnig.*
Friedrich Hausmann	Tuchfabrik	*Friedrich Hausmann.*
Georg Wilhelm Heckel	Pulverfabrik	*Georg Wilhelm Heckel.*
J. Heilbronner et Guggenheimer	Manufacturwaaren	*Jacob Heilbronner. Jacob Guggenheimer.*
Herrmann et Mühlschlegel vormals Kerler	Seilerwaaren u. Hanfhdlg.	*Andreas Hörmann. Johann Mühlschlegel.*

Hütlin et Röck	Kunstmühlen, Wollspinnerei u. Flanellfabrik	*Karl Hütlin. Theodor Hütlin.*
Heinrich Hugel	Quincailleriewaaren	*Konrad Hugel. Gustav Hugel.*
A. L. Karrer	Eisenhandlung	*Andreas Leonhard Karrer.*
Conrad Keim	Schafwolle und Wechselgeschäft	*Adolph Keim.*
Ferdinand Kerler bei der Schranne	Specereiwaaren	*Ferdinand Kerler.*
F. Kerler et Compagnie	mech. Leingarnspinnerei u. Weberei	*Friedrich Kerler. Julius Köbel. Adolph Kerler* P. *Conrad Keim.*
Robert Kerler		*Robert Kerler.*
H. J Köbel		*Hermann Julius Köbel.*
Herrmann Layer	Specereiwaaren	*Hermann Layer.*
Heinrich Mayer	Bank- u. Wechselgeschäft	*Heinrich Mayer. A. Gerstle* P.
Carl Mayr	Specereiwaaren	*Friedrich Wilhelm Hörmann.*
Melchior Mühlschlegel	Strumpfwirkerw	*Melchior Mühlschlegel.*
Joh. Friedr. Müller	Spécerei- u. Materialwaaren	*Johann Friedrich Müller.*
Julius Ornowsky	Eisenhandlung	*Julius Anton Ornowsky.*
Anton Perger	Eisen- u. Specereiwaaren	*Anton Perger.*
J. M. Rehm zum Anker	Specereiwaaren	*Johannes Rehm.*
Julius Rehm		*Julius Rehm.*
E. Schellhorn	Kunstmühle	*Eduard Schellhorn.*
C. J. Schropp	Tuch- u. Schnittwaaren	*Karl Johann Schropp.*
Andreas Schwarz	Colonialw. und Wollengarn en gros et en detail	*Andreas Philipp Schmitt.*
Joh. Schwarz	Mode- u. Weisswaarenhdlg.	*Johannes Schwarz.*
Phil M. Schwarz b. Kornhaus	Specerei- u. Farbwaaren	*Philipp Schwarz.*
E. Schwertfeger	Apotheke	*Eduard Schwertfeger.*
J. F. Sturm Sohn	Spec.-, Farb- u. Materialw.	*Julius Adolph Sturm.*
Josef Thoma	Mechanische Werkstätte	*Josef Thoma.*
Ph. Vogler	Weinwirthschaft	*Johann Philipp Vogler.*
J. Weissenhorn	Tuch- u. Schnittwaaren	*Georg Wachter.*
G. Adolph Zoller	Kleider-, Möbel- und Antiquitätenhandlung	*Gustav Adolph Zoller.*
Gebrüder Zorn	Tuch- u. Flanellfabr.	*Friedrich Zorn. Otto Zorn.*

Mendorf. LG. Riedenburg. BG. u. HG. Regensburg. **Advokaten** s. Regensburg. **Notar:** s. Riedenburg.

Simon Wimmer	Krämerei	*Simon Wimmer.*

Mengersreuth. LG Kemnath. BG. Weiden. HG. Amberg.
Advokaten- s. Weiden. **Notar** s. Kemnath

J. B. Scharf	Specereiwaaren	*Johann Baptist Scharf.*

Merching. LG. Friedberg. BG. Aichach. HG München I J.
Advokaten: s. Aichach. **Notar**. s. Friedberg.

Joseph Weiss	Krämerei	*Josef Weiss.*

Mering. 1759 Einwohner. LG Friedberg. BG Aichach. HG München I. J.
Advokaten s. Aichach. **Notar** s. Friedberg.

S. Bauhof	Specereiwaaren	*Simpert Bauhof.*
Ant. Dreer	Handlung in landw. Masch. u. Mühlsteinen	*Anton Dreer.*
F. W. Geret	Apotheke u. Specereiw.	*Friedrich Geret.*
Jos. Lechner	Specereiwaaren	*Josef Lechner.*
J. Wankmüller	Filzschuhfabr.	*Josef Wankmüller.*
Th. Zolleis	Filzwaarenfabrik	*Thomas Zolleis.*

Merkendorf. LG. Gunzenhausen. BG. u. HG. Ansbach.
Advokaten s. Ansbach. **Notar**. s. Gunzenhausen.

C. L. Green	Specerei- u. Schnittwhdlg	*Conrad Leonhard Green.*
Johann Paul Hermann	Specerei- u. Eisenwhdlg.	*Johann Paul Herman.*

Mertesheim. 469 Einwohner. LG. Grünstadt. BG. u. HG. Frankenthal.
Advokaten: s. Frankenthal. **Notar:** s. Grünstadt.

Konrad Blum	Schweinhandel	*Conrad Blum.*
Franz Miedreich	Klavier- u. Instrumentenhdl.	*Franz Miedreich.*
Scherer & Werle	Schweinhandel	*Stanislaus Scherer. Andres Werle.*

Mertingen. 1095 Einwohner. LG. u. BG. Donauwörth. HG. Augsburg.
Advokaten u. **Notare:** s. Donauwörth.

Michael Stolz	Lederhandlung u. Sattlerei	*Michael Stolz.*

Merzalben. 607 Einwohner LG. Waldfischbach. BG. u. HG. Zweibrücken.
Advokaten: s. Zweibrücken. **Notar**: s. Waldfischbach.

Johann Lehanka	Handlung	*Johann Lehanka.*
Jacob Rebholtz	Holzhandlung	*Jacob Rebholtz.*

Metten. LG. Lindau. BG. u. HG. Kempten. **Advokaten**: s. Kempten. **Notar**: s. Lindau.

J. B. Schnell	Handlung	*Johann Baptist Schnell.*

Michaelsneukirchen. LG. Falkenstein. BG. Neunburg v. W. HG. Regensburg.
Advokaten: s. Neunburg v. W. **Notar**: s. Falkenstein.

Georg Stahl	Krämerei	*Georg Stahl.*

Michelau. LG. Lichtenfels. BG. Kronach. HG. Bamberg.
Advokaten: s. Kronach. **Notar**: s. Lichtenfels.

Conrad Gagel	Specereiwhdlg. u. Korbwfab.	*Conrad Gagel. Leonhard Otto Gagel* **P.**
Daniel Kerling	Korb- u. Hutfabrik	*Daniel Kerling.*

Michlfeld. 430 Einwohner. LG. Auerbach. BG. u. HG. Amberg.
Advokaten: s. Amberg. **Notar**: s. Auerbach.

Johann Regn	Specereiwaaren	*Johann Regn.*
Joseph Schuster	Specereiwaaren	*Joseph Schuster.*

Miesbach. 1436 Einwohner. LG. Miesbach. BG. u. HG. München r. J.
Advokaten: s. München l. I. **Notar**: A. Kammerer.

Joseph Berghofer	Krämerei	*Joseph Berghofer.*
Max Habbach	Specerei- u. Schnittw.	*Max Habbach.*
Jos. Karlinger jun.	Gastwirthschaft	*Joseph Karlinger.*
F. Kirchberger	Specerei- u. Schnittw.	*Franz Kirchberger.*
Oberbayerische Actien-Gesellschaft für Kohlenbergbau	Kohlenbergbau	*Mitglieder des Vorstandes sind: Carl Föhr u. Christian Düll, welche gemeinsam zeichnen. Stellvertreter: Florian Hailer in München, welcher gemeinschaftlich mit einem Mitgliede des Vorstandes zu zeichnen hat.*
Gräflich Otting'sche Cementfabrik Miesbach	Cementfabrik	*Maximilian Graf v. Otting-Fünfstetten. Max v. Klenze* **P.** *Christoph Kertscher* **P.**
M. Settele, Maschinenfabrik in Thalham	Maschinenfabrik	*Michael Settele.*
J. Wild	Gemischte Waaren	*Joseph Wild.*

Miesbrunn. LG. Vohenstrauß. BG. Weiden. HG. Amberg.
Advokaten: s. Weiden. **Notar**: s. Vohenstrauss.

Joseph Völkl	Specereiwaaren	*Joseph Völkl.*

Miesenbach. 800 Einwohner. LG. Landstuhl. BG. u. HG. Zweibrücken.
Advokaten: s. Zweibrücken. **Notar**: s. Landstuhl.

Heinrich Becker	Bettfedernhandlung	*Heinrich Becker.*
Jacob Hebel		*Jacob Hebel.*
Heinrich Matheis	Bettfedernhandlung	*Heinrich Matheis.*
Franz Schuff		*Franz Schuff.*
Johannes Schuff	Specereihandlung	*Johannes Schuff.*
Johannes Werle II	Specereihandlung	*Johannes Werle II.*
Michael Zahn	Specereihandlung	*Michael Zahn.*

Mietraching. LG. u. BG. Deggendorf. HG. Passau. **Advokaten** u. **Notare**: s. Deggendorf.

J. Kuchler	Krämerei	*Johann Kuchler.*

Miltenberg. 3379 Einwohner. LG. Miltenberg. BG. u. HG. Aschaffenburg.
Advokaten: s. Aschaffenburg. **Notar**: F. A. Krafft.

Carl Barth	Specerei- u. Kurzwhdlg.	*Carl Barth.*
Barth & Burger	Kurzwaarenhdlg. en gros	*Carl Barth. Eugen Burger.*
Sebastian Beck	Specerei- u. Kurzwaarenhdlg.	*Sebastian Beck.*
Peter Burkart	Specereiwaarenhdlg.	*Peter Burkart.*
Creditverein Miltenberg	Gewährung von Crediten an die Mitglieder	*Die Leitung der Geschäfte geschieht: a) Durch den Vorstand. b) Durch den Aufsichtsrath. c) Durch die General-Versammlung. Der Vorstand besteht aus: Trotter, Director. Heidel, Cassier. Wirth, Controleur. Der Ausschuss besteht aus 7 Mitgliedern: F. A. Schmitt, J Jäger, Hochrain, F. A. Jacob, F. Schwab, Dittmann, E. Mosbacher. 3 Ersatzmänner: Virneisel, J. Knapp, Conradi.*
Jacob Faust	Spec.-, Eisen-, Kurzwaarenhandlung u. Oelfabrik	*Jacob Faust*
Joh. Frankenberger	Specereiwaarenhdlg., Com.-, Sped. u. Incassogeschäft	*Johann Frankenberger.*
Jos. Grimmer	Schnittwaarenhandlung	*Josef Grimmer.*

Abraham Hirsch	Schnittwaarenhandlung	*Abraham Hirsch.*
J. Jäger	Knopffabrik	*Jacob Jäger. Alois Hutzler* P.
Philipp Klein	Bierbrauerei	*Phil. Christian Klein.*
Josef Knapp jun.	Handlung	*Josef Andreas Knapp.*
Josef Knorz	Knopf- u. Bandwaaren	*Joseph Knorz.*
Lindheimer	Handlung	*Emanuel Lindheimer.*
F. J. Meidel	Handlung	*Franz Josef Meidel.*
E. Mosbacher	Schnittwaarenhandlung	*Elias Mosbacher.*
Gustav Pfeiffer	Weinhandlung en gros	*Carl Gustav Pfeiffer.*
Carl Ruppert	Wildprethandlung	*Carl Ruppert.*
J. J. Schirmer	Apotheke	*Jacob Josef Schirmer.*
C. A. Schmitt	Gold- u. Galanteriewhdlg.	*Carl Andreas Schmitt.*
F. A. Schmitt		*Franz Anton Schmitt.*
Peter Schmitz		*Peter Schmitz.*
Franz Schwaab	Spec.-, Sped.-, Com.- u. Incasso-, Wechsel- u. Bankgeschäft	*Eduard Schwaab.*
L. J. Sichel	Schnittwaarenhandlung	*Louis Isaak Sichel.*
Philipp Steingässer		*Philipp Steingässer.*
Heinr. Stepper & Cie.	Knopffabrik	*Heinrich Stepper. Gustav Simon.*
Peter Virneisel		*Peter Virneisel.*

Mimbach. 545 Einwohner. LG., BG. u. HG. Zweibrücken. **Advokaten** u. **Notare:** s. Zweibrücken.

Paul Berner	Handelsmühle	*Paul Berner.*
Conrad Brill	Handelsmühle	*Conrad Brill.*
Daniel Weber	Handelsmühle	*Daniel Weber.*

Mindelheim. 3000 Einwohner. LG. Mindelheim. BG. u. HG. Memmingen. **Advokaten:** s. Memmingen. **Notar:** Carl Rosenberg.

Georg Beringer	Weinwirthschaft	*Georg Beringer.*
Jos. Betz	Kurz- u. Specereiwaaren	*Josef Betz.*
Anton Bök	Kunstmühle	*Anton Bök.*
Mich. Boneberger	Specerei-, Eisen- u. Schnittw.	*Michael Boneberger.*
Casp. Fleiner	Specerei-, Eisen- u. Schnittw.	*Caspar Fleiner.*
Georg Gassner	Gold- u. Silberarbeiter	*Georg Gassner.*
C. J. Görz	Specerei- u. Kurzwaaren	*Karl Josef Görz.*
Frz. Xav. Görz		*Xaver Görz.*
C. Grossmann	Specerei- u. Schnittwaaren	*Karl Grossmann.*
A. J. Högendörfer'sche Buchhandlung	Buchhandlung	*Aug. Friedr. Högendörfer.*
F. H. Horazek	Specerei- u. Schnittwaaren	*Friedrich Hirth.*
Pan. Jocham	Specerei- u. Farbwaaren	*Pankraz Jocham.*
Jos. Jochner	Specerei-, Farbwaaren, Eisenhandlung	*Josef Jochner. Anton Jochner* P.
Ludw. Kleiner	Hammerwerk	*Ludwig Kleiner.*
Anton Kleinheinz		*Anton Kleinheinz.*
Kleinheinz et Haggenmüller	Käsehandlung	*Pankraz Kleinheinz. Benedict Haggenmüller.*
Lorenz Mayer's Wittwe	Schnittwaaren u. Specereigeschäft	*Theres Mayer.*
Jos. Ramp	Specerei- u. Schnittwaaren	*Josef Ramp.*
Ulrich Streng	Specerei- u. Schnittwaaren	*Ulrich Streng.*
Ant. v. Valta	Apotheke u. Materialwaaren	*Anton v. Valta.*
D. Zehnder		*Daniel Zehnder.*
Alois Zick	Specerei- u. Schnittwaaren	*Alois Zick.*

Minfeld. 1183 Einwohner. LG. Kandel. BG. u. HG. Landau. **Advokaten:** s. Landau. **Notar:** s. Kandel.

F. J. Keller	Rothgerberei	*Friedrich Johann Keller.*
Carl Maier	Seifenfabrikant	*Karl Maier.*
H. Müller	Essigfabrik	*Helene Müller.*

Mintraching. LG., BG. u. HG. Regensburg. **Advokaten** u. **Notare:** s. Regensburg.

Theodor Eser	Krämerei	*Theodor Eser.*

Missen. LG. Immenstadt. BG. u. HG. Kempten. **Advokaten:** s. Kempten. **Notar:** s. Immenstadt.

Max Berkmann	Schnitt-, Spec.-, Porzellan- u. Kurzwaaren	*Max Berkmann.*

Mistelfeld. LG. Lichtenfels. BG. Kronach. HG. Bamberg. **Advokaten:** s. Kronach. **Notar:** s. Lichtenfels.

Leopold Hirsch	Specereiwaarenhandlung	*Leopold Hirsch.*

Mistelgau. LG., BG. u. HG. Bayreuth. **Advokaten** u. **Notare** s. Bayreuth.

Johann Conrad Bausch	Krämerei	*Johann Konrad Bausch.*

Mittelbach. LG, BG. u. HG. Zweibrücken. **Advokaten** u. **Notare:** Zweibrücken.

Wilhelm Eisenbeis	Mahlmühle und Branntweinbrennerei	*Wilhelm Eisenbeis.*

Mittelbexbach. 1462 Einwohner. LG. Waldmoor. BG. u. HG. Zweibrücken.
Advokaten: s. Zweibrücken. **Notar:** s. Waldmoor.

Ludwig Bach	Essigfabrik	*Ludwig Bach.*
Carl Nicola Freyseng	Specereiwaaren	*Carl Nicola Freyseng.*
Georg Hauck [Bliesmühle]	Handelsmühle	*Georg Hauck.*
Friedrich Helbriegel	Krämerei u Bäckerei	*Friedrich Hellriegel.*
Fr. Kayser	Specereiwaaren	*Friedrich Kayser.*
Gebr. Kayser	Mechanische Werkstätte	*John Kayser*
Johann Omlor	Mahlmühle	*Johann Omlor.*

Mittelehrenbach. LG. Gräfenberg. BG. u. HG. Bamberg.
Advokaten: s. Bamberg. **Notar** s. Gräfenberg

Jacob Heumann	Spec.- u. Schnittwhdlg.	*Jacob Heumann.*

Mitteldachstetten. LG Leutershausen. BG. u. HG. Ansbach.
Advokaten s Ansbach. **Notar** s. Leutershausen.

Friedrich Henninger	Conditorei u. Specereiwhdlg.	*Georg Friedrich Henninger*

Mittelsinn. LG. Gemünden. BG. Lohr. HG. Würzburg
Advokaten: s. Lohr **Notar** s Gemünden.

Johann S. Sachs	Handlung	*Johannes Sachs. Johann Ferdinand Sachs* **P**

Mittelstetten. LG. Schwabmünchen. BG. u. HG. Augsburg.
Advokaten: s. Augsburg. **Notar** s. Schwabmünchen.

A Rohrer	Handlung	*Anton Rohrer.*

Mittenwald. 1692 Einwohner. LG. Werdenfels in Garmisch. BG. Weilheim. HG. München I. J.
Advokaten s Weilheim. **Notar:** s. Werdenfels in Garmisch.

J. A. Baader	Instrumentenfabr.	*Johann Anton Baader.*
Neuner et Comp.	Musikinstrumentenfabrik	*Johann Neuner Mathias Neuner.*

Mitterfels. 260 Einwohner. LG. Mitterfels. BG. Straubing. HG. Landshut.
Advokaten: s. Straubing. **Notar:** M. Eggert.

L. Prugger	Handlung	*Ludwig Prugger.*

Mitterskirchen. LG. Eggenfelden. BG. Pfarrkirchen. HG Passau.
Advokaten: s. Pfarrkirchen. **Notar:** s. Eggenfelden.

Anton Lohr	Krämerei	*Anton Lohr.*

Mitterteich. 1610 Einwohner. LG. Waldsassen. BG. Weiden. HG Amberg.
Advokaten: s. Weiden. **Notar** s. Waldsassen

Georg Bauer	Specereiwaaren	*Georg Bauer.*
Joseph Mühlfenzl	Specereiwaaren	*Joseph Mühlfenzl.*
Eduard von Pessl	Specerei- u. Schnittwaaren	*Eduard v. Pessl.*
Michl. Ranzenberger	Specereiwaaren	*Michael Ranzenberger.*
Franz Joseph Reif	Specereiwaaren	*Franz Joseph Reif.*
Jacob Rüth	Specerei- u. Schnittwaaren	*Jacob Rüth.*
Paul Schreiber	Eisen-, Stahl- und Messingwaarenhandlung	*Paul Schreiber.*
Johann Baptist Stangl	Handlung	*Johann Baptist Stangl.*
Johann Zeitler	Specerei- u. Eisenwaaren	*Johann Zeitler.*

Mitwitz. 662 Einwohner. LG. u. BG. Kronach. HG. Bamberg. **Advokaten** u. **Notare** s. Kronach.

David Bamberger	Conditorei, Spec.- u. Schnittwaarenhandlung	*David Bamberger.*
Seligmann Bamberger	Leder- u. Landesprodhdlg.	*Seligmann Bamberger.*
Bernh. Faber	Specerei-, Schnitt- u. Eisenwaarenhandlung	*Bernhard 'Faber*
K. M. Fechheimer	Schnittwaarenhandlung	*Samuel Fechheimer.*
S. Fechheimer	Schnittwaarenhandlung	*Sigmund Fechheimer.*
A. H. Freund	Specerei- u. Schnittwhdlg.	*Abraham Hirsch Freund.*
Joseph Freund	Productenhandlung	*Joseph Freund.*
Ferdinand Frohnhöfer	Handlung	*Ferdinand Frohnhöfer.*
Chr. Lauterbach & Ci.	Handlung	*Christian Lauterbach. Jacob Geist.*

Mögeldorf. 1087 Einwohner LG., BG. u. HG. Nürnberg. **Advokaten** u. **Notare** s. Nürnberg.

Kohn'sche Kunstmühle i. Mögeld.	Kunstmühle	*Josef Kohn. Anton Kohn.*
Mögeld. Dampfziegelei G. F. Stierhof	Dampfziegelei	*Georg Friedrich Stierhof.*

Mömbris. 500 Einwohner. LG. Alzenau. BG. u. HG. Aschaffenburg.
Advokaten: s. Aschaffenburg. **Notar** s. Alzenau.

Carl Herbert	Specereiwaarenhandlung	*Karl Herbert.*
Josef Stenger	Spec.- u Schnittwaarenhdlg	*Josef Stenger.*

Mönchberg. 1306 Einwohner. LG. Klingenberg. BG. u. HG. Aschaffenburg.
Advokaten s. Aschaffenburg. **Notar:** s. Klingenberg.

Hugo Becker	Specereiwaarenhandlung	*Hugo Becker.*
Leo Frankenberger	Specereiwaarenhandlung	*Leo Frankenberger.*
Lothar Hofmann	Krämerei	*Lothar Hofmann.*
Urban Loy	Specereiwaarenhandlung	*Urban Loy.*
Bernhard Mannheimer	Schnitt- u. Specereiwhdlg.	*Bernhard Mannheimer.*

Mönchsroth. 1010 Einwohner. LG. Dinkelsbühl. BG. u. HG. Ansbach.
Advokaten: s. Ansbach. **Notar:** s Dinkelsbühl.

Abraham Bär Ascher	Schnittwaarenhandlung	*Abraham Bär Ascher.*
Lämlein Amson Ascher & Sohn	Specerei- u. Schnittwhdlg.	*Amson Ascher.*
C. W. Barnickel	Apotheke	*C. W. Barnickel.*
Jonas Braun	Schnittwaarenhandlung	*Jonas Braun.*
David Elkan	Schnittwaarenfabrik	*David Elkan.*
Eduard Elkan	Handlung	*Eduard Elkan.*
Elkan Levite	Schnittwaarenhandlung	*Elkan Levite.*
Gebr. Marx HN. [ZN. Nördlingen]	Eisenhandlung	*Jacob Löw Marx. Lazarus Bär Marx. Samuel Marx.*
Gebrüder Marx	Eisenhandlung	*Jacob Löw Marx. Hirsch Wolf Marx. Lazarus Marx* P.
Hirsch Mayer	Lederhandlung	*Hirsch Simon Löw Mayer*
Raphael Jüdle Mayer	Lederhandlung	*Raphael Jüdle Mayer.*
Gabriel Meyer	Schnittwaarenhandlung	*Gabriel Meyer.*

Mörlheim. LG, BG. u. HG. Landau. **Advokaten** u. **Notare** s Landau.

Wendel Zwick	Stärkefabrik	*Wendel Zwick.*

Mörlheimermühle. Gemeinde Mörlheim. LG., BG. u. HG. Landau.
Advokaten u. **Notare:** s. Landau

Heinrich Schiffer & Ci.	Mehl-Fabrikation u. Handel	*Heinr. Schiffer* A. *Christ. Reibold. Friederike Schiffer. Lisette Reibold. Bertha Reibold. Wilh. Reibold. Andreas Brandstetter. Joh. Schiffer Theodor Knöckel.*

Mohrmühle. LG. Landstuhl BG. u. HG. Zweibrücken.
Advokaten s. Zweibrücken. **Notar** s. Landstuhl.

Adam Jocob Leppla	Mühle u. Holzhandel	*Adam Jacob Leppla.*
Andr. Müller	Oelmühle	*Adrian Müller.*
K. Müller	Oelmühle u. Ziegelei	*Karl Müller.*

Monheim. 1221 Einwohner. LG. Monheim. BG. Donauwörth. HG. Augsburg.
Advokaten: s. Donauwörth. **Notar:** C Heimbucher.

Josef Fick	Specerei- u. Ellenw.	*Gustav Fick.*
I. Gailhofer	Specerei- u. Ellenw.	*Ignaz Gailhofer.*
Carl Hofbauer	Specerei- u. Wachsw.	*Carl Hofbauer.*
Josef Königsdorfer	Eisenhandlung	*Josef Königsdorfer.*
I. Mech	Specerei- u. Ellenw.	*J. Mech.*
Fr. Xaver Miller	Galanteriewaaren u Uhren	*Franz Xaver Miller.*
Georg Victor		*Georg Victor.*
C. Zengler	Specerei- u. Ellenw.	*Caspar Zengler.*

Moorlautern. LG, BG. u. HG. Kaiserslautern. **Advokaten** u. **Notare:** s. Kaiserslautern.

Preiss Isaac	Specereiwaaren	*Isaac Preiss.*
Scheuermann Peter [Dampfmühle]	Handelsmühle	*Peter Scheuermann.*
Simbgen Ph. [Galloppmühle]	Handelsmühle	*Joh. Phil. Christian Simbgen.*

Moosbach. LG. Sonthofen. BG. u. HG. Kempten. **Advokaten**: s. Kempten. **Notar:** s. Sonthofen.

Hermann Lingg	Specereiwaarenhandlung	*Hermann Lingg.*

Moosburg. 2449 Einwohner. LG. Moosburg. BG. Freising. HG. München I. J.
Advokaten: s. Freising. **Notar:** F. C. v. Sonnenburg.

Peter Eder seel. Wittwe	Gemischte Waaren	*Anna Lödl.*
Josef Faist	Gemischte u. Eisenwaaren	*Joseph Faist.*
J. N. Faist	Weinhandlung	*Joh. Nepom. Faist.*
Pet. Heilingbrunner	Gemischte Waaren	*Peter Heilingbrunner.*

Thomas Huber	Schlosserwaaren	*Thomas Huber*
Philipp Neresheimer	Gold- u Silberwaaren	*Philipp Neresheimer*
Franz Xaver Schildhauer seel. Erben	Gemischte Waaren	*Walburga Schildhauer. Balthasar Schildhauer.*
X. Seidl	Handlung	*Xaver Seidl.*
H. Zehrer	Apotheke	*Heinrich Zehrer.*
Joh. Zeiler seel. Erben	Handlung	*Elisabetha Krempelsetzer. Sebastian Krempelsetzer* P

Moosham. 410 Einwohner. LG., BG. u. HG. Regensburg. **Advokaten** u. **Notare** s. Regensburg.

A. Beferlein	Krämerei	*Adam Beferlein.*

Moosrain. LG. Tegernsee. BG. u. HG München r. J.
Advokaten s. München r I. **Notar:** s. Tegernsee.

Bartl & Hohenadl	Holzrechenfabrik	*Ulrich Hohenadl. Josef Bartl.*

Morsbach. LG. Greding. BG. Eichstädt. HG. Nürnberg.
Advokaten s. Eichstädt. **Notar** s. Greding.

Simon Hauff	Specerei- u. Ellenwhdlg.	*Simon Hauff.*

Morschheim. 697 Einwohner. LG. Kirchheimbolanden. BG. u. HG. Kaiserslautern.
Advokaten s. Kaiserslautern. **Notar:** s. Kirchheimbolanden.

Altenheimer Peter	Krämerei	*Peter Altenheimer*
Decker Salomon	Krämerei	*Salomon Decker.*

Mozach. LG. Lindau. BG. u. HG. Kempten. **Advokaten** s. Kempten. **Notar:** s. Lindau.

Zeller & Schöll	Handlung	*Ferd. Zeller. Ignaz Schöll.*

Müdesheim. LG. Arnstein. BG. u. HG. Schweinfurt. **Advokaten** s Schweinfurt. **Notar:** s. Arnstein.

G. M. Willert	Specereiwaaren	*Georg Michael Willert.*

Mühlbach. LG. Karlstadt. BG. Lohr. HG. Würzburg. **Advokaten** s. Lohr **Notar** s. Karlstadt.

Ferd. Broili	Oel- u. Mahlmühle	*Johann Baptist Broili.*

Mühlbach. LG. Riedenburg. BG. u. HG. Regensburg. **Advokaten** s. Regensburg. **Notar** s. Riedenburg.

Martin Dietl	Specereihandlung	*Martin Dietl.*

Mühlbach. LG. Rosenheim. BG. Traunstein. HG München r. J.
Advokaten: s. Traunstein. **Notar:** s. Rosenheim.

C. v. Paumgartten & Frauenberger	Mahlmühle u. Schneidesägen, Fassdauben u. Böden	*Carl v. Paumgartten. Gregor Frauenberg.*

Mühlbach a. Glan. LG. Kusel. BG. u. HG Kaiserslautern.
Advokaten: s. Kaiserslautern. **Notar** s Kusel.

Draudt Fr.	Handelsmühle	*Friedrich Draudt.*

Mühlbach. LG. Landstuhl. BG. u. HG. Zweibrücken. **Advokaten** s Zweibrücken. **Notar** s. Landstuhl

Friedrich Bickes	Bäckerei u. Mehlhandlung	*Friedrich Bickes.*

Mühldorf. 1981 Einwohner. LG. Mühldorf. BG. Wasserburg. HG. München r. J
Advokaten s Wasserburg **Notar:** s. Mühldorf.

Anton Daxenberger	Spec.-, Schnitt- u. Materialwaaren. Kirchen-Ornate	*Anton Daxenberger.*
J. M. Hauch	Specerei- u. Schnittw	*Johann Michael Hauch.*
Albert Rambold	Specerei- u. Schnittw.	*Albert Rambold.*
Alois Scheicher	Eisenhdlg. Gem. Waaren.	*Alois Scheicher.*
Anton Scheifele	Eisenhammer	*Anton Scheifele.*
Max Wenninger	Specerei- u. Schnittw.	*Max Wenninger.*

Mühlhausen. 820 Einwohner LG. Höchstadt a. A. BG. u. HG. Bamberg.
Advokaten: s. Bamberg. **Notar:** s. Höchstadt a. A.

S. Fröhlich	Hopfenhandlung	*Salomon Fröhlich.*
Em. Künstler	Schnittwaaren u. Garnhdlg.	*Emanuel Künstler.*
M. Offenbacher	Specerei- u. Schnittwhdlg.	*Babette Offenbacher Wwe.*
Reitzenstein & Offenbacher	Hopfenhandlung	*Max Reitzenstein* A. *Babette Offenbacher*
M. Reizenstein & Sohn	Specerei- u. Schnittwhdlg.	*Michael Reizenstein. Bernhard Reizenstein.*
M. & D. Reitzenstein	Hopfenhandlung	*Michael Reitzenstein. David Reitzenstein.*
Georg Scheller	Hopfen- u. Specereiwhdlg	*Georg Scheller.*
S. Sulzbacher	Eisenhandlung	*Salomon Sulzbacher.*
Abraham Zweig	Specerei u. Schnittwhdlg.	*Abraham Zweig.*

Mühlhof. LG, BG. u. HG. Nürnberg. **Advokaten** u. **Notare** s. Nürnberg.

Joh. Balth. Stieber & Sohn ZN. [HN. Nürnberg]	Handlung	*Ferdinand Seitz. Georg Seitz. Emil Seitz.*

Mühlthal. LG. Starnberg. BG. Weilheim. HG. München l. J.
Advokaten s. Weilheim. **Notar** s. Starnberg.

Fehleisen & Ci.	Halocylin- u. Pulverfabrik	*Albert Fehleisen* A. *Johann Martin Filser.*

Münchberg. 3181 Einwohner. LG. Münchberg. BG. u. HG. Hof.
Advokaten: s. Hof. **Notar** W. H. Schlenk.

C. H. Albert	Rossolin- u Liqueurfabrik	*Carl Hermann Albert.*
H. Barth	Apotheke	*Heinrich Christian Karl Barth.*
H. Bischoff	Metzgerei	*Heinrich Bischoff.*
Johann Valentin Braun	Baumwollwaarenfabrik	*Johann Valentin Braun.*
J. Brecher	Weberei	*Johann Brecher*
Degel & Ci.	Baumwoll- u. Halbwollwfab.	*Friedrich Eduard Degel* A. *Marie Caroline Eleonore Degel.*
Düring & Vetter	Baumwoll- u. Halbwollwfab.	*Friedrich Düring. Friedrich Vetter.*
J. Sim. Fleissner	Baumwoll- u. Halbwollwfab.	*Johann Theodor Fleissner. Jeanette Fleissner. Heinrich Fleissner. Philipp Heerdegen. Ernst Christian Theodor Fleissner. Alle, mit Ausnahme von Jeanette Fleissner sind zur Zeichnung der Firma befugt.*
J. Gg. Chr. Goller	Baumwoll- u. Halbwollwfab.	*Bernhard Goller.*
Joh. Grimmler	Baumwoll- u. Halbwollwfab.	*Johann Grimmler.*
J. V. Hedler		*Johann Valentin Hedler.*
Joh. A. Jahreiss		*Johann Andreas Jahreiss.*
Joh. Jb. Jahreis	Baumwoll- u. Halbwollwfab. u. Färberei	*Johann Jacob Jahreis. Johann Carl Jahreis.*
C. Imhof	Garnhandlung	*Carl Heinrich Christian Imhof. Friedrich Wilhelm Bernhard Imhof.*
C. H. Lenzner	Specereiwaaren	*August Heinrich Ferdinand Lang.*
Chr H. Linhardt	Colonial- u. Specereiwaaren u. Spirituosen en gros et en detail	*Johann Christian Heinrich Linhardt.*
G. Lindner	Nadlerei	*Georg Erdmann Lindner.*
Carl Meinel	Specereiw. u. Conditorei	*Lisette Augusta Meinel.*
J. Oberhäuser	Baumwoll- u. Halbwollwfab. u. Garn	*Johann Caspar Oberhäuser.*
J. Pöhlmann	Specerei- u. Schnittwaaren	*Andreas Heinrich Julius Pöhlmann.*
Gottlieb Reichel		*Dorothea Reichel.*
J. A. Reichel	Specereiwaaren	*Heinrich Albert Richard Reichel. Johann Julius Marian Reichel.*
Friedrich Reifenberger	Landesproductenhandlung	*Daniel Friedrich Reifenberger.*
H. W. Rothenberger	Specereiwaaren	*Hermann Wilhelm Rothenberger.*
Carl Schneider	Baumwoll- u. Halbwollwfab.	*Carl Schneider.*
Friedrich Schneider	Specerei- u. Schnittwaaren	*Friedrich Schneider.*
Gebrüder Schubert	Baumwoll- u. Halbwollwfab.	*Carl Friedrich Michael Georg Schubert.*
E. Spruner	Garnhandlung	*Eduard v. Spruner.*
Gebr. Stöckel & Grimmler	Baumwollwaarenfabrik	*Johann Christian Carl Stöckel. Christoph Heinrich August Stöckel. Carl Grimmler.*
J. G. Stöckel	Baumwoll- u. Halbwollwfab. u. Specereiwaaren	*Johann Georg Stöckel.*
Th. Trenkle	Manufactw. en gros Specw.	*Theodor Trenkle.*
Carl Tröger	Specereiwaaren	*Johann Michael Carl Tröger.*
Georg Tröger jun.	Specereiwaaren	*Georg Tröger*
G. Ziegelmüller	Liqueur- u. Branntweinfabr.	*Georg Ziegelmüller.*

München l. J. (Siehe auch München r. J.) 169,612 Einwohner. St.-G. München l. J. BG. München l. J. HG. München l. J.

Advokaten: C Aibl. M. Aub. A. v Auer. C. Berghofer. Dr. M. Dietherr. C. Dietrich. C. Dürr. M. Frh. v Du Prel. A. Fischer. A. Freytag. C. Fuss. J Gotthelf. Dr. J Gundermann. F. Hagen. Dr. S. Henle. F Hettersdorf. C. v. Hierneiss u. Wechselnotar O. V. Hutter. Dr. E. Jahrsdörffer W Kammerecker. J. C. Kienhofer. C. Kolb. E. v. Leistner. J. B. Listmayr. L. Louis. L. Neuner A Popp. Dr J Rau. Th. Riegel. J M. Rückerl. F. v. Schultes. E. v Sedelmaier C. Seiderer E F v Völderndorf. C. Will.

Notare C. Aldosser Dr F Buchner L. Dettenhofer C. Hacker Dr. J Hausmann. H. Kitt. W Kummerer. F. Noel. C. Rothmaier W. Rupprecht. A. Schlichthörle T v Seybold Dr. L. Steub. W v. Vincenti.

Theodor Ackermann	Antiquariat u. Buchh.	*Theodor Ackermann.*
Georg Adam	Weinhandlung	*Georg Adam.*
M. Affhauser	Schnitt- u. Modewaaren	*Moritz Affhauser.*
Jos. Aibl	Kunst- u. Musikalienhandl.	*Eduard Spitzweg.*
Ernst Aigner	Mater.-, Spec.-, Farbw.- u. Früchtenhandlung	*Ernst Aigner.*
Heinrich Aigner	Schnitt- u. Modewhdl.	*Heinrich Aigner.*
M. Aigner	Blumenfabrik	*Marie Aigner.*
Otto Aigner	Schnitt- u. Modewhdl.	*Otto Aigner.*
Actienbrauerei zum Löwenbräu in München	Fortbetrieb der Ludwig Brey'schen Bierbrauerei	*Vorstand der Gesellschaft ist die Direction, bestehend aus: Ludwig Brey und J. F.*

L. Kuhles Directoren. F. P. Probst und J. M. Gerdeissen, stellvertretende Directoren. Der Firma müssen behufs Zeichnung mindestens zwei Unterschriften beigefügt werden, wobei die Stellvertreter diese ihre Eigenschaft beisetzen müssen. Vorsitzender des Aufsichtsrathes ist der kgl. Hofrath Simmerl, Stellvertreter der Banquier Moriz Guggenheimer.

Actiengesellschaft der I Dampfwaschanstalt zu München	Dampfwaschanstalt	*Der Vorstand besteht aus 7 durch die General-Versammlung gewählten Mitgliedern.*

Den Vorstand bilden: Johann Haag, Friedrich v. Schauss, Vorsitzender des Vorstandes. Jos. Rist, Franz Kil, Alois Röckl, Stellvertreter des Vorsitzenden. August Flemmer, Wilhelm Flossmann. Die Ausfertigungen geschehen, wie folgt: Actiengesellschaft der I. Dampfwaschanstalt zu München. Der Vorstand N. N. oder: Der Vorstand N. N. Stellvertreter.

Actienziegelei München	Herstell. v. gebr. Baumater. u. Thonw. aller Art	*Der Vorstand besteht aus 7 von der Generalversammlung gewählten Mitgliedern.*

Das ausschliessliche Vollzugsorgan des Vorstandes ist der Vorsitzende oder dessen Stellvertreter. Reinhold Hirschberg, Vorsitzender des Vorstandes. Friedrich Fries, Stellvertreter, welche die Firma zeichnen wie folgt: Actienziegelei München. Der Vorstand N. N. Vorsitzender, oder N. N. Stellvertreter des Vorsitzenden.

Jos. Albert	Photographie	*Josef Albert. Wilhelm Hummel* **P.**
J. Algeier	Vorstadtkrämerei	*J. Algeier.*
J. Allmann	Porcellanmalerei u. Handl.	*Johann Allmann.*
Simon Amberger	Weisswaarenhandlung und Haubengeschäft	*Simon Amberger.*
Joh. Andreis	Landesprod. u. Holzgesch.	*Johann Andreis.*
Apfel & Nussbaum	Grosshandlung	*Eduard Apfel. Michael Nussbaum.*
Arbeiterheim in München. Eingetr. Genossenschaft	Bau- u. Spargenossenschaft. Hauptsächlicher Zweck: Erbauung und Erwerbung von Häusern für Arbeiterwohnungen geeignet und allmälige Uebertragung d. Eigenthumsrechtes an diesen Häusern auf die Mitgl.	*Den Vorst. bilden: Osc. Feierabend, Director. Gustav Momber, Cassier. Stephan Sedlmayr, Bauverwalter. Die Zeichnung erfolgt durch gemeinsame Unterschrift je zweier Vorstandsmitglieder unter die Genossenschafts-Firma. Vorsitzender des Aufsichtsrathes ist Pröbst, dessen Stellvertreter Momber.*
G. K. Arnsberger	Handel mit Seefischen	*Georg Konrad Arnsberger.*
Aufhäuser & Scharlach	Bank- u. Wechselgesch.	*Heinrich Aufhäuser. Samuel Scharlach.*
Jos. Aumüller	Kunsthandlung	*Joseph Aumüller. Adalbert Aumüller. Eduard Aumüller* **P.**
M. J. Aurbach	Specereiwaaren	*Karl Alexander Braun.*
Baader & Sohn	Gewehrfabrik	*Franz Xaver Baader. Johann Miller.*
Mich. Baader	Optiker	*Michael Baader.*
Emanuel & Salomon Bacharach	Lederhandlung	*Emanuel Bacharach. Salomon Bacharach.*
Jos. Bacharach & Sohn	Lederhandlung	*Max Bacharach. Hermann Vogel* **P.**
Christ. Bachmann	Maschinenschlosserei	*Christian Bachmann.*
M. Bachmann & Comp.	Bank- u. Wechselgeschäft u. Grosshandlung	*Hermann Bachmann. Josef Bachmann.*
Hch. Bachmayer	Lager in Petroleumlampen u. Moderateurs	*Heinrich Bachmayer. Adolf Bauer* **KP.** *Wilh. Simon Ottmann* **KP.**
Bamberger & Hirschmann in liquid.	Grosshandlung	*Benedict Bamberger, zugleich Liquidator. Josef Sulzbacher. Eduard Hirschmann.*
Barbarino & Kilp vorm. Georg Ostermaier	Colonial-, Material-, Farbw.-, Tabak- u. Cigarreng.	*Eduard Kilp. Bapt. Barbarino.*
Val. Barbarino	Mater.-, Spec.-, Farbw.- und Früchtenhandlung	*Therese Barbarino Wwe. Anton Barbarino* **P.**
L. Barthelmes	Handschuhfabrik	*Ludwig Barthelmes.*
de Bary Kross	Gold- u. Silberwaarenfabr.	*Theodor de Bary.*
Josef Bauer	Crinolinen- & Corsetenfabr.	*Josef Martin Bauer.*
Louis Bauer's Nachfolger	Blumenblätterfabrik	*Friedrich Bauer.*
W. Bauer & Comp.	Confectionsgeschäft	*Wally Bauer. Christoph Fick.*
Carl Aug. Baumann	Eisenhandlung	*Carl Aug. Baumann.*
S. Baumeister	Schuhmacherw. u. Furniturengeschäft	*Simon Baumeister.*
Baumwollspinnerei Kolbermoor HN. [**ZN.** Fabrik Kolbermoor]	Baumwollspinnerei	*Den Vorstand bilden zwei vom Verwaltungsrathe hiezu ernannte Mitglieder.*

Die Ausfertigungen werden von Beiden oder von Einem der Mitglieder unterzeichnet: Baumwollspinnerei Kolbermoor. Der Vorstand N. N. Heinrich Förster, Vorstand. Waldemar v. Bippen, techn. Director u. Vorstandsstellvertreter.

Eduard Baur	Band- u. Weisswaaren	*Eduard Baur.*
Josef Baur	Hutfabrik	*Josef Baur.*

Bayerische Actiengesellsch. für chemische u. landwirthschaftlich chemische Fabrikate HN. [**ZN.** Rosenheim] — Herstell. chemischer Fabrikate, künstlich. Dungmittel und Cement — *Den Vorstand bilden 7 von der Generalversammlung gewählte Mitglieder. Die Vertretung der Gesellsch. liegt dem Vorsitzend. oder Stellvertr desselb. ob, welcher die Firma zeichnet: Bay. Act.-Ges. für chem. u. landw.-chem. Fabrikate. Der Vorstand. N. N. Vorsitzender oder N. N. Stellvertreter des Vorsitzenden. Dr. Wilhelm Mayer, Vorsitzender des Vorstandes und technischer Director. Josef Litz, zur Zeichnung in Abwesenheit des Directors berechtigt.*

Bayerische Handelsbank — Bankgeschäfte — *Den Vorstand der Gesellschaft bildet die Direction, welche aus einem Director und nöthigenfalls aus Subdirectoren besteht. Die Direction zeichnet: Bayerische Handelsbank. Die Direction N. N N. N. Zur giltigen Zeichnung ist die Unterschrift eines Directors und Subdirectors oder eines anderen hiezu beauftragten Beamten erforderlich. Gabriel Joel Gutmann, Director. Albert Seligmann, stellvertretender Director. Neben jedem dieser Beiden zeichnet für die Direction Wilhelm Fraaz, Bankcassier, und mit dem stellvertretenden Director der Consulent Franz Stein.*

Bayerische Hypotheken & Wechselbank — Hypotheken- u. Wechselbank — *A. Directorium: Wilhelm von Bronberger I. Vorstand. Dr. M J. Ruhwandel, II. Vorstand. Freih. v. Venningen-Ullner. Adolph Otto. Dr. Seb. v. Daxenberger. Hugo v. Maffei. B. Administration: Theodor Pühn, vollziehender Director. J. B. Ströll, Director der Hypotheken-Abtheilung und Stellvertreter des vollziehenden Directors der Gesammtanstalt C. Hailer, Administrator. Th. Sendtner, Director der Versicherungsanstalten. Dr. F. Klee, Rechtsconsulent. Das Bankdirectorium zeichnet die Firma: »Directorium der bayr Hypotheken- u. Wechselbank« u. erfolgt die Zeichnung durch den I. Vorstand und in dessen Verhinderung durch den II. Vorstand. Ausfertigungen, Erlasse, etc. der Bankadministration werden durch den Dirigenten oder dessen Stellvertreter, oder auch durch den Administrator der einzelnen Geschäftsbranche gefertigt.*

Bayerische Vereinsbank — Bank- u. Handelsgeschäfte — *Vorstand der Actien-Gesellschaft ist die Direction. Die Zeichnung erfolgt in der Art, dass zwei Directoren, oder ein Director oder stellvertretender Director und ein anderer beauftragter Beamter ihre Unterschrift der Gesellschaftsfirma beifügen. Andreas Siegel, Director Robert Bekh, Friedrich Preyss, Paul Beschoren, Dr. Friedr Volz, stellvertretende Directoren. Wilhelm Müller, Payr, zur Mitzeichnung berechtigte Beamte. Die Ausfertigungen des Verwaltungsrathes erfolgen durch den Präsidenten oder Vice-Präsidenten. Robert v. Frölich, Präsident. G F. Kolb, Vice-Präsident.*

Bayerische Wechslerbank — Bankinstitut — *Vorstand der Gesellschaft ist die Direction. Die Zeichnung erfolgt in der Art, dass unter die Gesellschaftsfirma zwei Directoren, ein Director u. ein Stellvertreter oder zwei Stellvertreter ihre Unterschrift setzen. Michael Benjamin und Max Steinle Directoren. Ludwig Bürkel u. Hugo Oberhummer, stellvertretende Directoren.*

August Becker	Kunstverlagshandlung	*August Becker.*
Jos. Beil	Vorstadtkrämeroi	*Josef Beil.*
Mathias Beinhofer	Vorstadtkrämerei	*Mathias Beinhofer.*
A. Beltinger	Comm. u. Spedition	*Thomas Roth.*
B. Benedict	Drahtstiftenfabrik	*Benedict Benedict.*
J. Berblinger	Porcellan- u. Steinguthandlg.	*Josef Berblinger.*
Max Bergmann	Material-, Specerei-, Farbw.- u. Früchtenhandlung	*Max Bergmann.*
Anton Berliner	Bank- u. Wechselgeschäft	*Anton Berliner. Heinrich Berliner.*
Gabr. Bernheim & Söhne ZN. [**HN.** Buchau]	Lederhandlung	*Jacob G. Bernheim. Heinrich G Bernheim. Emil G. Bernheim. Hermann G. Bernheim.*
L. Bernheimer	Seide-, Shawls-, Schnitt- u. Modewaaren	*Lehmann Bernheimer*
Albert Bernhold	Vorstadtkrämerei	*Albert Bernhold.*
J. Beutling	Handels-Agenturengesch.	*Johann Paul Beutling.*
Anton Biber	Specereiwaaren	*Anton Biber.*
Herrmann Bienenfeld	Mater.-, Spec.-, Farbw. und Früchtenhandlung	*Hermann Bienenfeld. Max Splitgerber* P.
J. Billmann	Hopfenhandlung	*Josef Billman jr. Emanuel Billmann..*
Franz Blesch	Weinhandlung	*Franz Blesch.*
Heinrich Bleicher	Bank-, Com.- u. Speditg.	*Heinrich Bleicher.*
Th. Block	Gürtlerei	*Therese Block.*
Bloch & Lang	Lederhandlung	*Ludwig Lang. Simon Bloch.*
Carl Bocks	Cigarrenhandlung	*Carl Bocks.*
Böheim & Hausperger	Schnitt- u. Modewaaren	*Wilhelm Böheim. Friedrich Hausperger.*
Th. Böhl	Cigarren- u. Tabakhandl.	*Therese Böhl.*
Böhm & Wiedemann	Chem.-pharmac. Utensilienh.	*Franz Wiedemann. Josef Böhm jr.*
Georg Böhm	Lederhandlung	*Georg Böhm.*
J. B. Böttinger	Mater.-, Spec.- und Farbw. u. Früchtenhandlung	*Joh. Bapt. Böttinger.*

Leopold Bogner	Weinhandlung	*Leopold Bogner.*
E. Bornhauser Wwe. et Sohn	Borten- u. Knopffabr.	*Anna Bornhauser Johann Bornhauser.*
Josef Bornhauser	Militär-Effect.-, Goldtressen- u. Stickereifabrikgeschäft	*Josef Bornhauser.*
Caspar Borst	Holz-, Steinkohlen- u. Torfhandlung u. Landesprod.	*Caspar Borst.*
C. v. Brand & Comp.	Weinhandlung en gros	*Carolina v. Brand. Johann Smith.*
Wm. Brand	Bankgeschäft	*Wilhelm Brand.*
Carl Brandmiller	Schnitt- u. Modewaaren	*Carl Brandmiller.*
S. Braumann	Weisswaaren	*Salomon Braumann.*
Braun & Herzog	Manufacturwaaren	*Moritz Braun. Wilhelm Herzog.*
Braun & Schneider	Lithographische Anstalt und Verlagsbuchhandlung	*Caspar Braun. Julius Schneider.*
Adrian Brecht	Schnitt- u. Modewaaren	*Adrian Brecht.*
Josef Briensteiner	Mater.-, Spec.-, Farbw.- u. Früchtenhandlung	*Josef Briensteiner.*
Jos. Brindl	Gemischte Waaren u. Rosshaarhandlung	*Joseph Brindl.*
Max Brissel	Antiquariat	*Caspar Heinrich Schulthess. Karl Friedrich Mayer* **P.**
Joh. C. Brög	Cigarrenfabrik	*Johann Caspar Brög.*
Bronberger & v. Czernicki	Agenturgeschäft	*Carl Bronberger. Heinrich v. Czernicki.*
Carl Bronberger	Specereiwaaren	*Carl Bronberger.*
Heinrich Bronberger	Mater.-, Spec.- und Farbw. u. Früchte	*Heinrich Bronberger. Bernh. Bronberger* **P.**
Paul Bronberger	Mater.-, Spec.- und Farbw. u. Früchte	*Paul Bronberger.*
Friedrich Bruckmann's Verlag	Buch- u. Kunstverlag	*Friedrich Bruckmann. Gerlakus Spakler* **P.**
Adrian Brugger	Papier- u. Schreibmaterhdl.	*Adrian Brugger.*
J. A. Brunner	Strohhutfabrik	*Wally Brunner. Jacob Wolff* **P.**
J. B. Brunnthaler	Mater.-, Spec.- und Farbw. u. Früchte	*Joh. Bapt. Brunnthaler.*
H. Bscherer	Porcellan- u. Steingutw.	*Heinrich Bscherer.*
J. B. Bscherer	Vorstadtkrämerei	*Anna Bscherer.*
Anton Bstieler	Kurzwaaren	*Anton Bstieler.*
C. A. Buchner	Strickgarnhandlung	*Heinrich Buchner*
Friedr. Buchner	Schwefelsäurefabrik	*Friedrich Buchner.*
Lud. Carl Buchner	Landesprod., Com. u. Sped.	*Karl Buchner. Otto Finkh* **P.**
Bucka & Spann	Eisenhandlung	*Christian Bucka. Carl Spann.*
Büchl & Kurzwart	Lederhandlung	*Sebastian Büchl. Ludwig Meyer* **P.**
W. Büttel & Ralling	Kurzwaaren en gros	*Josef Otto Krutzer. Albert Simmerlein* **P.** *Karl Heidemann sen.* **P.**
Carl Büttner	Buchhandlung	*Karl Büttner.*
Max Bullinger	Papier u. Schreibmaterhdl.	*Max Bullinger. Franz Ries* **P.**
E. Butsch	Holzhandlung	*Ernst Butsch.*
Heinrich Call	Weinhandlung	*Heinrich Call.*
Max Cammerloher	Mater.-, Spec.- und Farbw. u. Früchtenhandlung	*Max Cammerloher.*
Philipp Carl	Physikalische Anstalt	*Philipp Carl.*
Cigarretten-Fabrik Felike von Felix von Piasecki	Cigarettenfabrik	*Felix Ritter v. Piasecki.*
Cölnische Feuerversicherungsgesellschaft Colonia Hauptagentur [HN. Cöln]	Feuerversicherungsgesellsch.	*Albert Rösl, Hauptagent mit den Befugnissen eines Handlungsbevollmächtigten nach Art. 47 d. a. d. H. G. B.*
A. B. Cohen	Band- u. Weisswaaren und Garn	*Benjamin Cohen. Ludwig Cohen. Anselm Cohen.*
Anselm Cohen	Schnitt- u. Modewaaren	*Anselm Cohen.*
Heinrich Cohen jr.	Uhren- und Uhrenfournitutenhandlung	*Heinrich Hirsch Cohen.*
Heinrich Cohen	Band- u. Modewaaren	*Ignaz Cohen.*
Ludwig Cohen	Bandw. u. Garn	*Ludwig Cohen. Benjamin Cohen. Anselm Cohen.*
L. Cohn & Cie	Cigarrenhandlung	*Leopold Cohn. Franz Ulerich.*
Johann Caspar Coluzzi	Mater.-, Spec.- und Farbw. u. Früchtenhandluug	*Johann Caspar Coluzzi.*
Ferd. Conen	Vorstadtkrämerei	*Ferdinand Conen.*

Consumverein München Eingetragene Genossenschaft	Beschaffung von Consumptib. für die Mitglieder	*Den Vorstand bilden: Wilhelm Hummel, I. Vorstand. Gustav Momber, II. Vorstand u. Cassier.*
Creditverein für Handel u. Gewerbe. Eingetr. Genossensch.	Gewähr. verzinsl. Vorschüsse an die Mitglieder	*Ludwig Schreibmayer, Vorstand. Eduard Neuner, Ersatzmann. Albert Rösl, Cassier. Heinri h Schwaiger, Ersatzmann. Adolf Wiedemann, Schriftführer. Carl Brux, Ersatzmann.*
Donatus Dafelmayer	Schnitt- u Modewaaren	*Ferdinand Klaussner.*
Ferd. Dallmayer	Mater.-, Spec.- und Farbw. u. Früchtenhandlung	*Karl Wenz.*
Wilhelm Dallmayer	Spec.-, Früchten- u. Delicatessenhandlung	*Wilhelm Dallmayer.*
M Dampf	Schnitt- u Modewaaren	*Mayer Dampf.*
Dampfschifffahrts-Gesellschaft auf dem Würmsee	Betrieb der Dampf- und Schleppschifffahrt auf dem Würmsee	*Den Vorstand bilden 5 von der Generalversammlung gewählte Mitglieder. Das Vollzugsorgan des Vorstandes ist der Vorsitzende oder dessen Stellvertreter. Ferdinand Graf von Rambaldi, Vorsitzender. Angelo Knorr, Stellvertreter Josef Simmerl, Schriftführer. August v. Dallarmi. Ferdinand von Miller.*
J. Danhauser	Schnittwaaren	*Joseph Danhauser.*
Carl Danner	Mater.-, Spec - und Farbw. und Früchtenhandlung	*Karl Danner.*
Herrmann Dargatz	Mater.-, Spec.- und Farbw. u. Früchtenhandlung	*Hermann Dargatz.*
J. G. Dausch	Uhrmacher-Werkzeug- und Fournitureuhandelsgesch.	*Joh. Georg Dausch.*
Jac. Daxenberger	Tuchhandlung	*Michael Heiland.*
Th. Deible	Kurzwaaren	*Therese Deible.*
Alois Deiglmayr	Oelfabrik	*Max Jos Deiglmayr. Friedrich Deiglmayr.*
Gebr. Deiglmayr	Farbenfabrik, Colonial- und Materialwaarenhandlung	*Otto Deiglmayr.*
Friedrich Dekinder	Mater -, Spec.- u. Farbw.	*Friedrich Dekinder.*
Dempwolff'sche Buchhandlung u. Leihbiblioth. Max Gradinger	Buchhandl. u. Leihbiblioth.	*Max Gradinger.*
Salomon Deller	Lederhandlung	*Salomon Deller.*
Denzel & Cie	Strumpfwaarenhandlung	*Friedrich Denzel. Theodor Wagner.*
J. C. Develey	Senffabrik	*Johann Konrad Develey.*
J. B. Dietrich	Lithographische Anstalt	*Joh. Bapt. Dietrich.*
J. S. Dispecker	Grosshandlung	*Sigmund Dispecker.*
L. Döderlein	Vorstadtkrämerei	*Ludwig Döderlein.*
L. Dörnberger	Hutstofffabrik	*Levi Dörnberger.*
Gg. Dollinger	Landesproductengeschäft	*Jeanette Dollinger.*
Max Dopfer	Glas- u. Porcellanhandl.	*Max Dopfer.*
Dreschmaschinen-Gesellschaft Registr. Gesellsch mit beschränkt. Haftpfl. in Schleissheim	Erwerb von Maschinen und Benützung zum Dreschen	*Den Vorstand bilden: Carl Geiger, Vorstand. Conrad Weiss, Stellvertreter*
Dreufuss & Binswanger HN. [ZN Nürnberg]	Gemischte Waaren	*Gabriel Gustav Binswanger. Samuel Dreufuss.*
A S. Drey	Antiquitätenhandlung	*Aaron Schmay Drey.*
J. Drey junior	Antiquitätenhandlung	*Isaac Drey.*
Jacob & Ignatz M. Drey	Weiss-, Strumpf- u. Strickw.	*Jacob u. Ignatz Moritz Drey.*
August Dreyer	Chemisch - pharmaceutische u. physikalische Utensilienhandlung	*August Dreyer.*
Thomas Driendl	Litograph. Kunstanstalt	*Anna Driendl.*
Aug. Ebenböck	Mater.-, Spec.- und Farbw. u. Früchtenhandlung	*August Ebenbock.*
Wm. Eckstein	Landesproductenhandlung	*Wilhelm Eckstein.*
Anton Edel Spielwaarenhandlg F. J. Werner	Spielwaarenhandlung	*Franz Josef Werner.*
Eder & Schiffler	Kurz- und Galanteriewaaren en gros	*Otto Eder David Schiffler.*

A. Eder	Mater.-, Spec.- und Farbw. u. Früchtenhandlung	*Adam Eder.*
Michael Eder	Graveur	*Michael Eder.*
Hch. Ehegartner	Buchhand. u. Bücherverleihg.	*Heinrich Ehegartner.*
J. Einhorn & Comp.	Manufacturwaaren en gros	*Josef Einhorn. Löw Neumaier. Hermann Müller.*
Eisenbahnbau-Gesellschaft Del Bondio in München (Commanditgesellschaft)	Zweck der Gesellschaft ist die Uebernahme des Baues v. ganzen Eisenbahnstreck. oder auch einzelner Loose	*Karl Del Bondio, persönlich haftender Gesellschafter.*
Eisenwerk-Geslischaft Maximilianshütte	Fabrikation von Eisen und Allem was daraus hervorgeht	*Den Vorstand bilden: Karl Seligmann, Ernst Fromm, von denen jeder allein die Firma zu zeichnen berechtigt ist. Eisenwerkgesellschaft Maximilianshütte. N. N.*
F. H. Ellepeck	Eisenhandlung	*Josef Zenetti.*
Max Endres	Weinhandlung	*Max Endres.*
Bernhard Engel's Nachfolger	Weiss- u. Strumpfwaareng.	*Sigmund Neumeyer. Salomon Ellinger.*
H. Engländer	Schnitt- u. Modewaaren	*Hirsch Engländer.*
S. Engländer	Schnitt- u. Modewaaren	*Sigmund Engländer.*
Christ. Aug. Erich	Grosshandlung	*Christian August Erich.*
Esch & Cohen	Landesproductenhand, Mehl-Commissionsgeschäft	*A. Julius Esch. Samuel Cohen.*
Eschborn & Hirsch	Wollhandlung	*Leopold Hirsch. Markus Eschborn.*
Alois Eschenlohr & Cie.	Lederfabrik	*Alois Eschenlohr. Friedrich Thiel.*
Th. Escherich	Etuis- u. Portefeuillefabr.	*Carl Eschenbach.*
H. Eurich seel. Wwe. & Sohn	Nähmaschinenfabrik	*Anna Eurich. Gustav Willareth.*
Jos. Eymannsberger	Ledergrosshandlung	*Josef Eymannsberger.*
Falter & Sohn	Musikalienhandlung	*Otto Halbreiter.*
Fr. X. Faltermeier	Commiss.- u. Schreibbureau	*Franz Xaver Faltermeier.*
Federmann, Neumann & Cie.	Bank- u. Commissionsg.	*David Federmann. Ludwig Neumann. Oscar Monheimer*
F. & A. Feldmeier	Lederhandlung	*Feis Feldmeier. Albert Feldmeier.*
Ludwig Fellheimer	Strohhutfabrik	*Ludwig Fellheimer. Max Fellheimer.*
J. B. Fensterer	Schirmfabrik	*Philipp Denzel.*
Georg Ferchl	Nadlerwaaren	*Georg Ferchl.*
J. B Ferling	Grosshandlung	*Joh. Bapt. Ferling.*
E. Feuchtwanger	Landesproductenhandlung	*Elkan Feuchtwanger. David Feuchtwanger* **P.**
Josef Feuchtwanger	Blechpatronenfabrik	*Josef Feuchtwanger.*
J. L. Feuchtwanger	Bank- u. Wechselgeschäft	*Moritz Feuchtwanger. Jacob Löw Feuchtwanger.*
Ludwig Findel	Mater-, Spec.- und Farbw. u. Früchtenhandlung	*Ludwig Findel.*
Ferd. Finsterlin Photographischer Kunstverlag	Photographischer Kunstverl.	*Ferdinand Finsterlin.*
Jos. Ant. Finsterlin	Buchhandlung	*Joseph Alphons Finsterlin.*
Louis Finsterlin	Verlags- u. Sortimentsbuchh.	*Louis Finsterlin.*
Friedrich Flad	Mater.-, Spec.- und Farbw. u. Früchtenhandlung	*Xaver Millbauer.*
E. A. Fleischmann's kgl. Hof-Buch- u. Kunsthdlg. (Riegner)	Kunst- u. Buchhandlung	*Albert Riegner. Adolph Ackermann. Gustav Sontheimer.*
V. Fleckinger	Papierfabrik	*Vitus Fleckinger*
Wilh. Flossmann	Grosshandl. Com u. Sped.	*Wilhelm Flossmann. Wilhelm Butz* **P.**
W Forndran	Oelfarbendruckfabr.	*Wilhelm Forndran.*
Forstner & Pabst	Com.-, Agent.- u. Incassog.	*Otto Forstner. Friedrich Pabst.*
A. Fränkel	Wolllager	*Wolf Fränkel. Isidor Fränkel.*
Gebr Frank ZN [HN. Stuttgart]	Band- u. Weisswaareng.	*Adolf u Carl Frank.*
S. Frankl	Mater -, Spec.- und Farbw. u. Früchtenhandlung	*Sebastian Frankl.*
Georg Franz'sche Buchhandlg. E. Lotzbeck	Buchhandlung	*Edmund Lotzbeck.*
Eugen Friedberger	Schnitt- u. Modewaarenh.	*Eugen Friedberger.*
J. & S. Friedmann	Bankgeschäft	*Josef Friedman Sigwart Friedmann.*
Cäsar Fritsch	Verlags- u Sortimentsbuchh	*Cäsar Fritsch*
Heinrich Fritsch	Weinhandlung	*Heinrich Fritsch.*
J. G. Fuchs	Agentur- u Incassogesch.	*Johann Georg Fuchs.*
Ernst Fürther	Bank- u. Wechselgesch	*Ernst Fürther. Elias Rosenfeld* **P.**

Gabler & Mengert	Agent.-, Com.- u. Speditg.	*Max Gabler. Adolf Mengert.*
Gasbeleuchtungsgesellschaft in München	Gasfabrik	*Den Vorstand bilden 7 von der Generalversammlung gewählte Mitglieder: Ernst Schönlin, Vorsitzender. Friedrich Fries, Stellvertreter des Vorsitzenden. Julius Scheuer, Secretär des Vorstandes. Christian Friedrich Kohler. Julius Knorr. Johann Carnot. Caspar Bonnet. Der Vorsitzende des Vorstandes zeichnet die Firma; in dessen Verhinderung der Stellvertreter desselben unter Beifügung dieser seiner Eigenschaft.*
Gasanstalt Eger	Betrieb der Gasbeleuchtungsanstalt der Stadt Eger	*Den Vorstand bilden 5 von der Generalversammlung gewählte Mitglieder. Das Vollzugsorgan ist der Vorsitzende des Vorstandes, welcher die Firma zeichnet. Dr. Nicolaus Heinrich Schilling, Vorsitzender des Vorstandes. Johann Carnot, Stellvertreter des Vorsitzenden. Ernst Schönlin. Adalbert Maier. Eberhard Lang. Louis Bauer. Louis Deiglmayer. Bei Verhinderung des Vorsitzenden ist auch dessen Stellvertreter zur Firmenzeichnung befugt.*
Benedict Gautsch	Drahtmatrazenfabrik	*Benedict Gautsch.*
Benedict Gautsch Firma Hofer, Driendl & Comp.	Eisen- u. Geschmeidewh.	*Benedict Gautsch.*
Georg Gautsch	Leinen-, Garn-, Zwirn- und Strumpfwaarenlager	*Georg Gautsch.*
Joseph Gautsch	Bleich- u. Wachswaarenfab.	*Josef Gautsch.*
L. Gautsch	Eisenwaaren	*Louise Gautsch.*
Geist & Breuninger	Landesproductenhandlung	*August Geist. Felix Breuninger.*
Jos. Genève	Schirmfabrik	*Ignaz Reim.*
L. Gerhager	Schnitt- u. Modewaaren und Tuchhandlung	*Ludwig Gerhager.*
Martin Gernet	Weinhandlung	*Martin Gernet.*
Gerdeisen & Ebner	Seidenwaarenfabrik	*Michael Gerdeisen* A. *Josef Ebner*
Gewerbl. Association München Eingetragene Genossenschaft	Beschaffung von Geldmitteln für die Mitglieder	*Den Vorstand bilden: Karl Delcroix, I. Vorstand. Nicolaus Weigl, II. Vorstand.*
Leopold Gift	Schnitt- u. Modewaaren	*Leopold Gift.*
L. Gift jun.	Schnitt- u. Modewaaren	*Lazarus Gift.*
Girard frères	Speditionsgeschäft	*Clement Gondrand* A. *Franz Gondrand.*
J. B. Giulini	Grosshandlung- Mater.-, Gift- u. Arzneiw.	*Carl Johann Giulini.*
Glasfabrik Kolbermoor	Glasfabrik	*Den Vorst. bildet mit dem Rechte der Zeichnung und Vertretung der Firma: German Kern, welcher in der Weise zeichnet, dass er seinen Namen unter die Firma setzt. Vorsitzender des Aufsichtsrathes ist Carl Freih. v. Venningen-Ullner, dessen Stellvertreter Dr Henle.*
Johann Glink	Schirmfabrik	*Johann Glink.*
J. A. Globerger	Handlung	*Joh. Anton Globerger.*
August Glonner	Eisenhandlung	*Rudolph Schröder.*
Ernst Glückher sen.	Fabrik plattirter Tafel- und Küchengeräthe	*Ernst Glückher.*
Gebrüder Götz	Hopfenhandlung	*Seligmann Götz. David Götz.*
S. Götz & Comp.	Rauhwaarenhandlung und Landesproducte	*Samuel Götz. Jacob Götz.*
A. Goldschmidt & Comp. ZN. [HN. Oettingen]	Grosshandlung	*Abraham Goldschmidt. Josef Goldschmidt. Bernhard Goldschmidt.*
Fr. P. Grabmayer	Vorstadtkrämerei	*Franz Paul Grabmayer.*
J. F. Graf	Agentur	*Josef Ferdinand Graf.*
Grafenberg & Comp.	Bank- u. Wechselgeschäft	*Sigmund Grafenberg. Salomon Hirschinger.*
Jacob Gramer	Kunsthandlung	*Jacob Gramer.*
Grashey & Poujarniscle	Korkholzgrosshandlung	*Alexander Grashey. Jean Poujarniscle.*
Moritz Gras	Getreide- u Landesprodhdl u. Hutstofffabrik	*Moritz Gras.*
Georg Greif	Mater.-, Spec.- Farbw. und Früchtenhandlung	*Georg Greif.*
A. Grodemange	Weinhandlung	*Fritz Reiss.*
Jos. Grosjean	Stickereiwaaren	*Josef Grosjean.*
Melchior Grosjean	Stickereiwaaren	*Melchior Grosjean.*
Ferdinand Gross	Tabakhandlung	*Karl Gross.*
Alois Gruber	Mater.- Spec.- und Farbw. u. Früchtenhandlung	*Alois Gruber*
Jul. Grubert	Buchhandlung	*Julius Grubert.*
S. Grübel	Bank- u. Wechselgeschäft	*Sigmund Grübel. Lazarus Grübel.*
Georg Grünwald	Mater.-. Spec.- und Farbw. u. Früchtenhandlung	*Georg Grünwald.*

Carl Gschnitzer	Handlung	*Malwina Gschnitzer.*
K. Gürbich	Herrenkleiderhandlung	*Katharina Gürbich.*
Guggenheimer & Cie. (Commanditgesellschaft)	Bank- u. Commissionsg	*Moritz Guggenheimer. Eduard Guggenheimer. Josef Guggenheimer, persönlich haftende Gesellschafter.*
August Guggenheimer	Bank- u. Wechselgesch.	*Moritz Maron.*
Bernard S. Guggenheimer in liquid.	Grosshandlung	*Moritz, Eduard, Jos. Guggenheimer, zugleich Liquidatoren.*
Sigmund Guggenheimer jr.	Grosshandlung	*Sigmund Guggenheimer.*
E. H. Gummi's Buchandlg. Gustav Beck	Buchhandlung	*Gustav Beck.*
Gutleben & Weidert	Bank- u. Wechselgeschäft, Sped. u. Commission	*Johann Karl Weidert. Josef Gutleben jr.*
Gutmann & Lämle	Grosshandlung	*Hirsch Gutmann. Heinrich Lämmle. Jonas Gutmann* P
Gebrüder Gutmann	Bankgeschäft	*Ignaz Gutmann. Carl Gutmann. (Die Gesellschafter betreiben unter gleicher Firma in Nürnberg das gleiche Geschäft.)*
Wilh. Gutsch	Buch-, Kunst- u. Antiquariatshandlung	*Wilhelm Gutsch.*
F. Gypen	Kunst- u. Buchhandlung	*Friedrich Gypen.*
Haasenstein & Vogler ZN. [HN. Hamburg]	Annoncenexpedition	*Karl Ferdinand Haasenstein. Gustav Adolf Vogler. Otto Christian Heinrich Molien. Bernhard v. Clödt* P.
Leo Hänle	Gold- u. Silberpapier-Broncefabrik u. Blattmetallf.	*Leo Hänle. Friedrich Hänle. Gustav Crailsheim* P.
Theodor Häutle	Chocoladefabrik	*Theodor Häutle*
O. N. Hage	Stickereiwaaren u. gemischte Waaren	*Anton Hage.*
J. Haimann	Grosshandlung	*Hermann Haimann. Moses Schmal.*
Herrmann Hamm	Cigarren u. Tabakhdlg.	*Hermann Hamm.*
Franz Hanfstängl	Photograph. Institut	*Edgar Hanfstängl. Anton Dernen* P.
Hannes & Wieninger	Porcellanmalerei u. Handl.	*Joseph Hannes. Anton Wieninger.*
Rudolph Harras	Commiss. u. Incassog.	*Rudolf Harras.*
Elise Harsch	Vorstadtkrämerei	*Elise Harsch. Raimund Glas* P.
Jacob Hartmann	Handelsagent	*Jacob Hartmann.*
Math. Hartmann	Vorstadtkrämerei	*Mathilde Hartmann.*
J. Haslwanter	Musikalienverlag, Musikinstrumentenverlag	*Johann Haslwanter.*
Thom. Hauf	Eisengiesserei	*Thomas Hauf.*
Math. Hauser'sche Weinhandlg. von Marcus Wirth	Weinhandlung	*Marcus Wirth.*
B. Hayd	Kürschnerwaaren	*Bernhard Hayd.*
Friedr. Hayler	Schnitt- u. Modewaaren	*Friedrich Hayler.*
Hechinger & Heilbronner	Kurz- u. Futterstoffw.	*Julius u. Gabriel Hechinger. Jonas Heilbronner.*
J. v. Heckel	Blumenfabrik	*Josef v Heckel Valentin v Heckel* P.
Heilbronner & Bauer	Bank- u. Wechselgesch	*Max Heilbronner. Moritz Bauer.*
Gebrüder Heilbronner	Antiquitätenhandl.	*Josef Heilbronner. Raoul Heilbronner.*
L. Heilbronner & Cie.	Grosshandlung	*Louis Heilbronner. Heinrich Kaumheimer.*
Anton Heilmeyer	Vorstadtkrämerei	*Anton Heilmeyer.*
S. J. Heine	Grosshandlung	*Salomon Josef Heine.*
Hugo Heiss	Mater.-, Spec.- und Farbw. u Früchtenhandlung	*Hugo Heiss.*
Sigmund Helbing	Schnitt- u. Modewaaren u. Antiquitätenhandlung	*Sigmund Helbing. Isaac Lebrecht* P.
Franz Herberich Herrmann vorm. Reschreiter	Mater.-, Spec.- und Farbw. u. Früchtenhandlung	*Sigmund Hermann.*
J. B. Herzog vorm. C Hüther	Waschmehl- u Essigfabr	*Joh. Bapt. Herzog.*
Otto Herz	Tabakhandlg.	*Otto Herz.*
Gebrüder Hesselberger	Lederhandlung	*Isidor Hesselberger. Julius Hesselberger.*
A. Heucke	Modegeschäft	*Anna Heucke.*
A. Hiendlmayr	Mater.-, Spec.- und Farbw. u. Früchtenhandlung	*Anton Hiendlmayr.*
S. Hilber	Mehlhandlung	*Susanna Hilber.*
Carl Hildebrand	Porcellan- u. Glaswaaren	*Karl Hildebrand.*

Gebrüder Hiller	Stickerei-, Galanterie- und Kurzwaaren	*Samuel Hiller.*
S. Hiller junior	Gold- u. Silberwaarengesch en gros	*Salomon Hiller.*
Hch. Hirsch	Grosshandlung	*Heinrich Hirsch.*
Hirsch & Belly	Rauhwaarenhandlung	*Heinrich Hirsch. Georg Belly. Friedrich Bernhard Belly. Louise Belly.*
Joseph v. Hirsch	Bankgeschäft	*Joseph v. Hirsch. Emil v. Hirsch. Jonas v. Hirsch* **P.** *Moriz S. v. Hirsch* **P.** *Sigmund Rothschild* **P.** *Joachim Brandiner* **KP.** *David Selz* **KP.**
M. Hirschnagl	Lederhandlung	*Michael Hirschnagl.*
Carl Höch	Baumaterialienhandlung	*Carl Höch.*
Raphael Höchstätter	Farbwaarenhandlung	*Raphael Höchstädter*
Albert Höfeld	Kleidermagazin	*Albert Höfeld.*
Gebrüder Höfeld	Herrengarderobegeschäft	*Felix Höfeld. Julius Höfeld.*
Joh. Bapt. Hörmann	Papierhandlung	*Joh. Bapt. Hörmann.*
Chris. Hörner	Bronce- u. Messingwf.	*Christian Hörner.*
Georg Hof	Conditorei- u. Chocoladef.	*Georg Hof.*
Joh. Carl Hofmann	Mater.-, Spec.- und Farbw. u. Früchte	*Johann Carl Hofmann.*
G. A. Hoffmann ZN. [HN. Nürnberg]	Buch- u. Kunsthandl.	*Georg Andreas Hoffmann.*
Franz Hohenauer	Productenhandlung	*Franz Hohenauer.*
L. Holler	Lithographie u. Etiquettenf	*Louis Holler.*
Holzinger & Heymann	Tuchhandlung en gros	*Meyer Holzinger. Julius Heymann.*
Heinrich Horlacher, Stärkfabr.	Stärkfabrik	*Heinrich Horlacher*
Anton Huber	Schnitt- u. Modewaaren	*Anton Huber.*
Johann Huber	Vorstadtkrämerei	*Johann Huber.*
Josef Huber	Mater.-, Spec.- und Farbw. u. Früchtenhandlung	*Josef Huber.*
Georg Hüber	Vorstadtkrämerei	*Georg Hüber.*
Ludwig Hüber	Mater.-, Spec.- und Farbw. u. Früchte	*Ludwig Hüber.*
Stefan Hübner	Agenturen	*Stefan Hübner.*
F. S. Hübschmann'sche Buchdruckerei, E. Lintner	Buchdruckerei	*Eduard Lintner.*
Hügel & Saager	Generalbauunternehmungsg., Handel mit allen in das Baufach einschlagenden Artikeln	*Heinrich Hügel. Michael Sager.*
Anton Hummer	Vorstadtkrämerei	*Anton Hummer.*
Josef Huseneder	Spielwaarenhandlung	*Josef Huseneder.*
P. Huyn	Handlung	*Peter Huyn.*
Theodor Jäger & Cie.	Grosshandlung	*Theodor Jäger. Hermann Döderlein.*
Jani & Haseney.	Schriftgiessereigeschäft	*Anton Jani. Oscar Haseney*
Joh. Ibel sel. Wwe.	Mater.-, Spec.- u. Farbw.	*Josef Franz Rüderer.*
Mich. Ilg	Vorstadtkrämerei	*Michael Ilg.*
Institut für kirchliche Glasmalerei F. H. Zettler	Glasmalerei	*F. H. Zettler.*
J. Irlbacher	Journalbuchhandlung	*Josef Irlbacher.*
J. B. Irlbeck	Lederhandlung	*Joh. Bapt. Irlbeck.*
Joseph Käsbohrer	Vorstadtkrämerei	*Jos. Käsbohrer.*
L. Kahn	Schnitt- u. Modewaaren	*Ludwig Kahn.*
Chr. Kaiser	Buchhandlung	*Friedrich Karl Miller*
J. Kaiser	Hasenhaarschneidfabrik	*Johann Kaiser.*
Otto Kaiser	Blumenblätterfabrik	*Otto Kaiser.*
R. J. Kaisenberg	Weisswaaren	*Rainer Julius Kaisenberg.*
X. Kalb	Sortiments Buchhandlung	*Xaver Kalb.*
J. L. Kaltenecker & Sohn	Siebwaarenfabrik	*Jacob Kaltenecker. Jacob Lorenz Kaltenecker.*
J. Kapfhamer	Specerei- u. Cigarreng.	*Josef Kapfhamer.*
S. Karl	Hopfenhandlung	*Ignaz Karl.*
Károly & Lasky ZN. [HN. Wien]	Bank- u. Wechselgeschäft	*Josef Károly. Adolf Lasky. Josef Waiss* **A.**
F. Kathreiner	Mater.-, Farb- u. Specereiw. u. Früchtenhandlung	*Emil Wilhelm.*
Hermann Kaula	Bank- u. Wechselgeschäft	*Hermann Kaula.*

And. Kaut	Schreibmaterialienhandlung	*Max Josef Huber.*
Wilh. Keil	Geschmeidewaarenhandlung	*Wilhelm Keil.*
C. L. Kellerer	Mater.-, Spec.- und Farbw. und Früchtenhandlung	*Carl Kellerer.*
C. J. Kellner	Strohhut- Bänder- u. Federhandl. u. Modewaaren	*Carl Josef Kellner.*
Lud. Ketterer	Mater.-, Spec.- u. Farbw.	*Ludwig Ketterer*
Max Kindler	Dütenfabrik	*Max Kindler.*
Georg Kinshofer	Mater-, Spec.- und Farbw. u. Früchte	*Georg Kinshofer.*
M. P. Kirchdörfer	Bank- u. Wechselgeschäft	*Moritz Kirchdörfer.*
Kirschbaum & Schuh	Buchdruckerei	*Hubert Kirschbaum. Georg Schuh.*
F. Kitzinger	Leinen- u. Baumwollw.	*Faist Kitzinger.*
Kleiber & Comp.	Hopfenhandlung	*Abraham Kleiber. David Kleiber. Jacob Götz.*
Joseph Kleiber	Drogueriewaarenhandl.	*Joseph Kleiber.*
F. Klein jun.	Mater-, Spec.- und Farbw. und Früchte	*Friedrich Klein.*
F. Klein sen.	Vorstadtkrämerei	*Friedrich Klein.*
G. C. Kleinfeller	Fleischwaarenhandlung	*Gottlieb Karl Kleinfeller.*
Klöpfer & Haberstrumpf HN. [**ZN.** Mainz]	Holzhandlung	*Joh. Christ. Klöpfer. Wilhelm Haberstrumpf.*
Siegfried Klopfer	Bankgeschäft	*Siegfried Klopfer*
Koch & Blank	Blumenfabrik	*Otto Koch. Emil Blank.*
A. Koch & Comp.	Seilerw. u. Rosshaarspinnerei	*Abraham Koch. Julius Graf. Moritz Koch.*
Elias Cohn Königsberger	Tuchwaarenhandl. en gros	*Elias Cohn Königsberger. Adolf Königsberger. Leopold Königsberger* **P.** *Hermann Königsberger* **P.**
Carl Königshöfer	Specereihandlung	*Karl Königshöfer.*
Kohn & Comp.	Lederhandlung	*Salomon Kohn. Josef Kohn. Menahem Kohn* **P.**
J. L. Kohn	Grosshandlung	*Isaak Löw Kohn. Robert Hermann Nathan Kohn* **P.** *Fanny Kohn* **P.**
Salomon Kohn	Handlung	*Salomon Kohn.*
Kohnstamm jun.	Grosshandlung	*Abraham Löw Kohnstamm.*
Krämer & Steinmetz	Mühle	*Leonhard Krämer. Christoph Steinmetz.*
Th. Krakaruky	Schlosserwaaren	*Therese Krakaruky.*
G. Kraus & Cie.	Liqueur- u. Spirituosenfabr.	*Georg Kraus. Albert Pfaffenzeller.*
Andr. Kreitmayer	Sortimentsbuchhandlung	*Andreas Kreitmayer.*
Julius Kremser	Leimfabrik	*Julius Kremser.*
F. X. Kreuz	Lederhandlung	*Franz Xaver Kreuz.*
M. Krieger	Mehlhandlung	*Max Krieger.*
Ad. Kröber HN. [**ZN.** Rosenheim, Traunstein u. Cham in der Oberpfalz]	Holzhandlung en gros	*Adolph Kröber. Adolf Hertlein* **P.**
J. Kron	Parfümeriefabrik	*Felix Strasser.*
Jos. Künsberg	Gemischte Waaren	*Josef Künsberg.*
Gebr. Kuffer	Fischhandlung	*Andreas Kuffer. Joh. Bapt. Kuffer.*
W. Kumpfmiller	Mater.-, Spec.- und Farbw. und Früchtenhandlung	*Wilhelm Kumpfmiller.*
Kunstanstalt für Oelfarbendruck von Georg Nieberle	Kunstanstalt f. Oelfarbendr.	*Adalbert, Eugen, Karl, Amalie Nest. Johann Heitzmann* **P.**
Commandit - Gesellschaft der Kunstmühle Tivoli v. K. Kurländer & Comp.	Kunstmühle	*Korbinian Kurländer, persönlich haftender Gesellschafter.*
J. G. Kunze	Darmhandlung	*Julius Gustav Kunze.*
J. Kurtz	Weinhandlung	*Jacob Kurtz.*
A. & B. Kurzwart	Rauhwaarenhandlung	*Andreas Kurzwart. Bartholomäus Kurzwart.*
F. S. Kustermann	Eisenhandlung	*Max Kustermann. Paul Reih* **P.**
M. Kuttenberger	Parfümeriefabrik	*Martin Kuttenberger.*
Eduard Lacher	Schnitt- u. Modewaaren	*Eduard Lacher.*
Jacob Lammfromm	Liqueurfabrik	*Jacob Lammfromm.*
Landauer et Lehmann	Posamentierw. en gros	*Otto Landauer. Isaac Lehmann.*
E. Landauer	Bank- u. Wechselgeschäft	*Karolina Landauer. Ernst Arnstein* **P.**
Leopold Landauer	Kunsthandlung	*Leopold Landauer.*
L. Landauer et Comp.	Weiss- u. Strumpfwaaren	*Leopold Landauer. Bernhard Hartmann.*
A. Lang	Eisen- u. Geschmeidewh.	*August Lang.*

Carl Lang	Bank- u. Wechselgesch.	*Carl Lang.*
Karl Lang	Mater.-, Spec.- und Farbw. u. Früchtenhandlung	*Ludwig Kapfer.*
Wilderich Lang	Fabrication von Essential- u. Melissen-Balsam	*Max Wilderich Lang.*
Theod. Langenmaier	Tapetenfabrik	*Theodor Langenmaier.*
Franz Lechner	Mater.-, Spec.- und Farbw. u. Früchtenhandlung	*Franz Lechner.*
Gottfried Ledermayer	Vorstadtkrämerei	*Gottfried Ledermayer.*
A. Lehmann	Grosshandlung	*Josef Lehmann. Ludwig Seeligmann.*
Lehmann & Comp.	Tuchhandl. en gros	*Samuel Lehmann. Louis Levinger. Isaak Goldschmidt.*
J. J. Lentner'sche Buchhandlung [E. Stahl] HN. [ZN. Wasserburg]	Buchhandlung	*Ernst Christian Siegfried Stahl.*
J. G. Leuze & Söhne	Grosshandlung	*Otto Leuze. Wilhelm Leuze Johann Küll* **P.**
Levinger & Reichenberger	Schnitt- u. Modewaaren	*Louis Lazarus Reichenberger. David Levinger.*
J. B. Levinger	Tuchwaaren	*Lazarus Levinger.*
M. Levinger	Tuchhandlung	*Max Levinger.*
H. Liebermann	Gemischte Waaren	*Heinrich Liebermann.*
Wold. Liebernickel ZN. [HN. Leipzig]	Annoncen- u. Anzeigeg	*Karl Maximilian Woldemar Liebernickel. Robert Helfer* **P.**
D. J. Lichtenstein	Grosshandlung	*Jacob Lichtenstein.*
Franz Lindauer	Schnitt- u. Modewaaren	*Friedrich Lindauer.*
J. Lindauer'sche Buchhandlung Schöpping	Buchhandlg. u. Leihbiblioth.	*Karl Schöpping.*
J. F Lintner	Cigarrenfabrik	*Ferdinand Lintner.*
Jacob Lipkowitz	Rauhwaarenhandlung	*Franziska Lipkowitz.*
Gebr. Lismann	Kupferhammer	*Benjamin u. Abraham Lismann.*
Lissauer & Gutmann	Lederhandel	*Josef Gutmann. Jacob Lissauer.*
Literarisch-artistische Anstalt Th. Riedel	Sortiments- u. Verlagsbuchh.	*Theodor Riedel.*
Michael Loder	Lederhandlung	*Michael Loder*
Wilhelm Lodter	Steinkohlen u. Coaksh.	*Wilhelm Lodter.*
G. Lorenz'sche Schriftgiesserei	Schriftgiesserei	*Gustav Lorenz.*
Lorcy & Krempelhuber	Herrengarderobehandlung	*Karl Reichenbach.*
M. Lottner	Grosshandlung	*Max Lottner.*
J, Lüttich	Steingut- und Thonwaaren-Handelsgeschäft	*Josef Lüttich.*
F. X. Lunglmayr sen. sel. Wwe.	Weinhandlung	*Karl Fries.*
J. M. Lutz	Wichs- u. Lackfabrik	*Johann Mich. Lutz.*
E. Madlener	Mater.-, Spec.- und Farbw. u. Früchtenhandlung	*Eduard Madlener.*
J. März	Vorstadtkrämerei	*Josef März.*
Maffei'sche Tabak- u. Cigarrenfabrik	Tabak- u. Cigarrenfabrik	*Johann Ritter von Maffei Carl Friedrich Ritter v Maffei. Ludwig Schodel* **P.**
Gebrüder v. Maffei HN. [ZN. Regensburg]	Kunstgiesserei, Werkstätte zur Herstellung von Eisenconstructionen, insbesondere zum Brückenbau	*Joh. Ritter v Maffei. Karl Friedrich Ritter von Maffei. Franz Alexander Fischer* **P.**
J. A. Maffei HN. [ZN. Hirschau]	Eisenwerk Hirschau, Locomotiv u. Maschinenfabr.	*Hugo Ritter v. Maffei. Franz Alexander Fischer* **P.**
Leonhard Mändle	Seidenwaaren en gros	*Elias Rosenthal.*
Christoph Maier	Vorstadtkrämerei	*Christoph Maier*
Jos Aug. Mainz	Handschuh- u. Lederfabr.	*Joseph August Mainz.*
A. Maison	Bandwaaren	*Aaron Maison. Karl Maison.*
Jacob Mandelbaum	Lederhandlung	*Jacob Mandelbaum.*
Ignaz Mandelbaum	Bettfedernh. u. Thierhaarzubereitung	*Ignaz Mandelbaum.*
Moritz Mandelbaum	Rauhwaarenhandlung	*Moritz Mandelbaum.*
J. Mannhardt'sche Thurmuhrenfabrik	Thurmuhrenfabrik	*Franz Göttner.*
Hermann Manz	Kgl. Hof-, Kunst- u. Buchh.	*Josef Gündter.*
Josef Marum	Bank- u Wechselgeschäft	*Josef Marum.*
Marx & Neustätter	Bank- u. Wechselgeschäft	*Elias Marx Sigmund Neustätter.*
L. Massenbach & Comp.	Holzhandlung	*Ludwig Massenbach. Moritz Freundlich.*

J. Matulka	Schnitt- u. Modewaaren	*Otto Matulka.*
May & Widmeyer	Kunst- u. Landkartenh.	*Heinrich Widmeyer.*
B. Mayrhofer	Silberwaarenhandlung	*Joseph Wöstermayer.*
Ernst Mayer	Grossh. in Getreide u. Prod.	*Ernst Mayer. Ludwig Schäfer* **P.**
G. Mayer	Grosshandlung	*Georg Mayer.*
J. Mayer	Handlung	*Johann Mayer.*
Jos. Mayer	Eisenhandlung	*Joseph Mayer Joseph Mayer jr.* **P.**
Max Mayer	Tabakhandlung	*Max Mayer.*
Bernhard Mayr	Vorstadtkrämerei	*Bernhard Mayr.*
Georg Mayr	Geflügel- Wein- u. Reish.	*Georg Mayr.*
H. Mayr & Nordhoff	Rauhwaarenhandlung	*Franz Nordhoff. Heinrich Mayr.*
J. B. Mayr	Mater.-, Spec.- und Farbw. und Früchtenhandlung	*Joh. Bapt Mayr.*
Joh. N. Mayr	Grosshandlung	*Johann Nepomuk Mayr.*
Roman Mayr	Weisswaaren	*Mathias Oberhummer. Hugo Oberhummer. Roman Oberhummer*
Mayer'sche Kunstanstalt	Glasmalerei	*Joseph Gabriel Mayer Ant. Bachmayer* **KP.** *Georg Wagner* **KP**
G. Megele	Vorstadtkrämerei	*Gottfried Megele*
F. Joseph Meisinger & Sohn	Lederhandlung	*F. Joseph Meisinger. F. Joseph Meisinger jr.*
Johann Melzl	Mater.-, Spec.- und Farbw.	*Johann Melzl.*
Chr. August Mengin	Grossh., Wechsel u Waarensensal	*Christian August Mengin.*
Josef Mengin	Weinhandlung	*Josef Mengin.*
Alb. Merk, Poschinger's Nachfolger	Specereiwaarenhandlung	*Albert Merk.*
Merck Christian & Co. [Commanditgesellschaft]	Bankgeschäft	*Heinrich Merck, Adolph Christian, Wilhelm Fink, persönlich haftende Gesellschafter.*
J. B. Mertz, Wachswaarenfabr.	Wachswaarenfabrik	*Carolina Westermeier.*
Gottfried Merzbacher	Kürschnerwaaren	*Gottfried Merzbacher.*
Carl Merz	Vorstadtkrämerei	*Carl Merz.*
G. & S. Merz	Optisches Institut	*Georg Merz. Sigmund Merz.*
Metzeler & Comp.	Gummi- u. Guttaperchawf.	*Rob. Friedrich Metzeler. Fritz Stiefenhofer* **P.**
Anton Metzger	Commissionsgeschäft	*Anton Metzger.*
Louis Meunier	Tabakhandlung	*Louis Meunier.*
Andr. Mayer's Nachfolger	Tabakhandlung	*Ludwig Herd.*
Gebrüder Meyer	Grosshandlung	*David Meyer. Sigm. Löbl. Therese Meyer* **P.**
J. B. Michel	Weinhandlung	*Karl Fries Heinrich Düringer*
Milli-Kerzen- und Seifenfabrik in Liquidation	Millikerzen- u. Seifenfabr.	*Pauline Gräfin v. Gatterburg. Franz Carl Bullinger* **P.**
Milli-Kerzen- u. Seifenfabrik	Millikerzen- u. Seifenfabr.	*Elkan Wassermann. Nathan Hirsch* **P.**
Mittermüller & Brummer	Korkhandlung en gros	*Anton Mittermüller. Georg Brummer.*
A Molitor	Stroh-, Bast- u. Spaterief.	*Anton Molitor.*
Ludwig Albert Montmorillon'sche Kunsthandlung	Kunsthandlung	*Josef Maillinger.*
Adolf Morstadt	Caffeebrennerei mit Maschinenbetrieb	*Adolf Morstadt.*
Carl Müller	Papier- u. Schreibmaterh.	*Carl Müller.*
Heinrich Müller	Schnitt- u. Modewaaren	*Donatus Kolb.*
Ludwig Müller	Mater.-, Spec- und Farbw.	*Ludwig v. Müller.*
A. Münchmayr	Mater -, Spec.- und Farbw. und Früchtenhandlung	*Andreas Münchmayr.*
Münchener Draht-Matrazenfabrik A. Oppenrieder	Drahtmatrazenfabrik	*Nicolaus Oppenrieder.*
Münchener Draht-Matrazenfabrik von Jacob Steiner jr.	Drahtmatrazenfabrik	*Jacob Steiner jun Benedict Gautsch jr.* **P.**
Münchener Industriebank. Eingetragene Genossenschaft	Beschaffung von Geldmitteln für die Mitglieder	*Den Vorstand bilden: Julius Kremser, I. Director Carl Billing, II Director. Clemens Mathieu, Controleur.*
Erste Münchener Schneider-Genossenschaft. Eingetragene Genossenschaft	Anfertigung u Verkauf v. Herrenkleidern	*Konrad Hahn Vorstand. Franz Göppel, Friedrich Jäck, Josef Neuert, Mitglieder des Ausschusses.*
I. Münchener Schreiner-Genossenschaft. Eingetragene Genossehschaft	Förderung u. Vertretung d. gewerblich Interessen nach Innen u. Aussen; Betrieb der Fabrikation v Möbeln auf gemeinschaftl. Rechn.	*Den Vorstand bilden: Michael Maier, I. Vorstand Vincenz Fahry, II. Vorstand. Wilhelm Pfaff, Cassier. Jos. Heigel, Controleur.*

Münchener Thonwaarenfabrik von Robert Harras et Co.	Thonwaarenfabrik	*Robert Harras Josef Schönlaub.*
Heinrich Murr	Grosshandlung	*Heinrich Murr.*
P. Murr	Modewaaren	*Peppi Murr. Louis Murr* **P.**
S. Murr jun.	Licitationsgeschäft	*Samuel Murr.*
J. G. Nägelein et Comp.	Damenconfectionsgeschäft	*Georg Farnbacher. Johann Nägelein.*
Georg Nauen	Gemischte Waaren	*Georg Nauen.*
Philipp Neresheimer	Gold- u Silberwaarenhdl.	*Philipp Neresheimer*
D. M. Neuburger ZN [HN. Ulm]	Band-, Posamentier- und Seidenwaaren en gros	*David Mayer Neuburger. Lazarus Weinmann.*
Emil Neuburger	Band- u. Seidenw. en gros u. en detail	*Emil Neuburger.*
Gebrüder Neuburger	Cigarrenlager	*Raphael Neuburger. Julius Neuburger. Ignaz Neuburger*
R. Neuburger et Comp.	Band- u. Seidenwaaren	*Raphael u. Ludwig Neuburger*
Barth. Neumaier	Mater -, Spec.- und Farbw u. Früchtenhandlung	*Bartholomä Neumaier*
E. Neumann	Kurzwaaren	*Ernst Neumann.*
M. H. Neumeyer	Handlung	*Mayer Hirsch Neumeyer.*
Nathan Neumeyer	Herrenkleiderhandlung	*Nathan Neumeyer.*
Edmund Neuner et Comp.	Weinhandlung	*Edmund Neuner. Ludwig Mielach* **P.**
A. Neustätter	Weisswaaren	*Julius Neustätter.*
August Neustätter	Papier- u. Schreibmaterhdl.	*August Neustätter.*
Jacob Neustätter jun.	Weisswaarengeschäft	*Jacob Neustätter.*
Jereme Neustätter	Bijouteriewaarenfabr	*Jereme Neustatter Albrecht und Julius Neustätter* **P**
Isidor Neustätter's Wwe	Bank- u. Wechselgeschäft	*Emil Neustätter.*
Otto Neustein	Landesproductenhandl	*Otto Neustein.*
Neymayr et Co.	Werkzeug-, Holzwaaren- und Massstabfabrik	*Josef Neymayr. Karl Mayer.*
Carl Niggl	Handlung	*Carl Niggl.*
J. B. Noder	Mater.-, Spec - und Farbw. u. Früchtenhandlung	*Johann Bapt. Noder.*
Niederlage der Nürnberger Tapetenfabrik ZN. [HN Nürnberg]	Tapetenfabrik	*Ottomar Briegleb Ernst Bayer* **P.**
Jos. Nutzinger jun.	Tuchhandluug	*Joseph Nutzinger.*
Jac. Oberdorfer	Antiquariat	*Jacob Oberdorfer.*
Hermann Oberhummer	Mater.-, Spec.- und Farbw	*Hermann Oberhummer.*
H. Obermeyer	Detailhandlung	*Hirsch Obermeyer.*
Paul Obermaier	Vorstadtkrämerei	*Paul Obermaier.*
J. N. Oberndörffer	Bank- u. Wechselgeschäft	*Abraham Merzbacher. Max Wilmersdörffer.*
M. Oberndörffer jun.	Bank- u. Wechselgeschäft	*Nathan Oberndörffer. Hartwig Oberndörffer. Adolph Oberndörffer.*
Oberndorfer et Kaiser	Grosshandlung	*Hirsch Oberndorfer. David Kaiser.*
Jos. Obletter	Spielwaarenhandlung	*Josef Obletter.*
Gebrüder Obpacher	Lithograph. Kunstanstalt	*Josef Obpacher. Johann Baptist Obpacher.*
Georg Ochs	Tuchhandlung	*Georg Ochs*
H. Oestreicher et Söhne	Handel in Wolle u. in Fellen	*Wolf Oestreicher. Amson Oestreicher Salom. Oestreicher* **P.**
Oettinger et Cie.	Grosshandlung	*Heinrich Hirsch Oettinger* **A.** *Elias Oettinger.*
J. Oettinger, Darm- u. Landesproductenhandlung	Darm- u. Landesprodhdl.	*Johann Oettinger.*
R. Oldenbourg	Verlagsbuchhandlung	*Rudolf Oldenbourg Rud. August Oldenbourg.*
A. Oppenheimer	Lederhandlung	*Abraham Oppenheimer.*
Max Oppenheimer	Schnitt- u. Modewaaren	*Max Oppenheimer. Sigmund Kallmann* **P.**
Moritz Oppenheim	Schnitt- u. Modewaaren	*Moritz Oppenheim.*
Aug. d'Orville	Weinhandlung	*Louise D'Orville.*
Königlich privilegirte Actieng. der bayerischen Ostbahnen	Bau- u. Betrieb von Eisenbahnlinien	*A. Vorstand der Gesellschaft ist die Direction, welche zeichnet: »Kgl. privilegirte Actiengesellschaft der bayerischen Ostbahnen. Die Direction.« Director ist Heinrich Badhauser. B. Den Verwaltungsrath bilden: Heinrich v. Schubert, Präsident Karl Baron v. Rothschild, I. Vicepräsident. Gabriel Sedlmayr, II. Vicepräsident. Andreas v. Nüssler Secretär. Theodor v. Cramer-Klett. Carl Freih. von Eichthal. Josef Freih. v Hirsch. Georg Neuffer. Robert v. Frölich. Johann Kempf. Max Gf. von Holnstein in Bayern. Melchior Stenglein. Pracher. v. Bronberger.*
A. Ostermaier	Mater.-, Spec.- und Farbw.	*August Ostermaier. Josef Eilles* **P.**

Otto Ostermaier	Tabak u. Cigarrenf.	*Otto Ostermaier.*
J. C. Ott	Vorstadtkrämerei	*Johann Karl Ott.*
Karl v. Ott	Mater.-, Spec.- und Farbw. u. Früchtenhandlung	*Karl v. Ott.*
Joh. Palm's Hofbuchhandlung	Buchhandlung	*Johann Palm.*
Joh. J. Pasch's Nachfolger	Mater.-, Spec.- und Farbw	*Wilhelm Bronberger. Ludwig Rech* P.
A. W. Pauli	Agenturen- u. Commissionsg.	*Andreas Wilhelm Pauli.*
C. Pauly	Weinhandlung	*Cölestin Pauly.*
W. Peschka	Agentur-, Com.- u. Bierexportgeschäft	*Woldemar Peschka.*
Albert Pfaffenzeller	Spirituosen-, Liqueur- und Essigfabrik	*Albert Pfaffenzeller. J. Friedr. Pistor* P.
Pfefferle et Schägger	Landesprod.- u. Agentureng.	*Max Pfefferle. Michael Schägger.*
Fr. Th. Pfeiffer	Bankgeschäft	*Friedrich Theodor Pfeiffer. Johann Christoph Raum* P.
Ed. et Fch. von Pfister ZN. [**HN.** Lindau]	Grosshandlung	*Eduard v. Pfister. Eugen v. Pfister. Otto v. Pfister. Johann Nepomuk Mayr. Joh. Bapt. Wild* P.
Gebr. Pfister ZN. [**HN.**-Rorschach]	Marmorindustrie	*Gutbert Pfister.*
Marcus Pflaum	Bank- u. Wechselgeschäft	*Wilhelm Pflaum. Ludwig Pflaum.*
Carl Philip	Hauptverl. für den Verschl. össterr. Regietabake	*Carl Philip.*
Seb. Pichler's sel. Erben	Bank- und Wechselgeschäft, Sped. u. Com.	*Julius Scheuer. Gustav Kündinger* P. *Felix Menz* P.
J. G. Pöhlmann	Schnitt- u. Modewaaren	*Anna Pöhlmann. Wolfgang Raith* P.
M. Pössenbacher'sche Buchdruckerei	Buchdruckerei	*Max Furtmaier. Max Franz.*
Fr. Ant. Prantl	Mater.-, Spec.- u. Farbw.	*Joseph Zechbauer.*
Carl Pradarutti	Krämerei	*Carl Pradarutti.*
Marie Prinoth	Spielwaarenhandlung	*Marie Prinoth.*
Dionys Pruckner	Pinsel- u. Bürstenfabrik	*Franz u. Josef Pruckner.*
Productiv-Genossenschaft des Kleidermacher-Vereins in München, eingetragene Genossenschaft	Verein zur Anfertigung von Bekleidungsg. u. zum Verkauf derselben. für gemeinsame Rechnung	*Den Vorstand bilden: Joh. Buggl. Adam Ernst. Louis Müller. Die Firma wird durch mindestens 2 Vorstandsmitglieder gezeichnet.*
Bierbrauerei zum Pschorr	Bierbrauerei	*Georg Pschorr.*
Gebr. Pütterich	Goldleisten- u. Rahmenf.	*Andreas Pütterich. Anton Pütterich.*
A. Queroy	Spec.- u. Delicatessenhdl.	*Louis L'huillery.*
D. F. Rabel	Gold- u. Silberfadenwh.	*Anna Rabel.*
A. Roff	Weisswaarenhandl. en gros	*Assor Roff.*
J. B. Raila	Mater.-, Spec.- u. Farbw.	*Joh. Bapt. Raila*
A. Railing	Hopfen-, Rauhw.- u. Wollenh.	*Isidor Railing. Samuel Dreifuss.*
W. Raith	Vorstadtkrämerei	*Wolfgang Raith.*
N. Rappaport	Tapetenhandlung	*Nathan Rappaport.*
Heinrich Rath et Sohn	Mechanische Werkstätte	*Heinrich Rath sen. Heinrich Rath jun.*
Jos. Rathgeber	Wagenfabrik	*Joseph Rathgeber.*
Rauber et Hänlein HN. [**ZN.** Landshut]	Brodfabrik	*Alexander Hänlein. Adolf Rauber*
Salomon Rau	Bank- u. Wechselgeschäft	*Salomon Rau. Friedrich Rau. Carl Scheld* P.
Max Ravizza	Kunst- u. Schreibmaterhdl.	*Max Ravizza.*
Xaver Ravizza	Mater.-, Spec.- und Farbw. und Früchtenhandl.	*Xaver Ravizza.*
A. Regensteiner	Grosshandl.	*Albert Regensteiner.*
L. Regensteiner	Weinhandl.	*Lehmann Regensteiner.*
Heinrich Reheis	Vorstadtkrämerei	*Heinrich Reheis.*
Carl Rehm	Leder- u. Leinwandlakierf.	*Carl Rehm.*
J. B. Reim	Rauhwaarenhandl.	*Joh. Bapt. Reim.*
Ignaz Reindl	Stärkepappfabrik	*Ignaz Reindl.*
Reinfelder et Hertel	Optisches Institut	*Gottlieb Reinfelder. Wilhelm Hertel.*
Reiss et Wertheimer	Schnittwaarenhdl en gros	*Max Reiss. Josef Wertheimer.*
Ch. Reithmann, Uhrenfabrik	Uhrenfabrik	*Christian Reithmann.*
Nathan Reitlinger	Bank- u. Wechselgeschäft	*Nathan Reitlinger.*
Karl Reng	Schnittwaarengeschäft	*Karl Reng.*
Mathäus Ress	Instrumentalsaitenfabr.	*Mathäus Ress.*
G. Richter	Damenconfectionsgesch.	*Georg Richter.*
Conrad Riedel	Schnitt- u. Modewaaren	*Conrad Riedel.*

Firma	Geschäft	Inhaber
Georg Riederer	Mater.-, Spec.- u. Farbw.	*Georg Riederer.*
J. M. Riederer	Mater.-, Spec.- u. Farbw.	*Max Riederer.*
Riedinger u. Morstadt	Fabrik von Gas- u. Wasserleitungen	*Wilhelm Morstadt. Ludwig August Riedinger. Friedrich Koch* **P.** *Wilhelm Kolb* **P.** *Gottfried Taubald* **P.** *Bei Acceptation von Wechseln oder Aufnahme von Darlehen haben die Procuristen die Firma collectiv zu zeichnen.*
M. Riegersche Universitätsb.	Buchhandlung	*Gustav Himmer.*
Anton Riemerschmied ZN. [**HN.** Wien]	Spirituosenfabrik	*Anton Riemerschmied. Eduard Riemerschmied. Heinrich Riemerschmied. Adolph Riemerschmied. Mathias Reischle* **P.**
Bernh. Ring	Mater-, Spec.- und Farbw.	*Bernhard Ring.*
Anton Röckenschuss s. Ww.	Tuchwaarenhandlung	*Anton Schulze.*
Gebrüder Röckl	Stearinkerzenfabrik	*Carl Röckl. Alois Röckl.*
J. Röckl	Handschuhfabrik	*Christian Röckl.*
Albert Rösl	Bank- u Wechselgeschäft	*Albert Rösl Heinrich Schwaiger* **P**
Emil Roller	Rouleauxfabrik	*Emil Roller.*
Heinrich Rosenbaum & Cie.	Grosshandlung in Schafwolle, Rosshaaren, Artikel für Hut u. Bürstenfabrication	*Heinrich Rosenbaum.*
W. L. Rosenbaum	Rohproducte en gros	*Rosalie Rosenbaum. Julius Rosenbaum* **P.**
Rosenberger u. Kirschbaum	Schnittwaaren	*Moritz Rosenberger. Wolf Kirschbaum.*
Rosendahl & Compagnie HN. [**ZN.** Metz]	Cigarrenfabrik	*Leopold Rosendahl. Friedrich Stadler* **P.**
L. Rosendahl	Tabak- u. Cigarrenfabr.	*Leopold Rosendahl.*
Rosenfeld u. Marcus	Bank- u. Wechselgeschäft	*Elias Rosenfeld. Levi Markus.*
E. Rosenheimer	Modewaarenhandlung	*Elias Rosenheimer*
C. M. Rosipal	Tuch-, Schnitt- u. Modew.	*Carl Michael Rosipal.*
J. Rossnitz	Rauhwaarenhandlung	*Jonas Rossnitz.*
A. Rothenheim	Chemische Farben u. Bleiweissfabrik	*August Rothenheim.*
S. Rothschild	Tabakhandlung	*Emil Rothschild.*
Carl Rottenhöfer	Conditorei- u. Chocoladef.	*Karl Rottenhöfer.*
Jos. Roya	Mater.-, Spec.- und Farbw.	*Josef Roya.*
Franz Ad. Rudhard	Bank- u. Wechsel-, Comm.- u. Incassogeschäft	*Franz Adolph Rudhart*
Joh. Aug. Rüdorffer	Mater.-, Spec.- u. Farbw.	*Josef Ritzler.*
Georg Rummel	Mater-, Spec.- und Farbw.	*Georg Rummel.*
G. F. Rummel	Mater.-, Spec.- und Farbw.	*Friederike Rummel. Georg Rummel* **P.**
Ludwig Rummel	Mater.-. Spec - und Farbw.	*Ludwig Rummel.*
Angelo Sabbadini	Mater.-, Spec.- u. Farbwh.	*Angelo Knorr. August Ferdinand Zenetti* **P.** *Anton Reinhard* **P.** *Friedrich Dürk* **P.**
Joseph Sailer	Prichlerei	*Joseph Sailer.*
J. M. Sailer	Eisenhandlung	*Josef Michael Sailer.*
J. L. Schäfer	Weisswaaren und Herrengarderobeartikel	*Johann Leonhard Schäfer*
J. Schäfler	Agenturen	*Josef Schäfler.*
Georg Schambeck	Cementfabrik	*Georg Schambeck.*
Max Schaumberger	Schnitt- u Modewaaren	*Max Schaumberger.*
Ferd. Schaitler	Tuchhandlung	*Ferdinand Schaitler.*
Karl Scheiber	Papierhandlg., Papierdüten- u. Etuisfabrik	*Karl Scheiber.*
Jos. Thad. Schildhauer	Schnitt- u. Modewaaren	*Joseph Thaddäus Schildhauer.*
August Schimon	Weinhandlung	*Samuel Obermayer. Ferdinand Schimon. Max Schimon.*
Simon Schiestl	Mater-, Spec.- und Farbw.	*Simon Schiestl.*
Carl Schlegel	Parfümeriewaaren	*Carl Schlegel.*
Otto Schloder	Schnitt- u. Modewaaren	*Otto Schloder.*
Ed. Scherpf	Vorstadtkrämerei	*Eduard Scherpf.*
Michael Schmaus	Schreibmaterialienhandlung	*Michael Schmaus.*
Anton Schmidt	Lithogr. Kunstanstalt	*Anton Schmidt.*
Benno Schmid	Mater.- u. Specereiwaaren	*Benno Schmid.*
Joh. Schmid	Herren-Modeartikel	*Johann Schmid.*
Wilhelm Schmid	Musikalienhandlung	*Wilhelm Schmid.*
Xaver Schmid	Geschmeidewaarenhandlung	*Xaver Schmid.*
P. Schmittinger	Mater.-, Spec.- und Farbw.	*Pankratz Schmittinger.*
J. Schneider	Schnitt- u. Putzw., Confect. u. Möbelstoff. Thee.	*Joseph Schneider.*

Dr. F. Schnitzer & Cie.	Gem. pharm Productenh.	*Dr. Franz Schnitzer. Eugen Reichenbach.*
Gabr. Schöllhorn	Herrengarderobeartikel	*Gabriel Schöllhorn.*
J. Schöpflich	Grosshandlung	*Jacob Schöpflich.*
M. Schramm	Malzfabrik	*Ursula Maria Schramm Mathäus Schramm.*
Johannes Schregle	Weissw. u. Leinenwäscheg.	*Johannes Schregle.*
J. G. Schreibmayer	Fabrik goldgedruckter Stoffe u. Schnittwaarenhandlung	*Johann Mich Gerdeisen. Georg Gerdeisen* **P.**
L. Schreiner u. Sohn	Baumwollwaarenfabrik	*Joh. B. Schreiner Joh. B Schreiner jr.* **P.**
J. G. Schreiner u. Winter	Lithogr. Anstalt	*Christian Winter* **A.** *Joh. Gg. Schreiner.*
Josef Schreitmüller	Mater -, Spec.- u. Farbw.	*Josef Schreitmüller.*
Bernhard Schreyer	Mater.-, Spec.- u. Farbw.	*Bernhard Schreyer.*
F. R. Schröder	Kupferhammer- u. Walzw.	*Franz Richard Schröder.*
Jos. Schrödl	Handlung	*Josef Schrödl.*
Jos. Joh. Schrödl	Vorstadtkrämerei	*Josef Joh. Schrödl.*
M. Schroll	Cigarren- u. Tabakhandlung	*Mathäus Schroll.*
J. B. Schubart	Tuchhandlung	*Joh. Bapt. Schubart.*
Gebr. Schülein	Bank- u. Wechselgesch	*Adolf Schülein. Max Schülein.*
C. G. Schüssel	Galanteriewaarenhandl.	*Karl Gottlieb Schüssel.*
E. M. Schüssel	Galanterie u. Kurzwaaren	*Elias Michael Schüssel.*
Anton Schuhmann	Juwelenhandlung	*Anton Schuhmann. Wilhelm Schuhmann.*
Moritz Schulmann	Bankgeschäft	*Moriz Schulmann. Adolf Schulmann* **P.**
Max Schulze	Schnitt- u. Modewaaren	*Max Schulze Otto Beckmann* **P.**
C. R. Schurich	Buchdruckerei	*Carl Robert Schurich. Georg Bruno Schurich. Marie Henriette Schurich.*
Xaver Schuster	Rauhwaarenhandlung	*Xaver Schuster. Josef Schuster.*
J. A. Schutzmarlin	Mater.-, Spec.- u. Farbw.	*Johann Albert Schutzmarlin.*
H. Schwab u. Söhne	Manufacturwaaren en gros	*Heinrich Schwab. Louis (Lippmann) Schwab. Hermann Schwab.*
Gustav Schwab	Agenturg., engl, deutsche u. franz. Manufacturw.	*Gustav Schwab.*
Gottlieb Schwarz	Spänglerwaaren	*Gottlieb Schwarz.*
Philipp Schwarz	Handlung	*Philipp Schwarz.*
S. Schwarz	Weisswaarenhandlung	*Samuel Schwarz. Julius Schwarz.*
Anton Schwarzmann	Lederfabrik	*Anton Schwarzmann.*
F. X. Schwarzmann	Lederfabrik	*Frz Xaver Schwarzmann.*
M. Schweninger	Tuchhandlung	*Andreas Vogel.*
Adalbert Sedlmayer	Geschmeidewaarenhandl.	*Adalbert Sedlmayr.*
Andreas Sedlmayer	Feilenfabrik u. Zeugsch	*Andreas Sedlmayr jr.*
L. A. Seibert	Cigarren- u. Tabakhandl	*Ludwig Adam Seibert.*
Seidel u. Schneid	Colon.-, Mater.- u. Farbw.	*Karl Seidel. Alois Schneid.*
Jakob Seiling	Specereiwaarenhandlung	*Jacob Seiling.*
Joseph Seitz	Oelfabrik	*Joseph Seitz.*
Julius Semler	Agenturen	*Julius Semler.*
J. Georg Sepp	Galanterie- u. Schnitzwf.	*Johann Georg Sepp.*
Seyboth u. Brügel	Mineralwasserfabrik	*Bernhard Seyboth. Friedrich Seyboth. Eugen Brügel.*
E. Ch. Sichelstiel	Mechanische Werkstätte	*Erhard Christian Sichelstiel.*
Gg. Sieber	Mater.-, Spec.- und Farbw.	*Georg Sieber.*
Carl Siewecke	Leinenhandlung u. Hemdenf.	*Carl Siewecke.*
Ludwig Sittel	Mater.-, Spec.- und Farbw.	*Ludwig Sittel.*
G. Sonnenfeld	Grosshandlung	*Gerson Sonnenfeld.*
Louis Soratroy (vorm. J. B. Späth)	Mater.-, Specerei- u. Farbw.	*Louis Soratroy.*
Leop. Späth	Herrengarderobegeschäft	*Leopold Späth.*
J. Spanagl	Vorstadtkrämerei	*Johann Spanagl.*
Markus Spörl	Vorstadtkrämerei	*Markus Spörl.*
M. Sporrer	Vorstadtkrämerei	*Michael Sporrer.*
Wilhelm Spranger	Kurzwaaren	*Wilhelm Spranger.*
J. Springer	Schnitt- u. Modewaarenh.	*Israel Springer. Bernhard Springer. Maier Springer.*
J. A. Squindo	Grosshandlung	*Josef Anton Squindo.*
Sebastian Stahl	Vorstadtkrämerei	*Sebastian Stahl.*
J. H. Steffter	Bank- u. Wechselgeschäft	*Heinrich Steffter.*
Anton Stegmann	Spec.-, Cigarren- u. Tabakh.	*Anton Stegmann.*
Franz Steigerwalds Neffe	Glaswaarenhandlung	*Wilhelm Steigerwald.*
Steidl & Comp.	Weingrosshandlung	*Ernst Steidl.*

J Steiner	Rauhwaarenhandlung	*Jacob Steiner. Jacob Steiner jr.*
S. Steinharter	Rauhwaarenhandlung	*Simon, Alexander u. Josef Steinharter.*
C. A Steinheil Söhne	Optisches Institut	*Dr. Adolf Steinheil. Eduard Steinheil.*
G. Steinle	Generalagentur der Singer Manufacturing & Comp.	*Gottfried Steinle.*
J. Steinmeier	Grosshandlung	*Isaak Steinmeier.*
Gebrüder Stern	Bank- u. Wechselg.	*Josef Stern. Salomon Stern.*
Gebrüder Stickel	Spielwaarenhandlung	*August u. Wilhelm Stickel.*
Gebrüder Stierhof	Drogueriehandlung	*Johann Stierhof. Karl Stierhof.*
Emeran Stöber	Vorstadtkrämerei	*Emeran Stöber.*
Conrad Stoffel ZN. [**HN.** Lindau]	Getreidegeschäft	*Rosa Stoffel. Emil Stoffel.*
Jos. Strain	Vorstadtkrämerei	*Josef Strain*
F Straub	Buchdruckerei u. Verlagsgsb.	*Firmin Straub.*
Strauss u. Mittelberger	Manufacturwaaren	*Leopold Strauss. Gustav Mittelberger.*
Lorenz Streicher	Delicatess -, Cigarren,- Spec. u. Landesproductenh.	*Lorenz Streicher.*
Johann Stroblberger	Waffenfabrik	*Johann Stroblberger*
August Stürzer	Mater -, Spec - u Farbw.	*Philipp Gassner.*
Süddeutsche Bodencreditb. HN. [**ZN.** in Frankf. a. M. u Wien]	Bodencreditbank	*Den Vorstand bildet die Direction. Dieselbe zeichnet die Firma der Gesellschaft u. der einzelnen Abtheilungen in der Art, dass der Firma die Namen zweier Directoren oder eines Directors u. eines stellvertretenden Directors beigefügt werden. Der Direction gehören an: Dr Friedrich von Schauss. Julius Falke. Dr Casimir Keller. Dr Karl Friedrich Schmidt-Polex, sämmtlich Directoren. Hugo Freund, A Niederhofheim, J. Andreä jun, stellvertr. Directoren.*
Carl Teuchtler	Filzwaarenfabrik	*Carl Teuchtler.*
Jonas Thanhauser	Schnitt- u. Modewaaren	*Jonas Thanhauser. Mina Thanhauser* **P.**
A. Thaler jun.	Liqueurhandlung	*Anton Thaler.*
Frz. X. Thallmaier	Porcellanwaarenhandlung	*Franz Xaver Thallmaier.*
Christian Then	Pianofortefabrik	*Christian Then.*
Carl Thenberg	Zündholzfabrik	*Karl Thenberg.*
Fr. Thiel	Grosshandlung	*Friedrich Thiel.*
Thiery u. Breul	Galanteriewaaren	*Camille Thiery Anton Breul.*
Johann Thoma	Vorstadtkrämerei	*Johann Thoma.*
J. J. Tipp u. Cie.	Essig- u. Spiritusfabrik	*Max, Johann, Olga u. Ludwig Tipp. Johann Nepomuk Dax* **P.**
Ernst Tomschütz	Kurzwaarenhandlung	*Ernst Tomschütz.*
H. Trautmann	Schnitt- u. Modewaaren	*Hermann David Trautmann.*
Uechtritz und Faist ZN. [**HN.** Schrammberg]	Porcellan- u. Steingutf.	*Georg Faist. Otto Teufel. Frz. Brielmayr* **P.**
David Uhlfelder	Grossh in Garn u. Kurzw.	*Hermann Uhlfelder. David Uhlfelder* **P.**
W. J. Uhland	Material-, Spec.- u. Farbw.	*Wilhelm Josef Uhland.*
J. Uhlmann	Antiquitätenhandlung	*Isaak Uhlmann.*
Gabriel Ullerich	Schnitt- u. Modewaaren	*Ludwig Ullerich. Karl Rommele.*
Max Ullerich	Schnitt- u. Modewaaren	*Max Ullerich.*
A. Ullmann	Hopfenhandlung	*Abraham Ullmann.*
J. Ulrich	Antiquitätenhandlung	*Josef Ulrich.*
Ludwig Ulsamer	Vorstadtkrämerei	*Ludwig Ulsamer.*
Jos. Unterberger	Schnitt- u. Modewaaren	*Josef Unterberger.*
Utzschneider'sche Spiritusfabr	Spiritusfabrik	*David Sandel. Friedrich Modrach*
Leo Vaccano	Galanterie- u. Kurzwaaren	*Anton Vaccano*
Vaterländische Feuerversicherungsactiengesellsch. Hauptagentur [**HN** Elberfeld]	Feuerversicherungsg.	*C. Bronberger, Hauptagent mit Befugnissen eines Handlungsbevollmächtigten im Sinne des art. 47 d. a. d. H. G. B.*
Vincenti u. Stoffel	Nähmaschinenhandlung	*Josef Vincenti.*
Albert Vogel	Schnittwaarenhandlung	*Albert Vögel.*
Albert Vogl jun.	Schnittwaarenhandlung	*Albert Vogl*
Brüder Vogel HN. [**ZN.** Augsburg]	Schnitt- und Modewaaren u. Confectionsgeschäft	*Wilhelm Vogel. Albert Vogel. Isidor Vogel.*
G. Vogl	Mater.-, Spec.- und Farbw.	*Georg Mathias Vogl.*
S. Vogel	Grosshandlung	*Samuel Vogel. Wilhelm Vogel* **P.**
Wolfgang Vogl		*Josef Roya.*
Max Vogt	Vorstadtkrämerei	*Max Vogt.*
M. Volk	Vorstadtkrämerei	*Maria Volk*
Ludwig Wacker	Vorstadtkrämerei	*Ludwig Wacker.*
Adolf Wagners Nachfolg. Ant. Huber	Verlags-Buchhandlung	*Anton Huber.*

C. Wagnersche Oelfabrik	Oelfabrik	*Caspar Wagner. Joseph Wild* **P**
Joh. Georg Wall	Spezereiwaarenhandlung	*Johann Georg Wall.*
S. Walter & Comp.	Schnittwaaren en gros	*Sigmund Walter. Jacob Walter.*
Simon Wandner	Vorstadtkrämerei	*Simon Wandner*
Benno Wassermannn	Bank- u. Wechselgeschäft	*Benno Wassermann.*
E. Wassermann in Liquidation	Seifen- u. Millykerzenf	*Elkan Wassermann. Nathan Hirsch* **P.**
Max Wassermann	Spiritusfabrik	*Elkan Wassermann. Philipp Löwenthal* **P.** *David Wassermann* **P.**
Max Wassermann jr	Bankgeschäft	*Max Wassermann.*
M. E. Wassermann	Tabakhandlung	*Nephtali Wassermann.*
F. X. Weber	Optisches Institut	*Franz Xaver Weber.*
A. S. Wedeles	Ledergrosshandlung	*Ignatz Wedeles.*
Wilhelm Weifenbach	Buchdruckerei	*Wilhelm Weifenbach.*
Weil & Fuchs	Bank- u. Wechselgeschäft	*Isaak Weil. Isidor Fuchs.*
A. S. Weil	Grosshandlung	*Simson Abraham Weil. Sigmund Weil* **P**
Jos. Weil	Handlung	*Josef Weil.*
Jos. Weil & Comp.	Landesproductenhandlung	*Josef Weil. Salomon Kahn.*
Moritz Weil	Manufacturwaaren en gros	*Moritz Weil.*
Gg. Ant. Weinberger	Leonische und gemischte Waaren	*Georg Anton Weinberger.*
E. Weinmann	Bank- u. Wechselgesch.	*Elias Weinmann. Adolf Pflaum* **P**
Weishaupt & Heinzelmann	Farbenfabrik	*Carl Weishaupt. Theodor Heinzelmann.*
Carl Weishaupt	Silberwaarenhandlung	*Max Carl Weishaupt.*
A. E. Weisheit	Agentur- u. Commissionsg.	*Andreas Weisheit.*
J. G. Weiss, Universitätsbuchdruckerei u. Verlag	Buchdruckerei u Verlag	*Johann Georg Weiss.*
S. Weiss' Söhne	Herrengarderobegeschäft	*Siegfried Weiss.*
Wilhelm Weiss	Handlung	*Wilhelm Weiss.*
A. Weizenegger	Landesprod. u. Colonialw.	*Alois Weizenegger.*
Ignaz Wendel	Eisenhandlung	*Katharina Wendel*
J. Wengert	Glaswaarenhandlung	*Katharina Wengert. Johann Wengert* **P.**
Mart. Werle	Spec.-, Cigarren- u. Tabakh.	*Martin Werle.*
Chr. Werner	Musikalienhandlung	*Christian Werner.*
Westenhammer Sensenfabrik von Aigner & Geith. HN. [**ZN.** Westerhamm]	Sensenfabrik	*Ludwig Geith. Carl Aigner. Max Aigner.*
Wetsch & Weidert	Sped.-, Com.- u. Incassog.	*Friedrich Wetsch. Carl August Weidert.*
J. M. Weydner	Buchhandlung	*Joh. Michael Weydner.*
Fr. Wiedemann's Söhne	Gold- u. Silberdraht-, Gespinnst- u. Tressenfabr.	*Friedrich Wiedemann jr. Otto Wiedemann.*
Dr Frz. Wild'sche Buchdruckerei [Parcus]	Buchdruckerei	*Ludwig Parcus. Carl Parcus.*
Wild & Comp.	Bank- u. Wechselgesch.	*Lori Weinhart. Therese Wild* **A.** *Leonhard Lehndorfer* **P.**
Eugen Wimmer	Vorstadtkrämerei	*Eugen Wimmer.*
Wimmer & Cie.	Kunsthandlung	*August Humplmayr. Alexander Fettermann. Oscar Promoli.*
F. X. Winhard	Mater.-, Spec.- und Farbw.	*Franz Xaver Winhard.*
Chr. Winter	Vergolderwaaren und Goldleistenfabrikant	*Christian Winter.*
J. Wirz	Holzhandelgeschäft	*Jacob Wirz.*
F. Wöhrle & Cie.	Strohhutmanufacturgeschäft	*Friedrich Wöhrle. Therese Goldmann. Jacob Wilhelm Goldmann* **P.**
Georg Wörsing vorm. Windleder	Spänglerwaaren	*Gg. Wörsing.*
Dr. Karl Wolf & Sohn	Buchdruckerei	*Crescenz Wolf Gustav Kastner* **P**
Wolf, Heiss & Wolfmann	Manufacturwg. en gros	*Adolf Wolf. Adolf Levy. Siegfried Wolfmann.*
D. Wolfsheimer	Weiss- u. Strumpfw. en gros	*David Wolfsheimer.*
August Würzburger	Tabakhandlung	*August Würzburger*
Franz Yblagger	Vorstadtkrämerei	*Franz Yblagger.*
J. B. Zacherl	Commissionsgeschäft	*Joh. Bap Zacherl.*
Franz Zaglmayr	Vorstadtkrämerei	*Franz Zaglmayr.*
M. Zanner	Mater.-, Spec.- und Farbw.	*Michael Zanner.*
L. Zanoli	Band- u. Weisswaaren	*Ludwig Zanoli.*
Heinr. Zech	Farbenfabrik	*Heinrich Zech.*
J. C. Zehme	Hutfabrik	*Johann Karl Zehme.*
Dan. Zehnder	Grosshandlung	*Daniel Zehnder.*

C. F. Zeller	Schreibmaterhdl.	*Carl Wilhelm Zeller. Carl Johann Zeller. Carl Steinberger* **P.**
Peter Ziegler	Vorstadtkrämerei	*Peter Ziegler.*
Joseph Zimmermann	Tuch- u. Kleiderhandl.	*Joseph Zimmermann.*
Pet. Zimmermann	Tabakhandlung	*Franz Josef Marheinecke.*
Paul Zipperer	Antiquariat	*Paul Zipperer.*
Simon Zwack	Vorstadtkrämerei	*Simon Zwack.*

München r. J. (Die Vorstädte Au, Haidhausen u. Giesing.) St., BG. u. HG. München r. J.
Advokaten u. **Notare** s. München l. I

Bronberger & Seiller	Lederfabrik	*Ed. Bronberger. Heinr. Seiller.*
Burkart jun. & Comp.	Landesproductenhandlung	*Dionys Burkart.*
A. Busse	Krämerei	*Adolf Busse.*
Ferchl & Wörner	Gemischte Waaren	*Carl Wörner.*
J. P. Feuerstein	Krämerei	*Josef Kopf.*
Greiner Josef	Brückenwaagenfabrik	*Josef Greiner.*
C. Höck	Gemischte Waaren	*Caspar Höck.*
C. Huber	Krämerei	*Walburga Huber Wwe.*
Michael Huber	Farbenfabrik	*Michael Huber.*
L. Knorr	Malzfabrik	*Ludwig Knorr.*
Jos. Kuchenbauer	Krämerei	*Jos. Kuchenbauer.*
J. G Landes	Maschinenfabrik	*Joh. Gg. Landes.*
Actiengesellschaft für Lederfabrikation	Lederfabrik	*Mitglieder des Vorstandes: Eduard Kester, Ludwig Kester, welche die Firma unter Beisetzung ihrer beiden Unterschriften zeichnen. Eduard Kester ist auch allein zu zeichnen befugt. Heinrich Bopp* **P.** *Friedrich Krebser* **P** *Beide haben gemeinschaftlich zu zeichnen oder je Einer mit einem Vorstandsmitgliede.*
Levinger Luitpold	Bijouterien	*Luitpold Levinger.*
S. Levinger	Bijouterien	*Salomon Levinger.*
München-Dachauer Actiengesellschaft für Maschinenpapierfabrikation zu München	Papierfabrik	*Vorstand: I. Gustav Medicus. II. Louis Weinmann.*
Joh. Primavesi	Galanteriewaaren	*Barbara Primavesi Wwe.*
Georg Reindl	Eisenhandlung	*Georg Reindl. Louise Reindl* **P.**
Jos. Sailer	Spiritus- u. Essigfabrik	*Anastasia Sailer Wwe. Joh. Nep. Kreiller* **P.**
Gebr. Schmederer	Bierbrauerei	*Ludwig Schmederer. Xaver Schmederer. Ludw. Schmederer jun.* **P.**
Singelspieler Brauerei	Bierbrauerei	*Theobald Gf. v. Buttler-Haimhausen* **A.** *George Treherne-Treherne. Morgan Dalrymple-Treherne in London.*
Waggon- u. Eisenbahnbedarfsfabrik in München	Fabrikation aller zum Bau u. Betrieb von Eisenb. u. anderen Transportanstalt. erforderlicher Gegenst.	*Die Mitglieder des Vorstandes zeichnen für die Gesellschaft durch Beisetzung zweier Unterschriften zur Firma. Den Vorstand bilden: Jacob Steiner jr. und Alex Jobst. Stellvertreter eines Vorstandsmitgliedes ist Louis Weinmann, welcher bei Verhinderung eines Vorstandsmitgliedes mit dem Beisatze »als Stellvertreter« zeichnet.*

Münchweiler. 806 Einwohner. LG. Winnweiler. BG. u. HG. Kaiserslautern.
Advokaten: s. Kaiserslautern. **Notar:** s. Winnweiler.

Eichelberger S. (Neumühle)	Handelsmühle	*Samuel Eichelberger.*
Rosenbaum Abraham	Handlung	*Abraham Rosenbaum.*
Wälder L.	Handlung	*Leopold Wälder.*

Münchweiler a. Glan. 519 Einwohner. LG. Waldmoor. BG. u. HG. Zweibrücken.
Advokaten: s. Zweibrücken. **Notar:** s. Waldmoor.

Jacob Germann [Kaltenbacherhof]	Holzhandlung	*Jacob Germann.*
Johann Zinsmeister	Handlung	*Johann Zinsmeister.*

Münnerstadt. 1936 Einwohner. LG. Münnerstadt. BG. Neustadt a. S. HG. Schweinfurt.
Advokaten. s. Neustadt a. S. **Notar** S. Zeissner.

Th. Chr. Bach	Specereiwaaren	*Theodor Christoph Bach.*
Carl Ernst	Specereiwaaren	*Carl Ernst.*
Apotheke zum Löwen v. Hugo Grötzner	Apotheke	*Hugo Grötzner.*
F. G. Schmitt	Specereiwaaren	*Franz Gottfried Schmitt.*
Friedrich Schneidawind	Specereiwaaren	*Friedrich Schneidawind.*
X. F. Winkler	Spec.-, Schnitt- u. Kurzw.	*Heinrich Franz Winkler.*

Münsterappel. 662 Einwohner. LG. Obermoschel. BG. u. HG. Kaiserslautern.
Advokaten: s. Kaiserslautern. **Notar:** s. Obermoschel.

Philipp Feidner	Handlung	*Philipp Feidner.*
Grünebaum Ludwig	Frucht- u. Mehlhandlung	*Ludwig Grünebaum.*
Gutmann Simon	Handlung	*Simon Gutmann.*
Kehr M	Handlung	*Michael Kehr.*
Rudolph Philipp Heinr.	Handlung	*Philipp Heinrich Rudolph.*
Strauss Abraham	Handlung	*Abraham Strauss.*
Straus Josef	Handlung	*Joseph Straus.*
Weinsheimer Friedr.	Handlung	*Friedr. Weinsheimer.*

Münsterhausen. 1620 Einwohner. LG. Krumbach. BG u. HG. Memmingen.
Advokaten: s. Memmingen. **Notar** Alois Högelmayer in Krumbach.

Adolpb Klöck	Specereiwaaren	*Adolph Klöck.*
Josef Seeweg	Eisenhandlung	*Josef Seeweg*

Münsterschwarzach. LG. Dettelbach. BG. u. HG Würzburg.
Advokaten s. Würzburg. **Notar** s. Dettelbach.

Heller & Rohm ZN. [**HN.** Frankfurt a. M.]	Papierfabrik	*Johann Andreas Hammeran. Johann Ludwig Engel. Justus Friedrich Julius Rumpf. Katharina Elisabetha Heller. Ludwig Johann Rohm. Die Firma wird von sämmtlichen mit Ausnahme der Kath. Elis. Heller gezeichnet. Ernst Philipp Rumpf* **P.**

Muggendorf. LG. Ebermannstadt. BG. u. HG Bamberg.
Advokaten s Bamberg **Notar** s Ebermannstadt.

K. F. Schüler	Chocoladefabrik	*Karl Friedrich Schüler Dr.*

Muglhof. LG. u. BG. Weiden. HG. Amberg. **Advokaten** u. **Notare:** s. Weiden.

J C. Weyh	Essig- u. Spiritusfabrik	*Johann Karl Weyh.*

Mundenheim. LG. Ludwigshafen. BG. u. HG. Frankenthal.
Advokaten s Frankenthal. **Notar:** s. Ludwigshafen.

J. M. Mathes	Specereiwaaren	*Johann Martin Mathes.*
A. Metzner	Holzhandel	*Adam Metzner.*
S Miller	Holzhandel	*Sylvester Miller.*
Georg Platzeder	Mühle	*Georg Platzeder.*
Jacob Stärk	Holz- u. Gypshandlung	*Jacob Stärk.*

Murnau. 1301 Einwohner. LG. u. BG. Weilheim. HG München I. J.
Advokaten u. **Notare** s. Weilheim.

Nicolaus Andrä	Krämerei	*Nicolaus Andrä.*
D. Burkart	Krämerei	*Dionys Burkart.*
Alois Gastl	Krämerei	*Alois Gastl.*
Jos. Ant. Kapfer	Krämerei	*Jos. Anton Kapfer.*
Joh Nep. Oswald	Krämerei	*Johann Nepomuk Oswald.*
Johann Ziegler	Krämerei	*Johann Ziegler.*

Mußbach. 2344 Einwohner. LG Neustadt a. H. BG u. HG. Frankenthal.
Advokaten s. Frankenthal. **Notar** s. Neustadt a H.

Georg Albrecht	Specereihandlung	*Georg Albrecht.*
Philipp Bassler	Holzhandlung	*Philipp Bassler.*
Heinrich Bassler	Specereihandlung	*Heinrich Bassler.*
Georg Simon Bassler	Weincommissionsgesch.	*Georg Simon Bassler.*
Gg. Benz	Lederhandlung	*Georg Benz.*
Leopold Biehler	Handlung	*Leopold Biehler.*
Barach Biehler	Handlung	*Barach Biehler.*
Catharina Briegel	Specereihandlung	*Catharina Bassler.*
D. Deutsch	Specereihandlung	*David Deutsch.*
Ferdinand Deutsch	Eisen-, Glas-, Porcellan- u. Steinguthandlung en gros u. en detail	*Ferdinand Deutsch.*
Deutsch & Comp.		*Salomon Deutsch. Jacob Fränkel.*
Salomon Deutsch	Weincommissionsgesch	*Albert Deutsch* **P.** *Salomon Deutsch. Jacob Fränkel. Albert Deutsch*
Theodor Fakker	Weincommissionsgesch.	*Theodor Fakker.*
Feiss & Sohn	Manufacturwaarenhandl.	*Heinrich u. Ludw Feiss.*
Ferd. Feiss	Manufacturwaarenhandl.	*Ferd. Feiss.*
Philipp Fischer	Bierbrauerei u. Weinh.	*Philipp Fischer.*
Philipp Fischer	Mühle	*Philipp Fischer.*
Jacob Geissel	Bierbrauerei	*Jacob Geissel.*
Adam Hellmer		*Adam Hellmer.*

Samuel Hiller	Specereihandlung	*Samuel Hiller.*
Moses Hiller	Branntweinbrennerei	*Moses Hiller.*
Adam Hoffmann	Weincommissionsgesch.	*Adam Hoffmann.*
Paul Hoffmann	Specereiwaarenhandl.	*Paul Hoffmann.*
Adam Köhler	Weincommissionsgesch.	*Adam Köhler.*
Carl Lintz		*Carl Lintz.*
Georg Lingenfelder	Weincommissionsgesch.	*Georg Lingenfelder.*
Conrad Meinhardt	Specereiwaarenhandl.	*Conrad Meinhardt.*
Wilhelm Reiss	Getreidehandlung	*Wilhelm Reiss.*
Heinrich Schäfer	Specereiwaarenhandl.	*Heinrich Schäfer.*
Friedrich Völcker	Weincommissionsgesch.	*Johann Jacob Völker.*
Friedrich Völcker	Oel- u Mehlhandlung	*Friedrich Völcker.*

Mutterstadt. 3313 Einwohner. LG. Ludwigshafen. BG. u. HG. Frankenthal.
Advokaten s. Frankenthal. **Notar:** s. Ludwigshafen.

Jacob Born vorm. v. Heim	Kohlen, künstl. Dünger u. Sägewaaren	*Jacob Born.*
S. Dellheim		*Simon Dellheim.*
Georg Klein	Fruchthandlung	*Georg Klein.*
S. Klein		*Salomon Löh.*
J. Landmann	Viehhandel	*Isaac Landmann.*
Jacob Löb	Getreidehandlung	*Jacob Löb.*
Jacob Löb	Specerei- u. Getreideh.	*Jacob Löb.*
Julius Löb	Ellenwaarenhandlung	*Julius Löb*
M. Löb	Specerei- u. Getreideh.	*Moses Löb.*
Veit Löb & Sohn	Handlung	*Veit Löb. Jacob Löb.*
Abraham Löb	Spec.- u. Ellenwaarenh.	*Abraham Löb.*
Leo Löb	Spec.- Eisen- u. Lederh.	*Leo Löb.*
Leopold Löb	Handlung	*Leopold Löb.*
Ludwig Löb	Ellenwaarenhandlung	*Ludwig Löb.*
J. Schäffer	Specereihandlung	*Johann Schäffer.*
Jacob Weil	Getreidehandlung	*Jacob Weil.*

Naabburg. 1839 Einwohner. LG. Naabburg. BG. Neunburg v. Wald. HG. Regensburg.
Advokaten s Neunburg v W **Notar:** Dr. F. Bauriedel in Naabburg

G. B. Bayer	Specereiwaaren	*Georg Bartholomäus Bayer.*
J. A. Fleischmann	Specereiwaaren	*Anna Fleischmann.*
Ant. Lobinger	Specereiwaaren	*Anton Lobinger.*
Michael Meyer	Specereiwaaren	*Michael Meyer.*
Oberpfälzische Granitgewerkschaft Nabburg J. Haymann	Granitgewerkschaft	*Haymann et Comp. Josef Pazzi. Peter Scharnberger. Banquier Jacob Haymann* A.
J. Sailer's Nachfolger	Specereiwaaren	*Friedrich Majer.*
J. Sindersberger	Apotheke	*Josef Sindersberger.*
Johann B. Söldner	Specereiwaaren	*Johann Baptist Söldner.*
Anton Wifling	Handlung	*Anton Wifling.*
Jos Zahn	Specw. u. Seifensiederei	*Josef Zahn.*

Naasnitz. LG Auerbach. BG. u HG. Amberg. **Advokaten** s Amberg. **Notar** s Auerbach.

Joseph Regn, Farbenfabrikant	Farbenfabr. u. Specereiw.	*Joseph Regn.*

Naila. 2078 Einwohner. LG. Naila. BG. u. HG Hof. **Advokaten:** s. Hof. **Notar:** P. Skutsch.

Fr. Bauer	Specereiwaaren	*Friedrich Wilhelm Bauer*
Heinrich Bauer	Specereiwaaren	*Johann Heinrich Bauer.*
J. H Borger's Sohn	Baumwollwaarenf, Manufact. baumwollener u. halbseidener Waaren	*Friedrich Borger. Louis Ziermann* P.
J. Fuchs	Specereiwaaren	*Isaac Fuchs.*
L. W Hagen	Specereiwaaren	*Louis Wilhelm Hagen.*
Carl Klug	Baumwollwaarenfabrik	*Carl Klug Friedrich Klug* P.
Christian Löwel	Specw., Getreide- u. Mehlh.	*Christian Sophian Ernst Löwel.*
H. Matthäi HN. [**ZN.** Steben]	Apotheke	*Hermann Matthäi.*
Ernst Schmidt	Specereiwaaren	*Ernst Schmidt.*
G. Wolfrum	Specereiwaaren	*Georg Wolfrum.*
A. Zuber	Specereiwaaren	*Immanuel August Zuber.*

Nandiezweiler. LG. Landstuhl. BG. u. HG. Zweibrücken.
Advokaten: s Zweibrücken. **Notar** s. Landstuhl.

Daniel Gross	Handelsmühle	*Daniel Gross jr.*
Wilhelm Gross	Handelsmühle	*Wilhelm Gross.*

Nanzweiler. LG. Waldmoor. BG. u. HG. Zweibrücken.
Advokaten s. Zweibrücken. Notar s. Waldmoor

Salomon Moses	Viehhandel	*Salomon Moses.*

Neidenfels. 405 Einwohner. LG. Neustadt a. H. BG. u. HG. Frankenthal.
Advokaten: s. Frankenthal. Notar: s. Neustadt a. H.

Hemmer'sche Giesserei von Fechner & Puse	Eisengiesserei	*Carl Timotheus Fechner Friedrich Puse.*
C. Hemmer Wb.	Mechan. Werkstätte	*Louise Herzog. Heinrich Hemmer* P. *Philipp Hemmer* P.
C. Hemmer Wb.	Mühle	*Louise Herzog.*
Paul Hemmer		*Paul Hemmer.*
Val. Schimpf	Wattfabrik	*Valentin Schimpf.*

Nennslingen. LG. Greding. BG. Eichstädt. HG. Nürnberg.
Advokaten s. Eichstädt. Notar: s. Greding.

Adam Leyerer	Spec.-, Farb-, Kurz- und Schnittw. en detail	*Adam Leyerer.*

Nenzenheim. 654 Einwohner. LG. Markt Bibart. BG. Windsheim. HG. Fürth.
Advokaten: s. Windsheim. Notar s. Markt Bibart.

Löw Flamm	Spec.- u. Schnittw.	*Löw Flamm.*
Adam Hauf	Specereiwaaren	*Georg Adam Hauf.*
Fr. Kern	Spec.-, Kurz- u. steierische Waaren	*Georg Friedrich Thomas Kern.*

Nerzweiler. LG. Lauterecken. BG. u. HG. Kaiserslautern.
Advokaten s. Kaiserslautern. Notar: s. Lauterecken.

Lang Philipp	Handlung	*Philipp Lang.*

Nesselwang. 1576 Einwohner. LG. Füßen. BG. u. HG. Kempten.
Advokaten: s. Kempten. Notar: s. Füssen.

Alois Boneberger HN., [ZN. Sonthofen]	Apotheke	*Alois Boneberger.*
Jacob Dinser	Specereiwaarenhandlung	*Jacob Dinser.*
Fidel Göhl	Specerei-, u. Schnittwh.	*Fidel Göhl.*
Wendelin Schwarz	Specereiwaarenhandlung	*Wendelin Schwarz.*
M. Tanner	Specereiwaarenhandlung	*Marzel Tanner.*

Neualbenreuth. 510 Einwohner. LG. Waldsassen. BG. Weiden. HG. Amberg.
Advokaten: s. Weiden. Notar: s. Waldsassen.

Ferdinand Altenröder	Eisenhammer	*Ferdinand Altenröder.*
Michael Altenröder	Eisenhammer	*Michael Altenröder.*
Andreas Irrgang	Specereiwaaren	*Andreas Irrgang.*
Kaspar Scharnagel	Specereiwaaren	*Kaspar Scharnagel.*
Johann Wolfgang Schöner	Specereiwaaren	*Johann Wolfgang Schöner.*

Neubeuern. LG. Rosenheim. BG. Traunstein. HG. München r. J.
Advokaten s. Traunstein. Notar s. Rosenheim.

Pet. Pichler	Gemischte Waarenhandl.	*Bartholomäus Neumayer.*

Neubrunn. 1184 Einwohner. LG. Marktheidenfeld. BG Lohr. HG. Würzburg.
Advokaten s. Lohr. Notar s. Marktheidenfeld.

Theodor Lutz	Gemischte Waaren	*Theodor Lutz.*
Samuel Thalmann	Schnittwaarenhandlung	*Samuel Thalmann.*

Neuburg a. Donau. 8276 Einwohner. LG. Neuburg a. D. BG. Donauwörth. HG. Augsburg
Advokaten: s. Donauwörth. Notar: L. A Seitz. G. Vohmann.

B. J. Decrignis' Wwe.	Specereiwaaren	*Maria Decrignis Wwe.*
Max Decrignis	Specerei- u. Schnittw.	*Max Decrignis.*
Otto Decrignis	Specerei- u. Schnittw.	*Otto Decrignis.*
J. Gletzle	Specereiwaaren	*Franz Xaver Gletzle.*
Grasseggers's Erben	Spec.-; Farb- u. Materialw., Eisenw. u. Antiquitäten	*Amalie Grassegger Wwe.*
Griessmayer'sche Buchdruckerei, Buch- u. Kunsthandlung, J. Rindfleisch	Buchdruckerei, Buch- und Kunsthandlung	*Johann Nepomuk Rindfleisch.*
Martin Haas	Spec.-, Strick-, u. Stickw.	*Martin Haas.*
Johann Häckl	Specerei- u. Schnittw.	*Johann Häckl.*
Aloys Karl	Specerei- u. Wachswaaren	*Aloys Karl.*
Gg. Is. Karl	Specereiwaaren	*Josef Amler.*
Babette Koch	Specereiwaaren	*Rudolf Koch.*
W. Koch	Handlung	*Wilhelm Koch.*
Joh. Gg. Koch	Specerei- u. Colonialw.	*Johann Nicolaus Pfahler.*

Andreas Laber	Specerei- und Wachswaaren u. Lebküchnerei	*Andreas Laber.*
M. Nisslein	Specereiwaaren	*Max Nisslein.*
Joh. Oswald	Glaswaarenhandlung	*Johann Oswald.*
Joh. Leonh. Pitt	Spec.-, Colonial- u. Schnittw.	*Anton Pitt.*
August Prechter	Buch- u. Kunsthandlung	*August Prechter.*
Georg Romm		*Georg Romm.*
Josef Schauer		*Josef Schauer.*
Albert Schwaibart	Specereiwaaren	*Albert Schwaibart.*
Franz Xaver Thoms	Spec.- u. Farbwaaren	*Franz Xaver Thoms*
Seb. Waltenheimer	Specereiwaaren	*Sebastian Waltenheimer.*
E. Wifling	Specereiw. u. Cigarren	*Eduard Wifling.*
J. P. Ziegler	Specereiw. u. Delicatessenh.	*Johann Paul Ziegler*

Neuburg a. Inn. 520 Einwohner. LG. Passau II. BG. u. HG. Passau.
Advokaten u. **Notare** s. Passau

Joh. Georg Lüger	Krämerei	*Johann Georg Lüger.*

Neuburg a. K. 900 Einwohner. LG. Krumbach. BG. u. HG. Memmingen
Advokaten s. Memmingen. **Notar** Alois Högelmayer in Krumbach.

G. Grail	Specereiwaaren	*Gottfried Grail.*

Neudorf. LG., BG. u. HG. Kempten. **Advokaten** u. **Notare** s. Kempten.

Gebr. Denzler	Mechan. Werkst., Spindelf. u. Baumwollzwirnerei	*Heinrich u. Friedrich Denzler.*

Neudorf. LG. Vohenstrauß. BG. Weiden. HG. Amberg.
Advokaten: s. Weiden. **Notar** s. Vohenstrauss.

Johann Kreuzer	Specereiwaaren	*Johann Kreuzer.*

Neudrossenfeld. 480 Einwohner. LG. Culmbach. BG u. HG. Bayreuth.
Advokaten: s. Bayreuth. **Notar:** s. Culmbach.

J. C. Amschler	Krämerei	*Johann Conrad Amschler.*
J. F. Martin	Krämerei	*Johann Friedrich Martin.*

Neuendettelsau. 594 Einwohner. LG Heilsbronn. BG. u. HG. Ansbach.
Advokaten s Ansbach. **Notar:** s. Heilsbronn.

Johann Georg Fuchs	Schnittwaarenhandlung	*Johann Georg Fuchs.*
J. M. Hirschmann	Porcellanhandlung	*Johann Michael Hirschmann.*
J. W. Pflugmann	Specereiwaarenhandlung	*Johann Wolfgang Pflugmann.*

Neuenhinzenhausen. LG. Riedenburg. BG. u. HG. Regensburg.
Advokaten: s. Regensburg. **Notar:** s. Riedenburg.

Joh. Meyer	Handlung	*Johann Meyer.*

Neuenmarkt. 778 Einwohner. LG. Culmbach. BG. u. HG. Bayreuth.
Advokaten: s. Bayreuth. **Notar:** s. Culmbach.

A. Böcklein	Krämerei, Traiteur	*Andreas Böcklein.*

Neuenmuhr. LG. Gunzenhausen. BG. u. HG. Ansbach.
Advokaten: s. Ansbach. **Notar** s. Gunzenhausen.

Gottfried Aufhammer	Specereiwaarenhandlung	*Gottfried Aufhammer.*

Neuessing. LG Kelheim. BG. u. HG. Landshut **Advokaten** s. Landshut. **Notar:** s. Kelheim.

Mathias Seitz	Handlung	*Mathias Seitz.*

Neufrauenhofen. LG. Vilsbiburg. BG. u. HG. Landshut.
Advokaten s. Landshut. **Notar:** s. Vilsbiburg.

Joseph Ziegler	Handlung	*Joseph Ziegler.*

Neugattendorf. LG., BG. u. HG. Hof. **Advokaten** u. **Notare:** s. Hof

J. Carl Hager	Weberwaarenfabrik	*Johann Carl Hager.*

Neuhäusel. 1090 Einwohner. LG. Waldmoor BG. u. HG. Zweibrücken.
Advokaten: s. Zweibrücken. **Notar** s. Waldmoor.

Heinrich Jacob Ruf	Specereiwaaren	*Heinrich Jacob Ruf.*
Christian Schäfer	Holzhandlung	*Christian Schäfer.*
Alexander Welsch	Fruchthandlung	*Alexander Welsch.*
Nicolaus Welsch	Fouragehandlung	*Nicolaus Welsch.*

Neuhaus. 516 Einwohner. LG. Auerbach. BG. u. HG. Amberg.
Advokaten s. Amberg. **Notar** s. Auerbach.

J. H. Gmehling	Specereiwaaren	*Joseph Heinrich Gmehling.*
Joseph Rauch	Specereiw. u. Seifenfabr.	*Joseph Rauch.*
Carl Schiffmann	Eisen-, Stahl- u. Messingwh.	*Karl Schiffmann.*

Neuhaus a. Inn. 335 Einwohner. LG. Passau II. BG. u. HG. Passau.
Advokaten u. **Notare:** s. Passau.

M. Häusler	Zündholzfabrik	*Martin Häusler*
J. Obpacher	Schnitt-, Spec.- u. Eisenh.	*Ignaz Obpacher*

Neuhausen. LG. München l. I. BG. u. HG. München r. I.
Advokaten u **Notare:** s München l. I.

Locomotiv-Fabrik Krauss & C. (Commanditgesellschaft)	Lokomotivfabrik	*Persönlich haftender Gesellschafter: Georg Krauss. Basil Schwarzhans* **P.**

Neuhemsbach. 561 Einwohner. LG. Winnweiler. BG u. HG Kaiserslautern.
Advokaten: s. Kaiserslautern. **Notar:** s Winnweiler

Bossong J.	Holzhandlung	*Johann Bossong*
Sonnheim Gebrüder	Viehhandel	*Isaac u. Rudolph Sonnheim.*

Neuhof. LG. Markt Erlbach. BG. Windsheim. HG Fürth.
Advokaten s. Windsheim. **Notar** s. Markt Erlbach.

Joh. M. Brunner	Handlung	*Johann Martin Brunner.*

Neuhofen. 1460 Einwohner. LG. Ludwigshafen. BG. u. HG. Frankenthal.
Advokaten: s. Frankenthal. **Notar:** s Ludwigshafen.

J. Riedel	Spec.-, Kurz- und Eisenw. u. Schreibmaterialien	*Philipp Jacob Riedel.*
Valentin Striebinger	Handlung	*Valentin Striebinger.*

Neukehrsdorf. LG. Riedenburg. BG. u. HG Regensburg.
Advokaten: s. Regensburg. **Notare** s. Riedenburg.

Gabriel Neumayer HN. [ZN. Ingolstadt]	Hammerwerk	*Gabriel Neumayer.*

Neukirchen. LG. Miltenberg. BG. u. HG. Aschaffenburg.
Advokaten s. Aschaffenburg **Notar** s. Miltenberg

P. Rösslein	Gemischte Waarenhandl.	*Paulus Rösslein.*

Neukirchen. LG. Otterberg. BG. u. HG. Kaiserslautern.
Advokaten: s. Kaiserslautern. **Notar** s. Otterberg.

Andre Philipp II	Specereihandlung	*Philipp Andre II.*

Neukirchen. LG. Vohenstrauß. BG. Weiden. HG Amberg.
Advokaten s. Weiden **Notar:** s Vohenstrauss.

Christoph Bock	Specereiwaaren	*Christoph Bock.*
Lorenz Gerstmayer	Specereiwaaren	*Lorenz Gerstmayer.*

Neukirchen. LG. Rain. BG. Aichach. HG München l. I.
Advokaten: s Aichach. **Notar:** s. Rain.

Michael Schmiderer	Krämerei u. Hucklerei	*Michael Schmiderer.*

Neukirchen a. Inn. 1575 Einwohner. LG. Passau II. BG. u. HG. Passau.
Advokaten u **Notare:** s. Passau.

Michael Schuhwerk	Krämerei	*Michael Schuhwerk.*

Neukirchen v. Wald. LG. Passau I. BG u. HG. Passau. **Advokaten** u. **Notare** s. Passau.

Martin Gerner	Krämerei	*Martin Gerner.*
Joh. Seiler	Krämerei	*Johann Seiler.*

Neukirchen-Balbini. 675 Einwohner. LG. u. BG. Neunburg v. W. HG. Regensburg.
Advokaten u. **Notare** s. Neunburg v W

Franz Meier	Specereiwaaren	*Franz Meier.*
Jos. Peither	Specereiwaaren	*Josef Peither.*
Wolfgang Stubenrauch	Specereiwaaren	*Wolfgang Stubenrauch.*

Neukirchen bei hl. Blut. 1575 Einwohner. LG. Neukirchen. BG. Straubing. HG. Landshut.
Advokaten s. Straubing **Notar** A. Brunnbauer.

Michael Dimpfl		*Michael Dimpfl.*
Wolfgang Multerer	Eisenhandlung	*Wolfgang Multerer*
Franziska Neumaier Wwe.		*Franziska Neumaier. Antonie Neumaier* **P.**
J. Würz	Specereiw. u. geistl. Waaren en gros	*Josef Würz. Johann Würz* **P.**

Neuleiningen. 826 Einwohner. LG. Grünstadt BG u HG. Frankenthal.
Advokaten s. Frankenthal. **Notar:** s. Grünstadt.

David Adler & Sohn	Mehlhandlung	*David Adler. Moses Adler*
Jacobi Adler & Comp.	Handlung	*Sara Bellmont. David Adler. Moses Adler.*
Moses Freiberg	Branntw. u. Kohlenh.	*Moses Freiberg.*
Benj. Kaufmann	Handlung	*Benjamin Kaufmann.*

Cornelius Kaufmann	Branntweinbrennerei	*Cornelius Kaufmann.*
L. R. Kunz	Mühle	*Ludwig Richard Kunz.*
Heinrich Löb	Mehl-, Frucht- und Oelkuchenhandlung	*Heinrich Löb.*
Abraham Mayer Wwe.	Mehlhandlung	*Johanette Mayer.*
Isaak Mayer	Mehlhandlung	*Isaak Mayer.*
Gebrüder Nippgen	Malzfabrik, Ockergrubenbetrieb u. Ockerschlemmerei	*Adam Nippgen. Jean Nippgen.*

Neumarkt i. Oberfalz. 3828 Einwohner. LG. Neumarkt. BG. u. HG. Amberg.
Advokaten: s. Amberg **Notar:** Chr. Eckart in Neumarkt.

Johann Blank	Handlung	*Johann Blank.*
K. Brandl	Handlung	*K. Brandl.*
Jacob Dassler, Tuchhändler	Tuchhandlung	*Jacob Dassler*
Jos. Di Bell	Spec - u. Schnittw.	*Mathias Weber.*
Oswald Di Bell	Spec.- u. Schnittw.	*Josefa, Anna u. Katharina Di Bell.*
Konrad Eberl	Kurzwaarenhandlung	*Konrad Eberl.*
Peter Ehgartner	Eisen- u. Geschmeidewh	*Peter Ehgartner.*
Carl Faigl	Specereiwaaren	*Karl Faigl.*
J. Feldbauer	Specw. u. Weinhandlung	*Joseph Feldbauer.*
Goldschmidt & Dreichlinger	Lampenf., Glas-, Porcellan- u. Goldleistenhandlung	*Jos. Nath. Goldschmidt. Heinr Dreichlinger.*
Simon Goldschmidt & Sohn HN. [ZN. Sulzbürg]	Eisenwaaren	*Josef Goldschmidt. Simon Goldschmidt.*
Joseph Anton Häckl	Handlung	*Joseph Anton Häckl.*
Magnus Herrmann	Handlung	*Magnus Herrmann.*
Josef Kirchbaur	Bijouteriewaarenhandl	*Joseph Kirchbaur*
Johann Kuhn	Handlung	*Johann Kuhn*
Kunstmühle Neumarkt u. Cementfabrik Neumarkt Carl Zinn	Kunstmühle u Cementf.	*Hermann Spitta.*
F. Keppler	Handlung	*Franz Keppler.*
Jos. Luber, Tuchhändler	Tuchhandlung	*Joseph Luber.*
J. B. Mulzer	Specerei- u. Farbwaaren	*Johann Baptist Mulzer.*
Friedrich Mussenann	Specerei- u. Schnittw	*Friedrich Mussenann.*
Anton Neumüller	Rothgerberei u. Lederh.	*Anton Neumüller.*
Ferdinand Neumüller		*Ferdinand Neumüller.*
Franz Neumüller	Rothgerberei u. Lederh.	*Franz Neumüller.*
Fritz Neumüller	Rothgerberei u. Lederh.	*Friedrich Neumüller.*
Karl Neumüller	Rothgerberei u. Lederh.	*Karl Neumüller.*
J. N. Niedermayer	Spec.-, Schnitt-, Material- u. Farbwaaren	*Josef Wolfer.*
M. Oettinger & Söhne	Schnittw. en gros u. en detail, Staatseffecten u. Hopfengeschäft u. Tuch	*Marx, Salomon u. Wolf Oettinger.*
Franz Seraphin Pangkofer	Specereiwaarenhandl.	*Franz Seraphin Pangkofer.*
Anton Pesserl	Specereiwaaren	*Anton Pesserl.*
Käshandlung Johann Planner	Käsehandlung	*Johann Planner.*
Carl Prols		*Karl Prols.*
Friedrich Romstock, Tuchhändler	Tuchhandlung	*Friedrich Romstock.*
Fritz Sessler	Specereiwaaren	*Friedrich Sessler.*
W Sitzmann	Eisenhandlung	*Willibald Sitzmann.*
Joseph Steinbach		*Joseph Steinbach.*
Anton Strasser	Glaserei u. Glaswaarenh	*Anton Strasser.*
Franz Strasser		*Franz Strasser.*
Leonh. Weber	Specereiwaaren	*Leonhard Weber.*
Moriz Wolf	Tuchhandlung	*Moritz Wolf.*
W. Wolf & Sohn	Tuchhandlung	*Salomon Wolf* **A** *Wolf Wolf*
J. Zunner	Instrumentenhandlung	*Ignaz Zunner.*

Neumarkt a. Rott. 1059 Einwohner. LG. Neumarkt a. Rott. BG. Wasserburg. HG. München. r. J.
Advokaten: s Wasserburg. **Notar:** J Bachmaier

M. Edelmann's Wwe.	Schnitt-, Eisen- u. Specw. u Leder	*Anna Edelmann Wwe.*
J. Finsterwald	Schnitt-, Eisen- u. Specw. u. Leder	*Josef Finsterwald.*

A. Jaud	Apotheke	*Anton Jaud.*
Bernhard Lechner	Spec.-, Schnitt- u. Eisenw.	*Bernh. Lechner.*
J. B. Niedermaier's sel. Wwe.	Spec.-, Schnitt- u. Eisenw.	*Thekla Niedermaier Wwe.*
M. Seiz	Spec.-, Schnitt- u. Eisenw.	*Max Seitz.*

Neunburg v. Wald. 2456 Einwohner. LG. u. BG. Neunburg v. W. HG. Regensburg.
Advokaten: J. Dotzer. J. Himmelstoss J Jahn. L. Lang J. Schneider. **Notar:** J. Schneider.

Jacob Dachauer	Specerei- u. Schnittw.	*Jacob Dachauer.*
J. A. Krönner	Wachszieherei u. Lebzelterei	*Ignaz Albert Krönner.*
Jos. Mulzer	Specerei- u. Schnittw.	*Josef Mulzer.*
Karl Pfäffinger	Specerei- u. Schnittw.	*Karl Pfäffinger.*
B. Wiedenhofer	Specerei- u. Schnittw.	*Balthasar Wiedenhofer.*

Neundorf. LG. Seßlach. BG. Kronach. HG. Bamberg. **Advokaten** s. Kronach. **Notar:** s. Sesslach.

Johann Raab	Specereiwaarenhandlung	*Johann Raab.*

Neunkirchen a. Brand. 661 Einwohner. LG. Gräfenberg. BG. u. HG. Bamberg.
Advokaten: s. Bamberg. **Notar** s. Gräfenberg.

J. M. Biemann	Handlung	*Johann Michael Biemann.*
Ernstberger	Handlung	*Anton Ernstberger, Apoth.*
Joh. Rehm	Spec.-, Kurz- u. Schnittwh.	*Johann Rehm.*
Friedrich Schultheiss	Apotheke	*Friedrich Schultheiss.*

Neunstetten. LG. Herrieden BG. u. HG. Ansbach. **Advokaten** s. Ansbach. **Notar:** s. Herrieden.

Michael Obermeyer	Specereiwaarenhandlung	*Michael Obermeyer.*

Neuötting. 2020 Einwohner. LG. Altötting. BG. Wasserburg. HG. München r. J.
Advokaten s. Wasserburg. **Notar:** s. Altötting.

Gustav Bittl	Handlung	*Gustav Bittl.*
Georg Hödt's sel. Wwe.	Specerei- u. Schnittw.	*Anna Hödt Wwe. Georg Hödt* **P.**
Jacob Kirnberger		*Walburga Rieder.*
Leb. & Ant. Leiss	Eisenhandlung	*Anton Leiss.*
Sebastian Pimpfinger	Eisenhandlung	*Sebastian Pimpfinger.*
Georg Semmelmann	Eisenhandlung	*Georg Semmelmann.*
Gg. Sporn	Glas-, Porcellan- u. Wallfahrtswaaren	*Gg. Sporn.*
Gebr. Wisflecker & Bittl	Eisen-, Geschmeide- und Stahlwaaren en gros	*Martin Bittl. Karl Schwaiger* **P.**
Ludwig Wisflecker's sel. Wwe.	Schnitt-, Spec.- u. Weissw.	*Bertha Wisflecker.*

Neureichenau. LG. Waldkirchen. BG. u. HG Passau.
Advokaten s. Passau. **Notar:** s. Waldkirchen.

Ludwig Rosenberger's Wwe.	Krämerei	*Josefa Rosenberger.*

Neustadt a. A. 3583 Einwohner LG. Neustadt a. A. BG Windsheim. HG. Fürth.
Advokaten: s. Windsheim. **Notar** J. Braun.

Gottl. Emil Aecker	Spec.-, Porcell.- u. Steinguth.	*Gottlieb Emil Aecker.*
Dampfdreschgenossenschaft zu Neustadt a. A. [Eingetragene Genossenschaft]	Betrieb einer Dampfdreschmaschine	*Johann Nicolaus Beer, Vorstand. Joh. Georg Nicolaus Stein, Vorstandsstellvertreter.*
J. C. Engelhardt	Buchhandlung	*Johann Engelhardt.*
Conrad Fertig	Spec.- u. Farbwaarenh.	*Conrad Fertig.*
W. Goldstein	Schnittwaarenhandlung	*Wolf Goldstein.*
Edmund Grosskopf	Conditorei u. Specereiwh.	*Josef Edmund Friedrich Grosskopf.*
N. Hassler sel Wwe.	Specereiwaarenhandlung	*Elisa Kathinka Hassler.*
J. L. Kauffmann's Erben	Spec.-, Farb- u. Spielwh.	*Georg Ludwig Landmann.*
Gust. Eduard Landmann	Wein- u. Eisenhandlung	*Gustav Eduard Landmann.*
J. G. Lettenmeyer		*Johann Georg Lettenmeyer.*
J. N. von der Pfordten	Spec.- u. Eisenwaarenh.	*Johann Nicolaus von der Pfordten.*
J. G. Schütt	Conditorei u. Specereiwh.	*Johann Georg Schütt.*
Bernhard Seyboth	Spec.- u. Eisenwaarenh.	*Bernhard Seyboth.*
F. W. Sieger	Spec -, Steingut- u. Glash.	*Friedrich Wilhelm Sieger.*
E Stahl		*Elias Stahl*
Carl Ulrich	Materialwaarenhandlung	*Johann Michael Carl Ulrich.*
Carl Vogel jun.	Schnittwaarenhandlung	*Carl Vogel.*
J. Friedr. Vogel	Spec.- u. Schnittwaarenh.	*Johann Friedrich Vogel.*

Neustadt a. Culm. 993 Einwohner. LG. Neustadt a W. N. BG. Weiden. HG. Amberg.
Advokaten s. Weiden. **Notar** s. Neustadt a. W. N.

Georg Büttner	Specereiwaaren	*Georg Büttner.*
Johann Gebhardt	Specereiwaaren	*Johann Gebhardt.*

Johann Gradl	Handlung	*Johann Gradl.*
Johann Jacob Schindler	Handlung	*Johann Jacob Schindler.*
Friedr. Wunderlich	Spezereiwaarenhandlung	*Friedrich Wunderlich.*

Neustadt a. D. LG. Kelheim. BG u. HG. Landshut.
Advokaten s. Landshut. **Notar** s. Kelheim

Georg Gräff	Handlung	*Georg Gräff.*
Franz Ad. Hetz	Hopfen- und Getreidehandl., Spec.-, Schnitt- u. Eisenw.	*Franz Adam Hetz.*
Franz Pirzer	Handlung	*Franz Pirzer.*

Neustadt a. H. 8608 Einwohner. LG. Neustadt a. H. BG. u. HG. Frankenthal.
Advokaten s. Frankenthal. **Notar:** A Neumayer G V Werner

Gebrüder Abresch	Mühle	*Ludwig Adolph Abresch. Johann Peter Otto Abresch.*
Simon Bach	Weinhandlung	*Fanny Löwenstein. Albert Bach* P.
J. B. Bär	Kurz-, Eisen- u. Spielw.	*Johann Baptist Bär.*
Daniel Baus	Stärkefabrik	*Daniel Baus*
Valentin Bender	Kohlenhandlung	*Valentin Bender.*
E. Bergtholdt	Putz- u. Modegeschäft	*Elise Bergtholdt.*
Adam Brandt	Tabakfabrik	*Johann Adam Brandt. Joh. David Brandt.*
Büsche & Götz	Kurzwaaren	*Constantin Morsch.*
Louis Claus	Gold- u. Silberwaaren	*Louis Claus.*
H. Corell	Mühle	*Heinrich Corell.*
Friedrich Corell & Cie.	Handelsmühle	*Friedrich Corell.*
Leonhard Corell & Söhne	Mühle	*Georg Corell, Philipp Corell.*
Wilhelm Culmann	Spec.- u. Farbwaaren	*Wilhelm Culmann.*
Louis Dacque	Bankgeschäft	*Maria Elisabetha Dacque. Ludwig Rudolph Dacque. Eugen Dacque. Heinrich Kern. Nur die letzteren drei sind zur Firmenzeichnung berechtigt.*
Gebrüder Deines	Weinhandl., Lager in franz. Champagner von Koch fils in Avize	*Ludwig Deines. Goswin Deines.*
G. Deisinger	Kohlenhandlung	*Georg Deisinger.*
Dörr & Jolas	Weinhandlung	*Gustav Dörr. Jacob Jolas.*
Carl Dreher	Kurzwaaren	*Carl Dreher.*
Carl Exter	Gerberei	*Carl Exter.*
Carl Theodor Exter	Gerberei	*Carl Theodor Exter.*
Friedr. Exter	Gerberei	*Friedrich Exter.*
Peter Conrad Exter	Gerberei	*Peter Conrad Exter.*
Gebrüder Feith	Harzproductenfabr., Brauer- u Schuhmacherpech, Wagenfett, Firnisse	*Max Feith. Bernhard Feith.*
Franz Fettig's Söhne	Mühlenbesitzer	*Franz Fettig.*
Heinrich Fischer	Steinkohlenhandlung	*Heinrich Fischer.*
Karl Fischer	Mehlhandlung	*Karl Fischer.*
Jacob Fritzweiler	Seifenfabrik	*Friedrich Fliesen.*
Jacob Fuchs	Buntpapierfabrik	*Louise Baumann.*
Albert Gennheimer	Essigfabrik	*Albert Gennheimer.*
Heinrich Gennheimer in Neustadt a. H.	Essigfabrik	*Heinrich Gennheimer.*
Valentin Gennheimer	Essig- u. Nudelfabrik	*Valentin Gennheimer.*
August Germann	Spec.- u. Farbwaaren	*August Germann.*
Louis Glaser	Glas- und Porcellanhandl.	*Franz Ludwig Glaser.*
August Hermann Gottschick-Witter'sche Buchhandlung	Buchhandlung	*Friedrich Eduard Witter Heinr. Gottschick* P.
Grohe-Abresch	Holzhandlung	*Carl Philipp Abresch*
Grohe-Abresch	Grosshandlung	*Carl Philipp Abresch. Carl Gustav Dieterlen.*
Georg Friedrich Grohé-Henrich HN. [ZN. Lampertsmühle]	Bankgeschäft	*Louise Wolf. Johann Ludwig Wolf. Friedr. Hetzel. Wilhelm Fahr* P.
Gugenheim & Hirsch	Manufact.- u. Weinhandl.	*Isaac Hirsch. Leopold Gugenheim.*
Heinrich Wilhelm Haape	Kurzwaaren en gros u. en detail	*Theodor Haape.*
Theod. Haape	Garn- u Baumwollwaaren	*Theodor Haape.*
Gebr. Häusser	Mechan. Werkstätte	*Johann Peter Häusser. Martin Häusser.*
Ph. Jacob Harff	Mehlhandlung	*Philipp Jacob Harff*
C. Hartmann	Mehlhandlung	*Carl Hartmann.*

G. Hassieur Söhne	Malzfabrik	*Hermann Hassieur. Adolf Hassieur.*
Georg Hassieur	Malzfabrik	*Georg Hassieur.*
Adolph Heck	Stärkefabrik u. Holzh.	*Adolph Heck.*
Ferd. Heckel	Assecuranz- u. Auswanderungsgeschäft	*Ferdinand Heckel.*
S. N. Heimer & Cie.	Schnittwaaren	*Josua Gumprich.*
Carl Helfferich	Specereiwaaren	*Carl Helfferich.*
Ph. Helffenstein sen.	Hutfabrik	*Abraham Helffenstein.*
J. Hofmann	Schnittwaaren	*Jacob Hofmann.*
Hornig & Cie.	Weinhandlung	*Conrad Theodor Hornig.*
Johann Hüll	Essigfabrik	*Johann Hüll.*
J. Jolas	Weinhandlung	*Jacob Jolas.*
Julius Kärner	Conditorei	*Julius Kärner.*
Fr. Chr. Kallmayer	Specereih. u. Commissionsgeschäft	*Friedrich Christoph Kallmayer.*
L. Kaufmann	Weinhandlung	*Leopold Kaufmann. Sigmund Kaufmann* **P.**
Kaufmann & Cie.	Weinhandlung	*Elias Reinach. Leopold Kaufmann.*
L. Kaufmann	Weinhandlung	*Leopold Kaufmann.*
Salomon Kaufmann	Branntweinbrennerei und Sprit-Agentur	*Salomon Kaufmann.*
Gebrüder Kempf	Schaumweinfabrik	*Robert Jacob Kempf. Emil Kempf. Hermann Kempf.*
A. W. Kirchner	Weinhandlung.	*Emilie Schlegel. Heinrich Kirchner* **P.**
Kirner, Steiner & Comp.	Glas- u. Porcellanhandlung u. Eisenwaaren	*Martin Steiner. Aloys Roth.*
H. Klein	Holzhandlung	*Heinrich Klein.*
Fritz Knöckel	Papierfabrik	*Friedrich Wilhelm August Knöckel.*
L. Knöckel	Mühl-, Frucht- und Mehlhandlung	*Louis Knöckel.*
Philipp Knöckel's Söhne	Papierfabrik	*Philipp Knöckel. Theodor Knöckel* **P.**
Carl Joseph Koch	Weinhandlung	*Andreas Koch.*
Jacob Kölsch	Gasthaus zur gold. Krone (Post)	*Jacob Kölsch.*
Jacob Kölsch & Sohn	Weinproduction	*Jacob Kölsch. Wilhelm Kölsch.*
D. Kranzbühler jr.	Buchdruckerei	*Johann Daniel Kranzbühler.*
G. A. Kranzbühler	Conditorei u. Specereiw.	*Gustav Adolph Kranzbühler.*
Jos. Kronenberger	Stärkefabrik	*Joseph Kronenberger.*
Kuprion & Hauck		*Joseph Alois Kuprion. Carl Theodor Hauck.*
Jacob Lederle	Viehhandel	*Jacob Lederle.*
A. Löb	Frucht- u. Mehlhandlung	*Abraham Löb.*
Rosette Löb	Putz- u. Modewaaren	*Rosette Löb.*
J. Louis	Weinhandlung	*Jacob Louis.*
Jacob Mack	Specerei- u. Farbwaaren	*Jacob Mack.*
Christoph Marsteller	Weinhandlung	*Christoph Marsteller.*
Mattil & Schupp	Stärkfabrik	*Saladin Mattil.*
August Mayer	Schnittwaarenhandlung	*August Mayer.*
Jacob Mayer	Landesproductenhandl.	*Jacob Mayer. Max Mayer* **P.**
Isaak Mayer jr.	Mehlhandlung	*Isaak Mayer.*
Isaac Mayer's Wwe. & Sohn	Schnittwaaren en gros	*Philippine Sommer. August Mayer.*
Simon Mayer	Schnittwaaren	*Simon Mayer.*
Elias Metzger	Branntweinh., Liqueurf. und Weinhandlung	*Elias Metzger.*
Georg Morhard	Papier- u. Schreibmaterialienhandlung	*Georg Morhard.*
Gebrüder Neubauer	Tabakfabrik	*Andreas Neubauer. Victor Neubauer* **P.**
August Oehlert	Garnfabrik	*August Oehlert.*
J. Oehlert	Tuchfabrik	*Heinrich Oehlert. Gustav Oehlert.*
Friedr. Postelmann	Schnittwaaren	*Friedrich Postelmann.*
Nicolaus Pressler	Lederhandlung	*Nicolaus Pressler.*
Carl Rau	Schnittwaaren en gros	*Carl Rau.*
Elias Reinach	Weinhandlung	*Elias Reinach. Joseph Reinach.*
C. F. E. Reinhardt	Holzhandlung	*Carl Friedrich Emil Reinhardt.*
Carl Riotte	Kurzwaaren	*Carl Riotte.*
S. Roos' Söhne	Holzhandlung	*Leopold Roos. Moritz Roos.*
Louis Rosenstiel	Papierh. en gros und Sackleihanstalt	*Louis Rosenstiel. Siegfried Rosenstiel* **P.**

Saalbau-Actiengesellschaft zu Neustadt a. H.	Gegenstand des Unternehmens ist die Erwerbung des nördlich vom Bahnhof gelegenen Platzes zum Zweck der Erbauung eines grossen für gesellige und künstlerische Unterhaltungen bestimmten Gebäudes.	*Den Vorstand bilden 7 von der Generalversammlung gewählte Mitglieder. Die Vertretung der Gesellschaft erfolgt durch den Vorsitzenden des Vorstandes oder dessen Stellvertreter, welche ihre Namen unter die Firma setzen. Im Falle der Verhinderung Beider kann der Vorstand auch ein anderes Mitglied zur Vertretung delegiren. Den Vorstand bilden: Jacob Exter, Vorsitzender. Ferdinand Maucher, Stellvertreter. Const. Morsch. Eduard Witter. Daniel Kranzbühler. Ferd. Knecht. Eugen Dacqué.*
August Sauter's Wwe.	Specereiwaaren	*Friderike Sauter.*
Johannes Sauter	Mühle	*Johannes Sauter.*
Ph. Sauter Wb.	Mühle	*Philippina Kronenberger.*
Josef Schäffer	Weincommissionsgeschäft u. Weinhandlung	*Josef Schäffer.*
J Scharff	Schreibmaterialienhandl.	*Isaak Scharff.*
E. Scherrer	Putzgeschäft	*Amalia Friederika Eleonora Wilhelmi.*
Ferd. Schmahl & Cie.	Leinenfabrik u. Handlung	*Ferdinand Schmahl.*
Joh. Schmidt	Specereiwaaren	*Johann Leonhard Schmidt.*
Philipp Jacob Schönig	Goldleisten, Spiegel- und Tafelglas	*Philipp Jacob Schönig.*
Friedrich Späth	Weinhandlung	*Johann Friedrich Späth.*
Franz Spener	Malzfabrik	*Franz Spener.*
Ch. v. Speyerer	Mühle	*Christian Valentin Speyerer.*
S. Stiefel	Eisenhandlung	*Salomon Stiefel.*
Susmann & Gerson	Fruchthandlung	*Moses Susmann. Jac. Gerson. Moses Susmann II. Wolf Marx.*
C. F. Völcker	Specerei- u Farbwaaren	*Carl Friedrich Völcker.*
Carl Wallbillich	Lederhandlung	*Carl Wallbillich.*
Walter & Wiedemann	Weinhandlung	*Jacob Walter. Heinrich Wiedemann.*
A. Weikesser	Rothgerberei	*Andreas Franz Ignatz Weikesser.*
M. Weissbecker, verehlichte Nicolai		*Margaretha Bracumlich-Nicolai.*
Ph. Weissmann & Söhne	Glas, Porcellan, Spiegel u. Goldleisten en gros und Steinkohlenlager	*Philipp Weissmann. Jacob Weissmann.*
C. J. Weyland	Weberei	*Christian Jacob Weyland.*
J. D. Weil	Mehlhandlung u. Lumpenh.	*Jacob David Weil.*
Friedrich Wilde vormals Wilde & Claus	Tuch- u. Modewaarenlager, Vorhang- u. Möbelst. etc.	*Friedrich Wilde.*
J. Wilde	Glas- u. Porcellanhandl.	*Jacob Wilde.*
Eduard Witter	Buchhandlung	*Friedr. Eduard Witter. Heinr. Gottschick* **P.**
Gebrüder Jacob Wolff	Schnittwaaren	*Jacob Wolff.*
Isaac Wolff	Eisenhandlung	*Isaak Wolff.*
Ludwig Wolff	Weinhandlung	*Ludwig Wolff.*
Moritz Wolff	Schnittwaaren	*Moritz Wolff Ludwig Wolff.*
Ludwig Ziegler Nachfolger	Tricotfabrik	*Jacob Engelmann. Friedrich Helfferich.*
Friedrich Zinkgraf	Gerberei	*Caroline Zinkgraf. Heinrich Zinkgraf* **P.**
H. Zinkgraf	Rothgerberei	*Heinrich Zinkgraf.*
Andr. Zwick	Stärkefabrik	*Andreas Zwick.*
Jacob Zwick's Söhne	Stärkefabrik	*Jacob Zwick. Heinrich Zwick. Johann Bapt. Zwick.*

Neustadt a. S. 2015 Einwohner. LG u. BG. Neustadt a. S HG. Schweinfurt.
Advokaten: K Endres. C. Hippeli K. Richter. A. Rothmund C. Then. K. Weber. O. Wibel. **Notar** Georg Saam.

Jacob Bernstein	Schnittw. u. Glashandl.	*Jacob Bernstein.*
Johann Bieber	Galanterie- u. Kurzwhdl.	*Johann Bieber.*
J. W. Binder	Spec.- u. Eisenwaaren und Nürnberger Waaren	*Barbara Binder.*
Bernhard Diehl	Apotheke	*Bernhard Diehl.*
Aron Frank	Handlung	*Aron Frank.*
J. Gutmann W.	Handlung	*Jeanette Gutmann.*
M. Gutmann	Manufacturw. u. Bankg.	*Sophie Gutmann Wwe.*
F. M. Katzenberger	Specereiwaaren	*Babetta Katzenberger.*
Salomon Kupfer	Lederhandlung	*Salomon Kupfer.*

Wilh. Lemm		*Wilhelm Lemm.*
Michael Friedr. Reinhart	Specerei- u. Weinhandl.	*Josef Reichert.*
Gebrüder Louis u. Sam. Reis	Lederhandlung	*Louis Reis. Samuel Reis.*
Louis Reis	Leder- u. Landesprodh	*Louis Reis.*
Nathan Reis	Landesproductenhandl.	*Samuel Reis. Maier Reis.*
Ph. A. Sichel	Schnittwaaren	*Philipp Abraham Sichel.*
Clemens Schmitt	Spec.-, Colon.- u. Tabakh.	*Clemens Schmitt.*
Otto Schnell	Colon.-, Mater.-. Manufact.- u. Eisenwaarenhandl.	*Otto Schnell.*
F. Stern	Landesproductenhandl	*Fries. Stern.*
Julius Volkhardt	Specereiwaaren	*Julius Volkhardt.*
Jos. Witzel	Kurzwaaren	*Josef Witzel.*

Neustadt W. N. 1313 Einwohner. LG. Neustadt a. W. N. BG. Weiden. HG. Amberg.
Advokaten: s Weiden. **Notar:** Heinr. Beck.

Ignaz Fauner	Specereiwaaren	*Ignatz Fauner.*
Jacob Fuchs	Tuchfabrik	*Jacob Fuchs.*
Theodor Mäner	Apotheke	*Theodor Mäner.*
Robert Pfäffinger	Spec.-, Schnitt- u. Tuchw.	*Robert Pfäffinger.*
J. F. Sailer	Specereiw., Conditorei und Lebküchnerei	*Ferdinand Sailer.*
Ch. Simmerding	Specereiwaaren	*Christian Simmerding.*

Neu-Ulm. 4810 Einwohner. LG Neu-Ulm. BG u. HG. Augsburg.
Advokaten: s. Augsburg. **Notar** G. Zierhut.

Johann Baur	Glaswaaren	*Johann Baur*
Heinrich Daur	Specerei- u. Galanteriew.	*Heinrich Daur.*
H. Harrsch HN. [ZN. Leipheim]	Handlung	*Carl Friedrich Bilfinger. Hanns Harrsch.*
J. W. Helb	Buchhandlung	*Wilhelm Helb.*
F. D. Manner	Specereiwaaren	*Friedrich Daniel Manner*
J. G. Mayer	Trikotwaarenfabrik	*Johann Georg Mayer.*
Samuel u. Jacob Molfenter		*Samuel Molfenter. Jacob Molfenter*
J. A. Ritter	Specerei- u. Materialwaaren, Cigarren u. Tabak	*Albert Ritter.*
H. Rosenheim's Sohn	Specerei- u. Schnittw	*Bernhard Rosenheim.*
Albert Schmid	Specerei- u. Galanteriew.	*Albert Schmid.*
Anton Steigele		*Anton Steigele.*
Andreas Weiss	Specereiwaaren	*Andreas Weiss.*
J. A. Wiedemann	Cigarren u. Landesproduct. en gros u. en detail	*Josef Anton Wiedemann.*
Rudolf Wolber	Eisenhandlung	*Rudolf Wolber.*
Ziegler & Elben		*Albert Elben.*

St. Nicola b. Passau. Siehe Passau.

Niederaschau. LG. Prien. BG. Traunstein. HG. München r. J.
Advokaten s Traunstein. **Notar:** s. Prien.

F. Christ. Lechner	Gemischte Waaren	*Ferdinand Christof Lechner.*

Niederaudorf. LG. Rosenheim. BG. Traunstein. HG. München r. J.
Advokaten: s. Traunstein. **Notar** s. Rosenheim.

Joseph Niederauer	Handlung	*Joseph Niederauer.*

Niederauerbach. LG, BG. u. HG. Zweibrücken. **Advokaten** u. **Notare** s Zweibrücken.

Christian Paul Weidmann	Gerberei	*Christian Paul Weidmann.*

Niederaunau. LG. Krumbach. BG. u. HG. Memmingen.
Advokaten: s. Memmingen. **Notar** s. Krumbach.

Rom. Maier	Hut- u. Filzfabrik, Landwirthsch. Maschinenwst.	*Romuald Maier.*

Niederbexbach. 503 Einwohner. LG. Waldmoor. BG. u. HG. Zweibrücken.
Advokaten: s. Zweibrücken. **Notar:** s Waldmoor.

Jacob Bauer	Krämerei	*Jacob Bauer*
Karl Klein	Szecereiw. u. Mehlh.	*Karl Klein.*

Niedergailbach. 370 Einwohner. LG. Hornbach. BG u. HG. Zweibrücken.
Advokaten s. Zweibrücken. **Notar:** s. Hornbach.

Nicolaus Krämer	Specerei- u. Eisenhandl.	*Nicolaus Krämer.*
Franz Rauch	Handelsmühle	*Franz Rauch.*
Nicolaus Rauch	Specereihandlung	*Nicolaus Rauch.*
Mathias Thomas Wwe.	Handlung	*Katharina Thomas.*
Jacob Wilbert	Handelsmühle	*Jacob Wilbert.*

Niederhausen. LG. Obermoschel. BG. u. HG. Kaiserslautern.
Advokaten : s. Kaiserslautern. **Notar** : s. Obermoschel.

Rapp Georg	Krämerei	*Georg Rapp.*

Niederhausen. LG, BG. u. HG. Zweibrücken. **Advokaten** u **Notare**: s. Zweibrücken.

Carl Weizel	Handelsmühle	*Carl Weizel.*

Niederhochstadt. 1418 Einwohner. LG. BG u. HG. Landau. **Advokaten** u. **Notare**: s. Landau.

Isaias Bodenheimer	Pferdehandel	*Isaias Bodenheimer.*
Jacob Dreifus	Lederhandlung	*Jacob Dreifus.*
Simon Kahn	Mehl- u. Fruchthandl.	*Simon Kahn.*
Leopold Kuhn	Frucht- u. Mehlhandl.	*Leopold Kuhn.*
Aron u. Bernhard Mayer	Getreide- u. Viehhandel	*Aron Mayer. Bernhard Mayer.*
Michael Mayer	Eisenwaarenhandlung	*Michael Mayer.*

Niederkirchen. LG. Dürkheim. BG. u. HG. Frankenthal.
Advokaten s. Frankenthal. **Notar**: s. Dürkheim.

Wilhelm Braun	Handlung	*Wilhelm Braun.*
Philipp Erlewein	Handlung	*Philipp Erlewein.*

Niederkirchen. 350 Einwohner. LG. Kusel. BG. u. HG. Kaiserslautern.
Advokaten s. Kaiserslautern. **Notar** s. Kusel.

Blum J. HN. [ZN. Heiligenmoschel]	Manufactur- und Colonialw. u. Eisenhandel	*Isaac Blum.*
Dahlsheimer Aron	Handlung	*Aron Dahlsheimer. Salomon Dahlsheimer* P.
Dahlsheimer J.	Handlung	*Jacob Dahlsheimer.*
Kennel Peter	Getreidemühle	*Peter Kennel.*
Meyer J.	Specereiwaaren	*Joseph Meyer.*
Neu Emil	Specereiwaaren	*Emanuel Neu.*
Ney Abraham		*Abraham Ney.*
Weyrich J. [Bügenmühle]	Handelsmühle	*Jacob Weyrich.*
Wollmann W.	Handlung	*Wilhelm Wollmann.*
Zimmer F.	Handlung	*Friedrich Zimmer*

Niederlustadt. 862 Einwohner. LG. Germersheim. BG. u. HG. Landau.
Advokaten: s. Landau. **Notar** s. Germersheim.

Gebrüder Ott	Handlung	*Georg Adam Ott. Phil. Ott. Georg Jac. Ott*

Niedermiesau. 591 Einwohner. LG. Waldmoor. BG. u. HG. Zweibrücken.
Advokaten s. Zweibrücken. **Notar** s. Waldmoor.

Franz Leppla [Bauermühle]	Handelsmühle	*Franz Leppla.*
P. Metzger	Specereiwaaren	*Peter Metzger.*
Jacob Schmitt III.	Specereiwaaren u. Holzh.	*Jacob Schmitt III.*

Niedermohr. 455 Einwohner LG. Landstuhl. BG u. HG Zweibrücken.
Advokaten s. Zweibrücken. **Notar**: s. Landstuhl.

Anton Hammerschmidt	Steinguthandlung	*Anton Hammerschmidt.*
Jacob Maue	Specereiwaaren	*Jacob Maue.*
Christian Nicoley	Mühle u. Holzhandel	*Christian Nicoley.*

Niederwerin. 674 Einwohner. LG Werneck. BG. u. HG. Schweinfurt.
Advokaten s. Schweinfurt. **Notar** s. Werneck.

J. Dreschfeld	Schnittwaaren- u. Mehlh.	*Jeidel Dreschfeld.*
Jöl Maiblum	Hopfenhandlung	*Joel Maiblum.*
D. Rosenstrauss	Specereihandlung	*David Rosenstrauss.*
S. Rosenstrauss	Specerei- u. Schnittwh.	*Sussmann Rosenstrauss.*
Mayer Schulherr	Hopfenhandlung	*Mayer Schulherr.*

Niederwürzbach. LG. Blieskastel. BG. u. HG. Zweibrücken.
Advokaten: s. Zweibrücken. **Notar**: s. Blieskastel.

J. F. Behr	Handlung	*Johann Franz Behr.*
Johann Dahlem	Handelsmühle	*Johann Dahlem.*
Johann Priester	Holzhandlung	*Johann Priester.*
Joseph Schaller	Handlung	*Joseph Schaller.*

Niefernheim. 184 Einwohner LG. Göllheim. BG. u. HG. Kaiserslautern.
Advokaten s. Kaiserslautern. **Notar** s. Göllheim.

Baum Gebrüder	Mühle	*Johann u. Jacob Baum.*
Mann Friedrich	Specereiwaarenhandl.	*Friedrich Mann.*
Weber Jacob	Handelsmühle	*Jacob Weber.*

Nittenau. 1304 Einwohner. LG. Nittenau. BG. Neunburg v. W. HG. Regensburg.
Advokaten s. Neunburg v. W. **Notar** s. Nittenau.

C. A. Haider	Handlung	*Carl Anton Haider.*

Max Isslinger	Schnitt.-, Spec.- u. Eisenw.	*Max Isslinger.*
Sebastian Kerscher	Specerei- u. Schnittw.	*Sebastian Kerscher.*
Wilhelm Loritz	Specerei- u. Schnittw.	*Wilhelm Loritz.*
Chrysanth Weingärtner	Apotheke u. Specereihdl.	*Chrysanth Weingärtner.*

Nördlingen. 6412 Einwohner. LG. Nördlingen. BG. Donauwörth. HG. Augsburg.
Advokaten s Donauwörth. **Notare** K Arendts. W. Erhard.

Georg Ammerbacher	Conditorei- u. Specereiw.	*Georg Ammerbacher.*
Nicolaus Bader	Seifenfabrik	*Nicolaus Bader.*
August Beck	Leinen- u. Baumwollweber.	*August Beck.*
C. H. Beck'sche Buchhandl.	Buchhandlung, Lithograph. u. Antiquariat	*Ernst Rohmer. Wilhelm Beck* P.
Johann Beuerlen	Schnitt- u. Tuchwaaren	*Johann Beuerlen.*
Ernst Beyhl	Handlung	*Ernst Beyhl.*
B. Beyschlag	Conditorei	*Benedict Beyschlag.*
Johannes Beyschlag	Lodweberei u. Federn	*Johannes Beyschlag.*
Philipp Beyschlag		*Philipp Beyschlag.*
Friedrich Bissinger		*Friedrich Bissinger.*
Chr. Brackenhofer	Knopffabr. u. Posamentierw.	*Christian Brackenhofer.*
Ludwig Brackenhofer	Glaswaaren	*Ludwig Brackenhofer.*
Ferdinand Braun	Lodweberei	*Ferdinand Braun.*
Johannes Braun	Lodweberei	*Johannes Braun.*
A. Brechenmacher	Lebküchnerei u. Specereiw.	*August Heinrich Brechenmacher.*
Johann Georg Bucher	Strumpfwaaren	*Johann Georg Bucher.*
Georg Conradt	Nagelfabrik	*Georg Conradt.*
J. K. Deffner	Eisenwaaren	*Johann Karl Deffner.*
August Döderlein	Speditionsgeschäft	*August Döderlein.*
G. Dorner		*Gottfried Dorner.*
Jacob Eckhardt sen.	Leinwand- u. Weisswhdl.	*Jacob Eckhardt.*
J. J. Eckhardt jun.	Leinwand- u. Weisswhdl.	*Jacob Eckhardt.*
Gottlieb Egg Sohn	Galanteriewaaren	*Gottlieb Egg.*
Caspar Endres	Teppichfabr. u. Lodweberei	*Caspar Endres.*
Johann Georg Fichtner		*Theodor Aurnhammer.*
Alb. Frickhinger	Apotheke	*Albert Frickhinger.*
Carl Geyer		*Carl Geyer.*
D. Glas	Nadler- u. Quincailleriew.	*Christian Pollich.*
J. B. Goschenhofer		*Gottlieb Carl Engel.*
Mathäus Goschenhofer & Cie.		*Inhaber: Math. Goschenhofer u. 42 Genossen.*

Vertreter: Christian Ludwig Schmidt. Friedrich Moll. Eduard Rehlen. Paulus Goschenhofer. Georg Rostbucher. Caspar Goschenhofer jun. Carl Burger. Johannes Erdlen. Christoph Weber. Sämmtliche in Gemeinschaft zur Vertretung der Firma berechtigt.

Christof Gruber	Nagelfabrik	*Christoph Gruber.*
Chr. Güttinger		*Johann Christian Güttinger.*
Carl Haag	Glaswaaren	*Carl Haag.*
Andreas Haller	Teppichfabrik	*Andreas Haller.*
Chr. Fr. Hambrecht	Buchbinderei u. Schreibmaterialienhandlung	*Friedrich Hambrecht.*
Hugo Hassler	Materialwaaren	*Hugo Hassler.*
Friedrich Hederer	Lodweberei	*Christian Friedrich Hederer.*
Balthas. Hefele	Teppichfabrik	*Balthasar Hefele.*
Joh. G. Heller	Lebküchnerei u. Specereiw.	*Christof Heller.*
Carl Henning	Lebküchnerei u. Specereiw	*Carl Henning.*
Herrmann Henning	Glaswaaren	*Hermann Henning.*
Fr. Henning jun.	Conditorei	*Friedrich Henning.*
Friedrich Herle		*Friedrich Herle.*
F. Hetsch		*Friedrich Hetsch.*
Gottlieb Hilsenbeck		*Gottlieb Hilsenbeck.*
Eduard Höchstädter	Lederhandlung	*Eduard Höchstädter. Sigmund Höchstädter* P.
H. u. J. Höchstädter	Posament.-, Band- u. Kurzw.	*Heinrich Höchstädter. Jacob Höchstädter.*
Ulrich Höfielen	Lodweberei	*Ulrich Höfielen.*
G. W. Hoffmann	Spec.- u. Eisenwaaren	*Georg Wilhelm Hoffmann.*
Karl Hoffmann		*Karl Hoffmann.*
Herrmann Holl	Lebküchnerei- u. Specereiw.	*Hermann Holl.*
A. Horlacher	Apotheke	*August Horlacher.*
Adam Hubel	Teppichfabrik	*Ester Hubel Wwe. Carl Hubel* P.
Huber & Compagnie		*Johann Huber. Wilhelm Krönlein.*
J. A. Hüber	Specereiwaarenhandl.	*J. A. Hüber.*

Johann Mathäus Kraus	Lederhandlung	*Johann Mathäus Kraus.*
Zacharias Kraus		*Zacharias Kraus.*
Georg Kress	Spec.- u. Colonw. en gros u. en detail	*Georg Kress.*
G. Lehmann	Seifenfabrik	*Gottfried Lehmann.*
W. Lindner		*Wilhelm Lindner.*
Alex Lippacher jun.		*Alexander Lippacher.*
Alex Lippacher sen.	Buchbinderei- u. Schreibmh.	*Alexander Lippacher.*
Ludwig Luther u. Sohn	Leinweberei u. Tuchf.	*Ludwig Luther. Johann Luther.*
Malzfabrik Nördlingen von Joh. Rauch	Malzfabrik	*Johann Rauch. Adam Sartori* P
Gebr. Marx [**HN.** Ansbach; **ZN.** Nördlingen]	Eisenhandlung	*Jacob Löw Marx. Lazarus Bär Marx. Samuel Marx.*
Balthasar Maurer	Teppichfabrik	*Balthasar Maurer.*
Georg Mayer	Teppichfabrik	*Georg Mayer.*
J. J. Mayer	Specereiwaaren u. Garn	*Rosine Elisabeth Mayer Wwe.*
C. H Mebold		*Andreas Christof Mebold.*
Carl Merkle	Käse- u. Mineralwasserh	*Carl Merkle. Christian Merkle.*
Gebrüder Moll	Lodweberei u. Tuchfabrik	*Emanuel Friedrich Moll. Johann Balthasar Moll.*
Ferdinand Mühe jun.	Drechslerwaaren	*Ferdinand Mühe.*
August Müller	Spec - u. Colonialwaaren u. Landesproducte, Sped. u. Incasso	*August Müller.*
J. Chr. Müller	Specereih. u. Conditorei	*Johann Christian Müller.*
Ferd. Müller jun.	Conditorei u. Specereiw.	*Ferdinand Müller*
J. Fr. Müller	Conditorei u. Specereiw.	*Alexander Müller.*
Johannes Müller		*Johannes Müller*
Salomon Müller	Weberei-, Leinen- u. Baumwollwaarenhandlung	*Salomon Müller.*
Oestreicher u. Kohn	Baumwollwaaren en gros u. Pfeifenfabrikation	*August Oestreicher Josef Kohn.*
Wm. Osterrieder	Putzwaaren	*Wilhelm Osterrieder.*
Carl Ostertag	Gerberei	*Carl Ostertag.*
Georg Ulrich Ostertag	Lodweberei	*Georg Ulrich Ostertag,*
Gottlob Ostertag		*Gottlob Ostertag.*
G. S. Pfost		*Georg Sigmund Pfost.*
C. Püttner	Specorciwaaaren	*Carl Püttner.*
Carl Pullich	Schnitt- u. Strumpfwaaren, Sped. u. Com.	*Carl Pullich.*
Aloys Rädler	Landesproducte	*Aloys Rädler.*
Caspar Rastbucher		*Caspar Rastbucher.*
Georg Rastbucher	Lodweberei	*Georg Rastbucher.*
Johann Rauch	Landesprod. u Spedit.	*Johann Rauch. Adam Sartori* P.
G. A. Rehlen	Lebküchnerei u. Specerciw.	*Georg Adam Rehlen.*
Gebrüder Rehlen		*Hermann Rehlen. Rudolf Rehlen.*
J. Fr. Rehlen	Specereiwaaren	*Johann Friedrich Rehlen*
Otto Rehlen	Tuchhandlung	*Otto Rehlen.*
Reiner & Lippacher	Portefeuille-Galanteriew. Papier u. Schreibm en gros	*August Reiner. Heinr Lippacher.*
Caspar Richenbäcker	Maurermeist. Cement-Sohlenhofersteine u. Dachplatth.	*Caspar Richenbäcker.*
Wilhelm Riederer	Liqueur- u. Essigfabr	*Wilhelm Riederer.*
G. Rollwagen	Buchbinderei u. Schreibmh.	*Georg Rollwagen.*
Friedrich Salfner	Posament.-, Band- u. Kurzw.	*Friedrich Salfner.*
Georg Schäblen	Teppichfabr u. Leinweberei	*Georg Schäblen.*
Christ. Ludw. Schneidt	Lodweberei	*Christian Ludwig Schneidt.*
Gebrüder Schneidt	Fruchth. u. Lodweberei	*Johann Georg Schneidt. Christian Friedrich Schneidt.*
Philipp Schnizlein	Tuch- u. Wollenwaarenhdl., Nähmaschinenniederl. und Agenturen	*Philipp Schnizlein.*
Friedrich Schramm	Kurzwaaren	*Friedrich Schramm.*
Heinrich Söldner	Eisenwaaren	*Heinrich Söldner.*
Josef Squindo	Speditionsgeschäft	*Josef Anton Squindo.*
Carl Friedr. Stang	Schnittwaaren	*Carl Friedrich Stang.*

Stark & Co.	Säck-, Segel-, Hopfen- und Packtuchfabrik	*Friedrich Christoph Stark. Bernard Ochs.*
Georg Stieglen	Lebküchnerei u. Specereiw.	*Georg Stieglen.*
Carl Strauss	Tuchhandlung	*Carl Strauss.*
Georg Strauss	Tuchhandlung	*Georg Strauss.*
Joh. Math. Strauss		*Johann Matthäus Strauss.*
Ph. Strauss	Buchbinderei u. Schreibmh.	*Philipp Strauss*
Philipp Theilheimer	Lederhandlung	*Philipp Theilheimer.*
Georg Thum		*Georg Thum.*
August Trüdinger		*August Trüdinger.*
J. C. Volz sel. Wwe.	Eisenwaaren	*Jeanette Volz Wwe. Benedict Volz* P.
Vitus Vogel		*Vitus Vogel.*
Wilh. Wagner	Schnittwaaren	*Wilhelm Wagner.*
Balthas. Wanner		*Balthasar Wanner.*
L. Waitzfelder	Hopfen-, Leder-, Cigarren-, Brauerpech- u. Landesph.	*Levi Waitzfelder.*
Christof Weber	Lodweberei	*Christof Weber.*
Friedrich Weber	Glaswaaren	*Friedrich Weber.*
Philipp Friedrich Weilbach	Specerei- u. Materialw.	*Philipp Friedrich Weilbach.*
A. C. Weinmann b. d. Kirche	Schnitt-, Leinen- u. Baumwollw., seidene Wasser- u. ganz wollene Bänder en gros u. en detail	*Helene Weinmann Wwe. Carl Weinmann* P.
Georg Weinmann	Sped., Com., Incasso, Agent. u. Bankgeschäft	*Georg Weinmann.*
David Winter		*David Winter.*
Jacob Winter	Teppichfabrik	*Jacob Winter.*
A. Wörlen	Barchent-, Tuch- u. Bettzeugfabrik	*August Wörlen.*
Christ. Wörlen	Liqueur- u. Essigfabrik	*Christof Wörlen.*
Anna Wiedemann, Kaufmannsw.		*Anna Wiedemann Wwe.*
Johann Leonhard Zapf	Lebküchnerei u. Specereiw.	*Lisette Zapf Wwe. Carl Zapf* P.
Johann Zimmermann	Stärkfabrik	*Johann Zimmermann.*

Nößwartling. LG Furth. BG. Neunburg v. W. HG. Regensburg.

Advokaten: s. Neunburg v. W. **Notar** s. Furth.

Klauber & Engelmann	Holzzeugfabrik	*Johann Klauber. Leopold Engelmann.*

Nonnenhorn. 583 Einwohner LG. Lindau. BG u. HG. Kempten.

Advokaten s. Kempten. **Notar** s. Lindau.

Gebrüder Forster	Weinh., Essigf. u. Landesp.	*Conrad Forster. Hugo May. August Forster* P.
Josef Ant. Hornstein	Weinhandlung	*Josef Anton Hornstein.*

Nordhalben. LG. Nordhalben. BG. Kronach. HG. Bamberg.

Advokaten s. Kronach **Notar** R. Eyssel.

Sittersberger, Apotheker	Apotheke	*Wilhelm Sittersberger.*

Markt Nordheim. LG. Markt Bibart. BG Windsheim. HG. Fürth.

Advokaten: s. Windsheim **Notar**: s. Markt Bibart.

J. W. Röschlein	Handlung	*Johann Wolfgang Röschlein.*

Nordheim a. M. 1105 Einwohner LG. Volkach. BG u. HG. Schweinfurt

Advokaten s. Schweinfurt. **Notar**: s. Volkach.

Fridolin Knoblach	Spec.-, Schnitt- u. Eisenwh.	*Fridolin Knoblach.*
F. P. Knoblach	Weinhandlung	*Franz Peter Knoblach.*
Gebrüder Sauer	Weinhandlung	*Lucas Sauer*

Nordheim v. d. Röhn. LG. u. BG. Neustadt a. S. HG. Schweinfurt.

Advokaten u **Notare** s. Neustadt a. S.

P. S. Schloth	Specerei- u. Eisenw.	*Peter Silverius Schloth.*
Levi Sigel	Schnittwaaren	*Babette Sigel.*

Nothweiler. 293 Einwohner. LG Dahn BG. u. HG. Zweibrücken.

Advokaten: s. Zweibrucken. **Notar** s. Dahn.

Philipp Görtler Ww.	Handlung	*Philipp Görtler.*
Heinrich Jacob Koch	Holzhandlung	*Heinrich Jacob Koch.*

Nürnberg. 77,895 Einwohner. St u. LG, BG u. HG. Nürnberg.

Advokaten: H. Bekh. J B. Bierling. Dr E. Brunner Dr S. Berolzheimer Dr F Eberlein. O Erhard. W Frankenburger. L. Fürst. H. Hahn. Dr J. J Jager G Josephthal J Ch. Kätzelmaier J Lindner F. Niedermaier. Dr. L. Obermeyer Dr Pemsel. E v. Praun. F Riesch Dr M M Stapf. W F v Tröltsch J F. Zeitler.

Notare H Beck H Lindner C Maier Th. Merz. G Omeis

Gebrüder Aal	Hopfenhandlung	*Moriz Aal. Isaak Aal.*
Moriz Aal	Schnittwaarenhandlung	*Moritz Aal*

C. Abel-Klinger	Buch- u. Kunsthandlung	*Robert Abel. Carl Casimir Abel.*
Adam & Cie.	Chemische Fabrik	*Georg Friedrich Adam. Victor Ferdinand Schulze.*
Joh. Adelhard	Möbelfabrik	*Johann Adam Adelhard.*
L. Aischberg	Hopfen- u. Pechhandlung	*Lehmann Aischberg.*
J. J. Albrecht's Wwe.	Eisen-, Stahl-, Messing-, Eisenguss- und steirische Waarenhdlg.	*Carl Burger. Adam Wendler.*
Leopold Alexander	Hopfenhandlung	*Landlein Alexander. Bernhard Lang* **P.**
M. Alexander & Söhne	Bankgeschäft	*Moses Alexander. Isidor Alexander. Ludwig Alexander.*
Chr. Alt & Cie.	Nürnbergerwaarenhandlung, Com. u. Sped.	*Karl Christian Alt, vertreten durch seine zur Zeichnung allein berechtigte Ehefrau Anna Alt.*
Joh. Friedr. Alt	Manufacturw., Com. u. Sped.	*Johann Friedrich Alt.*
Leonh. Amersdorffer	Lithogr. Anstalt	*Balthasar Schwarz*
K. Amerikaner		*Kalmann Amerikaner.*
S. H. Amerikaner	Bank- u. Wechselg.	*Samson Hiller Amerikaner.*
Ammon & Caspart	Eisen-, Stahl-, Messing-, Eisenguss- und steirische Waarenh., Kurz-, Nürnb.- u. Manufacturw en gros	*Andreas Ludwig Raum. Karl Schuh. Heinr. Schuh.*
Gottfried Ammon	Apothekerwaarenh. en gros	*Gottfried Ammon.*
Joh. Paul Ammon	Leonische Waaren u. Drahtf.	*Adolph Bauer. Stephan Ferd.* **Leuchs** *in Frankfurt a. M*
Seb. Ammon	Samenhandlung	*Sebastian Ammon. Karl Fürtsch.*
G. Anhalt	Productenhandlg. en gros, Hopfenh., Com. u. Sped.	*Gottlieb Anhalt.*
Anspach, Förderreuther & Cie. HN. (ZN. Martinlamitz]	Eisengiesserei und mechan. Werkst., Berg u. Hüttenw.	*Johannes Andreas Förderreuther. Heinrich Anspach.*
S. Arnstein & Söhne		*Carl Elias Arnstein. Hermann Carl Arnstein.*
Arold & Meyer	Handel mit Menschenhaaren	*Jean Arold. Adolf Meyer.*
Kgl. Bayer. Bank HN ZN Amberg, Ansbach, Bamberg, Bayreuth, Hof, Ludwigshafen, Passau, Regensburg, Schweinfurt, Straubing, Würzburg.	Bankgeschäft. Die Zweigniederlassungen führen je die Firma Königl. bayer. Filialbank	*Inhaber der Firma ist der königl. bayerische Staat. Nach der gegebenen Organisation steht: I. Die Oberleitung des ganzen Institutes der kgl. Bankdirection zu. Die Ausfertigungen derselben erfolgen unter*

der Bezeichnung »Königliche Bankdirection« und sind von dem Bankdirector oder dessen Stellvertreter zu unterschreiben. Stellvertreter des Directors ist der I. Bankconsulent oder in dessen Verhinderung der zweite Bankconsulent. Die Bankdirection führt ein eigenes Siegel mit der bezeichneten Umschrift in der für die Kreisstellen vorgeschriebenen Form II. Die Gegenstände des kaufmännischen Verkehrs werden durch die k Bank besorgt, welche die Firma führt: »Königliche Bayerische Bank«. Dieselbe führt ein eigenes Siegel mit der Firma als Umschrift in der für die k. Behörden vorgeschriebenen Form. Disponent im kaufmännischen Verkehr ist der k. Banquier, Vorstand der kgl. Hauptbank in Nürnberg oder in dessen Verhinderung der k. I. Hauptbank-Cassier. Alle Schuldscheine und Banknoten sowohl bei Privatanlagen als auch bei Depositen sind unter der Firma und dem Siegel der k. bay Bank auszufertigen und mit vier Unterschriften zu versehen und zwar mit derjenigen des k. Bankdirectors und des k. Banquiers oder deren Stellvertreter, sodann mit derjenigen des k. Cassiers und des k. Buchhalters. III. Als Beamte zur Führung obiger Geschäfte bei der k. Bank in Nürnberg sind angestellt a) Zur Vertretung der k. Bankdirection der Director Christian Pfeufer. b) Zur Besorgung der Rechtsangelegenheiten und Führung der Prozesse der k. I. Bankconsulent Regierungsrath Karl Pracher, der k. II. Bankconsulent, Regierungsrath Josef Reichel, welche beide Beamte zugleich Stellvertreter des Directors sind. c) Zur Besorgung des kaufmännischen Verkehrs und als Disponent der k. Banquier, Finanzrath August Manz, Vorstand der k. Hauptbank in Nürnberg. Dessen Stellvertreter ist der I. k. Hauptbank-Cassier Christian Scholler.

J. B. Bader	Manufacturw., Com. u. Sped.	*Johann Baptist Josef Bader.*
Joh. Leonh. Backofen	Nachtlichterfabrik	*Maximilian Heinrich Backofen.*
M. Siegling Backofen	Nbg. Manufacturwaaren	*Jean Mürl.*
Carl Bär	Hopfen u. Landesproductenh. en gros Com. u. Sped.	*Franz Carl Bär.*
Johann Conrad Bär	Hopfenhandlung	*Johann Conrad Bär.*
Joh. Gg. Bär	Kammfabrik u. Specereiw.	*Johann Georg Bär.*
J. K. Bärnwolfinger & Sohn	Schuhwaarenfabrik	*Johann Caspar Bärnwolfinger. Hermann Eduard Adam Bärnwolfinger.*
M. Bamberger-Birnbaum	Wollwaaren u. Strumpfwh. en gros	*M. Bamberger-Birnbaum.*

Theodor Bardel	Specereiwaaren	*Theodor Bardel.*
J. Barnstorff & Cie.	Tabak- u. Cigarrenfabrik	*Egbert Smit. Theodor Klüppel. Johann Barnstorff.*
Georg Barth		*Georg Barth.*
Joh. Barth	Perlen- u. Sticksteine	*Johann Barth.*
Joh. Barth & Sohn	Hopfenhandlung	*Johannes Barth. Wilhelm Barth.*
A. J. Barthel	Chem. Fabrik von Schwefel u. Salpetersäure	*Andreas Jacob Barthel. Johann Friedrich Barthel* P.
Joh. Gg. Barthelmess	Handschuhfabrik	*Friedrich Barthelmess.*
Richard Barthelmess	Band-, Seide-, Garn- und Knopfhandlung	*Richard Barthelmess.*
Bauder & Cie.	Lederhandlung	*Paul Johannes Claudius Braun.*
C. A. Bäumler's Söhne	Apothekerwaarenh. en gros, Spec.-, Cigarren-, Tabak- u. Farbenhandlg. en gros u. en detail	*Johann Adam Gottlieb Bäumler.*
Friedrich Ernst Bauer	Grosshandlung	*Friedrich Ernst Bauer.*
Jean M. Bauer	Band-, Seide-, Garn- und Knopfhandlung	*Johann Mathäus Bauer.*
W. W. Bauer	Leonische Waaren u. Drahtfabrik	*Wolfgang Wilhelm Bauer. Johann Christoph Bauer* P. *Georg Wilhelm Bauer* P.
C. F. Bauerreis & Müller	Manufacturwaaren u. Spiegelglas	*Ludwig Wilhelm Müller. Christian Friedrich Grieninger.*
Albert Baum	Handlung	*Albert Baum.*
Friedrich Baum	Handlung	*Friedrich Baum.*
Paul Georg Bauriedel's Kunstmühle am Sand	Kunstmühle	*Paul Georg Bauriedel. Paul Georg Bauriedel Sohn* P. *Johann Leonhard Bauriedel* P.
A. H. Bayer & Comp.	Tuchhandlung	*Aaron Bayer. Hermann Oettinger.*
Johann Bayer	Reisszeugfabrik	*Johann Bayer.*
Bechmann & Cie.	Manufacturwaaren	*Johann August Simon Bechmann. Heinrich Bechmann.*
Conrad Beck	Landesproducte	*Conrad Beck.*
Gebrüder Beck	Tabak- u. Cigarrenfabr.	*Johann Peter Beck.*
Peter Beck	Steindachpappefabrik	*Peter Beck.*
Beckh & Köhler	Manufacturwaaren	*Adolph Beckh. Heinr. Köhler. Emil Köhler* P.
August Beckh, Apotheke zum goldenen Stern	Apotheke	*August Beckh.*
Friedrich Beckh		*Friedrich Beckh.*
Georg Adam Beckh	Drahtfabrik	*Hermann Beckh. Edwin Beckh.*
Rudolf Beckh & Cie.	Colonialw. en gros, Com. u. Sped.	*Rudolph Beckh. Friedrich Dümm* P.
F. G. Behl	Drechsler- u. Meerschaumwaarenfabrik	*Friedrich Gottlieb Behl.*
Moritz Behm	Eisen-, Stahl-, Messing-, Eisenguss und steirische Waarenhandlung	*Moritz Behm.*
Johann Wilhelm Beils	Antiquitätenhandlung	*Johann Wilhelm Beils.*
G. C. Beissbarth's Sohn	Pinselfabrik	*Georg Conrad Beissbarth.*
August Benker	Hopfenh. u. Landesprod.	*August Michael Gotthard Benker.*
Joh. Gg. Benkher	Manufacturw., Spiegelglas, Elfenbein-, Cederholz- u. Perlmutterschalen	*Loni Benkher Wwe. Ferdinand Herfarth* P. *Ludwig Uhl.*
Joseph Berblinger	Landesproducte	*Joseph Berblinger.*
Berger & Ziegler	Manufactur- u. Kurzw.	*Samuel Oskar Berger.*
J. G. Berger	Hopfenhandlung	*Johann Georg Berger.*
J. Bergheimer & Comp. (Commanditgesellschaft)	Eisenhandlung en gros	*Isidor Bergheimer, persönlich haftender Gesellschafter.*
Bergmann & Stadler	Handlung	*Anton von Stadler. Hermann Kirschner.*
Ernst Bergmann	Tabak- u. Cigarrenhandl.	*Ernst Bergmann.*
J. Bernert & Sohn		*Josef Bernert. Julius Bernert.*
Carl Bernhold	Landesproducte, Com. Sped., u. Incasso	*Carl Bernhold.*
Berolzheimer & Bloch in liquid. HN. [ZN. Fürth]	Bank- u. Wechselgesch.	*Salomon Emanuel Berolzheimer in Fürth. Gustav Berolzheimer in Nürnberg. Samuel Bloch in Nürnberg, zugleich Liquidatoren.*

Carl Berthold	Schnitt-, Seiden- u. Manufacturwaaren en gros	*Karl Berthold.*
Bestelmeyer & Cie.	Apothekerwh. en gros	*Johann Marcus Bestelmeyer. David Friedrich Bestelmeyer*
Gebrüder Bestelmeyer	Tabak- u. Cigarrenfabrik	*Adolf Bestelmeyer. August Leyerer.*
A. J. Bettmann	Leinen- u. Weisswaaren	*Adolf Isaak Bettmann.*
M. Bettmann & Cie.	Holz- u. Bretterh. en gros	*Meyer Bettmann. Sigmund Bettmann* **P.**
Sigmund Beyerlein	Buch- u. Kunsthandlung	*Sigmund Beyerlein.*
J. C. Biberbach	Messing-, Lahngold- und Messingdrahtfabrik	*Heinrich Gebhardt jun.*
Bieber & Cie.	Wollwaaren- u. Strumpfhdl. en gros u. en detail, Baumwoll- u. Sonneberg. Waaren	*Gottlob Gottlieb Gottfried Schmidt.*
G. P. S. Bieling	Buchdruckerei	*Georg Dietz.*
Carl Bierhals	Conditorei und Chocoladefabrik	*Adolph Bierhals. Eugen Bierhals.*
Bernhard Bing	Hopfenhandlung	*Karoline Bing. Berthold Bing* **P.** *Hermann Bing* **P.**
S. B. Bing	Hopfenhandlung	*Salomon Bernhard Bing.*
Birkner & Hartmann	Broncefabr., Chocoladefabr. u. Nürnberger Waarenh.	*Gustav Philipp Heinrich Birkner. Friedrich Napoleon Birkner. Gustav Bräuning.*
J. Birkenstock vorm. Joh. Seibert		*Johannes Birkenstock.*
Carl Birkner	Tabak- u. Cigarrenfabrik	*Carl Birkner.*
Gebr Birkner	Tabakfabrik	*Max Quehl.*
J. G. Bischoff	Portefeuillefabrik	*Johann Georg Bischoff.*
Chr. Bitterauf	Schnitt- u. Modewh.	*Christian Bitterauf.*
Blank & Cie.		*Ferdinand Friedrich Josef Blank.*
Fr. Blank & Cie. [Commanditges.]		*Friedrich Blank, persönlich haftender Gesellschafter.*
Friedrich Bleicher	Specereiwaaren	*Wilhelm Friedrich Bleicher.*
Bloch & Co. [Commanditges.]	Bankgeschäft	*Samuel Bloch, pers. haftender Gesellschafter. Jacob Bloch* **P.** *Ludwig Wolters* **KP.** *Salom. Angerer* **KP.**
J. Blum'sche Kunstmühle, A. Blum HN. [ZN. Bayreuth]	Kunstmühle	*Johann Blum.*
Blumröder & Heimstädt	Tabak- u Cigarrenfabr.	*Georg Heimstädt.*
Conrad Bock	Band-, Seide-, Garn- und Knopfhandlung	*Conrad Bock.*
Eugen Böck	Agentur-, Com - u. Incassog. Cigarrenh. en gros	*Eugen Böck.*
J. M. Böck	Hacken- u. Oesenfabr.	*Johann Jacob Böck.*
Sigmund Böhm		*Selig Böhm.*
J. Conrad Böhmländer	Nachtlichterfabrik	*Johann Conrad Böhmländer.*
Joh. Jac Böhmländer	Landesprod., Papier- und Pappenfabrik	*Joh. Jac. Böhmländer.*
G. Bölian		*Georg Bölian.*
J. M. Bollet HN. [ZN. Konstein]	Glas-, Porcellan- u. Steingut, pharm., physikalische u chemische Geräthschaft., Platina	*Johann Michael Bollet.*
Joh. Max Bollet	Chemische, pharmaceutische, physikalische, meteorologische, ärztliche u. photographische Utensilienhd, Lager echter Coblenzer Abtritt-Wasserleitungs- u. Kaminröhren u. Materialgefässe	*Johann Maximilian Bollet.*
Bomeisler & Ullmann	Schnittwaaren	*Simon Bomeisler. Hermann Ullmann.*
Gottlieb Bosch	Specereiwaaren	*Georg Christoph Gottlieb Bosch.*
J. F Boss	Conditorei u. Chocoladef.	*Johann Friedrich Boss. J. Th. Fink* **P.**
Adalbert Brandner	Specereiwaaren	*Adalbert Philipp Brandner.*
G F. Braun	Manufacturw., Com. u. Sped.	*Georg Friedrich Braun.*
Justus Christian Braun	Glockengiesserei	*Justus Christian Braun.*
C. G. Braungart	Specereiwaaren	*Carl Gotthardt Braungart*

Ottomar Briegleb HN. [als Firma in Nürnberg] **ZN. Niederlage der Nürnberger Tapetenfabrik** [als Firma in München]	Tapeten- u. Bordürenfabr.	*Ottomar Briegleb.*
Christian Bruch	Kammfabrik	*Christian Bruch.*
F. Brunck	Chemische Fabrik	*Friedrich Brunck. Carl Brunck* **P.**
Georg Friedr. Brunner	Metachromatypie-Kunstanst.	*Heinrich Carl Friedrich Philipp Brunner.*
Max Brust	Filzw. u. Filzschuhfabr.	*Max Brust.*
Anton Buchmann	Hopfenhandlung	*Anton Buchmann.*
Buchner & Sessner	Lithographische Kunstanst.	*Christoph Michael Buchner. Jean Sessner.*
M. A. Buchstein	Hopfenhandlung	*Max Buchstein.*
G. H. Büchner	Käsehandlung	*Georg Heinrich Büchner.*
Leonhard Bull	Specereiwaaren	*Leonhard Bull.*
Jean Burgschmiet	Tabak- u. Cigarrenhandlung en gros	*Johann Ludwig Albrecht Ulrich Burgschmiet.*
Fr. Campe & Sohn	Buchdruckerei	*Hilmar Campe.*
John Campe & Cie.	Manufacturwaaren	*John Campe. Georg Campe.*
Apotheke zur goldenen Kugel Julius Campe	Apotheke	*Julius Campe*
Joh. Cirilly	Chemische Fabrik, Benzoesäure u. pharm. Artikel	*Dr. Johannes Heger.*
Clericus, Ziehl & Cie.	Apothekerwaarenh. en gros	*Franz Lorenz von Lucas. Johann Julius Carl Clericus. Ulrich Wälischmüller. Friedrich Roth* **P.**
Carl Conrad Cnopf & Sohn	Bankgeschäft	*Georg Rudolf Cnopf. Martin Häberlein* **P.**
P. G. Cnopf	Bankgeschäft	*Paul Cnopf. Ludwig Wolters* **P.**
J. F. Conradty	Bleistiftfabrik	*Johann Friedrich Conradty.*
Crämer & Cie.		*Friedrich Carl Crämer. Carl Reinfelder* **P.**
Cramer & Bullnheimer	Broncef., Broncefarben, und Brocat-Blattmetall	*Julius Cramer. Karl Bullnheimer.*
Georg A. Daigfuss	Wollwaaren- u. Strumpfh.	*Georg Josef Daigfuss.*
Danler & Cie. HN. [**ZN.** Fürth]	Landesproductenhandlung en gros, Com. u. Sped.	*Wilhelm Walde. Christoph Heiling* **P.**
G. M. Daucher	Portefeuillefabrik	*Georg Nicolaus Daucher.*
Ph. Daumenlang	Specereiwaaren u. Materialwaarenhandlung	*Philipp Daumenlang.*
Blech-, Sieb- u. Drahtwaarenf. von Gebrüder Daumer	Blech-, Sieb- u. Drahtw.	*Johann Carl Daumer. Mathäus Carl Gottlieb Daumer.*
Joh. Theodor Degener	Hopfenhandlung	*Joh. Theodor Degener. Erich Degener* **P.**
Joh. Demlers Sohn Gottlieb	Tabak- u. Cigarrenhdlg.	*Gottlieb Demler. Johannes Demler.*
Martin Denecke	Fabrikation von Deckweis, weisser Deckkreide für Zimmermalerei u. Tapetenfabrikation	*Martin Denecke.*
C. A. Dentler & Sohn		*Christian August Dentler. Johann Simon Dentler.*
Jakob Dieterich	Samenhandlung, Kräuter u. Zwetschgenhandlung	*Carl Dieterich.*
Simon Dieterich	Samenh. en gros, Landesp. u. Pflanzenhandlung	*Simon Dietrich.*
C. F. Dietz	Colonialw. en gros, Comm. u. Sped.	*Carl Friedr. Dietz. Georg Dietz. Carl Dietz.*
Dietz u. Karulein	Messing-, Metall- u. Manufacturwaaren	*Johann Adam Karulein.*
Dreifuss und Binswanger HN. [**ZN.** München]		*Samuel Dreifuss. Gabriel Gustav Binswanger.*
Gebrüder Dünkelsbühler	Band-, Seide-, Garn- und Knopfhandlung	*Sigmund Bernhard Dünkelsbühler. Adolf Dünkelsbühler.*
Joseph Dinkelsbühler	Bank- u. Wechselgesch.	*Josef Dinkelsbühler. Sophie Dinkelsbühler* **P.** *Moriz Dinkelsbühler* **P.**
Siegfried Dinkelsbühler	Band-, Seiden-, Garn- und Knopfh., Kurzw. en gros	*Siegfried Dinkelsbühler.*
Dinkelspühler u. Weil	Nbg. Manufactur-, Kurz- u. Spielw., Spiegel u. Spiegelglas en gros	*Joseph Dinkelspühler. Hermann Weil.*

Carl Distel	Drahtwaarenfabrik	*Carl Distel.*
Carl Distel	Galanteriewaaren	*Carl Distel.*
M. Dittmann	Südfrucht- und italienische Waarenhandlung	*Michael Dittmann.*
August Dittmar		*August Dittmar.*
C. W. Dittrich & Cie.	Weisswaarenhandl. en gros u. en detail	*Johann Martin Dittrich. Conrad Dittrich.*
Fr. Döderlein	Landesprod., Sped. u. Com.	*Carl Friedrich Theodor Döderlein.*
Döderlein u. Reyh	Band-, Seiden-, Garn- und Knopfh. u. Kurzw.	*Georg Albrecht Döderlein. Leonhard Andreas Reyh.*
Bernhard Döhler	Galanteriewaaren	*Bernhard Döhler.*
Jacob Dormitzer u. Sohn	Pelzhandl. en gros	*Philipp Dormitzer* **A.** *Emanuel Dormitzer.*
Conrad Dorn	Landesproductenh., Comm., Sped. u. Käsehandl.	*Conrad Dorn.*
Georg Dorn	Spec.-, Material- u. Farbw.	*Georg Dorn.*
Heinrich Drechsler	Agentur für Colonialwaaren, Droguen, Petrole, Oele, Fettwaaren u. Metalle	*Karl Albert Drechsler.*
Johann Dummet	Bierbrauerei	*Joh. Dummet.*
J. Edward Earnshaw & Cie.	Eisengiesserei u. Maschinenf.	*Leo Haas.*
M. H. Eberbach		*Johann Christoph Geyer.*
Ebermayer & Cie.		*Johann Georg Wilhelm Ebermayer.*
G. u. R. Ebermayer	Nbg. Manufacturwaaren und leonische Waarenfabr.	*Georg Martin Ebermayer.*
Ebermeyer u. Hempfling	Kreis- u. Längensägefabr.	*C. W. Ebermeyer. Heinr. Hempfling.*
Carl Ebermeyer	Uhren-Fourniturenh.	*Ferdinand Kalb. Julius Mehring.*
Von Ebner'sche Buch-, Kunst- u. Musikalienhandlung	Buch-, Kunst- u. Musikalienh.	*Hermann Ballhorn.*
Wm. von Ebner		*Wilhelm von Ebner.*
C. F. Eckhardt	Commiss. u. Exportation	*Carl Friedrich Alfred Eckhardt. Carl Eckhardt. J. M. Hirschmann* **P.**
Eckart & Cie.	Nbg. Manufacturwaaren	*Georg Philipp Eckart. Christ. Rich. Eckart.*
E. Eckart	Apotheke	*Ernst Eckart.*
J. B. Trautwein's Spital-Apotheke zum heiligen Geist v. Ernst Eckart	Apotheke	*Ernst Eckart.*
Eckert u. Lechner		*August Friedrich Lechner. Johann Mathias Eckert* **A.**
Daniel Eckert	Nbg. Manufacturwaaren	*Johann Daniel Eckert.*
J. N. Eckerdt	Zündholzfabrik	*Heinrich Eckerdt.*
Jean Eckstein		*Johann Eckstein.*
Adam Edlbacher	Nbg. Manufactur-, Metall-, Kurz- u. Spielw. en gros, Niederlage ungar. Mühlerzeugnisse	*Adam Edlbacher.*
Heinrich Egert	Landesprod. u. Agentureng.	*Heinrich Egert.*
Ehemann & Cie.	Lederhandlung	*Franz Ehemann. Friedrich Aug. Ehemann.*
Friedr. Ehemann Söhne	Portefeuillefabrik	*Jean u. Julius Ehemann.*
Jacob Ehrenbacher	Hopfenhandlung	*Jacob Ehrenbacher.*
Levi Ehrenbacher u. Sohn	Hopfen- u. Rauhkardenh.	*Bernhard Ehrenbacher.*
C. Eichhorn		*Paul Christian Eichhorn.*
G. L. Eichner u. Sohn		*Jean Eichner.*
Georg Eisenbach	Schnitt- u. Modewaarenh.	*Georg Eisenbach.*
Simon Ellern	Lederhandlung	*Simon Ellern-Eichmann.*
Friedr. Emmerich	General-Agentur der Lebensversicherungsanstalt „Providentia" z. Frankfurt a. M.	*Johann Friedrich Nicolaus Emmerich.*
Georg Engel Firma G. W. Flach		*Georg Engel.*
Engelbrecht u. Mahla	Bleistiftfabrik	*Johann Engelbrecht. Emil Mahla.*
Joh. Engelhard jun.	Apothekerwh. en gros	*Carl Wilhelm Engelhard.*
J. F. Engelhard	Hopfen, Fettw. u. Vegetabilien. Erste und alleinige Fabrik von Eiern in Pulverform	*Johann Friedrich Engelhard.*
Engelhardt u. Gemeiner		*Friedr. Carl Otto Engelhardt. Johann Paul Gemeiner.*

Engelhardt u. Schmidt	Tabak- u. Cigarrenfabr.	*Friedrich Christian Georg Schmidt. Hans Gustav Adolf Fick.*
Adam Engelhardt	Nbg. Manufacturw.	*Valentin Maulwurf.*
J. Engelhardt	Specereiwaaren	*Johann Georg Engelhardt.*
Oscar Engelhardt		*Oscar Engelhardt.*
Carl Engerer	Blättertabakgeschäft	*Carl Engerer.*
Engler & Cie.	Fabrikation von Zahn- und Nagelbürsten	*Rudolf Engler.*
Chr. Erdmannsdörfer		*Christoph Erdmannsdörfer. Adolph Miller* A.
M. Erdmannsdörfer	Specereiwaaren	*Max Friedrich Erdmannsdörffer.*
Erlanger u. Gärtner		*Lazarus Erlanger. Michael Gärtner. Max Erlanger.*
Gebr. Erlbacher	Hopfenhandlung	*Abraham Wolf Markterlbacher.*
Hemden u. Wäschefabrik von J. Erlenbach	Hemden- u. Wäschefabr.	*Josef Erlenbach. Jeanette Erlenbach* P.
Georg Friedrich Esskuchen	Nbg. Manufacturw. u. Wichsfabrik	*Georg Friedrich Esskuchen. Justus Friedrich Esskuchen* P.
Jos. Rem. Etli	Sagofabrik	*Josef Remigi Etli.*
G. L. Eytzinger	Möbelmagazin u. Tapeziererg.	*Georg Leonhard Eytzinger.*
A. W. Faber	Bleistiftfabrik	*Emil Mahla.*
C. H. Faber		*Lucas Christian Hermann Faber. Adolph Paul* P.
G. F. Faber	Bleistiftfabrik	*Conrad Conradty. Johann Conrad Pförringer* P.
G. W. Faber	Lithographische Anstalt und Spielwaarenhandlung	*Georg Wolfgang Faber.*
Georg Falcke	Lager in Rohmaterial für Papier u. Kunstwollfabr.	*Georg Falcke.*
Fechheimer u. Goldmann	Eisen-, Stahl-, Messing-, Eisenguss- und steirische Waarenhandlung	*Martin Fechheimer. Salomon Goldmann.*
J. G. Fehn's Kunstmühle	Kunstmühle	*Johann Georg Fehn.*
Fein & Strauss	Sped. Comm. u. Incasso	*Johann Simon Fein. Peter Strauss.*
Feldheim & Silbermann	Hopfenhandlung	*Jacob Julius Silbermann. Moritz Feldheim.*
Fels u. Götz	Bank- u. Wechselgesch.	*Haimann Fels. Gottlieb Götz. Wilhelm Gerngross* P.
O. Felsenstein	Buchbinderei, Tinten und Liniirfabrik	*Otto Felsenstein.*
G. G. Fendler & Cie.	Nbg. Manufacturwaaren	*Georg Arnold. Emil Arnold. Friedr. Arnold.*
Gebrüder Feuchtwanger HN. [ZN. Fürth]	Bank- u. Wechselgesch.	*Gabriel Feuchtwanger. Amson Feuchtwanger. Moses Rau* P. *Benjamin Feuchtwanger* P.
Feuerlein u. Göller	Schnittwaarenhandlung	*Carl Georg Franz Feuerlein. Ernst Wilhelm Feuerlein.*
Joh. Conr. Feuerlein		*Johann Friedrich Feuerlein.*
G. Fick u. Bach	Nbg. Manufacturwaaren	*August Scholler. Carl Mayer.*
Christian Fink	Specereiwaaren, Pech und Cement	*Christian Fink.*
C. Fischer	Blumenfabrik	*Christian Fischer.*
G. F. Fischer	Brokat-Broncef.-Blattmetall- u. ächt Blattgoldfabrik	*Georg Friedrich Fischer.*
Fischer u. Heimeran	Perlenfabrik	*Johann Veit Fischer.*
J. M. Fischer	Glas-, Porcellan- u. Steinguthandlung	*Johann Martin Fischer.*
J. V. Fischer	Specereiwaaren	*Johann Veit Fischer.*
Fleischer & Cie.	Broncefabrik, Broncefarben, Brocat, ächten u. unächten Blattmetall	*August Fleischer. Georg Nicolaus Weiss.*
Plastische Kunstanstalt von C. W. Fleischmann	Papiermachefabrik	*Wilhelm Fleischmann.*
G. F. Fleischmann	Portefeuillefabrik	*Georg Friedrich Fleischmann.*
J. G. Fleischmann	Bleistiftfabrik	*Christoph Friedrich Fleischmann.*
Paul Fleischmann	Liqueur-, Rosoli- u. Essigf.	*Johann Paul Gottfried Fleischmann.*
Philipp Fleischmann	Hopfen- u. Cigarrenhdlg.	*Philipp Fleischmann.*
M. Fliess		*Moritz Fliess.*
Joh. Friedr. Flinzner		*Conrad Bühn.*
Joh. Andr. Förderreuther	Landesprod., Steinkohlen- u. Koakshandl., Com. Sped. u. Agenturen en gros	*Johannes Andreas Förderreuther.*

Firma	Geschäft	Inhaber
W. Förderreuther		*Adam Wilhelm Mathäus Förderreuther.*
M. Forchheimer		*Moritz Forchheimer. Simon Forchheimer.*
Jean Förster	Landesprod., Com. u. Sped.	*Johann Friedrich Förster.*
Forster u. Hartwig	Generalagentur der Frankfurter Versicherungsges. „Providentia", Abtheilung für Feuerversicherung	*Georg Friedrich Hartwig. Johann Conrad Forster.*
J. C. Forster	Landesprod., Com. u. Sped.	*Johann Caspar Forster.*
Joh. Dav. Forster		*Julie Louise Merklein.*
Frank u. Kahn	Schnittwaarenhandlung	*Hermann Frank. David Kahn.*
Jacob Frank	Hopfenhandel	*Jacob Frank.*
Frankenau u. Sacki	Exportgeschäft in Holzgalanteriewaaren	*Oscar Frankenau. Sally Sacki.*
L. Frankenschwert	Hopfenhandlung	*Adam Frankensckwert.*
M. Frankenthal		*Moriz Frankenthal.*
Gg. C. Frenzel	Siegellakfabrik	*Georg Conrad Frenzel.*
Freundlich u. Gutmann	Tuchhandlung	*Ignaz Freundlich. Samuel Gutmann. Josef Freundlich* **P.**
Moritz Fried	Tuchhandlung	*Moritz Fried.*
Joseph Friedenhain	Handlung	*Karoline Friedenhain.*
F. Friedrich	Apotheke	*Friedrich Josef Friedrich.*
Friedrich Fuchs	Landesp., Com. u. Sped.	*Johann Friedrich Fuchs.*
Heinrich Marcus Fuchs	Drahtfabrik, Metallsaiten u. Kratzbürstenfabrik	*Christoph Nestmann.*
Ign. Gallus Fuchs	Eisen-, Stahl-, Messing-, Eisenguss und steirische Waarenhandlung	*Ignatius Gallus Fuchs.*
Joh. Wolfg. Fuchs	Drahtf., Instrumentalsaitenf. u. Kratzbürstenfabr.	*Arthur König.*
Wilhelm Fuchs	Drahtfabrik	*Georg Benedict Wilhelm Zahn. Johannes Fuchs.*
Fuchs & Nestmann		*Christoph Nestmann.*
Gebrüder Fürther		*Hirsch Fürther. Samuel Fürther.*
Georg A. Funk	Holz- u. Bretterhandel	*Georg Adam Funk.*
J. P. Funk Söhne		*Johann Peter Funk. Georg Adam Funk.*
Joh. Funk	Cementplattenfabrik	*Johann Funk. Stephan Funk.*
Ludwig Funk	Stärk- u. Sagofabr. u. Spezereiwaarenhandlung	*Ludwig Funk.*
Michael Funk		*Michael Funk.*
Gebr. Gagenstetter	Apothekerwaarenh. en gros	*Johann Andreas Gagenstetter. Georg Gagenstetter* **P.**
Gg. Jacob Gagstetter	Specereiwaaren	*Gg. Jacob Gagstetter.*
Gaswerk Nürnberg	Leuchtgasfabrik	*Stadtgemeinde Nürnberg, vertreten durch Magistrat- u. Gemeindebevollmächtigte. Beamte, mit dem Rechte, die Stadtgemeinde bezüglich des städtischen Gaswerks Dritten gegenüber unbedingt zu vertreten und zu verpflichten, sind: Carl Grasser und Friedrich Hertel. Dieselben zeichnen u. zwar jeder allein: Gaswerk Nürnberg. N. N.*
Gebr. Gallinger		*David Gallinger. Jacob Gallinger.*
Leonhard Gebhard	Gummiwaarenfabrik	*Emil Gebhard. Heinrich Gebhard. Julie Gebhard. Madlon Gebhard. Therese Gebhard. Emil u. Therese Gebhard üben allein das Recht der Firmenzeichnung.*
Joh. Gebhard	Herrenkleiderfabrikat., Nähmaschinenlager u. Handl. mit überseeischen Vögeln	*Katharina Gebhard.*
Julius Gebhard		*Julius Gebhard.*
Gebhardt & Cie.	Holz- u. Bretterh. en gros	*Heinrich Gebhardt sen. August Keerl. Ludwig Gebhardt.*
Jac. Gechter HN. [**ZN.** Rorschach]	Tabak- u. Cigarrenfabr.	*Heinrich Leonhard Jacob Gechter. Eugen Oppenrieder. Georg Jacob Gechter.*
G. Geiershöfer	Holz- u. Bretterwh. en gros	*Samuel Geiershöfer. Jacob Geiershöfer.*
Geier'sche Verlagsbuchhandl.	Verlagsbuchhandlung	*Regina Barbara Holzhausen Wwe.* **A.** *Anna Barbara Geiger. Johann Andreas Geiger. Sigmund Soldan* **P.**
P. C. Geissler	Kunst- u. Buchhandlung	*Peter Carl Geissler.*
Franz Geith	Landesprod., Comm., Spedit. u. Incasso	*Franz Carl Theodor Geith.*

Heinr. Paul Gemeiner	Eisen-, Stahl-, Messing- u. Eisengusswaarenhdl.	*Heinrich Gemeiner.*
W. Georg	Malzfabrik	*Wilhelm Balthasar Georg.*
Gerngross & Frauenfeld	Hopfenhandlung	*Moritz Frauenfeld. Ludwig Gerngross.*
J. Gerngross & Cie.		*Isidor Gerngross. Josef Neuburger.*
Phil. Gessner	Apothekerwaarenhdl. en gros	*Philipp Jacob Gessner.*
A. Geuss		*Andreas Geuss.*
Ed. Geyer	Metachromatypie, Kunstanst.	*Peter Eduard Geyer.*
Fried. Geyer jun.	Wachswaarenf. und Wachsbleiche	*Carl Friedrich Geyer.*
Georg Geyer	Specereiwaaren	*Johann Georg Geyer.*
Friedr. Giessberger	Tuchfabrik u. Wollwaaren	*Friedrich Giessberger.*
Carl Giessing	Weinhandlung	*Carl Giessing. Nicolaus Conrad Giessing.*
J. C. Giessing	Metalldruckwaarenfabrik	*Johann Christoph Giessing.*
Friedr. Göbel	Vegetabiliengeschäft	*Friedrich Göbel.*
J. Göbel jun.	Horn- u Kammwaarenfabr.	*Johann Jacob Göbel.*
Carl Göpner	Nbg. Manufacturwaaren und Kurzwaarenh. en gros	*Johann Carl Friedrich Göpner.*
Heinrich Göschel, Apotheke z. goldenen Kanne	Apotheke	*Jacobine Göschel Wwe. Ludwig Göschel* **P.**
Götz u. Neuschäfer	Apothekerwaarenh. en gros	*Georg Peter Götz. Hermann Neuschäfer.*
Hanna Goldberg	Bank- u. Wechselgeschäft	*Hanna Goldberg.*
P. G. Golling	Nbg. Manufacturwaaren	*Carl Förster. Julius Förster.*
Gebrüder Gonnermann	Pinsel- u. Bürstenfabrik	*Karl Gonnermann.*
G. W. Gonnermann		*Georg Wilhelm Gonnermann.*
Max Gräbner	Specereiwaaren	*Max Gräbner.*
F. J. Gradl		*Franz Josef von Gradl.*
Jacob Gradl		*Josef Birlbauer.*
Georg Griessmeyer	Zahnbürstenfabrik	*Georg Griessmeyèr. August Griessmeyer.*
Gross & Jünginger	Tuchhandlung	*Christian Wilhelm Jünginger.*
J. Grosch	Specerei- u. Colonialwaaren, Tabak- und Cigarren und Maschinenöl	*Johann Grosch.*
Gruber & Hannamann		*Theodor Hannamann. Johann Gruber.*
K. Gruber	Schmelztigelfabrik	*Kaspar Gruber.*
Grundherr & Hertel	Apothekerwaarenh. en gros	*Friedrich Karl Alexander von Grundherr. Friedrich Hertel.*
Grundherr & Schmitt	Tabakblätter u. Agenturэng.	*Georg Christof Carl v. Grundherr.*
J. Guckenheimer	Hopfenhandlung	*Isaak Guckenheimer.*
L. Guckenheimer	Hopfenhandlung	*Louis Guckenheimer. Caroline Guckenheimer* **P.**
Gunther's Malzfabrik	Malzfabrik	*Conrad August Heinrich Gunther.*
Ludw. Günther	Eisen-, Stahl-, Messing- und Eisengusswaarenhandl.	*Johanna Günther Wwe. Otto Neuper.*
M. Gürster	Specereiwaaren u. Agentur	*Franz Michael Gürster.*
M. Gütermann	Hopfenhandlung	*Marx Gütermann. William Gütermann. Julius Gütermann* **P.**
Andreas Gugler et Co.	Nbg. Manufacturwaaren	*Johann Andreas Gugler. Ferdinand Kurs.*
Gg. Gundel	Hopfenhandlung	*Georg Gundel.*
Friedr. Gundermann	Glas-, Porcellan- u. Steinguthandlung	*Georg Friedrich Gundermann.*
Carl Hermann von u. zu Gutenberg	Messing-, Lahngold- und Messingdrahtfabrik	*Christian Faber* **A.** *Carl Daumer. Wilhelmine Nopitsch. Carl Volkamer.*
Gutmann et Cie.	Bank- u. Wechselgesch.	*Isaak Gutmann. Simon Gutmann* **P.**
Gebrüder Gutmann	Bank- u. Wechselgesch.	*Ignaz Gutmann. Carl Gutmann.*
G. J. Gutmann	Bank- u. Wechselgesch.	*Max u. Martin Hirschmann. Max Rosenbusch. Heinrich Hirschmann.*
M. L. Gutmann's Sohn	Hopfenhandlung	*Jacob Gutmann. Simon Strauss.*
Nathan Gutmann ZN. [**HN.** Fürth]	Bank- u. Wechselgesch.	*Nathan Gutmann.*
Simon D. Gutmann	Bankgeschäft	*Simon Gutmann.*
W. J. Gutmann	Bank- u. Wechselgesch.	*Wolf Joel Gutmann. Gustav Gutmann.*
Haas et Frank	Agentur- u. Kohlenversandtg.	*Heinrich Haas. Jacob Frank.*
Gebrüder Haas		*Carl Samuel Haas. Gabriel Haas.*
W. A. Haas	Kupferhandlung	*Anna Maria Haas Wwe. Albert Haas* **P.**
Haasenstein et Vogler ZN. [**HN.** Hamburg]	Annoncen-Expedition	*Carl Ferdinand Eduard Haasenstein. Gustav Adolf Vogler, beide in Hamburg. Otto Christian Heinrich Molien in Berlin. Albert Lang* **P.** *in Nürnberg.*

Christian Hacker	Spielwaarenfabrik	*Christian Hacker. Georg Hacker.*
Erich Hackmann	Holzgalanteriewaarenf.	*Victor Erich Hackmann.*
Georg Häberlein		*Johann August Häberlein.*
Georg Häberlein	Eisengiesserei u. Maschinenf., Specialität: Mühlenbau u. landwirthsch. Maschinen	*Georg Häberlein. Karl Häberlein* P.
Heinrich Häberlein vorm. Joh. Martin Schores	Lebkuchen- und Chocoladef., u. Wachswaaren	*Adolf Gottlieb Strelin.*
Carl Häffner	Nbg. Manufacturwaaren	*Carl Häffner.*
Caspar Hafner	Hopfenhandlung	*Caspar Hafner.*
Haffner et Eckart	Wäsche- und Hemdenfabrik u. Weisswaarenhandl.	*Conrad Carl Sigmund Haffner. Nannette Eckart Wwe.*
J. Hager	Nbg. Manufactur-, Kurz- u. Spielwaaren	*Jacob Hager. Philipp Hager. Julius Hager.*
J. K. Hagerer et Cie.	Strohhutfabrik u. Bleiche	*Heinrich Maisch. Magdalena Dorothea Maisch Wittwe.*
Isidor Georg Haggl	Nbg. Manufacturwaaren	*Isidor Reissig. Paul Böhmländer* P.
B. Hahn		*Babette Hahn.*
J. P. Hahn		*Johann Andreas Mathias Hahn. Heinrich Lorenz Hahn.*
G. C. Hammon	Chirurg. Instrumentenfabrik, Bandagen, orthopädische Maschinen u. Messer	*Marianne Hammon. Johann Hammon* P. *Christian Hammon* P.
Andr. Jac. Hartmann	Nbg. Manufacturw. en gros u. Commissionsgesch.	*Georg Sebastian Guttknecht.*
J. C. Hartmann		*Johann Christoph Hartmann.*
W. Hartmann	Hopfenhandlung	*Jacob Wilhelm Hartmann.*
Wilh. Hartmann	Holzgalanteriewaarenf.	*Friedrich Hertlein*
Joh. Gg. Hassmann	Specereiwaaren	*Johann Georg Hassman.*
Sebastian Haus	Handlung	*Sebastian Haus.*
Hauser et Iron	Landesproductenhandlg. en gros, Com. u. Sped.	*Mathäus Hauser. Jean Iron.*
Hauser et Cie.	Nudelfabrik	*Gustav Reuss.*
Gustav Häusler	Fabrik	*Franz Xaver Gustav Häussler.*
L. W. G. Hausknecht	Eisen-, Stahl-, Messing-, Eisenguss- u. Kurzw.	*Friedrich Hausknecht.*
Albrecht Heerdegen	Apothekerwh. en gros	*Albrecht Carl Friedrich Heerdegen.*
Joseph Hechinger, Band- und Seidenwaarengeschäft	Band- u. Seidenwaareng.	*Louise Hechinger aus Buchau. Moses Hechinger* P. *Isidor Hechinger* P.
Carl Heerdegen	Apothekerwaarenh. en gros	*Carl Anton Georg Heerdegen.*
Wilhelm Heidenheimer	Hopfenhandlung	*Wilhelm Heidenheimer.*
Anton Heilbronner	Hopfenhandlung	*Anton Heilbronner.*
Heim et Heller	Hopfenhandlung	*Heinrich Heller. Jacob Heim in Mainz. Max Heim. Heinrich Jung* P.
Chr. Heimeran	Eisen-, Stahl-, Messing-, Eisenguss- u. Kurzw.	*Christian Heimeran.*
Joh. Heinlein	Specereiwaaren	*Johannes Heinlein.*
Georg Heinrichmaier	Colonialwaaren	*Georg Heinrichmaier.*
Theodor Heinrichmaier		*Theodor Heinrichmaier.*
Ernst Heinrichsen		*Wilhelm Heinrichsen.*
Th. Heisen	Band-, Seide-, Garn- und Knopfhandlung	*Theodor Heisen.*
Elias Held seel. Erben	Siegellakfabrik	*Johann Jacob Hüttlinger.*
R. Held		*Caroline Held. Sigmund Held* P.
Kassian Held	Drechslerwaaren	*Friedrich Gottlieb Held.*
Leopold Held	Hopfenhandlung	*Leopold Held.*
Philipp Held	Schnittwaarenhandlung	*Philipp Held.*
Sigmund Held		*Sigmund Held.*
Heinrich Hellmuth	Hopfenhandlung	*Heinrich Hellmuth.*
C. Helmreich	Specereiwaaren	*Conrad Helmreich.*
Hengelein et Heuschmann	Specereiwaaren, Papier- und Schreibmaterialienhdl. en gros u. en detail	*Christoph Heuschmann.*
Georg Herforth	Schnittwaarenhandlung	*Georg Herforth. Gustav Herforth* P.
Hermann et Cie.	Nbg. Manufacturwaaren und Schmelztigel	*Albert Mederer.*

Georg Paul Herrmann		*Georg Paul Herrmann.*
J. Hermannstörfer	Muschel- u. Tuchfarbenfab. u. Schreibmaterialienh.	*Johann Herrmannstörfer.*
Sigmund Hessel		*Gottfried Albrecht Sigmund Hessel.*
S. L. Hessenauer, Apotheke zum Paradies	Apotheke	*Simon Leonhard Hessenauer.*
S. A. Hesslein et Cie.	Schnittwaarenh. u. Modew.	*Samson Abraham Hesslein. Adolf Hesslein.*
Heinr. Henninger, neue Brauerei	Bierbrauerei	*Heinrich Henninger. George Knösel* **P.**
J. C. Heunisch et Sohn	Messing-, Metall- u. Manufacturwaaren	*Johann Christoph Heunisch. Leonh. Heunisch.*
R. S. Heuschmann	Specereiw., Tabak u. Cigarren	*Robert Simon Heuschmann.*
Carl Heyder	Landesprod., Com. u. Sped.	*Karl Heyder.*
Georg Julius Hildel	Parfümerie, Toilettegegenst. u. Cigarrenhandl.	*Georg Julius Hildel.*
Friederika Hilpert		*Friederika Hilpert.*
B. Himmer	Lithographische Anstalt	*Stephan Kunze.*
Leopold Hirschmann	Lederhandlung	*Leopold Hirschmann. Lazarus Hirschmann* **P.**
Carl Hörner	Specereiwaaren	*Johann Carl Wilhelm Hörner.*
G. Höschel	Baumwollwaarenfabrikat. u. Agenturengeschäft	*Georg Biechteler.*
Ernst Hofmann	Büttnerei	*Ernst Hofmann.*
Joh. Thomas Hofmann	Samenh. en gros u. en detail	*Johann Josef Hofmann.*
Nicolaus Hofmann Jr.	Instrumentenf., chirurgische Bandagen	*Nicolaus Hofmann. Friedrich Hofmann.*
G. A. Hoffmann, Buch- u. Kunsthandlung HN. [ZN. München]	Buch- u. Kunsthandl.	*Georg Andreas Hoffmann.*
J. C. Hoffmann	Hopfenhandl. u. Landesp.	*Johann Conrad Hofmann.*
J. A. Holtzberger's sel. Söhne		*Wilhelm Chenal.*
Herm. Holzhausen	Hopfenhandl. u. Landesp.	*Hermann Holzhausen.*
Eduard Holzinger	Colon.-, Mater.- u. Farbwh. Technische Droguen	*Eduard Holzinger.*
S. Holzmann	Spielfabrik	*Simon Holzmann.*
Hopf & Söhne	Hopfenhandlung	*Stephan Hopf. Josef Hopf. Sigmund Hopf* **P.**
D. B. Hopfmann	Hopfenhandlung	*Wilhelm Hopfmann.*
C. Th. Horn	Rosoliefabrik	*Conrad Theodor Horn.*
Karl Friedrich Horn	Rosoliefabrik	*Karl Friedrich Horn.*
Horwitz & Markus	Handlung	*Berthold Horwitz. Oscar Markus.*
Gebrüder Huber	Corsettenfabrik	*Heinrich Huber. Jean Huber.*
J. Huber & Cie.	Nbg. Manufacturwaaren	*Jean Huber.*
M. Ch. Huber	Nbg. Manufacturwaaren und Schmelztiegel	*Georg Muscat. Ernst Treiber.*
Leonh. Steph. Hütter	Weinhandlung	*Maria Clara Wilhelmine Hütter Wwe.*
Hüttinger & Messerer in Liquidation	Eisen- u. Metallwaarenhdlg. en gros u. en detail	*Ludwig Hüttinger. Michael Messerer. Wegen Ablauf des Vertrages in Liquidation getreten. Liquid. sind die beiden Gesellsch.*
Ludwig Hüttinger	Eisenhandlung	*Ludwig Hüttinger*
Lorenz Hüttner's Nachfolger	Roh-Tabakhandlung u. gesponnene Tabake	*August Oberhäusser.*
Huth & Hofmann	Spielwaarenfabrik	*Wilhelm Huth.*
Georg Hutzler's Erbe	Drahtfabrik	*Carl Osterhausen.*
Janus HN. [ZN. Hamburg]	Versicherungsgeschäft	*Hauptagent für Bayern: Paul Scharrer.*
Elias Ichenhäuser ZN. [HN. Fürth]	Bank- u. Wechselgeschäft	*Bär Ichenhäuser. David Ichenhäuser Simon Ichenhäuser. Seligmann Ichenhäuser.*
Bernh. Jegel's Wwe.	Kurz-, Mode-, Posamentier- u. Parfümeriewaarenhdlg. u. Militäreffecten	*Wilhelm Emmerling.*
Joh. Conr. Jegel	Spielkartenfabrik	*Johann Wilhelm Sass.*
Simon Iglauer	Hopfenhandlung	*Heinrich Iglauer.*
Industrie- u. Culturverein, registrirte Genossenschaft mit beschränkter Haftpflicht	Förderung der landwirthsch. gewerblich. u. Kunstindust.	*Die Verwaltung besteht aus: Dr. Kellermann, I. Director. Gustav Birkner, II. Director. P. Kolb, Hauptcassier. J. D. Drechsler, I. Secretär. Karl André, II. Secretär. Stich, Archivar. Carl, Revisor und zwölf Directorialmitgliedern. Die Ausfertigungen werden vom I. u II. Director, vom I. od. II. Secretär unterzeichnet.*
Lorenz Jordan	Colon.-, Mater.- u. Farbw., Sped., Com. u. Incasso	*Lorenz Jordan.*
Jungmann & Bechmann	Goldwaarenfabrik	*Johann Heinrich Jungmann. Anton Eduard Bechmann.*

Hermann Jungmann	Kunst- u. Spielwaarenh.	*Hermann Jungmann.*
Peter Kaatz	Waldwollenfabrik	*Peter Kaatz.*
Georg Kamberger		*Georg Kamberger.*
Jacob Kann	Hopfenhandlung	*Samuel Kann.*
Josef Kann jr	Hopfen- u. Pechhandlung	*Josef Kann.*
M. Kann jr.	Tuchhandlung	*Mayer Kann.*
Ludwig Kappelmeyer	Specereiwaaren	*Johann Ludwig Emanuel Kappelmeyer.*
Gebrüder Kaufmann	Hopfenhandlung	*Samuel Kaufmann. Carl Kaufmann.*
Joh. Leonh. Kaufmann		*Johann Friedrich Kaufmann.*
M Kaufmann	Hopfenhandlung	*Moriz Kaufmann.*
Seligmann Kauffmann	Hopfenhandlung	*Max Löw Kauffmann. Carl Kaufmann* **P.**
Friedrich Kaul	Schuhwaarenhdl. en gros u. en detail	*Friedrich Kaul.*
Wilhelm Keller	Droguen- u. Cigarrenlager	*Wilhelm Keller.*
G. F. Kellner	Näh- u. Stricknadelf.	*Oscar Wiss. Georg Wiss.*
Ernst Kestner	Holzgalanteriewaarenf.	*Ernst Kestner.*
G. Kiefer & Cie.	Holzgalanteriewaarenf.	*Georg Kiefer.*
Joh. Paul Kiessling		*Johann Aug. Kiessling.*
Benoni Kirchner	Tabak- u. Cigarrenh.	*Simon Friedrich Benoni Kirchner.*
Carl Kitz vorm. C. Chr. Fiserius Wittwe	Delikatessenhandlung	*Carl Aberel.*
H. Kleehamm et Cie.		*Otto Ganzenmüller.*
Marienapotheke v. Dr. Kleemann	Apotheke	*Dr. Heinrich Kleemann.*
Klein et Ullmann	Zinnfolie- u. Staniolfabr.	*Friedrich Albert Klein. Adolf Ullmann.*
August Klein	Spiegelglashandlung	*Carl August Klein. Friedrich Albert Klein.*
Fried. Klein		*Friedrich Klein.*
Theodor Klein		*Theodor Josef Klein.*
Friedrich Kleindinst	Specereiwaaren	*Friedrich Kleindinst.*
W. Kleining	Rosolifabrik	*Wilhelm Wolfgang Kleining.*
J. A. Kleinknecht	Tabakf. u. Specereiwaaren	*Carl Paul Jacob Kleinknecht.*
Klett et Cie.	Fabrikation von Eisenbahnwaggons, Eisenconstruct. für Brücken etc.	*Theodor v. Cramer-Klett. Johannes Kempf. Gust. v. Schlör. Friedrich Hensolt* **P.**
Maschinenbaugesellschaft Nürnberg Klett et Cie. HN. [ZN. Gustavsburg b. Mainz]	Maschinenf. u. Eisengiesser.	*Theod. v. Cramer-Klett in Nürnberg. Ludw. Werder in Nürnberg. J. Kempf. Friedrich Hensolt* **P.**
Nürnberger Drahtstiftenfabrik Klett et Cie.	Drahtstiftenfabrik	*Theodor von Cramer-Klett. Johannes Kempf. Friedrich Hensolt* **P.**
J. G. Klinger's Kunsthandlung	Kunsthandlung	*Johann Paul Dreykorn.*
S. L. Klinger		*Adam Georg Liebermann.*
Klöpfel et Strobel	Nbg Manufacturwaaren	*Johann Leonh. Klöpfel. Hieronymus Friedr. Strobel.*
B. Klüppel	Brasiltabak, Carottenfabrik	*Balthasar Klüppel.*
Joh. Gotth. Knab	Specereiwaaren	*Johann Jobst Sussner.*
J. M. Knab	Specereiwaaren	*Johann Mathäus Knab.*
Carl Kneffel	Eisen-, Stahl-, Messing- und Eisengusswaaren	*Carl Kneffel.*
Wilhelm Knorr	Specerei- und Farbwaaren, Schreibmater.-, Tabak- u. Cigarrenhdl. en gros und en detail, Spirituosenf.	*Wilhelm Knorr.*
Joh. B. Koch jr.	Grosshandlung	*Johann Baptist Koch jr. in Grafenau. Joh. Josef Caspar Hering* **P.**
Robert Könecke	Buchhandlung	*Moritz Robert Könecke.*
Carl Kohn	Hopfenhandlung	*Carl Kohn.*
Elias Kohn	Lederhandlung	*Fanny Kohn Wwe. Michael Kohn* **P.** *Adolph Kohn* **P.** *Max Kohn* **P.**
Mayer Kohn	Bank- und Wechselgeschäft u. Hopfenhandlung	*Josef Kohn. Anton Kohn. Max Kohn* **P.** *Jean Hutzelmeyer* **P.**
Moritz Kohnfelder	Landesprod. u. Hopfenh.	*Moritz Kohnfelder.*
Joh Kolb		*Georg Wieserner.*
Josef Kolb	Colonialw. en gros, Landesp. Sped., Com. u. Incasso	*Josef Kolb. Friedrich Kolb* **P.**
Friedrich Korn'sche Buchhdlg.	Buchhandlung	*Anna Maria Korn Wwe. Ludwig Korn* **P.**
Heinr. Marcus Krafft	Drahtfabrik	*Georg Herbst.*
J. P. Krafft		*Maria Krafft Wwe.*

Ph. Casimir Krafft et Cie. HN. [ZN. Offenbach a. M.]	Tabak- u. Cigarrenfabrik	*Wilh. Martin Adolf Krafft. Caroline Krafft Wwe. Philipp Casimir Krafft. Melinka Krafft Wwe. Alexander Krafft. Johann Adolf Krafft. Georg Carl Krafft. Carl Böhler* **P.** *Die beiden Wittwen sind zur Vertretung nicht befugt.*
Wolfgang Andreas Krafft	Drahtfabrik	*Johann Eduard Lot Hausser.*
Michael Kraft	Hopfenhandlung	*Michael Kraft.*
S. Krakenberger	Hopfenhandlung	*Salomon Krakenberger.*
Joh. F. Krauss		*Johann Friedrich Krauss.*
J. L. Krauss Wwe.		*Maria Krauss Wwe.*
Sal. Ludw. Krauss	Baumaterialienhdl., Cement, Asphalt, Theer, Guano u. Seegras	*Salomon Georg Ludwig Krauss.*
G. C. Krausser	Spritfabrik	*Georg Conrad Krausser. Johann Andreas Krausser* **P.** *Carl August Ferd. Haag* **P.**
Lorenz Krausser	Antiquariat	*Johann Lorenz Krausser.*
Carl Kreller	Parfümeriewaarenfabrik	*Wilhelm Schuh. Andreas Schreyer.*
Friedr. Robert Krenkel	Nbg. Manufacturwaaren	*Friedrich Robert Krenkel.*
C. Kreul, Fabrik von Oelfarben für Kunstmaler zu Forchheim u. Nürnberg	Oelfarbenfabrik	*Gottlieb Demler.*
Eduard Kreutzer	Liqueur u. Essigfabrik	*Eduard Kreutzer.*
G. C. Kreutzer	Landesproductenh.	*Georg Conrad Kreutzer.*
Joh. Friedr. Kriegbaum		*Andreas Heinrich Stichling.*
Karl Kröber		*Karl Kröber.*
M. E. Kromwell et Cie.	Lederhandlung	*Moritz Emslein Kromwell. Moritz Kromwell sen.*
Frd. Kühnlein	Specereiw., Material- und Farbwaaren	*Friedrich Kühnlein.*
J. G. Kugler	Buchbinderei u. Schreibmh., Etuis- u. Portefeuillesf.	*Johann Georg Kugler.*
E. Kuhn's Drahtfabrik	Drahtfabrik	*Christian Schmidmer. Friedr. Ludwig Ernst Schmidmer.*
Gottlieb Kummer	Nachtlichterfabrik	*Thomas Fink jun.*
Joh. Phil. Kundinger		*Johann Philipp Kundinger.*
Friedr. Kurz	Hutfabrik	*Friedrich Wilhelm Kurz.*
G. N. Kurz'sche Brauerei	Bierbrauerei	*Johann Georg Reif. Jean Reif* **P.** *Georg Reif* **P.**
Herm. Lambrecht	Nbg. Manufacturwaaren	*Hermann Lambrecht.*
Theodor Lammer's sel. Wwe.	Kohlengeschäft	*Theodor Lammers.*
J. J. Landmann	Nbg. Manufacturwaaren	*Gustav Hofmann.*
Lang et Mainz	Tuchhandlung	*Adolf Mainz. Leopold Lang.*
H. Lang et Söhne	Productenh. en gros, Comm. u. Spedition	*Ignaz Lang. Heinrich Lang. Martin Fechheimer. Karl Lang.*
Jac. Lang		*Jacob Lang.*
Nürnberger Compos. - Figuren-Fabrik Fried. M. Langenbach	Compos. Figurenfabrik	*George Vogtherr.*
J. Andreas Langhanss a. d. Fleischbrücke	Baumwollene, halbleinene u. leinene Waaren, Fabrikat. von Bettzeugen und Barchenten	*F. C. Böhm.*
Joh. Ferd. Langrötger	Eisen-, Stahl-, Messing- u. Eisengussw. u. steyrische Waaren	*Sidonie Stark Wwe.* **A.** *Die Curatel ihrer drei minderjährigen Kinder: Max, Therese und Johannes. Friedrich Willberger* **P.**
Theodor Lassner	Schnittwaarenh. en gros	*Theodor Lassner.*
Conr. Lauböck	Agent.-, Com.- u. Incassog.	*Conrad Lauböck.*
Gebr. Lauböck	Apothekerwaarenh. en gros	*Conrad Lauböck. Franz Lauböck.*
Ernst Ludw. Lauer	Kammfabrik	*Ernst Ludwig Lauer.*
Leonh. Lauer	Specereiwaaren	*Johann Leonhard Lauer.*
L. Ch. Lauer	Rechenpfennigfabrik	*Ludwig Christoph Lauer.*
S. E. Lauer	Hopfengeschäft	*Samuel Emanuel Lauer.*
J. Lay's Erbe		*Georg Carl Wilhelm Feldkirchner.*
A. Lebrecht	Wollwaaren u. Strumpfh. u. Wollhandlung en gros	*Abraham Lebrecht.*
Lebrecht et Cie. [Commanditg.]		*Ludwig Lebrecht, persönlich haftender Gesellschafter. Martin Lebrecht* **P.**
Lechner et Köhler		*Eduard Köhler. Leonhard Lechner.*
Gebrüder Lederer	Bierbrauerei	*Johann Lederer. Gabriel Lederer.*

Carl Leger	Nbg. Manufacturwaaren und Spielwaarenhandlung	*Carl Josef Leger.*
Max Legisch	Wollw. u. Strumpfhandl.	*Kaufmann Meier, gen. Max Legisch.*
J F. Leh	Specereiw. u. Liqueurf.	*Johann Friedrich Leh.*
J. Lehmanns Wittwe	Weinhandlung	*Jacob Lehmann.*
Gottlieb Lehner	Kupferhandlung	*Konrad Lehner.*
Lorenz Lehner	Wagenfabrik	*Johann Lorenz Lehner.*
Pierré Lemonie	Kräuterhandlung	*Johann Voitlein.*
Ch. Lenz	Erzgiesserei	*Christoph Lenz, kgl. Professor.*
Lerchenthal's Söhne	Bank- u. Wechselgeschäft	*Heinrich Lerchenthal. Isidor Lerchenthal. Sigmund Lerchenthal.*
Moritz Lerchenthal	Hopfenhandlung	*Moritz Lerchenthal.*
Leuchs et Stadler		*Anton von Stadler Hermann Kirschner.*
C. Leuchs & Cie.	Anstalt für den Verkauf v. Erfindungen u. Patenten u. Verlagsbuchhandlung	*Johann Carl Leuchs.*
Hermann Leuchs	Nbg. Manufacturw.	*Hermann Leuchs.*
Fritz Levin		*Fritz Levin.*
Lewald's Söhne ZN. [HN. Fürth]	Lederhandlung	*Michael Lewald. Lion Lewald. Aaron Stern.*
Joh. Leyckam	Specereiwaaren	*Johann Leyckam.*
B. Lincke	Handlung	*Bertha Lincke. Georg Lincke* **P.**
J. G. Link	Sped. Com. u. Incasso	*Johann Georg Link.*
Lobenhoffer et Cie.		*Johann Philipp Lobenhoffer.*
Joh. Ph. Lobenhoffer		*Johann Philipp Lobenhoffer.*
Lödel et Merkel	Bank- u. Wechselgeschäft	*Ludwig Merkel. Johannes Walbinger* **P.**
J. M. Lödel		*Friedrich Adolph Lödel.*
Theodor Löder	Metachromatypie-Decalcomaniefabrik	*Theodor Löder.*
J. C. Löffler	Siegellakfabrik u. Specw.	*Johann Conrad Löffler.*
Gottfr. Löhe	Buchhandlung	*Gottfr. Löhe.*
Johann Löhner		*Wunibald Engelhardt.*
Leonh. Carl Lösch	Eisenhandlung	*Leonhard Carl Lösch.*
Löwenstein et Held	Bank- u. Wechselgesch.	*Ludwig Held.*
M. J. Lohmann		*Meier Jondorf Lohmann.*
Carl Loschge	Nbg. Manufacturwaaren u. Bilderbogenhandlung	*Carl Loschge.*
J. G. Loschge jr.	Papier- u Schreibmaterh.	*Johann Georg Loschge.*
Edmund Lotz	Agentur- u Commisionsg.	*Edmund Lotz.*
J. L. Lotzbeck	Buch- u. Kunsthandlung	*Johann Ludwig Lotzbeck.*
Joh. Zach. Lozbeck		*Georg Karl Meyer.*
Hermann Lotze, Fabrik für Knochenpräparate HN. [ZN. Mögeldorf]	Nbg. Manufacturwaaren	*Hermann Lotze.*
Ludwigs-Eisenbahn-Gesellschaft	Betrieb der Eisenbahnlinie Nürnberg-Fürth	*Das Directorium besteht aus den Herren: J Zeltner. Ch. A. Winter. A. Barthel. G. Cnopf. L. Engelmann. D. Ley u. Ch. Thon. Vorstandsdirector ist Daniel Ley, dessen Stellvertreter Johannes Zeltner*
S. Lust jr. HN. [ZN. Königsberg i. Preussen]	Productenhandlg. en gros, Hanf u. Flachshandlung, Sped. u. Com.	*Salomon Lust. Rosa Lust* **P.**
G. Maar	Kunst- u. Buchhandlung	*Louise Maar Wwe. Wilhelm Schmidt* **P.**
B. Männlein	Band-, Seide-, Garn- und Knopfhandlung	*Bernhard Männlein.*
J P. Mästrani	Chocoladefabrik	*Josef Paul Mästrani.*
März et Braun	Buch- u. Kunsth , Kurz- u. Spielw. u. Bilderh.	*Christian März. Rudolph Braun.*
Ch. F. Maier et Sohn		*Christoph Friedrich Maier. Johann Friedrich Maier.*
Carl Mandel	Papier- u. Schreibmaterhdl., Com. u. Sped.	*Carl Mandel.*
Franz Martin	Landesproductenhg. en gros	*Franz Martin.*
Max Marschütz		*Max Marschütz.*
Carl Matthees	Agentur- u. Commissionsg., Niederl. v. landwirthsch. Maschinen	*Andreas Carl Matthees.*
Carl Maussner		*Carl Maussner.*

G. A. Maussner	Spiegelglashandlung	*Kunigunde Maussner Wwe. Carl Maussner*
Jacob May		*Jacob May.*
Carl Mayer's Kunstanstalt u. Verlag	Kunstanstalt u. Verlagsh.	*Eugenie Mayer Wwe.* A. *Wilhelm Mayer. Eugen u. August Mayer.*
Leonhard Mayer	Commissions- u. Agenturg.	*Leonhard Mayer.*
J. Mayer		*Johann Mayer.*
Joh. Friedr. Mayer jr.	Spiegelglashandlung	*Marie Mayer Wwe. Albert Mayer* P.
Leopold Mayer-Bass ZN. [HN. Frankfurt a. M.]		*Leopold Mayer-Bass in Frankfurt a. M.*
Carl Mehring	Specereiw. u. Bürstenlager	*Carl Gottlieb Gebhardt Mehring.*
Friedrich Meinel	Specereiwaaren	*Johann Friedrich Carl Meinel.*
Sigmund Meinel	Specereiwaaren	*Johann Maximilian Sigmund Meinel.*
J. A. Meisenbach	Broncefabrik	*Johann Adam Meisenbach.*
C. G. Meister		*Conrad Gottfried Meister.*
Ferdinand Meister	Hutfabrik, Filz-, Seiden-, Stoff- u. Strohhüte	*Ferdinand August Meister.*
K. A. Mendl	Kleiderhandlung	*Karl Anton Mendl.*
Alois Menschick vormals Heinr. Memminger	Delicatessenhandlung	*Alois Menschik.*
Joh. Christ. Merk	Colonialw. en gros, Comm. u. Spedition	*Wilhelm Merk. Alphons Seiler* P.
C. S. Merkel, Apotheke zum Mohren	Apotheke	*Conrad Sigmund Merkel.*
Friedr. Carl Merkel	Drahtfabrik	*Friedrich Merkel.*
Friedr. Merkel	Papierfabrik	*Julius Merkel.*
Handelsgesellschaft für königl. bayerisch. priv. Torfbereitung Merkel und Consorten in Nürnberg	Gesellschaft zum Zwecke d. Torfbereitung	*Persönlich haftender Gesellschafter ist Ludw. Merkel. Derselbe ist bei Eingehung wichtiger Verpflichtungen an die Zustimmung der Mehrheit der Geschäftstheilhaber beschränkt.*
A. L. Merklein	Lebkuchenfabrik	*Achatius Ludwig Merklein.*
Merzbacher u. Feistmann	Rohe Felle, Pelzwaaren und Wolle	*Julius Merzbacher. Philipp Feistmann. Josef Merzbacher.*
Merzbacher u. Fried	Handlung	*Anton Merzbacher. Isidor Fried.*
Michael Messerer	Eisen- u. Metallhandl.	*Michael Messerer.*
Mesthaler u. Cie.	Eisengiesserei u. Maschinenf.	*Joh. Christoph Mesthaler. Wilh. Christeiner. Johann Friedrich Abraham.*
Metzger u. Böhm	Spirit.-, Essig- u. Liqueurf.	*J. M. Metzger.*
F. G. Metzger	Lebkuchenfabrik	*Johann Georg Carl Metzger.*
Heinrich Meyer Söhne	Nbg. Manufacturwaaren	*Heinrich Bauer.*
Michel u. Stehle	Lithographische Kunstanst. u. Verlag von Oelfarbendruckbildern	*Johann Georg Michel. Hermann Stehle.*
Hugo Midas	Hopfenhandlung	*Hugo Midas.*
Joseph Midas in Liquidation	Productenh. en gros, Hopfenh. Com. u. Sped.	*Hugo Midas. Sank Midas. Liquidatoren sind die Gesellschafter.*
Sank Midas	Hopfenhandlung	*Sank Midas.*
Gustav Mögelin	Cigarren-, Zündwaaren- und Spielkartenh. en gros	*Gustav Carl Wilhelm Mögelin.*
J. Mohrhard, Vater u. Zahn	Nbg. Manufacturwaaren	*Heinr. Zahn. Adolph Zahn. Conrad Kühn* P.
Thomas Christ. Mohrhardt	Kurz- u. Spielwaarenhandl. en gros	*Johann Heinrich Hindinger.*
Wm. Moos		*Wilhelm Christian Dietrich Moos.*
Joh. C. Morg & Cie.	Cigarrenfabr., Agenturg.	*Johann Carl Melchior Morg.*
J. Z. Mosbacher	Tuchhandlung	*Emanuel Mosbacher. Lazarus Mosbacher. David Mosbacher.*
Georg Hierons Mosers Erbe	Kupfer- u. Metallhandlung	*Christian Harrer. Wilhelm Harrer.*
Jean Mothes		*Jean Mothes.*
Motteler u. Mendel	Corsettenfabrik	*Karl Mendel.*
Müller u. Haas	Schnittwaarenhandlung	*Gustav Ferdinand Müller. Rosalie Haas Wwe.*
August Müller	Agentur- u. Commissionsg.	*August Friedrich Müller.*
A. F. Müller	Leinen- u. Weisswaarenh.	*Auguste Natalie Müller Wwe.*
C. Müller	Papier- u. Schreibmaterhdl. u. Specereiwaaren	*Christoph Heinrich Müller. Friedrich Moser.*
C. A. Heinrich Müller	Weinhandlung	*Heinrich Müller. Heinrich Güettler.*
Carl Otto Müller	Tabak- u. Cigarrenf.	*Carl Otto Müller.*

Conr. Friedr. Müller	Landesproducte	*Conrad Friedrich Müller.*
Friedr. Müller		*Johann Friedrich Müller.*
Johann Müller	Kleiderfabrik	*Johann Müller.*
Louis Müller	Leinen- u. Weisswaarenh.	*Louis Müller.*
M. Müller		*Martin Müller.*
Theodor Müller, Nürnberger Parkettboden-Fabrik	Parkettbodenfabrik	*Theodor Müller aus Würzburg. F. Schellhass* **P.**
Fr. Munker	Hopfenhandlung	*Friedrich Munker.*
J. C. Munkert's Sohn	Bleistiftfabrik	*Ambrosius Munkert.*
J. Murschhauser	Specerei- u. Farbwaarenh.	*Josef Murschhauser.*
Elise Muschler		*Elisa Muschler.*
Hermann Nachtigall	Hopfenhandlung	*Hermann Nachtigall.*
Joseph Nachtigall	Hopfenhandlung	*Joseph Nachtigall.*
M. M. Nathan in Liquid. ZN. [**HN.** Fürth]	Bank- u. Wechselgesch.	*Moritz Nathan. Heinrich Nathan. Leopold Nathan. Sigmund Nathan.*
Sigm. Nathan ZN. [**HN.** Fürth]	Bank- u. Wechselgesch.	*Sigmund Nathan. Gerson Graumann* **P.**
August Nau		*August Nau*
J. G. Neidels seel. Erben		*Johann Rau. Johann Friedrich Neidhardt* **P.**
Gustav Neidhardt	Hopfenhandlung	*Gustav Neidhardt.*
Julius Neidhardt	Hopfenhandlung	*Julius Neidhardt.*
Chr. Nemmert	Korb- u. Kinderwagenf.	*Christian Nemmert.*
Julius Neu	Bank- u. Wechselgesch.	*Julius Neu. Moritz Neuburger. Josef Neuburger* **P.**
Raphael Neu		*Raphael Neu.*
A. Neuburger		*Abraham Neuburger.*
Conrad Neumann	Productenh., Sped. u. Com.	*Johann Carl Conrad Neumann.*
Gebr. Neumark HN. [**ZN.** Steinschönau]	Glas- u. Porcellanhandlung en gros	*Sigmund Neumark. Carl Neumark. Jonas Neumark* **P.**
F. Neuwirth	Spiegelhandlung	*Johann Friedrich Neuwirth.*
Gustav Nessler & Cie.		*Gustav Nessler. Hugo Philippona.*
J. W. Nickel	Spiegel- u. Goldleistenf.	*Friedrich Wilhelm Nickel.*
J. G. Normann	Metallwaarenfabrik	*Johann Georg Normann.*
Nürnberger allgemeiner Spar- u. Darlehns-Verein	Sparkassa- u. Darlehnsv.	*Den Vorstand bilden: J. Chr. Bär und J. Hassel.*
Nürnberger Baugesellsch. Reg. Gesellsch. mit beschr. Haftpflicht	Erwerb. v. Grund, Häusern u. gesunden Wohnungen für Mitglieder	*L. Kuntermann, I. Vorstand. P. Röthlingshöfer, II. Vorstand. K. Leupold, Cassier.*
Nürnberger Kreissägen und Fraisenf. von Georg Roth	Sägenfabrik	*Georg Roth. Gg. Konr. Hiller* **P.**
Oberndorfer u. Bamberger	Hopfenh. u. Schaafwollh.	*Abraham Bamberger. Jacob Oberndorfer. Jonas Bamberger. Lämmlein Bamberger* **P.**
Ed. Odörfer	Colonialw. en gros, Comm., Spedit. u. Käseh.	*Erhard Odörfer.*
Jean Odörfer	Landesproducte	*Johann Erhard Odörfer.*
A. Oestreicher	Glas- u. Spiegelmanufactur	*Adolph Abraham Oestreicher.*
David Ohlmann	Hopfenhandlung	*David Ohlmann.*
Dr. Theod. Oppler	Chemische Fabrik	*Dr. Theodor Oppler.*
D. Ordenstein	Band-, Seide-, Garn- und Knopfhandlung	*David Ordenstein.*
Jacob Ordenstein	Band-, Seide- Garn- und Knopfhandlung	*Jacob Ordenstein. David Ordenstein* **P.**
J. A. C. Orelli u. Sohn	Bau , Blech- 'u. Lakirwf.	*Johann Albrecht Carl Orelli. Friedr. Christ. Orelli.*
Joh. Leonh. Orth	Spezereiwaaren	*Abdias Christian Orth. Johannes Leonhard Victor Orth* **P.**
Ernst Ott	Colonialw. en gros, Com. u. Spedition	*Friedrich Market.*
Georg Ott		*Georg Adam Ott.*
Julius Andr. Ott	Schnittwaarenhandlung	*Julius Andreas Ott.*
Heinrich Ottenstein	Hopfenhandlung	*Heinrich Ottenstein. Ida Ottenstein* **P.**
Otto u. Lerno	Agentur Comm. u. Incasso, Cigarren- u. Producteng. en gros	*Max Otto. Max Lerno.*
Ott u. Stadelmann		*Georg Albert Ott. Stephan Stadelmann.*
Pabst u. Lambrecht	Farbenfabrik	*Wilhelm Friedrich Adolph Lambrecht. Robert Pabst.*

G. J. Pabst	Spielwaarenhandlung	*Johann Nicolaus Kugler.*
Rudolph Paltzow	Holzornamentenfabrik	*Rudolph Paltzow.*
Carl Pantzer	Nbg. Manufacturwaaren	*Johann Carl Pantzer.*
Carl Paraviso	Nbg. Manufacturwaaren	*Carl Nicolaus Paraviso. Friedrich Stupf* **P.**
Carl Pattberg u. Schröder	Productenhandlung en gros, Sped. u. Com.	*Karl Pattberg. Carl Schröder.*
A. W. Pauli		*Andreas Wilhelm Pauli.*
C. G. Pauli	Feingoldschlägerei, Gold- u. Silberpapier und Patentfolienfabrik	*Leonhard Paul Pauli.*
Pauschinger u. Cie.	Pinselfabrik u. Borstenverl.	*Jean Pauschinger.*
Johann Pelloth	Specereiwaaren	*Johann Pelloth.*
Georg Pemsel	Weinhandlung	*Georg Pemsel.*
Joh. Christ. Pfann	Specereiwaaren	*Johann Christoph Pfann.*
Heinrich Pfann	Agentur- u. Commiss.	*Heinrich Pfann.*
Friedrich Pfeffer		*Johann Friedrich Pfeffer.*
C. Pfeiffer	Agent.-, Oel- u. Fettgesch.	*Theodor Wolf.*
Jos. Pfeifer ZN. [HN. Wien]		*Josef Pfeifer in Wien.*
J. G. Pfeiflen	Hopfenhandlung	*Johann Georg Pfeiflen.*
Carl Pflüger & Cie.	Brief- u. Couvertf.	*Carl Pflüger. Christoph Kohlbauer.*
Joh. Chr. Pflug	Export in Materialien für Zündholzfabriken, Agent. der Basler Transp. - Versicherungsgesellschaft	*Johann Christoph Pflug.*
K. Philidor	Hopfenhandlung	*Karl Philidor.*
Joh. Leonh. Pickel's sel. Wwe.	Oblaten- u. Siegellackgesch.	*Augusta Pickel.*
A. Pickert	Kunst- u. Antiquitätenh.	*Max Pickert. Sigmund Pickert.*
Georg Platner	Farbwaaren, Indigo u. Cochenille en gros	*Georg Platner jun. Albert Platner. August Felsenstein* **P.** *Albert Gorter* **P.**
C. A. Pocher	Metachromatypie-Kunstanst.	*Carl Anton Pocher.*
Moritz Pöhlmann	Draht-, Gussstahl- und Claviersaitenfabrik	*Caspar Moritz Pöhlmann. Johann Friedrich Beck.*
F. C. Pösch		*Friedrich Christian Pösch. Babetta Johanna Pösch* **P.**
S. Pollak & Comp.	Herrenkleiderfabrik	*Simon Pollak. Mos. Heilbronner.*
Gg. Pretscher	Optikus	*Gg. Pretscher.*
Preu & Zeh	Tabak- u. Cigarrenfabrik	*Theodor Preu. Georg Zeh.*
Ch. Prinoth		*Christian Prinoth.*
Ch. Prinoth & Comp.	Commiss. u. Export v. Kurz-, Spiel- und Manufacturw. Agenturen	*Friedrich Korn.*
Gottfr. Probst	Kammfabrik	*Friedrich Probst.*
Louis Pröbster	Apothekerwaarenh., Mater.- u. Farbw. en gros	*Louis Pröbster.*
Productiv - Gesellschaft Eintracht, registrirte Gesellschaft mit beschränkter Haftpflicht	An- u. Verkauf guter billiger Lebensmittel für Arbeiter	*Den Vorstand bilden: H. Kraussen, I. Vorstand. J Rusch, II. Vorstand. Die Zeichnung erfolgt in der Weise, dass Einer der Vorstände der Firma seinen Namen beisetzt.*
N. F. Pröhl	Landesp., Sped. u. Com.	*Nicolaus Friedrich Pröhl.*
G. C. Prückner	Delikatessenh., Südfrüchte, Fleisch- u. Fischwaaren, Cigarren u. Tabak	*Wilhelmine Prückner Wwe.*
Gebrüder Puscher		*Wilhelm Puscher. Carl Puscher.*
C. Putschkiy		*Georg Christoph Putschkiy.*
Max Quehl	Tabak- u. Cigarrenf.	*Max Quehl.*
J. W. Raab jr.	Essig- u. Liqueurfabrik	*Johann Georg Caspar Raab.*
G. M. Rabus	Hopfenhandlung	*Georg Michael Rabus.*
Raiser & Heller	Delikatessenh., Colonialw. u. Südfrüchte	*Sebastian Nudinger. Johann Georg Nudinger* **P.**
J. B. Rampp & Sohn	Kleiderfabrik	*Adam Stahl. Hermann Hofstetter.*
Joh. Mart. Rau	Manufacturwaaren en gros	*Johann Martin Rau. Heinrich Nestler* **P.**
S. Rau	Hopfenhandlung	*Salomon Rau. Josef Rau.*
S. Em. Rau		*Salomon Rau.*
Gebrüder Rauh	Hopfen- u. Pechhandl.	*Salomon Rauh. David Rauh.*
Albert Raum	Hopfenhandlung	*Babette Raum Wwe.*
Raum & Zirngibl	Vegetabilische Droguen en gros	*Joseph Benedict Zirngibl. Andreas Raum.*

Dietrich Raum	Hopfenhandlung	*Johann Georg Raum.*
Jacob Raum		*Jacob Raum.*
J. B. Raum & Sohn	Hopfenhandlung	*Johann Benedict Andreas Raum.*
Louis Raum	Schmelztiegelfabrik	*Ludwig Raum.*
Moritz Raum		*Moritz Raum.*
Joh. Phil. Raw'sche Buchhdlg. C A. Braun	Buchhandlung	*Christian Adolph Braun.*
August Recknagel's Buchhdlg. Franz Schmid	Buchhandlung	*Franz Schmid.*
Emil Redelsheimer	Engl. wollene, leinene und halbleinene Rock- u. Hosenstoffe	*Emil Redelsheimer.*
Simon Redelsheimer	Draperies und Nouveautés, Tuch- u. Bukskins belgisches Fabrikat	*Simon Redelsheimer.*
Gustav Regenfuss		*Gustav Philipp Regenfuss.*
Jobst Wilhelm Regenfuss		*Georg Paul Friedrich Regenfuss.*
J. G. Reich	Blattmetallfabrik	*Johann Georg Reich. Friedrich Zimmermann.*
H. & Chr. Reich		*Christian Reich.*
C. G. Reichart	Feingoldschlägerei	*Conrad Gottlieb Reichart.*
Reidner & Römhild		*Christian Heinrich Römhild.*
Gg. Mehl Reinhardt		*Johann David Schmidt.*
Carl Rennebaum & Cie.	Weinhandlung en gros	*Carl Rennebaum. Adam Schlehauf.*
Metallwaarenfabrik v K. L. Renner jun. in Nürnberg	Metallwaarenfabrik	*Conrad Ludwig Renner jun.*
Chr. Heinr. Reuter	Spielkartenfabrik	*Christoph Heinrich Reuter.*
J. C Rhau	Fabrikant	*Heinrich Rhau.*
Richter & Kappler	Verlagsbuchhandlung	*Max Kappler.*
Joh. Mart. Richter	Grosshändler	*Johann Martin Richter.*
Joh. Melch. Richter		*Johann Melchior Richter.*
Jean Riess jr.	Schnittwaarenhandlung	*Johann Paul Ludwig Riess.*
Engelapotheke von Carl Ritter	Apotheke	*Carl Ritter.*
Joh. Seb. Rittner	Specereiwaaren en gros	*Johann Georg Theodor Rittner.*
Carl Wilhelm Röder	Weinhandlung	*Georg Michael Röder. Wilhelm Röder.*
Joseph Röder		*Therese Röder Wwe.*
J. N. Röhser	Nbg. Manufacturwaaren	*Johann Nicolaus Friedrich Röhser. Johann Christian Arthur Röhser.*
Conrad Rösch		*Johann Conrad Heinrich Rösch.*
Friedr. Rösch	Landesp., Com. u. Sped.	*Anna Rösch Wwe.*
Ludwig Rösel	Essig- u. Liqueurfabrik	*Ludwig Rösel.*
C. G. Röser	Papierf., Buntpapier, Goldborden u. Buchbinderleinw.	*Christiana Kimmel Wwe. Georg Kimmel* P.
Rösler & Cie.	Colonialw en gros, Comm. u. Spedition	*Alexander Rösler.*
Rorich & Kümmel	Nbg. Manufacturwaaren	*Carl Seraphin Franz Rohrich. Aug. Kümmel.*
Chr. Mich. Roscher	Commiss.- u. Exportgesch. in Nürnberger Kurz- und Spielwaaren	*Johann Christoph Pflug.*
Gebr. Rosenbaum et Silbermann	Hopfenhandlung	*Philipp Rosenbaum. Simon Silbermann.*
Jonas Rosenbaum	Eisen- Blech- u. Messingh.	*Jonas Rosenbaum.*
Adolph Rosenberg	Landesp., Com. u. Sped.	*Adolph Rosenberg.*
L. Rosenberg		*Lazarus Rosenberg.*
Rosenfeld et Cie.	Hopfenhandlung	*Jacob Rosenfeld. Sigmund Rosenfeld. Hermann Rosenfeld.*
David Rosenfeld	Tuchhandlung	*David Rosenfeld.*
Löwenapotheke von Adolph Rosenhauer	Apotheke	*Georg Adolf Rosenhauer.*
J. W Rosenmerkel	Landesp., Sped. u. Com.	*Johann Wilhelm Salomon Rosenmerkel.*
Rosenthal et Goldstein	Band-, Seide-, Garn- und Knopfhandlung	*Jacob Rosenthal. Samuel Goldstein.*
Herm. Rosenzweig	Hopfenhandlung	*Hermann Rosenzweig.*
Roth et Scherer	Nbg. Manufacturwaaren	*Georg Andreas Martin Scherer Joh. Friedr. Christoph Roth.*
Roth et Rau	Nbg. Manufacturwaaren	*Christoph Friedrich Rau jun.*

Rothbarth et Kaufmann	Hopfenhandlung	*Julius Rothbarth. Adolf Kaufmann.*
Jacob S. Rothenheim	Tabak- u. Cigarrenhandlung en gros	*Elkan Rothenheim.*
Leonh. Rüll		*Johann Leonhard Rüll.*
Johann Georg Rüll	Lederhandlung	*Johann Georg Rüll.*
C. F. Rumler	Landesprod., Com. u. Sped.	*Carl Friedrich Rumler.*
Carl Rummenberg		*Carl Rummenberg.*
C. A. Rupprecht et Cie.	Gummi- u. Guttaperchawf.	*Carl Alexander Rupprecht.*
F. Rupprecht		*Friedrich Wilhelm Gottfried Rupprecht.*
Georg Rupprecht	Tabak- u. Cigarrenf.	*Johann Feder. Johann Libertus Feder.*
J. J. Rupprecht sel. Sohn	Specereiwaaren, Tabak- und Cigarrenhandlung	*Fritz Rupprecht.*
J. Fr. Russhart	Bierbrauerei	*Johann Friedrich Russhart.*
J. M. Saueracker vorm. J. Ch. Herrmann	Nachtlichterfabrikation	*Johann Michael Saueracker.*
Ch. N. Schad		*Christian Nicolaus Schad.*
Dan. Schäfer	Landesproducten u. Samenh. en gros	*Emil Hoffmann.*
Joseph Schäffer	Portefeuillefabrik	*Josef Schäffer.*
Schärtel's Buchdruckerei	Buchdruckerei	*Theodor Hässlein.*
Georg Ernst Schäzler	Fein-Blattgoldfabrik	*Gg. Ernst Schäzler.*
J. C. Schaptag	Handlung	*Joh. Conr. Schaptag. Rudolf Liedke* **P.**
Paul Scharf	Handlung	*Paul Scharf.*
Scharrer et Söhne HN. [ZN. Strassburg]	Hopfenhandlung	*August Scharrer. Johannes Scharrer. Christian Scharrer.*
Permanente Maschinen-Ausstellung von Scharrer et Cie.	Permanente Maschinenausstellung	*Christian Scharrer. August Knöchel. Oscar Gross.*
Christian Scharrer	Specereiwaaren	*Georg Scharrer.*
Heinrich Scharrer	Nbg. Manufacturwaaren	*Heinrich Scharrer. Gustav Koch* **P.**
Joh. Andr. Scharrer		*Johann Andreas Scharrer.*
Paul Scharrer	Eisen-, Stahl-, Messing-, Eisenguss- und steirische Waaren	*Johann Paul Ludwig Scharrer.*
Heinrich Schaupert		*Heinrich Schaupert.*
J. Scheidling	Hopfenhandlung	*Julius Scheidling.*
Carl Schellmann	Hopfenhandlung	*Carl Christoph Schellmann.*
J. D. Schenk		*Johann Daniel Schenk.*
F. W. Scherer	Kurz- u. Spielwaaren	*Friedrich Wilhelm Scherer.*
Hirsch Scherer HN. [ZN. Frankfurt a. M.]	Haut- u. Fellhandlung	*Samuel Michael Scherer. Josef Scherer. Sigmund Scherer. Philipp Scherer.*
J. Z. Scherzer	Bürstenfabrik	*Johann Zacharias Scherzer.*
Philipp Scheyer	Handlung	*Philipp Scheyer.*
Thilo Schiefer	Kunsthandlung	*Adolf Thilo Schiefer.*
Thilo Schiefer	Steinkohlenhandlung	*Adolf Thilo Schiefer.*
G. Schiller	Kleiderfabrik	*Georg Schiller.*
Gumbert Schimmel		*Gumbert Schimmel.*
Schimpf et Hofstetter	Kunstanstalt für Metachromatypie	*Carl Schimpf. Carl Hofstetter.*
C. Schindler	Leonische Waaren- u. Drahtf.	*Christian Friedrich Schindler.*
G. A. Schleicher	Bankgeschäft	*Georg Anton Schleicher.*
August Schlenk ZN. [HN. Georgenthal]	Hopfenhandlung	*August Schlenk im Georgenthal. Hermann Schlenk* **P.**
Christ. Friedr. Schmälzlein	Essigfabrik	*Christoph Friedrich Schmälzlein.*
Ferdinand Schmaunz	Nbg. Manufacturwaaren u. Tiroler Holzwaaren	*Johann Ludwig Schmaunz.*
Schmelz et Lorsch	Metall- u. Broncefabrikat.	*Carl Lorsch. August Schmelz.*
Schmid-Daler et Cie.	Nbg. Manufacturwaaren	*Caspar Schmid. Emil Salm* **P.**
C. Schmid et Cie.	Steinkohlengeschäft en gros und en detail, Vertreter d. Erzgebirg'schen Steinkohlen Actien-Vereines in Zwickau	*Wilhelm Lodter in München. Conrad Schmid.*
J. Ludwig Schmid's Verlag	Buchhandlung	*Ludwig Schmid.*
Wilhelm Schmid	Buch-, Kunst- und Musikalienhandlung	*Wilhelm August Schmid.*
E. Schmidmer	Draht- u. Metallhandlung	*Christian Schmidmer. Friedrich Ludwig Ernst Schmidmer. Georg Krauss* **P.**

J. C. Schmidhamer sel. Sohn et Cie.	Nbg. Manufacturwaaren	*Johann Leonhard Heinrich Speiser.*
Schmidt et Hahn	Bretter- und Bauholzhandl., Parquetfussbödenlager	*Theodor Schmidt.*
Friedrich Schmidt		*Friedrich Schmidt.*
Georg Wilhelm Schmidt		*Johann Conrad Schmidt.*
Johann Schmidt	Oblaten- u. Nudelf.	*Johann Leonhard Schmidt. Johann Wilhelm Schmidt.*
Julius Schmidt		*Barbara Dorothea Schmid Wwe.*
J. B. Schmidt	Glas- u. Porcellanhdlg.	*Johann Bartholomäus Schmidt.*
Joh. Dav. Schmidt	Schnittwh. u. Wollwaaren	*Theodor Nusselt.*
Joh. Gg. Jul. Schmidt	Specereiwaaren	*Johann Georg Julius Schmidt.*
J. A. Schmidtschneider		*Johann Georg Anton Schmidtschneider.*
Schmied et Sohn	Agenturen, Glash. en gros u. en detail, Lager von Hopfenzwilch, Getreide-, Mehl- u. Bierfiltrirsäcken	*Andreas Friedrich Schmied. Johann Friedrich Schmied.*
Gebrüder Schmitt	Bank- u. Wechselg.	*Jacob Schmitt. Theodor Racer* P.
Michael Schnebel	Hopfenhandlung	*Adolf Schnebel.*
Heinrich Schneider	Cigarrenhandlung	*Heinrich Schneider*
S. Schneider et Cie.		*Simon Schneider. Caspar Jäger.*
A. Schönberg	Hopfenhandlung	*Abraham Schönberg.*
Johann Adam Sebastian Schöpff	Eisen-, Stahl-, Messing- u. steirische Waarenhandlg., Mineralwasser, Spedition, Com.- u. Incassog., Agent.	*Carl Schöpff. Jean Schöpff.*
Albert Scholl	Specereiwaaren	*Leonhard Albert Scholl.*
Ernst Scholl	Fabrik von Luxus- Gold- u. Silberpapieren, Borduren u. Verzierungen aller Art.	*Ernst Scholl. Franz Döll* P.
August Scholler	Agenturengeschäft	*August Scholler.*
Gg Schonner		*Georg Schöner.*
Julius Schrader	Papier- u. Schreibmaterh.	*Julius Karl Wilhelm Schrader.*
Heinr. Schrag'sche Buch- und Kunsthandlung	Buch- u. Kunsthandl.	*Heinrich Schrag.*
J. L. Schrags Kunstverlag	Buch- u. Kunstverlagsh.	*Heinrich Schrag.*
Paul Schröck	Gold- u. Silberdrahtf.	*Johann Georg Schröck. Julius Schröck.*
Wilh. Schübel	Hopfenh. u. Landesprod.	*Wilhelm Friedrich Schübel.*
G. A. Schütte	Chemische Fabrik	*Gustav Adolf Schütte.*
M. Schulmann' ZN. [HN. Raab]		*Moritz Schulmann aus Raab in Ungarn.*
Friedr. Gotthelf v. Schütz	Gesundheits-Taffentfabr.	*Jeanette von Schütz.*
Schuster et Rehlen	Pinselfabrik	*Christian Schuster. W. Rehlen.*
S. Schwab et Cie. [Commandit-Gesellschaft]	Fabrik v. Spazier- u. Schirmstöcken; Flechtrohr und Drechslerkurzwaaren	*Siegfried Schwab, persönlich haftender Gesellschafter*
Schwanhäuser, vormals Grossberger et Kurz	Bleistiftfabrik	*Gustav Adam Schwanhäuser. Hermann Kurz.*
Schwarz et Cie.	Tabak- u. Cigarrenfabr.	*Louis Zöpfl. Carl Christoph Wälzel.*
Benedikt Schwarz		*Benedict von Schwarz.*
Gebr. Schwarz	Tabak- u. Cigarrenfabr.	*Carl Notthaft.*
Heinr. Schwarz		*Friedrich Kiessling.*
J. von Schwarz	Terracotta u. Specksteinwf., Specialität Gasbrenner aus Speckstein	*Benedict von Schwarz. Ludwig v. Schwarz.*
J. M. A. Schwarz	Agenturengeschäft	*Jacob Moritz Albert Schwarz.*
Ernst Schwemmer		*Ernst Schwemmer.*
Nürnberger Briefsiegelmarken-Fabrik v. G. D. Schwemmer	Siegelmarkenfabrik	*Georg Daniel Schwemmer.*
U. E. Sebald	Buchdruckerei	*Ulrich Ernst Sebald.*
Sekendorf, Le Vino et Cie.	Hopfenhandlung	*Leopold Seckendorf. Sigmund Le Vino. Philipp Steinhard* P.
J. S. Seger	Siegellakfabrik	*Johann Sigmund Seger.*
J. K. Seidel	Broncefabrik	*Kaspar Seidel.*
Christian Seihm	Kunsthandlung	*Christian Heinrich Karl Seihm.*
Nik. Seitz'sche Lederhandlung	Lederhandlung	*Heinrich Scholler.*
Armin Selz	Weiss-, Strumpf- u. Wollwh.	*Armin Selz.*

G. Selling	Leinen- u. Weisswaarenh.	*Gabriel Selling.*
Fr. Semler	Landesp., Sped. u. Com.	*Friedrich Semler.*
Serz et Comp.	Kunsthandlung	*Eva Magdalena Adamine Serz Wwe.*
Albert Serz		*Albert v. Sertz.*
D. Seutter	Leinen- u. Weissw., Baumwollw. u. Hemdenf.	*Johann David Seutter.*
Gebr. Seutter	Nbg. Manufacturwaaren und Agenturen	*Wilhelm Theodor Prollius.*
Richard Sichling		*Richard Sichling.*
J. Silbermann		*Isidor Silbermann.*
Wilh. Silbermann et Sohn	Hopfenhandlung	*Wilhelm Silbermann. Joseph Silbermann.*
Julius Simon		*Georg Heinrich Julius Simon.*
N. Simonsfeld	Hopfen- u. Grosshdl.	*Nathan Simonsfeld.*
D. F. Singer	Landesp., Com. u. Sped.	*Daniel Friedrich Singer.*
J. B. Söllner	Bronce- u. Brocatfabrtk	*Johann Bernhard Söllner.*
Sörgel'sche Kunstmühle	Kunstmühle	*Johann Jacob Christoph Sörgel.*
Friedr. Erhard Solger	Band-, Seide-, Garn- und Knopfhandlung	*Georg Albrecht Jacob Solger. Heinrich Erdmuth Friedrich Solger.*
Gebr. Soldan	Landesprod., Sped., Comm. u. Agenturen	*Hermann Eduard Soldan. Otto Soldan.*
Sigmund Soldans Buch- und Kunsthandlung	Buch- u. Kunsthandl.	*Sigmund Julius Gustav Soldan.*
Solenhofer Actienverein	Fabrikation von Solenhoferplatten	*Die Gesellschaft wird von einem Verwaltungsrath vertreten, der aus folgenden Mitgliedern besteht: Der I. Bankconsulent Karl Pracher. Raphael von Erlanger in Frankfurt a. M. Georg Kalb in Nürnberg. Carl von Stetten in Augsburg. Dieselben geben ihre Unterschriften wie folgt ab: Solenhofer Actienverein. Carl v. Stetten. Carl Pracher. R. v. Erlanger. Georg Kalb.*
H. B. Sotta	Specereiwaaren	*Jeanette Sotta Wwe.*
Bürgerlicher Spar- und Darlehens-Unterstützungsverein registrirte Gesellschaft mit beschränkter Haftpflicht	Sparkasse für Jedermann; Darlehnskasse für Mitgl.	*Den Vorstand bilden: Heidner, Vereinsvorstand. Schmidt, Vereins-Cassier. Kling, I., John, II, Böhm, III. Beisitzer. Die Zeichnung geschieht in der Weise, dass zwei Vorstandsmitglieder, unter denen der Vorstand oder Cassier sich befinden muss, ihre Namen der Firma beifügen.*
Wilhelm Speiser	Schweinsborstenh. en gros	*Wilhelm Speiser.*
Johann Spörl		*Johann Spörl.*
Wolfg. Springer	Papier- u. Schreibmaterh.	*Wolfgang Springer.*
Gustav Spuehler	Agentur- u. Commissionsg.	*Gustav Spühler.*
Georg v Stadler		*Anton v. Stadler. Hermann Kirschner.*
W. Staedtler et Cie	Bleistiftfabrik	*Wolfgang Städtler. Jacob Städtler.*
Stahl et Schröder	Landesprod., Com. u. Sped., Oel- u. Fettwaarenh.	*Johann Christoph Stahl. Franz Heinrich Schröder.*
Staub u. Cie.	Apothekerwh. en gros	*Johann Baptist Staub. Heinr. Staub.*
H. Stehle	Lithographische Kunstanst.	*Hermann Stehle.*
Stein u. Köster ZN. [HN. Mainz]	Hopfenhandlung	*Ferdinand August Köster. Wilhelm Pagenstecher beide in Mainz.*
J. A. Stein	Buchhandlung	*Adolph Carl August Köllner.*
L. Stengel		*Sixtus Leonhard Stengel.*
Fr. Stepff	Papier- u. Pappenfabrik	*Friedrich Stepff.*
M. Stern	Hemden- u Wäschef., Leinen- und Weisswaarenh.	*Maier Stern.*
Steurer u. Held	Gold- u. Silberplaquéwf.	*Johann Wilhelm Held.*
Joh. Baltsch-Stieber und Sohn HN. [ZN. Mühldorf]	Leonische Waaren- und Drahtfabrik	*Ferdinand Seitz. Georg Seitz. Emil Seitz.*
Strauss u. Frankenschwert	Hopfenhandlung	*Meier Frankenschwert.*
Heinrich Strauss		*Heinrich Strauss. Emanuel Strauss* **P.**
J. L. H. Straus	Nürnberger Spiel- u. Kurzwaarenhandlung	*Heinrich Strauss.*
Heinrich Strössenreuther		*Heinrich Strössenreuther*
Wwe. Strobel	Nbg. Manufacturw., Kurz- u. Spielwaaren	*Gottlieb Port.*
Gebrüder Strunz	Hopfenhandlung	*Albrecht Strunz. Ludwig Strunz.*
Joh. Gg. Stumpner's Wwe.	Specereiwaaren	*Maria Stumpner Wwe.*
Süssheim u. Wolfsheimer	Hopfengeschäft	*Sigmund Süsslein. Anton Wolfsheimer.*
Supf u. Klinger	Fabr. v. Rauschgold, Blattmetall, Brocat- u. Broncef.	*Friedrich Supf. Carl Heinrich Klinger.*

G. W. Sussner	Bleistiftfabrik	*Johannes Amersdorffer.*
Joh. Gg. Sussner	Landesproducten	*Johann Georg Sussner.*
Leonhard Tauber	Nbg. Manufacturwaaren	*Christoph Tauber. Wilhelm Tauber.*
Fritz Then	Weinhandlung	*Friedrich Thenn.*
E. C. Theurer		*Otto Stiller.*
Ernst Ph. Thiess	Deutsch, engl. u. franz. Kurzwaaren, Jagd- u. Reiserequisiten	*Ernst Philipp Thiess.*
Friedr. Toberer	Hacken- u. Oesenfabrik	*Julius Jacob Friedrich Toberer.*
Ludwig Thoma	Agentur, Com. u. Incasso	*Ludwig Thoma.*
Heinrich Thomas	Hopfenhandlung	*Heinrich Thomas.*
M. E. Thomm		*Sebastian Heinrich Thomm.*
Dr. Franz Toussaint	Chemiker	*Dr. Franz Toussaint.*
Gebrüder Tuchmann	Hopfenhandlung	*Franz Tuchmann. Louis Tuchmann.*
S. Tuchmann u. Söhne	Hopfenhandlung	*Martin Tuchmann in Fürth. Ernst Tuchmann in Nürnberg. Josef Tuchmann in Nürnberg Friedrich Tuchmann in Nürnberg.*
W. Tümmel	Buchdruckerei	*Wilhelm Tümmel.*
L. Uebelacker	Blechlakirwaarenfabrik	*Leonhard Uebelacker.*
Lazarus Uhlfelder		*Lazarus Uhlfelder.*
Carl Uhlig	Leinen- u. Weisswaarenhdl. Spitzen u. Stickerei	*Ernst Uhlig.*
Kamm- u. Hornwaarenfab Genossensch. Nürnberg Johann Jacob Unrein u. Cie	Kamm- u. Hornwaarenf.	*Johann Jacob Unrein. Conrad Gundel Joh. Mathäus Aschenneller. Albert Berger. Joh. Philipp Heichel. Lorenz Gundel. Friedrich Fischer. Peter Distler. Johann Gg. Bär. Zur rechtlichen Vertretung sind lediglich Johann Jacob Unrein. Johann Mathäus Ascheneller, übrigens jeder für sich allein berechtigt.*
H. Utendörffer	Zündhütchenfabrik	*Heinrich Utendörffer.*
Vereinsbank	Bankgeschäft	*Vorstand der Gesellschaft ist die Direction. Der Direction gehören an: Dr. Holl, Director. Wilh. Schleussner, Subdirector. Jacob Greber, H. Schmidt, letzterer für die Sparte der Hypothekabtheilung. Die Firma wird durch den Director oder Subdirector gemeinsam mit einem der übrigen Herren gezeichnet. Die Zeichnung der Direction in der Sparte der Hypothekenabtheilung erfolgt in der Weise, dass zur Firma die Bezeichnung der Sparte hinzutritt, u. also lautet· »Hypothekenabtheilung. Vereinsbank.«*
Louis Vetter	Handlung	*Madlon Vetter. Carl Ludwig Vetter* **P.**
Adolf Vetsburg HN. [ZN. Schnaittach]	Buchhandlung	*Adolf Vetsburg.*
Vigitill u. Schäffer		*Georg Wilhelm Carl Schäffer.*
Joh. Vitzthum	Steinhandl., Smirgel- Fenster- und Spiegelglas	*Joh. Vitzthum.*
J. Völk		*Jacob Völk.*
M. Vogel		*M. Vogel.*
Julius Voit		*Wilhelm Julius Voit.*
Heinr. Pius. Volkamer's Wwe. u. Forster	Messing, Lahngold u. Messingdrahtfabrik	*Christoph v. Forster. Johann Carl v Forster.*
Friedr Volland	Specereiwaaren	*Friedrich Volland.*
E. Vollrath u. Cie.	Spiritus-, Essig- u. Liqueurf.	*Anton Ertheiler. Eduard Vollrath.*
Volleth u. Böschel	Colonialwaaren en gros	*Carl Heinrich Nold. Christian Böschel Jacob Volleth.*
Max Wadenklee Firma J. S. Schiller		*Johann Baptist Maximilian Wadenklee.*
J u. F. Wagler	Nbg. Manufacturwaaren	*Ferdinand Wagler. Jean Wagler.*
Wagner u. Cie.	Tabak- u. Cigarrenfabrik	*Louis Anton Adam Zöpfl. Carl Christoph Wälzlel.*
C. Wagner		*Carl Wagner.*
Christian Wagner vormals J P. Poltschick	Rosolifabrik	*Christian Wagner.*
Georg Wagner		*Karl Wild jr. Georg Friedrich Wagner.*
Steph. Wagner	Specereiwaaren	*Johann Conrad Wagner.*
A. Wahnschaffe	Nbg. Manufacturwaaren	*Hubert August Ludwig Wahnschaffe.*
J. L. Walbinger u. Meuschel	Gewehrhülsen, Lefaucheux u. Lancastergewehre, Revolver u. Jagdrequisiten	*J. L. Walbinger in Paris. Christian Meuschel.*
C. F. Walpusky	Pastell- u. Bleistiftfabrik	*Carl Ferdinand Walpusky.*
W. S. Walter	Hopfenhandlung	*Wolf Simon Walter.*
L. D. Warbach	Pinselfabrik	*Ludwig Daniel Warbach.*

Wassermann u. Kaufmann	Band-, Seide-, Garn- und Knopfhandlung	*Bernhard Wassermann. Josua Kaufmann.*
Conrad Wassermann		*Peter Conrad Wassermann.*
David Wassermann	Weinhandlung en gros	*Samson Wassermann.*
Thomas Watermann	Hopfenhandlung	*Thomas Watermann in London.*
Carl Waydelin	Steinkohlenhandlung	*Carl Gustav Friedrich Waydelin.*
G Alb. Weber		*Georg Albrecht Weber.*
G. L Weber	Siegellackfabrik	*Georg Leonhard Weber*
J. M. Weber	Landesp u Getreideh.	*Johann Michael Weber.*
J. N. Weber	Specereihandlung	*Johann Nicolaus Weber.*
J. Rudolf Weber	Leinen- u. Weisswaarenh.	*Johann Rudolph Weber.*
Jak. Philipp Wegerle		*Jacob Philipp Wegerle.*
Georg Weidmann		*Johann Georg Weidmann.*
Heinr Wilh. Weidner	Nbg. Manufacturwaaren	*Heinrich Wilhelm Weidner.*
J. L. u. P. Weidner HN. [ZN. Gerasmühle]		*Thomas Paul Weidner. Joh. Lothar Weidner.*
Christian Weigel	Samenhandlung	*Christian Weigel.*
G. L. Weigel	Tuchhandlung	*Georg Leonhard Weigel.*
Martin Weigel	Nbg. Manufacturwaaren	*Martin Gottlob Weigel.*
Gebrüder Weinberger HN [ZN. Wüstensachsen]	Leinen- u. Hopfentuchfabr.	*Maier Weinberger Moses Weinberger.*
M. Weinbergs Nachfolger	Papier- u Schreibmaterhdl., Com. und Sped.	*Lazarus Kohlmann.*
Gustav Weingärtner	Band-, Seide-, Garn- und Knopfhandlung	*Samuel Heinrich Weingärtner.*
F. Weingartner	Papier- u Schreibmaterhdl., Com. und Sped.	*Franz Xaver Weingartner.*
M. Weinschenk	Hopfenhandlung	*M. Weinschenk.*
Weisenfeld u. Schloss		*Israel Weisenfeld. Heinrich Schloss.*
Ignatz Weisenfeld	Hopfenhandlung	*Israel Weisenfeld.*
Adolph Weiss		*Adolf Weiss.*
Joh. Conrad Weiss	Strumpfwaarenfabr. u. Wollwaarenfabrik	*Johann Andreas Weiss.*
Weissmann u. Cie.	Bleistiftfabrik	*Friedrich August Weissmann.*
Georg Weller	Landesproducte und Fettw. en gros	*Carl Dietz. Fritz Grötsch.*
J. A. Wellhöfer	Gold- u Silberplattirwf.	*Johann Georg Peter Schäfer. Friedr. Flor*
Joseph Wengner	Specereiwaaren	*Josef Alois Otto Wengner.*
Emil Wenzel	Landesproducte, Getreideh., Commiss. u. Spedit.	*Emil Wenzel.*
J. L. Werder		*Johann Ludwig Werder.*
E. Wertheimber	Bank- u. Wechselgesch.	*Emil Wertheimber.*
S. Wertheimer	Bankgeschäft	*Ignaz Wertheimer.*
Joh. Chr Wich	Juwelenhandlung	*Johann Christian Wich.*
Carl Widmann		*Carl Franz Josef Widmann.*
Carl Widnmann	Specereiwaaren	*Carl Widnmann.*
Franz Widnmann	Hopfenhandlung	*Franz Widnmann.*
Max Widnmann	Tabakfabrik	*Max Widnmann.*
Johann Wiemer		*Johann Wunibald Wiemer.*
J. G. Wierer's Wwe.	Wollenwaarenhandlung	*Johann Georg Michael Wierer.*
Wiesersche Kunstmühle in der Vorstadt Wöhrd zu Nürnberg	Kunstmühle	*Johann Michael Wieser.*
L. Wiessel		*Lorenz Wiessel.*
C. A. Wiessner	Specereiwaaren	*Christoph Adolph Wiessner.*
Wild u. Rang	Agenturengeschäft	*Leo Rang. Eduard Wild.*
H C Wildt	Specereiwaaren	*Heinrich Christoph Wildt.*
Joh. Wilhelm	Apothekerw. u. Colonialw. en gros	*Johann Wilhelm.*
Winkler u. Schorn	Papier- u. Schreibmaterhdl., Specereiw, Com. u. Sped.	*Carl Sommer.*
David Winkler HN. [ZN. Ulm]	Hopfenhandlung	*David Winkler Maier Winkler. Elise Winkler* **P.**
Heinr. Winkler		*Johann Heinrich Winkler.*
Winter		*Katharina Herzle.*
J. Andreas Winter		*Johann Andreas Winter.*
J. G. Winter	Spiegelglashandlung	*Johann Georg Winter.*
Gebr. Wirth HN. [ZN. Regensburg]	Landesproducte en gros	*Wilhelm August Carl Wirth. Aug. Hermann Moriz Carl Wirth.*

J. D. Wiss	Nbg. Mannfacturw., Draht- u. Kurzwaaren	*Oscar Wiss. Georg Wiss. Jean Röder* **P.**
Wiss'sche Kunstmühle	Kunstmühle	*Friedrich Knapp. Hermann Knapp.*
Konrad Wisseckel		*Konrad Wisseckel.*
Carl Wölfel	Landesprod., Com., Sped. u. Agentur	*Johann Carl Wölfel.*
J. D. Wörndl	Nbg. Manufacturwaaren und Agentur	*Johann David Wörndl.*
Wolf jr. & Günther	Tuchhandlung	*Gustav Günther. Carl Theodor Wolf jr.*
C. Wolf ZN. [HN. Dresden]	Hopfenhandlung	*Christiana Margaretha Barbara Antoinette Wolf in Dresden. Louis Morgenroth* **P**
Johann Wolf	Eisen-, Stahl-, Messing- u. Eisengusswaaren	*Johann Wolf.*
Johann Conrad Wolf		*Johann Conrad Wolf.*
Theodor Wolf	Landesp., Com. u. Sped	*Friedr. Josef Karl Pfeiffer. Bertha Pfeiffer.*
Ludwig Wolfermann	Specereiwaaren	*Johann Melchior Ludwig Wolfermann.*
Wolf & Ostwald	Manufactur-, Kurz- und Metallwaarenh. u. Fabrik	*Karl Wolff. Moses Ostwald*
Ernst Wolff	Agenturen, Commission- und Incassogeschäft	*Ernst Wolff.*
Wolkersdorfer & Richter	Handlung	*Georg Wolkersdorfer. Alfons Richter.*
Wolpert & Seggel	Nbg. Manufacturwaaren	*Georg Wolpert. Moriz Seggel*
H. Wültner & Hölter	Hemden- u. Wäschef., Leinen u. Weisswaarenh.	*Simon Heinrich Adolf Wültner. Friedrich Hölter.*
Christ. Wünsch	Specereiwaaren	*Mathilde Henriette Rosina Wünsch Wwe.*
Gottlieb Wünsch		*Gottlieb Ludwig Lebrecht Wünsch.*
J. B. Wünsch	Leonische Waaren u. Drahtf.	*Johann Bartholomäus Wünsch.*
A. W. Wüst	Tapetenfabrik	*Carl Wüst.*
C. D. Wunderlich	Toilettenseifen u. Parfümeriefabrik	*C. D. Wunderlich.*
Wunderlich & Cie.	Nbg. Manufacturwaaren	*Georg Wunderlich. Christian Kynast.*
Ulrich Wurster sel. Wb. & Sohn	Leonische Waaren u. Drahtfabrik	*Johann Friedrich Wurster.*
Alexander Zadow	Schnitt-, Putz- u. Modew.	*Theodor Alexander Zadow.*
Nürnberger Maschinen-Hacken- u. Oesenfabrik Adolf Zahn jr.	Hacken- u. Oesenfabrik	*Adolph Zahn jr*
J. B. Zahn	Colonialwaaren en gros	*Johann Benedict Zahn. Eduard Zahn.*
Adalbert Zanker		*Adalbert Zanker.*
J. Ch. Zanker	Schriftgiesserei	*Adolf Hoffmann.*
C. H. Zeh'sche Buchhandlung	Buchhandlung	*Theodor Conrad Rüll*
George Zeiser	Landesp., Com. u. Sped.	*George David Ernst Zeiser.*
Heinrich Zeiser	Agenturgeschäft, General-Agentur der deutschen Lebensversicherungsg. in Lübeck	*Heinrich Zeiser.*
Jacob Zeiser	Buch-, Kunst- u. Papierh.	*Jacob Zeiser.*
Joh. Gg. Zeltner	Bierbrauerei	*Johann Georg Zeltner.*
Heinrich Zick		*Rosa Zick Wwe.*
Ziener & Ellenberger		*Heinrich Ellenberger.*
Zimmermann & Cie.	Elfenbeingalanteriew. u. Nbg. Manufacturwaaren	*Wilhelm Ostermayer.*
Carl Zinn	Cementfabrik	*Hermann Spitta. Carl Boller* **P.**
Lorenz Zöbelein	Spiegelglashandlung	*Lorenz Zöbelein.*
A. Zöllner	Specerei-, Material- u Farbwaaren, Violin-, Guittare-, Cither und Spinnradsaiten en gros	*Heinrich Reinwald.*
Zopfy & Popp	Papierfabrik	*Heinrich Popp. Georg Popp.*
David Zwick	Tabak- u. Cigarrenfabrik	*David Zwick.*

Nußdorf. LG. Rosenheim. BG. Traunstein. HG. München r. J.

Advokaten s. Traunstein. **Notar** s. Rosenheim

Joseph Kämmerer	Krämerei	*Jos. Kämmerer.*

Nymphenburg. LG. München l. J. BG. u. HG. München r. J.

Advokaten u. **Notare** s. München l I.

Königl. Porcellan-Manufactur Nymphenburg	Porcellanfabrik	*Ferdinand Scotzniovsky, Pächter.*

Obbach. 695 Einwohner. LG. Werneck. BG. u. HG. Schweinfurt.
Advokaten s. Schweinfurt. **Notar:** s. Werneck.

David Blank	Specerei- u. Eisenwh.	*David Blank.*
Wolf Harzfelder	Schnittwaarenhandlung	*Wolf Harzfelder.*
Heinr. Arn. Kassauge	Schnittwaaren	*Heinrich Arn. Kassauge.*
Isaac Schloss	Schnittwaaren	*Isaac Schloss.*
Seligmann Schloss	Schnittwaaren	*Seligmann Schloss.*

Oberaltenbuch. LG. Stadtprozelten. BG. u. HG. Aschaffenburg.
Advokaten: s. Aschaffenburg. **Notar:** s. Stadtprozelten.

Wilhelm Schramm	Specereiwaarenhandlung	*Wilhelm Schramm.*

Oberaltertheim. LG. Würzburg l. M. BG. u. HG. Würzburg.
Advokaten u. **Notare:** s. Würzburg.

Lämmlein Strauss	Specereiwaarenhandlung	*Lämmlein Strauss.*

Oberammergau. 930 Einwohner. LG. Werdenfels in Garmisch. BG. Weilheim. HG. München I J.
Advokaten s. Weilheim **Notar:** s. Werdenfels in Garmisch.

Gg Lang sel. Erben	Schnittwaarenfabrik	*Maria Lang. Therese Lang* P.
Joh. Lang	Krämerei	*Johann Lang.*

Oberaudorf. 694 Einwohner. LG. Rosenheim. BG. Traunstein. HG. München r. J.
Advokaten s. Traunstein. **Notar** s. Rosenheim.

Vigil Funk sel. Wwe.	Handlung	*Maria Funk Wwe.*
N. P. Mussinano	Specerei- u. Schnittwaaren	*Nicolaus Peter Mussinano.*
Maria Noichl	Handlung	*Maria Noichl.*
C. Simson	Handlung	*Carl Simson.*

Oberauerbach. 442 Einwohner. LG., BG. u. HG. Zweibrücken.
Advokaten u. **Notare:** s. Zweibrücken.

Christof Eberle	Specereihandlung	*Christoph Eberle.*
Carl Pfeiffer	Handelsmühle	*Carl Pfeiffer.*

Oberbach. LG. Brückenau. BG. Lohr. HG. Würzburg.
Advokaten s Lohr **Notar** s. Brückenau.

Johann Valentin Baus	Papierfabrik	*Johann Valentin Baus.*

Oberbergkirchen. LG. Neumarkt a. R. BG. Wasserburg. HG. München r. J.
Advokaten s. Wasserburg. **Notar** s. Neumarkt a. R.

Johann Ginhuber	Krämerei	*Joh. Ginhuber.*

Oberdachstetten. 534 Einwohner. LG. Leutershausen. BG. u. HG Ansbach.
Advokaten: s. Ansbach. **Notar:** s. Leutershausen.

Johann Nicolaus Haag	Specereiwaarenhandlung	*Johann Nicolaus Haag.*

Oberdorf. 1133 Einwohner. LG. Oberdorf. BG. u. HG. Kempten.
Advokaten s. Kempten. **Notar** J. Brenner.

C. Asmus	Apotheke- u. Specereiw.	*Karl Asmus.*
Ferd. Bihler	Eisenhandlung	*Ferdinand Bihler.*
M. Braunegger	Spec.-, Schnitt- u. Wachsw.	*Magnus Braunegger*
Johann Fiegenschuh & Cie.		*Johann Fiegenschuh.*
Al. Greitherr	Spec.-, Schnitt- u. Eisenw.	*Alois Greitherr.*
Anton Gulielminetti	Zinngiesserei u. Gemischte Waaren	*Anton Gulielminetti.*
J. Mich. Keck	Specerei- u. Schnittw.	*Johann Michael Keck.*
Leopold Osterried	Specerei- u. Schnittw.	*Leopold Osterried.*
Jos. Ant. Rief	Specerei- u. Schnittw.	*Josef Anton Rief.*
Singer u. Sontheimer	Käsefabrik u. Schmalz	*Clemens Singer. Franz Jos. Sontheimer.*
Joh. Nep. Zink	Specerei- u. Schnittw.	*Joh. Nepomuk Zink.*

Obergessertshausen. LG. Krumbach. BG. u. HG. Memmingen.
Advokaten s. Memmingen. **Notar** Alois Högelmayer in Krumbach.

Michael Linder	Schnitt-, Specerei- u. Kurzwaarenhandlung	*Michael Linder.*

Obergünzburg. 1330 Einwohner LG. Obergünzburg. BG. u. HG. Kempten.
Advokaten: s Kempten. **Notar** C. Zangerle.

Gg. Bergmann	Branntweinbrennerei	*Georg Bergmann.*
Leonhard Brem	Gold- u. Silberwaaren	*Leonhard Brem.*
Adalb. Drexel	Apotheke	*Adalbert Drexel.*
J. M. Gabler Saliter	Grosshandlung in Butter u. Fettwaaren	*Johann Baptist Gabler.*
F. Joseph Haslach		*Franz Josef Haslach.*

Carl Haug	Specerei- u. Schnittw.	*Karl Haug.*
Jos. Heiss	Grossh. in Butter- u. Fettw., Käse u. Holz	*Josef Heiss.*
Joh. Mich. Herz	Eisen- u. Waffenhammerw. Anfertigung landwirthsch. Geräthschaften, besonders Futterschneid- u. Dreschmaschinen etc.	*Joh. Michael Herz.*
J. A. Hofer	Specereiwaaren	*Josef Anton Hofer.*
Joseph Lacher	Landesproductenhandl.	*Josef Lacher.*
Jos. Leins	Zinn- u. Metallzieherei, auch Porcellanhandlung	*Josef Leins.*
J. Mangold	Specerei- u. Schnittw.	*Johann Mangold.*
Joseph Merz	Specerei- u. Schnittw.	*Joseph Merz.*
Benedict Schindele	Käsehandlung	*Benedict Schindele.*
A Schmid	Strumpfwaarenfabrik	*Anton Schmid.*
Adolf Süss	Kleidermagazin	*Adolf Süss.*
Joh. Bapt. Unglert	Eisenhandlung	*Johann Baptist Unglert.*
Mich. Unglert	Eisenhandlung	*Michael Unglert.*
Joh. Bapt. Weiss sen.		*Johann Baptist Weiss.*
J. Mich. Weiss	Wachs-, Colonial- u. Manufacturwaaren u. Tuchg.	*Johann Michael Weiss.*

Obereisenheim. LG. Volkach. BG. u. HG. Schweinfurt.
Advokaten: s. Schweinfurt. **Notar:** s Volkach.

Karl Löblein	Specereiwaaren	*Karl Löblein.*

Obereuerheim. LG., BG. u. HG. Schweinfurt. **Advokaten** u. **Notare** s. Schweinfurt.

Löb Sittenheim	Specerei-, Schnitt- u. Kurzwaarenhandlung	*Löb Sittenheim.*

Oberhatzkofen. LG. Rottenburg. BG. u. HG. Landshut.
Advokaten s. Landshut. **Notar** s. Rottenburg.

Georg Auerhan	Handlung	*Georg Auerhan.*

Oberhausen. 331 Einwohner. LG., BG. u HG. Zweibrücken
Advokaten u. **Notare** s Zweibrücken.

Joseph Heil	Handelsmühle	*Joseph Heil.*
Chr. Lang	Eisenhandlung	*Christian Lang.*
B. Reinheimer & Sohn	Rindvieh- u. Pferdehandel	*Bernhard Reinheimer. Wolf Reinheimer.*
F. Ritter	Gerberei u. Lederhandlg.	*Friedrich Ritter*
Isaac Weiler	Rindviehhandel	*Isaac Weiler.*

Oberhausen. 513 Einwohner. LG. Obermoschel. BG. u. HG. Kaiserslautern.
Advokaten s Kaiserslautern. **Notar** s. Obermoschel.

Krapp Philipp	Handlung	*Philipp Krapp.*
Strauss A.	Handlung	*Abraham Strauss.*

Oberhöslwang. LG. Prien. BG. Traunstein. HG. München r. J.
Advokaten s. Traunstein. **Notar:** s. Prien.

Korbinian Schuster	Krämerei	*Korbinian Schuster*

Oberkammerloh. LG. Tegernsee. BG. u. HG München r J.
Advokaten s. München l. I. **Notar:** s. Tegernsee

Paul Deuringer	Gemischte Waaren	*Paul Deuringer.*

Oberkandelbach. LG. Regen. BG. Deggendorf. HG. Passau.
Advokaten s. Deggendorf. **Notar** s. Regen.

C. Graf	Handlung	*Carl Graf.*

Oberklingensporn. LG. Naila. BG. u. HG. Hof. **Advokaten** s. Hof **Notar:** s. Naila.

C. H. Dittmar	Hammerwerk	*Christian Heinrich Dittmar.*
Philipp Dittmar	Hammerwerk	*Philipp Christoph Dittmar.*

Oberkotzau. 1594 Einwohner. LG. Rehau. BG. u. HG. Hof.
Advokaten s Hof **Notar** s. Rehau

Ernst Herda	Specereiwaaren	*Ernst Herda.*
J. Ch. Schubert	Specereiwaaren	*Johann Christoph Schubert.*

Oberlangenstadt. 560 Einwohner. LG. u. BG. Kronach. HG. Bamberg.
Advokaten u. **Notare:** s. Kronach

Coppel Joseph Böhm HN. [ZN. Küps]	Schnittwaarenhandlung	*Coppel Joseph Böhm.*
Fechheimer & Sohn	Handlung	*Nathan Fechheimer. Martin Fechheimer.*
A. J. May	Spezereiwaaren, Hopfen- u. Landesproductenhdlg.	*Wilhelm May.*

Meyer	Schnittwaaren- u. Eisenhdlg.	*Fanny Meyer Wwe.*	*Martin Meyer* **P.**
B. Schubart	Schnitt- u. Glaswaarenhdlg.	*Hermann Schubart.*	
M. Wertheimer	Schnittwaarenhandlung	*Michael Wertheimer.*	

Oberlauringen. 801 Einwohner. LG. Hofheim. BG. u. HG. Schweinfurt.
Advokaten. s. Schweinfurt. **Notar:** s. Hofheim.

Simon 'Fink	Schnittw. u. Seifenhdlg.	*Simon Fink.*
Gerson Häusinger	Specerei- u. Schnittwaaren-Handlung	*Gerson Häusinger.*
Israel Hirschberger	Schnittwaarenhandlung	*Israel Hirschberger.*
H. Hühsam	Spezereiwaaren	*Heinrich Hühsam.*

Oberlauterbach. 645 Einwohner. LG. Rottenburg. BG. u. HG. Landshut.
Advokaten s. Landshut. **Notar:** s Rottenburg.

Franz Bräu	Handlung	*Franz Bräu.*

Obermiesau. 382 Einwohner. LG. Waldmoor. BG. u. HG. Zweibrücken.
Advokaten: s. Zweibrücken **Notar:** s. Waldmoor.

Jacob Stauch	Specereihandlung	*Katharina Stauch.*
Jacob Wagner	Handelsmühle	*Jacob Wagner.*

Obermohrerhof. LG. Landstuhl. BG. u. HG. Zweibrücken.
Advokaten s. Zweibrücken **Notar:** s. Landstuhl.

Schaum Karl	Branntweinbrennerei	*Karl Schaum.*

Obermoschel. 1317 Einwohner. LG. Obermoschel BG u. HG. Kaiserslautern
Advokaten: s. Kaiserslautern. **Notar** Th. Becker. F. König.

Barth L.	Bierbrauerei	*Ludwig Barth.*	
Brück S. & M.	Getreide- u. Viehhandel	*Simon u. Moses Brück.*	
Diehl F. HN. [**ZN.** Gaugrehweiler]	Apotheke	*Friedrich Diehl.*	*Johann Baptist Enz* **P.**
Faller Karl Jacob	Specereiwaaren	*Karl Jacob Faller.*	
Helffenstein J. Fr.	Specereiwaaren	*Johann Friedrich Helffenstein.*	
Müller P.	Gerberei	*Peter Müller.*	
Ottmann G. J.	Färberei	*Georg Jacob Ottmann.*	
Rheinstein Jos.		*Joseph Rheinstein.*	
Rheinstein L. & Cie.	Manufacturwaarenhandlung	*Ludwig Rheinstein. Gustav Abraham.*	*Ferdinand Rheinstein.*
Schmidt Karl	Colonial-, Kurz-, Eisen- u. Porzellanwaaren	*Karl Schmidt.*	
Schneeberger J.	Specereiwaaren	*Julius Schneeberger.*	
Stern Abr. Söhne	Specereiwaaren	*David Stern II.*	
David Stern	Leder- u. Eisenhandlung	*Therese Stern.*	*Adolf Stern* **P.**
Stern Gbrd. HN. [**ZN.** Altenbamberg]	Tuch-, Kurz-, Colonial- und Manufacturwaarenhdlg	*Heimann Stern. Ludw. Stern.*	*Sigm. Stern* **P.**
Stern Julius		*Julius Stern.*	
Stern L.	Specereiwaaren	*Ludwig Stern.*	
Vincenti Carl	Specerei- u. Eisenwaaren	*Carl Vicenti.*	

Obernbreit. 1303 Einwohner. LG. Marktbreit BG. u. HG. Würzburg.
Advokaten: s. Würzburg. **Notar** s. Marktbreit.

A. Benario	Handlung	*Aron Benario.*
M. Benario	Eisenhandlung	*Lehmann Benario.*
Leonhard Breitenbach jr.	Essig- u. Weinfabrik	*Leonhard Breitenbach.*
W. Breitenbach	Weinhandlung	*Isaak Breitenbach.*
Heinrich Heim		*Heinrich Heim.*
Joseph Abr. Herzfelder	Schnittwaarenhandlung.	*Bernhard Herzfelder.*
Samuel Jung		*Samuel Jung.*
J. Löwenhaupt	Specerei-, Wein- u. Cigarren-Handlung	*Joseph Löwenhaupt.*
Rosenfeld & Sänger	Specerei- u. Schnittwaaren-Handlung	*Jacob Rosenfeld. Isaac Sänger.*
J. Strauss	Specerei- u. Schnittwaaren	*Jacob Strauss.*

Obernburg. 1616 Einwohner. LG. Obernburg. BG. u. HG. Aschaffenburg.
Advokaten: s. Aschaffenburg **Notar** Ph. Weissensee.

Carl Bayerlein	Apotheke	*Carl Bayerlein.*
Theodor Bopp	Specereiwaarenhandlung	*Theodor Bopp.*
Ph. Kunig	Bierbrauerei	*Philipp Kunig.*
Eduard Müller	Specereiwaarenhandlung	*Eduard Müller.*
J. Sonnleitner		*Jacob Sonnleitner.*
Wilh. Weiss	Specereiwaarenhandlung	*Joh. Erhard Wilhelm Weiss.*

Oberndorf. 315 Einwohner. LG. Obermoschel. BG. u. HG. Kaiserslautern.
Advokaten s Kaiserslautern. **Notar** s. Obermoschel.

Hübsch Carl	Handelsmühle	*Carl Hübsch.*

Obernzell. LG. Wegscheid. BG. u. HG. Passau. **Advokaten:** s. Passau. **Notar:** s. Wegscheid.

Josef Kaufmann	Schmelztiegelfabrik	*Ludwig Herrmann.*

Oberneuhüttendorf. LG. Ludwigstadt. BG. Kronach. HG Bamberg.
Advokaten s. Kronach. **Notar:** s. Ludwigsstadt.

Heinrich Fröb	Tuchfabrik.	•*Eduard Heinrich Fröb. Friedrich Heinrich Ferdinand Fröb* **P.**
H. Pensel & Cie. Nachfolger		*Heinrich Wagner.*

Obernsees. 602 Einwohner. LG, BG. u. HG. Bayreuth. **Advokaten** u. **Notare:** s. Bayreuth.

J. G. Dörfler	Krämerei	*Johann Georg Dörfler.*
C. Häpp	Eisen-, Schnitt- u. Kurzw.	*Johann Caspar Häpp.*

Obernzell. 1377 Einwohner. LG. Wegscheid. BG. u. HG. Passau.
Advokaten: s. Passau. **Notar:** Josef Zistl in Wegscheid.

Heinrich Burger & Cie.	Leinen-, Drill- u. Tischzeugfabrik u. getheerte Waggonsdecken u. rohe Seidenwaaren	*Heinrich Burger. Robert Honold.*
Jos. Enthammer	Specerei- u. Schnittwaaren	*Josef Enthammer.*
Ignaz Friedl	Tabakfabrik	*Ignaz Friedl.*
Josef Kaufmann	Schmelztiegelfabrik	*Ludwig u. Heermann.*
Gg. Saxinger	Schmelztiegelfabrik	*Georg Saxinger. Daniel Schmidt* **P.**
Josef Schuster		*Josef Schuster.*
Josef Seefehlner	Specerei- u. Schnittwaaren	*Josef Seefehlner.*
J. N. Thurmwalder	Specerei-, Schnitt- u. Weisswaaren. Agentur- u. Sped.	*Joh. Nep. Thurmwalder.*
Josef Zirnbauer	Lederfabrik	*Josef Zirnbauer.*

Obernzenn. LG., BG. u. HG. Ansbach. **Advokaten** u. **Notare:** s. Ansbach.

J. G. Ries, vorm. Danner	Conditorei, Lebküchnerei u. Specereigeschäft	*J. Gg. Ries.*

Oberredwitz. 640 Einwohner. LG. Wunsiedel. BG. u. HG. Hof.
Advokaten s. Hof. **Notar** s. Wunsiedel.

Andreas Pöhlmann	Baum- u. Wollwaarenfabrik	*Christian Pöhlmann.*
Gottfried Pöhlmann	Baum- u. Wollwaarenf.	*Gottfried Pöhlmann.*
Siegfried Pöhlmann	Baum- u. Wollwaarenfabrik	*Siegfried Pöhlmann.*

Oberreinbach. LG. Sulzbach. BG. u. HG. Amberg.
Advokaten s. Amberg. **Notar:** s. Sulzbach.

Andreas Spies	Hopfenhandlung	*Andreas Spies.*

Oberröslau. 901 Einwohner. LG. Kirchenlamitz. BG. u. HG. Hof.
Advokaten: s Hof. **Notar** s. Kirchenlamitz.

Heinrich Apel	Baumwollwaarenfabrik	*Heinrich Apel.*
Friedrich Reichel	Landesproductenhandlung u. Flachs- u. Leinsamengesch.	*Friedrich Reichel.*
Steinel & Cie.	Zündholzfabrik	*Johann Adam Carl Steinel.*
Carl Steinel	Holzrouleauxfabrik u. Specereiwaaren	*Johann Adam Carl Steinel.*
Christoph Wunschel	Specerei-, Waldbeeren- und Kräuterhandlung	*Johann Christoph Wunschel.*

Oberroth. 600 Einwohner. LG. Illertissen. BG. u. HG. Memmingen.
Advokaten s. Memmingen. **Notar** Friedrich Weber in Illertissen

Franziska Vogel	Specereiwaaren	*Franziska Vogel.*

Oberscheinfeld. LG. Scheinfeld. BG. Windsheim. HG. Fürth.
Advokaten: s. Windsheim. **Notar** s Scheinfeld.

E. Schwab	Specerei- u. Wollwaarenhdlg.	*Erhard Schwab.*

Oberschondorf. LG. Diessen. BG. Weilheim. HG München l. J.
Advokaten: s. Weilheim. **Notar:** s. Diessen.

Josef Anton Knoller	Krämerei	*Josef Anton Knoller.*

Oberschwaningen. LG. Wassertrüdingen. BG. u. HG Ansbach.
Advokaten: s. Ansbach. **Notar:** s. Wassertrüdingen.

G. M. Stäudtlein	Eisenhandlung	*Georg Michael Stäudtlein.*

Obersiegsdorf. LG. u. BG. Traunstein. HG. München r. J. **Advokaten** u. **Notare:** s. Traunstein.

Math. Zeichfiessl — Krämerei — *Mathias Zeichfiessl.*

Oberstaufen. 635 Einwohner. LG. Immenstadt. BG. u. HG Kempten.
Advokaten s. Kempten. **Notar:** s. Immenstadt.

F. Büttner — Specerei- u Schnittwaaren. — *Franz Büttner.*
Gaudenz Fischer — Kurz u. Eisenw. Cigarren. — *Gaudenz Fischer.*
Johannes Häussler — Specerei- u. Schnittwaaren — *Johannes Häussler*
C. Ludw. Haug — Specerei- u. Schnittwaaren, Materialfarbwaaren, Sped.-Comm. — *Karl Ludwig Haug.*
Peter Kerber's Wwe. — Specerei- u. Schnittwaaren — *Agnes Kerber.*
Joseph Schmid — *Josef Schmid.*
J. Wegmann — Käshandlung — *Johann Wegmann.*

Oberstdorf. 1874 Einwohner LG. Sonthofen. BG. u. HG. Kempten.
Advokaten s. Kempten. **Notar** s. Sonthofen.

Ignaz Gschwender's Wwe. — Specerei- u. Schnittwaaren — *Maria Gschwender.*
Joh. Gschwender — Holzhandlung — *Johann Gschwender.*
Klaudius Vogler — Specerei- u. Schnittwaaren — *Klaudius Vogler.*
Xaver Ziegerer — Specerei- u. Schnittwaaren — *Xaver Ziegerer.*

Oberstreu. LG. Mellrichstadt. BG. Neustadt a. S. HG. Schweinfurt.
Advokaten: s. Neustadt a. S. **Notar** s. Mellrichstadt

H. Sacki — Colonial-, Schnitt- u. Eisenw. — *Heinemann Sacki.*

Obersülzen. 413 Einwohner. LG. Grünstadt. BG. u. HG. Frankenthal
Advokaten s. Frankenthal. **Notar:** s. Grünstadt.

Isaac Kuhn — Handlung — *Isaac Kuhn.*
Simon Kuhn — Frucht- u. Oelhandlung — *Simon Kuhn.*

Obersüßbach. LG. Mainburg. BG. u. HG. Landshut.
Advokaten s. Landshut. **Notar** s. Mainburg.

Joseph Datzmann — Handlung — *Josef Datzmann.*

Obersulzbach. LG Leutershausen. BG. u. HG. Ansbach.
Advokaten: s. Ansbach. **Notar:** s. Leutershausen.

Johann Georg Meier — Specereiwaarenhandlung — *Johann Georg Meier.*

Oberthalhofen. LG. Weiler. BG. u. HG. Kempten.
Advokaten s. Kempten. **Notar:** s. Weiler.

F. J. Hauser — Handlung — *Franz Josef Hauser.*

Oberthulba. 821 Einwohner. LG. Euerdorf. BG. Lohr. HG. Würzburg.
Advokaten s. Lohr. **Notar** s. Euerdorf.

Feiber Schiff — Schnittwaarenhandlung — *Feiber Schiff.*
J. Schmitt — Gemischte Waarenhandlung — *Johann Schmitt.*

Obertrubach. 690 Einwohner. LG. Pottenstein. BG. u. HG. Bayreuth.
Advokaten s. Bayreuth. **Notar:** s. Pottenstein.

Konrad Brütting — Krämerei — *Konrad Brütting.*

Oberviechtach. 1261 Einwohner. LG. Oberviechtach. BG. Neunburg v. W. HG. Regensburg.
Advokaten s. Neunburg v. W. **Notar** Josef Steidl in Oberviechtach.

Max Dosch — Specerei- u. Schnittwaaren — *Max Dosch.*
Theodor Griener — Specerei- u. Schnittwaaren — *Theodor Griener.*
Andreas Mehler — *Andreas Mehler.*
Georg Müller — Specerei- u. Schnittwaaren — *Georg Müller.*
Christoph Sebold — Eisen- u. Geschmeidewaarenhandlung — *Christoph Sebold.*
Johann Wollitzer — Specerei- u. Schnittwaaren — *Johann Wollitzer.*

Oberwaldbehrungen. 306 Einwohner. LG. Mellrichstadt. BG Neustadt a. S HG. Schweinfurt.
Advokaten: s. Neustadt a. S. **Notar** s. Mellrichstadt.

Levi Neumaier — Specerei- u. Schnittwaarenh. — *Levi Neumaier.*
A. Reis — Specereiwaaren — *Alexander Reis.*
Moses Reiss — Specereiwaaren — *Moses Reiss.*

Oberwarmensteinach. LG. Weidenberg. BG. u. HG. Bayreuth.
Advokaten s. Bayreuth. **Notar:** s. Weidenberg.

Michael Trassl — Krämerei — *Michael Trassl.*

Oberweiler. 362 Einwohner LG. Wolfstein. BG. u. HG. Kaiserslautern.
Advokaten: s. Kaiserslautern. **Notar** s Wolfstein.

Pfleger P. — Rothgerberei — *Peter Pfleger.*

Leppla Jacob [Tiefenbach]	Handelsmühle	*Jacob Leppla.*
Leppla Joh.	Handelsmühle	*Johann Leppla.*

Oberweißenbach. LG. Selb. BG u. HG Hof **Advokaten:** s. Hof **Notar:** s. Selb.

Joh. Ad. Ludwig	Holzhandlung	*Johann Adam Ludwig.*

Oberwiesen. LG. Kirchheimbolanden. BG u. HG. Kaiserslautern.
Advokaten s. Kaiserslautern. **Notar:** s. Kirchheimbolanden

Krämer Johannes	Handelsmühle	*Johannes Krämer.*

Oberwürzbach. LG. Blieskastel. BG. u. HG Zweibrücken.
Advokaten: s. Zweibrücken. **Notar:** s. Blieskastel.

Franz Becker	Handlung	*Franz Becker.*

Kloster Oberzell. LG, BG u. HG. Würzburg. **Advokaten** u. **Notare** s. Würzburg.

König & Bauer	Maschinenfabrik	*Fanny König* **A** *Carolina v. Wedell-Parlow. August u. Sophie Fikentscher. Wilhelm König* **P.** *Friedrich König* **P.**

Oberzenn. 836 Einwohner. LG Leutershausen. BG. u. HG. Ansbach.
Advokaten s. Ansbach. **Notar** s. Leutershausen.

J. L. Baumgärtner	Specereiwaarenhandlung	*Johann Leonhard Baumgärtner.*
G. Leonhardt Beyer	Glas- u Porzellanhandlung	*Georg Leonhardt Beyer*
Johann Leonhard Dauner	Specerei- u. Schnittwaarenh.	*Johann Leonhard Dauner.*
Nicolaus Gassner	Specereiwaarenhandlung	*Nicolaus Gassner.*
Isak Lehmann	Specereiwaarenhandlung	*Isaac Lehmann.*
M. W. Oesterreicher	Specerei- u. Schnittwaaren	*Meier Wolf Oesterreicher.*
Johann Pachtner	Seifenfabrik	*Johann Georg Pachtner.*
Johann Georg Ries	Seiler u. Eisenhändler	*Johann Georg Ries.*
Löser Rosenbusch	Schnittwaarenhandlung	*Löser Rosenbusch.*
Joh. Michael Wohlrab	Conditorei u. Specereiwaaren	*Joh. Michael Wohlrab.*

Obrigheim. 640 Einwohner. LG. Grünstadt. BG. u. HG. Frankenthal.
Advokaten: s. Frankenthal. **Notar** s. Grünstadt.

Isaac Alexander	Ellenwaaren	*Isaac Alexander.*
Aaron Berg	Getreidehandel	*Aron Berg.*
Tobias Deisz	Mühle u. Oelfabrik	*Tobias Deisz.*
Emanuel Emanuel II	Handlung	*Emanuel Emanuel.*
R. Emanuel	Handlung	*Raphael Emanuel.*
Emanuel & Schäfer	Kurzwaaren	*Hermann Emanuel. Samuel Schäfer.*
David Löwenstein	Handlung	*David Löwenstein.*
Hermann Löwenstein	Handlung	*Hermann Löwenstein.*
S. Löwenstein	Handlung	*Salomon Löwenstein.*
Jacob Peter Saas	Mühle u. Mehlhandlung	*Jacob Peter Saas.*
Joseph Scheuer		*Joseph Scheuer.*
G. Schiffer	Mühle	*Georg Schiffer II.*
Jacob Wallbrunn	Specereiwaaren	*Jacob Wallbrunn.*

Ochsenfurt. 2233 Einwohner. LG. Ochsenfurt. BG. u. HG. Würzbnrg.
Advokaten: s. Würzburg **Notar:** W. Schneidawind.

Conr. Gresser	Weinhandlung	*Conrad Gresser.*
J Gg. Herbig	Schnitt- u. Kurzwaarenhdlg.	*Johann Georg Herbig.*
F. H. Höchstetter	Apotheke	*Friedrich Wilhelm Höchstetter.*
Conrad Höfling	Specerei-, Eisen- u. Manufakturwaarenhandlung	*Konrad Höfling.*
Carl Jungkunz	Specerei-, Glas- u. Porzellanwaarenhandlung	*Carl Jungkunz.*
Gg. Lochner	Specerei- u. Eisenwaarenhdl.	*Johann Georg Lochner.*
O. Fr. Pappenberger & Deppisch	Seifenfabrik	*Margaretha Pappenberger. Georg Adam Deppisch* **A.**
Just Ph. Vollert	Spez.-Landesproduktenhdlg.	*Paul Anton Weigand. Peter Weigand* **P.**
F. Ignaz Weigand	Handlung	*Antonia Weigand.*

Ochsengrunder Ziegelhütte. LG. Homburg. BG. u. HG. Zweibrücken.
Advokaten s. Zweibrücken. **Notar:** s. Homburg.

Christian Schrag	Ziegelei	*Christian Schrag.*

Odenbach. 1158 Einwohner. LG Lauterecken. BG. u. HG. Kaiserslautern.
Advokaten s Kaiserslautern. **Notar:** s. Lauterecken.

Dauber Julius	Handlung	*Julius Dauber.*
Felsenthal Hermann	Handlung	*Hermann Felsenthal.*
Felsenthal Jacob	Handlung	*Jacob Felsenthal.*

Kaufmann Abraham | Handlung | *Abraham Kaufmann.*
Kaufmann Isaac | Handlung | *Isaac Kaufmann.*
Kaufmann Moses III | Handlung | *Moses Kaufmann.*
Kleinberger Joseph | Viehhandel | *Joseph Kleinberger. Elias Kleinberger* P.
Limbacher & Comp. | Steinkohlenbergwerk | *Caroline Braun. Martin Dotz.*
Scherer Julius | Handlung | *Julius Scherer.*
Schwab Lazarus | Handlung | *Lazarus Schwab. Bernhard Schwab* P.
Schwab Mathias | Handlung | *Mathias Schwab.*
Westenberger Heinr. | Handlung | *Heinrich Westenberger.*

Obernheim. 1326 Einwohner. LG. Obermoschel BG. u. HG. Kaiserslautern.
Advokaten: s. Kaiserslautern. **Notar** s. Obermoschel.

Blaesy Gebrüder | Bierbrauerei | *Carl Bläsy. Johann Bläsy.*
Grossarth Friedrich | Gerberei | *Friedrich Grossarth.*
Hoch G. [Niedermühle]. | Handelsmühle | *Georg Daniel Hoch.*
Hoch H. | Handelsmühle | *Heinrich Hoch.*
Knobloch A. | Bierbrauerei | *Abraham Knobloch.*
Lellbach Christian [Obermühle] ZN. [HN. Schanzenmühle, Gemeinde Etschbach] | Handelsmühle | *Carl Lellbach. Christian Lellbach.*
Rothschild L. | Handlung | *Liebmann Rothschild.*
Schmidt C. | Gerberei | *Carl Schmidt.*
Jb. Schmidt | Schnitt-, Colonial-, Eisen- u. Kurzwaarengeschäft | *Jacob Schmidt.*
Schmidt Johann | Seifenfabrik | *Johann Schmidt.*
J. Scholem | Manufactur-, Colonial- und Kurzwaaren-Detailgesch. | *Isaac Scholem.*

Oettingen. 2950 Einwohner. LG. Oettingen. BG. Donauwörth. HG. Augsburg.
Advokaten s Donauwörth. **Notar:** J. Heggelsmüller.

Louis Auer | Conditorei- u. Specereiw. | *Louis Auer.*
A. Badmann | Schnittwaaren | *A. Badmann.*
Gebrüder Badmann | | *Carl Badmann. Moriz Badmann.*
Gebrüder Baer | Rauhwaarenhandlung | *Heinrich Bär. Jacob Bär.*
Johann Georg Ballenberger | Eisenhandlung | *Johann Georg Ballenberger.*
Johann Beyer | | *Johann Beyer.*
Wilhelm Beyhl | Conditorei- u. Specereiw. | *Wilhelm Beyhl.*
Christian Endres | | *Christian Endres.*
H. Engländer | Handlung | *Heinrich Engländer*
J. F. Ernst | Specereiwaaren | *Johann Friedrich Ernst.*
Isaak Federmann | Handlung | *Isaac Federmann.*
Gebrüder Flesch | Schnittwaaren | *Salomon Flesch. Marx Flesch.*
A. J. Frohmann | Schnittwaaren | *Aron Frohmann.*
Moritz Fuchs | Schnittwaaren | *Moriz Fuchs.*
Moses Hirsch Fuchs | Schnittwaaren | *Moses Hirsch Fuchs.*
Martin Gänssler | Specereiwaaren | *Martin Gänssler.*
Sebastian Gänssler | Specereiwaaren | *Sebastian Gänssler.*
Friedrich Geiger | Färberei | *Friedrich Geiger.*
Abraham Goldbacher | Schnittwaaren | *Abraham Goldbacher.*
A. Goldschmidt & Cie. | | *Abraham Goldschmidt. Josef Goldschmidt. Bernhard Goldschmidt.*
Lazarus Goldschmidt | Handlung | *Lazarus Goldschmidt.*
Friedrich Güthinger | Handlung | *Friedrich Güthinger.*
Heinrich J. Gutmann | Handlung | *Heinrich Jacob Gutmann.*
Nathan J. Gutmann | Handlung | *Nathan Jacob Gutmann.*
Josef Hausmann | Eisenhandlung | *Josef Hausmann.*
Gebrüder Hausner | Rauhwaarenhandlung | *Josue Hausner. Isaac Hausner.*
Nathan Haymann | Schnittwaaren | *Nathan Haymann.*
F. J. Hinek | | *Franz Xaver Hinek.*
Ludwig Hubel | Apotheke | *Ludwig Hubel.*
Gottlieb Hussel | Schnittwaaren | *Gottlieb Hussel.*
August Krazer | Lebküchnerei | *August Krazer.*
Carl Krazer | Specereiwaaren | *Carl Krazer.*
J F. Liebermeister | Specereiwaaren | *Johann Friedrich Liebermeister.*
E Martin | Galanteriewaaren | *Gotthelf Ehregott Martin.*
Johann Maurer | Eisenhandlung | *Johann Maurer.*
J. Michelbacher | Tabakfabrik | *Seligmann Michelbacher. Ignaz Hirschberger. Louis Schwab.*

J. C. Müller sel. Wittwe		*Georg Wilhelm Stahl.*
K. Öffner	Droguerichdlg., Materialw., Specerei- u. Farbwaaren	*Karl Oeffner.*
H. Oestreicher & Söhne [ZN. Landshut]		*Wolf Ostreicher. Amson Oestreicher.*
Johann Adam Pittner	Lederhandlung	*Johann Adam Püttner.*
Carl Prechter	Glaswaaren	*Carl Prechter.*
Rosine Prinz		*Rosine Prinz.*
Johann Friedrich Püttner	Lederhandlung	*Johann Friedrich Pittner.*
Julius Reusch		*Julius Reusch.*
W. Rex		*Hermann Rex.*
Joh. Adam Rösch	Galanteriewaaren	*Johann Adam Rösch.*
G. Carl Ruttmann	Buchbinderei- u. Specereiw	*Georg Carl Ruttmann.*
Jonas Schwab	Schnittwaaren	*Leopold Flesch.*
J. F. Sommer	Fettwaarenhandlung	*J. F Sommer.*
Isaak Wolf Springer	Specereiwaaren	*Isaac Wolf Springer.*
G. F. Steinmeyer & Comp.	Orgelbau- u Harmonikafabr.	*Georg Friedrich Steinmeyer Joh. Ströbel.*
August Strelin	Lebküchnerei	*August Strelin.*
Hirsch Untermeyer		*Hirsch Untermeyer.*
Simon Weiss	Specerei- u. Materialwaaren	*Simon Weiss.*

Offenbach. 2209 Einwohner. LG., BG u. HG. Landau. **Advokaten** u. **Notare** s Landau.

Georg Avril	Mahl- u. Oelmühle	*Georg Avril.*
Jb. v. Gerichten	Waldsamen- u. Holzhdlg.	*Jacob v. Gerichten.*
P. A. Wagner	Mahl- u. Oelmühle	*Peter Adam Wagner.*

Ofterschwang. LG. Immenstadt. BG u. HG. Kempten.
Advokaten: s Kempten. **Notar** s. Immenstadt.

Konrad Reess	Specereiwaarenhandlung	*Konrad Reess.*

Oggersheim. 3128 Einwohner. LG. Ludwigshafen. BG. u. HG. Frankenthal.
Advokaten: s Frankenthal **Notar** s. Ludwigshafen.

Philipp Barth	Specerei- u. Schnittwaaren	*Philipp Barth.*
Baumann & Pauli		*Gustav Baumann. Wilhelm Carl Pauli.*
Anton Brönner	Cigarrenfabrik	*Anton Brönner.*
Christ & Mayer	Handlung	*Christian Ludwig Christ. Carl Daniel Mayer.*
Lud Ferd. Dürrwaechter	Handlung	*Ludwig Ferdinand Dürrwächter.*
Magdalena Ganss	Specerei- u. Schnittwaaren	*Magdalena Ganss.*
Koenig & Herf	Hefe-, Malz- u. Gasfabrik	*Friedr. König. Carl Herf. Maria Elisab. Gros. Kathar Elisab Gros. Nur die beiden Ersteren sind zur Firmenzeichnung berechtigt.*
F. Krieger jr.	Specerei- u. Schnittwaaren	*Ferdinand Krieger*
Van der Leeuwe, von Beck & Cie. ZN. [**HN.** Biberich, **ZN.** Worms)		*Johannes Jacob van der Leeuwe. Anthony v. Beck. Carl Friedrich Wilhelm Pfeiffer. Heinrich Werner P.*
Friedrich Magenheimer	Specerei-, Schnitt- und Porcellanwaaren	*Friedrich Magenheimer*
Mechanische Baumwollspinnerei & Weberei Ludwigshafen a/Rh.	Mechan. Baumwollspinnerei u. Weberei	*Johann Friedrich Kaufmann, Geschäftsführer.*
Ph. Schaaf Wwe.	Handlung	*Catharina Heidschuh Wb.*
F. Schmitt	Handlung	*Franz Schmitt.*
Philipp Schmitt	Mehlhandlung	*Philipp Schmitt.*
Gg. Schutt	Handlung	*Georg Schutt.*
E. Vollenweider Wwe. u. Sohn.	Handlung	*Adolph Vollenweider. Elise Vollenweider.*

Ohmbach-Brücken. LG. Waldmoor BG. u. HG. Zweibrücken.
Advokaten: s. Zweibrücken. **Notar**: s. Waldmoor.

Jacob Nathan	Handlung	*Jacob Nathan.*
Simon Nathan	Handlung	*Simon Nathan.*

Ohnsang Gemeinde Weißenhorn. LG Weißenhorn. BG. u. HG. Memmingen.
Advokaten s. Memmingen. **Notar**: Ign. Weinhart in Weissenhorn.

A. Bennegger'sche Teichelfabrik u. Ziegelei HN. [**ZN.** in Schlachtegg b. Lauingen]	Teichelfabrik u. Ziegelei	*Anton Bennegger.*

Olsbrücken. 887 Einwohner. LG. Otterberg. BG. u. HG. Kaiserslautern.
Advokaten s. Kaiserslautern. **Notar** s. Otterberg.

Gehm Wilhelm	Handlung	*Wilhelm Gehm.*
Henn W. [Oppsteinermühle]	Handelsmühle	*Wilhelm Henn.*

Ommersheim. 744 Einwohner. LG. Blieskastel. BG. u. HG. Zweibrücken.
Advokaten s. Zweibrücken **Notar:** s. Blieskastl

Peter Berger	Krämerei u Wirthschaft	*Peter Berger.*
Johann Brobald	Specerei- u. Kurzwaaren	*Johann Brobald.*
Andreas Lang	Krämerei u. Wirthschaft	*Andreas Lang.*
J. Wannenmacher	Specerei- u. Kurzwaaren	*J Wannenmacher.*

Orbis. 495 Einwohner. LG. Kirchheimbolanden BG. u. HG. Kaiserslautern.
Advokaten: s. Kaiserslautern **Notar:** s Kirchheimbolanden.

Michel Caroline Wb.	Brod- u. Mehlhandlung	*Caroline Michel.*
Schwab Peter	Handlung	*Peter Schwab.*
Steuerwald Bernh. III.	Handlung	*Bernhard Steuerwald III.*
Steuerwald Karl	Handlung	*Karl Steuerwald.*

Opfenbach. LG. Weiler. BG. u. HG. Kempten. **Advokaten:** s. Kempten. **Notar:** s Weiler

Joh. Georg Kohler	Weinhandlung u Küferei	*Johann Georg Kohler.*

Oppau. 1611 Einwohner. LG. BG u. HG. Frankenthal. **Advokaten** u. **Notare** s. Frankenthal.

Georg Böhm	Getreidehandlung	*Georg Böhm.*
Jacob Disqué	Krämerei	*Jacob Disqué*
Aron Lurch	Specereiwaarenhandlung	*Aaron Lurch.*
Isaak Marx	Getreidehandlung	*Isaac Marx.*
Franz Stephan	Krämerei u. Bäckerei	*Franz Stephan.*
Benjamin Weil Wwe.	Specereihandlung	*Caroline Marx.*

Ormesheim. 807 Einwohner. LG. Blieskastel. BG u. HG. Zweibrücken.
Advokaten s. Zweibrücken. **Notar:** s. Blieskastel.

Christoph Debre We.	Specereiwaaren	*Christoph Debre We.*
Theobald Débre	Specereiwaaren	*Theobald Débre.*
Heinrich Huppert	Specereiwaaren	*Heinrich Huppert.*
A. Kiefer	Handlung	*Anton Kiefer.*
Christoph Kiefer	Specereiwaaren	*Christoph Kiefer.*
Peter Markowitz	Specereiwaaren	*Peter Markowitz.*
J. N. Rubeck	Specereiwaaren	*Johann Nicolaus Rubeck.*
Andreas Vinzent	Specereiwaaren	*Andreas Vinzent.*

Ornbau. 798 Einwohner LG. Herrieden. BG. u. HG Ansbach.
Advokaten s. Ansbach. **Notar:** s. Herrieden.

N. Auvray	Conditorei u. Specereiwhdl.	*Nicolaus Auvray.*
Jos. Eder	Conditorei u. Specereiwhdl.	*Josef Eder.*
Carl Zottmann	Schnittwaarenhandlung	*Carl Zottmann.*
Josef Conrad Zottmann	Seifen-, Schnitt-, Specerei- u. Eisenwaarenhandlung	*Josef Conrad Zottmann.*

Ortenburg. 1086 Einwohner. LG Vilshofen. BG u. HG. Passau.
Advokaten s. Passau. **Notar:** s. Vilshofen.

Theodor Bachmaier	Specerei- u. Schnittwaaren u. Conditorei	*Theodor Bachmaier.*
Carl Koch	Specerei-, Schnitt- u. Farbw.	*Carl Koch.*
Christian Poschwitz	Specerei-, Schnitt- u Eisenw.	*Christian Poschwitz.*
Zacharias Putzenberger	Specerei- u. Schnittwaaren	*Zacharias Putzenberger.*
Carl Schmidt sel. Erben	Specerei- u. Schnittw.	*Johanna Winkler.*
G. Wimber	Lederfabrikation	*Gottlieb Wimber.*

Osterberg. 797 Einwohner. LG. Illertissen. BG. u. HG. Memmingen.
Advokaten: s. Memmingen. **Notar** Friedrich Weber in Illertissen.

W. Bacharach		*Wolf Bacharach.*
Jakob Binswanger u. Cie.	Essig-, Branntwein- u. Liqueurfabrik	*Jacob Binswanger. Isaac u. Gabriel Binswanger.*
Liebmann Guggenheimer	Schnittwaaren	*Liebmann Guggenheimer.*
Jakob Kühn	Specereiwaaren	*Jacob Kühn.*
Julius Rossnitz		*Julius Rossnitz.*
Jacob Seligmann	Galanteriewaaren	*Jakob Seligmann.*
Wolf Springer	Specerei- u. Schnittwaaren	*Wolf Springer.*
Jakob Wolf		*Jacob Wolf. Hermann Wolf* P.
J. Wolf	Specereiwaaren	*Isaac Wolf.*

Osterhofen. 1319 Einwohner. LG. Osterhofen BG Deggendorf. HG. Passau.
Advokaten: s. Deggendorf **Notar:** Gottfr Brugger.

Joh. Bapt. Drexler	Handlung	*Joh. Bapt Drexler.*
Georg Gaessl	Gemischte Waaren	*Georg Gaessl.*

Josef Haider	Gemischte Waaren	*Joseph Haider.*
Franz Xav. Schoenbichlers Wwe.	Gemischte Waaren	*Joh. Nep. Fischer.*
Wilhelm Westermaier	Handlung	*Wilhelm Westermaier.*

Ottensoos. 580 Einwohner LG. Lauf. BG. u. HG. Nürnberg.
Advokaten: s. Nürnberg. **Notar** s. Lauf.

W. Hessdörfer	Ellen- u. Specereiwhdlg.	*Wolf Hessdörfer.*
M. Löwenheim	Hopfenhandlung	*Simon Löwenheim. Max Löwenheim* **P.**
Kunstmühle Ottensoos Pirner u. Schmidt	Kunstmühle	*Friedrich Schmidt. Johann Georg Pirner.*
H. Prager	Cigarren- u. Specereiwhdlg.	*Heinrich Prager.*
Hermann Prager jr.	Hopfen- u. Landesproducth.	*Hermann Prager jr.*
K. Sommerich	Ellen-, Specerei- u Eisenwh.	*K. Sommerich.*
Hejum Simonsfeld	Ellen- u. Specereiwhdlg.	*Hejum Simonsfeld.*
Simon Gerson Simonsfeld		*Simon Gerson Simonsfeld.*

Otterbach. 700 Einwohner. LG. Otterberg. BG. u. HG. Kaiserslautern.
Advokaten s. Kaiserslautern. **Notar** : s. Otterberg.

Hoch D.	Handelsmühle	*Daniel Hoch.*
Hoch Joh.	Handelsmühle	*Johann Hoch.*
Sandherr L.	Handlung	*Ludwig Sandherr.*
Wolf	Handlung	*Abraham Wolf.*

Otterberg. 2596 Einwohner. LG Otterberg. BG. u. HG. Kaiserslautern.
Advokaten: s. Kaiserslautern. **Notar:** Friedrich Schmidt.

Becker F.	Handlung	*Friedrich Becker.*
Bockius Fried. Wilh.	Kurz- u. Schnittwaaren	*Friedrich Wilhelm Bockius.*
Engelbach Lud.	Specereiwaaren	*Ludwig Engelbach. Heinrich Engelbach* **P.**
Fels N.	Schnittwaaren	*Nathan Fels.*
Hemmer Jacob Wb	Handelsmühle	*Katharina Willenbacher. Jacob Hemmer* **P.**
Heusser J.	Bierbrauerei	*Jacob Heusser.*
Heusser Jean	Gerberei	*Jean Heusser.*
Heydweiler G.	Eisen-, Colonial- u. Farbw., Glas u. Porcellan	*David Heydweiler.*
Heymann S.	Schnittwaaren	*Simon Heymann.*
Hubing Wilhelm	Rothgerberei u. Lederh.	*Wilhelm Hubing.*
Kruel	Apotheke	*Reinhard Kruel.*
Louis Adolph	Specereiwaaren	*Adolph Louis.*
Louis August		*August Louis.*
Mayer Jacob	Tuch- u. Strumpfgarnfab.	*Jacob Mayer.*
Ney G.	Handlung	*Gottfried Ney.*
Preis J.	Kurzwaaren	*Isaac Preis. Jacob Preis u. Amalie Preis* **P.**
Schuff Jacob	Bierbrauerei	*Jacob Schuff.*
Straus A.	Handlung	*Abraham Straus.*
Straus L.	Handlung	*Lazarus Straus. Abraham Straus* **P.**
Strauss Joseph	Kohl- u. Kleesamenhdlg.	*Joseph Straus.*
Strauss Salomon	Handlung	*Salomon Strauss.*
Welsch D	Specereiwaaren	*David Welsch.*
Winterroll Jacob	Handelsmühle	*Jacob Winterroll.*
Wolf Jacob	Handlung	*Jacob Wolf.*

Otterstadt. 1124 Einwohner LG. Speyer. BG. u. HG. Frankenthal.
Advokaten s. Frankenthal. **Notar** s. Speyer

A Weil I	Hopfen- u. Samenhandl.	*Abraham Weil.*
A. Weil & Söhne	Handlung	*Abraham Weil I. Adalbert Weil. Leopold Weil.*
Carolina Weil	Tabak- u. Getreidehdl.	*Carolina Weil.*
Leon Weil	Tabak- u. Getreidehdl.	*Leon Weil.*

Ottmaning. LG. Friedberg. BG Aichach. HG. München I. J.
Advokaten s. Aichach. **Notar**: s. Friedberg.

Joh. Loder's Wwe.	Krämerei	*Crescenz Loder.*

Ottobeuren. 1560 Einwohner. LG. Ottobeuren. BG. u. HG. Memmingen.
Advokaten s. Memmingen. **Notar:** Michael Brunner.

A. Beck	Apotheke	*Anton Beck.*
Josef Brack	Krämerei	*Josef Brack.*
Johann Himer	Specerei- u. Schnittwaaren	*Johann Himer.*
J. M. Natterer	Specerei- u. Schnittwaaren	*Johann Natterer.*
M. Pfalner	Gold- u. Silberarbeiter	*Max Pfalner.*
Johann Weishaupt	Krämerei	*Johann Weishaupt.*

Otzing. 400 Einwohner. LG. u. BG. Deggendorf. HG. Passau. **Advokaten** u. **Notare** s. Deggendorf.

Katzdobler's Erben	Handlung	*Wolfgang Punzmann. Georg Punzmann. Anna Katzdobler.*

Paar. LG. Friedberg. BG. Aichach. HG. München l. J.
Advokaten s. Aichach **Notar** s. Friedberg

Daniel Strauss	Krämerei	*Daniel Strauss.*

Pang. LG. Rosenheim. BG. Traunstein. HG. München r. J.
Advokaten s. Traunstein **Notar** s. Rosenheim.

Johann Niggl	Krämerei	*Joh. Niggl.*

Pappenberg. 270 Einwohner. LG. Eschenbach. BG. Weiden. HG. Amberg.
Advokaten: s. Weiden. **Notar:** s. Eschenbach

Leonhard Gnan	Specerei- u. Schnittw.	*Leonhard Gnan.*
Michael Wiesnet	Schnitt- u. Specereiwh.	*Michael Wiesnet*

Pappenheim. 1902 Einwohner. LG. Pappenheim. BG. Eichstädt. HG. Nürnberg
Advokaten s. Eichstadt. **Notar** Fr. Schöntag.

Handlung von Friedr. Becher	Specereihandlung	*Friedrich Becher.*
Heinrich Bergmüller in Pappenheim	Conditorei- u. Specereih.	*Heinrich Bergmüller.*
Wilhelm Bergmüller	Conditorei- u. Specereiwh.	*Wilhelm Bergmüller.*
Strickwaarenhandlung v. Sam. Bronner in Pappenheim	Strickerwaarenhandl.	*Henriette Bronner Wwe.*
David Feuchtwanger	Bankgeschäft	*David Feuchtwanger.*
Fischer & Kluge ZN. [HN. Marktbreit]	Lederhandlung	*Johann Gottlob Kluge. Christ. Ernst Fischer, beide in Marktbreit Gotthelf Pressl* **P.**
Heyum Fürther	Handlung	*Heyum Fürther.*
Heinrich Glöckel	Specereihandlung	*Heinrich Glöckel.*
Joh. Georg Hertlein in Pappenheim	Specereiwaarenhandlung	*Friedrich Hertlein.*
Apotheke von Friedrich Höchstetter	Apotheke	*Friedrich Höchstetter.*
Joh. Knoll	Essig- u. Liqueurfabrik, Galanterie- u. Porcellanwh.	*Johann Knoll.*
Friedrich Lämmermann	Specereihandlung	*Emma Lämmermann Wwe.*
Heinrich Neumann	Papierhandlung	*Klara Neumann Wwe.*
Friedrich Preu	Handlung	*Friedrich Preu.*
Wolf Schimmel	Handlung	*Wolf Schimmel.*
Friedrich Schoner in Pappenheim	Lederhandlung	*Friedrich Schoner in Pappenheim.*
Julius Staudinger	Steinbruchbesitzer	*Julius Staudinger.*
Ernst Weigel in Pappenheim	Specereihandlung	*Ernst Weigel.*
Joh. Christoph Weigel	Specereihandlung	*Wilhelm Weigel*
Karl Wilhelm in Pappenheim	Eisenhandlung	*Karl Wilhelm in Pappenheim.*

Parsberg. 632 Einwohner. LG. Parsberg. BG. u. HG. Amberg.
Advokaten s. Amberg. **Notar:** Andreas Stephinger.

L. Böcala	Specereiwaaren	*Lorenz Böcala.*
J. Fleischmann	Apotheke	*Jacob Fleischmann.*

Partenkirchen. 12[illegible]7 Einwohner. LG. Werdenfels in Garmisch. BG. Weilheim. HG. München l. J.
Advokaten s. Weilheim. **Notar** s. Werdenfels in Garmisch.

A. Schwab		*August Schwab.*

Passau mit St. Nicola. 14,360 Einwohner. St., BG. u. HG. Passau.
Advokaten: Joh. Bapt. Augustin. Michael Braun. A. Ferling. Dr. Hermanseder. J. N. Kober. J. G. Lommer. J. G. Schmidtler. F. Seydel. N. Winderl. A. Wisnet. **Notare** Franz Hunglinger. B. Martin. Wilh. Wolf.

F. J. Bachmaier	Handlung	*Anton Bachmaier. Wilhelm Simson.*
Bachmann, Leuze, Schropp et Comp.	Bank-, Wechsel- u. Incassogeschäft	*Gottfried Bachmann. Gotthilf Leuze. Max Schropp.*
Bergeat & Siemroth	Chemisches Laboratorium u. Bankgeschäft	*Christoph Bergeat. Hugo Siemroth.*
Jos. Bernauer	Seidenzeugfabrik	*Josef Bernauer.*
Friedrich Buchböck	Galanteriewaarenhandl.	*Friedrich Buchböck*
J. Bucher	Buchdruckerei	*Josef Bucher.*
Adalbert Deiter's Buchhandlung	Buchhandlung	*Adalbert Deiters.*
P. Egger	Apotheke	*Paul Egger.*
G. Eglauer	Schnittw., Kirchenparamente u. Agenturen	*Elise Eglauer. Franz Finsterwald.*
Jos. Eibl	Strumpfwaaren	*Josef Eibl.*

Firma	Geschäft	Inhaber
Anton Feyertag	Pfragner	*Anton Feyertag.*
K. bay. Filialbank Passau ZN. [HN. Nürnberg]	Bankgeschäft	*Der bayr. Staat. Wilhelm Dörrer, k. Oberbeamter, Vorstand u. Disponent im kaufmännischen Verkehre. Gezeichnet wird die Firma durch Beidrücken eines Siegels mit obiger Firma und Unterzeichnung durch den Vorstand. Alle Schuldscheine u. Banknoten, welche unter der Firma u. dem Siegel der Firma ausgefertigt werden, müssen mit vier Unterschriften, und zwar mit derjenigen des k. Bankdirectors u. des k. Banquiers oder deren Stellvertreter, sodann mit derjenigen des k. Oberbeamten und des k Buchhalters Conrad Ganzleben versehen sein.*
A. Föckerer	Galanterie- u. Kurzw.	*Anton Föckerer.*
Johann Gahbauer	Zeugfabrik	*Johann Gahbauer.*
M. Gerstle	Holzhandlung	*Maximilian Gerstle. Josef Schatzl* **KP**. *Josef Wehrvsky* **KP.**
Franz Glaser jr.	Com.- u. Speditionsgeschäft, Agentur	*Franz Glaser jr.*
J. A. Glockseisen	Porcellanmalerei	*Eva Margaretha Glockseisen. Ferd. Glockseisen* **A.**
Joh. G. Görs	Kurzwaarenhandlung	*Johann Georg Görs.*
J. G. Grill	Strumpfwirkerei	*Johann Georg Grill.*
Gottlieb Gruber's sel. Erben	Madrasttücherfabrik	*Johann Roller*
Mathias Grübl	Zeugweberei	*Mathias Grübl.*
Anton Gugg	Glockengiesserei	*Anton Gugg.*
Hayek et Oberneder	Fabrik v Hacken u. Oesen, Kurzwaarenlager en gros u. en detail, Sped. u. Com.	*Andreas Hayek. Max Oberneder*
Josef Hell	Pfragner u. Bierbrauer	*Josef Hell.*
Johann Herz	Zeugfabrikation	*Johann Herz.*
M. Hofstätter	Geschmeide- u. Kurzw.	*Mathäus Hofstätter.*
Eduard Hohenauer	Schnittw. u. Agenturen	*Eduard Hohenauer.*
Huber et Eber		*Georg Huber. Heinrich Wilhelm Eber.*
F. Jos. Huber	Eisenhandlung	*Josef Huber.*
B. Irlbeck	Lederfabrik	*Bartlmä Irlbeck.*
Emanuel Kempf	Tuchhandl. u. Leinew.	*Emanuel Kempf.*
Jacob Kempf	Hadernhandlung	*Jacob Kempf.*
F W. Keppler'sche Buchdruckerei	Buchdruckerei	*Helene Keppler.*
Kissel & Rippel	Uhrmacher	*Philipp Kissel. Josef Rippel.*
G. Kleemann	Tuchhdl. u. Kleidermagazin	*Georg Kleemann.*
Georg Klein		*Georg Klein.*
J. B. Korntheur	Specereiwaaren	*Joh. Baptist Korntheur.*
Frz. Kuchler & Söhne	Leder-, Manufactur- und Knoppernhandlung	*Franz Kuchler, dessen Söhne Karl, Josef u. Bartlmä Kuchler.*
A. Kühbacher	Com. u. Sped., Wechselg.	*Guido Kühlbacher. Michael Hagn* **P.**
J. N. Kürzinger	Geschmeide- u. Kurzw.	*Theres Zink.*
Edmund Lang vorm. A. Böheim [St. Nicola]	Materialw. u. Delicatessen	*Edmund Lang.*
C. Mathys & v. Pummerer		*Valentin Pummerer. Carl Mathys.*
Josef Maurer	Lederhandlung	*Josef Maurer.*
Mayrhofer & Klemann	Spiegelfabrik	*Bartholomä Mayrhofer. Georg Klemann.*
Johann Meisingereder		*Johann Meisingereder.*
Simon Morocutti	Schnittwaaren	*Theres Morocutti. Ludwig Morocutti* **P.** *Carl Morocutti* **P.**
C. Mühlig	Schreibmaterialienhdl.	*Clemens Mühlig.*
Josef Mühldorfer	Hopfenhandlung	*Josef Mühldorfer.*
Anton Niederleuthner	Gastwirthschaft u. Weinh.	*Anna Niederleuthner. Jos. Niederleuthner* **P.**
Alois Obpacher	Specerei-, Material-, Tabak- u. Speditionsgeschäft	*Otto Obpacher.*
Passauer Actien-Gesellschaft für Gasbeleuchtung	Actiengesellsch zum Zwecke der Gasfabrikation	*Vorstand der Gesellschaft ist der Verwaltungsrath, bestehend aus 5 Mitgliedern Franz Xaver Finsterwald, Vorsitzender. Anton Pummerer, Stellvertreter des Vorsitzenden. L. A. Riedinger, Eduard Pleitner, Friedrich Seydel. Die Firma wird gezeichnet durch den Vorsitzenden und in Verhinderung durch dessen Stellvertreter.*
Passauer Actien-Gesellschaft für den Betrieb der Weberschule in Passau	Uebernahme u. Betrieb der Weberschule in Passau	*Der Vorstand besteht aus dem Vorsitzenden, dem Cassier und 7 Mitgliedern. Franz Xaver Rosenberger, Vorsitzender. Eduard Hohenauer, Cassier. Georg Kleemann, Hugo Siemroth, Johann Hirz, Michael Bachmaier. Georg Zimmermann. Mathäus Hofstetter. Georg Wimmer Der Vorsitzende zeichnet für die Gesellschaft durch die Unterschrift seines Vor- u. Zunamens u. seiner Charge unter die Gesellschaftsfirma.*

Passauer Commanditgesellschaft Limmer & Cie. in Liquid.	Bank- u. Wechselgesch.	*Gottfried Bachmann, Hugo Siemroth, Christ. Bergeat, Gotthelf Leuze; je zwei Liquidatoren zeichnen collectiv die Firma.*
Passauer Kettensteg - Actiengesellschaft	Gegenstand: Erbauung und Betrieb eines Kettenstegs über die Donau	*Die Firma wird vertreten durch einen Vorstand aus 5 Mitgliedern: Franz Xaver Rosenberger, Vorsitzender Ant. Pummerer, Eduard Pleitner, Franz X. Finsterwald, Nicolaus Winderl, Josef Lemb, Georg Obersmeier, Ersatzmänner. Der Vorsitzende des Vorstandes zeichnet die Firma: »Der Vorstand der Passauer Kettensteg-Actiengesellschaft«. N. N., Vorsitzender.*
Josef Pauer	Specereiwaaren, Tabakfabr. u. Grosshandlung	*Ferdinand Rosenberger. Carl Föckerer sen.* **P.**
Mathias Peschl		*Mathias Peschl.*
Josef Pummerer	Specereiwaaren	*Maria Pummerer. Georg Lemb* **P.**
Pustet'sche Buchhandlung	Buchhandlung	*Mathias Waldbauer.*
F. X. Rehaber	Uhren- u. Uhrenfournitur enh. Uhrengehäusefabr.	*Fr. Xaver Rehaber.*
Franz Xaver Rosenberger	Eisenhandlg., Handlung mit böhmischen Graphit	*Franz Xaver Rosenberger. Thomas Gröner* **P.**
Mathias Rosenberger	Specerei- u. Schnittw.	*Mathias Rosenberger. Josef Rosenberger* **P.**
Philipp Rothbauer's sel. Wwe.	Specerei- u. Farbwaaren u. Wechselgeschäft	*Anton Pumerer. Ludwig Huber* **P.** *Ludwig Mack* **P.**
Th. Salcher	Straminfabrik	*Thomas Salcher.*
Josef Schabl	Pfragnerei u. Essigh.	*Josef Schabl*
J. J. Scharpf	Eisenhandlung	*Anton Hilz.*
Josef Schlecht	Specereiwaaren	*Josef Schlecht.*
Schmerold & Gebhardt	Schreibmaterialien-, Papier-, Comptoir- und Bureau-Utensiliengeschäft	*Edmund Schmerold. Max Gebhardt.*
Lothar Schmerold	Specereiwaaren	*Lothar Schmerold.*
Theodor Schuhmacher's Söhne ZN. [**HN.** Cöln]	Holzhandlung	*Joh. Bapt. Schuhmacher. Luzie Schuhmacher* **KP.** *Franz Körwer* **KP.**
Mathias Silverio	Schnittwaaren en gros und en detail	*Georg Obermaier.*
Ignaz Sittl	Lederfabrik	*Ignaz Sittl.*
F. A. Sommer	Garn- u. Wollwaareng.	*Adolf Sommer.*
Steingutfabrik Passau	Betrieb der Steingutfabrikat.	*Der Vorstand A. Föckerer zeichnet durch Beifügung seiner Unterschrift unter die Firma.*
Carl Strobl	Band- u. Weisswaaren	*Carl August Strobl.*
Franz Xav. Wagner HN. [**ZN.** Nürnberg]	Holzhandlung	*Franz Xav. Wagner.*
Mathias Waldbauer'sche Buchhandlung	Buchhandlung	*Mathias Waldbauer.*
Georg Weilnbeck	Rothgerberei	*Georg Weilnbeck.*
Joh. Gg. Wenzl	Spedit. u. Landesprodh.	*Johann Georg Wenzl.*
J. G. Wieninger	Materialwaaren	*Max Stadler. Josef Stadler.*
H. Will	Spielwaarenhandlung	*Heinrich Will.*
A. Wimber	Mehlhandlung en gros	*August Wimber. Fritz Wimber* **P.**
Sigmund Wisbauer	Gold- u. Silberwaaren	*Sigmund Wiesbauer.*
C. A. Zelenka	Pfragnerei	*Carl Adolf Zelenka.*
Paul Ziegler	Hufschmiede	*Paul Ziegler.*
Gg. Zimmermann	Specereiwaaren u. Tuchh.	*Georg Zimmermann.*
Martin Zinsker	Zeugfabrik	*Martin Zinsker.*
L. Zink sel. Wwe.	Geschmeide u. Kurzwaaren en gros	*Johann Zink.*
S. Zollner	Mode-, Leinwand-, Tuch- u. Ornamentenhandlung	*Sebastian Zollner.*

St. Nicola. Vorstadt von Passau.

F. Blümlein	Chemische Fabrik v. Dachpappe, Theer u. Harzprod.	*Friedrich Blümlein.*
Edmund Lang vorm. A. Böheim	Materialwaarenhandl.	*Edmund Lang*
B. Mayrhofer	Specerei-, Cigarren- und Tapetenhandlung	*Bartholmä Mayrhofer*
J. Heinrich Mayrhofer	Kunstmehlhandlung	*Josef Heinrich Mayrhofer.*
Albert Pittinger	Handlung	*Albert Pittinger.*
R. Steininger	Zeugfabrikation	*Raimund Steininger.*

Patersbach. LG. Kusel. BG. u. HG. Kaiserslautern. **Advokaten** s. Kaiserslautern. **Notar:** s. Kusel.

Kling Georg jr.	Mühle	*Georg Kling jr.*

Patterlhütte. LG. Erbendorf. BG Weiden. HG. Amberg. **Advokaten** s. Weiden. **Notar** s. Erbendorf.

F. M. Reichenberger vormals Gebrüder Reichenberger	Glasperlfabrik	*Franz Michael Reichenberger.*

Pegnitz. 1505 Einwohner. LG. Pegnitz. BG. u. HG Bayreuth. **Advokaten:** s. Bayreuth. **Notar:** G F Pausch.

Christian Bauer sen.	Specerei- u. Schnittw.	*Christian Leonhard Heinrich Bauer.*
J. G. Bauer	Lohgerberei	*Georg Thomas Carl Bauer.*
W. Glenk	Colonialw. en gros, Eisen, Wein	*Philipp Heinrich Wilhelm Glenk.*
W. Glenk sen.	Rothe Bolus u. gelbe Erde	*Wilhelm Emanuel Glenk.*
Wilh. Krieg	Apotheke	*Friedrich Wilhelm Krieg.*
J. Emanuel Maisel	Tuchfabrik	*Johann Emanuel Maisel.*
Johann Späth	Weberei	*Johann Späth.*
Johann Schwarz	Tuchfabrik	*Johann Schwarz.*
Johann Theodor Weyh	Tuchfabrik	*Johann Theodor Weyh.*
J. A. Wiesend	Specerei- u. Schnittwaaren, Wiener Kalk	*Johann Adam Wiesend.*
Johann Wild	Weberei	*Johann Wild.*
Theodor Wündisch		*Friedrich Theodor Carl Wündisch.*

Pelzmühle. LG. Pirmasens. BG. u. HG. Zweibrücken. **Advokaten:** s. Zweibrücken **Notar:** s. Pirmasens

Friedrich Schopfer	Handelsmühle	*Friedrich Schopfer.*

Pemfling. 440 Einwohner. LG. Cham. BG. Neunburg v. W HG Regensburg. **Advokaten** s. Neunburg v. W. **Notar** s Cham

Andreas Dierscherl	Krämerei	*Andreas Dierscherl.*
Johann Haimerl	Krämerei	*Johann Haimerl.*
Xaver Höchstetter	Krämerei	*Xaver Höchstetter.*
Joseph Zissler	Krämerei	*Josef Zissler.*

Penting. LG. u. BG. Neunburg. HG. Regensburg. **Advokaten** u. **Notare:** s. Neunburg v. W.

Joh. Roith	Specereiwaaren	*Johann Roith.*

Peppenkumm. 390 Einwohner. LG. Hornbach. BG. u. HG. Zweibrücken. **Advokaten** s. Zweibrücken. **Notar** s. Hornbach.

Johann Peter Renard	Krämerei	*Johann Peter Renard.*
Melchior Weymann	Specereihandlung	*Melchior Weymann.*

Perlesreuth. LG. Freyung. BG. u HG. Passau. **Advokaten** s. Passau. **Notar:** F. X Fritz in Freyung.

Johann Zelzer	Gemischte Waaren	*Johann Zelzer.*

St. Peter. 610 Einwohner. LG., BG u. HG. Nürnberg. **Advokaten** u. **Notare.** s. Nürnberg.

Caspar Berg	Handlung	*Caspar Berg*
Krell & Hühnerkopf	Handlung	*Friedrich Hühnerkopf. Oscar Krell.*
Ad. Rodler	Handlung	*Adam Rodler.*
J. Russhart	Handlung	*Johann Leonhard Friedrich Russhart.*

Petersbächel. LG. Dahn. BG. u. HG Zweibrücken. **Advokaten** s. Zweibrücken. **Notar:** s. Dahn.

Johannes Lambert	Handlung	*Johannes Lambert.*

Pfaffenberg. 779 Einwohner. LG. Mallersdorf. BG. Straubing. HG. Landshut. **Advokaten** s. Straubing **Notar:** s. Mallersdorf.

Theodor Pichlmaier	Lebküchnerei u. Pfragnerei	*Theodor Pichlmaier.*
Anton Rothdauscher	Specerei- u. Schnittwaaren	*Anton Rothdauscher.*
Jos. Rothdauscher	Specerei- u. Schnittwaaren	*Josef Rothdauscher.*

Pfaffenhausen. 800 Einwohner. LG. Mindelheim BG. u. HG. Memmingen. **Advokaten** s. Memmingen. **Notar:** Carl Rosenberg in Mindelheim.

Georg König	Apotheke	*Joh. Gg. König.*
Franz Ried	Specerei- u. Schnittwaaren	*Franz Ried.*
F. A. Schöpf	Specerei- u. Schnittwaaren	*Franz Anton Schöpf.*
Ludwig Schöpf	Specerei-, Eisen-, Porcellan- u. Galanteriewaaren	*Ludwig Schöpf.*
Meinrad Steichele	Krämerei	*Meinrad Steichele.*

Pfaffenhofen. 2158 Einwohner. LG. Pfaffenhofen. BG Freising. HG. München I. J. **Advokaten:** s. Freising. **Notar:** L. Holzmann. J. B. Schreyer.

J. Caspar de Crignis	Specerei- u. Schnittwaaren	*Johann Caspar de Crignis.*

Vinc. Gröber	Specerei- u. Schnittwaaren	*Vincenz Gröber.*
Anton Haug's Wwe.	Specerei- u. Schnittwaaren, Tabak- u. Cigarrenhandl.	*Katharina Haug. Sebastian Angerer* P.
Valentin Kopf's Wwe.	Specerei- u Schnittwaaren	*Maria Kopf*
Jos. Seitz	Specerei- u. Schnittwaaren	*Josef Seitz.*
Albert Wollaib		*Albert Wollaib.*

Pfaffenhofen. 329 Einwohner. LG. Kastl BG. u. HG. Amberg.
Advokaten s. Amberg **Notar** s. Kastl.

Handlung von Joseph Hollweck	Specereiwaaren u. Seifenf.	*Joseph Hollweck.*

Pfakofen. LG., BG. u HG. Regensburg. **Advokaten** u. **Notare:** s. Regensburg

Andreas Schindlbeck	Krämerei	*Andreas Schindlbeck.*

Pfarrkirchen. 1964 Einwohner. LG. u. BG. Pfarrkirchen. HG Passau.
. **Advokaten** Georg Hübner. G C. Petzoldt. A Reindl. C. Riedhammer Carl Wolf **Notar:** Georg Wild.

Friedr. Louis Lipp	Handlung	*Friedrich Louis Lipp.*
Moritz Raumer jr.	Schnitt- u. Specereiwaaren	*Moriz Raumer.*
J. Sinzinger	Schnitt- u Specereiwaaren	*Johann Nep. Sinzinger.*
Josef Sinzinger jr.	Schnitt-, Spec.- u. Eisenw.	*Josef Sinzinger*

Pfarrweisach. LG. Ebern. BG. u. HG. Schweinfurt.
Advokaten: s Schweinfurt. **Notar**. s. Ebern.

Joseph Ehrlich	Handlung	*Joseph Ehrlich.*
Jos. Hoffmann	Specerei-, Eisen- u. Schnittw.	*Joseph Hoffmann.*

Pfatter. 1091 Einwohner. LG., BG. u. HG Regensburg. **Advokaten** u. **Notare:** s. Regensburg

Georg Aumer	Krämerei	*Georg Aumer.*
W. Weiss	Krämerei	*Wolfgang Weiss.*

Pfeffenhausen. 982 Einwohner. LG. Rottenburg. BG. u. HG. Landshut.
Advokaten: s. Landshut. **Notar:** s. Rottenburg.

Xaver Beer	Specerei-, Schnitt- u. Eisenwaarenhandlung	*Xaver Beer.*
Michael Hofschuster	Specerei- u. Schnittw.	*Michael Hofschuster.*
Marie Simson	Specerei-, Schnitt-, Tuch- u. Lederwaarenhandlung	*Marie Simson.*

Pfeffingen. LG. Dürkheim. BG. u. HG. Frankenthal.
Advokaten s. Frankenthal **Notar** s. Dürkheim.

Bauer	Ziegel- u. Kalkbrennerei	*Ferdinand Bauer.*

Pfersee. 996 Einwohner. LG., BG. u. HG. Augsburg. **Advokaten** u. **Notare:** s. Augsburg.

Veit Bachmann	Handlung	*Veit Bachmann.*
J. Bendl	Handlung	*Isaac Bendl.*
C. Butler	Putzwollfabrik	*Carl Butler.*
Baruch Mayer	Handlung	*Baruch Mayer.*
Hirsch Ritter	Handlung	*Hirsch Ritter.*
Leopold Schwarz	Handlung	*Leopold Schwarz.*
J. Weisshaupt	Wollwäscherei	*Josef Weishaupt.*

Pflaumheim. 1030 Einwohner. LG. Obernburg. BG. u. HG. Aschaffenburg.
Advokaten: s. Aschaffenburg. **Notar** s. Obernburg.

Adam Flügel	Schnitt-, Kurz- u. Specereiwaarenhandlung	*Adam Flügel.*
J. Ornstein	Specerei-, Eisen- u. Schnittwaarenhandlung	*Josef Ornstein.*

Pförring. 1003 Einwohner. LG. Ingolstadt. BG. Aichach. HG. München l. J.
Advokaten. s. Aichach. **Notar:** s. Ingolstadt.

Xaver Busch	Handlung	*Franz Xaver Busch.*
L. Reithmeier	Handlung	*Lorenz Reithmeier.*
Johann Schapfl	Handlung	*Johann Evangelist Schapfl.*

Pfofeld. LG. Gunzenhausen. BG. u. HG. Ansbach. **Advokaten** s. Ansbach. **Notar** s. Gunzenhausen.

Johann Georg Renner	Specereihandlung	*Johann Georg Renner.*

Pfortmühle in Apelheim. LG. Grünstadt BG. u. HG. Frankenthal.
Advokaten: s. Frankenthal **Notar:** s. Grünstadt.

H. Orb & Cie.	Mühle	*Heinrich Orb. Karl Rossée.*

Pfreind. 1367 Einwohner. LG. Naabburg. BG. Neunburg v. W. HG. Regensburg.
Advokaten s. Neunburg v. W **Notar** s. Naabburg.

Johann Raith	Specereiwaaren	*Johann Raith.*
J. W. Schneider	Specereiwaaren	*Johann Wolfg. Schneider.*

Andreas Schrott	Specereiwaaren	*Andreas Schrott.*
Joseph Stöckl	Specereiwaaren	*Josef Stöckl.*

Pfronten. LG. Füssen. BG. u. HG. Kempten. **Advokaten:** s. Kempten. **Notar** s. Füssen

Gebrüder Haff	Reisszeugfabrik	*Heinrich et Karl Haff.*

Pfrontendorf. LG Füssen. BG. u. HG. Kempten. **Advokaten** s. Kempten. **Notar:** s. Füssen.

Max Mayer	Handlung	*Max Mayer.*

Pfronten-Heitlern. LG Füssen. BG u HG Kempten. **Advokaten** s. Kempten. **Notar** s. Füssen.

Joh B Hartmann	Handlung	*Johann Baptist Hartmann.*
Mart. Reichart	Specerei- u. Kurzwh.	*Martin Reichart*

Pfronten-Steinach. LG. Füssen. BG u. HG. Kempten. **Advokaten:** s Kempten. **Notar:** s. Füssen.

Franz Xaver Eckart	Schnitt- u. Specereiwhdlg. u Kleidermagazin	*Franz Xaver Eckart.*

Pfrondten-Weisbach. LG Füssen. BG. u. HG Kempten. **Advokaten:** s Kempten. **Notar**. s. Füssen.

Franz Sales Gerung	Handlung	*Franz Sales Gerung.*

Pfuhl. LG. Neu-Ulm BG. u. HG Augsburg. **Advokaten** s. Augsburg **Notar** s. Neu-Ulm.

Carl Riedl	Specereiwaaren	*Carl Riedl.*

Pilsting. 429 Einwohner. LG. Landau a. J. BG. Pfarrkirchen. HG. Passau. **Advokaten** s Pfarrkirchen **Notar:** s Landau a I.

Andreas Grill sel. Wwe.	Gemischte Waaren	*Franziska Grill.*
Alois Hofmann	Gemischte Waaren	*Alois Hofmann.*
Georg Miedanner	Fragnerei	*Georg Miedanner.*

Pirmasens. 7097 Einwohner. LG. Pirmasens. BG. u. HG Zweibrücken. **Advokaten** s Zweibrücken. **Notar** H Eckhardt.• E. Schelf.

Abraham Altschul	Viehhandel	*Abraham Altschul.*
Jacob Altschul	Viehhandel	*Jacob Altschul.*
C. Arndt's Glasfabrik in Pirmasens	Glasfabrik	*Conrad Arndt.*
Fr. Ph. Arnholt	Specerei- u. Schnittwaaren	*Friedrich Philipp Arnholt.*
Adolph Aron Wittwe	Handlung	*Johannetta Weil.*
L. Barthel	Bierbrauerei	*Ludwig Barthel.*
J. Beiersdorf	Früchtenhandlung	*Judas Beiersdorf.*
Salomon Beiersdorf Wittwe	Handlung	*Magdalena Wolf.*
Franz Breith	Specerei- u. Schnittwaaren	*Franz Breith.*
Karl Breith	Weinhandlung	*Karl Breith.*
Fr. Bruch	Apotheke	*Friedrich Bruch.*
Fr. Philipp Deil's Wwe.	Buchdruckerei	*Louise Deil.*
Heinr. Demberger	Com.- und Agenturgeschäft für Schuhwaaren	*Heinr. Demberger. Christian Demberger* **P.**
Carl Diehl	Gerberei u. Lederhandl.	*Carl Diehl.*
Chr. Diehl	Gerberei	*Christian Diehl.*
Friedr. Diehl's Sohn	Gerberei	*Friedrich Diehl.*
Gustav Diehl	Specerei- u. Schnittwaaren	*Ludwig Courtier.*
Heinrich Diehl	Schuhfabrik	*Heinrich Diehl. Heinrich Alt* **P.**
S. Dreifus & Frank	Viehhandel	*Salomon Dreifus. Marx Frank.*
Jacob Drexler	Lederhandlung	*Jacob Drexler.*
Jonathan Drexler	Lederhandlung	*Jonathan Drexler.*
Gebrüder Fahr	Gerberei u. Lohmühle	*Ernst u. Georg Fahr.*
Georg Gäckler	Bäckerei	*Georg Gäckler.*
Gottfried Göppner	Seifen- u. Lichterhandl.	*Gottfried Göppner.*
Heinrich Görlich	Gerberei- u. Schuhfabrik	*Heinrich Görlich. Ludwig Görlich* **P.** *Valentin Görlich* **P.**
Philipp Görlich	Weinhandlung	*Philipp Görlich.*
Chr. Greiner	Specerei- u. Schnittwaaren	*Christian Greiner.*
Simon Gundelwein	Holzhandlung	*Simon Gundelwein.*
Friedrich Hahn	Schuhhandlung	*Friedrich Hahn.*
Jacob Hahn	Schuhhandlung	*Jacob Hahn.*
Carl Harteneck	Specerei- u. Schnittwaaren, u. Eisenwaaren	*Carl Harteneck.*
J. C Harteneck	Schuhfabrik	*C. Harteneck.*
Adelheid Hauck Wwe.	Specerei- u. Schnittwaaren	*Max Hauck.*
Michael Heussler	Glashandlung	*Michael Heussler.*
Judas Hirsch	Frucht- u. Mehlhandlung	*Judas Hirsch genannt Selig.*
Wilhelm Hirsch		*Wilhelm Hirsch.*
Kaiser & König	Schuhfabrik	*Daniel Kaiser. Philipp König.*

Peter Kaiser	Schuhfabrik	*Peter Kaiser.*
Christian König jr.	Weinhandlung	*Christian König jr.*
David König		*David König.*
David König's Sohn	Bilder- u. Schuhartikel und Manufacturwaaren	*David König. Ludwig König.*
Friedrich König	Bierbrauerei	*Friedrich König.*
Philipp König	Specerei-, Schnitt-, Manufactur- u. Eisenwaaren	*Philipp König.*
Friedrich Lachenmeyer	Weinhandlung	*Friedrich Lachenmeyer.*
Georg Lachenmeyer	Handlung in gemischten Waaren, Weinhandlung	*Georg Lachenmeyer.*
Heinrich Lehnung	Specereiwaaren	*Heinrich Lehnung.*
Carl Leineweber jr.	Gerberei	*Carl Leineweber jr.*
Friedrich Leineweber's Wwe.	Gerberei	*Friedrich Leineweber jr.*
Louis Leineweber	Gerberei	*Katharina Vongerichten. Ludw. Leineweber* **P.**
Ludwig Lippack	Apotheke	*Ludwig Lippack. Gustav Wirth* **P.**
Friedrich Lucas	Specereiwaarenhandlung	*Friedrich Lucas.*
C. Lützel	Specerei- u. Schnittwaaren	*Carl Lützel.*
Christian Lützel	Gerberei	*Christian Lützel.*
L. Ph. Lützel	Apotheke u. Mehlhandl.	*Ludwig Philipp Lützel.*
Jacob Mansmann	Kurzwaarenhandlung	*Jacob Mansmann.*
Georg Martin	Specereiwaarenhandlung	*Georg Martin.*
Adolph Metzger & Cie.	Essig- u. Branntweinfabr.	*Adolf Metzger. August Beiersdorf.*
Isaias Nathan	Lederhandlung	*Isaias Nathan.*
Jacob Pfirrmann	Apotheke	*Jacob Pfirrmann.*
Ludwig Pfirrmann	Weinhandlung	*Ludwig Pfirrmann.*
Philipp Rosenfelder	Posamentiergeschäft	*Philipp Rosenfelder.*
Georg Rübell	Specereiwaaren	*Georg Rübell.*
Friedrich Scherer	Specereiwaarenhandlung	*Friedrich Scherer.*
Henriette Schimper	Putzwaarengeschäft	*Henriette Schimper.*
Christian Schmenger	Specereiwaarenhandlung	*Christian Schmenger.*
Albert & Gust. Schneider	Schuhfabrik	*Albert Schneider. Gustav Schneider.*
Aug. Schneider	Com.-, Incasso- u. Wechselgeschäft, Schuhartikel en gros u. Manufacturw.	*August Schneider.*
Louis Schneider	Bierbrauerei	*Louis Schneider.*
Ludwig Schneider	Specereiwaarenhandlung	*Ludwig Schneider.*
Philipp Schwebel	Schuhhandlung	*Philipp Schwebel.*
Friedrich Theobald	Specerei- u. Schnittwaaren	*Friedrich Theobald.*
Walz & Kopp, Nachfolger v. Hermann Schmidt	Schuhfabrik	*Carl Waltz. Ludwig Kopp.*
Barbara Weil Wwe.		*Barbara Keim.*
Joseph Weil	Fruchthandlung	*Joseph Weil.*
Philipp Weil	Specereiwaaren	*Philipp Weil.*
Simon Weiss	Glash. u. künstl. Dünger	*Simon Weiss.*
Carl Wölfling	Klempnerei, Glas- u. Steinguthandlung	*Carl Wölfling.*
Abraham Wolff		*Rosine Deutsch. Alphons Wolff* **P.**
M. Wolff	Schuhfabrikation	*Marx Wolff. Carl Wolff* **P.**
J. & D. Zoller	Gerberei- u. Schuhfabrik	*Albert Zoller. Daniel Zoller.*

Plankstetten. LG. Beilngries. BG. Eichstädt. HG. Nürnberg.

Advokaten: s. Eichstädt. **Notar:** s. Beilngries.

Michael Plank	Kunstmühle	*Michael Plank.*

Plattling. 1747 Einwohner. LG. u. BG. Deggendorf. HG. Passau.

Advokaten u. **Notare:** s. Deggendorf.

C. J. Clementi sel. Wwe.	Specerei- u. Schnittwaaren	*Anna Clementi.*
J. N. Harlander	Landesproductenhandlung	*Joh. Nep. Harlander.*
J. G. Mühleisen	Specerei- u. Schnittwaaren	*Joh. Georg Mühleisen.*
Max Sohnleitner	Schnitt-, Eisen-, Specerei- u. Farbwaarengeschäft	*Max Sohnleitner.*

Plech. 783 Einwohner. LG. Pegnitz. BG. u. HG. Bayreuth.

Advokaten: s. Bayreuth. **Notar:** s. Pegnitz.

Friedrich Plech	Hopfenhandlung	*Friedrich Plech.*
W. Pitterlein	Specereiwaaren	*Barbara Pitterlein. Christoph Pitterlein* **P.**
J. G. Prey	Hopfenhandlung	*Johann Georg Prey.*
Friedrich Schramm	Krämerei	*Friedrich Schramm.*

Pleinfeld. 970 Einwohner. LG. Ellingen. BG. Eichstädt. HG. Nürnberg.
Advokaten: s. Eichstädt. **Notar:** s Ellingen.

Andreas Dupois	Specereiwaarenhandlung	*Andreas Dupois.*
Carl Werzinger	Specerei-, Schnitt- u. Eisenwaarenhandlung	*Carl Werzinger.*

Pleinting. 945 Einwohner. LG Vilshofen. BG. u. HG. Passau.
Advokaten s. Passau. **Notar:** s. Vilshofen

Anton Bauer	Gemischte Waaren u. Silberwaarenlager	*Anton Bauer.*
Josef Herndl	Zeugweberei	*Josef Herndl.*
Josef Söldenwagner	Krämerei	*Josef Söldenwagner*

Pleisweiler. LG Bergzabern. BG. u. HG. Landau. **Advokaten** s. Landau. **Notar:** s. Bergzabern.

M. Rink	Specerei- u. Mehlhdl.	*Moses Rink.*

Plößberg. 996 Einwohner LG. Tirschenreuth. BG Weiden. HG. Amberg.
Advokaten s. Weiden. **Notar:** s. Tirschenreuth.

Beuteltuchfabrik Plössberg Beuteltuchfabrik *Adam Löw, Vorstand. Fritz Bäumler, Nic. Kraus, Cassiere. Die Firma wird durch den Vorstand oder einen der beiden Cassiere gezeichnet: »Beuteltuchfabrik Plössberg«. N. N., Vorstand oder N. N., Cassier.*

Strohhutfabrik Plössberg Strohhutfabrik *Friedrich Bäumler, Dirigent. Joh. Sebastian Wiesender, Jacob Lindner, Cassiere. Die Firma wird durch den Dirigenten gezeichnet: »Strohhutfabrik Plössberg«. Fr. Bäumler und in dessen Verhinderung durch Heinrich Bäumler.*

J. M. Wild	Specereiw. u. Beuteltuchf.	*Ottmar Wild.*

Poking. 470 Einwohner. LG. Rotthalmünster. BG. Pfarrkirchen. HG. Passau.
Advokaten: s. Pfarrkirchen. **Notar:** s. Rotthalmünster.

Fr. X. Freudenstein	Handlung	*Franz Xaver Freudenstein.*
Registrirte Gesellschaft für Dreschmaschinen in Pocking	Registrirte Gesellschaft für Dreschmaschinen	*Josef Springer, Vorstand, zeichnet die Firma: »Registrirte Gesellschaft für Dreschmaschinen in Pocking«. N. N., Vorstand.*
Franz Paul Stuhlberger	Schnitt-, Tuch-, Specerei- u. Eisenhandlung	*Elise Stuhlberger. Carl Stuhlberger* P.

Pöttmes. 1361 Einwohner. LG. Rain. BG. Aichach HG. München I. J.
Advokaten: s. Aichach. **Notar:** s. Rain.

Mathias Böck	Specerei- u. Schnittwaaren	*Mathias Böck.*
Franz Xaver Schmidt	Specerei- u. Schnittwaaren	*Franz Xaver Schmidt.*
J. A. Schroder	Specerei- u. Schnittwaaren	*Josef Anton Schroder.*

Poigham. LG. Griesbach. BG. Pfarrkirchen. HG. Passau.
Advokaten: s. Pfarrkirchen. **Notar:** s. Griesbach.

Registrirte Gesellschaft für Dreschmaschinen in Poigham	Registrirte Gesellschaft für Dreschmaschinen	*Johann Lorenz, Vorstand.*

Pondorf. LG. Wörth. BG. u. HG. Regensburg. **Advokaten** s. Regensburg. **Notar:** s. Wörth.

Joseph Beck	Gemischte Waaren	*Josef Beck.*

Poppendorf. LG. Pottenstein. BG u. HG. Bayreuth.
Advokaten s. Bayreuth. **Notar** s. Pottenstein.

Martin Wiesner	Krämerei	*Martin Wiesner*

Poppenhausen. 420 Einwohner. LG, BG. u. HG. Schweinfurt.
Advokaten u. **Notare** s. Schweinfurt.

Kornelius Günther	Leinwandhandlung	*Kornelius Günther.*
J. A. Hergenröther	Specereiwaaren	*Nannette Hergenröther.*
J. J. Müller	Leinwandhandlung	*Johann Jacob Müller.*
Metz	Apotheke	*J. Metz.*
Aquilin Wehner	Landkrämerei	*Aquilin Wehner.*

Poppenlauer. 1423 Einwohner. LG. Münnerstadt. BG. Neustadt a. S. HG. Schweinfurt
Advokaten: s. Neustadt a. S **Notar:** s. Münnerstadt.

Abraham Ehrmann	Specereiwaaren	*Abraham Ehrmann.*
Maier Reis	Specereiwaaren	*Maier Reis.*
Philipp Romberg	Specereiwaaren	*Philipp Romberg.*
Isaac Wagner	Specerei- u. Schnittwaarenh.	*Isaac Wagner.*

Postau. LG., BG. u. HG. Landshut. **Advokaten** u. **Notare** s Landshut.

Johann Gschwendtner	Handlung	*Johann Gschwendtner.*

Pottenstein. 994 Einwohner. LG Pottenstein. BG u. HG Bayreuth.
Advokaten s. Bayreuth. **Notar:** F. J. Hauptmann.

Johann Brendel	Krämerei	*Charlotte Brendel.*
Gg. Herlitz	Krämerei	*Georg Herlitz.*

Friedrich Knörl	Krämerei	*Friedrich Knörl.*
Johann Lehner	Krämerei	*Johann Lehner.*
L. Lechner	Apotheke	*Ludwig Lechner.*
Johann Schaffer	Eisenhandlung	*Johann Schaffer.*

Potzbach. 428 Einwohner. LG. Winnweiler. BG. u. HG. Kaiserslautern.
Advokaten s. Kaiserslautern. **Notar** s. Winnweiler.

Pfeiffer Heinrich	Frucht-, Mehl- u. Specereih. u. Wirthschaft	*Henriette Vetter.*
Pfeiffer Friedrich	Commissionsgeschäft in der Baumwollzeugweberei	*Friedrich Pfeiffer.*

Pressat. 2164 Einwohner. LG. Eschenbach. BG. Weiden. HG. Amberg.
Advokaten s. Weiden. **Notar:** s. Eschenbach.

M. Kreuzer	Specerei- u. Schnittwaaren	*Michael Kreuzer.*
H. Lindner	Eisenhandlung	*Heinrich Lindner.*
Gg. Plössner	Specerei- u. Schnittwaaren	*Georg Plössner.*
Joh. Reichenberger	Specerei- u. Schnittwaaren	*Johann Reichenberger.*
Gg. Thaller	Eisenhandlung	*Georg Thaller.*
Jos. Weiss	Specerei- u. Schnittwaaren	*Joseph Weiss. Georg Weiss* **P.**

Presseck. 939 Einwohner. LG. Stadtsteinach. BG. Kronach. HG. Bamberg.
Advokaten s. Kronach. **Notar** s. Stadtsteinach.

J. N. Heinz	Specereiwaarenhandlung	*Johann Nicolaus Heinz.*
J. A. Müller	Baumwollwaarenfabr.	*Johann Adam Müller.*

Pretzfeld. LG. Ebermannstadt. BG. u. HG. Bamberg.
Advokaten s. Bamberg. **Notar:** s. Ebermannstadt.

Hch. Lang	Handlung	*Hirsch Lang. Ignatz Lang* **P.**

Prichsenstadt. 841 Einwohner LG. Wiesentheid. BG. u. HG. Schweinfurt.
Advokaten s. Schweinfurt. **Notar** s. Wiesentheid.

H. Fichtbauer	Specerei-, Schnitt-, Farb- u. Materialw.	*Heinrich Fichtbauer.*
L. J. Immel	Specerei- u. Eisenw.	*Ludwig Friedrich Immel.*

Prien. 240 Einwohner. LG Prien. BG. Traunstein. HG. München r. J.
Advokaten s. Traunstein. **Notar** A. Otto.

J. B. Fleischmann	Apotheke	*Johann Baptist Fleischmann.*
Benedict Furtner	Specerei- u. Schnittwaaren	*Benedict Furtner.*
Gg. Müllrötter	Specerei- u. Schnittwaaren	*Gg. Müllrötter.*
J. M. Rothdauscher	Handlung	*Johann Michael Rothdauscher.*
Karl Stallechner	Specerei- u. Schnittwaaren	*Karl Stallechner.*
Nicolaus Wallner	Specerei- u. Schnittwaaren	*Nicolaus Wallner.*

Probstried. BG. u. HG. Memmingen. LG. Grönenbach.
Advokaten s. Memmingen. **Notar:** August Henneberger in Grönenbach.

B. Waldmann	Specerei- u. Schnittwh.	*Benedict Waldmann.*

Prosselsheim. LG. Dettelbach. BG. u. HG. Würzburg.
Advokaten: s. Würzburg. **Notar:** s. Dettelbach.

Kaspar Gasser	Gemischte Waaren	*Kaspar Gasser.*

Pullenreuth. LG. Kemnath. BG. Weiden. HG. Amberg. **Advokaten** s. Weiden. **Notar** s. Kemnath.

Johann Heider	Specereiwaaren	*Johann Heider.*

Queidersbach. 700 Einwohner. LG. Landstuhl. BG. u. HG. Zweibrücken.
Advokaten: s Zweibrücken. **Notar** s. Landstuhl.

Johann Berkemer	Handlung	*Johann Berkemer.*
Johann Rödel	Handlung	*Johann Rödel.*

Quirnbach. 407 Einwohner. LG. Kusel BG u. HG. Kaiserslautern.
Advokaten: s. Kaiserslautern. **Notar** s. Kusel.

Munzinger A.	Bierbrauerei	*Adolph Munzinger.*
Vorschussverein Quirnbach	Geld- u. Wechselg. für die Mitglieder	*Den Vorstand bilden: Harth Ludw., Director. Maurer Jacob, Controleur. Harth Carl II, Cassier sämmtlich zu zeichnen berechtigt.*

Quirnheim. 562 Einwohner. LG. Grünstadt. BG. u. HG. Frankenthal.
Advokaten s. Frankenthal. **Notar** s. Grünstadt.

Fr. Dewald	Farbwaarenhandlung	*Franz Dewald.*
Friedrich Würtz	Mühle	*Friedrich Würtz.*

Rain. 1329 Einwohner. LG. Rain. BG. Aichach HG. München l. J.
Advokaten: s Aichach. **Notar** F v Delling.

Joh. Grüber	Spec.-, Schnitt- u. Tuchw.	*Johann Grüber.*

F. X. Kapfer	Specerei- u. Schnittwaaren	*Franz Xaver Kapfer.*
Joh. Lindermaier	Specerei- u. Schnittwaaren	*Johann Lindermaier.*
Jacob Schampelmaier	Specerei- u. Schnittwaaren	*Jacob Schampelmaier.*

Rainding. LG. Griesbach. BG. Pfarrkirchen. HG. Passau.
Advokaten: s. Pfarrkirchen. **Notar** s. Griesbach.

A. Maier	Gemischte Waaren	*Anton Maier.*

Rainhausen. 1628 Einwohner. LG., BG u. HG. Regensburg.
Advokaten u. **Notare** s. Regensburg.

Georg Sattler	Krämerei	*Georg Sattler.*
Walburga Scheidacker	Schnittwaarenhandlung	*Walburga Scheidacker.*

Rammelsbach. LG. Kusel. BG. u. HG. Kaiserslautern. **Advokaten:** s. Kaiserslautern. **Notar** s. Kusel.

Binger P.	Handelsmühle	*Paul Binger.*

Ramsau. LG. Berchtesgaden. BG. Traunstein. HG. München r. J.
Advokaten s. Traunstein. **Notar** s. Berchtesgaden.

Tobias Frigöus	Krämerei	*Tobias Frigöus.*

Ramsen. LG. Göllheim BG. u. HG. Kaiserslautern. **Advokaten:** s. Kaiserslautern **Notar:** s. Göllheim.

Krehbiel H.	Handelsmühle	*Heinrich Krehbiel.*

Ramstein. 1418 Einwohner. LG. Landstuhl. BG. u. HG. Zweibrücken.
Advokaten s. Zweibrücken. **Notar:** s. Landstuhl.

Jacob Janzer & Comp.	Handlung	*Carl Leppla. Jacob Müller. Jacob Janzer.*
Nicolaus Janzer	Färberei	*Nicolaus Janzer.*
Johann Kirsch	Mehl- u. Brodhandlung	*Johann Kirsch.*
Karl Leppla [Oberscherau]		*Karl Leppla.*
Jacob Müller	Torfhandlung	*Jacob Müller.*
Joseph Müller	Torfhandlung	*Joseph Müller.*
Johann Nagel	Mehlhandlung u. Bäckerei	*Johann Nagel.*
Jacob Stuppy I	Holzhandlung	*Jacob Stuppy.*

Ransbach. LG. Kastl. BG u. HG. Amberg. **Advokaten:** s. Amberg. **Notar** s. Kastl.

Joseph Baumer	Specerei- u. Schnittwh.	*Joseph Baumer.*

Ranzing. 200 Einwohner. LG. Hengersberg. BG. Deggendorf. HG. Passau
Advokaten: s. Deggendorf. **Notar:** Dr Gareis in Hengersberg.

Registrirte Gesellschaft für Dreschmaschinen in Ranzing	Erwerbung von Dreschmaschinen	*Thomas Jodlbauer, Vorstand, zeichnet die Firma: »Registrirte Gesellschaft für Dreschmaschinen in Ranzing«. N. N., Vorstand.*

Rasch. LG. Altdorf. BG. u. HG. Nürnberg. **Advokaten** s. Nürnberg. **Notar:** s. Altdorf.

Gebrüder Ehrlein	Hopfen u. Hopfenstangenh.	*Leonhard Ehrlein. Christian Ehrlein.*

Rattelsdorf. 796 Einwohner. LG. Staffelstein. BG. Kronach. HG. Bamberg.
Advokaten: s. Kronach **Notar** s. Staffelstein.

E. Korntheuer	Specerei- u. Schnittwaaren u. Butterhandlung	*Erhard Korntheuer.*
P. L. Korntheuer	Specerei- u. Schnittwaaren u. Productenhandlung	*Katharina Korntheuer Wwe. Erhard Korntheuer* P.

Rechtenbach. LG. Bergzabern. BG. u. HG Landau. **Advokaten:** s. Landau. **Notar:** s. Bergzabern.

Georg Helffer	Tabakfabrik	*Georg Helffer.*

Reckendorf. 1006 Einwohner. LG. Baunach. BG. u. HG. Schweinfurt.
Advokaten: s. Schweinfurt. **Notar:** s. Baunach.

H. B. Bachmann	Specereiwaaren	*Hermann Bachmann.*
L. S. Hellmann	Specereiwaaren	*Lazarus Salomon Hellmann.*
M. L. Hellmann	Specereiwaaren	*Marx Löb Hellmann.*
E. Katzenberger	Eisenhandlung	*Emanuel Katzenberger.*
J. Mack		*Jacob Mack.*
D. E. Reis & Comp.	Specereiwaaren	*David Reis. Hirsch Löb Schloss.*

Redwitz. 789 Einwohner. LG. Lichtenfels. BG. Kronach. HG. Bamberg.
Advokaten: s. Kronach. **Notar:** s. Lichtenfels.

S. A. Gosser & Comp.	Korbwaarenfabrik	*Salomon Aron Gosser. Theodor Greif.*
S. Kuh	Korbwaarenfabrik	*Salomon Kuh.*
Moses Panson	Korbwaarenhandlung	*Moses Panson.*
Salomon Panson	Korbwaaren-Manufactur	*Adolph Panson* A. *Pankraz Panson.*
Samuel Zinn & Cie.	Handlung	*Samuel Zinn. Moritz Thurnauer.*

Markt Redwitz. 1865 Einwohner. LG. Wunsiedel. BG. u. HG. Hof.
Advokaten s Hof **Notar:** s. Wunsiedel.

Gustav Bauer	Schnittwaarenhandlung	*Gustav Bauer.*
J. Conr. Bauer	Baumwollen- u. Halbwollwf.	*Johann Conrad Bauer.*

J. M. Bauer	Specerei- u. Schnittw.	*Johann Mathäus Bauer.*
Peter Bauer	Wollenzeugf. u. Flachsh.	*Peter Bauer.*
J. A. Beyer	Schnittwaarenhandlung	*Johann Adam Beyer.*
Friedrich Bock	Leim- u. Lederfabrik	*Friedrich Bock.*
Robert Bock	Leim- u. Lederfabrik	*Robert Bock.*
Burkhardt & Schultheiss	Baumwollen- u. Halbwollwf.	*Johann Mathäus Schultheiss.*
Andreas Conrad	Glas- u. Spiegelglashdl.	*Andreas Conrad.*
W. C. Fickentscher	Chemische Fabrik	*Wilhelm Fickentscher.*
J. M. Frohmader	Schnitt- und Manufacturw., Wollen- u. Halbwollenf	*Johann Martin Frohmader.*
G. A. Gebhardt	Specerei u. Farbwaaren	*Georg Alexander Gebhardt.*
M. W. Gebhardt	Specereiwaaren	*Mathäus Wilhelm Gebhardt.*
Johann Christoph Geyer	Specereiwaarenhandlung	*Johann Christoph Geyer.*
Matthäus Wilhelm Geyer	Seifenfabrik	*Matthäus Wilhelm Geyer.*
J. B. Glass	Schnittwaarenhandlung	*Christianna Glass.*
Joh. Math. Glass	Eisenwaarenhandlung	*Peter Glass.*
Christian Klughardt	Specereiw. u. Sped.	*Christian Klughardt.*
Karl Erhard Knorr	Specerei- u. Farbwaaren	*Carl Erhard Knorr.*
F. C. Kröster	Specereiwaarenhandlung	*Friedrich Christian Kröster.*
A. Lippert	Specereiw. u. Lebküchnerei	*Johann Andreas Lippert.*
Aug. Lud. Mühlhöfer	Mechan. Branntweinbrenner., Färberei u. Bleichnerei	*August Ludwig Mühlhöfer.*
Casp. Pöhlmann	Katundruckerei u. Weberei	*Caspar, Gottlieb u. Carl Pöhlmann.*
Joh. u. Friedrich Pöhlmann	Baumwoll- u. Wollwf.	*Johann Gottfried Pöhlmann.*
C. B. Rauw		*Gustav Rauw.*
J. Gabriel Seeberger	Metallwaarenfabrik	*Johann Gabriel Seeberger.*
J. W. Seeberger	Galanteriewaarenhandl.	*Johann Wolfgang Seeberger.*
P. Gust. Wunderlich	Flachshandlung	*Peter Gustav Wunderlich.*

Regen. 1842 Einwohner. LG. Regen. BG. Deggendorf. HG. Passau.

Advokaten: s. Deggendorf **Notar**: J. G Duschl.

M. Dizorzi	Specereiwaaren	*Anna Dizorzi.*
Josef Eder	Zündholzwaarenfabrik	*Josef Eder.*
Josef Grübl	Specerei- u. Posamentierw.	*Josef Grübl.*
Ludwig Hafenbrädl	Specerei- u. Schnittwaaren, Eisen- u. Tuchhandlung	*Ludwig Hafenbrädl.*

Regensburg. 15,945 Einwohner. St., BG. u. HG. Regensburg.

Advokaten: C. Adelmann. A. Bachmann. L. Blocken. K. Brandl. L. Eckmüler. G. Körbling. J. Maier G. Münz. A. Riesch. A. Sonnenleitner. J. Schwalber. W. C. E. Vorbrugg

Notar: A. Bernklau. C Kappelmeyer. J. Schmauss. T. Würdinger.

W. Abicht	Damenkleider- u. Modewh.	*Wilhelm Abicht. Moritz Kirschner.*
Actiengesellschaft für Gasbeleuchtung zu Regensburg	Actiengesellschaft z. Zwecke des Betriebs der Gasfabrikation	*Vorstand ist der aus folgenden Mitgliedern bestehende Verwaltungsrath: Christoph Rehbach, Vorsitzender. Wilhelm Neuffer, Stellvertreter des Vorsitzenden. Josef Halenke. Ludwig August Riedinger. Karl Keller. Theodor Pfaff. Georg Neuffer Der Verwaltungsrath zeichnet die Firma: »Verwaltungsrath der Actiengesellschaft für Gasbeleuchtung zu Regensburg«. N. N., Vorsitzender. Zur Zeichnung der Firma ist auch Carl Lang befugt, welcher die Firma zeichnet: »Verwaltung der Gasfabrik«. N. N.*
Actienpapierfabrik Regensburg	Papierfabrik	*Clement Pustet, Vorstand der Gesellschaft, welcher die Firma zeichnet. Andreas Wotschack* **P.**
H. W. Alfken	Handlung	*Heinrich Wilhelm Alfken.*
Anwander & Gätschenberger	Parquetenfabrik	*August Gätschenberger. Florian Anwander.*
Arnold S. Arnstein	Lederhandlung en gros	*Samuel Löwi. Oscar Brüll.*
E. A. Auernheimer	Kunst- u. Musikalienh.	*Erdmann Anton Auernheimer.*
Gustav Bald jun.	Handlung	*Gustav Bald.*
Math. Bald	Gross-Leder- u. Wachstuchh.	*Mathias Bald.*
Michael Barthel & Cie.	Pechfabrik	*Therese Barthel. Michael Barthel.*
Is. Bayersdorfer	Handlung	*Isidor Bayersdorfer.*
Gebr. Bernard ZN. [HN. Offenbach a. M.]	Tabakfabrik	*Thekla d'Orville. Adolf d'Orville* **A.** *Franz d'Orville. Heinrich Schäfer* **P.**
George Bezold	Handlung	*Georg Bezold.*
J. Georg Bössenecker	Buchhandl. u. Leihbibliothek	*Johann Georg Bössenecker.*
G. H. Brauser	Grosshandlung	*Georg Heinrich Brauser. Carl Friedrich Brauser* **P.**
C. Brodmerkel	Baumwollwaarengesch.	*Carl Brodmerkel.*
Alex. Brüll	Grosshandlung	*Alexander Brüll.*

B. Buchmann	Handlung	*Moritz Buchmann. Max Buchmann.*
J. G. Buchner	Specereihandlung	*Johann Conrad Buchner. Johann Michael Beck* P.
S Cohen's Nachfolger D Frank	Weisswaarenhandlung	*Daniel Frank.*
Alfred Coppenrath	Buch- u. Kunsthandlung	*Alfred Coppenrath.*
Creditverein zu Regensburg. Eingetragene Genossenschaft	Gewährung von Crediten an Mitglieder	*Die Vorstandschaft besteht aus 3 Mitgliedern, nämlich: Joh. B. Eckl, Director. Frz. X. Kummer, Cassier. Johann Lutzenberger, Controleur. Die Firma wird durch 2 Mitglieder gezeichnet.*
August Daubert's Wwe.	Handlung	*Auguste Daubert.*
J. M Dedel	Specereiwaarenhandlung	*Jacob Michael Dedel.*
Hauser & Degginger	Handlung	*Bernhard Degginger, Moritz Hauser* P.
Ludwig Degener	Schreibmaterialienhandlg.	*Ludwig Degener.*
Dehling & Hartmann	Leder, ung. Producte, Oelfabrik u. Raffinerien	*Erhard Pühler. Julius Hanemann.*
Diem & Zöllner	Weingrosshandlung	*Karl Diem. Heinrich Zöllner.*
Carl Dirr	Productenh., Sped. u. Com.	*Carl Dirr.*
Carl Donauer vormals Heinrich Steiger	Tapisseriew. u. Strumpfwf.	*Carl Donauer.*
Dostert & Cie.	Gross- u. Holzhandlung	*Konrad Dostert. Michael Dostert. Siegfried Sonnenthal.*
Theodor Dotzer	Spec.- u- Kurzw., Spedit. u. Commission	*Theodor Dotzer.*
Georg Heinrich Drexel	Specerei- u. Conditoreiw.	*Heinrich Drexel.*
J. S. Dück	Schnittwaarenhandlung	*Johann Sebastian Dück.*
A. J. Eckstein	Grosshandlung	*Julius Eckstein.*
Eismann & Höchstätter	Gross- u. Tuchhandlung u. Strumpfwaaren	*Samuel Eismann.*
Eduard Engerer HN. [ZN. Straubing]	Spiritusfabrik	*Eduard Engerer. Adolph Caspar Hau.*
J. C. Eppelein	Colonialw., Cigarren- und Tabakhandl. u. Agenturen	*Georg Paul Hendschel.*
J. Eslinger & Sohn	Möbelmagazin	*Jacob Eslinger. August Eslinger.*
Carl Feldner	Specereiw., Cigarren- und Tabakh. u. Spedition	*Johann Carl Julius Feldner.*
F. J. Fikentscher	Zuckerfabrik	*Friedrich Josef Fikentscher.*
J. M. Fincks	Erdfarbenfab. u. Speditionsg.	*Robert Jungkunz.*
W. Fischer	Kurz- u. Spielwaaren	*Wilhelm Fischer.*
Frey & Ringler	Specereiwaaren	*Oscar Ringler.*
M. Fuchs	Branntweinbrennerei- u. Getreidehandlung	*Michael Fuchs.*
Joseph Gesor	Liqueur- u. Rosogliofabrik.	*Josef Gesor.*
Georg Götz	Specerei- u. Fettw. en gros	*Georg Götz.*
Joseph Götz	Fabrik von Kirchengeräthen in edlem u. unedlem Metall	*Josef Götz.*
Leonhard Götz	Schönfärb. u. Ausstattungsg.	*Leonhard Götz.*
Christian Görtz	Specereiwaaren	*Christian Görtz.*
C. A. Gottfried	Specereiwaaren	*Christoph Andreas Gottfried.*
Hammerschmidt's Eidam	Speditions- u. Wechselgesch., Besitzer von Kunstmühlen, Spiegelpolierwerke, Brauerei u. Holzsägeschneiden zu Eichhofen u. Vilswörth	*Wilhelm Gottlieb v. Neuffer. Georg Friedr. Neuffer.*
Gebrüder Hanemann	Material-, Colon.- u. Farbw.	*Julius Hanemann. Heinrich Hanemann.*
Haymann & Comp.	Bankgeschäft, auch Spedit. u. Commission	*Jacob J. Haymann. Max Haymann.*
J. J. Hartner	Handlung	*Johann Jacob Hartner.*
H. Hauser	Steingut- u. Porcellanf.	*Heymann Hauser. Moritz Hauser* P.
Georg Heintke	Specereiwaaren	*Heinrich Heintke.*
C. A. Held	Weiss-, Schnitt- u. Kurzw.	*Carl Adolf Held.*
Carl Held	Specerei- u. Manufacturw., Spedition u. Commiss.	*Carl Held.*
M. Heller	Gross- u. Lederhandlung	*Meyer Heller.*
Ludwig Henle	Specereiwaaren	*Ludwig Henle.*
Fr. Xav. Herrmann	Filial-Expedition des Volksblattes und Agentur der Nürnb. Aussteuer Anstalt	*Franz Xaver Herrmann.*

Seb. Heselberger	Schnittwaarenhandlung	*Sebastian Heselberger. Sebast. Heselberger* P.
Georg Höfelein	Seilerwaarenfabr. von Hanfschläuchen, grosses Lager von Manilla-Tischdecken	*Georg Höfelein.*
S. Hohnert & Cie.	Gross- u. Getreidehandl.	*Sebastian Hohnert.*
C. Hohwald	Meubelhandlung	*Christoph Hohwald.*
Ferdinand Huber	Papier- u. Schreibmaterhdl. en gros	*Ferdinand Huber.*
M. Hupeter & Sohn	Landesprod.- u. Colonialwh. u. Liqueurfabrik	*Franz Hupeter. Albert Roth.*
Ed. Jacobi	Liqueur-, Punsch- u. Essigf.	*Edmund Jacobi.*
J. Karl	Pferdehandel	*Johann Karl.*
T. L. Kempff & Sohn	Eisen- u. Geschmeidew.	*Justine Kempff. Johann Brütting* P.
Ch. Kettner jr.	Posamentiergeschäft	*Christoph Kettner.*
E. Kirchdorfer	Südfrüchtenhandlung	*Emil Kirchdorffer.*
Königliche Bayerische Filialbank Regensburg ZN. [HN. Nürnberg]	Bankgeschäfte	*Der bayr. Staat. Disponent im kaufmännischen Verkehre ist der k. Oberbeamte Jac. Bauer. Bankcassier ist F. Hartwich. Bankbuchhalter Franz Wunsch. Die kaufmännischen Fertigungen werden v. d. k. Oberbeamten unter Beidrückung des Siegels unterfertigt, in dessen Verhinderung v. d. k. Bankcassier.*
Gebrüder Koch	Specereiwaaren	*Max Koch.*
Joh. Paul Krämer	Wachsfabrik	*Nicolaus Müller-Krämer.*
Jacob Krippner	Galanterie- u. Spielw.	*Jacob Krippner.*
Landwirthschaftl. Creditanstalt [Actiengesellschaft]	Gewährung von Darlehen u. Vorschüssen auf Personal-Realcredit, Bankgeschäft, Vermittlung von Annuitäten Anlehen	*Vorstand ist die Direction: F. X. Schlag, Vorstand. J. Prestele u. A. Neuffer, Directionsmitglieder. Zur Zeichnung der Firma ist die Unterschrift des Vorstandes u. eines Directionsmitgliedes nöthig.*
J. G. Lauerer	Schnittwaaren u. Spedit.	*Johann Gottlieb Lauerer.*
Paul Jos. Laux	Farb- u. Materialwaaren u. Cementsteinfabrik	*Paul Josef Laux.*
Leixl'sche Apotheke Theodor Breuninger	Adler-Apotheke	*Theodor Breuninger.*
Bernhard Lilienthal	Landesproducten	*Bernhard Lilienthal. Heinrich Lilienthal.*
Lilienthal & Löser	Grosshandlung	*Ignaz Lilienthal. Michael Löser. Die Firma wird von Beiden collectiv gezeichnet.*
A. Lindner vorm. Friedr. Hertsch	Kurz- u. Spielwaaren	*Andreas Lindner.*
J. G. Lintner jr.	Kleiderhandlung	*Johann Georg Lintner.*
Gebrüder Maier Löwi	Holz-Säge u. Gypsmühle	*Jacob Löwi. Adolf Löwi.*
L. S. Ludwig	Grosshandl. Farbwaaren und Landesproducten	*Lorenz Simon Ludwig.*
Johann Lutzenberger	Paramentenhandlung	*Johann Lutzenberger.*
Gebrüder v. Maffei ZN. [HN. München]	Maschinenfabr., Herstellung von Eisenconstruction für Brückenbau	*Joh. Ritter v. Maffei. Carl Friedr. v. Maffei.*
G. J. Manz	Buchhandlung	*Georg Josef Manz. Johann Friedr Knorr* P.
Frz. Jac. Mühleisen	Grosshandl. u. Manufacturw.	*Franz Jacob Mühleisen. Adolf Mühleisen.*
K. Müller & Comp.	Blechwaarenfabrik	*Carl Müller* A. *Georg Süss sen. Andreas Wissmann.*
M. Neuburger's Nachfolger	Schnittwaaren	*Sussmann Bernstein.*
Joh. Ludw. Neumüller	Malzfabrik	*Johann Ludwig Neumüller.*
J. W. Neumüller	Specereiw., Sped. u. Comm., Materialw., Mineralwasserfabrik, Besitzer der Mineralquelle Kondrau bei Waldsassen	*Johann Wolfgang Neumüller.*
G. M. Niedermeyer	Specereiwaaren u. Weinh.	*Theresia Niedermeyer.*
J. G. Niedermeyer	Eisen- u. Geschmeidew.	*Friedrich Niedermeyer.*
L. Nussbaum	Schnittwaaren	*Leopold Nussbaum.*
S. Oberdorfer	Rauhwaaren	*Samuel Oberdorfer. Jacob Weissmann.*
Sigmund Oettinger, Maier Oettinger's Sohn	Bank- u. Wechselgeschäft	*Sigmund Oettinger.*
Carl Pauer	Handlung	*Carl Pauer.*
Georg Jacob Pausch	Schnittwaaren	*Georg Jacob Pausch.*
A. Pinapfel & Förstl	Kleiderhandlung	*Andreas Pinapfel. Johann Bapt. Förstl.*

Frz. Poschinger	Steinkohlenhandlung	*Franz Poschinger.*
Eduard v. Preisslinger	Zündwaarenfabrik	*Eduard v. Preisslinger.*
Friedrich Pustet	Buchhandlung u Maschinenpapierfabr. in Alling	*Friedrich Pustet. Carl Pustet.*
Fr. Pustet jr.	Buchhandlung	*Friedrich Pustet.*
J. J. Rehbach	Bleistiftfabrik	*Friedrich Hendschel. Friedrich Rehbach.*
Emanuel Rein	Grosshandlung	*Emanuel Rein.*
Joh Renner	Schnittwaaren	*Johann Renner.*
A. J. Rentsch & Eidam	Specerei- u. Farbwaaren	*Georg Hagen.*
Friedr. Ritter	Specereiwaaren	*Friedrich Ritter.*
Anton Romanino	Specerei- und italienische Waaren	*Anton Romanino.*
Nicolaus Romanino	Spec.-, Farb- u. italienische Waaren, Sped. u. Com.	*Heinrich Peter.*
Hermann Gottl. Roscher	Grosshandlung u Producte, Fensterglasfabr. zu Riedlhütte	*Hermann Gottlieb Roscher. Arthur Roscher* **P.**
Albert Roth	Specerei-, Mater.- u. Farbw.	*Albert Roth.*
J. C. H. Rümmelein	Colonialwaaren u. böhmische Producte, Sped., Incasso, Besitzer v. Schneidesägen, Holz- u. Brettergeschäft	*Friedrich Anton Theodor Rümelein. Margarethe Rümelein.*
C. L. Runzler	Spiritusfabrik	*Christian Ludwig Runzler. Herm. Runzler* **P.** *Rudolf v. Stefenelli* **P.**
J. M. Schad	Essigfabrik	*Johann Mathäus Schad.*
C. Schmal	Kunst- u. Schreibmaterh.	*Crescentia Schmal.*
Andreas Schmauss	Maschinen u. Haushaltungsg.	*Andreas Schmauss.*
Schmidt & Sohn	Grosshandlg. in Fasshölzern u. ungarisch. Weinen	*Paul Schmidt. Gottlieb Schmidt. Eduard Fritz* **P.**
G. A. Schöpf	Eisen- u. Geschmeidew.	*Georg Adam Schöpf.*
Georg Schönmann	Weisswaaren	*Georg Caspar Schönmann.*
Michael Schreiner	Detailhandl und Strumpfw. u. Fischerhandschuh-Manufactur	*Michael Schreiner.*
C. Schuller	Leinen- u. Baumwollw.	*Christoph Schuller.*
B. Schwabacher	Handlung	*Bernhard Schwabacher.*
Leopold Schwabacher	Schnittwaaren	*Jonas Schwabacher.*
Isaac Schwarzhaupt	Schnittwaaren	*Isaac Schwarzhaupt.*
M. Schwarz	Eisen- u. Geschmeidewaaren	*Johann Michael Schwarz.*
M Schwarzhaupt & Comp.	Schnittwaaren	*Michael Schwarzhaupt. Emanuel Schwarzhaupt.*
Philipp Schwarzhaupt	Schnittwaaren	*Philipp Schwarzhaupt.*
Anton Schweitzer's Söhne	Holzhandl., Eigenthümer der Dampfsäge Regenstauf	*Balthasar Schweitzer. August Schweitzer. George Schweitzer.*
Joh. Ant. Schwerdtner	Porcellan- u. Steingutf.	*Joh. Anton Schwerdtner. Otto Schwerdtner* **P.**
J. D. Seyboth	Seilerei	*Josef David Seyboth.*
M. Silbermann	Specereiwaaren	*Maier Silbermann.*
G. F. Siller	Pianofortefabrik	*Georg Friedrich Siller.*
H. W. Sondermann sel. Wwe.	Schreibmaterialien	*Regina Sondermann.*
Johann Gottfried Spachholz	Schnittw. u. Kirchenstoffe	*Konrad Spachholz. Jacob Pühler.*
Max Speiseder	Damenputzhandlung	*Max Speiseder.*
Hans Stadelbauer	Getreide- u. Producteng.	*Hans Stadelbauer.*
J. A. Stadlberger	Schnittwaaren	*Johann Michael Neumayer.*
J. A. Stirner	Zündholz- u. Wichsfabrik	*Johann Adolf Stirner.*
F. X. Strasser	Specerei- u. Colonialwaaren, Wein- u. Cigarrenh.	*Franz Xaver Strasser.*
Joh. Strobel	Weisswaaren	*Heinrich Strobel.*
Mayer Sundheimer	Tuch- u. Modewaaren	*Maier Sundheimer. Simon Isaac Sundheimer* **P.**
A. C. Thanneman	Kurzwaaren, Merceriew.	*Andreas Carl Thannemann.*
Joh. W. Tröger	Specereiwaaren, Spedit. und Com u Wechselbank	*Friedrich Hartlaub.*
M. Uhlfelder	Bankgeschäft	*Moritz Uhlfelder.*
Sigmund Uhlfelder jr.	Schnittwaaren	*Sigmund Uhlfelder.*
J. B. Urwan	Kleidermagazin	*Johann Baptist Urwan.*
Waffler & Cie.	Porcellan- u. Steingutf.	*Heinrich Waffler sen. Heinrich Waffler jr.*
J. L. Weiss & Söhne	Garn, Band u. Kurzwaaren en gros	*Aaron Weiss. Jacob Weiss.*

S. Wertheimber & Cie.	Bankgeschäft	*Salomon Wertheimber. Wolf Wertheimber.*
Brüder Wetzler	Getreidehandlung	*Simon Wetzler. David Funk* **P.**
Wiener & Cie. [Commanditges.]	Bankgeschäfte	*Nathan Wiener. Wilhelm Boscowitz. Simon Wiener. Persönlich haftende Gesellschafter.*
Jacob Wiener	Grosshandl. u. Manufacturw.	*Jacob Wiener. Abraham Wiener.*
S. Wiener	Manufacturwaaren	*Anton Wiener. Hugo Brüll* **P.**
P. G. Wintermayer	Spec.- u. Farbw., Landespr.- u. Samengesch. en gros	*Paul Georg Wintermayer.*
J. M. Wolff	Spiritus- u Liqueurfabr.	*Johann Mathias Wolff.*
Wilhelm Wunderling	Sortimentsbuch- und Kunsth.	*Wilhelm Wunderling.*
Fr. Zendel'sche Tuchfabrik	Tuchfabrik	*Nicodemus Hofmeier.*

Regenstauf. 1798 Einwohner. LG. Regenstauf. BG. u. HG. Regensburg.
Advokaten: s. Regensburg. **Notar:** Josef Weigert in Regenstauf.

Eisenhut	Handlung	*Michael Eisenhut.*
Gottlieb Hagn	Handlung	*Gottlieb Hagn.*
Ignatz Karl	Specereiwaaren	*Ignatz Karl.*
C. Irlbeck	Specereiwaaren	*Karl Irlbeck.*
Joseph Wüst	Specereiwaaren	*Josef Wüst.*

Regenstein. LG. Kötzting. BG. Straubing. HG. Landshut. **Advokaten**: s. Straubing. **Notar** s. Kötzting.

A. M. Schmidt, Holzzeugfabrik Regenstein	Holzzeugfabrik	*Auguste Schmidt. Max Schmidt* **P.** *Carl von Hartz* **P.**

Rehau. 1017 Einwohner. LG. Rehau. BG. u. HG. Hof.
Advokaten s. Hof **Notar**. s. Rehau.

Joseph Hertel	Liqueurf. u. Specereiw.	*Josef Hertel.*
Leonhard Pfeiffer HN. [ZN. Schwarzenbach a. S.]	Apotheke	*Leonhard Pfeiffer.*
J. P. Wunderlich	Eisenhandlung	*Johann Peter Wunderlich. Johann Erhardt Wunderlich* **P.**

Rehborn. 1086 Einwohner. LG. Obermoschel. BG. u. HG. Kaiserslautern.
Advokaten: s. Kaiserslautern. **Notar**: s. Obermoschel.

Schmidt Jacob V	Oelmühle	*Jacob Schmidt V.*
Schmidt Jacob VI	Handelsmühle	*Jacob Schmidt VI.*
Schmidt Martin III	Oelmühle	*Martin Schmidt III.*

Rehweiler. 535 Einwohner. LG. Kusel BG. u. HG. Kaiserslautern.
Advokaten: s. Kaiserslautern **Notar**: s. Kusel.

Breith J.	Mahl- u. Oelmühle	*Jacob Breith.*
Ehr. Nicolaus von	Landkrämerei	*Nicolaus von Ehr.*
Kurz Ludwig	Krämerei	*Ludwig Kurz.*

Reichelsdorf. 245 Einwohner. LG. Schwabach. BG. u. HG. Fürth.
Advokaten: s. Fürth. **Notar:** s. Schwabach.

Dr. E. v. Furtenbach	Fabrik zur Darstellung chemischer Producte	*Dr. Emil v. Furtenbach.*
Johann Röschlein	Specereiwaarenhandlung	*Johann Röschlein.*

Reichenau. LG. Vohenstrauß. BG. Weiden. HG. Amberg.
Advokaten s. Weiden **Notar**. s. Vohenstrauss.

Joh. Wolf	Specereiwaaren	*Johann Wolf.*

Reichenbach. 560 Einwohner. LG. Landstuhl. BG. u. HG. Zweibrücken.
Advokaten s. Zweibrücken. **Notar**. s. Landstuhl.

H. Braun	Färberei	*Heinrich Braun.*
C. Cappel	Specereiwaaren	*Carl Cappel.*
Carl Göttel	Gerberei	*Carl Göttel.*
Theobald Retz	Specereiwaarenhandlung	*Theobald Retz.*

Reichenhall. 3071 Einwohner. LG. Reichenhall. BG. Traunstein. HG. München r. J.
Advokaten: s. Traunstein. **Notar:** A Wagenbauer.

J. Duschl	Galanterie- u. Holzschnitzwaarenfabrik	*Johann Duschl*
Anton Fiegl	Weberei	*Anton Fiegl.*
M. Grundner	Mechanische Strumpfwf.	*Michael Grundner.*
Mayr'sche Buchhandlung ZN. [HN. Salzburg]	Buchhandlung	*Max Wilhelm Rein, Buchhändler in Salzburg*
Cement-u Gypsfabrik Leopoldsthal Neuner & Schader	Cement- u. Gypsfabrik	*Edmund Neuner Christian Schader.*

H. Primavesi	Galanterie-Kurzwaaren	*Honorat Primavesi.*
F. A. Wassermann vorm. Wallner	Specerei- u. Schnittw, Eisen	*Franz Anton Wassermann.*
Jos. Zaunmayr	Specerei- u. Schnittwaaren, Seifensiederei	*Jos. Zaunmayr.*
Anton Zellner sel. Wwe.	Specerei- u. Schnittwaaren.	*Maria Zellner Wwe.*

Reichertshofen. LG. Neuburg a. D. BG Donauwörth. HG. Augsburg.
Advokaten s Donauwörth. **Notar** s Neuburg a. D.

Franz X. Kaiser	Handlung	*Franz Xaver Kaiser.*
Josef Kellermann	Handlung	*Josef Kellermann.*
Ursula Schlampp	Handlung	*Ursula Schampp Wwe.*

Reichmannsdorf. 635 Einwohner. LG Burgebrach. BG. u. HG. Bamberg.
Advokaten s Bamberg **Notar:** s Burgebrach.

Joseph Ehrlich	Handlung	*Joseph Ehrlich.*
Joseph Schwed HN [ZN. Bamberg]	Landesproducten en gros u. en detail, Eisen u. Schnittwaaren-, Essig- u. Spirituosen- u. Mehlgeschäft	*Joseph Schwed.*
Joseph Worstmann jr.	Handlung	*Joseph Worstmann.*

Reifelbach. LG Lauterecken. BG. u. HG. Kaiserslautern.
Advokaten: s. Kaiserslautern. **Notar** s. Lauterecken.

Berg Gebrüder	Steinkohlenbergwerk	*Carl u. August Berg.*

Reinheim. 1387 Einwohner. LG., BG. u. HG. Zweibrücken.
Advokaten u **Notare** s. Zweibrücken.

J. A. Kessler	Handelsmühle	*Johann Adam Kessler.*
Johann Rohr	Spacereihandlung	*Johann Rohr.*
M. Simon	Oelmühle	*Michael Simon.*
Andreas Wack	Rothgerberei	*Andreas Wack.*
Heinrich Wack	Specereihandlung	*Heinrich Wack.*

Reisbach. 705 Einwohner. LG Dingolfing. BG. u. HG. Landshut.
Advokaten s. Landshut. **Notar:** s. Dingolfing.

Jos. Mausrieder	Specerei- u. Schnittw. und Pfragnerei	*Josef Mausrieder.*
Joseph Salisko	Specerei- u. Schnittw.	*Josef Salisko.*
F. X. Schropp	Specereiwaaren	*Franz Xaver Schropp.*
Peter Schröder	Tuchfabrik	*Peter Schröder*
Josef Seidl	Specerei-, Schnitt- und Geschmeidewaaren	*Josef Seidl.*

Reistenhausen. LG. Stadtprozelten. BG. u. HG Aschaffenburg.
Advokaten s. Aschaffenburg. **Notar** s. Stadtprozelten.

Otto Arnold	Specereiwaarenhandlung	*Otto Arnold.*

Reitzenstein. 360 Einwohner. LG. Naila BG. u HG. Hof.
Advokaten s. Hof. **Notar** s. Naila.

Christian Münch	Specereiwaaren	*Johann Christian Heinrich Münch.*
Johann Heinrich Pültz	Specereiwaarenhandlung	*Johann Heinrich Pültz.*

Remlingen. 1220 Einwohner. LG. Marktheidenfeld. BG. Lohr. HG. Würzburg.
Advokaten s. Lohr. **Notar:** s. Marktheidenfeld.

C. W. Barnickel	Apotheke	*Carl Wilhelm Barnickel.*
J. F. Leichtlein	Specereiwaarenhandlung	*Johann Friedrich Leichtlein.*
Joh. Bernh. Seitz	Specerei-, Schnitt- u. Kurzwaarenhandlung	*Johann Bernhard Seitz.*

Rennweg. LG., BG. u. HG. Nürnberg. **Advokaten** u. **Notare:** s. Nürnberg.

J. N. Adam & Cie.	Handlung	*Georg Friedrich Adam. Gabriel Adam.*

Rentweinsdorf. LG. Baunach BG. u. HG. Schweinfurt.
Advokaten s. Schweinfurt. **Notar:** s. Baunach.

Ferdinand Solger	Käsefabrik	*Ferdinand Solger.*

Repperndorf. 557 Einwohner LG Kitzingen. BG. u. HG. Würzburg.
Advokaten: s. Würzburg. **Notar** s. Kitzingen.

J. V. Schlossnagel	Weinhandlung	*Johann Valentin Schlossnagel.*

Rettenbach. 464 Einwohner. LG. Ottobeuren. BG. u. HG. Memmingen.
Advokaten s. Memmingen. **Notar:** Michael Brunner in Ottobeuren.

J. Feneberg	Specerei- u. Schnittwaarenh.	*Josef Feneberg.*

Reuth. LG. Forchheim. BG. u. HG. Bamberg. **Advokaten** s. Bamberg **Notar:** s. Forchheim.

J. Aumüller's Kunstmühle	Kunstmühle	*Jacob Aumüller.*

Reutin. LG. Lindau. BG. u. HG. Kempten. **Advokaten** s. Kempten. **Notar:** s. Lindau.

Gebrüder Schmid & Comp.	Seidenfoulards u. Druckerei	*Rudolf Schmid. Heinrich Schmid. Gustav Kauth.*

Rheingönnheim. 1438 Einwohner. LG. Ludwigshafen. BG. u. HG. Frankenthal.
Advokaten: s. Frankenthal. **Notar** s. Ludwigshafen.

Baumann & Frey	Handlung	*Christoph Frey. Georg Philipp Baumann. Carl Frey* P.
A. Blüm	Backstein- u. Feldbrennerei	*Anselm Blüm.*
Carl Frey	Mühle	*Carl Frey.*
S. Hirsch	Handlung	*Salomon Hirsch.*
Philippina Hoffmann Wb.	Specereiwaaren	*Philippina Hoffmann.*
Koch & Frey HN. [ZN. Mannheim]		*Johann Karl Friedrich Koch. Carl Philipp Frey.*
Peter Riedel	Specereiwaaren	*Peter Riedel.*
J. Schmidt	Specereiwaaren	*Philipp Jacob Schmidt.*

Rheinzabern. 2005 Einwohner. LG. Kandel. BG. u. HG. Landau.
Advokaten: s. Landau. **Notar** s. Kandel

Jacob Antoni [Rheinzaberer Obermühle]	Mahl-, Oel- u. Gypsmühle	*Georg Jacob Antoni. Georg Jacob Antoni* P.
Silvester Bumiller	Specereiwaaren	*Sylvester Bumiller.*
Theodor Bumiller	Specerei-, Galanterie-, Kurz- u. Eisenwaaren- u. Petroleumlampenhandlung	*Theodor Bumiller.*
F. Xav. Pfeiffer	Landesproductenhandlung	*Franz Xaver Pfeiffer.*

Rhodt. 1565 Einwohner. LG. Edenkoben. BG. u. HG. Landau.
Advokaten s. Landau **Notar:** s. Edenkoben.

F. Mich. Seitz VIII	Essigfabrik u. Branntweinbrennerei	*Johann Michael Seitz VIII.*
Ph. G. Steigelmann	Essigfabrik u. Branntweinbrennerei	*Johann Gabriel Steigelmann.*
G. Theobald	Weinhandlung	*Georg Ludwig Theobald.*

Ried. LG. Friedberg. BG Aichach. HG. München I. J.
Advokaten s. Aichach. **Notar** s. Friedberg.

Georg Wolf	Krämerei	*Georg Wolf.*

Riedelberg. 438 Einwohner. LG. Hornbach. BG. u. HG. Zweibrücken.
Advokaten s. Zweibrücken. **Notar** s. Hornbach.

Christian Wolff	Handlung	*Christian Wolff.*

Rieden. LG. Friedberg. BG. Aichach. HG. München I. J.
Advokaten: s. Aichach. **Notar** s. Friedberg

Joh. Strasser	Krämerei	*Johann Strasser.*

Rieden. LG. Arnstein. BG. u. HG. Schweinfurt. **Advokaten** s. Schweinfurt. **Notar** s. Arnstein

Bernard Oestreicher	Gemischte Waaren	*Bernhard Oestreicher.*

Rieden. LG., BG. u. HG. Amberg. **Advokaten** u. **Notare:** s. Amberg.

Jacob Stettner	Specereiwaaren	*Jacob Stettner.*

Rieden. LG., BG. u. HG. Kempten. **Advokaten** u. **Notare:** s. Kempten.

Frz. Jos. Fromknecht	Specerei- u. Schnittwaarenh.	*Franz Josef Fromknecht.*

Rieden. LG. Sonthofen. BG. u. HG. Kempten. **Advokaten:** s. Kempten. **Notar** s. Sonthofen.

Gebrüder Bader	Nagelhandlung	*Magnus Bader. Anton Bader. Conr. Bader*

Riedenburg. 1423 Einwohner. LG. Riedenburg. BG. u. HG. Regensburg.
Advokaten s. Regensburg. **Notar** J. N. Sölch.

Michael Doberneck	Seifenfabrik	*Michael Doberneck.*
Michael Halbritter	Holzhandlung u. Bierbrauer.	*Michael Halbritter.*
Ferd. Karl	Specereihandlung	*Ferdinand Karl.*
J. N. Kleber	Apotheke	*Johann Nepomuk Kleber.*
Georg Kobl	Holz- u. Gypshandlung	*Georg Kobl.*
Johann Lochner	Strumpf- u. Wollenfabrik	*Johann Bapt. Lochner.*
Johann Nigl	Getreide-, Holz-, Gyps- und Steinkohlenhandlung	*Johann Nigl.*

J. B. Plazotta	Specerei- u. Schnittwaaren, u. Eisenhandlung	*Johann Baptist Plazotta.*
Lorenz Pöpel	Holzhandlung	*Lorenz Pöpel.*
Jos. Reischer	Eisenhandlung	*Josef Reischer.*
Ant. Romanino	Specerei- u. Schnittwaaren u. Eisenhandlung	*Anton Romanino.*
Peter Rosenzweig sel. Wwe.	Tuch- u. Lodenwaarenh.	*Karoline Rosenzweig.*
Joseph Schinn	Krämerei	*Joseph Schinn.*
Joseph Schneider	Gerberei, Holz, Getreide- u. Gypshandlung	*Joseph Schneider.*
J. Stauber	Gemischte Waaren	*Joseph Stauber.*

Riedhirsch. LG. Weiler. BG. u. HG. Kempten. **Advokaten:** s Kempten. **Notar:** s. Weiler.

F. Ant. Mader	Weinhändler	*Franz Anton Mader*

Rieneck. LG. Gemünden. BG. Lohr. HG. Würzburg. **Advokaten:** s. Lohr. **Notar:** s. Gemünden.

Isaak Neugass	Handlung	*Isaak Neugass.*

Rieschweilermühle. LG. Pirmasens. BG. u. HG. Zweibrücken. **Advokaten** s. Zweibrücken. **Notar** s. Pirmasens.

Carl Isemann's Wwe.	Mühle	*Katharina Isemann. Carl Isemann* P.
Jacob Sties HN. [ZN. Dusenbrückermühle]	Handelsmühle	*Jacob Sties. Jacob Sties* P. *Heinrich Sties* P. *Christian Sties* P.

Rimschweiler. 397 Einwohner LG. Hornbach. BG u. HG. Zweibrücken. **Advokaten** s. Zweibrücken. **Notar:** s. Hornbach

Jacob Becker	Specereiwaaren	*Jacob Becker.*
Jacob Gölzer	Specereiwaaren	*Jacob Gölzer.*
Georg May	Specereiw. u. Holzh.	*Georg May.*

Rinchnach. LG. Regen. BG. Deggendorf. HG. Passau. **Advokaten** s. Deggendorf. **Notar** : s. Regen.

Georg Katzdobler	Handlung	*Georg Katzdobler.*

Rinenthal. LG. Friedberg. BG. Aichach. HG. München I. J. **Advokaten:** s. Aichach. **Notar** s. Friedberg

Thom. Menzinger	Krämerei	*Thomas Menzinger.*

Rinpar. 1939 Einwohner. LG. Würzburg r. M. BG. u. HG. Würzburg. **Advokaten** u. **Notare:** s. Würzburg.

S. Gundersheim	Specereiwaaren	*Samuel Gundersheim.*
J. Kleinmann	Schnittwaarenhandlung	*Isaac Kleinmann.*
B. S. Schwab	Specereiwaaren	*Baruch Salomon Schwab.*

Rittersheim. 273 Einwohner LG. Kirchheimbolanden. BG. u. HG. Kaiserslautern. **Advokaten:** s. Kaiserslautern. **Notar:** s. Kirchheimbolanden.

Bloch Dorothea	Handlung	*Dorothea Bloch.*
Steuerwald Daniel	Handelsmühle	*Daniel Steuerwald.*
Zepp W.	Handelsmühle	*Wilhelm Zepp.*

Rockenhausen. 1943 Einwohner. LG. Rockenhausen BG. u. HG. Kaiserslautern. **Advokaten** s. Kaiserslautern. **Notar** C. Hoseus. C. L. Seel. L. Vogel

Bauss F.	Gerberei	*Franz Adam Bauss.*
P. H. Bettetino	Gemischte Waaren	*Peter Anton Bettetino.*
Boos Heinr.	Specerei-, Kurz-, Eisen-, Porcellan- u. Glashdl.	*Heinrich Boos.*
Grill C.	Gerberei	*Karl Grill.*
Kühner F.	Bierbrauerei	*Franz Georg Kühner.*
Wittmann Joh. Gotth.	Apotheke	*Johann Gotthard Wittmann.*
Wittmann Wilh.	Apotheke	*Wilhelm Wittmann.*

Rodalben. 1379 Einwohner. LG. Pirmasens. BG. u. HG. Zweibrücken. **Advokaten** s. Zweibrücken. **Notar:** s. Pirmasens.

Heinrich Bär	Handlung	*Heinrich Bär.*
Gebrüder Bloch	Eisenwaaren u. Gusseisenh.	*Lazarus Bloch jr.*
Jacob Bloch	Viehhandel	*Jacob Bloch.*
Franz Bossong	Krämerei u. Stärkfabrik	*Louise Bossong.*
Georg Carra [Apostelmühle]	Papier-Mühle	*Georg Carra.*
Carl Ehrenreich jr.	Krämerei	*Carl Ehrenreich jr.*
Daniel Isemann	Mühle	*Daniel Isemann.*
Alexander Kahn	Viehhandel	*Alexander Kahn.*

Lazarus Kahn	Specereiwaaren	*Lazarus Kahn.*
Judas Kern	Viehhandel	*Judas Kern.*
Franz Matheis	Handlung	*Franz Matheis.*
Wilhelm Michel	Krämerei, Bäckerei, Eisenh. u. Wirthschaft	*Wilhelm Michel.*
Abraham Samuel	Viehhandel	*Abraham Samuel.*
Philipp Schlemmer	Gerberei u. Oelmühle	*Philipp Schlemmer.*
Schohl Wilhelm	Manufactur-, Specerei- und Kurzwaaren	*Wilhelm Schohl.*

Roding. 1352 Einwohner. LG. Roding. BG. Neunburg v. W. HG. Regensburg.
Advokaten: s. Neunburg v. W **Notar:** s. F. X. Buchner.

Georg Bierlbauer	Specerei- u. Schnittwaaren	*Georg Bierlbauer.*
J. A. Frauendorfer	Eisen- u. Geschmeidewh.	*Johann Adam Frauendorfer.*
Joh. Grüneis	Tuchhandlung	*Johann Grüneis.*
Johann Ippisch	Handlung	*Johann Bapt. Schmidbauer.*
Kajetan Köstler	Specerei- u. Schnittwaaren	*Cajetan Köstler.*
A. Lang	Specerei- u. Schnittwaaren	*Anton Lang.*
Anton Meier	Specerei- u. Schnittwaaren	*Anton Meier.*
Gg. Praun	Specerei- u. Schnittwaaren	*Georg Praun.*
Christian Strassburger	Eisen- u Geschmeidewh.	*Christian Strassburger.*

Rödelmaier. LG. u. BG. Neustadt a S. HG. Schweinfurt. **Advokaten** u. **Notare:** s. Neustadt a. S.

Lippmann Rosenbaum	Landkramhandlung	*Lippmann Rosenbaum.*
Marcus Weinstock	Gemischte Waaren	*Markus Weinstock.*

Rödelsee. LG. Kitzingen. BG. u. HG. Würzburg. **Advokaten** s. Würzburg. **Notar:** s. Kitzingen.

Joseph Stern	Schnitt- u. Specereiwhdl.	*Joseph Stern.*

Rödersheim. 847 Einwohner. LG. Dürkheim. BG. u. HG. Frankenthal.
Advokaten s. Frankenthal. **Notar** s. Dürkheim.

Jacob Blette	Krämerei	*Jacob Blette.*
Isaac Heim	Handlung	*Isaac Heim.*
Löwe & Eschellmann	Handlung	*Emil Löwe. Peter Eschellmann.*
Benjamin Reiss	Getreidehandlung	*Benjamin Reiss.*
S. Reiss	Specereihandlung	*Salomon Reiss*

Röhrenhof. LG. Berneck BG. u. HG. Bayreuth. **Advokaten:** s. Bayreuth. **Notar** s. Berneck.

J. L. Georg Geyer	Waffenhammerwerk	*Johann Leonhard Georg Geyer.*

Röhrnbach. 385 Einwohner. LG. Freyung. BG. u. HG. Passau.
Advokaten: s Passau **Notar** s. Freyung.

Ernst Pfreimter	Gemischte Waaren u. Gastwirthschaft	*Ernst Pfreimter.*
H. Wagner	Gemischte Waaren	*Heinrich Wagner.*

Röckingen. LG. Wassertrüdingen. BG. u. HG. Ansbach. **Advokaten:** s. Ansbach **Notar** s Wassertrüdingen.

Paul Eisen	Specereiwaarenhandlung	*Johann Paulus Eisen.*

Röllbach. LG. Klingenberg. BG. u. HG. Aschaffenburg.
Advokaten s. Aschaffenburg. **Notar:** s. Klingenberg.

Bär Rosenstock	Specerei- u. Schnittwh.	*Bär Rosenstock.*

Röthenbach. LG. Hilpolstein. BG. u. HG. Amberg.
Advokaten s. Amberg. **Notar** s. Hilpolstein.

H. v. Grafenstein, Glasperlfabrik	Glasperlenfabrik	*Hermann v Grafenstein.*

Röthenbach. 287 Einwohner. LG. Altdorf. BG. u. HG. Nürnberg.
Advokaten s. Nürnberg. **Notar:** s. Altdorf

Springer & Rosenthal	Papierfabrik	*Wilhelm Springer. Louis Rosenthal.*

Röthlein. LG., BG. u. HG. Schweinfurt. **Advokaten** u. **Notare** s. Schweinfurt

Ludwig Then	Specereihandlung	*Ludwig Then.*

Röttbach. 200 Einwohner. LG. Stadtprozelten. BG. u. HG Aschaffenburg.
Advokaten: s. Aschaffenburg. **Notar:** s Stadtprozelten

Johann Schäfer	Handlung	*Johann Schäfer.*

Röttenbach bei Sft. Wolfgang. LG. Schwabach BG u. HG Fürth.
Advokaten s. Fürth **Notar:** s. Schwabach

Eugen Lehnhoff	Handlung	*Eugen Lehnhoff.*

Röttingen. 1260 Einwohner. LG. Aub. BG. u HG. Würzburg.
Advokaten s. Wurzburg **Notar:** s Aub.

K. Karl	Handlung	*Kilian Karl.*
J. Schilling	Apotheke	*Julius Schilling.*
Th. Schwarzmann	Specerei-, Schnitt-, Eisen-, Porcellan-, Glas- u Kurzwaarenhandlung	*Theodor Schwarzmann.*
Georg Carl Seubert	Specerei- u. Schnittwh.	*Georg Carl Seubert.*

Rötz. 1814 Einwohner. LG. Waldmünchen. BG Neunburg v. W. HG. Regensburg.
Advokaten: s. Neunburg v. W **Notar:** s. Waldmunchen.

Anton Abler	Geschmeidewaarenhdl.	*Anton Abler.*
Joseph Balk	Handlung	*Joseph Balk*
Franz Binhack	Handlung	*Josef Andreas Mayerhofer.*
Franz Killermann	Specereiwaaren	*Franz Killermann.*
Joseph Lehmer	Specereiwaaren	*Josef Lehmer.*
Joh. Nothaas	Specerei- u. Eisenhdlg	*Johann Nothaas.*
Joseph Reisinger	Eisenwaarenhandlung	*Josef Reisinger. Michael Reisinger* **P.**
J. G Riederer	Specerei- u. Tabakfabrik	*Johann Georg Riederer.*
Niclas Rötzer	Specerei- u Leinenhdl.	*Magdalena Rötzer*
Nicolaus Schmidtler	Specereiwaaren	*Nicolaus Schmidtler.*

Roggenburg. 150 Einwohner. LG. Weißenhorn. BG. u. HG. Memmingen.
Advokaten s. Memmingen. **Notar:** Ign. Weinhardt in Weissenhorn.

B. Greiter	Specerei- u. Schnittwaaren	*Bartholom. Greiter.*

Rohrbach. 110 Einwohner LG. Blieskastel. BG. u. HG Zweibrücken.
Advokaten s. Zweibrücken. **Notar** s Blieskastel.

Valentin Bohnert	Specereihandlung	*Valentin Bohnert.*
Peter Haberer	Kurzwaarenhandlung	*Peter Haberer.*
Peter Hauck	Handelsmühle	*Peter Hauck.*
Heinrich Klam	Handlung	*Heinrich Klam.*
Johann Nicolaus Michaeli	Handlung	*Johann Nicolaus Michaeli.*
Johann Wagner	Specereiwaaren	*Johann Wagner.*
Philipp Wagner	Mehlhandlung	*Philipp Wagner.*

Rohrbach. 1256 Einwohner. LG. Bergzabern. BG. u. HG. Landau.
Advokaten s. Landau **Notar:** s Bergzabern.

Braun & Remy	Steingeschirrfabrik	*Heinrich Braun. Johann Remy.*

Roggenstein. LG. Vohenstrauß. BG. Weiden. HG Amberg.
Advokaten s Weiden. **Notar:** s. Vohenstrauss

Johann Rauch	Specereiwaaren	*Johann Rauch*

Ronsberg. LG. Obergünzburg. BG. u. HG. Kempten. **Advokaten:** s. Kempten **Notar** s. Obergünzburg.

J. Bapt. Hall	Papierfabrik	*Johann Baptist Hall.*

Roschbach. 566 Einwohner. LG Edenkoben. BG. u. HG. Landau.
Advokaten: s. Landau **Notare:** s. Edenkoben.

Joseph Kern	Beinschwarzfabrik	*Johann Joseph Kern.*
M J. Kern	Weinhandlung	*Michael Joseph Kern.*

Rosenau bei Passau. LG. Passau I. BG. u. HG. Passau.
Advokaten u. **Notare:** s. Passau.

Dressel, Kister & Cie.	Handlung	*Julius Hoffmann. Wilhelm Lenk* **A.** *Friedrich Stöger* **P.**

Rosenhammer. LG. Weidenberg. BG. u. HG. Bayreuth.
Advokaten s Bayreuth. **Notar.** s Weidenberg

Peter Friedrich	Papierfabrik	*Johann Peter Friedrich.*

Rosenheim. 5398 Einwohner. St. u. LG. Rosenheim. BG. Traunstein. HG. München r. J.
Advokaten s Traunstein. **Notar** J. Feger. C. Schlosser.

J. B. Aehleitner	Spielw. u. Regenschirmf.	*Johann Baptist Aehleitner.*
Joh. Bapt. Art	Specerei- u. Schnittwaaren	*Joh. Bapt. Art.*
Gebr. A. Beilhack	Maschinenf., Eisen, Kupferhammerwerk, Schleifmühle	*Anton Beilhack* **A.** *Martin Beilhack.*
E. Huber'sche Buchhandlung Rudolf Bensegger	Buchhandlung	*Rudolf Bensegger.*
Max Bram	Säcklerwaaren	*Max Bram.*
Gg. Buchauer	Specerei-, Schnitt- u. Materialwaaren	*Georg Buchauer.*

Firma	Geschäft	Inhaber
J. B. Buchberger	Specerei- u. Schnittwaaren	*Karl Wörndle.*
X. Daumann	Goldarbeiter	*Franz Xaver Daumann.*
D. Eisenmann	Krämerei	*David Eisenmann.*
Gg. Ernst	Specerei- u. Schnittwaaren	*Georg Ernst.*
Georg Ewald	Eisenhandl u. Schlosserei	*Johann Georg Ewald.*
Ignaz Fastlinger	Weberei	*Ignaz Fastlinger.*
Michael Fischgangl	Bettfedernhandlung	*Michael Fischgangl.*
Andr. Forstner	Gerberei	*Andreas Forstner.*
S. Fortner jun.	Weinhandlung	*Simon Fortner jun.*
A. Grabichler	Cigarren u. Specereiw.	*Andreas Grabichler.*
S. Högner	Specerei-, Schnitt-, Farb- u. Kurzwaaren	*Seraphin Högner.*
M. Hornstein	Uhrenhandlung	*Michael Hornstein.*
J. A. Huber	Seilerw. u Hanfhdlg.	*Joseph Anton Huber. Joseph Huber* **P.**
G. Kagerer	Messerschmiede	*Georg Kagerer.*
Johann Klepper	Kleidermagazin	*Joh. Klepper.*
F. Killer	Specerei- u. Schnittwaaren	*Ferdinand Killer.*
E. Köchel	Dampfsäge	*Eugen Köchel.*
Anton Koch		*Anton Koch.*
Isidor Kotter	Krämerei	*Isidor Kotter.*
Getreide-Kunstmühle in Rosenheim	Kunstmühle	*Actiengesellschaft. Vorstand Peter Weiss. Stellvertr. Adolf Himmer. Leonh. Henzel* **P.**

Diese setzen ihre Namen unter Angabe ihrer Eigenschaft unter die Firma.

Firma	Geschäft	Inhaber
J. Leidl	Nadlerwaaren	*Joseph Leidl.*
Max Lenner	Specerei- u. Schnittwaaren	*Max Lenner.*
Frz. Metzger		*Franz Paul Metzger.*
Frz. Metzger	Bortenmacher u. Posamentiergeschäft	*Frz. Metzger.*
Jos. Meyer		*Jos. Meyer.*
Gg. Mittermayer	Weberei	*Gg. Mittermayer.*
M. Niedermayr	Buchdruckerei und Verlagsbuchhandlung und Verlag des Rosenheimer Amtsblattes	*Michael Niedermayr.*
Joh. Bapt. Pölz	Kürschnerwaaren	*Joh. Bapt. Pölz.*
P. J. Reindl	Commissionsbureau	*Philipp Jacob Reindl.*
Sebastian Römmersperger	Sattlerei u. Wagenfabrik	*Seb. Römmersperger.*
Seb. Ruedorffer	Lebzelter u. Wachzieherw	*Seb. Ruedorffer.*
A. Schauer	Specerei- u. Schnittwaaren	*Alois Schauer.*
Jos. Schreyer	Weissbierbrauerei u. Weinwirthschaft	*Joseph Schreyer.*
L. Stadler	Specerei-, Schnitt- u. Tuchh.	*Lorenz Stadler.*
Th. Steinböck	Bierbrauerei	*Thomas Steinböck.*
Theod. Ströbel	Conditorei	*Theodor Ströbel.*
N. T. Stummbeck	Eisenh., Hammerwerk und Schleifpoliermühle	*Johann Bapt. Stummbeck Nicol. Stummbeck.*
A. Wesner	Seifensiederei	*Andreas Wesner.*

Roßbach. LG. Friedberg. BG. Aichach. HG. München I. J.
Advokaten s. Aichach. **Notar:** s. Friedberg.

Firma	Geschäft	Inhaber
Joseph Johann	Krämerei	*Joseph Johann.*

Roßbach. LG. Wolfstein. BG. u. HG. Kaiserslautern.
Advokaten s. Kaiserslautern. **Notar:** s. Wolfstein.

Firma	Geschäft	Inhaber
Stephan Jacob	Handelsmühle	*Jacob Stephan.*

Roßhaupten. 947 Einwohner. LG. Füssen. BG. u. HG. Kempten.
Advokaten s Kempten. **Notar** s Füssen.

Firma	Geschäft	Inhaber
Joh. Endres	Specerei- u Schnittwaarenh.	*Johann Endres.*
Josef Schropp	Specerei- u. Schnittwaarenh	*Josef Schropp.*
Xaver Schropp	Specerei- u. Schnittwaarenh.	*Xaver Schropp.*

Roßmoos. LG. Füssen. BG u. HG. Kempten. **Advokaten** s. Kempten **Notar:** s. Füssen

Firma	Geschäft	Inhaber
Alexius Eberhardt	Handlung	*Alexius Eberhardt.*

Roßstall. LG. Cadolzburg. BG. u. HG. Fürth. **Advokaten:** s Fürth. **Notar** s. Cadolzburg

Firma	Geschäft	Inhaber
Chr Stürzenbaum	Handlung	*Christoph Stürzenbaum.*

Roth. 2492 Einwohner. LG. Roth. BG. u. HG Fürth.
Advokaten s. Fürth. **Notar** C Kimmel.

Firma	Geschäft	Inhaber
M. Albrecht & Cie.	Handlung	*Michael Keil. Michael Albrecht.*

J. Sussmann Bär	Schnittwaarenhandlung	*Julius Bär.*
Friedrich Feyertag	Bronce- u. Brocatfabrik	*Johann Leonhard Friedrich Feyertag.*
Johann Georg Graff	Leonische Bortenfabrik	*Lisetta Graff. Johann Georg Graff* P.
Jacob Groshut	Schnitt- u Specereiwhdlg.	*Jacob Groshut.*
M. Hirsch Groshut	Eisen-, Leder- u. Pechh.	*Moriz Hirsch Groshut.*
Heinrich N. Herzog	Schnitt- u. Specereiwh.	*Heinrich Herzog.*
J. G. Hirschmann	Leonische Bortenfabrik	*Johann Georg Hirschmann. Johann Paul Hirschmann.*
J. Kaumheimer	Schnittwaaren- u. Hopfenh.	*Isaac Kaumheimer.*
M. Keil		*Michael Keil.*
Salomon Oettinger	Glas- u Porcellanhandl.	*Salomon Oettinger.*
Joh. Phil. Stieber	Leonische Drahtfabrik	*Ferdinand Stauffer. Wilhelm Stieber* A. *Pauline Stieber. Louise Birkner. Caroline u. Auguste Stieber.*
Aron Wassermann	Schnittwaarenhandlung	*Aron Wassermann.*
Em. Wassermann	Schnitt- u. Modewaarenh.	*Emanuel Wassermann.*

Rothach. LG. Weiler. BG. u. HG. Kempten. **Advokaten** s. Kempten. **Notar:** s. Weiler.

Wilhelm Hasel	Papierfabrik	*Wilhelm Hasel.*
Jos. Mauch	Baumwollwaarenf.	*Josef Mauch.*
Joh. Schlafner	Pulverfabrik	*Johann Schlafner.*

Rothenbuch. LG. Rothenbuch. BG. u. HG. Aschaffenburg. **Advokaten:** s. Aschaffenburg **Notar** Peter A. Christ.

Carl Alexander Habersack	Apotheke	*Carl Alexander Habersack.*

Rothenburg a. T. 5236 Einwohner. St. u. LG. Rothenburg. BG. Windsheim. HG. Fürth. **Advokaten** s. Windsheim. **Notar** F. A. Keyl.

Friedrich Albrecht	Colonialwaarenhandlung	*Friedrich Johann Gottlieb Albrecht.*
Johann Christoph Bauereis	Specerei- u. Conditoreiwh.	*Johann Christoph Bauereis.*
Friedrich Breyer	Specereiwaarenhandlung	*Friedrich Breyer.*
Franz Gg. Busch	Handlung	*Franz Georg Busch.*
Wm. Busch	Eisen- u. Steinkohlenh.	*Wilhelm Busch. Johannes Erhard.*
G. Albr. Gärtner	Colonialwaarenhandlung	*Gottlieb Albrecht Gärtner.*
Georg Michael Gerlinger	Handlung	*Georg Michael Gerlinger.*
Johann Mathias Grune	Handlung	*Johann Mathias Grune.*
F. Güll's Wwe.	Handlung	*Babette Güll. August Höchstetter.*
Haag & Preininger	Maschinenfabrik	*Johann Leonhard Haag. Johann Samuel Preininger.*
Ludwig Haas	Tuch- u. Schnittwaarenh.	*Ludwig Haas.*
Sigmund Haffner	Tuch- u. Schnittwaarenh.	*Johann Carl Sigmund Haffner.*
Friedrich Heller	Specereiwaarenhandlung	*Friedrich Heller.*
August Höchstetter	Colonialwaarenhandlung	*August Höchstetter*
Wilhelm Ludwig Hohbach	Specerei- u. Conditoreiwh.	*Wilhelm Ludwig Hohbach.*
Ludwig Hossfelder	Kurz- u. Schnittwaarenh.	*Ludwig Hossfelder.*
Fr. Hübscher	Specereiwaarenhandlung	*Friedrich Hübscher.*
Hermann Letterer		*Hermann Letterer.*
Joh. Daniel Ley	Zinngiesserei	*Eva Maria Ley.*
Friedrich Leybold	Colonialwaarenhandlung	*Friedrich Leybold.*
Joh. Seb. Leybold	Colonialw., Samenhandlung u. Agenturen	*Johann Sebastian Leybold. Bernh. Leybold* P
Heinrich Linder	Eisen- u. Steinkohlenh.	*Georg Heinrich Josef Linder.*
Friedrich Meyer	Colonialwaarenhandlung	*Friedrich Meyer.*
Johann Christian Otho	Specereiwaarenhandlung	*Johann Christian Otho.*
Friedrich Paulus vorm. Bäumler	Eisenhandlung	*Friedrich Paulus.*
Johann Paul Peter	Handlung	*Johann Paul Peter*
Fr. Plochmann	Handlung	*Friedrich Philipp Heinrich Plochmann.*
Leonhardt Pröschel	Tuch- u. Schnittwaarenh.	*Leonhardt Pröschel*
Johann Leonhard Rössner		*Johann Leonhard Rössner.*
Carl Fried. Schmidt	Specereiwaarenhandlung	*Carl Friedrich Schmidt.*
Georg Friedrich Schmidt	Posamentierwaarenhandl.	*Georg Friedrich Schmidt.*
Johann Gottlieb Schmidt	Posamentierwaarenhandl.	*Johann Gottlieb Schmidt.*
Alexander Schröppel, Modewaarenhandlung	Modewaarenhandlung	*Friedrich Alexander Schröppel.*
Johann M. Stahl	Specereiwaarenhandlung	*Johann Michael Stahl.*
J. Chr. Zeitzer	Kurzwaarenhandlung	*Johann Christoph Zeitzer.*
C. Zembsch	Apotheke	*Christian Wilhelm Zembsch.*
Leonhard Zierlein		*Johann Leonhard Zierlein.*

Rothenfels 704 Einwohner. LG. Rothenfels. BG. Lohr. HG. Würzburg.
Advokaten s. Lohr **Notare** K. v Krafft-Delmensingen.

Joseph Heil	Schnittwaarenhandlung	*Joseph Heil.*
Jacob Willms	Specerei- u. Eisenwh.	*Jacob Willms.*

Rothenkirchen. LG. Ludwigstadt. BG. Kronach. HG. Bamberg.
Advokaten s Kronach. **Notar** s. Ludwigstadt.

G. Leinecker	Apotheke	*Georg Leinecker.*
Michael Romig	Eisenhandlung	*Michael Romig.*

Rothkreuz. LG. Lindau. BG. u. HG. Kempten.
Advokaten: s. Kempten. **Notar:** s. Lindau.

Jacob Fässler	Specereiwaarenhandlung	*Jacob Fässler*
Jos Hauber	Specerei- u. Eisenwh.	*Jos. Hauber.*

Rothselberg. LG. Wolfstein. BG. u. HG. Kaiserslautern.
Advokaten s. Kaiserslautern. **Notar** s. Wolfstein.

J. Hebel VIII	Handlung u. Agentur	*Jacob Hebel VIII.*

Rott. LG. u. BG. Wasserburg HG. München r. J. **Advokaten** u. **Notare** s. Wasserburg.

Jac. Resch HN. [ZN. Hochstätt]	Krämerei	*Jacob Resch.*

Rottach. LG., BG. u. HG. Kempten. **Advokaten** u **Notare** s. Kempten

Josef Heinz	Holzhändler	*Josef Heinz.*

Rottenburg. 766 Einwohner. LG. Rottenburg. BG. u. HG. Landshut.
Advokaten s Landshut. **Notare** J. Mühlbauer. M Stadler

Aug. Fischer	Apotheke	*August Fischer.*
Martin Heigl	Specerei-, Schnitt- u. Kurzwaaren u. Eisenhandl.	*Martin Heigl.*
Max Morasch	Handlung	*Max Morasch.*

Rottthalmünster. 1163 Einwohner. LG. Rottthalmünster. BG. Pfarrkirchen. HG. Passau.
Advokaten s. Pfarrkirchen. **Notar** Michael Spagl.

Carl Bruckmüller	Specerei- u Schnittwaaren	*Joh. Nep. Pell.*
Georg Friedhaber	Zeugfabrikation	*Georg Friedhaber*
A. Geymayr	Commissions- und Anfragebureau	*Alois Geymayr.*
H. Koch	Kurz- u. Eisenwaaren	*Hermann Koch.*
J. N. Pell	Specerei- u. Schnittwaaren	*Joh. Nep. Pell.*
C. A. Pisani	Specerei- u. Schnittwaaren	*Christian Adolf Pisani.*

Roxheim. 1442 Einwohner. LG., BG. HG. u. Frankenthal. **Advokaten** u. **Notare:** s. Frankenthal.

M. Bender	Getreide- u. Oelkuchenh.	*Moses Bender.*
Nathan Blum	Krämerei	*Nathan Blum.*
Gebrüder Blum	Frucht-, Mehl- und Rapskuchenhandlung	*Nathan Blum. Emanuel Blum. Moriz Blum. Salomon Blum.*
Ph. Günser	Holz- u. Kohlenhandl.	*Philipp Günser.*

Rubenheim. 405 Einwohner. LG. Blieskastel. BG. u. HG. Zweibrücken.
Advokaten s. Zweibrücken. **Notar:** s. Blieskastel.

Nicolaus Blum	Kalkbrennerei u. Kalkh.	*Nicolaus Blum.*
Jacob Kempf V	Branntweinhandlung	*Jacob Kempf V.*
Johann Martin	Specereihandlung	*Johann Martin.*
Michael Wack	Specerei- u. Mehlh.	*Michael Wack.*

Ruchheim. 1106 Einwohner. LG. Ludwigshafen. BG u. HG. Frankenthal.
Advokaten: s. Frankenthal. **Notar:** s. Ludwigshafen.

Jacob Beutelmann	Specereiwaaren	*Jacob Beutelmann.*
Abraham Herz	Specereiwaaren	*Abraham Herz.*
Moses Herz	Specereiwaaren	*Moses Herz.*
Salomon Herz	Viehhandel	*Salomon Herz*
Jacob Löw	Getreidehandel	*Jacob Löw.*
Is. Löw	Handlung	*Isac Löw.*

Rückholz. LG. Füssen. BG. u. HG. Kempten. **Advokaten** s. Kempten. **Notar** s. Füssen

Engelbert Lipp	Handlung	*Engelbert Lipp.*

Rügland. 503 Einwohner. LG., BG. u. HG Ansbach. **Advokaten** u **Notare** s. Ansbach.

Friedrich Helmreich	Conditorei, Melberei, Spec.- u. Eisenwaarenh.	*Friedrich Helmreich.*
Georg Pflug	Spec - u. Kurzwaarenh.	*Georg Pflug.*
Joh. Paul Pflug	Schnittwaarenhandlung	*Johann Paul Pflug.*
Johann Melchior Rotter	Schnittwaarenhandlung	*Johann Melchior Rotter.*
Konrad Schuh	Specereiwaarenhandlung	*Konrad Schuh.*

Rülzheim. 2939 Einwohner. LG. Kandel. BG. u. HG. Landau
Advokaten s. Landau. **Notar:** s. Kandel.

Moritz Blum	Schnitt- u. Kurzwaaren	*Moritz Blum.*
Joseph Bodenheimer	Frucht- u. Saamenh.	*Joseph Bodenheimer.*
Ludwig Braun	Spezereiw. u. Lederh.	*Ludwig Braun.*
Aron Cahn	Branntwein-, Oel- u. Fruchthandlung	*Lazarus Cahn, der Zweite.*
Gebrüder Cahn	Oelmühle, Oelhandel und Landesproducten	*Judas Cahn. Abraham Cahn I.*
Jacob Cahn	Frucht-, Oel- u. Samenh.	*Jacob Cahn.*
S. & D. Cahn	Landesproductenh.	*Salomon Cahn. David Cahn.*
Feibelmann & Cahn [m. Holzlager in Leimersheim, Kuhardt u. Rülzheim u. d. Ziegelfabrik in Kuhardt]	Holzhandlung u Ziegelf.	*Benedict Feibelmann. Abraham Cahn.*
Emanuel Feibelmann	Frucht- u. Hanfhandlung	*Emanuel Feibelmann.*
Julius Haas' Söhne	Früchten- u. Landesprodh.	*Urias Haas. Emanuel Haas. Benjamin Haas.*
Ullrich Kahn	Handlung	*Israel Kahn. Lazarus Kahn. Benedict Kahn.*
Max Kitt	Spezereiw. u. Oelmühle	*Max Kitt.*
Moses Lemle	Landesprod - u. Oelh.	*Moses Lemle.*
Ferd Schönewald	Gerberei u. Lederhandl.	*Ferdinand Schönewald.*

Rumbach. 502 Einwohner LG. Dahn. BG u. HG. Zweibrücken.
Advokaten: s. Zweibrücken **Notar** s. Dahn.

Friedrich Feldner	Spezereiwaaren	*Friedrich Feldner.*
Johannes Helbling [Falkenmühle]	Handelsmühle	*Johannes Helbling.*
Friedrich Jacob Schneider	Handelsmühle	*Friedrich Jacob Schneider*
Heinrich Jacob Schneider	Spezereihandlung	*Heinrich Jacob Schneider.*

Ruppertndorf. LG., BG u. HG. Würzburg. **Advokaten** u. **Notare** s Würzburg.

Adam Weinmann	Bierbrauerei	*Adam Weinmann.*

Saal. LG Königshofen BG. Neustadt a. S. HG. Schweinfurt.
Advokaten: s. Neustadt a. S **Notar** s. Königshofen.

Victor Memmel	Spezereiwaaren	*Victor Memmel.*

Saalstadt. 304 Einwohner. LG. Waldfischbach. BG. u. HG Zweibrücken.
Advokaten s. Zweibrücken. **Notar** s. Waldfischbach.

Friedrich Kiefer [Erlenmühle]	Handelsmühle	*Friedrich Kiefer.*
Michael Moses	Spezereiwaaren	*Michael Moses.*

Saas. LG., BG. u. HG Bayreuth. **Advokaten** u. **Notare** s. Bayreuth.

Georg Kraus	Branntwein- u. Spiritusf.	*Georg Krauss.*

Sachsendorf. LG. Hollfeld. BG u. HG. Bayreuth. **Advokaten:** s. Bayreuth. **Notar:** s. Hollfeld.

K. Schrenker	Krämerei	*Konrad Schrenker*

Sallach. LG. Mallersdorf. BG. Straubing. HG Landshut.
Advokaten s. Straubing. **Notar** s. Mallersdorf.

Georg Hiern	Krämerei	*Johann Georg Hiern.*

Sand. LG. Eltmann. BG. u. HG. Schweinfurt. **Advokaten** s. Schweinfurt. **Notar**. s. Eltmann.

J. Reuss	Spezerei- u. Eisenwh.	*Joseph Reuss.*

Sanddorf. LG. Homburg. BG. u. HG. Zweibrücken
Advokaten s. Zweibrücken. **Notar** s. Homburg.

Paul Kiefer	Fouragehandlung	*Paul Kiefer.*

Sarnstall. LG. Annweiler. BG. u. HG. Landau. **Advokaten:** s. Landau. **Notar:** s. Annweiler.

Franz Hauck	Papier- u Pappendeckelfab. u. Mahlmühle	*Franz Hauck.*

Sattelmühle bei Esthal. LG Neustadt a. H. BG. u HG Frankenthal.
Advokaten: s. Frankenthal. **Notar** s. Neustadt a. H.

S. J. Klein	Mühle	*Jacob Klein.*
A. Klein	Sägmühle u. Holzhandel	*August Klein.*

Sausenheim. 632 Einwohner. LG. Grünstadt. BG. u. HG. Frankenthal.
Advokaten s. Frankenthal. **Notar** s. Grünstadt.

Isaac & Löb I	Handlung	*Abraham Isaac. Leopold Löb.*
I. Löb	Handlung	*Isaac Löb.*
Leopold Löb	Handlung	*Leopold Löb.*
David Simon	Spezerei- u. Mehlh.	*David Simon.*

Schachen. LG. Lindau. BG. u. HG. Kempten. **Advokaten:** s Kempten. **Notar** s. Lindau.

Joh. Schielin Sohn	Weinhandlung	*Johann Schielin.*

Schachtenbach. LG. Regen. BG. Deggendorf. HG. Passau.
Advokaten s. Deggendorf. **Notar** s. Regen.

Wilhelm Steigerwald	Glasfabrik	*Wilhelm Steigerwald. Wilhelm Steigerwald* **P.** *(Sohn).*

Schaidt. LG. Kandel. BG. u. HG. Landau. **Advokaten** s Landau. **Notar:** s. Kandel.

Gebrüder Seither	Specerei- u. Schnittwaaren	*Peter Seither. Martin Seither.*

Schalkhausen. 375 Einwohner. LG., BG. u. HG. Ansbach. **Advokaten** u. **Notare** s. Ansbach.

Georg Babel	Specereiwaaren	*Johann Georg Babel.*
Michael Eschenbacher	Specereiw. u. Mehlh.	*Michael Eschenbacher.*

Schallodenbach. 840 Einwohner. LG. Otterberg. BG u. HG. Kaiserslautern.
Advokaten: s. Kaiserslautern. **Notar:** s Otterberg.

Böhmer M.	Weinhandlung	*Michael Böhmer.*
Bernhard Klein	Manufactur-, Kurz- u. Specereiw. u Agenturen	*Bernhard Klein.*
Klein D.	Handlung	*Klein David.*

Schauberg. LG. Ludwigstadt. BG. Kronach. HG. Bamberg.
Advokaten: s. Kronach. **Notar:** s. Ludwigstadt.

Georg Greiner & Comp.	Porcellanfabrik	*Heinrich Greiner. August Greiner.*

Schamhaupten. LG. Riedenburg. BG. u. HG. Regensburg.
Advokaten: s. Regensburg. **Notar** s. Riedenburg

Thomas Haunschild	Specerei- u. Schnittwaaren u. Eisenhandlung	*Thomas Haunschild.*

Schanzermühle. LG. Waldmoor. BG. u. HG. Zweibrücken.
Advokaten s. Zweibrücken. **Notar** s. Waldmoor.

Chr. Lellbach HN. [**ZN.** Obermühle Gde. Obernheim]	Handelsmühle	*Christian Lellbach. Karl Lellbach* **P.** [*Für die Zweigniederlassung*].

Scharrmühle. LG. Landstuhl. BG. u HG. Zweibrücken.
Advokaten s Zweibrücken. **Notar** s. Landstuhl.

Johann Müller	Handelsmühle	*Johann Müller.*

Schauenstein. 1049 Einwohner. LG. Naila. BG. u. HG. Hof.
Advokaten: s. Hof **Notar:** s. Naila.

Johanna Gottsmann	Specereiwaaren	*Johanna Gottsmann.*
Ottocar Reitzenstein	Baumwollenfabrik	*Ottocar Friedrich Reitzenstein.*
Carl Schirner	Specereiwaarenhandlung	*Heinrich Carl Schirner.*
Georg Salomon Tauwaldt	Specereiwaaren	*Georg Salomon Tauwaldt.*
Heinr. Taubaldt	Baumwollenfabrik	*Heinrich Taubaldt*
Christian Wildt	Specereiwaaren	*Gottfried Heinrich Christian Wildt.*
Wolfrum & Schorr	Handlung	*Johann Nicolaus Wolfrum. Herm. Schorr.*

Schauerberg. LG. Waldfischbach. BG u. HG. Zweibrücken.
Advokaten: s. Zweibrücken. **Notar:** s. Waldfischbach.

Heinrich Hahn	Knochenmehlfabrik	*Heinrich Hahn.*

Scheibenhardt. 744 Einwohner. LG. Kandel. BG. u. HG. Landau.
Advokaten s. Landau. **Notar:** s. Kandel.

C. Bumiller	Gemischte Waaren	*Casimir Bumiller.*
J. Edm. Müller	Gemischte Waaren	*Julius Edmund Müller.*

Scheidegg. 420 Einwohner LG. Weiler. BG. u. HG Kempten.
Advokaten s. Kempten. **Notar** s. Weiler.

Gebh. Dürr	Baumwollenfabrik	*Gebhard Dürr.*
J. A. Lau & Comp.	Wergspinnerei	*Jos. Ant. Sinz. Franz Josef Lau. Josef Anton Lau* **A.** *Joh. Ruhm. Peter Häusler. Josef Bitsch.*
J. G. Specht	Handlung	*Johann Georg Specht.*

Scheinfeld. 1022 Einwohner. LG. Scheinfeld. BG. Windsheim. HG. Fürth.
Advokaten s. Windsheim. **Notar:** A Schätzler

A. Bernard	Galanteriewaarenhandlung	*Andreas Bernard.*
Bernhard Bing	Hopfenhandlung	*Bernhard Bing*
Ignatz Bing	Hopfenhandlung	*Ignatz Bing.*
Simon Bing	Schnittwaarenhandlung	*Simon Bing*
S. Bing	Lederhandlung	*Salomon Bing.*
Hirsch Samson Gemündenstein	Schnittwaarenhandlung	*Hirsch Samson Gemündenstein.*
Johann Haller	Specereiwaarenhandlung	*Johann Haller.*

F. W. Höchstetter	Handlung	*Friedrich Wilhelm Höchstetter.*
Jacob Holzwarth	Specerei-, Eisen- u. Samenhandlung	*Jacob Holzwarth.*
L. Kleiner	Handlung	*Löw Kleiner.*
D. Lenkersheimer	Schnittwaarenhandlung	*David Lenkersheimer. Louise Lenkersheimer* P.
Ph. Lüneburger	Schnitt- u. Specereiwh.	*Philipp Lüneburger.*
Samuel Lüneburger	Schnitt- u. Specereiwh.	*Samuel Lüneburger*
J. Reinsfeld	Galanteriewaarenhandl.	*Johann Reinsfeld.*
F. C. Röhrig	Specerei- u. Baumwollwh.	*Franz Carl Röhrig.*
J. B. Veth	Specerei- u. Eisenwh.	*Michael Veth.*

Schellenberg. 538 Einwohner. LG. u. BG. Wasserburg. HG. München r. J.
Advokaten u. **Notare** s. Wasserburg.

Franz Kruger	Holzwaarenfabrik	*Franz Kruger.*
Sebastian Mader	Gemischte Waaren	*Sebast. Mader.*
Anton Messner	Gemischte Waaren	*Anton Messner.*
Maria Reindl	Gemischte Waaren	*Maria Reindl.*

Scheßlitz. 1096 Einwohner. LG. Scheßlitz. BG. u. HG Bamberg.
Advokaten: s. Bamberg. **Notar:** F. C. Kreppel.

B. Cavallo	Specerei- und Schnittwaaren u. Productenh.	*Bernhard Cavallo.*
M. Gerst	Schnittwaarenhandlung	*Mayer Gerst.*
J. S. Groh	Specerei- u. Schnittwaaren u. Eisenhandlung	*Johann Sebastian Groh.*
Alois Hohbach	Specerei- u. Schnittwaaren u. Eisenwaarenhandlung	*Alois Hohbach.*
Israel Leo Putzel	Specerei-, Schnitt- u. Bandwaarenhandlung	*Israel Leo Putzel.*
Franz Joseph Reubhof	Specerei-, Schnitt- u. Weinh.	*Franz Joseph Reubhof.*
Telser, Apotheker	Apotheke	*Johann Ernst Telser.*

Scheyern. LG Pfaffenhofen. BG. Freising. HG. München l. J.
Advokaten: s. Freising. **Notar:** s. Pfaffenhofen.

Joseph Schmid	Gemischte Waaren	*Josef Schmid.*

Schierling. 1423 Einwohner. LG Mallersdorf BG. Straubing. HG. Landshut.
Advokaten: s. Straubing. **Notar** s Mallersdorf.

Simon Aukofer	Krämerei	*Simon Aukofer.*
Johann Pretzner	Krämerei	*Johann Pretzner.*
Josef Steiger	Schnitt-, Eisen-, Specerei-, Tuch- u. Colonialwh.	*Josef Steiger.*
Sebastian Weingart	Handlung	*Sebastian Weingart.*

Schifferstadt. 3822 Einwohner. LG Speyer. BG. u. HG. Frankenthal.
Advokaten s. Frankenthal. **Notar.** s. Speyer.

G. Dennhard	Glas-, Colonial- u. Ellenw.	*Georg Dennhard.*
M. Geimer	Specerei- u. Ellenwaaren	*Michael Geimer.*
Gebr. Landmann	Handlung	*Hieronym. Landmann. Johannes Landmann.*
Lorenz May	Holzhandlung	*Lorenz May.*
Martin Schlosser	Bierbrauerei- u. Essigfabr.	*Martin Schlosser.*
P. Valdenaire	Glas-, Colonial u. Ellenw.	*Peter Valdenaire.*

Schillingsfürst. 1668 Einwohner. LG. Schillingsfürst. BG. Windsheim. HG. Fürth.
Advokaten s. Windsheim. **Notar:** A. Höfer.

A. Bernhard	Apotheke	*August Bernhard.*
J. Engelbert Bock sel. Wwe.	Handlung	*Katharina Bock.*
Johann Michael Götz vormals J. G. Hessenauer	Gemischte Waarenhandl.	*Johann Michael Götz.*
August Kazner	Gemischte Waarenhandl.	*Christian August Kazner.*

Schindellohe. LG. Kemnath. BG. Weiden. HG Amberg.
Advokaten s. Weiden. **Notar** s. Kemnath.

Baptist Popp	Handlung	*Baptist Popp.*

Schirnding. LG. Thiersheim. BG u. HG. Hof. **Advokaten** s. Hof. **Notar:** s. Thiersheim.

J. G. Meinel	Specereiw. u. Spedit.	*Robert Georg Gustav Meinel.*

Schlecht. LG. Vilseck. BG. u. HG. Amberg. **Advokaten:** s. Amberg. **Notar:** s. Vilseck.

Andr. Maulbeck	Eisenwaarenhandlung	*Andreas Maulbeck.*
Joh. Meixner	Specerei- u. Schnittwaaren	*Johann Meixner.*
J. Th. Vogl	Specerei- u. Schnittwaaren	*Johann Thomas Vogl.*

Schliersee. LG. Miesbach. BG. u. HG. München r. J.
Advokaten: s. München l. I. **Notar:** s. Miesbach.

Max Reinhard	Handlung	*Max Reinhard.*
Georg Schiedermaier, Glasfabrik Schliersee	Glasfabrik	*Georg Schiedermaier.*

Schloßberg. LG. Rosenheim. BG. Traunstein. HG. München r. J.
Advokaten: s. Traunstein. **Notar:** s. Rosenheim.

G. Schmid	Krämerei	*Georg Schmid.*

Schlüsselfeld. LG. Höchstadt a. A. BG. u. HG. Bamberg.
Advokaten s. Bamberg. **Notar:** s. Höchstadt a. A.

S. M. Hoffmann	Specerei- u. Schnittwaarenh.	*Simon Matthäus Hoffmann.*

Schmidmühlen. 888 Einwohner. LG. Burglengenfeld. BG. u. HG. Regensburg
Advokaten s. Regensburg. **Notar:** s. Burglengenfeld.

Ferdinand Lang	Papierfabrik	*Ferdinand Lang.*
Egid Natter vorm. Messer	Specerei- u. Schnittwaaren	*Egid Natter.*
Michael Plössl	Specerei- u. Schnittwaaren	*Michael Plössl.*

Schmiechen. LG. Landsberg. BG. Weilheim. HG. München l. J.
Advokaten s. Weilheim. **Notar** s. Landsberg

Joseph Welzenmüller	Krämerei	*Joseph Welzenmüller.*

Schmiegling. LG., BG. u. HG. Nürnberg. **Advokaten** u. **Notare** s. Nürnberg.

Louis Vetter	Handlung	*Madlon Vetter Wwe. Hermann Simmerlein* P.

Schmölz. LG. Werdenfels in Garmisch BG. Weilheim. HG. München l. J.
Advokaten s. Weilheim. **Notar:** s Werdenfels in Garmisch.

J. Rudhart	Sensenfabrik	*Jenny v. Rudhart.*

Schnabelwaid. 495 Einwohner. LG. Pegnitz. BG. u. HG. Bayreuth.
Advokaten: s. Bayreuth. **Notar:** s. Pegnitz.

Gebrüder Nützel	Lack- u. Firnissf., Agentur-Com.- u. Erdfarbeng.	*Johann, Wilhelm u. Heinrich Nützel.*
Joh. Adam Ziegler	Krämerei	*Johann Adam Ziegler.*

Schnaitsee. LG. Trostberg. BG. Traunstein. HG München r. J.
Advokaten: s. Traunstein. **Notar:** s. Trostberg.

Matth. Hauner	Krämerei	*Mathias Hauner.*

Schnaittach. 1659 Einwohner. LG. Lauf. BG. u. HG. Nürnberg.
Advokaten: s. Nürnberg. **Notar:** s. Lauf.

H. Altbeyer	Hopfenhandlung	*Hirsch Altbeyer.*
Jacob Bayersdorfer	Hopfenhandlung	*Fanny Bayersdorfer Wwe.*
Mendel Hirsch Bayersdorfer	Hopfenhandlung	*Mendel Hirsch Bayersdorfer.*
Koppel Beck	Handlung	*Koppel Beck.*
Ernst Ludwig Bullemer	Apotheke	*Ernst Ludwig Bullemer.*
Joseph Elsinger		*Joseph Elsinger.*
M. Forster	Schnittwaarenh.	*Moses Forster.*
M. Friedrich	Schnittwaarenhandlung	*Max Friedrich.*
Lazarus Götz	Schnitt- u Rauhwaarenh.	*Lazarus Götz.*
L. Graf	Specerei- u. Schnittwh.	*Löb Graf.*
Jac. Guttag	Buchbinderei- u. Galanteriewaarenhandlung	*Jacob Guttag.*
M. Hagenbacher		*Benedict Wolf.*
Joseph Herbst	Handlung	*Joseph Herbst.*
Leopold Herbst	Handlung	*Leopold Herbst*
J. W. Hessel	Handlung	*Isaak Wolf Hessel.*
H. Hofmann	Handlung	*Hermann Hofmann.*
J. Holzheimer	Schnittw.- u. Hopfenh.	*Josef Holzheimer.*
Krämer & Silbermann	Hopfenhandlung	*Mayer Silbermann in Regensburg. Philipp Krämer. Bernhard Krämer* P.
Philipp Krämer	Handlung	*Philipp Krämer. Bernhard Krämer* P.
J. Lichtenstädter	Kurz- u. Schnittwaarenhdlg. en gros u. en detail	*Josef Lichtenstädter.*
A. Obermayer	Schnittwaarenhandlung	*Abraham Obermayer.*
M. Obermayer	Hopfenhandlung	*Mayer Obermayer.*
Veit Schwarz	Handlung	*Veit Schwarz.*
Benedict Schwarzkopf	Handlung	*Benedict Schwarzkopf.*
Wolf Schwarzkopf	Handlung	*Wolf Schwarzkopf.*
J. Spiehl	Handlung	*Johann Spiehl.*

L. S. Ullmann	Schnittwaarenhandlung	*Löb Simon Ullmann.*
B. Vetsburg	Schnittwaarenhandlung	*Bärmann Vetsburg. Adolf Vetsburg* **P.**
David Vetsburger		*Jette Vetsburger*
G. Wörler	Colonial-, Mater.-, Cigarren-, Tabak-, Porcellan- und Kurzwaarenhandlung	*Georg Wörler.*

Schnaittenbach. LG., BG. u. HG. Amberg. **Advokaten** u. **Notare**: s. Amberg.

Jos. Reiss	Specerei- u Schnittwaaren	*Joseph Reiss.*
Libori Rösner	Specerei- u. Schnittwaaren	*Liborius Rösner.*
Joseph Siegert	Specerei- u. Schnittwaaren	*Joseph Siegert.*
Friedr. Valta	Porcellan- u Steinguterdenschlemmfabrik	*Friedrich Valta.*

Schney. 1208 Einwohner. LG. Lichtenfels. BG Kronach. HG. Bamberg.
Advokaten: s. Kronach. **Notar**: s. Lichtenfels.

Moritz Ahlborn	Birkendosenfabrik	*Moritz Ahlborn.*
Adolph Barth	Cigarrenfabrik	*Adolph Barth.*
H. K. Eichhorn & Cie.	Porcellanfabrik	*Anna Margaretha Eichhorn Wittwe. Jacob Eichhorn. Friedrich Gerber* **A** *Die Erben der verlebten Friederike Gagel Wwe. Die Erben des verlebten Georg Nic. Kaufmann. Die Erben des verlebten August Hutschenreuther.*
Jacob Eichhorn	Korbwaarenhandlung	*Jacob Eichhorn.*
Friedr. Gerber	Specerei- u. Kurzwaarenh.	*Friedrich Gerber.*
Ignaz Kaufmann	Tabak- u. Cigarrenf.	*Ignaz Kaufmann.*
Nicolaus Röhrig	Specereiwaarenhandlung	*Nicolaus Röhrig.*

Schnodsenbach. LG. Scheinfeld. BG. Windsheim. HG. Fürth.
Advokaten s. Windsheim. **Notar** s. Scheinfeld

S. Thalheimer	Specerei- u. Schnittwaarenh.	*Samuel Thalheimer*

Schöllkrippen. 852 Einwohner. LG. Schöllkrippen. BG. u. HG. Aschaffenburg
Advokaten: s. Aschaffenburg. **Notar**: W. Faller.

G. A. Ekarius	Specerei- u. Schnittwaarenh.	*Gustav Adolf Ekarius.*
J. Steigerwald	Specerei-, Schnitt- u. Kurzwaarenhandlung	*Johann Steigerwald.*
Baruch Straus	Specerei- u. Schnittwh.	*Baruch Straus.*

Schönau. LG. Dahn. BG u. HG. Zweibrücken. **Advokaten** s. Zweibrücken **Notar** s. Dahn.

Ferdinand Mischler	Bierbrauerei	*Ferdinand Mischler.*
Jacob Neubauer	Handlung	*Jacob Neubauer.*

Schönau. LG. Lindau. BG. u. HG. Kempten. **Advokaten**: s. Kempten. **Notar**: s. Lindau.

Joh. Steur	Weinhandlung en gros	*Johannes Steur.*

Schönberg. 678 Einwohner. LG. Grafenau. BG. Deggendorf. HG. Passau.
Advokaten: s. Deggendorf. **Notar**: s. Grafenau.

Josef Auer	Specerei- und Schnittwaaren u. Eisenhandlung	*Josef Auer.*
Johann Reiss	Seifensiederei	*Johann Reiss.*
Josef Schwarzmayer	Specerei-, Schnitt- u. Eisenw.	*Josef Schwarzmayer.*

Schönbrunn. LG. Regen. BG. Deggendorf. HG. Passau.
Advokaten s. Deggendorf. **Notar**: s. Regen.

Egid Rast	Glasfabrik	*Dr. Johann Rast.*

Schönbrunn. 292 Einwohner. LG Wunsiedel. BG. u. HG. Hof.
Advokaten s. Hof. **Notar**: s. Wunsiedel.

C. Bunte	Glasperlenfabrik	*Carl Bunte.*
J. G. Schärdel	Specerei- u. Weberwaaren	*Johann Georg Schärdel.*

Schönbrunn. LG. Kipfenberg. BG. Eichstädt. HG. Nürnberg.
Advokaten s Eichstädt. **Notar** s. Kipfenberg.

Brauerei der Freiherrn O. & B. v. Seefried	Brauerei	*Frh. Oscar v. Seefried. Frh. Bruno v. Seefried. Oscar Frh. v. Seefried jun.* **P.**
Dampfschneidsäge der Freiherrn O. & B. v. Seefried	Dampfschneid-Sägmühle	*Frh. Oscar v. Seefried. Frh. Bruno v. Seefried. Oscar Frh. v. Seefried jr.* **P.**
Glasfabrik der Freiherrn O. & B. v. Seefried	Glasfabrik	*Frh. Oscar v. Seefried. Frh. Bruno v. Seefried. Oscar Frh. v. Seefried jr* **P.**

Schönenberg 571 Einwohner. LG Waldmoor. BG. u. HG. Zweibrücken.
Advokaten s. Zweibrücken. **Notar**: s. Waldmoor

And. Damm	Bierbrauerei	*Andreas Damm.*
Heinrich Jacob	Fruchthandlung u. Bäckerei	*Heinrich Jacob.*

Margaretha Pfeiffer Wwe.	Specereiwaaren	*Margaretha Pfeiffer.*
Michael Schirber	Bierbrauerei	*Michael Schirber.*
Carl Wagner	Färberei	*Carl Wagner.*

Schönferchen. LG. Cham. BG. Neunburg v. W. HG. Regensburg.
Advokaten: s. Neunburg v. W. **Notar** s. Cham.

Lorenz Schlaghauser	Krämerei	*Lorenz Schlaghauser.*

Schönhofen. LG. Hemau. BG. u. HG. Regensburg. **Advokaten** s. Regensburg. **Notar:** s. Hemau.

Wilhelm Jos. Henle	Eisenwerk	*Wilhelm Josef Henle*

Schönsee. LG. Oberviechtach. BG. Neunburg v. W. HG. Regensburg.
Advokaten s. Neunburg v. W. **Notar:** s. Oberviechtach.

Joseph Betz jun.	Conditorei, Lebzelterei und Specereiwaaren	*Josef Betz.*

Schönthal. 408 Einwohner. LG. Waldmünchen. BG. Neunburg v. W. HG. Regensburg.
Advokaten: s. Neunburg v. W. **Notar:** s. Waldmünchen.

Susanna Adam	Krämerei	*Susanna Adam.*
Joseph Staudtner	Krämerei	*Josef Staudtner.*

Schönwald. 540 Einwohner. LG. Naila. BG. u. HG. Hof
Advokaten s. Hof **Notar** s. Naila.

G. M. Kispert	Specereiwaaren u. Flachsh.	*Georg Michael Kispert.*
J. N. Müller	Specerei- u. Zündwaarenh.	*Johann Nicolaus Müller.*

Schollbrunn. LG. Stadtprozelten. BG. u. HG. Aschaffenburg.
Advokaten: s. Aschaffenburg **Notar:** s. Stadtprozelten.

Georg Breitenbach	Krämerei	*Georg Breitenbach.*

Schondra. LG. Brückenau. BG. Lohr. HG. Würzburg.
Advokaten s. Lohr. **Notar** s. Brückenau.

Lyon Frank	Specereiwaaren	*Lyon Frank.*

Schongau. 1734 Einwohner. LG. Schongau. BG. Weilheim. HG. München I. J.
Advokaten: s. Weilheim. **Notar** A. Dietl. J. B. Mayr.

Joh. Bapt. Anderl	Specerei- u. Schnittwh.	*Johann Baptist Anderl.*
Franz Seraph Bauer	Spec.-, Schnitt- u. Kupferw.	*Franz Seraph Bauer.*
Jos. Joh. Hartl	Specerei-, Schnitt-, Galant.-, Stickerei-, Farb- u. Eisenhandlung	*Johann Josef Hartl.*
F. X. Schrenkenmiller	Specerei-, Schnitt- u. Eisenwaarenhandlung	*F. X. Schrenkenmiller.*

Schonungen. 688 Einwohner. LG., BG. u. HG. Schweinfurt.
Advokaten u. **Notare:** s. Schweinfurt.

Hieronymus Blank	Specereiwaaren	*Hieronymus Blank.*
W. Grobe	Dampfmühle	*Wilhelm Grobe u. Ludwig Grobe.*

Schopfloch. 1616 Einwohner. LG. Dinkelsbühl. BG. u. HG. Ansbach.
Advokaten: s. Ansbach. **Notar:** s. Dinkelsbühl.

Lazarus Ansbacher	Schnittwaaren	*Lazarus Ansbacher*
Moses Ansbacher	Wollhandl. u. Viehhandel	*Moses Ansbacher.*
David Bärtig	Schnittwaaren	*David Bärtig.*
Josef Block	Wollhandlung	*Josef Block.*
Maier Block	Specereiwaaren	*Maier Block.*
Johann Mathias Breitinger	Specereiwaaren	*Johann Mathias Breitinger.*
Mayer Eisenmann	Wollhandlung	*Mayer Bär Eisenmann.*
Georg Andreas Grimm	Specereiwaaren	*Georg Andreas Grimm.*
Jacob Wolf Hamburger	Handlung	*Jacob Wolf Hamburger.*
S. M. Hamburger	Schnittwaaren	*Lea Hamburger Wwe. Seligmann Wolf Hamburger.*
Isaac B. Herbst	Schnittwaaren	*Isaac Bär Herbst.*
Samuel B. Herbst	Schnittwaaren	*Samuel Bernhard Herbst.*
Friedrich Höck	Specereiwaaren	*Johann Friedrich Höck.*
Wittwe Ilch	Schnittwaaren	*Sprinz Ilch Wwe.*
Israel Samuel Lauchheimer	Schnittwaaren	*Israel Samuel Lauchheimer.*
Moses Meyer	Eisenhandlung	*Moses Meyer.*
Joseph Neuzeit	Leinwandhandlung	*Joseph Neuzeit.*
Jette Pappenheimer		*Jette Pappenheimer Wwe.*
H. Rosenfeld's Söhne	Strumpffabrik	*Seligmann Rosenfeld.*
Joseph Schweizer	Cigarrenhandlung	*Josef Schweizer.*
Klara Schweizer	Schnittwaaren	*Klara Schweizer, Kaufmannsfrau. Josef Schweizer* P.

Isaak Wacker	Rauhwaarenhandlung	*Isaak W. Wacker.*
Henoch Wertheimer	Specereiwaaren	*Henoch Wertheimer*

Schopp. 353 Einwohner. LG. Waldfischbach. BG. u. HG. Zweibrücken.
Advokaten s. Zweibrücken. **Notar:** s. Waldfischbach.

Peter Asel	Kurzwaarenhandlung	*Peter Asel.*
Carl Jacob	Handlung	*Carl Jacob.*
Johann Jacob	Handlung	*Johann Jacob*
Raab, Karsch & Cie ZN [HN Kaiserslautern. Weitere **ZN.** Ludwigshafen. Landstuhl. Bexbach. Frankenthal Maximiliansau. Dürkheim. Schopp]	Kohlen- und Coakshandlung u. Pulverfabrik	*Jacob Raab. Wilhelm Raab. Ernst Huber. Lisette Heuschkel. Eduard Karsch. Carl Heinrich Karcher. August Karcher.*
Johannes Schwebius.	Fruchthandlung	*Johannes Schwebius.*

Mkt. Schorgast. 1134 Einwohner. LG Berneck. BG. u. HG. Bayreuth.
Advokaten s. Bayreuth **Notar** s. Berneck.

Franz Michel	Krämerei	*Franz Michel.*
Johann Pfeifer	Krämerei	*Johann Pfeifer.*

Schorndorf. LG. Cham. BG Neunburg v. W. HG. Regensburg.
Advokaten: s. Neunburg v W **Notar** s. Cham

Franz Prüflinger	Krämerei u. Eisenhandl.	*Franz Prüflinger.*

Schretzheim. 430 Einwohner. LG. Dillingen. BG Donauwörth. HG Augsburg.
Advokaten: s Donauwörth. **Notar** s. Dillingen.

Schretzheimer Lederfabrik	Lederfabrik	*Hr. Fidel Ferdinand Graf Fugger-Glött in Dillingen.*
Schretzheimer Oelfabrik	Oelfabrik	*Hr. Fidel Ferdinand Graf Fugger-Glött in Dillingen.*
Leinenspinnerei, Weberei und Bindfadenfabrik Schretzheim	Leinenspinnerei, Weberei u. Bindfadenfabrik	*Director: Aloys Detzel in Ravensburg. Stellvertreter: Benedict Käss in Schussenried. Zeichnung: Der Vorstand d. Leinenspinnerei, Weberei und Bindfadenfabrik Schretzheim. N. N., Vorsitzender. (Stellvertreter des Vorsitzenden)*

Schrobenhausen. 2190 Einwohner. LG. Schrobenhausen. BG. Aichach HG München I J.
Advokaten s. Aichach. **Notar** F. S Heigl Th. Metzler.

August Böhm	Apotheke	*August Böhm.*
Bernhard Ducrue		*Bernhard Ducrue.*
M. Hüber'sche Buchhandlung	Buchhandlung	*Max Hüber*
Georg Leinfelder	Papierfabrik	*Georg Leinfelder.*
Wlh. Linhard	Specerei- u. Schnittwaaren	*Wilhelm Christoph Linhard.*
J. A. Lintner's Nachfolger	Schnittwaaren	*Georg Estermann.*
Carl Pollath	Fasswaarenfabrik u Galanteriewaarenhandlung	*Josef Hitl jun.*
Lucas Reissler	Specerei- u. Schnittwaaren	*Lukas Reissler.*
Josef Schmederer	Specereiwaaren	*Josef Schmederer.*
Louis Schmederer	Specereiwaaren	*Louis Schmederer..*
K. Widmann	Specerei- u. Schnittw.	*Crysostomus Widmann.*

Schrollbach. 311 Einwohner. LG Landstuhl. BG. u. HG. Zweibrücken.
Advokaten s. Zweibrücken. **Notar** s Landstuhl.

Johann Anton Fürkes	Specereihandlung	*Johann Anton Fürkes.*
Karl Urschel	Handelsmühle	*Karl Urschel.*

Schüttentobel. LG. Weiler. BG. u HG. Kempten. **Advokaten:** s Kempten **Notar:** s. Weiler

Wwe. Wocher	Mechan. Baumwollweberei	*Wilhelm Wocher.*

Schwabach. 6817 Einwohner. St. u. LG. Schwabach. BG. u. HG. Fürth.
Advokaten s. Fürth **Notar** G F Ruppert.

J. Casp. Arnsperger [Fabrikzeichen „ein Schwert"]	Nadelfabrik	*Friedrich Reingruber*
J. G. Arnsperger [Fabrikzeichen „ein Mohr"]	Nadelfabrik	*Friedrich Reingruber.*
Mich. Arnsperger & Städler [Fabrikzeichen „Löwe mit Krone"]	Nadelfabrik	*Johann Jacob Städler*
Andreas Bauer [Fabrikzeichen „eine Kanone"]	Nadelfabrik	*Konrad Bauer.*
A. H. Bechhöfer	Eisenwaarenhandlung	*Abraham Hirsch Bechhöfer.*

Firma	Gegenstand	Inhaber
J. U. Berger & Sohn	Leon. Gold- u. Silberdraht u. Plättfabrik	*Dr Georg Leonhard Adolph Berger.*
Gg. David Betzold [Fabrikzeichen „zwei Tabakspfeifen"]	Nadelfabrik	*Johann Konrad Kiessling.*
Johann Ludwig Carl & Cie.	Leon. Gold- u. Silberdraht u Plättfabrik	*Lorenz Friedr. Kern. Friedr. Julius Kern.*
Consumverein Schwabach	Beschaffung von Consumptibilien für die Mitgl.	*Der Vorstand besteht aus drei Mitgliedern und einem Ersatzmann: Günther Johann, Director. Westphal Georg, Cassier. Ruttmann Christian, Schriftführer. Heydner Georg, Ersatzmann. Die Firma wird durch zwei Vorstandsmitglieder gezeichnet.*
Joh. Georg Deisinger [Fabrikzeichen „ein Lamm u. ein Kelch"]	Nadelfabrik	*Johann Georg Herbst.*
Andr. Demel [Fabrikzeichen „ein Lamm"]	Clavier- u. Zithersaiten und Kratzbürstenf., Messingsiebdrähte u. Metalltücherf.	*Andreas Demel.*
Christ. Dippold [Fabrikzeichen „zwei Schlüssel"]	Nadelfabrik	*Georg Dippold.*
C. W. Döderlein	Conditorei, Lebküchnerei u Specereiwaaren	*Carl Wilhelm Döderlein.*
Eb. Egerer & Pet Herr [Fabrikzeichen „ein Eichhorn"]	Nadelfabrik	*Johann Peter Herr. Christoph Knöllinger* P
N. Feuchtwanger	Handlung	*Nathan Feuchtwanger.*
S. Feuchtwanger	Handlung	*Salomon Mayr Feuchtwanger.*
Regina Freund		*Anna Regina Freund.*
J. Ch. Friess & Knöllinger [Fabrikzeichen „ein Engel"]	Nadelfabrik	*Kunigunda Knöllinger. Christ. Knöllinger* P.
Johann Simon Gary [Fabrikzeichen „zwei Hunde"]	Nadelfabrik	*Johann Peter Herr. Christ. Knöllinger* P.
Michael Goldmann	Handlung	*Michael Goldmann.*
F. Hagel	Manufacturwaaren	*Franz Hagel.*
J. C. Hassold sel. Wwe.	Strumpffabrik	*Charlotte Hassold.*
Heinrich Hechtel		*Heinrich Hechtel.*
J. G. Heckel	Feingold- u. Silberschlägerei	*Johann Georg Heckel.*
A. Heim, Apotheke zum Engel	Apotheke	*Adam Heim.*
M. Herbst	Schnittwaarenhandlung	*Martin Herbst*
S. Heyder	Handlung	*Erhard Simon Heyder.*
Gustav Hoffmann vorm. A. K. Schwarz	Conditorei u. Handlung, Ein- u. Verkauf in Rohtabak	*Fried. Gustav Hoffmann.*
Joh. Leonh. Hüttlinger	Eisen-, Stahl-, Messing-, Instrumentendraht u. Kratzbürstenfabrik	*Carl Friedrich Hüttlinger.*
Georg Jacob Jacobi [Fabrikzeichen „die Göttin des Glücks"]	Nadelfabrik	*Jacob Wohlwend.*
Joh. Leonh. Kaufmann [Fabrikzeichen „ein Hirsch"]	Nadelfabrik	*Johann Leonhard Karl Friedrich Hüttlinger.*
G. Kiessling [Fabrikzeichen „zwei Bienenkörbe"]	Nadelfabrik	*Johann Wilhelm Kiessling.*
G. Knöllinger	Specereiwaaren	*Georg Albrecht Knöllinger.*
Johann Ad. Knöllinger [Fabrikzeichen „zwei Hirsche"]	Nadelfabrik	*Johann Adam Knöllinger.*
Moritz Kohn	Handlung	*Moritz Kohn.*
Joh. Adam Krafft	Specerei- u. Farbwaaren	*Georg Adam Schleich.*
Joh. Christ. Kündinger [Fabrikzeichen „ein Elephant"]	Nadelfabrik	*Georg Christoph Betzold.*
Johann Gg. Kündinger [Fabrikzeichen „Messer u Gabel"]	Nadelfabrik	*Johann Adam Knöllinger.*
L. Lamm	Handlung	*Levi Lamm.*
Carl Fried. Lechner	Nadelfabrik	*Friedrich Städtler.*
Georg Conr. Lindmann [Fabrikzeichen „ein offenes Buch"]	Nadelfabrik	*Johann Schmauser.*
Katharina Lieppe		*Katharina Lieppe.*
S. Lipps	Conditorei- u. Spezereiw.	*Johann Simon Lipps.*
G. C. Lodter		*Georg Conrad Lodter*
Leopold Löwenstein	Handlung	*Löw Hirsch Löwenstein.*

Firma	Geschäft	Inhaber
Herm. Matthäi, Stadtapotheke zum Adler	Apotheke	*Hermann Matthäi.*
Heinrich Meyerhofer sel. Erben [Fabrikzeichen „ein doppelter Adler"]	Nadelfabrik	*Johann Wilhelm Kiessling.*
J. Thom. Meyerhöfer [Fabrikzeichen „der Ritter St. Georg"]	Nadelfabrik	*Friedrich Reingruber.*
Daniel Müller [Fabrikzeichen „ein Reichsapfel"]	Nadelfabrik	*Christoph Schmausser.*
H. Ordenstein	Baumwollen- u. Leinenwh.	*Herz Ordenstein.*
M. Patutschnick	Strumpffabrik	*Johann Michael Patutschnick.*
Gottlieb Räithel's Wwe.	Nadelfabrik, Augentabakfab., Manufactur- u. Kurzw.	*Madlon Räithel.*
J. Thomas Resau	Seilerw , Salz- u. Oelhdlg.	*Johann Thomas Resau.*
Ph. Ribort	Seifenfabrik	*Philipp Benjamin Ribort*
S. Röttenbacher	Specereiwaaren	*Simon Röttenbacher.*
J. L. Rosenbaum	Handlung	*Isaac Löw Rosenbaum.*
S. Rosenstein	Handlung	*Sigmund Rosenstein.*
J. A. Scharf		*Johann Adam Scharf.*
G. F. Schleich	Specereiwaaren	*Georg Friedrich Schleich*
J. L. Schlüpfinger [Fabrikzeichen „ein Pfau"]	Nadelfabrik	*Johann Leonhard Schlüpfinger. Christoph Schlüpfinger.*
Christ. Schmausser	Specerei- u. Eisenw.	*Christoph Schmausser.*
Hiero Schmauser	Specereiwaaren	*Hieronymus Schmauser.*
Leonhard Schmauser [Fabrikzeichen „ein Hahn"]	Nadelfabrik	*Johann Schmauser.*
J. G. Schreyer's Buchhandlung	Buchhandlung	*Johann Gottlieb Schreyer.*
Sparcasse und gegenseitiger Hilfsverein	Gewährung von Crediten an die Mitgl. u. Sparkassa	*Der Vorstand besteht aus drei Mitgliedern und einem Ersatzmann. Johann Schmauser, Director. Georg Dippold, Schriftführer. Konr. Kiessling, Cassier. Friedrich Reingruber, Ersatzmann.*
Joh. Jac. Städler	Nadelfabrik	*Johann Jacob Städler*
Städtler & Uhl	Nadelfabrik	*Johann Michael Städtler. Johann Conr. Uhl.*
Carl Uhl	Stärkefabrik	*Anna Maria Uhl. August Uhl* P.
Verein für Nadelfabrikation	Nadelfabrikation	*Der Vorstand besteht aus drei Mitgliedern, nämlich: Ruttmann Christian. Beyerlein Martin. Brandt Carl. Die Firma wird durch zwei Vorstandsmitglieder gezeichnet.*
Conrad Vogelreuther	Specereiwaaren	*Johann Conrad Vogelreuther.*
Georg Vogelreuther	Conditorei, Lebküchnerei u. Specereiwaaren	*Georg Vogelreuther.*
Vorschussverein Schwabach	Creditgeschäfte	*Der Vorstand besteht aus: Aug Rothgangel, Director. Rudolf Kern, Buchhalter. Friedrich Sammetreuther, Cassier. Julius Kern, Ersatzmann. Die Firma wird durch zwei Vorstandsmitglieder gezeichnet.*
Johann Jacob Weber [Fabrikzeichen „Mond"]	Nadelfabrik	*Johann Jacob Städler.*
Julius Wechsler	Baumwollen- u. Leinenwh.	*Joel Wechsler.*
L. H. Wechsler	Posamentiergeschäft	*Löb Heimann Wechsler.*
S. D. Wechsler	Schnittwaaren	*Elisa Wechsler.*
Georg Wohlwend		*Johann Georg Wohlwend.*

Schwaben. 855 Einwohner. LG. Ebersberg. BG. Wasserburg HG. München r. I

Advokaten: s. Wasserburg **Notar** s. Ebersberg.

Firma	Geschäft	Inhaber
Joseph Fröhlich	Specerei- u. Schnittwaaren	*Joseph Fröhlich.*
Franz Sales Heigl	Handlung	*Franz Sales Heigl.*
Franz Xaver Holzlechner	Handlung	*Franz Xaver Holzlechner.*
Erhard Seywerd	Handlung	*Erhard Seywerd.*

Schwabing. 2100 Einwohner. LG. München l. I. BG. u. HG. München r. I

Advokaten u. **Notare:** s. München l. I.

Firma	Geschäft	Inhaber
Carl Buchner	Chemische Fabrik	*Carl Buchner in München.*
A. M. Faber	Bleistiftfabrik	*Adolf Federhoff.*

Schwabmünchen. 2472 Einwohner. LG. Schwabmünchen. BG. u. HG. Augsburg

Advokaten s. Augsburg **Notar** A Riepolt A Schmitt.

Firma	Geschäft	Inhaber
Anton De Crignis	Conditorei-, Specerei- und Wachswaaren	*Anton De Crignis*
A. Dösinger	Handlung	*Albert Dösinger.*
Melchior Gröber	Eisenhandlung	*Melchior Gröber.*

Gebrüder Hayd	Handlung	*Josef Hayd.*
Lorenz Hayd & Sohn	Specereiwaaren	*Anton Hayd.*
Martin Hayd	Specereiwaaren	*Martin Hayd.*
C. J Holzhey	Strumpfwaaren en gros u. en detail, Fabrik von Baumwollen- und gestrickten Strumpf- u. Weissw.	*Anton Holzhey.*
J Georg Keck	Gold- u. Specereiw.	*Johann Georg Keck.*
Mathias Keck & Söhne	Specerei-, Schnitt-, Baumw.- u. Strumpfw , Garne	*Franz Anton Ibscher.*
Anton Maurer & Sohn	Strumpfwaaren	*Anselm Maurer.*
Joh. Schöffel	Strumpfwaaren	*Johann Schöffel.*
Mich. Weh & Sohn	Strumpfwaaren	*Ignaz Weh.*

Schwandorf. 2122 Einwohner LG. Schwandorf. BG. u. HG. Regensburg.
Advokaten: s. Regensburg. **Notar** Fauner

Joh. Chr. Einhenkel	Gemischte Waaren	*Johann Christof Einhenkel.*
Joseph Heilingbrunner	Gemischte Waaren	*Josef Heilingbrunner.*
Georg Puchner	Gemischte Waaren	*Georg Puchner.*
Heinrich Schmid	Apotheke	*Heinrich Schmid.*
Peter Schucerer	Gemischte Waaren	*Peter Schucerer.*
Thonwaarenfabrik Schwandorf-Schwarzenfeld	Thonwaarenfabrik	*Franz Sickinger. Johann Lindner. Carl Escherich. Ludwig Fischer. Simon Goldschmid. Jonathan Baumann. Hermann Escherich. Die unmittelbare Verwaltung u. der Betrieb des Geschäftes obliegt einem Verwaltungsrathe, welcher der alleinige Vertreter der Gesellschaft ist und allein zur Zeichnung der Firma befugt ist. Derzeitiger Verwalter ist Hermann Escherich.*

Schwanfeld. 947 Einwohner. LG. Werneck. BG u. HG. Schweinfurt.
Advokaten s. Schweinfurt. **Notar:** s. Werneck.

Jacob Berk	Schnittwaarenhandlung	*Jacob Berk.*
Jos. Frank	Schnitt- u. Eisenwaarenh.	*Josef Frank.*
M. Rosenthal	Specerei- u. Kurzwaarenh.	*Maier Rosenthal.*
Hirsch Rothfeld	Schnittwaarenhandlung	*Hirsch Rothfeld.*
Isaac M. Schäler		*Isaac Moses Schäler.*
Heinrich Schloss	Schnitt- u. Kurzwaarenh.	*Heinrich Schloss.*
Mathias Schwanfelder	Lederhandlung	*Mathias Schwanfelder.*

Schwarzach. LG. Neukirchen. BG. Straubing. HG. Landshut.
Advokaten s Straubing. **Notar:** s. Neukirchen.

Max Wurm	Gemischte Waaren	*Max Wurm.*

Schwarzach. LG. Culmbach BG. u HG. Bayreuth. **Advokaten:** s. Bayreuth **Notar:** s. Culmbach.

Johann Schneider	Bierbrauerei	*Johann Schneider.*

Schwarzenackermühle. LG., BG. u. HG. Zweibrücken. **Advokaten** u. **Notare:** s. Zweibrücken.

Daniel Bellaire	Handelsmühle	*Daniel Bellaire.*

Schwarzenbach. LG. Füssen. BG. u HG. Kempten.
Advokaten: s. Kempten. **Notare:** s. Füssen.

Joachim Abele	Holzhandlung	*Joachim Abele.*

Schwarzenbach a. Saale. 2973 Einwohner. LG Rehau. BG. u. HG. Hof.
Advokaten s. Hof. **Notar** s Rehau.

Erhard Ad. Bauer	Specereiwaaren	*Erhard Adam Bauer.*
Chr. Gottl. Bauer	Baumwollen- u. Halbwollenf.	*Erhard Adam Bauer.*
Louis Geyer	Landesproductenhandlung u. Destillationsg. en gros	*Louis Geyer.*
Philipp Geyer	Colonialwaaren u. Tabak	*Philipp Geyer.*
Georg Giepold jun.	Spiritus- u Presshefenf.	*Georg Friedrich Carl Giepold.*
Gottfr. Goller jr.	Specereiwaaren	*Gottfried Goller.*
J. G. Goller	Mech. Buntweberei, Baumwollen- u. Halbwollenf.	*Johann Gottfried gen. Gustav Goller. Johann Christoph Goller. Georg Albrecht Goller.*
L. W. Grimm	Steinschleiferei, Lieferant v. Ornamenten, Monumenten von Granit, Marmor und Sandstein	*Lorenz Wilhelm Grimm.*
C. G. Gross		*Christian Gottlob Gross.*
J. A. Heinrich	Schnittwaarenhandlung	*Johann Adam Heinrich.*
J. C. Hendel	Baumwollen- u. Halbwf.	*Christoph Albrecht Hendel. Georg Christoph Friedrich Hendel.*
Keimel & Geyer	Baumwollen- u. Halbwf.	*Johann Sebastian Keimel. Eduard Geyer.*

Jac. Ketnath	Producten- u. Getreideg.	*Jacob Ketnath.*
J. N. Korndörfer	Specereiwaaren	*Johann Nicolaus Korndörfer.*
Carl Künzel	Baumwoll- u. Halbwf.	*Georg Künzel. Heinrich Gottfried Raithel.*
Ad. Kynast	Baumwoll- u. Halbwf.	*Erhard Adam Kynast. Johann Gottfried Kynast. Wilhelm Gottfried Kynast.*
Meyer & Korndörfer	Baumwollmanufacturgesch.	*Heinrich Martin Korndörfer. Christian Heinr. Meyer Johann Nicolaus Korndörfer* P.
J. C. Räithel	Baumwollwaarenfabrik	*Johann Christoph Räithel.*
Chr. Reifenberger	Seifenf. u. Landesprodh. u. Knochenmehlfabrik	*Anton Christian Reifenberger.*
Chr. Schaller jr.	Specereiwaarenhändler	*Johann Christoph Schaller jr.*
Erh. Schaller	Spediteur	*Erhard Schaller.*
Gottfr. Schaumberg	Baumwollen- u. Halbwf.	*Wolfgang Schaumberg. Andreas Heinrich Schaumberg. Wilhelm Adolph Schaumberg.*
Gustav Schübel	Bierbrauerei	*Johann Friedrich Gustav Schübel.*
Joh. Spindler		*Johann Spindler.*
C. A. Spörl		*Christoph Adam Spörl. Fritz Spörl* P.
F. G. Stumpf	Specereiwaaren	*Anna Katharina Stumpf.*
Tröger & Sorger	Baumwollen- u. Halbwf.	*Andreas Tröger. Johann Andreas Sorger.*
F. Weiermüller	Schnittwaarenhandlung	*Franz Weiermüller.*

Schwarzenbach a. W. 1518 Einwohner. LG. Naila. BG. u. HG. Hof.
Advokaten s. Hof. **Notar**: s. Naila.

Fritz Spörl	Destillation	*Fritz Spörl.*
J. W. Weber	Baumwollenwaarenfabrik	*Johann Michael Weber.*
J. N. Weigold	Krämerei	*Johann Nicol. Weigold.*
Fried. Zeuner	Baumwollenwaarenfabrik	*Wilhelm Friedrich Zeuner.*

Schwarzeneck. LG. u. BG. Neunburg v. W. HG. Regensburg.
Advokaten u. **Notare** s. Neunburg v. W.

Xaver Wihrl	Specereiwaaren	*Xaver Wihrl.*

Schwarzenfeld. 1059 Einwohner. LG. Naabburg. BG. Neunburg v. W. HG. Regensburg.
Advokaten: s. Neunburg v. W. **Notar** s. Naabburg.

Georg Altmann	Specereiwaaren	*Georg Altmann.*
Michael Dirrigl	Specereiwaaren	*Michael Dirrigl.*
Chr. Etterer	Specereiwaaren	*Christoph Etterer.*
Johann Gun	Specereiwaaren	*Johann Gun.*
Franz Maier	Handlung	*Franz Maier.*
Johann Meidinger	Specereiwaaren	*Johann Meidinger.*

Schwarzenhofen. LG. u. BG. Neunburg v. W. HG. Regensburg.
Advokaten u. **Notare** s. Neunburg v. W.

Jos. Trautner	Specerei- u. Schnittwaaren	*Josef Trautner.*
Michael Zankl	Specerei- u. Schnittwaaren	*Michael Zankl.*

Schwarzhofen. LG. u. BG. Neunburg v. W. HG. Regensburg.
Advokaten u. **Notare**: s. Neunburg v. W.

Wolfgang Richter	Specerei- u. Schnittwaaren	*Wolfgang Richter.*

Schwebheim. LG., BG. u. HG. Schweinfurt. **Advokaten** u. **Notare** s. Schweinfurt.

M. J. May	Specereiwaaren	*Moses May.*

Schwegenheim. LG. Germersheim. BG. u. HG. Landau.
Advokaten s. Landau. **Notar** s. Germersheim.

N. B. Löb	Vieh- u. Pferdehandel	*Nathan Bär Löb.*

Schweigen. 796 Einwohner. LG. Bergzabern. BG. u. HG. Landau.
Advokaten s. Landau. **Notar** s. Bergzabern.

J. M. Riester	Specerei- u. Schnittwaaren	*Johann Martin Riester.*
F. A. Schad	Specereiwaaren u. Glash.	*Joseph Anton Schad.*

Schweinau 1368 Einwohner. LG, BG u. HG Nürnberg. **Advokaten** u. **Notare**: s. Nürnberg.

Heinrich Hartmann's Wwe.	Handlung	*Heinrich Hartmann.*
Jacob Maussner	Handlung	*Jacob Maussner*
Ed. Möckel	Eisenhandlung	*Eduard Friedrich Möckel.*
Joh. Mulzer's Sohn	Bleistiftfabrik	*Paulus Mulzer.*
M. Nopitsch	Bleistiftfabrik	*Moritz Nopitsch.*
J. A. Ramspeck	Eisenhändler	*Johann Adam Ramspeck.*
Joh. Caspar Rühl	Specereiwaarenhandlung	*Johann Caspar Rühl.*

Schweinfurt. 9748 Einwohner. St. u. LG., BG. u. HG. Schweinfurt.
Advokaten N. Bandorf. A. Bachmann. L. Blocken. K. Brandl. L. Eckmüller. G. Körblin. J. Maier. G. Münz. A. Riesch. A. Sonnenleitner. J. Schwalber. W. Vorbrugg. **Notare** A. Förster. F. Grimm.

G. B. Apel	Drogueriew. u. Landesp.	*Georg Kästner. Friedrich Stepf und Chr. Wanschka* P.

Chr. Friedrich Bach	Sohlfederfabrik	*Carl Heinrich Bach u. Wilhelm Bach.*
Otto Bach	Schnitt- u. Tuchwaaren	*Otto Bach.*
C. A. Bauer	Specereiwaarenhandlung	*Carl August Bauer.*
Christ. Bauer	Specereiwaaren	*Christian Bauer*
Georg Franz Bauer	Farbenhandlung	*Georg Franz Bauer.*
G. C. Beck		*Georg Christoph Beck.*
G. H. Beck	Specereiw., Sped. u. Agent.	*Ernst Kämpf.*
J P Beck	Kurz- u. Galanteriew.	*J. Paulus Beck.*
Georg Bechert		*Johann Conrad Altenberger.*
Georg Belschner	Posamentiergeschäft	*Georg Belschner.*
L. Belschner	Kurzwaaren	*Georg Andreas Luther.*
Philipp Belschner	Posamentiergeschäft	*Joh. Philipp Belschner.*
Joh Adam von Berg	Band-, Seide u. Kurzw.	*Ludwig Dürbig.*
Ludwig von Berg	Ziegelei u Cementfabrik	*Friedrich von Berg.*
Gebrüder Bergmann	Hopfen- u. Landesprodh.	*Kallmann Bergmann. Michael Bergmann.*
A. Braun	Apotheke	*Alois Braun.*
Cramer'sches Actien-Mühl-Etablissement	Kunstmühle	*Den Vorstand bilden: Frd. Feustel. German Raab Phil. Friedr. Cramer.*
Johann Caspar Cramer	Mehl-, Schneid- und Gypsmühle	*Christof Cramer. Johannes Cramer. Christof Friedrich Cramer u. Friedr. Phil. Cramer* **P.**
Justus Cramer	Holzhandlung	*Justus Cramer u. Mathilde Cramer* **P.**
Philipp Cramer	Holzhandlung	*Louise Cramer.*
Credit-Verein Schweinfurt	Zweck des Vereines ist die Beschaffung von Geldmitteln behufs gemeinschaftl Creditgewährung an die Mitglieder	*Den Vorstand bilden: J. J. Leininger. Adolf Wolf u. Louis Voit.*
Friedrich Christfels	Specereiwaaren	*Friedrich Christfels.*
Leonhard Degner	Conditorei- u. Specereiw.	*Leonhard Degner.*
Carl Drescher	Schnitt- u. Tuchwaaren	*Carl Drescher.*
G. Fried. Drescher	Lederhandlung	*Georg Friedrich Drescher.*
A. J. Dreschfeld	Leder- u. Schuhwaaren	*Anton Dreschfeld.*
Chr Fr. Dressler	Tuch- u. Schnittwaarenh.	*Chr. Fr. Dressler*
Heinrich Eberlein	Bankgeschäft	*Heinrich Eberlein.*
G. C Ehemann	Schrotfab., Pulver u. Zündhütchen	*Georg Conrad Ehemann.*
M. Eisenheimer	Weinhandlung	*August Eisenheimer.*
Fichtel & Comp.	Mechan Baumwollspinnerei	*Christof Fichtel u. Jens Sattler*
Kgl. bayr. Filialbank Schweinfurt ZN. [**HN.** Nürnberg]	Bankgeschäfte	*Vorstand u. Disponent im kaufmännischen Verkehr ist der kgl. Bankoberbeamte Welzl. Buchhalter ist Gustav Dotzauer. Die Zeichnung der Firma erfolgt unter Beidrückung eines Siegels durch den Oberbeamten Welzl, in dessen Verhinderung durch den Buchhalter Dotzauer.*
Carl Finckh		*Carl August Finckh.*
Aug. Fischer	Kurzwaaren	*August Fischer*
G. A. Fischer	Schreibmater. u Tapetenh	*Valentin Ferdinand Fischer.*
Joh. Ch. Fischer		*Christoph Friedrich Jacobi.*
Wilh. Fischer	Landesproductenhandlung	*Wilhelm Fischer.*
J. Adam Freund	Strumpfwaaren	*Johann Adam Freund.*
Oscar Freytag	Schnitt- u. Tuchwaaren	*Oscar Freytag.*
H. Friedenhain	Weinhandlung	*Herz Friedenhain.*
Joseph Friedenhain	Wein- u. Spirituosenh.	*Josef Friedenhain.*
Gademann & Comp.	Farben- u Bleiweissfabrik	*Ferdinand Gademann. Eduard von Berg.*
G. J. Giegler	Buchhandlung	*Heinrich Adam Giegler.*
G C. Gleser jun.	Glas- u Porcellanhdlg.	*Georg Gleser jun.*
G. C. Gleser	Specereiw. und Landesprod. Niederlage der hessischen Salbentöpfe und Patrirformen	*Carl Simon.*
Göbel & Mayer	Holzhandel u. Dampfsäge	*H Göbel. Jacob Maier.*
Louis Golz, Maschinenfabrik	Maschinenfabrik	*Louis Golz.*
Gebrüder Graf	Sago- u. Stärkefabrik	*Gustav Graf. Julius Graf.*
Nicolaus Graf	Conditorei	*Nicolaus Graf.*
F Gullmann	Schnitt- u. Tuchw. u. Bettfedern	*Johannes Beischlag.*
J. J. Hamberger	Schnitt- u. Tuchwaaren	*Johann Josef Hamberger.*
Hautmann & Will		*Julius Will Xaver Hautmann*

E. Heimann	Schuhf. u. Schuhmacherart.	*Emanuel Heimann.*
Heinrich Herrmann jr.	Gerberei- u. Lederhandl.	*Heinrich Hermann.*
Gerson Hirsch	Landesproductenhandlung	*Gerson Hirsch.*
Josef Hirsch	Fettwaarengeschäft	*Josef Hirsch.*
M. J. Höfling	Tapisserie u. Kurzwaaren	*Michael Josef Höfling.*
Georg Hoffmann	Farbenfabrik	*Georg Sebastian Hoffmann.*
Christian Käppel	Farbenh. u. Colonialw.	*Christian Käppel.*
Gustav Käppel	Specereiwaaren	*Gustav Käppel.*
G. F. Kirchner	Eisenw. u. Nähmaschinen	*Georg Friedrich Kirchner.*
Gottlieb Kirchner	Strumpfwaaren	*Gottlieb Wilhelm Kirchner.*
M. Kleemann & Sohn	Weinhandlung	*Michael Eduard Kleemann.*
Theodor Klüber	Droguerie u. Farbwaaren	*Theodor Klüber.*
Leonhard Knauer		*Leonhard Knauer.*
J. J. Kneffel	Eisenhandlung	*Gustav Heinrich Kneffel.*
Kolb & Müller	Kurzwaaren	*Georg Christof Kolb. Otto Müller.*
Wilhelm Kornacher	Specereiwaaren	*Wilhelm Kornacher.*
Faust Kraus	Weinhandlung	*Faust Krauss*
Gg. Christian Kraus	Seifenfabrik	*Georg Christian Kraus.*
Gottlob Kraus	Seifenfabrik	*Christoph Friedrich Kraus.*
Julius Friedr. Krönlein	Eisenwaaren	*Julius Friedrich Krönlein.*
Städtische Kunstmühle Schweinfurt	Betrieb der der Stadtgemeinde gehörigen Kunstmühle	*Den Vorstand bilden ein Director und ein Controleur, von denen jeder selbstständig die Firma zeichnet. Zur Zeichnung lästiger Verträge u. von Wechseln ist die Untersch. Beider nöthig.*
Lehnstädt & Schmidt		*August Lehnstädt. Gottfried Theodor Schmitt.*
Bernhard Lengfeld, vorh. Th. Volkhardt	Conditorei u Specereiw.	*Bernhard Lengfeld.*
J. H. Lebküchner		*Friedrich Lebküchner.*
H. Leich		*Hermann Leich.*
J. J. Leininger	Schnitt- u. Tuchwaaren	*Jacob Josef Leininger.*
S. Liebenthal	Käsegeschäft	*Samuel Liebenthal.*
Johannes Ludwig	Kurzwaaren	*Maria Juncker. Wolfgang Adam Kilian* P.
G. L. Messelhäuser	Conditorei	*Georg Leonhard Messelhäuser.*
Gebrüder Metz	Colonialw., Sped, Com. u. Incasso	*Carl Metz. Rudolph Metz.*
Mart. Meyer	Kurzwaaren	*Martin Meyer.*
Michal & Comp.	Droguericwaaren	*Hermann Schwanhäuser*
L. Mohrenwitz	Weinhandlung	*Lämlein Mohrenwitz. Salomon Mohrenwitz Samson Mohrenwitz.*
Morich'sche Buchdruckerei	Buchdruckerei	*Wilhelm August Pollich*
B. L. Müller		*Friedrich Müller. Robert Hintrager.*
C. H. Müller	Schnitt- u. Tuchwaaren	*Christian Heinrich Müller.*
F. A. Müller jr.	Eisenhandlung	*Franz Anton Müller.*
G. Gottfried Neubert	Lederhandlung	*Georg Gottfried Neubert.*
J. Nordschild jun.	Bankgeschäft, Incasso und Wollhandel	*Isaac Nordschild. Carl Strohmberg* P.
Jonas Nordschild	Bank- u. Wechselgesch. u. Wollhandel	*Jonas Nordschild. Adolf Nordschild.*
Ludwig Petz	Kurzwaaren	*Ludwig Petz.*
J. N. Pfeuffer	Schnitt- u. Tuchwaaren	*Nicolaus Pfeuffer.*
C. Pickert		*C. Pickert.*
C. F. Pohl	Essigf, Liqneur- u. Weinh	*Franz Anton Fischer.*
Christian Pollich	Kurzwaaren	*Christian Pollich.*
Heinrich Pollich	Agentur, Incasso u. Comm.	*Heinrich Pollich.*
Christoph Preger	Kurzwaaren en gros	*Amalie Preger Theod. Preger. Ernst Preger.*
Reck & Joachim	Maschinenf. Eisen u. Kesselschmiede	*Friedrich Reck. Carl Joachim.*
Fr. J. Reichard	Buchdruckerei	*Franz Josef Reichard.*
Ch. Th. Richter	Specereiw. u. Producte	*Johann Christoph Theodor Richter*
Rosa & Comp.		*Georg Rosa.*
Louis Rosa	Specereiwaaren	*Louis Rosa.*
Philipp Rosa	Seilerwaarenhandlung	*Georg Christian Rosa.*
Philipp Rosa jun.	Specereiwaarenh., Oel und Hanf en gros u. Spirit.	*Philipp Rosa.*
M. Salzer	Glas- u. Porcellanhandl	*Veitel Salzer. Abraham Salzer.*
Ernst Sandtrock	Specereiw., Sped. u. Incasso	*Ernst Sandtrock.*
Sattler, Engelhard & Comp. [Commanditgesellschaft]	Zuckerraffinerie	*Jens Sattler. Wilhelm Sattler. Adolf von der Tann. Wilhelm Richard Sattler.*

Wilhelm Sattler	Farben-, Sago- u. Stärkef.	*Jens Sattler. Christian Wilhelm Sattler. Leopold Hurtzig* P. *Wilhelm Sattler jr.* P. *Wilhelm Richard Sattler* P. *Adolf Beck* P.
J. Scheuring	Speditionsgeschäft	*Johann Scheuring*
Hermann Schlundt	Getreidehandlung	*Hermann Schlundt. Friedrich Schreier.*
Schmidt & Wirsing	Farbenhandlung	*Friederike Fischer. Andreas Friedr. Wirsing. C. Theodor Wirsing.*
Eugen Alexander Schmidt	Specereiwaaren	*Barbara Schmidt.*
Schneider & Ammonn	Materialwaaren	*Marie Ammonn. Ernst Ammon* P. *Carl Ammonn* P.
Christian Schöner	Strumpfwaaren	*Christian Schöner.*
Schreiber & Müller		*A. A. Schreiber. August Müller.*
H. E. Schuler	Apotheke	*Heinrich Emil Schuler.*
Adolf Schuster	Colonialw. u. Getreidehandel	*Adolph Schuster.*
Heinrich v. Segnitz		*Heinrich v. Segnitz.*
Fr. Seyboth	Conditorei u. Specereiw.	*Friedrich Seyboth.*
Jacob Sichel	Kleidermagazin	*Jacob Sichel.*
A. Silberstein	Detailhandlung	*Abraham Silberstein.*
M. Silberstein	Detailhandlung	*Moses Silberstein.*
David Silberstein	Schnitt- u. Tuchwaaren	*David Silberstein. Josef Silberstein.*
W. Späth	Material- u. Farbw. en gros u. en detail	*Lisette Späth.*
Aug. Stepff	Papierfabrik	*August Stepff.*
Chr. Friedr. Stepf	Conditorei	*Christian Friedrich Stepf.*
Fr. Phil. Stepf	Tabakfabrik	*Friedrich Herding.*
Joh. Christoph Stepf jr.	Eisenwaarenhandlung	*Johann Christoph Stepf.*
Karl Ed. Stepf	Eisenwaarenhandlung	*Carl Eduard Stepf.*
Heinrich Stiel	Weberei	*Georg Stiel.*
J. G. Stiel jun.	Schnitt- u. Tuchwaaren	*Lenchen Stiel. Andreas Stiel.*
Ernst Stör	Buchhandlung	*Ernst Stör*
Friedrich Stössel	Conditorei- u. Specereiw.	*Friedrich Stössel.*
G. J. Stössel	Conditorei- u. Specereiw.	*Wilhelm Stössel.*
J. Gg. Strohmenger	Strumpfwaaren, Seifen und Stearinkerzen	*Johann Georg Strohmenger.*
Gustav Stürmer	Schnitt- u. Tuchwaaren	*Georg Gustav Eduard Stürmer.*
Friedrich Töpfer	Herrnkleidermagazin	*Friedrich Töpfer.*
Carl Vogt	Colonialwaarenhandlung	*Carl Vogt.*
Carl Friedr. Voit jr.	Specereiwaaren	*Carl Friedrich Voit.*
C. G. E. Voit	Specerei- u. Farbwaaren u. Producte	*Philipp Christoph Friedrich Voit.*
Louis Voit	Schnitt- u. Tuchwaaren	*Louis Voit.*
Gottlob Walss	Specereiwaaren	*Carl Conr. Walss.*
Friedrich Walther	Droguerie- u. Farbw.	*Gustav Friedrich Walther.*
Leopold Weil	Eisenwaaren u. Weinh.	*Leopold Weil.*
Moritz Weinich	Detailhandlung	*Moritz Weinich.*
P. Weinmann	Detailhandlung	*Peter Weinmann.*
H. Welscher	Specereiwaaren	*Heinrich Welscher.*
Gg. Chr. Will	Schnitt- u. Tuchwaaren	*Hermann Specht.*
Sebastian Will	Specereiwaaren	*Sebastian Will.*
Adolph Wüstenfeld & Comp.	Zuckerraffinerie	*Adolph Wüstenfeld.*

Schweinshaupten. 366 Einwohner. LG. Hofheim. BG. u. HG. Schweinfurt.
Advokaten s. Schweinfurt. **Notar:** s. Hofheim.

G. Schloss	Kürschnerw. u. Hopfenh.	*Gumpel Schloss.*
Julius Schloss	Schnitt- u. Specereiwh.	*Julius Schloss.*

Schweix. 347 Einwohner. LG. Pirmasens. BG. u. HG. Zweibrücken.
Advokaten s. Zweibrücken. **Notar** s. Pirmasens.

Nicolaus Mauss	Handlung	*Nicolaus Mauss.*
Andr. Schmitt [Schweixermühle]	Handelsmühle	*Andreas Schmitt.*
J. D. Weber	Handlung	*Johann David Weber.*

Schwürbitz. 983 Einwohner. LG. Lichtenfels. BG. Kronach. HG. Bamberg.
Advokaten s. Kronach. **Notar:** s. Lichtenfels.

C. Aug. Amon	Specereiwaarenhandlung	*Carl August Amon.*
J. Bapt. Michel	Specerei- u. Schnittwh.	*Johann Baptist Michel.*

Schwürz. LG. Pegnitz. BG. u. HG. Bayreuth. **Advokaten:** s. Bayreuth. **Notar:** s. Pegnitz.

Vorschuss-Verein für den Hummelgau	Gegenstand des Unternehmens ist: den Mitgliedern	*Die Vorstandsmitglieder sind: Johann Christian Brey Vorsitzender, Georg Brendel*

	in Bedarfsfällen die erforderlichen Geldmittel für den wirthschaftlichen Geschäftsbetrieb durch baare Vorlehen aus der Vereinscasse zu gewähren.	*Cassier, Erhardt Dannhauser Controleur. Die Firma wird durch den Vorsitzenden u Cassier gezeichnet, im Verhinderungsfalle des ersteren durch den Cassier allein, und in Verhinderung des Letzteren durch den Controleur.*

Seebarn. LG. u. BG. Neunburg v. W. HG. Regensburg. **Advokaten** u. **Notare** s. Neunburg v W.

Georg Vetter	Specereiwaaren	*Georg Vetter.*

Seeg. LG. Füssen. BG. u. HG. Kempten. **Advokaten** s Kempten. **Notar** s. Füssen.

Carl Ortlieb	Krämerei	*Karl Ortlieb.*
Jos. Wagner's sel. Wwe.	Krämerei	*Maria Wagner.*

Seemannshausen. LG. Eggenfelden BG. Pfarrkirchen. HG. Passau
Advokaten: s. Pfarrkirchen **Notar** s. Eggenfelden

Leopold Schadenfroh	Krämerei	*Leopold Schadenfroh.*

Segnitz. 666 Einwohner. LG. Marktbreit. LG. u. HG. Würzburg.
Advokaten s Würzburg. **Notar** s. Marktbreit.

M. Ballin	Weinhandlung	*Mayer Ballin.*
B. Hainemann's Söhne	Farbenfabrik	*Benno Hainemann.*
A. F. Kreglinger's Wwe.	Branntweinf., Specerei und Weinhandlung	*Johann Michael Kreglinger, August Kreglinger, Bertha Kreglinger. Nur Joh. Mich. u. August Kreglinger zeichnen die Firma.*
Hermann Walter	Weinhandl. u. Liqueurf.	*Herrmann Walter.*

Selb. 3341 Einwohner. LG. Selb. BG. u. HG. Hof.
Advokaten s. Hof. **Notar:** F. Friedel.

E. Christenn	Specereiw. u. Lebküchnerei	*Erhard Christian Christenn.*
Christ. Fischmann	Eisenhandlung	*Christian Friedrich Paulus Fischmann.*
Gg. Fischmann	Spec.-, Eisen- u. Materialw.	*Georg Michael Fischmann.*
Karl Fischmann	Hopfenhandlung	*Ernst Karl Fischmann.*
Friedr. Gebhardt	Baumwollwaarenfabrik	*Friedrich Gebhardt*
Geipel & Jäger ZN. [**HN.** Asch, Böhmen]	Baumwollwaarenfabrik	*Christian Geipel, Heinrich Jäger, Carl Wagner* **P.**, *Adolph Künzel* **P.**, *Ludwig Rothe* **P.**
Lorenz Geyer	Specereiwaaren	*Margaretha Geyer.*
M. Wolfgang Geyer	Specereiwaaren	*Johann Michael Wolfgang Geyer*
Erhardt Graf	Tuchfabrik	*Johann Erhardt Graf.*
Lor. Herath	Specerei- u. Schnittwaaren	*Lorenz Herath.*
W. C. Hertel	Specereiwaaren	*Johann Wolfgang Carl Hertel.*
Lorenz Hutschenreuther HN. [**ZN.** München I. I. Kulmbach]	Porcellanfabrik	*Lorenz Friedrich Christian Hutschenreuther, Hans Pabst* **P.**
Carl Krippner	Specereiwaaren	*Carl Johann Maximilian Krippner.*
Christoph Ludwig	Rothgerberei	*Johann Wolfgang Christoph Ludwig.*
Georg Ludwig	Rothgerberei	*Georg Christian Ludwig.*
Bruno Matthesias	Apotheke	*Paul Bruno Alexander Mathesias.*
Louis Nahr	Schneid- u. Mahlmühle und Holzhandlung	*Louis Nahr.*
Nicol. Nahr & Sohn		*Nicol Nahr, Johann Christoph Albert Nahr.*
Johann Povenz	Eisenhandlung	*Johann Povenz.*
Andr. Prell	Specerei-, Schnitt- u. Kurzw. u. Agenturengeschäft	*Andreas Prell.*
G. Ch. Prell	Handlung	*Anna Katharina Prell.*
Margaretha Prell	Handlung	*Anna Margaretha Prell.*
Reiz & Merz	Handlung	*Georg Christoph Reiz, Johann Michael Merz*
Adolf Sandner	Handlung	*Adolph Sandner.*
Ch. Schmidt	Specerei- u. Eisenh.	*Johann Christian Christoph Schmidt.*
J. W. Schmidt	Specerei- u. Eisenh.	*Johann Wilhelm Schmidt.*
Sticht & Meyer	Specerei- u. Eisenh.	*Johann Christoph Wilhelm Sticht, Johann Christian Meyer.*
Jacob Zeidler	Rothgerberei	*Johann Jacob Zeidler.*
Jacob Zeidler & Cie.	Porcellanfabrik	*Jacob Zeidler.*

Selbitz. 1673 Einwohner. LG. Naila. BG u. HG Hof. **Advokaten** s. Hof. **Notar** s. Naila.

Heinrich Bauer	Specereiwaarenhandlung	*Heinrich Wilhelm, Sebastian Martin Bauer*
Johann Dietel	Baumwollwf. u Specereiw.	*Albrecht Dietel.*
Johann Glasser	Specereiwaaren	*Johann Glasser.*
Christoph Schaller	Baumwollwaarenfabrik	*Christoph Erdmann. Florentin Schaller.*

G. E. Schaller & Sohn	Baumwollwaarenfabrik	*Christoph Erdmann, Florentin Schaller, Georg Friedrich Wilhelm Schaller.*
Johann Stamm	Schnittwaarenhandlung	*Johann Stamm.*

Seltmanns. LG., BG. u. HG. Kempten. **Advokaten** u **Notare** s. Kempten.

Heinr. Schmid	Baumwollspinnerei	*Heinrich Schmid.*

Sembach. 793 Einwohner. LG. Sembach. BG. u. HG. Kaiserslautern. **Advokaten:** s. Kaiserslautern. **Notar** J. Englhard.

Abraham Berg & Co.	Viehhandel	*Abraham Berg, Rubel Berg.*
Fels S. I	Handlung	*Samuel Fels I.*
Mann Hermann	Handlung	*Hermann Mann.*
Weiland Ludwig	Apotheke	*Ludwig Weiland.*

Sendelbach. LG. u. BG. Lohr. HG. Würzburg. **Advokaten** u. **Notare:** s. Lohr

Sebastian Konrad	Specereihandlung	*Sebastian Konrad.*

Sendling. 1018 Einwohner. LG. München l. J. BG. u. HG. München r. J. **Advokaten** u. **Notare:** s. München l. I.

Fabrik wasserdichter Stoffe von Joseph Beck	Wasserdichte Stoffe	*Joseph Beck.*
J. B. Wagner	Handlung	*Anna Herrmann Wwe.*

Sennfeld. LG., BG. u. HG. Schweinfurt. **Advokaten** u. **Notare:** s. Schweinfurt.

Fr. Schenk	Specerei- u. Eisenw.	*Friedrich Schenk.*

Seßlach. 725 Einwohner. LG. Seßlach. BG. Kronach. HG. Bamberg. **Advokaten:** s. Kronach. **Notar:** Dr. F. Voltz.

Ludwig Geys	Apotheke	*Ludwig Geys.*
C. Hartmann	Specerei- u. Eisenhandl.	*Conrad Hartmann.*
H. Müller	Specereiwaarenhandlung	*Heinrich Müller.*
Gg. Paul	Specereiwaarenhandlung	*Georg Paul.*
C. Salb	Schnittwaarenhandlung	*Cyriak Salb.*
J. Schwab	Specerei- u. Eisenhandl.	*Johann Schwab.*

Seußen. LG. Thiersheim. BG. u. HG. Hof. **Advokaten** s Hof. **Notar** s. Thiersheim

J. M. Müller	Specereiwaarenhandlung	*Johann Matthäus Müller.*

Seybothenreuth. LG. Weidenberg. BG. u. HG. Bayreuth. **Advokaten** s. Bayreuth. **Notar** s. Weidenberg.

Johann Purucker	Krämerei	*Johann Purucker.*

Sichersreuth. LG. Wunsiedel. BG. u. HG. Hof. **Advokaten:** s. Hof. **Notar:** s. Wunsiedel.

Wilhelm Ziegler	Tuchfabrik	*Johann Adam Ziegler, Christian Ziegler.*

Sickershausen. LG. Kitzingen. BG. u. HG. Würzburg. **Advokaten** s. Würzburg. **Notar:** s. Kitzingen.

Sussmann Mayer	Specerei- u. Schnittwaaren	*Sussmann Mayer.*

Siebeldingen. Canalmühle. LG., BG. u. HG. Landau. **Advokaten** u. **Notare:** s. Landau.

J. F. Winderoll	Mahlmühle	*Joseph Franz Winderoll.*

Siebratshofen. LG., BG. u. HG. Kempten. **Advokaten** u. **Notar:** s. Kempten.

B. Hueber	Hammerschmiede	*Benedikt Hueber.*
Rupert Linz	Holzstoff. u. Holzsägmühle	*Rupert Linz.*
Baptist Miller	Käshandlung	*Baptist Miller.*
R. Reich	Krämerei	*Raimund Reich.*

Siegenburg. 975 Einwohner. LG. Abensberg BG. u. HG. Landshut. **Advokaten** s. Landshut. **Notar:** s. Abensberg

Paul Anetsberger	Handlung	*Paul Anetsberger.*
Gotthard Mayr	Spec.-, Schnitt- u. Eisenw.	*Gotthard Mayr.*

Silbermühle. St. u. LG. Weißenburg. BG. Eichstädt. HG. Nürnberg. **Advokaten:** s. Eichstadt. **Notar:** s. Weissenburg.

Heinrich Pflaumer	Tuch- u. Streichgarnspinner.	*Heinrich Pflaumer.*

Simbach a. Inn. 3360 Einwohner. LG. Simbach BG. Pfarrkirchen. HG. Passau. **Advokaten:** s. Pfarrkirchen. **Notar:** Jacob Englhard.

Ludwig Aumüller	Specerei- u. Schnittwaaren	*Ludwig Aumüller.*
Anton Gober	Spec.- u. Schnittw., Agent., Spedit. u. Commiss.	*Anton Gober.*
Dom Hofreiter	Specerei- u. Schnittwaaren	*Anton Hofreiter*
Balthasar Kronacker	Fragnerei	*Balthasar Kronacker*
Alois Meilinger	Specerei- u. Schnittwaaren	*Alois Meilinger.*
Theres Schmidtbauer HN. [ZN. Thann]	Apotheke	*Theres Schmidtbauer*
Franz Stadler	Specerei- u. Schnittwaaren	*Franz Stadler.*

Simmerberg. LG. Weiler. BG. u. HG. Kempten **Advokaten** s. Kempten. **Notar** s. Weiler.

Anton Forster | Specereihandlung | *Anton Forster.*

Sinnthalshof. LG. Brückenau. BG. Lohr. HG. Würzburg.
Advokaten: s. Lohr **Notar:** s. Brückenau.

R. Moritz | Papier- u. Pressspäneh. | *Raymund Moritz.*

Sippersfeld. LG. Winnweiler. BG. u. HG. Kaiserslautern.
Advokaten: s. Kaiserslautern. **Notar:** s. Winnweiler

Klingenschmitt | Specereiwaaren | *Wilhelm Klingenschmitt.*
Lieberich Chr. jr. | Specereiwaaren | *Christian Lieberich jun.*

Sittenbach. LG. Friedberg. BG. Aichach. HG. München I. J.
Advokaten s. Aichach. **Notar** s. Friedberg

Lorenz Freitag | Krämerei | *Lorenz Freitag*

Söldenau. LG. Vilshofen. BG. u. HG. Passau. **Advokaten** s. Passau. **Notar** s. Vilshofen.

Andreas Pichler | Krämerei | *Andreas Pichler.*

Solnhofen. 787 Einwohner LG. Pappenheim. BG. Eichstädt. HG. Nürnberg.
Advokaten s Eichstadt. **Notar** s. Pappenheim.

Arauner, Schindel & Cie. | Betr. eines Schiefermarmor u. Steinbruches | *Friedrich Glöckel. Jacob Arauner. Wilhelm Arauner. Adam Schindel. Ernst Ottmann. Jacob Matter* P.
Jacob & Wilhelm Arauner in Sonthofen | Betr. eines Schiefermarmor- u. Steinbruches | *Wilhelm Arauner. Jacob Arauner.*
Friedrich Glöckel | Specereiwaarenh. u. Steinbruchbetrieb | *Friedrich Glöckel.*
Andreas Liebhardt | Schiefermarmor- und Steinbruchbetrieb | *Andreas Liebhardt.*
Friedrich Liebhard | Schiefermarmor- und Steinbruchbetrieb | *Friedrich Liebhard.*
Ernst Ottmann in Solnhofen | Schiefermarmor- und Steinbruchbetrieb | *Ernst Ottmann.*
Friedrich Ottmann | | *Friedrich Ottmann.*
Georg Schauer in Solnhofen | | *Georg Schauer in Solnhofen.*
Johann Adam Schindel in Solnhofen | Schiefermarmor- und Steinbruchbetrieb | *Adam Schindel.*
Christoph Stiegler | Schiefermarmor- und Steinbruchbetrieb | *Christoph Stiegler.*
Gebrüder Strauss | Schiefermarmor- und Steinbruchbetrieb | *Johann Strauss. Friedrich Strauss.*
Heinrich Volkhardt | Schiefermarmor- und Steinbruchbetrieb | *Heinrich Volkhardt.*

Sommerach. LG. Volkach. BG. u. HG. Schweinfurt. **Advokaten** s Schweinfurt. **Notar:** s. Volkach.

Sigmund Mohrenwitz | Handlung | *Sigmund Mohrenwitz.*

Sommerhausen. 1253 Einwohner. LG. Ochsenfurt. BG. u. HG. Würzburg.
Advokaten s. Würzburg. **Notar:** s. Ochsenfurt.

Sussmann Adler | Frucht-, Landesp -, Rohw.-, Mehl- u. Colonialw. | *Sussmann Adler.*
Friedr. Beyschlag | Apotheke | *Friedrich Beyschlag.*
Gebrüder Koch | Tabakfabrik u. Specereiwh. | *Friedrich Koch.*
Julius Palm | Specerei- u. Ellenw. | *Juda Palm.*
Gebrüder Stahl | Eisenhandlung | *Salomon Stahl. Lazarus Stahl.*
M. A. Stern | Weinhandlung en gros | *Moses Abraham Stern.*
M. A. Stern's Sohn | Weinhandlung | *Zion Stern.*

Sondersdorf. LG. Riedenburg. BG. u. HG. Regensburg.
Advokaten: s. Regensburg. **Notar:** s. Riedenburg.

Johann Hopf | Handlung | *Johann Hopf.*

Sondheim. LG. Mellrichstadt. BG. Neustadt a. S. HG. Schweinfurt.
Advokaten s. Neustadt a. S. **Notar** s. Mellrichstadt.

Christian Hartmann | Gemischte Waaren | *Christian Hartmann.*

Sonnen. LG. Wegscheid. BG. u. HG. Passau. **Advokaten** s. Passau. **Notar** s. Wegscheid.

Gg. Krieg sel. Wwe. | Schnitt-, Kurz- u. Specereih. | *Johann Luger.*

Sonthofen. 2511 Einwohner. LG. Sonthofen BG. u. HG. Kempten.
Advokaten s. Kempten. **Notar** F. X. Maior.

Joh. Alteneder | Hammerwerk u. Strohmesserfabrik | *Johann Alteneder.*

Johann Althaus	Käsfabrik	*Johann Althaus.*
S & D. Bachmann ZN. [HN Augsburg]	Mechan Weberei	*Samuel Bachmann. David Bachmann.*
J. A. Enzensberger	Specerei- u. Schnittwaaren, Käse- u Branntweing.	*Johann Alois Enzensberger.*
Gebr. Epple HN. [ZN. Augsburg]	Fabrik landwirthschaftlicher Maschinen	*Magnus Epple. Karl Epple.*
Leonh. Feller	Specerei- und Schnittwaaren	*Leonhard Feller.*
Ottmar Herz	Käsefabrik	*Ottmar Herz.*
Joh. Mart. Hösle sel Relicten	Handlung	*Joh. Nep. Hösle* **A.** *Michael Hösle. Balbina Hösle. Dominika Hösle. Juliana Hösle.*
Max Holzhey	Specerei- u. Schnittwaaren	*Max Holzhey. Max Holzhey jr.* **P.**
Anton Köberle	Conditorei	*Anton Köberle*
Franz Köberle	Handlung	*Franz Köberle.*
Mich. Köberle	Nagelfabrik	*Mich. Köberle.*
Johann Müller	Käsefabrik u. Holzhdlg	*Johann Müller.*
Notz & Burger	Käsefabrik	*Mathäus Notz* **A.** *Franz Burger.*
Anton Schaflitzl	Käsefabrikation	*Anton Schaflitzl.*
Ed. Schaflitzl	Specerei- u. Schnittwaaren, Eisenh u. Agenturen	*Eduard Schaflitzl.*
Speiser & Haug	Käsefabrik	*Martin Speiser. Franz Xaver Göhl. Franz Haug.*
S. Weber	Kunstmühle u. mechanische Weberei	*Sebastian Weber.*

Sophienthal. LG Weidenberg. BG. u. HG. Bayreuth. **Advokaten** s. Bayreuth **Notar** s. Weidenberg.

Heinrich Enders	Krämerei	*Heinrich Enders.*
Hub. Reichenberger	Glasschleif- u. Polierwerkf.	*Hubert Reichenberger.*

Spalt. 1800 Einwohner. LG. Roth. BG. u. HG. Fürth.
Advokaten: s. Fürth. **Notar**: s. Roth.

G. Böhm	Apotheke	*Gottlieb Böhm.*
Dom. Ehard	Specerei- u. Schnittwaarenh.	*Dominicus Ehard.*
Joh. Ludw. Pfahler	Hopfenh. u. Bierbrauerei	*Johann Ludwig Pfahler.*

Sparneck. 1642 Einwohner. LG Münchberg. BG u HG. Hof.
Advokaten s. Hof. **Notar** s. Münchberg

Georg Goller	Baumwollenzeugfabrik	*Johann Georg Goller. Adolph Eichele.*
Joh. Wolfg. Linhardt	Handlung	*Johann Wolfgang Linhardt. Johann Adam Kettsch.*
F. C. W Ruckdeschel	Schnittwaarenhandlung	*Friedrich Christian Wilhelm Ruckdeschel. Johann Friedrich Ruckdeschel* **P.**
G. Chr. Schlègel	Specereiwaaren	*Georg Christoph Schlegel.*

Speinshardt. LG. Eschenbach. BG Weiden. HG. Amberg
Advokaten s. Weiden. **Notar** s. Eschenbach.

Johann Bräutigam	Specereiwaaren	*Johann Christoph Bräutigam.*

Sperlhammer. LG. Kötzting. BG Straubing. HG Landshut.
Advokaten s. Straubing **Notar** s. Kötzting.

Albert von Sperl	Eisenhammer	*Albert von Sperl.*

Speyer. 14,806 Einwohner. LG. Speyer. BG. u. HG. Frankenthal.
Advokaten: s. Frankenthal. **Notar**: C Hoseus. G F. Kissel F Zöller

Heinrich Adler	Manufacturwaaren	*Heinrich Adler.*
Gabriel Altschul	Fruchthandlung	*Gabriel Altschul.*
J. Altschüler & Söhne	Manufacturwaaren	*Isaak Altschüler. Ferdinand Altschüler. Jac. Altschüler.*
Ph. W Ambos	Eisen- u. Pulverhandlung	*Philipp Wilhelm Ambos.*
Jacob Annathau	Manufacturwaaren	*Jacob Annathau*
F. J. Becker	Colonial u. Cigarren	*Franz Josef Becker.*
Geschwister Becker	Specerei- u. Kurzw.	*Magdalena Becker. Johanna Becker.*
Carl Bender	Cigarren- u. Pechfabrik	*Carl Bender.*
Gustav Bensel	Specereiwaaren	*Gustav Bensel.*
P. H. Bleichroth	Specerei- u. Kurzwaaren	*Philipp Heinrich Bleichroth.*
Simon Bodenheimer	Mehlhandlung	*Simon Bodenheimer.*
Georg Börkel's Ehefrau	Mehlhandlung	*Wilhelmine Börkel.*
J. C. Bohrmann	Eisen- u. Kurzwaaren	*Johann Carl Bohrmann.*
W. Bossert	Specerei- u. Farbwaaren	*Friedrich Wilhelm Bossert.*
A. Bregenzer	Buchhandlung	*Anton Bregenzer.*

J. P. Chariatte Wb.	Mehlhandlung	*Johanna Praxedes.*
E. M. Cohn	Säg-, Schneid- und Schrotmühle	*Emanuel Moritz Cohn. Moritz Cohn* **P.**
Jose Cohen	Handlung	*Jose Cohen.*
J. Cramer jun.	Mehlhandlung	*Salomon Cramer jr.*
M. Cramer	Tabakblätterhandlung	*Moses Cramer.*
Ph. Mos. Cramer	Viehhändler	*Philipp Moses Cramer.*
Samuel Cramer jr	Manufacturwaaren	*Samuel Cramer jr.*
Vitus Cramer I	Viehhändler	*Vitus Cramer I.*
Louis Cron	Posamentierwaaren	*Ludwig Cron.*
Friedrich Dasch	Drechslerwaaren	*Friedrich Wilhelm Dasch.*
Carl David's Söhne	Lederhandlung	*Theodor David. Emilie Feis* **P.**
Gebrüder Deifel	Malzfabrik	*Johann Heinrich Deifel Karl Deifel.*
George Dister	Kamm- u. Pfeifenhandl.	*Georg Dister.*
Emanuel Dreyfuss	Manufactur- u Modew	*Emanuel Dreyfuss.*
M. Dreyfuss	Kleidermagazin	*Moritz Dreyfuss.*
M. Dreyfuss' Söhne	Tuchhandlung	*Ferdinand Dreyfuss. Eduard Dreyfuss.*
Tobias Dreyfuss	Eisen- u. Steinkohlenh	*Tobias Dreyfuss.*
J. C. Eberhardt	Spezereiw., Landesproducten en gros, Sped. u. Com.	*Jacob Karl Eberhardt*
Jacob Eicher		*Jacob Eicher*
Eichhorn & Cie.	Cigarrenfabrik	*Reinhold Eichhorn.*
G. F. Ernst früher G. F. Ernst & Cie.	Farbw, Firniss- u. Tintenh.	*Georg Friedrich Gottlieb Ernst.*
Dl. Eschmann	Specerei- u Materialw.	*Magdalena Zöller.*
Leopold Feibelmann	Kurzwaaren	*Leopold Feibelmann.*
Andreas Feldner	Mehlhandlung	*Andreas Feldner.*
Georg Feldner	Mühle- u. Mehlhandlung	*Georg Feldner.*
Finninger & Steffan	Pfälzer Blätter-Tabaksh.	*Heinrich Finninger. Philipp Stephan.*
M. Fischbach	Putz- u. Modegeschäft	*Magdalena Fischbach.*
Georg Flory	Mühle	*Georg Flory.*
L. E. Foltz		*Ludwig Ernst Foltz.*
H. Freitag	Specereiwaaren	*Heinrich Freitag.*
G. H. Frey	Specerei- u. Colonialw.	*Georg Heinrich Frey.*
F. M Gmündt	Lederhandlung	*Ferdinand Maria Gmündt*
J. N. Gérard	Manufactur-, Tuch- u Leinenwaarenhandlung	*Jean Nicolaus Gérard.*
L. G. A. Giessen	Vergoldgeschäft u. Spiegelh	*Ludwig Gustav Adolf Giessen.*
Max Göll	Weinhandlung	*Max Göll.*
Göpfert & Striebinger	Tabakhandlung	*August Albert Göpfert. Johannes Striebinger.*
Abraham Goldschmitt	Kurzwaaren, Lumpen- und Knochenhandlung	*Abraham Goldschmitt.*
Louis Grohé	Eisen- u. Tabakblätterh	*Louis Grohé.*
J. Gudenberg	Handlung	*Jacob Gudenberg*
G. M. Gund	Kohlenhandlung	*Georg Michael Gund.*
Ph. Gund ZN. [HN. Mannheim]	Kohlenh u. Speditionsg.	*Philipp Gund.*
J. Gutermann Wwe.	Eisenwaarenhandlung	*Maglana Weimar. Heinrich Gutermann* **P.**
J. W. Hänlein	Holzhandlung	*Friedrich Wilhelm Hänlein.*
Adolph Haffner	Stickerei-, Specerei- und Kurzwaaren	*Adolph Wilhelm Carl Haffner.*
Gustav Haffner	Specerei- u. Kurzwaaren	*Gustav Haffner.*
J. F. Haid	Bankgeschäft	*Johann Friedrich Haid.*
Gebrüder Hauser	Bierbrauerei	*Philipp Hauser. Wilhelm Hauser.*
Sigmund Herz	Kurz- u Modewaaren	*Sigmund Herz.*
P. von der Heydt	Eisenhandlung	*Peter von der Heydt.*
Werner Heyn	Kleiderhandlung	*Werner Heyn.*
A. Hildesheimer	Handlung	*Abraham Hildesheimer.*
Marx Hildesheimer	Tabak- u. Cigarrenhandl	*Marx Hildesheimer.*
Adam Hirsch	Getreidehandlung	*Adam Hirsch.*
A. Hofmann	Buchbinderei- u Kunsth.	*August Hofmann.*
A. Holl	Kohlenhandlung	*Adam Holl.*
J. Hürnsdorf	Schreibmaterialienfabrik und Handlung, Linir u. Lithographische Anstalt	*Julius Carl Friedrich Hürnsdorf.*
Joseph Hurst	Specerei- u. Kurzw.	*Joseph Hurst.*
George Jung	Mahlmühle	*Georg Jung*

L. Kern	Weinhandlung	*Ludwig Kern.*
Geschwister Kessler	Specereiwaaren	*Elisabetha Kessler. Karolina Kessler. Johanna Kessler. Friedr. Wilh. Theodor Kessler* P.
Peter Kessler	Specereiwaaren	*Peter Kessler*
J. Klebsch	Lederh., Eisenwaarenfabrik von Striegl, verz. Kochgeschirr u. Cigarrenh.	*Jacob Klebsch.*
Ph. Chr. Klebsch	Weinhandlung	*Philipp Christian Klebsch.*
Ferdinand Kleeberger	Buchhandlung	*Ferdinand Kleeberger. Adam Rüdiger* P.
Ernst Knabe	Kammfabrik	*Ernst Knabe.*
Carl Korn	Pfälzer Rohtabak, Commiss. u. Incasso	*Carl Philipp Heinrich Korn. Carl Mathias Korn.*
Georg Kranzbühler	Buchdruckerei	*Georg Kranzbühler.*
J. Kuhn's Söhne	Kleiderhandlung	*Josef Kuhn. Karl Kuhn.*
J. Kuhn	Herrenkleidermagazin	*Isaias Kuhn.*
A. Ladynski	Specereiwaaren	*Alexander Ladynski.*
J. Landmann	Lumpen- u. Oelkuchenh.	*Jacob Landmann.*
G. S. Lang	Buchdruckerei- u. Buchh.	*Georg Ludwig Lang.*
Ph. Leonhardt		*Philipp Leonhardt.*
Carl Leschmann	Seilerwaaren	*Karl Leschmann.*
Heinrich Leschmann	Seilerwaarenfabrik	*Justine Kornmesser. Heinrich Leschmann* P.
Louis Levinger	Manufacturwaaren	*Louis Levinger.*
Andreas Libboner	Nagelfabrik	*Andreas Libboner.*
C. Lichtenberger & Zilch	Tabakblätterhandlung	*Casimir Lichtenberger.*
Carl Lichtenberger	Tabakblätterhandlung	*Carl Lichtenberger.*
Carl Lichtenberger & Cie.		*Carl Lichtenberger. Maximilian Siebert.*
Lichtenberger & Cie.	Tabakblätterh. u. Tabakfabr.	*Friedrich August Lichtenberger.*
A. Lipp	Ellenwaaren	*Aloys Lipp.*
C. Lipp	Schnittwaarenhandlung	*Karl Lipp.*
Ferdinand Löb		*Ferdinand Löb.*
Joseph Löb	Manufacturwaaren	*Joseph Löb.*
Aaron Mayer	Frucht- u. Mehlhandlung	*Aaron Mayer.*
L. Mayer	Mehl- u. Viehhandlung	*Leonhard Mayer.*
M. Mayer & Söhne HN. [ZN. Mannheim]	Holzhandlung	*Moses Mayer. Salomon Mayer Jonas Mayer.*
Machol Mayer	Holzhandlung	*Machol Mayer.*
Moritz Mayer	Manufacturwaaren	*Moritz Mayer.*
Simon Mayer	Manufacturwaaren	*Simon Mayer.*
D. Mayscheider	Chirurg Instrumentenfab.	*Daniel Mayscheider.*
Fr. Merbel	Bauunternehmer	*Friedrich Merbel.*
A. Metzger	Mehl-, Frucht- u. Tabakh.	*Abraham Metzger.*
Hermann Metzger	Eisenhandlung	*Hermann Metzger.*
C. T Michaux	Tabakblätterhandlung	*Franz Theodor Michaux.*
R. Moritz	Landesproductenhandlung	*Raphael Moritz.*
H. Mühl, Nachfolger von Carl Dreher's Erben	Möbelhandlung	*Heinrich Mühl.*
Gg. Müller	Weinhandlung	*Gangolf Müller.*
Gustav Müller	Specereiwaaren	*Gustav Müller.*
Jac. Wilh. Müller	Tabak- u. Cigarrenfabrikat.	*Jacob Wilhelm Müller.*
Carl Ed. Nägele		*Carl Eduard Nägele.*
G. H. Nägele	Glaswaarenh. u. Galanteriew.	*Georg Heinrich Nägele.*
F. C. Neidhard's Buchhandlung HN. [ZN. Grünstadt]	Buchhandlung	*Emil Neidhard.*
F. Neumann	Bürstenfabrik	*Franz Friedrich Albert Jacob Ludwig Neumann.*
C. Niedlich	Specereiwaaren	*Carl Niedlich.*
Fr. Aug. Nusch	Ziegelei	*Friedrich August Nusch.*
Valentin Orth	Essigf. u. Branntweinbrenner.	*Valentin Orth.*
M. Pfisterer	Frachtfuhrgeschäft	*Michael Pfisterer.*
G. W. Pfülf	Tabaksblättergeschäft	*Johann Georg Ladislaus Willibald Pfülf.*
Johann Platzöder	Mahlmühle	*Johann Platzöder.*
Geschwister Reither	Putz- u. Modegeschäft	*Catharina Reither. Elisabetha Reither.*
J. G. Reither HN. [ZN. Winden]	Kohlenhandlung	*Johann Georg Reither*
Moritz Roos	Häutehandel	*Moritz Roos.*
A. Rosenfelder	Modewaaren u. Bandhdlg.	*Aron Rosenfelder.*
G. Rudolph & Schantz	Galanterie- u. Schreibmaterh.	*Friedrich Schantz.*

P. J. Scherübel	Agenturen	*Philipp Joseph Scherübel.*
G Schmidt & Cie.	Galanterie- u. Glaswh.	*Andreas Willmann.*
G. A. Schmitgen	Cigarrenfabrik	*Peter Schmitgen.*
Georg Schnaudigel	Buchbinderei	*Georg Schnaudigel.*
Bartholomäus Schneider	Mehlhandlung	*Bartholomäus Schneider.*
Gebrüder Schultz	Bierbrauerei	*Georg Schultz. Johann Heinrich Schultz.*
Jacob Schultz	Specereiwaaren	*Jacob Schultz.*
Friedrich Schwartz Wwe.	Weiss-, Kurz- u Modewh.	*Lisette Schwartz Theodor Kemm.*
Heinrich Schwartz	Bierbrauerei	*Heinrich Schwartz.*
Carl Schwesinger	Weinhandlung	*Carl Schwesinger.*
Jacob Seitz	Gerberei	*Philipp Jacob Seitz*
Johann Seitz	Ellenwaarengeschäft	*Johann Seitz.*
Feist Seligmann	Viehhandel	*Feist Seligmann.*
C. A. Serr	Tapetenfabrik	*Cäsar August Serr.*
Rud. Sick	Weinhandlung en gros	*Rudolph Sick. Louis Müller* **P.**
And. Söhner	Specereiwaaren	*Johann Andreas Söhner.*
Carl Sommer, Nachfolger von L. F. Rothermel	Colonialw., Comm., Spedit. u. Incasso	*Carl Sommer*
Philipp Spitzer	Specereiwaaren	*Philipp Jacob Spitzer*
Friedrich Steinbauer & Söhne	Eisen- u. Gelbgiesserei	*Friedrich Steinbauer sen. Philipp Steinbauer jun Jacob Steinbauer. Georg Steinbauer.*
Jacob Steiner jun.	Mahlmühle	*Jacob Steiner.*
Fr. Stiner	Specereiwaaren	*Friedrich Stiner.*
Jos. Stockinger	Wein- u. Tabakblätterh.	*Josef Stockinger. Franz Stockinger* **P.**
Jos. Stockinger & Comp.	Pfälzer Blättertabak u Weingrosshandlung	*Franz Erdmann Stockinger. Christ. Rösinger. Franz Erdmann Stockinger* **P** *Christian Rösinger* **P**
G. F Strasser	Specerei- u. Kurzw., Seifen- u. Wachslager	*Georg Franz Strasser*
Wilh. Strasser	Specerei- u. Farbwaaren u Mineralwasser	*Franz Wilhelm Strasser.*
Ludwig Sturm	Gold- u. Silberwaaren	*Ludwig Albrecht Sturm.*
C. Ph. Suess	Gerberei	*Carl Philipp Süss.*
G. Suess	Handel mit Staats- u Werthpapieren, Gütern u. Häusern	*Georg Süss*
Isaac Suessel	Viehhändler	*Isaac Süssel.*
Fr. Thielmann	Specereiwaaren	*Franz Thielmann.*
C. F. Velten	Kunst- u. Handelsgärtnerei	*Carl Friedrich Velten.*
Wilhelm Villmann	Mehlhandlung	*Wilhelm Villmann.*
J. Völker	Gold- u Silberwaaren	*Philipp Jacob Völker*
P. Waldecker	Kunst- u. Musikalienh.	*Peter Waldecker.*
C. L. Waldin	Porcellan- u Glashandlung	*Carl Ludwig Waldin.*
F. Walz	Ziegel- u. Kalkbrennerei	*Franz Walz.*
Louis Wambsgang	Mühle	*Louis Wambsgang.*
M Wambsgang	Mühle	*Michael Wambsgang.*
A. Weil I. u. Söhne	Hopfenhandlung	*A. Weil.*
G. M. Weiss	Mode- u. Kurzwaaren	*Georg Michael Weiss Friedrich Weiss* **P.**
H. Weltz	Bierbrauerei	*Heinrich Weltz*
Wilh Weltz im Ross	Bierbrauerei	*Wilhelm Friedrich Weltz.*
M. H. Wetzel	Malzfabrik	*Martin Hartmann Wetzel*
Friedrich Wilhelmi Wwe.	Goldwaarenhandlung	*Johanna Katharina Burschell.*
Jean Louis Wiss.	Mühle	*Johann Ludwig Wiss.*
Mayer Wolff	Landesproductenhandlung	*Mayer Wolff. Raphael Moritz. Simon Roos.*
S. Wolff	Landesproducten	*Simon Wolff.*
Heinrich Zechner	Kunst- u Schreibmaterh.	*Heinrich Zechner.*
Zehe & Schwind	Cigarrenfabrik	*Josef Anton Zehe. Georg Schwind.*
Eduard Zimmermann	Papierfabrik	*Carl Friedrich Eduard Zimmermann.*

Speyerdorf. 544 Einwohner. LG. Neustadt a H BG u HG Frankenthal.
Advokaten s Frankenthal. **Notar** s Neustadt a. H

Caspar Mattil	Mal- u. Oelmühle	*Caspar Mattil.*
P. Mechtersheimer	Mühle	*Peter Mechtersheimer*

Spiegelau auch Schwarzach genannt. LG. Grafenau. BG. Deggendorf. HG. Passau.
Advokaten: s Deggendorf. **Notar** s Grafenau.

Ludwig Stangl	Glasfabrik	*Ludwig Stangl. Josef Stadler* **P.**

Spielberg. LG Selb. BG. u. HG. Hof. **Advokaten:** s. Hof **Notar** s. Selb.

Johann Richter	Specereiwaarenhandlung	*Johann Richter.*

Spitalmühle Bonn. LG., BG. u. HG. Landau. **Advokaten** u. **Notare** s Landau.

Joseph Braun	Mühle	*Joseph Braun.*

Stadels. LG. Weiler. BG. u. HG Kempten. **Advokaten** s. Kempten. **Notar:** s. Weiler.

J. v. Ankershoffen	Handlung	*Josef von Ankershoffen.*

Stadtamhof zu Regensburg gehörig siehe Regensburg.

Deisenberger Schäffer	Schreibmaterialienhandlung	*Johann Brenner.*
Fr. Fischl	Landesproducten	*Franz Fischl. Wilhelm Reinhard.*
Fabran Fabrici & Sohn	Colonw., Eisenh., Schnittw., Spedition	*Johann Baptist Dibell.*
Fr. Xav. Fürg vorm. Knittl.		*Franz Xaver Fürg*
Ferd. Kellner	Ellenwaaren	*Ferdinand Kellner.*
V. Münsterer	Gemischte Waaren	*Vincenz Münsterer.*
J. G. Neumanns Erben	Eisenhandlung	*Ernst Pummerer.*
J. M. Reisinger	Kurzwaaren	*Johann Michael Reisinger.*
Otto Louis Rex & Comp.	Essig-, Liqueur- u. Spiritusf.	*Otto Louis Rex.*
Jos. Sämmer	Spiritus-, Liqueur- u. Essigspritfabrik	*Josef Sämmer.*
Aug. Scheidacker	Ellenwaaren	*August Scheidacker.*
Martin Seidl	Eisenhandlung	*Martin Seidl.*
A. Seitz sel. Wwe.	Gemischte Waaren	*Franziska Seitz.*
Georg Sellner	Ellenwaaren	*Johann Georg Sellner.*
Carl Stoppani		*Karl Stoppani.*
Martin Syroth	Tuchhandlung	*Josefa Syroth.*
J. Träger	Kurzwaaren	*Jacob Träger.*
J. G. Zehgrubers Wwe.	Weinhandlung	*Barbara Zehgruber*

Stadtlauringen. 734 Einwohner. LG. Hofheim. BG. u. HG. Schweinfurt.
Advokaten s. Schweinfurt. **Notar** s. Hofheim.

L. J. Eckstein	Handlung	*Lazarus Eckstein.*
Johann Klöffel	Apotheke	*Johann Klöffel.*
Carl Streitberg	Gemischte Waaren, Essig- u. Liqueurfabrik.	*Carl Streitberg.*

Stadtprozelten. 872 Einwohner. LG. Stadtprozelten. BG. u. HG. Aschaffenburg.
Advokaten: s. Aschaffenburg **Notar** Fr. Scheicher.

Carl Büttner	Handlung	*Johann Adam Friedrich Carl Büttner.*
Philipp Wiegand	Apotheke	*Philipp Wiegand.*
Theodor Ulrich	Handlung	*Theodor Ulrich.*

Stadtschwarzach. LG. Dettelbach. BG. u. HG. Würzburg.
Advokaten s. Würzburg **Notar:** s. Dettelbach.

A. Böhm	Specereiwaarenhandlung	*August Böhm.*

Stadtsteinach. 1379 Einwohner LG. Stadtsteinach BG. Kronach. HG. Bamberg.
Advokaten s. Kronach. **Notar** H. Deuber

Chr. Feulner	Specereiwaarenhandlung	*Christian Feulner.*
E. Keyssler	Apotheke	*Emil Keyssler.*

Staffelstein. 1398 Einwohner. LG. Staffelstein. BG. Kronach. HG. Bamberg.
Advokaten: s. Kronach **Notar** C. L. Maltz.

A. Eichenmüller	Dampfkunstmühle	*Andreas Eichenmüller.*
P. Finzel	Weinhandlung	*Paul Finzel.*
Ferd. Korntheuer	Specerei- u. Schnittwaaren u. Eisenhandlung	*Ferdinand Korntheuer.*
Wolfg. Korntheuer	Specerei-, Schnittw.-, Eisen- u. Productenhandlung	*Anna Maria Korntheuer Wwe.*
J. B. Müller	Specerei- u. Schnittw. und Samenhandlung	*Johann Baptist Müller.*
Albr. Rudolph	Handlung	*Albert Rudolph.*
And. Wich	Specerei- u. Schnittwh.	*Andreas Wich.*

Stain. LG. Trostberg. BG. Traunstein. HG München r. J.
Advokaten s. Traunstein **Notar:** s. Trostberg

Seb. Selbertinger	Specerei- und Schnittwaaren u. Cementhandlung	*Seb. Selbertinger*

Stammbach. 1329 Einwohner. LG. Münchberg. BG. u. HG. Hof.
Advokaten s. Hof **Notar** s. Münchberg

Johann Brandmiller	Handlung	*Johann Brandmiller.*
Johann Nicol Kiessling	Schnittwaarenhandlung	*Johann Nicolaus Kiessling.*

C. E. Ludwig	Specerei- u. Schnittwh.	*Carl Eduard Ludwig.*
Joh. Nicol Popp	Specereiwaaren	*Johann Nicol. Popp.*
E. Schöpf	Baumwollwaarenfabrik	*Johann Erdmann Schöpf.*
Friedrich Schöpf	Baumwollwaarenfabrik	*Conrad Schöpf*
Johann Schöpf	Baumwollwaarenfabrik	*Johann Schöpf.*
Joh Andreas Schöpf	Specereiwaaren	*Johann Andreas Schöpf.*
Joh. Conr Schöpf jun	Baumwollwaarenfabrik	*Johann Conrad Schöpf jun.*
Joh. Nic. Walther	Specereiwaaren	*Joh. Nicol Walter*
N. Wirth	Bäckerei u. Specereih.	*Johann Wirth.*

Standenbühl. LG Göllheim. BG. u. HG Kaiserslautern.
Advokaten s. Kaiserslautern **Notar** s. Göllheim.

Allmann J.	Specereiwaaren	*Joseph Allmann.*

Starnberg. 836 Einwohner. LG. Starnberg. BG. Weilheim. HG. München l. J
Advokaten: s Weilheim **Notar** Ludwig Meilbeck.

Joh. Biller	Specerei-, Schnitt- u. Eisenw.	*Joh. Biller.*
A. Heigls Wittwe	Specerei-, Schnitt- u Eisenw.	*Barbara Heigl.*
Anton Stangassinger	Specerei- u. Kurzwaaren	*Anton Stangassinger.*

Staubach. LG. Ebersberg. BG. Wasserburg HG. München r. J.
Advokaten: s. Wasserburg **Notar** s. Ebersberg.

Adolph Kroher	Cementfabrik	*Adolph Kroher in Augsburg. Gustav Bächler.*

Steben. LG. Naila. BG. u. HG. Hof. **Advokaten** s. Hof. **Notar:** s. Naila.

J. L. Dürrbeck	Specereiwaaren	*Johann Jacob Louis Dürrbeck.*

Stegenthumbach. LG. Eschenbach. BG. Weiden. HG. Amberg.
Advokaten: s. Weiden. **Notar** s. Eschenbach

Michael Meiler	Specereiwaaren	*Michael Meiler*

Stein. 1098 Einwohner LG., BG. u. HG. Nürnberg. **Advokaten** u **Notare** s. Nürnberg.

Christ. Wilh Arold	Handlung	*Christ. Wilhelm Arold.*
Consum-Verein I. eingetragene Genossenschaft	Beschaffung von Consumptibilien für die Mitglieder	*Die Vorstandschaft besteht aus einem Vorstande, dessen Stellvertreter u. dem Cassier*
	Vorstand: Sixtus Sulzer, Auslaufer in Stein Stellvertreter: Carl Trautner Cassier. W. Kirschner.	
A. W. Faber	Bleistiftfabrik	*Johann Lothar Faber. Johann Faber P.*
J. W. Gutknecht	Bleistiftfabrik	*Franz Ludwig August Elssmann. Friedrich Wilhelm Hermann Haas.*

Steinach. 733 Einwohner LG Münnerstadt BG Neustadt a. S. HG. Schweinfurt.
Advokaten s Neustadt a S. **Notar** s. Münnerstadt.

Ferdinand Brand	Specerei-, Eisen- u. Kurzw.	*Ferdinand Brand.*
Otto Frank sen.	Handlung	*Otto Frank.*
Liebmann Daniel Liebmann	Specerei-, Schnitt-, Kurz- u. Eisenwaaren	*Liebmann Daniel Liebmann.*
Gabriel Meier	Schnitt- u. Specereiwhdlg	*Gabriel Meier.*
David Stern	Specerei- Schnitt-, Tuch-, Kurz- u. Eisenwaaren	*David Stern.*

Steinalben. LG. Waldfischbach. BG. u. HG. Zweibrücken.
Advokaten s Zweibrücken. **Notar** s Waldfischbach.

Peter Reischmann	Specereiwaaren	*Peter Reischmann.*

Steinalbermühle. LG. Waldfischbach. BG u. HG. Zweibrücken.
Advokaten: s. Zweibrücken **Notar:** s. Waldfischbach.

Adam Jacob's Söhne	Oelmühle	*Reinhard Jacob. Johann Jacob. Charlotte Jacob. Zur Firmenzeichnung sind nur die beiden Ersten berechtigt.*

Steinbach. 712 Einwohner. LG. Winnweiler BG. u. HG. Kaiserslautern.
Advokaten s. Kaiserslautern, **Notar** s. Winnweiler.

Brunnenhild Aron	Handlung	*Aron Brunnenhild.*
Eichhold Jacob	Specereiwaaren	*Jacob Eichhold.*
Freiberg Hennoch HN. [ZN. Dannenfels]	Specereiwaaren	*Hennoch Freiberg.*
Freiberg Moses	Specereiwaaren	*Moses Freiberg.*
Straus Abraham	Specereiwaaren	*Abraham Straus.*

Steinbach. LG., BG. u. HG. Würzburg. **Advokaten** u. **Notare** s. Würzburg.

Sigmund Selig	Specerei- u. Schnittw.	*Sigmund Selig.*

Steinbach a. Glan. 692 Einwohner. LG. Winnweiler. BG. u. HG. Kaiserslautern.
Advokaten: s. Kaiserslautern **Notar:** s. Winnweiler.

Alexander Aron	Viehhandel	*Alexander Aron.*
Elias Aron	Viehhandel	*Elias Aron.*
Samuel Aron	Viehhandel	*Samuel Aron.*
David Elias	Specereiwaaren	*David Elias.*
Friedrich Hurth	Specereihandlung	*Friedrich Hurth.*
Jacob Keyem I	Viehhandel	*Jacob Keyem.*
S. Oppenheimer	Manufactur-, Colonial-, Kurz- u. Eisenwaaren	*Samuel Oppenheimer.*
Elias Seelberg	Bäckerei	*Elias Seelberg.*
Leopold Weiler	Viehhandel	*Leopold Weiler.*
Marcus Weiler	Specereiwaaren	*Marcus Weiler.*
Model Weiler	Viehhandel	*Model Weiler.*

Steinbühl. 1091 Einwohner. LG., BG. u. HG. Nürnberg.
Advokaten u. **Notare:** s. Nürnberg.

Chr. Hausknecht	Handlung	*Johann Christoph Hausknecht.*
F. W. Heyne	Farbenfabrik	*Friedrich Wilhelm Heyne.*
F. W. Heyne, Nürnberger Ultramarinfabrik	Ultramarinfabrik	*Friedrich Wilhelm Heyne. Heinr. Gruner* **P.**
Hofmann & Schlenck		*Josef Wilhelm Schlenck.*
Gebhard Ott	Holzpfeifenfabrik	*Gebhard Ott.*
Nürnberger Ultramarin-Fabrik Joh Zeltner	Ultramarinfabrik	*Johann Zeltner. Carl August Mahla. Georg Heinrich Zeltner. Johannes Zeltner jun.*

Steinenbrückl. LG. Hemau. BG. u. HG. Regensburg.
Advokaten s. Regensburg. **Notar:** s. Hemau.

Georg Heindl	Glasschleif- u. Polierwerk	*Georg Heindl.*

Steinsdorf. LG Riedenburg. BG. u. HG. Regensburg.
Advokaten: s. Regensburg **Notar:** s Riedenburg.

Jos. Götz	Krämerei	*Josef Götz.*

Steinweg zu Regensburg gehörig siehe Regensburg.

Johann Bauer	Schnittwaaren	*Johann Bauer.*
Josef Büechl's Sohn	Specereiwaaren	*Andreas Büechl.*
Karl Engl	Specereiwaaren	*Karl Engl.*
Sebastian Engl	Baumwollwaaren	*Sebastian Engl.*
Anton Hoch	Eisenhandlung	*Anton Hoch.*
Johann Hübl	Specereiwaaren	*Johann Hübl.*
Georg Meier sel. Wwe.	Specereiwaaren	*Barbara Meier.*
J. H. Wurmherr	Gemischte Waaren	*Marie Wurmherr. Theresia Wurmherr. Mathilde Wurmherr* **A.**

Steinwenden. 662 Einwohner. LG. Landstuhl. BG. u. HG. Zweibrücken
Advokaten s. Zweibrücken. **Notar:** s. Landstuhl

Ludwig Breith	Rothgerberei	*Ludwig Breith.*
Elisabetha Häberle	Specereiwaaren	*Elisabetha Häberle.*
Carl Horst	Mehl- u. Kurzwaarenhandlg. u. Sattlerei	*Carl Horst.*
Cölestin Scherer	Uhrenhandlung	*Cölestin Scherer.*
Carl Urschel	Specereiwaaren	*Carl Urschel.*
Johannes Willebacher	Ziegelfabrik	*Johannes Willebacher.*

Steinwiesen. 1613 Einwohner. LG. u. BG. Kronach. HG. Bamberg.
Advokaten u. **Notare:** s. Kronach.

Phil. Dittmar HN. [ZN. Dürrenweid]	Hammerwerksbesitzer	*Philipp Christoph Dittmar.*
Johann Sesselmann	Kurz-, Specerei- u. Schnittwaarenhandlung	*Johann Sesselmann.*
Johann Stöcker	Specereiwaarenhandlung	*Johann Stöcker.*

Stephanskirchen. 1434 Einwohner. LG. Neumarkt a. R. BG. Wasserburg. HG. München r. J.
Advokaten: s. Wasserburg **Notar:** s. Neumarkt a. R.

F. P. Hamberger	Handlung	*Joseph Hamberger. Franz Hamberger* **P.**
M. C. Hayler	Pulverfabrik	*Max Karl Hayler.*
Lorenz Sax	Specereiwaaren	*Lorenz Sax.*

Stephans-Rettenberg. LG Sonthofen. BG. u HG. Kempten
Advokaten: s. Kempten. **Notar:** s. Sonthofen.

C. H. Berkmann	Tuch-Modewaaren, Specerei- u. Kurzwaaren	*Clement Hyronimus Berkmann.*

Steppach. 535 Einwohner. LG., BG. u. HG. Augsburg **Advokaten** u. **Notare:** s. Augsburg.

Samuel Gerstle	Handlung	*Samuel Gerstle.*
Oswald Götz	Handlung	*Oswald Götz.*
Lehmann Lämmle	Handlung	*Lehmann Lämmle.*

Stetten. LG. Oberdorf. BG. u. HG. Kempten. **Advokaten** s. Kempten. **Notar:** s. Oberdorf.

Veronica Fleischhut	Spezereiwaarenhandlung	*Veronica Fleischhut.*
Martin Höfler	Specereiwaarenhandlung	*Martin Höfler.*

Stetten. LG. Kirchheimbolanden. BG. u. HG. Kaiserslautern
Advokaten s Kaiserslautern. **Notar:** s. Kirchheimbolanden.

Bescher Heinrich II	Specerei- u. Ellenwaaren	*Heinrich Bescher II.*

Stockau. LG. Neuburg a. D. BG. Donauwörth. HG. Augsburg.
Advokaten s. Donauwörth. **Notar:** s Neuburg a. D.

J. Kock	Kunstmühle	*Josef Kock*

Stockheim. 794 Einwohner LG Mellrichstadt. BG. Neustadt a. S HG. Schweinfurt.
Advokaten s. Neustadt a. S. **Notar:** s Mellrichstadt.

G. J Zirk	Farb-, Colonial- u. Mehlh	*Georg Joseph Zirk.*

Stockstadt. LG, BG. u. HG. Aschaffenburg. **Advokaten** u **Notare:** s Aschaffenburg

Mich. Hock	Specereiwaarenhandlung	*Michael Hock.*

Stöfling. LG. Nittenau. BG. Neunburg v. W. HG. Regensburg.
Advokaten: s. Neunburg v W **Notar.** s. Nittenau.

P. Seidl	Krämerei	*Paul Seidl.*

Stötten. LG. Oberdorf. BG. u. HG. Kempten. **Advokaten:** s. Kempten. **Notar:** s. Oberdorf.

Jos. Xaver Gast	Schnittw.-, Specerei-, Wein- u. Branntweinhandlung	*Jos. Xav. Gast.*

Stötzling. LG. Friedberg. BG. Aichach. HG. München l. J.
Advokaten s. Aichach. **Notar** s. Friedberg

Anton Huber	Krämerei	*Anton Huber.*

Straßberg. LG. Schwabmünchen. BG. u HG. Augsburg.
Advokaten s. Augsburg. **Notar:** s. Schwabmünchen

Hofreiter & Vigl	Handlung	*Josef Hofreiter. Anton Vigl.*

Straßbessenbach. LG., BG. u. HG. Aschaffenburg. **Advokaten** u. **Notare:** s. Aschaffenburg.

Ch. J. Leykam	Zündholzf, Specerei-, Eisen- u. Steinguthandlung	*Christoph Josef Leykam.*

Straubing 11,419 Einwohner. St., LG. u. BG. Straubing. HG. Landshut.
Advokaten: C Börger H. Capeller. Dr H Holzel. L. Huber A. Müller R. Schneider J Schweiger. J Widmann.
Notare: J Hingerl F X Pichelmaier. J B Raab

Johann Albert, Handlungsgesch.	Specerei- u. Schnittwaaren	*Johann Albert.*
Carl Arnold sel. Wwe.	Specereiwaaren	*Emma Arnold* A. *Pauline, Caroline, Emil, Franziska Arnold.*
Clement Attenkofer'sche Buchhandlung u. Druckerei	Buchhandl. u. Druckerei	*Josefine Attenkofer.*
Jos. Bachl, Handelsgeschäft	Specereiwaaren	*Josef Bachl.*
Joh. Cornelius, Handlungshaus	Handlung	*Johann Cornelius.*
Leopold Curtius, Handelsgesch.	Handlung	*Leopold Curtius.*
Cajetan Deschauer	Specereiwaaren u. Früchte	*Elisabeth Deschauer Friedr Aug. Rudolf Höning* P.
Georg Deschauer	Gold- u. Silberwaarenf.	*Georg Deschauer.*
Alois Duss	Specereiwaaren u. Garnh.	*Alois Duss.*
Eduard Engerer ZN. [HN. Regensburg]	Handlung	*Eduard Engerer.*
Eduard Engerer, Hugo Engerer, Landesproductenhandlung, Commissions- & Speditionsg.	Landesproductenh., Comm.- u. Speditionsgeschäft	*Eduard Engerer*
Michael Föckersberger, Handlungshaus	Specerei- u. Schnittwaaren	*Michael Föckersberger*
Gasfabrik Straubing	Actiengesellsch. zum Zwecke der Gasfabrikation	*Der Vorstand der Gesellschaft besteht aus folgenden Mitgliedern: Georg Niedermaier,*

Vorsitzender. Johann Stiglmaier, Stellvertreter des Vorsitzenden. F. S. Euringer. Quilin Vogel. L. A. Riedinger. Die Firma wird durch den Vorsitzenden oder dessen Stellvertreter gezeichnet: »Gasfabrik Straubing«. Der Vorstand: N. N., Vorsitzender, oder N. N., Stellvertreter des Vorsitzenden.

C. T. Heinle	Schnitt- u. Modew., Spedit. u. Commission	*Carl Theodor Heinle.*
Johann Höber, Handlungshaus	Specerei-, Colonial-, Parfümerie-, Farbwaaren- und Delikatessenhandlung	*Joh. Nep. Höber.*
Clemens Höller	Specerei- u. Schnittwaaren	*Clemens Höller.*
Eduard Knoll, Kunst- u. Schreibmaterialienhandlung	Kunst- u. Schreibmaterialienhandlung	*Eduard Knoll.*
Joseph Knoll, Staudacher Cementstein-Geschäft	Cementsteinfabrik	*Josef Knoll.*
Königl. bayr. Filialbank Straubing ZN. [HN. Nürnberg]	Bank	*Der k. bayr. Staat. Vorstand u. Disponent im kaufmännischen Verkehre ist der k.*

Oberbeamte u. Cassier Johann Andreas Müller, welcher auch die Firma zu zeichnen hat und zwar unter Beidrückung des Siegels. Alle Schuldscheine u. Banknoten, welche unter der Firma und dem Siegel der Bank ausgefertigt werden, müssen unter Beidrückung des k. Banksiegels mit vier Unterschriften versehen sein, nämlich derjenigen des k. Bankdirectors und des k. Banquiers oder deren Stellvertreter, dann des k. Bankoberbeamten u. Cassiers und des k. Buchhalters.

Jos. Krauss	Weinhandlung	*Joseph Krauss jr.*
Johann Kurz, Handlungshaus	Handlung	*Johann Kurz.*
Joseph Leser	Gürtlerei	*Joseph Leser.*
Karl Loichinger	Spec.-, Mater.- u. Schnittw., u. Staatseffecten	*Karl Loichinger.*
Max Ludsteck sel. Wwe.	Specereiwaaren	*Julie Ludsteck.*
Otto Ludsteck	Specereiwaaren	*Otto Ludsteck.*
Franz X. März	Specereiwaaren	*Franz Xaver März.*
F. J. Mann	Specereiwaaren	*Josef Mann.*
Fr. Jos. Massl	Handlung	*Fr. Xaver Massl.*
Joseph Mauter, Buchhandlung	Buchhandlung	*Josef Mauter.*
Seb. Mayer sen.	Tuchfabrik	*Karoline Mayer.*
Joseph Messerer, Handlungshaus	Handlung	*Josef Messerer.*
Philipp Mühleisen, Schnittwaaren- & allgemeines Handlungsgeschäft	Schnittw. u. allg. Handlungsgeschäft	*Philipp Mühleisen.*
Georg Niedermayer	Eisen- u. Lederhandlung	*Georg Niedermayer.*
Josef Poiger	Specereiw. u. Essigf.	*Jos. Poiger.*
Joseph Primbs	Eisen- u. Lederhandlung	*Josef Primbs.*
Franz Joseph Raab's Wwe.	Specerei- u. Schnittwaaren	*Josef Raab.*
Geb. Raal	Specerei- u. Schnittwaaren	*Ludwig Raal.*
Fr. Xaver Reithmayer	Specereiwaaren	*Franz Xaver Reithmayer.*
Ludwig Sammereyer, Handlungshaus	Specereiwaaren	*Ludwig Sammereyer.*
Ludwig Scholz jun.	Zeugschmiede	*Ludwig Scholz.*
J. M. Schropp	Specerei- u. Schnittw.	*M. Schropp.*
Seligmann & Fried	Schnitt- u. Specereiw.	*Salomon Seligmann. Isidor Vogl* P.
Commissions- & Speditionsgeschäft v. Josef Stark	Commiss.- u. Speditionsg.	*Josef Stark.*
Joh. Stieglmaier	Specereiw., Sped.-, Comm.-, Incasso-, Agentur-, Wechsel u. Staatseffecteng.	*Johann Stieglmaier.*
Straubinger Stärkefabrik des Ludwig Eireiner	Stärkefabrik	*Ludwig Eireiner. Eduard Eglescer jr.* P.
Jac. Stufler	Eisen- u. Lederhandlung	*Jacob Stufler.*
Otto Vielgradter	Spec.-, Schnitt- u. Weissw.	*Otto Vielgradter.*
Adam Walk	Handlung	*D. Walk.*
Wilhelm Weiss	Landesp., Com.- u. Speditionsgeschäft	*Wilhelm Weiss.*
Johann Wenzl, Handelsgeschäft	Handlung	*Johann Wenzl.*
J. B. Windorfer	Handlung	*Johann Baptist Windorfer.*
J. B. Windorfer, Holzarbeitfab.	Holzarbeitfabrik	*Joh. Bapt. Windorfer.*

Streitau. 714 Einwohner. LG. Berneck. BG. u. HG. Bayreuth.

Advokaten: s. Bayreuth. **Notar** s. Berneck.

Carl Hauenstein	Krämerei	*Carl Hauenstein.*

Johann Köhler	Weberei	*Johann Köhler.*
Joh. Conrad Raithel	Krämerei	*Johann Conrad Raithel.*

Sünching. LG., BG. u. HG. Regensburg. **Advokaten** u. **Notare**: s. Regensburg.

Bartholomä Hofmeister	Handlung	*Bartholomä Hofmeister.*

Sünzhausen. LG. Pfaffenhofen. BG. Freising. HG. München I. J.
Advokaten: s. Freising. **Notar** s. Pfaffenhofen.

Johann Etschbaum	Krämerei	*Johann Etschbaum.*

Sugenheim. 808 Einwohner. LG. Mkt. Bibart. BG. Windsheim. HG. Fürth.
Advokaten s. Windsheim. **Notar** s. Mkt. Bibart.

Johann Melchior Deinlein	Specereiwaarenhandlung	*Johann Melchior Deinlein.*
P. Chr. Schäfer	Specereiwaarenhandlung	*Anna Christina Strampfer.*
G. L. Schloss	Eisenhandlung	*Gabriel Schloss.*

Kloster Sulz. LG. Schillingsfürst. BG. Windsheim. HG. Fürth.
Advokaten: s. Windsheim. **Notar** s. Schillingsfürst.

Johann Friedrich Paul	Specereiwaaren	*Johann Friedrich Paul.*

Sulzbach. 5292 Einwohner. LG. Sulzbach. BG u. HG Amberg.
Advokaten: s. Amberg. **Notar** Michael Maunz in Sulzbach.

Löb Anker	Handlung	*Löb Anker.*
Jacob Arnstein	Handlung	*Jacob Arnstein.*
Jos. Arnstein's Erbe	Schnitt- u. Eisenwaaren	*Samson Morgenthau.*
S. S. Arnstein	Glasfabrik und Verlag von weissen Quarzsand	*Sigmund Salomon Arnstein.*
Lazarus Anfochs	Specereiwaaren	*Lazarus Anfochs.*
S. Anfochs	Handlung	*Samuel Anfochs.*
Ch. Bollmann	Specerei- u. Materialw.	*Christoph Bollmann.*
Israel Braun	Handlung	*Israel Braun.*
Conrad Deyerl	Specerei- u. Eisenw.	*Konrad Deyerl.*
Jacob Deyerl	Specereiwaaren	*Jacob Deyerl.*
Peter Feix	Conditorei	*Peter Feix.*
Jacob Fentsch	Specerei- u. Schnittwaaren	*Jacob Fentsch.*
Haymann & Comp.	Schnitt- u. Tuchwaaren	*Michael Kohn.*
Heinrich Haymann	Schnittwaaren	*Heinrich Haymann.*
J. G. Jäger	Specereiwaaren	*Johann Georg Jäger.*
Julius Junghanns	Schnittwaaren	*Julius Junghanns.*
Lederhandlung v. J. Kleinbauer	Lederhandlung	*Joseph Kleinbauer.*
Chr. Kraus	Eisenwaaren	*Christoph Kraus.*
Georg Liebig's Wwe.		*Rosina Liebig.*
Jacob Luber	Landesproducten, Schnitt- u. Tuchwaaren	*Jacob Luber.*
Nathan Luber	Specereiwaaren	*Nathan Luber.*
A. Mandelbaum	Schnitt-, Wollen-, Tuch- u. Manufacturwaaren	*Adolph Mandelbaum.*
J. Mandelbaum	Schnitt- u. Tuchwaaren	*Joseph Mandelbaum.*
Christ. Mayer	Baumwollweberei u. Baumwollwaarenhandlung	*Johann Christian Mayer.*
Traugott Meyer	Handlung	*Traugott Meyer.*
S. Oesterreicher	Kurzwaaren en gros	*Sigmund Oesterreicher.*
L. Prager	Landesproducte	*Lämlein Prager.*
Emanuel Reinthaler	Landesproducte	*Emanuel Reinthaler.*
J. Rothschild	Landesproductenhandlung u. Schnittwaaren	*Isaac Rothschild.*
Ch. Schmidt	Baumwollenf. u. Schnittw.	*Christoph Schmidt.*
Heinrich Schmid	Eisen- u. Geschmeidewh.	*Heinrich Schmid.*
Karl Schmidt, Detailhandlung	Schnittwaaren	*Karl Schmidt.*
Ludwig Schmidt	Specerei- u. Kurzw., Tabak u. Cigarren	*Ludwig Schmidt.*
Jac. Schwarz	Schnitt- u. Tuchwaaren	*Mina Schwarz.*
Jacob Secklmann	Schnittwaaren	*Jacob Secklmann.*
J. E. v. Seidel'sche Buchhdl. Fr. Pustet	Buchdruckerei u. Buchh.	*Friedrich Pustet.*
J. Steinhardt	Schnittwaaren	*Jacob Steinhardt. Max Steinhardt* **P.**
Ferdinand Tretzl	Specerei-, Kurz- u. Bandw. u. Agentur	*Ferdinand Tretzl.*
L. Uhlfelder	Landesproducte	*Lazarus Uhlfelder.*

Jacob Weinschenk in Sulzbach, Detailhandlung	Wein- u. Cigarrenhandl.	*Jacob Weinschenk.*
J. Weinschenk	Handlung	*Israel Weinschenk.*
Leonhardt Wendel	Galanteriewaarenhandlung	*Leonhardt Wendel.*

Sulzbach. LG. Obernburg. BG. u. HG Aschaffenburg.
Advokaten: s. Aschaffenburg **Notar:** s. Obernburg

Johann Schüssler	Gemischte Waarenhdlg.	*Johann Schüssler.*

Sulzbacher Glashütte. LG. Blieskastel BG. u. HG. Zweibrücken.
Advokaten s. Zweibrücken. **Notar**: s. Blieskastel.

Chevandier & Vopelius	Glas- u. Flaschenfabrik	*Johann Peter Eugen Napoleon Chevandier de Valdrôme. Maria Margaretha Pauline Sahler. Carl Philipp Vopelius. Zur Firmenzeichnung ist nur Johann Chevandier de Valdrôme u. C. Ph. Vopelius berechtigt.*

Sulzbürg 768 Einwohner. LG. Neumarkt. BG u HG Amberg.
Advokaten s Amberg **Notar** s. Neumarkt.

Joseph Bamberger	Specerei- u. Schnittwaaren	*Joseph Bamberger.*
Nathan Goldschmidt	Handlung	*Nathan Goldschmidt. Joseph Goldschmidt* **P.**
Samuel Löw jr.	Tuch- u. Schnittwaaren	*Samuel Löw jun.*
Samuel Löw sen.	Tuch- u. Schnittwaaren	*Samuel Löw sen.*
Jos. Mayer	Specerei- u. Schnittwaaren	*Joseph Mayer.*
Joseph Bär Oppenheimer	Handlung	*Joseph Bär Oppenheimer.*
Max Regensburger	Eisen- u. Lederhandlung	*Max Regensburger.*
Löb Weil	Specerei- u. Schnittwaaren	*Löb Weil.*

Sulzdorf. LG. Königshofen. BG. Neustadt a. S. HG. Schweinfurt.
Advokaten s Neustadt a. S. **Notar** s. Königshofen.

A. Malzer's Wwe.	Specerei- u. Eisenw.	*Carolina Malzer.*

Sulzfeld. 917 Einwohner. LG Kitzingen. BG. u. HG. Würzburg.
Advokaten s Würzburg. **Notar** s. Kitzingen.

Joseph Brennfleck	Weinhandlung	*Joseph Brennfleck.*
Joseph Brennfleck III	Weinhandlung	*Joseph Brennfleck III.*
J. Adam Halbig	Schaumweinfabrik	*Johann Adam Halbig.*
G. U. Mahr	Specerei- u. Weinhandlung	*Georg Ulrich Mahr.*
Adam Schnackig	Gemischte Waaren u. Weinh.	*Valentin Droll.*
Heinrich Streng	Specereiwaarenhandlung	*Heinrich Streng.*
V Vollert	Weinhandlung	*Valentin Vollert.*

Sulzheim. LG. Gerolzhofen. BG. u. HG. Schweinfurt. **Advokaten** s. Schweinfurt. **Notar** s. Gerolzhofen.

Wilhelm Glafey	Handlung	*Wilhelm Glafey.*

Tännesberg. LG. Vohenstrauß. BG. Weiden. HG. Amberg.
Advokaten: s. Weiden. **Notar** s Vohenstrauss.

Joh. Bapt. Lehner	Eisenhandlung	*Johann Baptist Lehner.*

Taschenmoschel. LG. Rockenhausen. BG u. HG. Kaiserslautern.
Advokaten s. Kaiserslautern. **Notar:** s Rockenhausen.

Neumann D.	Handlung	*David Neumann.*

Tauberrettersheim. LG. Aub. BG. u HG Würzburg.
Advokaten s. Würzburg **Notar:** s. Aub

Jacob Weiter	Schnittwaarenhandlung	*Jacob Weiter.*

Tauberscheckenbach. LG. Rothenburg. BG. Windsheim. HG Fürth
Advokaten: s. Windsheim. **Notar** s. Rothenburg.

Georg Michael Kleinschroth	Mahl- u. Oelmühle	*Georg Michael Kleinschroth.*

Taufkirchen. LG. Eggenfelden. BG. Pfarrkirchen. HG Passau.
Advokaten s. Pfarrkirchen. **Notar:** s. Eggenfelden.

Josef Müller	Krämerei	*Josef Müller*

Taufkirchen. LG. Dorfen. BG. Freising. HG. München l. J.
Advokaten: s Freising **Notar:** s. Dorfen.

Johann Zeiler	Handlung	*Johann Zeiler.*

Tauperlitz. LG, BG. u. HG. Hof **Advokaten** u **Notare:** s. Hof

Adolph Franke	Spiritus- u. Presshefenf.	*Adolf Franke.*

Tegernsee. 1003 Einwohner. LG. Tegernsee. BG. u HG München r J
Advokaten s. München l. I **Notar** F. X Stopfer

Christian Fratton	Gemischte Waaren	*Christian Fratton*
Freiherrl. von Pechmann'sche Cementfabrik Tegernsee	Cementfabrik	*Otto v. Pechmann, k. Baubeamter in Tegernsee.*

Quirin Reinhard	Gemischte Waaren	*Joseph Reinhard.*
Gregor Schmidt	Gemischte Waaren	*Georg Schmidt.*
Carl Steinbacher	Gemischte Waaren	*Carl Steinbacher*

Teisendorf. 870 Einwohner. LG. Laufen. BG. Traunstein. HG. München r. J.
Advokaten: s. Traunstein. **Notar:** s. Laufen.

Joh. Bämayr	Specerei- u. Schnittw.	*Joh. Bämayr.*
Anton Gruber	Specerei- u. Schnittw.	*Anton Gruber.*
Joseph Gruber jun.	Specerei- u. Schnittw.	*Joseph Gruber.*

Tettau. 585 Einwohner. LG. Ludwigstadt. BG. Kronach. HG. Bamberg
Advokaten: s. Kronach. **Notar** s. Ludwigstadt

Tettauer Consumverein, eingetr. Genossenschaft	Einkauf von Lebensmitteln und Verkauf an die Mitglieder	*Vorstand: Gottlieb Ehrlicher, welcher die Erlasse des Vereins unterzeichnet. Bei Verhinderungen sorgt der aus 6 Mitgliedern bestehende Vereinsausschuss für Stellvertret.*
Gebrüder Greiner	Fabrikbesitzer	*Ferdinand Clauss.*
Vorschussverein zu Tettau, eingetragene Genossenschaft	Gewährung von Crediten an die Mitglieder	*Vorstandsmitglieder: Gustav Bauersachs, Vorstand. Gottlieb Ehrlicher, Cassier. Georg Gerold, Controleur. Die Zeichnungen geschehen in der Art, dass der Firma die Namen von mindestens zwei Vorstandsmitgliedern beigesetzt werden.*

Tettenweis. LG. Griesbach. BG. Pfarrkirchen. HG. Passau.
Advokaten: s. Pfarrkirchen. **Notar:** s. Griesbach

H. Regensberger	Gemischte- u. Eisenwaaren	*Heinrich Regensberger*

Teuschnitz. 890 Einwohner. LG. Ludwigstadt. BG. Kronach. HG. Bamberg.
Advokaten: s. Kronach. **Notar** s. Ludwigstadt.

Peter Braun	Apotheke	*Peter Braun.*
J. Florian Greser	Specereihandlung	*Johann Florian Greser.*
G. Jos. Raab	Schnitt- u. Kurzwaarenh.	*Georg Joseph Raab.*

Thal bei Günzach. LG. Ober-Günzburg. BG. u. HG. Kempten.
Advokaten s. Kempten. **Notar:** s. Obergünzburg

Xaver Eder	Mech. Schafwollspinnerei um Lohn	*Xaver Eder.*

Thaleischweiler. 802 Einwohner. LG. Pirmasens. BG. u. HG. Zweibrücken.
Advokaten s. Zweibrücken **Notar:** s. Pirmasens.

Karl Frank	Viehhandel	*Karl Frank.*
Conrad Hasemann	Handlung	*Conrad Hasemann. Friedrich Hasemann.*
Adam Hünerberger	Branntweinbrennerei	*Adam Hünerberger.*
Bernhard Kahn	Manufactur-, Leder-, Eisen- u. Farbwaaren	*Bernhard Kahn.*
J. Kahn	Viehhandel	*Jacob Kahn.*
M. Kahn	Viehhandel	*Marx Kahn.*
Samuel Kahn	Viehhandel	*Samuel Kahn.*
David Kern	Viehhandel	*David Kern.*
Heinrich Lesein HN. [ZN. Nunschweiler]	Handlung	*Heinrich Lesein.*
Karl Ludy	Gerberei- u. Lederhandlung	*Karl Ludy.*
Jacob Reinheimer	Häut- u Rauhwaarenh.	*Jacob Reinheimer.*
Simon Stern Wwe.	Specereiwaaren	*Karoline Weiss.*

Thalheim. LG. Erding BG. Freising. HG. München I. J.
Advokaten s Freising **Notar** s Erding

Johann Georg Grün	Krämerei	*Joh. Gg. Grün.*

Thalkirchdorf. 686 Einwohner. LG. Immenstadt. BG. u. HG Kempten.
Advokaten: s. Kempten. **Notar:** s Immenstadt

Peter Burger	Specereiwaaren	*Peter Burger.*
Carl Hense	Specereiwaaren	*Karl Hense.*
Jacob Welz	Specereiwaaren	*Jacob Welz.*

Thalmassing. 493 Einwohner. LG., BG u. HG Regensburg.
Advokaten u. **Notare** s. Regensburg.

Georg Amann	Handlung	*Georg Amann.*

Thalmässing. 1238 Einwohner. LG Greding BG Eichstädt. HG. Nürnberg.
Advokaten: s. Eichstadt. **Notar** s. Greding

Michael A. Erlanger	Eisenhandlung	*Arnold Erlanger. Moses Erlanger.*
S. A. Heydecker	Lederhandlung	*Samuel Alexander Heydecker.*
Schülein Heydecker	Handlung	*Schülein Heydecker.*

Paul Leyerer	Specerei- u. Schnittwh.	*Paul Leyerer.*
Löw Löw	Schnittwaarenhandlung	*Löw Löw.*
Johann Georg Meyer	Conditorei, Spec.- u. Schnittwaarenhandlung	*Johann Georg Meyer.*
Muser	Apotheke	*Jacob Muser.*
David Oettinger	Schnittwaarenhandlung	*David Oettinger.*
Mayer Ottinger	Handlung	*Mayer Ottinger.*
P. Rösch	Specerei- u. Schnittwh.	*Peter Rösch.*
M. Rosenfeld	Specerei- u. Schnittwh.	*Mathias Rosenfeld.*
Bernhard Schülein	Specerei- u. Schnittwaaren	*Bernhard Schülein. Simon Schülein* P.
Jacob Schülein	Handlung	*Jacob Hirsch Schülein.*
Isaias Mayer Schülein	Handlung	*Isaias Meyer Schülein.*
Mahrum Süss Schülein	Eisenhandlung	*Mahrum Süss Schülein.*

Thalmühle bei Eberheim. LG. Nördlingen. BG. Donauwörth. HG. Augsburg.
Advokaten s. Donauwörth. **Notar**: s. Nördlingen.

Carl Rehlen HN. [ZN. Nördlingen]	Streichgarnspinnerei	*Carl Rehlen.*

Thann. 242 Einwohner. LG. Simbach. BG. Pfarrkirchen. HG. Passau.
Advokaten: s. Pfarrkirchen. **Notar** Jacob Englhard in Simbach.

Josef Dellian	Lebkuchenhdlg. u. Wachszieherei	*Josef Dellian.*
Max Dietl	Specerei-, Schnitt- u. Materialwaaren	*Max Dietl.*
Pangraz Hofbauer	Schnittwaaren	*Pangraz Hofbauer.*
Johann Mayer	Handlung	*Johann Mayer.*
Lp. Moser	Schnittwaaren	*Leopold Moser.*
Paul Muck	Specerei- u. Schnittw.	*Paul Muck.*
Ferdinand Schustetter	Schnittwaaren	*Ferdinand Schustetter.*
Sebastian Zechleitner	Specerei- u. Eisenwaaren u. Pfragnerei	*Sebastian Zechleitner.*
Johann Zetl	Zinngiesserei	*Johann Zetl.*

Thann. LG. Herrieden. BG. u. HG. Ansbach. **Advokaten**: s Ansbach. **Notar**: s. Herrieden.

Georg Leonhard Betz	Specereiwaaren	*Georg Leonhard Betz.*

Thannhausen. LG. Gunzenhausen. BG. u. HG Ansbach.
Advokaten s. Ansbach. **Notar** s. Gunzenhausen.

Michael Hetzner	Specereiwaaren	*Michael Hetzner.*

Thanhausen. 1600 Einwohner LG. Krumbach. BG u. HG. Memmingen.
Advokaten: s. Memmingen. **Notar**: Alois Högelmayer in Krumbach.

Malzverkauf von Anton Drexel Adlerwirth zum Eurisch	Malzhandel	*Anton Drexel.*
Erasmus Heichlinger	Handlung	*Erasmus Heichlinger.*
Xaver Klök	Handlung	*Xaver Klök.*
Anton Kolb	Apotheke	*Anton Kolb*
Vicenz Krauss	Handlung	*Vincenz Krauss.*
Ignaz Prestele	Handlung	*Ignaz Prestele.*
Martin Schneider	Handlung	*Martin Schneider.*
Hugo Zahler	Posamentier	*Hugo Zahler.*

Thannstein. 396 Einwohner. LG. u. BG. Neunburg v. W. HG. Regensburg.
Advokaten u. **Notare**: s. Neunburg v. W

Anton Riederer	Specereiwaaren	*Anton Riederer.*
Ignaz Schügraf	Specereiwaaren	*Ignatz Schügraf.*
Mathias Träxler	Specereiwaaren	*Mathias Träxler.*

Thannsüß. LG Vilseck. BG. u. HG. Amberg. **Advokaten**: s. Amberg. **Notar**: s. Vilseck.

Johann Beck	Specereiwaaren	*Johann Beck.*

Theilenhofen. 465 Einwohner. LG. Gunzenhausen. BG. u. HG. Ansbach.
Advokaten s. Ansbach. **Notar**: s. Gunzenhausen.

Friedrich Lades	Specereihändler	*Friedrich Lades.*
J. G. Renner	Specereiwaaren	*Johann Georg Renner.*

Theilheim. LG, BG. u. HG. Würzburg. **Advokaten** u. **Notare**: s. Würzburg.

Th. Schwabe	Specerei- u. Schnittw.	*Theodor Schwabe.*

Theilheim. 374 Einwohner LG. Werneck. BG. u. HG. Schweinfurt.
Advokaten: s. Schweinfurt. **Notar**: s. Werneck.

J. A. Eberlein	Handlung	*Friedrich Eberlein.*

A. Friedenhain	Schnittwaaren	*Abraham Friedenhain.*
Joseph Federleicht	Schnittwaarenhandlung	*Josef Federleicht.*
J. L. Rosenbaum	Specerei- u. Eisenwhandl.	*Isak Löb Rosenbaum.*
Hayum Silberthau	Schnitt- u. Kurzwaarenh.	*Hayum Silberthau.*

Theisbergstegen. LG. Kusel. BG. u. HG. Kaiserslautern.
Advokaten s. Kaiserslautern. **Notar**: s. Kusel.

Braun & Drumm	Handlung	*Christian Braun. Jacob Drumm.*

Thiemitz. LG. Naila. BG. u. HG. Hof. **Advokaten** s. Hof. **Notar**: s. Naila.

Thiemitzer Eisenwerksgesellschaft auch: Thymitzer Eisenwerksgesellschaft	Hochofen- u. Stabhammer-Eisenfabrik	*Georg Christoph Dittmar. Heinrich Wilhelm Eber. Hermann Tätzel. Johannes Will.*

Thiersheim. LG. Thiersheim. BG. u. HG. Hof. **Advokaten**: s. Hof. **Notar**: Ch Pöhlmann.

Peter Kolb	Specerei- u. Kurzwaaren	*Peter Kolb.*

Thierstein. 1003 Einwohner. LG. Thiersheim. BG. u. HG. Hof.
Advokaten: s. Hof. **Notar**: s. Thiersheim.

J. A. Gallner	Spezereiwaaren	*Johann Adam Gallner.*
J. H. Rahn	Specereiwaaren	*Johann Heinrich Rahn.*
Chr. Ad. Schoberth	Specereiwaaren	*Christian Adam Schoberth.*
C. T. Schoberth	Specereiwaaren	*Christoph Theodor Schoberth.*

Thonberg. LG. u. BG. Kronach. HG. Bamberg. **Advokaten** u. **Notare** s. Kronach.

Johann Zimmermann	Holzhandlung	*Johann Zimmermann.*

Thüngen. 831 Einwohner. LG. Karlstadt. BG. Lohr. HG. Würzburg.
Advokaten: s. Lohr. **Notar** s. Karlstadt.

M. Frankenburger	Specerei- u. Ellenwaaren	*Moses Frankenburger.*
Gebr. Goldschmidt	Specerei- u. Ellenwaaren	*Moses Goldschmidt. Joel Moses Goldschmidt.*

Thüngers. LG., BG. u. HG. Kempten. **Advokaten** u. **Notare**: s. Kempten.

J. M. Schnetzer	Handlung	*Johann Michael Schnetzer. Wilh. Schnetzer.*

Thüngersheim. LG. Würzburg r. Mains. BG. u HG. Würzburg. **Advokaten** u. **Notare**: s. Würzburg.

Fritz Arnold	Essighandlung	*Friedrich Arnold.*
Anton Greulich	Gemischte Waarenhdlg. und Weinhandlung	*Anton Greulich.*

Thundorf. LG. Münnerstadt. BG. Neustadt a. S. HG. Schweinfurt.
Advokaten s. Neustadt a. S **Notar**: s. Münnerstadt.

A. Cramer	Hopfenhandlung	*Abraham Hirsch Cramer. Jacob Cramer u. Salomon Cramer.*

Thurnau. 1249 Einwohner. LG. Thurnau. BG. u. HG. Bayreuth.
Advokaten: s. Bayreuth. **Notar**: M. J. Eberlein.

Johann Beck	Krämerei	*Johann Beck.*
C. F. Eysser	Conditorei u. Lebküchnerei	*Carl Friedrich Eysser.*
Wilhelm Gebhard	Apotheke	*Georg Wilhelm Gebhard.*
Ludwig Herrmann	Specereiwaaren	*Ludwig Herrmann.*
Gg. Fch. Schwarz vorm. Köhl	Kurzwaaren	*Georg Friedrich Schwarz.*
Heinrich Schwarz	Specerei- Tuch- u. Farbw.	*Johann Nicolaus Heinrich Schwarz.*
J. W. Schwarz	Specereiwaaren	*Johann Wolfgang Schwarz.*
Chr. Ad. Winterstein	Krämerei	*Christian Adam Winterstein.*

Thyrnau. LG. Passau I. BG. u. HG. Passau **Advokaten** u. **Notare** s. Passau.

Josef Behr	Gemischte Waaren	*Josef Behr.*

Tiefenbach. 1294 Einwohner. LG. Waldmünchen. BG. Neunburg v. W. HG. Regensburg.
Advokaten: s. Neunburg v. W. **Notar**: s. Waldmünchen.

J. G. Balk	Handlung	*Johann Georg Balk.*
Joseph Bauer	Handlung	*Josef Bauer.*
Johann Thomas Fritz	Handlung	*Johann Thomas Fritz.*
Johann Königsberger	Glasschleif- u. Polierwerk	*Johann Königsberger.*
Nicolaus Maurer	Specereiwaaren	*Nicolaus Maurer.*
Michael Obergassner	Specereiwaaren	*Michael Obergassner.*
Bernhard Zwick	Specereiw., Färberei u. Spiegelschleife	*Bernhard Zwick.*

Tiefenthal. LG. Grünstadt. BG. u. HG. Frankenthal.
Advokaten: s. Frankenthal. **Notar**: s. Grünstadt.

A. Braun	Maklergeschäft	*Abraham Braun.*
Christian Wenkenbach	Ziegeleifabrik	*Christian Wenkenbach.*

Tirschenreuth. 2206 Einwohner. LG. Tirschenreuth. BG. Weiden. HG. Amberg.
Advokaten s. Weiden **Notare** M. Schaffler

F. J. Beer	Specereiwaaren	*Franz Simon Beer.*
W. Blanknagel	Specerei-, Schnitt- u Kurzw.	*Wilhelm Blanknagel.*
Th. Egger	Specereiwaaren	*Thomas Egger*
Joseph Frölich	Porcellan-, Erde- u. Cementplattenf , Specereiw. und Wollgarn	*Joseph Frölich.*
Nic. Alois Gotthard	Specereiw. u. Conditorei	*Nicolaus Alois Gotthard.*
Hauser Karl Detailhandlung	Specereiwaaren	*Karl Hauser.*
Franz Höpfl	Lederhandlung	*Franz Höpfl.*
A. Hörmann	Specereiwaaren	*Andreas Hörmann.*
Johann Kipferl	Lederhandlung	*Johann Kipferl.*
Fr Jos. Kühn	Specereiwaaren	*Franz Jos. Kühn.*
Friedrich Muther und Edmund Tittl	Porcellanfabrik	*Friedrich Muther. Edmund Tittl.*
Xaver Nürnbauer	Handlung	*Xaver Nürnbauer.*
Alois Arnold Zahn	Specereiw. u Seifenf.	*Alois Arnold Zahn.*

Titting. LG. Greding. BG. Eichstädt. HG. Nürnberg.
Advokaten s. Eichstädt. **Notar:** s. Greding

M. Gutmann	Bierbrauerei	*Michael Gutmann. Candidus Gutmann* **P.**

Tittling. 1591 Einwohner. LG. Passau I. BG. u. HG. Passau. **Advokaten** u. **Notare:** s. Passau.

Carl Kaltenegger	Specerei- u. Schnittwaaren	*Carl Kaltenegger.*
Ph. Machaus	Specerei- u. Schnittwaaren	*Philipp Machaus.*
Jacob Mühleisen	Fragnerei	*Jacob Mühleisen.*
Anton Sedlmaier	Eisenhandlung	*Anton Sedlmaier.*

Tittmoning. 1375 Einwohner. LG. Tittmoning BG. Traunstein. HG. München r. J.
Advokaten s. Traunstein. **Notar:** A. Moser.

Friedrich Böhm	Gemischte Waaren	*Friedrich Böhm.*
A. Burgschwaiger	Post- u. Gasthof	*Josef Burgschwaiger. Anton Burgschwaiger* **P.**
F. J. Poschacher	Eisenhandlung	*Ignaz Poschacher.*
Joseph Wagner	Specerei-, Eisen- u. Materw	*Joseph Wagner.*
Andreas Zeller	Gemischte Waaren	*Andreas Zeller.*

Töbtenried. LG. u. BG. Aichach. HG. München l. J. **Advokaten** u. **Notare:** s. Aichach.

Joh. Mayr	Krämerei	*Johann Mayr.*

Tölz. 2755 Einwohner. LG. Tölz. BG. Weilheim. HG. München l J.
Advokaten: s. Weilheim. **Notar**; N Eisenberger.

R. B. Hölzl	Specerei- u. Schnittwaaren	*Anna Flossmann. Alois Flossmann* **P.**
J. B. Kurzmüller	Specerei- u. Schnittwaaren	*Josef Kurzmüller.*
F. M. Kyrein HN. [ZN. Bichl]	Specerei-, Schnitt- u. Tuchw.	*Anton Khann.*
Jos. Chr. Schmidt	Porcell.-, Glas- u. Steinguth.	*Joseph Christoph Schmidt.*
M. Schall jun. HN.	Schachtel- u. Spielw.	*Mathias Schall.*
Jos. Uetz	Krämerei	*Josef Uetz.*
J. N. Winter	Specerei- u. Kurzwaaren	*Joh. Nep. Winter.*

Töpen. LG., BG. u. HG. Hof. **Advokaten** u. **Notare** s. Hof.

J. N. Klöhr	Handlung	*Johann Nicolaus Klöhr.*
Mittenzwey & Schneider	Spiritus- u. Presshefenf.	*Gustav Schneider. Heinr. Wilh. Mittenzwey.*

Törrwang. LG. Rosenheim. BG. Traunstein. HG. München r. J.
Advokaten: s Traunstein. **Notar** s. Rosenheim.

S. Buchauer	Krämerei	*Simon Buchauer*

Trabitz. LG. Eschenbach. BG. Weiden. HG. Amberg.
Advokaten s. Weiden. **Notar:** s. Eschenbach.

Glasfabrik Trablitz	Glasfabrik	*Christoph Heindl. Friedrich Roth.*

Traunstein. 3767 Einwohner. LG. u. BG Traunstein. HG. München r. J.
Advokaten: C. Hartle. Dr. A. J. Hutter. F. Pimpfinger. M. Schaaf. J. P. Schütt. R. Wenzel.
Notar: J. B. Nothhaas.

Ig. Paul Eder	Schnitt- u. Specereiw.	*Jacob Prandtner.*
G. Fenk	Schnitt- u. Specereiw.	*Georg Fenk.*
A. M. Gerner	Gemischte Waaren, Specerei u. Branntwein	*Anton Gerner.*
Georg Frisch	Gemischte Waaren	*Georg Frisch.*
Josef Haider	Kleidermagazin u. Tuchh.	*Joseph Haider.*
J. N. Kreiller	Handlung	*Joh Nep. Kreiller. A. Bauer* **P.**

Carl von Lama	Antiquariatsbuchhandlung	*Carl von Lama.*
Joseph Mayr	Eisenhandl. u. Branntwein	*Josef Mayr.*
C. Rappolt	Schnitt- u. Specereiw.	*Clemens Rappolt.*
Franz Rettenberger	Spielwaarenhandlung	*Franz Rettenberger.*
And. Schabmayer HN. [ZN. Reichenhall]	Tapezier u. Möbelhdlg.	*Andreas Schabmayr.*
O. M. Schiffmann	Handlung	*Max Schiffmann.*
G. Schneider	Zinngiesserei, Glas- u. Porcellanwaaren	*Georg Schneider.*
Sebast. Selbertinger sel. Wwe.		*Ursula Selbertinger Wwe.*
Karl Stahllechner	Bortenwirkerwaaren	*Karl Stahllechner.*
Andreas Weiss	Schnitt-, Specerei u. Tuchw.	*Andreas Weiss.*
Paul Dom. Wispauer's sel. Wwe.	Schnitt- u. Specereiwaaren, Tabakfabrik u. Spedit.	*Josef Wispauer.*
Anton Wittmann	Meubelhandlung	*Anton Wittmann.*

Traustadt. LG. Gerolzhofen. BG. Neustadt a. S. HG. Schweinfurt.
Advokaten: s. Neustadt a. S. **Notar**: s. Gerolzhofen.

Judas Goldstein	Specerei- u. Schnittwh.	*Judas Goldstein.*

Trautenberg. LG. Erbendorf. BG. Weiden. HG. Amberg.
Advokaten: s. Weiden. **Notar**: s. Erbendorf.

J. M. Pöllmann	Glasschleife	*Johann Michael Pöllmann.*

Trebgast. 708 Einwohner. LG. Culmbach. BG. u. HG. Bayreuth.
Advokaten: s Bayreuth. **Notar**: s. Culmbach.

C Beck	Specerei- und Schnittwaaren u. Gerberei	*Christoph Daniel Erdmann Georg Beck. Heinrich Carl Beck* P.
A. Jungkunz	Krämerei	*Andreas Jungkunz.*

Treffelstein. 796 Einwohner. LG. Waldmünchen. BG. Neunburg v. W. HG. Regensburg.
Advokaten s. Neunburg v. W. **Notar**: s. Waldmünchen.

Adam Diller	Bierbrauerei	*Adam Diller.*
Georg Eisenrith	Bierbrauerei	*Georg Eisenrith.*
Michael Lechner	Bierbrauerei	*Michael Lechner.*

Trennfeld. 689 Einwohner. LG Stadtprozelten. BG. u. HG. Aschaffenburg.
Advokaten: s. Aschaffenburg. **Notar**: s. Stadtprozelten.

Josef Albert	Gastwirthschaft, Krämerei u. Bäckerei	*Joseph Albert.*
Johann Schreck	Specereiwaarenhandlung	*Johann Schreck.*

Trennfurt. LG. Klingenberg. BG. u. HG. Aschaffenburg.
Advokaten: s. Aschaffenburg. **Notar**. s. Klingenberg.

Jos. Uehlein	Specereiwaarenhandlung	*Josef Uehlein.*

Treuchtlingen. 1669 Einwohner. LG Pappenheim. BG Eichstädt. HG. Nürnberg.
Advokaten: s. Eichstädt. **Notar** s. Pappenheim.

Friedr. August Aurnhammer	Conditorei u. Specereih.	*Friedr. August Aurnhammer.*
Gebrüder Aurnhammer	Tressen- u. Bandfabrik	*Rudolf Aurnhammer.*
Friedrich Grahl	Tressen- u. Bandfabrik	*Johann Friedrich Grahl in Pappenheim.*
Gustav Huss	Bierbrauerei	*Gustav Huss.*
J. Leitner	Handlung	*Isaak Leitner.*
A. Neuburger	Eisen- u. Pelzwaarenh.	*Alexander Neuburger.*
Ulrich Oestreicher	Ellenwaarenhandlung	*Ulrich Oestreicher.*
G. A. Schmidt	Handlung	*Georg Adolf Schmidt. Conr. Theodor Heinr. Schmidt.*
Ernst Steinberger	Specereiwaarenhandlung	*Ernst Steinberger.*
David Stettauer	Ellenwaarenhandlung	*David Stettauer.*
Jacob Stettauer	Ellenwaarenhandlung	*Jacob Stettauer.*
Jos. Stettauer	Handlung	*Jos. Stettauer.*
L. E. Stettauer	Lederhandlung	*Löw Elkan Stettauer*
Levi Stettauer	Eisen- u. Pelzwaarenh.	*Levi Stettauer.*
S. Theilheimer & S. Lang	Handlung	*Schmay Theilheimer. Simon Lang.*
Philipp Theilheimer	Handlung	*Philipp Theilheimer.*
Galanterie- & Bijouteriewaarenhandlung v. Heinr. Weimann	Galanteriewaarenhandlung	*Heinrich Weimann.*
Fr. Konr. Zehder	Specerei- und Schnittw. und Tabakhandlung	*Friedrich Conrad Zehder.*

Triftern. 1013 Einwohner. LG. u. BG. Pfarrkirchen. HG. Passau.
Advokaten s. Passau. **Notar:** s. Pfarrkirchen.

A. Einöder	Gemischte Waaren	*Andreas Einöder.*
Josef Rothbauer	Gemischte Waaren	*Josef Rothbauer.*
Christoph Stinglwagner	Tuchfabrik	*Christoph Stinglwagner.*
Johann Wölfl	Gemischte Waaren	*Johann Wölfl.*

Trippstadt. 1063 Einwohner. LG., BG. u. HG. Kaiserslautern. **Advokaten** u. **Notare**: s. Kaiserslautern.

Gebrüder Gienanth ZN. [HN. Kaiserslautern]	Eisenwerk, Bergbau und Gussstahlfabrik	*Carl, Ludwig, Eugen Freih. von Gienanth. Jacob Riff* P.
Kees A.	Specereiwaaren	*Adolph Kees.*
Spanier C.	Specereiwaaren	*Carl Spanier.*

Trostberg. 1100 Einwohner. LG. Trostberg. BG. Traunstein. HG. München r. J.
Advokaten: s. Traunstein. **Notar:** C. Siegert.

Max Aigner	Handlung	*Max Aigner.*
Joseph Distelberger	Specerei- u. Schnittwaaren	*Josef Distelberger.*
Harslem & Cie.	Specerei- u. Schnittwaaren	*Heinrich Harslem.*
Georg Höllgött	Specerei- u. Schnittwaaren	*Georg Höllgött.*
F. W. Hüttner	Eisen- u. Geschmeidew.	*Friedrich Wilhelm Hüttner.*
Joseph Jetzinger jun.	Specerei- u. Schnittwaaren	*Josef Jetzinger.*
S. Lermer	Lithographie u. Buchdruck.	*Sebastian Lermer.*
Ernest Rieger	Kürschnerw. u. Lederh.	*Ernest Rieger.*
Joseph Schlik	Galanterie- u. Specereiw.	*Josef Schlick.*
Alois Stallechner	Nadlerwaaren	*Alois Stallechner.*

Trulben. 598 Einwohner. LG. Pirmasens. BG. u. HG. Zweibrücken.
Advokaten s. Zweibrücken. **Notar** s. Pirmasens.

Jacob Dreyer	Handlung	*Jacob Dreyer.*
Michael Eschbacher	Spezereihandlung	*Michael Eschbacher.*
Johann Wagner	Spezereihandlung	*Johann Wagner.*

Trunstadt. LG. Bamberg II. BG. u. HG. Bamberg. **Advokaten** u **Notare** s. Bamberg.

Samuel Blank	Specerei- u. Schnittwaarenh.	*Samuel Blank.*

Türkheim. 1344 Einwohner. LG. Türkheim. BG. u. HG. Augsburg.
Advokaten: s. Augsburg. **Notar**: J. B. Grimm.

Fr. X. Adorno	Specerei, Farb- u. Langew. u. Quincaillerie	*Franz Xaver Adorno.*
Georg Bader	Specerei-, Schnitt-, Eisen- u. Galanteriew., Lebküchner. u. Wachswaaren	*Georg Bader.*
August Pfallner	Schnitt- u. Eisenwaaren	*August Pfällner.*
M. Schmid	Glas-, Porcellan-, Specerei- u. Seilerwaaren	*M. Schmid.*
Sebastian Stadler	Schnittwaaren	*Sebastian Stadler.*

Tüßling. LG. Altötting. BG. Wasserburg. HG. München r. J.
Advokaten s. Wasserburg. **Notar:** s. Altötting.

Jacob Resch jun.	Krämerei	*Jacob Resch.*

Tussenhausen. LG. Türkheim. BG. u. HG. Augsburg.
Advokaten s. Augsburg. **Notar** s. Türkheim.

Wendelin Schmitt	Gemischte Waaren	*Wendelin Schmitt.*

Tutting. LG. Rotthalmünster. BG. Pfarrkirchen. HG. Passau.
Advokaten s. Pfarrkirchen. **Notar:** s. Rotthalmünster.

Registrirte Gesellschaft für Dreschmaschinen in Tutting	Gesellschaft zur Beschaffung von Dreschmaschinen	*Alexander Leitner, Vorstand. Der Vorstand zeichnet die Firma: »Registrirte Gesellschaft für Dreschmaschinen in Tutting«. N. N., Vorstand.*

Uebersee. LG. u. BG. Traunstein. HG. München r. J. **Advokaten** u. **Notare:** s. Traunstein.

Chr. Schaffner	Krämerei	*Christian Schaffner.*

Uehlfeld. 863 Einwohner. LG. Neustadt a. A. BG. Windsheim. HG. Fürth.
Advokaten s. Windsheim. **Notar** s. Neustadt a A.

Joh. Koch	Handlung	*Johann Koch.*
Joh. Urban Koch	Handlung	*Johann Urban Koch.*
Fried. Mayer	Hopfen- u. Eisenh.	*Friedrich Mayer.*
Albrecht Pfeiffer	Hopfenhandlung	*Albrecht Pfeiffer.*
Moses Schwab	Schnittwaarenhandlung	*Moses Löb Schwab.*
Schwarz & Wahle	Schnitt-, Porcellan- u. Glaswaarenhandlung	*Isaac Schwarz. Louis Wahle.*

Uettingen. LG. Marktheidenfeld. BG. Lohr. HG. Würzburg.
Advokaten s. Lohr. **Notar** s. Marktheidenfeld.

G. A. Zorn	Specereiwaaren	*Georg Adam Zorn.*

Uetzing. 580 Einwohner. LG. Staffelstein. BG. Kronach. HG. Bamberg.
Advokaten s. Kronach. **Notar** s. Staffelstein.

Anton Bogner	Specerei- u. Schnittwh.	*Anton Bogner.*
J. G. Dinkel	Schnitt-, Spec.- u. Eisenh.	*Johann Georg Dinkel.*

Uffenheim. 1965 Einwohner. LG. Uffenheim. BG. Windsheim HG. Fürth.
Advokaten: s Windsheim **Notar**: A. F. Schneider.

Friedrich Balbach	Rothgerberei- u. Lederh.	*Johann Friedrich Balbach. Christian Paul Dalk.*
Joh. Gg Bullnheimer	Specereiwaarenhandlung	*Johann Georg Bullnheimer.*
Carl Croninger	Schnitt- u. Kurzwaarenh.	*Carl Friedrich Croninger.*
Johann Franz Gebhardt	Kammfabrikation	*Johann Franz Gebhardt.*
C. F. Gehring	Handlung	*Georg Friedrich Gehring.*
Fried. Grieninger	Specereiwaarenhandlung	*Friedrich Grieninger.*
Fried. Grieninger & Sohn	Creditcasse u. Wechselb.	*Friedrich Grieninger. Friedrich Grieninger. Wilhelm Crämer. Wilhelm Christ. Haas* **P.**
J. G. Haas	Schnittwaarenhandlung	*Johann Andreas Haas.*
Johann Michael Hartung	Rothgerberei u. Lederh.	*Johann Michael Hartung.*
Joh. Jac. Hesselbarth	Seilerwaarenhandlung	*Johann Jacob Hesselbarth.*
Johann Nicolaus Hesselbarth	Seilerwaarenhandlung	*Johann Nicolaus Hesselbarth.*
Fr. Jergius	Apotheke	*Heinrich Carl Friedrich Jergius.*
C. F. Käuffer	Gerberei	*Carl Friedrich Käuffer. Paul Käuffer* **P.**
David Kirschbaum	Schnittwaarenhandlung	*Sigmund Kirschbaum.*
Krämer'sche Creditcasse und Wechselbank	Credit-Casse, Bank- und Wechselgeschäft	*Fried. Krämer.*
Joh. Peter Krebs, Färberei & Druckerei	Färberei- u. Druckerei	*Johann Peter Krebs.*
Joh. Gg. Pflanger	Specereiwaarenhandlung	*Johann Georg Pflanger.*
Friedr. Renk	Drechslerwaaren	*Friedrich Renk.*
D. Schlözer		*Schlözer David.*
Georg Schwarzländer sel. Wwe.	Specerei-, Eisen- u. Farbwaarenhandlung	*Katharina Schwarzländer.*
Carl Tretzel	Specerei-, Eisen- u. Farbwaarenhandlung	*Carl Tretzel.*
Friedr. Vogel	Specerei- u. Materialwh.	*Friedrich Vogel.*
Joh. Leonh. Vogel		*Johann Leonhard Vogel.*
Gebr. Zucker	Hopfenh., Commissionsgesch. in Schafwolle	*Samuel Zucker. Meyer Zucker.*

Uffing. 490 Einwohner. LG. u. BG. Weilheim. HG. München I. J.
Advokaten u. **Notare:** s. Weilheim.

Consumverein Uffing	Beschaffung von Consumptibilien für die Mitgl.	*Ignaz Sauer, Vorsitzender. Hermann Schöffmann, Cassier. Balth. Weiss, Schriftführer.*
Georg Schägger	Krämerei	*Georg Schägger.*

Ullstadt. 567 Einwohner. LG. Mkt. Bibart. BG. Windsheim. HG. Fürth.
Advokaten s. Windsheim. **Notar**: s. Markt Bibart.

S. Hecht	Handlung	*Samuel Hecht.*
Leopold Lüneburger	Handlung	*Leopold Lüneburger.*
H. L. Thalheimer	Gemischte Waarenh.	*Herz Löw Thalheimer.*

Ulmet. 616 Einwohner. LG. Kusel BG. u. HG. Kaiserslautern.
Advokaten: s. Kaiserslautern. **Notar:** s. Kusel.

Drumm Abraham jun.	Handelsmühle	*Abraham Drumm jun.*
Mayer Aron	Handlung	*Aron Mayer.*
Seyl F.	Schafhandel	*Friedrich Seyl.*
Spener C.	Specereiwaaren	*Carl Spener.*

Ulsenheim. LG. Uffenheim. BG. Windsheim. HG. Fürth.
Advokaten s. Windsheim. **Notar:** s. Uffenheim.

Georg Friedrich Haas	Handlung	*Georg Friedrich Haas.*

Ungstein. 1136 Einwohner. LG. Dürkheim. BG. u. HG. Frankenthal.
Advokaten s Frankenthal. **Notar** s. Dürkheim.

A. Dasenheimer	Schnittwaarenhandlung	*Abraham Dasenheimer.*
Conrad Lang	Schnitt- u. Kurzwh.	*Conrad Lang.*
Abraham Simon	Schnitt-, Specerei- u. Oelkuchenhandlung	*Abraham Simon.*

Unsleben. 928 Einwohner. LG. u. BG. Neustadt a. S. HG. Schweinfurt.
Advokaten u. **Notare**: s. Neustadt a. S.

J. W. Gütling	Specerei- u. Kurzwaarenh.	*Johann Wendelin Gütling.*
M Kupfer	Specerei- u. Schnittw. und Käse	*Maier Kupfer.*
J. Liebenthal	Specerei- u. Schnittw. und Käse	*Isak Liebenthal.*
J. Mussliner	Lederhandlung	*Jacob Mussliner.*
Falk Rose	Essig, Wein u. Spirituosen	*Heinemann Rose.*
J. Rosenberg	Specerei- u. Schnittw. und Käse	*Jeremias Rosenberg.*

Unteraltenbuch. LG. Stadtprozelten. BG. u. HG. Aschaffenburg.
Advokaten: s. Aschaffenburg. **Notar**: s. Stadtprozelten.

Paul Schmitt	Krämerei	*Paul Schmitt.*
Peter Josef Schreck	Krämerei	*Peter Josef Schreck.*

Unterampfrach. LG. Feuchtwangen. BG. u. HG. Ansbach.
Advokaten: s. Ansbach. **Notar**: s. Feuchtwangen.

Christian Schuster	Specereiwaaren	*Christian Schuster.*

Unterauerbach. 439 Einwohner. LG. u. BG. Neunburg v. W. HG. Regensburg.
Advokaten u. **Notare**: s. Neunburg v. W.

Adam Kuttner	Specereiwaaren	*Adam Kuttner.*
Mich. Weiherer	Specereiwaaren	*Michael Weiherer.*

Unterbruck. LG. u. BG. Freising. HG. München l. J. **Advokaten** u. **Notare**: s. Freising.

Franz Sulzenbacher	Krämerei	*Franz Sulzenbacher.*

Unterdietfurt. 619 Einwohner. LG. Eggenfelden. BG. Pfarrkirchen. HG. Passau
Advokaten: s. Pfarrkirchen. **Notar**: s. Eggenfelden.

Mathias Gruber	Krämerei	*Mathias Gruber.*
Josef Pichlmayer	Krämerei	*Josef Pichlmayer.*

Untereisensheim. LG. Volkach. BG. u. HG. Schweinfurt.
Advokaten: s. Schweinfurt. **Notar**: s. Volkach.

Gadalia Frankenthaler	Handlung	*Gadalia Frankenthaler.*
Jacob Hellermann	Specereiwaaren	*Jacob Hellermann.*

Untergriesbach. 870 Einwohner. LG. Wegscheid. BG. u. HG. Passau.
Advokaten s. Passau. **Notar** s. Wegscheid.

Andrä Knollmüller	Handlung	*Andrä Knollmüller.*
Gregor Knollmüller	Handlung	*Michael Knollmüller.*
Gg Saxinger	Tuch-, Schnitt-, Eisen- und Specereiw., Rauch- und Schnupftabakfabrik	*Caroline Huber.*
Gg. Saxinger, vorm. J. Stadtlinger	Specerei u. Fragnerei	*Josef Huber.*

Unterklingensporn. LG. Naila. BG. u. HG. Hof **Advokaten**: s. Hof. **Notar**: s. Naila.

Gustav Geier	Eisenhammerwerk	*Philipp Christoph Dittmar. Carl Friedrich Gustav Geier.*

Unterleiterbach. LG. Staffelstein. BG. Kronach HG. Bamberg.
Advokaten: s. Kronach. **Notar**: s. Staffelstein.

A. Deiss	Specerei- und Schnittwaaren u. Eisenhandlung	*Andreas Deiss.*

Unterlieud. LG. Kemnath. BG. Weiden. HG. Amberg.
Advokaten: s. Weiden. **Notar**: s. Kemnath.

Paul Besold	Specereiwaaren	*Paul Besold.*

Untermeiselstein. LG. Immenstadt. BG. u. HG. Kempten.
Advokaten: s. Kempten. **Notar**: s. Immenstadt.

Michael Herz	Handlung	*Michael Herz.*

Untermerzbach. LG. Ebern. BG. u. HG. Schweinfurt
Advokaten: s. Schweinfurt. **Notar**: s. Ebern.

Löb Brüll	Specereiwaaren	*Löb Brüll.*

Unternbibert. LG., BG. u. HG. Ansbach. **Advokaten** u. **Notare**: s. Ansbach.

Johann Georg Schwendtner	Specereiwaaren	*Johann Georg Schwendtner.*

Unterneuhüttendorf. LG. Ludwigstadt. BG. Kronach. HG. Bamberg.
Advokaten: s. Kronach. **Notar**: s. Ludwigstadt.

Wilh. Müller	Kupferhammerwerk	*Wilhelm Müller.*

Unterriedenberg. 298 Einwohner. LG. Brückenau. BG. Lohr. HG. Würzburg.
Advokaten: s. Lohr. **Notar:** s. Brückenau.

Löb Machol Engel	Specereiwaarenhandlung	*Löb Machol Engel.*
Isaak Strauss	Specereiwaarenhandlung	*Isaak Strauss.*
Israel Strauss	Specereiwaarenhandlung	*Israel Strauss.*

Unterrodach. 1298 Einwohner. LG. u. BG Kronach. HG. Bamberg.
Advokaten u. **Notare** s. Kronach.

H. W. Eber, Cassier	Flosshandlung	*Heinrich Wilhelm Eber.*
Joh Eber jun.	Holzhandlung	*Johann Eber jun.*
Packer & Eber	Holzhandlung	*Johann Packer. Johann Eber (Erhardssohn).*
Joh. Georg Rogler	Specerei-, Farb-, Kurz- und Schnittwaarenhandl.	*Johann Georg Rogler.*
Andreas Trapper	Holzhandlung	*Andreas Trapper.*
Joh. Trapper, Andreas' Sohn	Holzhandlung	*Johann Trapper. Andreas' Sohn.*
F. Wich, Glassen	Holzhandlung	*Friedrich Wich.*
Gebr. Wich	Holzhandlung	*Johann Wich (Schwärz). Johann Andreas Wich.*
Georg Simon Wich	Flossholzhandlung	*Georg Simon Weih.*

Unterschernau. LG. Landstuhl. BG. u. HG. Zweibrücken.
Advokaten s. Zweibrücken. **Notar:** s. Landstuhl.

Jacob Stuppy II	Handelsmühle	*Jacob Stuppy II.*

Unterschwaningen. LG. Wassertrüdingen. BG. u. HG. Ansbach.
Advokaten: s. Ansbach. **Notar:** s. Wassertrüdingen.

J. L. Kellermann	Specereiwaaren	*Johann Leonhard Kellermann.*
Carl Löw	Specereiwaaren	*Carl Löw.*

Untersendling. LG. München l. I. BG. u. HG. München r. I.
Advokaten u. **Notare:** s. München l. I.

Theodor Marx & Comp.	Mechan. Zerkleinerung von Brennholz	*Theodor Marx. Dr. Carl Pedraglia.*

Untersteben. LG. Naila. BG. u. HG. Hof. **Advokaten:** s. Hof. **Notar** s. Naila.

Carl Gross	Krämerei	*Carl Conrad Theodor Gross.*

Untersteinbach. LG. Naabburg. BG. Neunburg v. W. HG. Regensburg.
Advokaten: s. Neunburg v. W. **Notar:** s. Naabburg.

Joh. Mich. Wild Sohn	Glasschleif- u. Polierwerk	*Georg Wild.*

Untersulzbach. LG. Otterberg. BG. u. HG. Kaiserslautern.
Advokaten: s. Kaiserslautern. **Notar** s. Otterberg.

Hörhammer [Hirschhornmühle]	Handelsmühle	*Franz Hörhammer.*

Unterthingau. LG. Obergünzburg. BG. u. HG. Kempten.
Advokaten s. Kempten. **Notar:** s. Obergünzburg.

Josef Boneberg	Krämerei u. Sattlerei	*Josef Boneberg.*
Jos. Briechle	Handlung	*Josef Briechle.*

Untertraubenbach. LG. Cham. BG. Neunburg v. W. HG. Regensburg.
Advokaten: s. Neunburg v. W. **Notar:** s. Cham.

Mathias Lecker	Krämerei- u Eisenh.	*Mathias Lecker.*

Untertuerken. LG. Simbach. BG. Pfarrkirchen. HG. Passau.
Advokaten: s. Pfarrkirchen. **Notar** s. Simbach.

Anton Sautner	Krämerei	*Anton Sautner.*

Unterwildenau. LG. u. BG. Weiden. HG. Amberg. **Advokaten** u **Notare:** s. Weiden.

Ant. Ig. Fhr. von Hirschberg	Papierfabrik	*Anton Ignaz Freih. v. Hirschberg.*

Unterzenn. LG. Leutershausen. BG. u. HG. Ansbach.
Advokaten: s. Ansbach. **Notar** s. Leutershausen.

Johann Caspar Gahm	Specereiwaaren	*Johann Caspar Gahm.*

Urspringen. 1061 Einwohner. LG. Rothenfels. BG. Lohr. HG. Würzburg
Advokaten: s. Lohr **Notar** s. Rothenfels

J. D. Adler	Gemischte Waarenhandlung	*Isaac David Adler.*
J. J. Adler	Gemischte Waarenhandlung	*Isaac Adler.*
Aron Fränkel	Gemischte Waarenhandlung	*Aron Fränkel.*
J. Freudenreich	Gemischte Waarenhandlung	*Isaac Freudenreich.*
Hirsch Schloss	Gemischte Waarenhandlung	*Hirsch Schloss.*
M. Schloss	Gemischte Waarenhandlung	*Moses Schloss.*

Utting. 696 Einwohner. LG. Diessen. BG. Weilheim. HG. München l. I.
Advokaten s. Weilheim. **Notar:** s. Diessen.

F. J. Moos	Krämerei	*Franz Josef Moos.*
Benedict Resch	Krämerei	*Benedict Resch.*

Utweiler. 127 Einwohner. LG. Hornbach. BG. u. HG. Zweibrücken.
Advokaten: s. Zweibrücken. **Notar**: s. Hornbach.

Peter Leydecker	Specereihandlung	*Peter Leydecker.*
Mathias Scheyer	Kurz- u. Schnittwaarenh.	*Mathias Scheyer.*

Utzenhofen. LG. Kastl. BG. u. HG. Amberg. **Advokaten**: s. Amberg. **Notar**: s. Kastl.

Joseph Baumer	Specereiwaaren	*Joseph Baumer.*

Vachendorf. LG. u. BG. Traunstein. HG. München r. J.
Advokaten u. **Notare**: s. Traunstein.

Marcus Oberhauser	Krämerei	*Markus Oberhauser.*

Veitlahn. 230 Einwohner. LG. Culmbach. BG. u. HG. Bayreuth.
Advokaten: s. Bayreuth. **Notar**: s. Culmbach.

Veit Schneider	Bierbrauerei	*Veit Schneider.*
Vorschussverein für den oberen Maingau	Gegenstand des Unternehmens ist, Mitgliedern im Bedarfsfalle die erforderlichen Geldmittel für den wirthschaftlich. Geschäftsbetrieb durch baare Vorlehen aus d. Vereinskasse zu gewähren.	*Vorstandsmitglieder sind: **Max Freih. von Künssberg**, Vorsitzender. **Georg Oehrlein**, Cassier. **Eberhardt Schmidt**, Controleur. Die Firma wird gezeichnet durch den Vorsitzenden u. Cassier, im Verhinderungsfalle des Vorsitzenden durch den Cassier und in Verhinderung des Letzteren durch den Controleur.*

Veitshöchheim. 1422 Einwohner. LG., BG. u. HG. Würzburg.
Advokaten u. **Notare**: s. Würzburg.

S. Lonnerstädter	Handlung	*Salomon Lonnerstädter.*

Velburg. 966 Einwohner. LG. Parsberg. BG. u. HG. Amberg.
Advokaten: s. Amberg. **Notar**: s. Parsberg.

Jacob Beck	Specerei- u. Schnittwaaren	*Jacob Beck.*
Josef Stiegler	Specerei- u. Schnittwaaren	*Joseph Stiegler.*

Velden. 1011 Einwohner. LG. Vilsbiburg. BG. u. HG. Landshut.
Advokaten: s. Landshut. **Notar**: s. Vilsbiburg.

Christoph Bachmaier	Krämerei	*Christoph Bachmaier.*
Bierling Georg	Krämerei	*Georg Bierling.*
M. Heiligenbrunner	Krämerei	*Michael Heiligenbrunner.*
Silvest. Lichtmannecker	Krämerei	*Silvest. Lichtmannecker.*
Eduard Unterberger	Apotheke	*Eduard Unterberger.*

Venningen. LG. Edenkoben. BG. u. HG. Landau. **Advokaten**: s. Landau. **Notar**: s. Edenkoben.

J. Herrmann	Handlung	*Jacob Herrmann.*

Viechtach. 1225 Einwohner. LG. Viechtach. BG. Deggendorf. HG. Passau.
Advokaten: s. Deggendorf. **Notar**: August Wolf.

Josef Dizorzi	Specerei- u. Schnittwaaren	*Martin Bradl.*
Josef Fronhofer	Specerei- u. Schnittwaaren	*Josef Fronhofer.*
Fr. Kasparbauer		*Franz Kasparbauer.*
X. Kilger	Specerei- u. Schnittwaaren	*Xaver Kilger.*
Max Klein	Specerei- u. Schnittwaaren	*Max Klein.*
Jacob Pflügl	Fragnerei	*Jacob Pflügl.*
Josef Schmaus	Bierbrauerei	*Josef Schmaus.*
L. Sporrer	Specerei- u. Schnittwaaren	*Lorenz Sporrer.*
C. Schub	Eisenhandlung	*Carl Schub.*
Jacob Schub	Specerei- u. Schnittwaaren	*Jacob Schub.*

Viereth. LG. Bamberg II. BG. u. HG. Bamberg. **Advokaten** u. **Notare**: s. Bamberg.

M. Hellmann	Schnittwaarenhandlung	*Marx Hellmann.*

Vilsbiburg. 1767 Einwohner. LG. Vilsbiburg. BG. u. HG. Landshut.
Advokaten: s. Landshut. **Notar**: Josef Dietz in Vilsbiburg.

Xaver Hardt	Schnitt- u. Specereiw.	*Xaver Hardt.*
Anton Hormaier	Apotheke	*Anton Hormaier.*
Frz. Kagermayer	Specerei- u. Schnittwh.	*Franz Kagermayer.*
Joseph Kopp	Geschmeidewaarenhandl.	*Joseph Kopp.*
Michael Moser	Schnitt- u. Specereiw.	*Michael Moser.*
Jos. Praxmayer	Fragnerei u. Eisenh.	*Josef Praxmayer.*
J. G. Stein	Specerei- u. Schnittw.	*Johann Georg Stein.*

Vilseck. 1080 Einwohner. LG. Vilseck. BG. u. HG. Amberg.
Advokaten: s. Amberg. **Notar**: Thoma in Vilseck.

J. Herbst	Seilerwaarenfabrik	*Joseph Herbst.*
J. B. Kopf	Specerei- u. Schnittwaaren	*Johann Baptist Kopf.*

Michl Lehner	Specerei- u. Schnittwaaren	*Michael Lehner.*
Michael Lindner		*Michael Lindner.*
J. Lüst	Apotheke	*Joseph Lüst.*
Joh. Mayrhofer	Eisenhandlung	*Johann Mayrhofer.*
Joseph Meixner	Specerei- u. Schnittwaaren	*Joseph Meixner.*
Franz Stubenvoll	Specerei- u. Schnittwaaren	*Franz Stubenvoll.*
Johann Zeder	Specerei- u. Schnittwaaren	*Johann Zeder.*

Vilsheim. LG., BG. u. HG. Landshut. **Advokaten** u. **Notare**: s. Landshut.

Joseph Sedlmeyer	Krämerei	*Josef Sedlmeyer.*

Vilshofen. 2537 Einwohner. LG. Vilshofen. BG. u. HG. Passau
Advokaten: s. Passau. **Notar**: Max Forster. Adolf v. Wening.

Caspar Böheim	Gemischte Waaren	*Franz Xav. Hutter. Frz. Xav. Hutter jr.* **P.**
Lorenz Böheim	Gemischte Waaren u. Tabakf.	*Carl Böheim.*
Franz Claudi	Kurzwaaren, Specerei- und Galanteriewaaren	*Franz Claudi.*
F. Eigl	Lederfabrikation	*Felix Eigl.*
Johann Forkwehr	Gemischte Waaren	*Johann Forkwehr.*
Granitgewerkschaft Vilshofen	Liefert Pflaster- u. Bausteine	*Franz Xaver Rosenberger. Josef Rutschmann. Ferdinand Rosenberger. Hermann Maier Löwi* **A.**
F. X. Hutter	Spielwaaren	*Franz Xaver Hutter.*
Josef Mitterbauer	Gemischte Waaren	*Josef Mitterbauer.*
F. J. Peschl	Fabrik medicinisch-diätetischer Präparate	*Josef Peschl.*
E. Röckenschuss	Gemischte Waaren	*Eduard Röckenschuss.*
Josef Schlageter	Maschinenfabrik	*Franz Josef Schlageter.*
A. Scholz	Geschmeidewaarenh.	*Amadeus Scholz.*
Josef Schröder	Schreibmaterialienh.	*Josef Schröder.*
Gotthard Steinbacher	Gemischte-, Tuch- u. Eisenwaaren, Spedit. u. Agent. der Donau-Dampfschifffahrt	*Gotthardt Steinbacher.*
Gebrüder Stemplinger	Zeugfabrik	*Johann Nep. Stemplinger. Josef Stemplinger.*
Gebrüder Weilnböck	Lederfabrikation	*Franz Georg Weilnböck.*

Vinninger Papiermühle. LG. Pirmasens. BG. u. HG. Zweibrücken.
Advokaten: s. Zweibrücken. **Notar**: s. Pirmasens.

Adam Blum	Papier- u. Pappendeckelf.	*Adam Blum.*

Vöhringen. 656 Einwohner. LG. Illertissen. BG. u. HG. Memmingen.
Advokaten: s. Memmingen. **Notar**: Friedrich Weber in Illertissen.

Heinrich Daur HN. [**ZN.** Neu-Ulm]		*Heinr. Friedr. Karl Daur.*
Josef Edel von Vöhringen	Kunstmühle	*Josef Edel.*
Wieland & Comp. ZN. [**HN.** in Ulm]	Walzwerk u. Messingdrahtzug	*Philipp Jacob Wieland. Gottlieb Matthäus Stahl* **P.**
Josef Wolf	Bierbrauerei	*Josef Wolf.*

Völkersleier. LG. Hammelburg. BG. Lohr. HG. Würzburg.
Advokaten: s. Lohr. **Notar**: s. Hammelberg.

J. H. Sondheimer	Gemischte Waaren	*Jacob Hirsch Sondheimer.*

Vogelbach. 439 Einwohner. LG. Landstuhl. BG. u. HG. Zweibrücken.
Advokaten: s. Zweibrücken. **Notar**: s. Landstuhl.

Christian Munzinger	Handelsmühle	*Christian Munzinger.*
Jacob Spies	Handelsmühle	*Jacob Spies.*

Vohburg. 1465 Einwohner. LG. Geisenfeld. BG. Freising. HG. München I. J.
Advokaten: s. Freising. **Notar**: s. Geisenfeld.

J. Ad. Fröhlich	Spec.-, Schnitt- u. Eisenw.	*J. Ad. Fröhlich.*
J. B. Kröll	Spec.-, Schnitt- u. Eisenw.	*Joh. Bapt. Kröll.*
M. Münsterer	Spec.-, Schnitt- u. Eisenw.	*Michael Münsterer.*
Anna Maria Plang	Krämerei	*Anna Maria Eleonora Plang.*

Vohenstrauß. 1584 Einwohner. LG. Vohenstrauß. BG. Weiden. HG. Amberg.
Advokaten: s. Weiden. **Notar**: Josef Doss.

G. M. Bamler	Specerei- u. Schnittwaaren	*Georg Martin Bamler.*
Johann Bauer	Eisen- u. Geschmeidewhdlg.	*Johann Bauer.*
A. B. Dietl	Specerei- u. Schnittw.	*Anton Bartholomä Dietl.*

R. Fleischmann	Apotheke u. Weinhandlung	*Raimund Fleischmann.*
Christoph Hoffmann	Leder- u. Rauhwaarenhdlg.	*Christoph Hoffmann.*
Franz Lottenburger		*Franz Lottenburger.*
J. M. Riebl	Specerei- u. Schnittw.	*Johann Michael Riebl.*
J. St. Schönberger	Geschmeide- u. Eisenwhdlg.	*Johann Stephan Schönberger.*
J. Winkler	Specereiw u. Seifenfabrik	*Johann Winkler.*

Volkach. 1929 Einwohner. LG. Volkach. BG. u. HG. Schweinfurt
Advokaten: s. Schweinfurt. **Notar:** E. Hippler.

G. C. Barazzi	Handlung	*Georg Carl Barazzi.*
Franz Dürr Wwe.	Specereiwaaren	*Josefa Dürr.*
Caspar Haupt	Spec.- u Schnittw. u. Weinhandlung	*Caspar Haupt.*
Gebrüder Haupt	Weinhandlung	*Caspar Haupt. Sebastian Haupt.*
J. J. Leininger	Spec.-, Kurz- u Schnittw.	*Franz Leininger.*
Theodor Lutz	Specerei- u. Schnittw.	*Theodor Lutz.*
Joh. Pruny		*Johann Pruny.*
J. N. Schmitt	Spec.-, Schnitt- u. Eisenw.	*Johann Nicolaus Schmitt.*
Mich. Seb. Weissenseel	Spec.-, Schnitt- u. Eisenw.	*Michael Sebastian Weissenseel.*

Vorderweidenthal. LG. Annweiler. BG. u. HG. Landau
Advokaten s. Landau. **Notar:** s. Annweiler.

J. Samuel	Handlung	*Joseph Samuel.*

Waal. 961 Einwohner. LG. Buchloe. BG. u. HG. Augsburg.
Advokaten s. Augsburg. **Notar:** s. Buchloe.

Handlung von Jacob Rall	Specereiwaaren	*Anna Maria Rall Wwe.*
Franziska Sax	Specereiwaaren	*Franziska Sax.*

Wachenheim. 2604 Einwohner. LG. Dürkheim BG. u. HG. Frankenthal.
Advokaten s. Frankenthal. **Notar:** s. Dürkheim.

G. Böhm	Weincommissionsgeschäft	*Georg Böhm.*
Joseph Carnier	Specereiwaaren	*Joseph Carnier.*
Jacob Fitz	Ellenwaaren	*Jacob Fitz.*
J. Gundlach	Gemischte Waaren	*Jacob Gundlach.*
Joh. Nicolaus Hafner	Weinhandlung	*Johann Nicolaus Hafner.*
Ph. Kalbfuss	Mühle	*Philipp Kalbfuss.*
Abraham Kaufmann	Ellenwaaren	*Abraham Kaufmann.*
Ignatz Keller	Specereiwaaren	*Ignatz Keller.*
Peter Kettinger	Specereiwaaren	*Peter Kettinger.*
G. Korb	Specereiwaaren	*Georg Korb II.*
Krämer & Cie.	Weinhandlung	*Samuel Herzog. Abraham Krämer II.*
G. Kuhn	Weincommissionsgeschäft	*Georg Kuhn.*
F. Kunz	Weinhandlung	*Jacob Kunz.*
N. Leonhardt	Specereiwaaren	*Nicolaus Leonhardt.*
Hannes Mahler	Weinhandlung	*Johannes Mahler.*
Ph. Malbrich	Mühle	*Philipp Malbrich.*
Marx Mehlinger	Handlung	*Marcus Mehlinger. Jacob Mehlinger* **P.** *Mehlinger* **P.**
Salomon Scheuer	Handlung	*Salomon Scheuer.*
H. Schick	Mühle	*Heinrich Schick.*
Carl Schifferdecker	Specereiw. u. Uhrenfabr.	*Carl Schifferdecker.*
H. Schifferdecker	Specereiw. u. Spenglerw.	*Heinrich Schifferdecker.*
C. Schmuckert	Handlung	*Conrad Schmuckert.*
Heinrich Stoffel	Handlung	*Heinrich Stoffel.*
Jacob Strauss	Handlung	*Jacob Strauss.*
Margaretha Waldorf Wwe.		*Margaretha Frank.*
Andreas Walther	Tuchhandlung u. Ellenw.	*Andreas Walther.*
Jacob Wolf	Chemische Tinten- u. Stempelfarbenfabrik	*Jacob Wolf.*
Johann Ludw. Wolf sen.	Weinhandlung	*Johann Ludwig Wolf. Emil Wolf* **P.**
Georg Zimmermann's Wwe.		*Elisabetha Dehnert.*

Wahlerhof. LG., BG. u. HG. Zweibrücken **Advokaten** u. **Notare:** s. Zweibrücken.

Jacob Stalter	Branntweinhandlung	*Jacob Stalter.*

Wahlshausermühle. LG. Hornbach. BG. u. HG. Zweibrücken.
Advokaten . s. Zweibrücken. **Notar** s. Hornbach.

Joseph Esch's Wwe.	Handelsmühle	*Katharina Esch. Jacob Esch* **P.**

Waidhaus. 1275 Einwohner. LG. Vohenstrauß. BG. Weiden. HG. Amberg.
Advokaten . s. Weiden. **Notar:** s. Vohenstrauss.

J. Maier	Specereiwaaren	*Joseph Maier.*
Jos. Zwick	Specereiwaaren	*Joseph Zwick.*

Waischenfeld. 727 Einwohner. LG. Hollfeld. BG. u. HG. Bayreuth.
Advokaten s. Bayreuth **Notar:** s. Hollfeld.

Friedrich Barthe	Apotheke	*Friedrich Barthe.*
Joh. Hofmann	Schnittwaarenhandlung	*Johann Hofmann.*
Georg Lauer	Specereiwaaren	*Georg Lauer.*
Georg Adam Schramm	Krämerei	*Georg Adam Schramm.*
Ad. Wehrl	Krämerei	*Adam Wehrl.*

Wald. LG. Türkheim. BG. u. HG. Augsburg. **Advokaten** s. Augsburg. **Notar:** s. Türkheim.

Aloys Felder	Specereiwaaren	*Aloys Felder.*

Wald. LG. Burghausen. BG. Wasserburg. HG München r J.
Advokaten: s. Wasserburg **Notar** s. Burghausen.

Michael Rechl	Eisenblechwalzwerk u. Bierbräuerei	*Michael Rechl.*

Wald. LG. Gunzenhausen. BG. u. HG Ansbach. **Advokaten:** s. Ansbach. **Notar:** s. Gunzenhausen.

J. C. Wolf	Specereiwaaren	*Johann Caspar Wolf.*

Waldaschaff. LG. Rothenbuch. BG. u. HG. Aschaffenburg.
Advokaten s. Aschaffenburg. **Notar:** s. Rothenbuch.

J. Gg. Hock	Gemischte Waarenhandlg.	*Johann Georg Hock.*

Waldeck. 470 Einwohner. LG. Kemnath. BG. Weiden. HG. Amberg.
Advokaten s. Weiden **Notar:** s. Kemnath.

J. Grötsch	Eisenwaarenhandlung	*Joseph Grötsch.*
Kajetan Merckl	Specereiwaaren	*Kajetan Merckl.*
Michael Regner	Specereiwaarenhandlung	*Michael Regner.*
Joseph Schöpf	Specereiwaaren	*Joseph Schöpf.*

Walderbach. 398 Einwohner. LG. Roding. BG. Neunburg v W HG. Regensburg.
Advokaten . s. Neunburg v W **Notar:** s. Roding.

Peter Ferstl	Krämerei	*Peter Ferstl.*
Franz Joseph Zierer	Krämerei	*Franz Josef Zierer.*

Waldfischbach. 866 Einwohner. LG Waldfischbach. BG. u. HG. Zweibrücken.
Advokaten s. Zweibrücken. **Notar:** H. Heuck.

G. H. Diehl	Handlung	*Georg Heinrich Diehl.*
F. Gassert jun.	Colon.- und Manufacturw. u. Gastwirthschaft	*Friedrich Gassert.*
Philipp Jentzer	Holzhandlung	*Philipp Jentzer.*
Christian Lehnung		*Christian Lehnung.*
Philipp Mahr	Apotheke	*Philipp Mahr.*
K. Pöhn	Bierbrauerei	*Karl Pöhn.*
J. Schaaf	Färberei	*Jacob Schaaf.*
J. Schellhaass	Schmiede	*Joseph Schellhaass.*
S. Schellhaass	Handlung	*Sigismund Schellhaass*
Justus Simon	Handlung	*Justus Simon.*
Karl Stein Wwe.	Mühle	*Elisabetha Schellhaass.*
Katharina Stein	Specereiwaarenhandlung	*Katharina Stein.*
Peter Stein Wwe.	Handelsmühle	*Henriette Sauberschwarz.*

Waldgrehweiler. LG. Rockenhausen. BG. u. HG. Kaiserslautern.
Advokaten: s. Kaiserslautern. **Notar:** s. Rockenhausen.

Weil Emanuel	Handlung	*Emanuel Weil.*

Waldkirchen. 1044 Einwohner LG. Waldkirchen. BG. u. HG. Passau.
Advokaten s. Passau. **Notar:** Josef Puchner.

Barth. Crusilla	Fragnerei	*Michael Crusilla.*
M. Gattinger	Spec.-, Tuch- u. Kurzw.	*Max Gattinger.*
C. Jell's sel. Wwe.	Specereiwaaren	*Josef Jell.*
F. H. Lichtenauer sel.	Specereiw., Tuch- u. Leinwandhandlung	*Joh. Bapt. Pichlmayr.*
Johann Pfannenstill	Specereiwaaren	*Johann Pfannenstill.*
Johann Scharrer's Wwe.	Gasthaus, Wein- u. Lederh.	*Theres Scharrer.*
Wilhelm Schieferer	Eisenhandlung	*Wilhelm Schieferer.*

Waldmohr. 1092 Einwohner. LG. Waldmohr BG. u. HG. Zweibrücken.
Advokaten s. Zweibrücken. **Notar** . F. Cuny.

Jacob Bächle	Handlung	*Jacob Bächle.*

Carl Blum | Handlung | *Carl Blum.*
Corsel Salomon | Viehhandel | *Salomon Corsel.*
Carl Emich | | *Carl Emich.*
Christian Forster | Manufact.-, Col.- u. Farbw. | *Christian Forster.*
Leiner & Blum | Kohlenhandlung | *Heinrich Leiner. Ludwig Blum.*
Salomon May | Viehhandel | *Salomon May.*
Christian Schlemmer | Handlung | *Christian Schlemmer.*
L. Wentz HN. [ZN. Glanmünchweiler] | Apotheke | *Ludwig Wentz. Albrecht Wentz* P. *Carl Wentz* P.

Waldmünchen. 2582 Einwohner. LG. Waldmünchen. BG. u. HG. Regensburg.
Advokaten: s. Regensburg. **Notar**: Johann Martin in Waldmünchen.

Joseph Bauer | Fragnerei | *Josef Bauer.*
Franz Xaver Brandl | Specerei- u. Schnittwaaren | *Franz Xaver Brandl.*
Joseph Ederer | Fragnerei | *Josef Ederer.*
Johann Frank | Schleif- u. Polierwerk | *Johann Frank.*
Michael Klein | Specerei- u. Schnittwaaren | *Michael Klein.*
Peter Lehmann | Eisenhandlung | *Peter Lehmann.*
Leonhard Nothaas | Specerei- u. Schnittwaaren | *Leonhard Nothaas.*
Franz Volkmar Reinhard | Specerei- u. Schnittwaaren | *Franz Volkmar Reinhard.*
Johann Schächtl jr. | Specerei- u. Schnittw. und Seifensiederei | *Johann Schächtl.*
F. J. Silberhorn | Specerei- u. Schnittwaaren | *Franz Josef Silberhorn.*
Wessely & Spätt | Tuchfabrik | *Johann Georg Spätt. Josef Spätt.*

Waldsassen. 1840 Einwohner. LG. Waldsassen. BG. Weiden. HG. Amberg.
Advokaten: s. Weiden. **Notar**: Max Nissl.

Joseph Binhack | Specerei- u. Schnittwaaren | *Josef Binhack.*
Johann Bramberger in Waldsassen | Apotheke | *Johann Bramberger.*
Christoph Ernstberger | Specerei- u. Schnittwaaren | *Christoph Ernstberger.*
Franz Merz in Waldsassen | Specerei- u. Schnittwaaren | *Franz Merz.*
Egide Seidl's Wwe. | Specerei- u. Schnittwaaren | *Josefa Seidl.*
Josef Stobitzer | Specerei- u. Schnittwaaren | *Joseph Stobitzer.*
B. Wilmersdörfer | Manufacturw. en gros und en detail | *Baruch Wilmersdörfer.*
Joseph Ziegler in Waldsassen | Specerei- u. Schnittwaaren | *Joseph Ziegler.*

Waldsee. 1485 Einwohner. LG. Speyer. BG. u. HG. Frankenthal.
Advokaten: s. Frankenthal. **Notar**: s. Speyer.

Gebrüder Freundlich | Handlung | *Julius Freundlich. Leon Freundlich.*
Georg Hauck | Specerei- u. Ellenwaaren | *Georg Hauck.*
Jacob Tremmel I | Tabakblätterhandlung | *Jacob Tremmel I.*

Waldthurn. 897 Einwohner. LG. Vohenstrauß. BG. Weiden. HG. Amberg.
Advokaten: s. Weiden. **Notar**: s. Vohenstrauss.

Michael Beer | Handlung | *Michael Beer.*
J. M. Leberwurst | Specerei- u. Ellenwaaren | *Johann Michael Leberwurst.*
Joh. Jos. May | Spec.-, Ellen- u. Eisenw. | *Johann Josef May.*
Johann Walter | Kleiderhandlung | *Johann Walter.*

Wallenfels. LG. u. BG. Kronach. HG. Bamberg. **Advokaten** u. **Notare**: s. Kronach.
Barthel Behrschmidt | Eisenhandlung | *Bartholomäus Behrschmidt.*

Wallersdorf. LG. Landau a. J. BG. Pfarrkirchen. HG. Passau.
Advokaten: s. Pfarrkirchen. **Notar**: s. Landau.

J. Füssl's Wwe. | Specerei-, Schnitt-, Eisen- u. Tuchwaaren | *Georg Füssl.*

Wallerstein. 1351 Einwohner. LG. Nördlingen. BG. Donauwörth. HG. Augsburg.
Advokaten: s. Donauwörth. **Notar**: s. Nördlingen.

Bernhard Beer | Eisenh. u. Gem. Waaren | *Bertha Beer Wwe.*
J. Eising | Gemischte Waaren | *Isaak Eising.*
Rafael Eising | Wattfabrik | *Rafael Eising.*
F. Feldmaier | Handlung | *Feist Feldmaier.*
Chr. Gary | Conditorei | *Christian Gary.*
L. Gentner | Eisenhandlung | *Leonhard Gentner.*
L. Heckscher | Eisenhandlung | *Leopold Heckscher.*
M. Heckscher | Gemischte Waaren | *Mendel Heckscher.*
Carl Jörg | Eisenhandlung | *Carl Jörg. Johann Bosch.*
A. Lang | Eisenhandlung | *Andreas Lang.*

David Wassermann	Handlung	*David Wassermann.*
Löw Leser Weinmann	Handlung	*Löw Leser Weinmann.*
M. S. Weinmann	Gemischte Waaren	*Babette Weinmann Wwe. Heinr. Weinmann* **P.**

Wallhalben. 377 Einwohner. LG. Waldfischbach. BG. u. HG. Zweibrücken.
Advokaten: s. Zweibrücken. **Notar:** s. Waldfischbach.

Adam Bender	Bierbrauerei	*Adam Bender.*
Jacob Bender	Manufactur-, Kurz-, Specerei- u. Eisenwaaren	*Jacob Bender.*
Adam Jung		*Adam Jung.*
Wolf Levy	Handlung	*Wolf Levy.*
David May	Handlung	*David May. Wolf May* **P.** *Joseph May* **P.**
Theobald Ritter	Handelsmühle	*Theobald Ritter.*
Heinrich Thoma	Apotheke	*Heinrich Thoma.*
Jacob Well	Eisenhandlung	*Jacob Well.*

Walsdorf. LG. Bamberg II. BG. u. HG. Bamberg. **Advokaten** u. **Notare:** s. Bamberg.

Silbermann & Cie.	Hopfen- u. Pechhandel	*Jacob Silbermann. Löb Silbermann.*

Walsheim. 387 Einwohner. LG. Hornbach. BG. u. HG. Zweibrücken.
Advokaten: s. Zweibrücken **Notar:** s. Hornbach.

Nicolaus Krämer	Specereiw. u. Kalkbrennerei	*Nicolaus Krämer.*
Schmidt & Guttenberger	Bierbrauerei	*Friedrich Schmidt. Otto Guttenberger.*
Friedrich Schmidt	Bierbrauerei	*Friedrich Schmidt.*

Walthershausen. LG. Königshofen. BG. Neustadt a. S. HG. Schweinfurt.
Advokaten: s. Neustadt a. S. **Notar:** s. Königshofen.

Heium Ellermann	Specereiwaaren	*Heium Ellermann.*

Wambach. LG. Ebermannstadt. BG. u. HG. Bamberg.
Advokaten: s. Bamberg. **Notar:** s. Ebermannstadt.

H. Herrmann	Specereiwaarenhdlg	*Henlein Herrmann.*
H. Rosenbaum	Lederhandlung	*Heinemann Rosenbaum.*
W. Rosenbaum	Schnittwaarenhandlung	*Wilhelm Rosenbaum.*
A. Wassermann	Specereihandlung	*Abraham Wassermann.*
Max Wassermann	Eisenhandlung	*Max Wassermann.*

Warmensteinach. 974 Einwohner. LG. Weidenberg. BG. u. HG. Bayreuth.
Advokaten: s. Bayreuth. **Notar:** s. Weidenberg.

Johann Crönlger	Specereiwaaren	*Johann Cröniger.*
Wolfgang M. Herrmann	Glasknopfhüttenwerk	*Wolfgang Michael Herrmann.*
Sigmund Lindner	Paterlfabrik	*Sigmund Lindner.*
Chr. Marquard	Glasperlenfabrik	*Christoph Georg Heinrich Marquard.*
Gebr. Rabenstein	Glasperlenfabrik	*Joh. Heinrich Rabenstein. Joh. Rabenstein.*
Georg Matthäus Schrott	Glasknopfhüttenwerk	*Georg Matthäus Schrott.*

Wartenberg. 743 Einwohner. LG. Erding. BG. Freising. HG. München l. J.
Advokaten: s. Freising. **Notar:** s. Erding.

Franz Billmayer	Krämerei	*Franz Billmayer.*
Joseph Lechner	Krämerei	*Joseph Lechner.*
Ignatz Pösslmüller	Lederhandlung	*Ignatz Pösslmüller.*
Joseph Stahl	Krämerei	*Josef Stahl.*
J. Weber	Krämerei	*Josef Weber.*

Wartenberg-Rohrbach. LG. Winnweiler. BG. u. HG. Kaiserslautern.
Advokaten s. Kaiserslautern. **Notar:** s. Winnweiler.

Krehbiel H.	Handelsmühle	*Heinrich Krehbiel.*
Lichty F.	Handelsmühle	*Jacob Lichty.*

Wasserburg. 3249 Einwohner. LG. u. BG. Wasserburg. HG. München r. J.
Advokaten: C Ellenrieder K Schlössel. Ch. A. Schnepf G Schwarz M. Wiedenbauer
Notare F. Gleissl. Th. Werner.

Felix Hauner sel Wwe.	Specerei- u. Schnittw.	*Elise Hauner Wwe.*
F. Huber	Specerei- u. Schnittw.	*Franz Xaver Huber.*
F. P. Koban	Specerei- u. Schnittw.	*Franz Paul Koban*
D. Köchling'sche Buchhandlung	Buchhandlung	*Dagobert Köchling.*
Heinrich Lesche	Specerei- u. Schnittw.	*Heinrich Lesche.*
Franz Xaver Manhart	Eisen- u. Geschmeidew.	*Franz Xaver Manhart.*
Georg Mayer	Specerei- u. Schnittw.	*Regina Mayer Wwe.*
Sim. Mayr	Spec.-, Schnitt- u. Eisenw.	*Sim. Mayr.*
Max Rothmaier	Specerei- u. Schnittw.	*Max Rothmaier.*
F. J. Zelzer	Specerei-, Schnitt- und Porcellanw. u. Spedition	*Franz Josef Zelzer.*

Wasserburg. 268 Einwohner LG. Lindau. BG u. HG. Kempten.
Advokaten s Kempten. **Notar** s. Lindau.

David Hornstein	Weinhändler	*David Hornstein.*
Karl Köberle	Weinhändler	*Karl Köberle. Camil Neher* P.
Schnell & Cie.	Fabrikat. aller Sorten Käse u. Fettwaaren	*J. B. Schnell.*
J. B. Schnell	Eisen- u. Specereiwaaren	*J. B. Schnell.*

Wassermungenau. LG. Heilsbronn. BG. u. HG. Ansbach.
Advokaten: s Ansbach. **Notar:** s. Heilsbronn

J. L. Forster	Specerei- u. Eisenw., Mehl- u. Hopfenhandlung	*Johann Leonhard Forster.*

Wassertrüdingen. 1746 Einwohner. LG. Wassertrüdingen. BG. u. HG. Ansbach.
Advokaten s. Ansbach. **Notar** R. Kretzer.

Gottfried Bauer	Gerberei	*Gottfried Bauer.*
J. G Fr. Beyer	Handlung	*Johann Georg Friedrich Beyer.*
Friedrich Blauhorn	Handlung	*Friedrich Blauhorn.*
Wilh. Bubmann	Schmiede u. Wagenbau	*Wilhelm Friedrich Bubmann.*
Jacob Veis Emden	Schnitt- u. Weissw , Glas- u. Porcellanhandl.	*Amalie Emden Wwe.*
Isaak Feis Emden's Wwe.	Schnitt- u. Weisswaaren	*Clara Emden Wwe.*
A. Escher	Galanterie- u. Schnittw.	*Andreas Escher.*
Alb. Falk	Schnitt- u. Posamentierw.	*Georg Albrecht Falk.*
J. L. Geiger	Eisenhandlung	*Johann Leonhard Geiger.*
Chr. Aug. Glück	Specereiwaaren	*Ludwig Bartholomä.*
David Bär Gutmann	Handlung	*David Bär Gutmann.*
Fr. Hauck	Specerei- u. Farbw.	*Caroline Hauck Wwe.*
Kaspar Hörner	Wein- u. Essighdl.	*Kaspar Hörner.*
Michael Kaussler	Eisenwaarenhandlung	*Michael Kaussler.*
Löw Kirschbaum	Handlung	*Löw Kirschbaum.*
Hänle S. Kohn	Grosshandlung	*Hänlein Salomon Kohn. David Kohn.*
L. B. Kohn	Posamentierwaaren	*Löb Benedict Kohn.*
August Limpert	Kürschnerwaaren	*August Limpert.*
Peter Maurer Wwe.	Handlung	*Friederike Maurer Wwe.*
Fr. Müller	Kurz- u. Wollwaaren	*Friedrich Müller.*
Martin Müller	Lederhandl. u. Pfragnerei	*Martin Müller.*
H. Neuburger	Lederhandlung	*Heinrich Neuburger.*
N. Neumann	Producten- u. Tuchh.	*Nathan Neumann.*
David Neumeyer	Handlung	*David Neumeyer.*
Carl Oberhauser	Galanterie- u. Schnittw	*Carl Oberhauser.*
G. C. Oberhäusser	Galanterie u. Schnittw.	*Georg Conrad Oberhäusser.*
Eduard Prinz	Apotheke	*Eduard Prinz.*
Chr. Rabenstein	Conditorei- u. Lebküchner. u. Specereiwaaren	*Christian Ernst Rabenstein.*
Aug. Schegk	Specereiwaaren	*August Schegk.*
Carl Sening	Färberei	*Carl Sening.*
M. Sommer	Baumwollwaaren	*Mendel Sommer.*
Andr. Stark	Zeugwaarenf. u. Specereiw.	*Johann Andreas Stark.*
J. A. Steingruber		*Johann Andreas Steingruber*
L. Vetter	Stecknadelfabrik	*Leonhard Vetter. Conrad Vetter* P.
F. Weidringer	Baumwollw. u. Weberei	*Friedrich Weidringer.*

Wattenheim. 1523 Einwohner. LG. Grünstadt. BG. u. HG Frankenthal.
Advokaten: s. Frankenthal. **Notar:** s. Grünstadt.

Blum & Barban	Fabrik gesch. Holzw	*Adam Blum. Adam Barban.*
Balthasar Hofmann	Specereiwaaren	*Balthasar Hofmann II.*
Balthasar Hofmann III	Ellenwaaren	*Balthasar Hofmann III.*
Hofmann & Zimmermann	Ellenwaaren	*Balthasar Hofmann III. Wilh. Zimmermann.*
Jacob Köster II	Handlung	*Jacob Köster II.*
Moses Köster	Handlung	*Moses Köster.*
Alexander Mann	Specerei-, Eisen- u. Galanteriewaaren	*Alexander Mann. Jacob Mann II. Benjamin Mann* P.
J. Mann	Specerei- u Ellenw.	*Jacob Mann.*
F. W. Riegler	Grosshandlung	*Franz Wilhelm Riegler.*
Oswald Schäfer	Gemischte Waaren	*Oswald Schäfer.*

Webenheim. 906 Einwohner. LG., BG. u. HG Zweibrücken **Advokaten** u. **Notare:** s. Zweibrücken.

Conrad Hussong	Fouragehandlung	*Conrad Hussong*
Wilhelm Zimmermann jr.	Fouragehandlung	*Wilhelm Zimmermann jr.*

Websweilerhof. LG. Waldmoor. BG. u. HG. Zweibrücken.
Advokaten: s. Zweibrücken. **Notar**: s. Waldmoor.

Jacob Hauter Wwe. & Söhne	Branntwein, Pferde- und Rindviehhandel	*Susanna Stalter. Jacob Hauter. Johannes Hauter.*

Wegscheid. 1282 Einwohner. LG. Wegscheid. BG. u. HG. Passau.
Advokaten s. Passau. **Notar**: J Zistl.

Joh. Escherich	Specerei- u. Schnittwaaren	*Johann Escherich.*
F. Fenzl	Leinwandhandlung	*Franz Fenzl.*
Josef Fischer	Fragnerei u. Leinwandh.	*Josef Fischer.*
Johann Kollinger	Madrastücherfabrikation und Lederhandlung	*Johann Kollinger.*
Alois Lang	Specerei- u. Schnittwaaren	*Alois Lang.*
Johann Lang	Specerei- u. Schnittwaaren	*Johann Lang.*
Franz Lampersdorfer	Specerei- u. Schnittwaaren	*Franz Lampersdorfer.*
A. Strasser	Specerei- u. Schnittwaaren	*Anton Strasser.*

Weiden. 3184 Einwohner. LG. u. BG. Weiden. HG. Amberg.
Advokaten: J. Dostler. A. Fiechtl. V Herrmann. M. Kamm. A. Prechtl. **Notar**: Max Erhardt.

J. Aichinger	Specereiw. u. Prodh.	*Johann Mathias Aichinger.*
Joh. Baur	Specereiwaaren	*Johann Baur.*
F. Bayrhammer		*Friedrich Bayrhammer*
S. Bloch	Tuch- u. Ellenwaaren	*Sigmund Bloch.*
Joh. Friedr. Faber's Eidam	Specerei- u. Schnittwaaren	*Johann Bayer. Johann Valentin Bergler* **P.**
J. Heinr. Fischer	Spec.- u. Farbw., lak. Blechwaaren, Porcellan	*Karl August Fischer.*
G. B. Höllerer	Specereiw. u. Garnh.	*Georg Bartholomä Höllerer.*
Joseph D. Honigsberger	Ellenwaaren	*Joseph David Honigsberger.*
Kayser & Sommer	Specereiw. u. Bleierz	*Friedrich Sommer*
J. C. Knorr's Nachfolger	Specerei- u. Eisenw., Agent. u. Glasperlenfabrik	*Friedrich Mühlhofer.*
Carl Küneth	Handlung	*Carl Küneth.*
Theodor Kummer	Handlung	*Theodor Kummer.*
Fr. Schauwecker	Maschinenfabrik	*Franz Schauwecker.*
E. Straub's Buchhandlung	Buchhandlung	*Eduard Straub.*
Joh. Strobl jun.	Specereiwaaren	*Johann Strobl jun.*
G. Taubald	Buch-, Kunst- und Schreibmaterialienhandlung	*Gustav Taubald.*
F. W. Tröger	Conditorei u Specereiw.	*Friedrich Wilhelm Tröger.*
J. Vierling	Apotheke	*Jacob Vierling.*
Jacob Wagner	Handlung	*Jacob Wagner.*
Peter Weiss & Comp.	Baugesellschaft	*Peter Weiss. Andreas Weiss.*
J. G. Zembsch	Specerei- u. Farbwaaren	*Johann Georg Zembsch.*

Weidenbach. 837 Einwohner. LG. Herrieden. BG. u. HG. Ansbach.
Advokaten: s. Ansbach **Notar**: s. Herrieden

Konrad Kehl	Wollen- u. Baumwollw	*Konrad Kehl.*
Johann Stellwaag	Specereiwaaren	*Johann Michael Stellwaag.*

Weidenberg. 1662 Einwohner. LG. Weidenberg. BG u. HG. Bayreuth.
Advokaten: s Bayreuth. **Notar**: F. C. Münch.

J. M. Baumann	Weberei	*Johann Martin Baumann.*
Adolph Fuchs	Bierbrauerei	*Gustav Adolph Fuchs.*
Adam Fuchs	Weberei	*Adam Fuchs.*
Jacob Heckel	Weberei	*Jacob Ernst Heckel.*
Johann Heckel	Weberei	*Johann Heckel.*
J. Heischmann	Krämerei	*Johann Michael Heischmann.*
Joh. Lochmüller	Weberei	*Johannes Lochmüller.*
Ernst Meier		*Wolf Ernst Christian Meier.*
Wolf. Ernst Rhau	Specerei u. Seifensiederei	*Maria Rhau*
Hermann Scheidemandel	Apotheke	*Hermann Scheidemandel.*
Fr. Scholler	Krämerei	*Friedrich Wilhelm Anton Scholler.*
J. E. Vogel	Bierbrauerei	*Johann Ernst Vogel.*

Weidenthal. 1164 Einwohner LG. Neustadt a H. BG u. HG. Frankenthal.
Advokaten s Frankenthal. **Notar** s. Neustadt a. H

J. Friederich	Holzhandel	*Jacob Friederich.*
Pfleger & Renth ZN. [HN. Kaiserslautern]	Holzhandlung	*Jacob Pfleger. Jacob Renth.*
F. Wieser	Handelsmühle	*Franz Wieser*

Weidnitz. LG. Weismain. BG. Kronach. HG. Bamberg.
Advokaten: s. Kronach. **Notar**: s. Weismain.

Carl J. Bettmann	Producten-, Specerei- und Schnittwaarenhandlung	*Carl J. Bettmann.*

Weigendorf. LG. Sulzbach. BG. u. HG. Amberg **Advokaten**: s. Amberg. **Notar**: s. Sulzbach.

Johann Lehnerer	Hopfenhandlung	*Johann Lehnerer.*

Weihenstephan. LG. u. BG. Freising. HG. München I. J. **Advokaten** u. **Notare**: s. Freising.

Registrirte Gesellschaft mit beschränkter Haftpflicht für Dampf-Dresch- und andere landwirthschaftliche Maschinen Weihenstephan.	Gesellschaft zum Zwecke d. Erwerbung landwirthsch. Maschinen	*D. G. Wentz, Director. B. Bergmeyer, Stellvertreter des Vorstandes.*

Weihmörting. 781 Einwohner. LG. Rotthalmünster. BG. Pfarrkirchen. HG. Passau.
Advokaten: s. Pfarrkirchen. **Notar**: s. Rotthalmünster.

Georg Niedermayer	Gemischte Waaren	*Georg Niedermaier.*

Weilbach. LG. Amorbach. BG. u HG. Aschaffenburg.
Advokaten: s. Aschaffenburg. **Notar**: s. Amorbach.

Josef Lenz	Handlung	*Josef Lenz.*

Weilbacher Eisenwerk siehe Weilbach.

Gebrüder Reubold	Maschinenf., Giesserei und Eisenhammer	*Aug. Reubold sen. Aug. Reubold jun.*

Weiler. 999 Einwohner. LG. Weiler. BG. u. HG Kempten.
Advokaten: s. Kempten. **Notar**: H. Dillenius.

Jos. Deiring	Kunstwollf. und Mühlenbauwerkstätte	*Josef Deiring.*
Ignaz Dornach	Cigarren-, Rauch- u. Kautabakfabrik	*Eduard Dornach A. Anna Dornach. Amalie Dornach. Pauline Dornach. X. Dornach. Bertha Dornach. Adolf Dornach.*
Joseph Eichele	Baumwollwaarenfabrik	*Josef Eichele.*
F. J. Forster	Specerei- und Schnittwaaren u. Uhrenfabrik	*Franz Josef Forster.*
Jos. Ant. Heim		*Josef Anton Heim.*
J. B. Heim	Baumwollwaarenfabrik	*Joh. Baptist Heim.*
Ig. Hummel	Apotheke	*Ignatz Hummel.*
Kiene & Forster	Mechan. Leinenweberei und Sackfabrik	*Frz. Xaver Kiene. Frz. Josef Forster.*
J. Mühlegg	Mineralwasserfabrik	*J. Mühlegg.*
F. J. Natterer	Specerei-, Schnitt- und gemischte Waaren	*Franz Josef Natterer.*
Prinz Ihler & Comp.	Käsefabrik	*Josef Ihler. Benedict Prinz. Joh. Gg. Daum.*
Alois Rädler & Comp.	Flachs-, Hanf- und Wergspinnerei u. Leinenw.	*Alois Rädler. Anselm Heel. Aurel Wagner.*
Agatha Raith	Handlung	*Agatha Raith.*
Joh. Gg. Straub	Baumwollwaarenfabrik	*Johann Georg Straub.*
J. M. Wagner	Eisenh. u. Kurzwaaren	*Johann Michael Wagner.*
Joh. Wagus zum Lamm	Specerei- u. Schnittwaaren u. Instrumente	*Johann Wagus.*

Weilerbach. 1397 Einwohner. LG., BG. u. HG. Kaiserslautern.
Advokaten u. **Notare**: s. Kaiserslautern.

Heitzmann Joh.	Specereiwaaren	*Johann Heitzmann.*
Henrich J.	Specereiwaaren	*Jacob Henrich.*
Krämer F. C. sen.	Specereiwaaren	*Franz Carl Krämer sen.*
Krämer F. C.	Specereiwaaren	*Carl Franz Krämer.*
Zimmermann Jacob Wwe.	Gerberei	*Elisabetha Bossong.*

Weilheim. 3133 Einwohner. LG. u. BG. Weilheim. HG. München I. J.
Advokaten: W. Girisch. M. Grieser. A. Meixner. B. E. Paur. A. Putz. **Notare**: A. Karl B. Reinhard.

Georg Auer	Eisenhandlung	*Georg Auer.*
Johann Bauer	Buchhandlung	*Johann Bauer.*
Anton Gaigl	Spec.- u. Schnittwaarenh.	*Anton Gaigl.*
Leonhard Lutzenberger	Tuchmacher	*Leonhard Lutzenberger.*
Hypolit Schropp	Specerei- u. Schnittwaarenh.	*Hypolit Schropp.*
Ignatz Stölzle	Specerei- u. Schnittwaarenh.	*Ignatz Stölzle*

Weiltingen. 784 Einwohner. LG. Dinkelsbühl. BG. u. HG. Ansbach.
Advokaten: s. Ansbach. **Notar:** s. Dinkelsbühl.

Wilhelm Bachmann	Apotheke	*Wilhelm Bachmann.*
Heinrich Frank jun.	Specerei- u. Schnittwaaren	*Johann Conrad Franz Heinrich Frank.*
Heinrich Frank	Specerei- u. Schnittwaaren	*Georg Heinrich Frank.*
Joh. Georg Frey	Essigfabrik	*Johann Georg Frey.*
Eduard Glück	Specerei- u. Schnittwaaren	*Eduard Glück.*
Adam Weber	Schnittwaaren	*Adam Weber.*

Weimersheim. LG. Ellingen. BG. Eichstädt. HG. Nürnberg.
Advokaten: s. Eichstädt. **Notar:** s. Ellingen.

M. Reinemund	Ellen- u. Specereih.	*Moses Reinemund.*

Weismain. 1140 Einwohner. LG. Weismain. BG. Kronach. HG. Bamberg.
Advokaten: s. Kronach. **Notar:** J. B. Drescher.

Andreas Bähr	Seifenfabrik	*Elisabetha Bähr.*
Gg. Först jun.	Specereiwaarenhandlung	*Georg Först jun.*
A. Hofmann	Lebkuchenhandel	*Ambros Hofmann.*
Franz Heinrich Maier	Handlung	*Franz Heinrich Maier.*
Mettschnabl	Apotheke	*Anton Mettschnabel.*
Gregor Schmitt & Comp.	Handlung	*Gregor Schmitt. Die Jac. Dietz'schen Relikten: Johann Dietz. Franz Lorenz Dietz* **A.** *Rosina Dietz. Margaretha Dietz.*
Carl Weiss	Spec.-, Schnitt-, Eisen- und Productenhandlung	*Carl Weiss.*

Weißenau. LG., BG. u. HG. Nürnberg. **Advokaten** u. **Notare:** s. Nürnberg.

C. D. Wunderlich	Handlung	*Johann Karl Leuchs.*

Weißenburg. 5718 Einwohner. St. u. LG. Weißenburg. BG. Eichstädt. HG. Nürnberg.
Advokaten: s. Eichstädt. **Notar:** C. Förster.

Wilh. Carl Beck	Handlung	*Wilhelm Carl Beck.*
Joh. Daiber	Specerei- u. Schnittwh.	*Johannes Daiber.*
Ad. Engelhardt	Conditorei- u. Specereiwh.	*Adolph Engelhardt.*
Karl Engelhardt	Drechslerei u. Schirmf.	*Karl Engelhardt.*
Joh. Jacob Enich	Conditorei u. Specereiwh.	*Carl Wilhelm Lang.*
Jos. Feller	Colonw.-, Spirituosen-, Essig- u. Liqueurgeschäft	*Josef Feller.*
August Feuchtler	Eisenhandlung	*August Feuchtler.*
Wilhelm Garzer	Zinngiesserei u. Porcellanh.	*Wilhelm Garzer.*
Ferdinand Haass, Apotheker zum Einhorn	Apotheke	*Ferdinand Haass.*
Fried. Joh. Jac. Henning	Saamenhandlung	*Friedrich Johann Jacob Henning.*
Gottfried Carl Henning's Sohn	Conditorei	*Julius Henning.*
Carl Kern	Handlung	*Carl Kern.*
Lorenz Kern	Conditorei u. Specereih.	*Lorenz Kern.*
Wilhelm Kern		*Wilhelm Kern.*
Carl Klein	Conditorei u. Specereih.	*Carl Klein.*
Friedrich Loy		*Friedrich Loy.*
Albrecht Meyer	Conditorei u. Specereih.	*Albrecht Meyer.*
C. Fr. Meyer	Buchdruckerei	*Johann Friedrich Meyer.*
Friedrich Mory	Eisenhändler	*Gustav Friedrich Mory.*
Friedrich Mory jun.	Eisenhandlung	*Friedrich Mory jun.*
Joh. Oertel, vorm. Rud. Hoffmann	Spiegel-, Glas- u. Porcellh.	*Joh. Oertel.*
Leonh. Ott	Conditorei u. Specereiwh.	*Leonh. Ott.*
Carl Ludwig Pflaumer	Goldwaarenhandlung	*Carl Ludwig Pflaumer.*
Friedrich Pflaumer	Bierbrauerei	*Friedrich Pflaumer.*
Gustav Pflaumer	Grosspfragnerei	*Gustav Pflaumer. George Pflaumer* **P.** *Ludwig Pflaumer* **P.**
Karl Pflaumer	Seilerwaarenhandlung	*Karl Pflaumer.*
Christian Theodor Preu's Sohn	Specerei- u. Schnittwaarenh.	*Friedrich Preu.*
Gustav Preu	Colon.-, Mater.- und Farbw. en gros u. en detail	*Gustav Preu.*
Fr. H. Raab	Tuchfabrik	*Hermann Raab.*
Gustav Raab	Tuchfabrik	*Gustav Raab.*
Tobias Raab Sohn		*Rudolph Raab.*
Gg. Ad. Ranzenberger	Specerei- u. Schnittwaarenh.	*Georg Adam Ranzenberger.*
Johann Georg Rebelsberger		*Johann Georg Rebelsberger.*

Carl Rehnitz	Uhrenfabrik	*Carl Rehnitz.*
J. G. Renner	Essig- u. Liqueurfabrik	*Johann Renner.*
A. Reyscher	Specerei- u. Schnittwaarenh.	*Adolph Reyscher.*
August Rössel	Schnitt- und Weissw., Confections-, Tapeten-, Rouleaux- u. Wachstuchg.	*August Rössel.*
Julius Roth	Uhrenfabrik	*Carl Roth.*
Julius Roth	Zinngiesser. u. Lithogr.	*Julius Roth.*
Georg Ruckert	Zeugwaarenfabrik	*Georg Ruckert.*
Joh. Conr. Rupprecht	Specerei- u. Schnittwh.	*Georg Bullenheimer.*
Georg Wilhelm Schaudig	Conditorei u. Specereih.	*Carl Theodor Wenning.*
Friedr. Scheiblein & Sohn	Gold- u. Silber-Tressenf.	*Friedrich Scheiblein. Ernst Raab.*
Hermann Schmuck & Cie.	Gold- u. Silber-Tressenf.	*Hermann Schmuck. Carl Schmuck.*
J. F. Schmuck Söhne	Gold- u. Silber-Tressenf.	*Friedrich Schmuck. Gottlieb Schmuck.*
Adam Carl Schneider	Weberei	*Adam Karl Schneider.*
Frd. Schneider		*Ferdinand Schneider.*
Alb. Schützinger	Tuchfabrik	*Albert Schützinger.*
Robert Senss	Conditorei, Lebküchnerei u. Specereihandlung	*Robert Senss.*
Carl Th. Simader	Schlosserei u. Eisenh., Steinkohlen-, Solenhofer Steine- u. Pulverhandlung	*Carl Simader.*
Ernst Staudinger	Eisenhändler	*Ernst Staudinger.*
J. M. Staudinger's Sohn	Kürschnerei	*August Staudinger.*
Gottfr. Mich. Struntz	Handlung	*Gottfried Michael Struntz.*
Tröltsch & Hauselmann	Handlung	*Christian Friedrich Tröltsch. Friedrich Wilhelm Tröltsch. Carl Julius Tröltsch.*
Johann Volkert	Handlung	*Johann Volkert.*
Carl Weichmann	Kaufweberei u. Schnittwh.	*Karl Weichmann.*
H. Winkelmeyer	Specerei- u. Schnittwh.	*Hermann Winkelmayer.*
Adolph Zimmermann	Conditorei- u. Specereiwh.	*Adolph Zimmermann.*
Angust Zimmermann	Tuch- u. Bukskinfabrikation	*August Zimmermann.*

Weißenheim a. Sd. 2108 Einwohner. LG. Dürkheim. BG u. HG. Frankenthal.
Advokaten: s. Frankenthal. **Notar**: s. Dürkheim.

Friedrich Fischer	Krämerei	*Friedrich Fischer.*
Jacob Groh	Ziegelbrennerei	*Jacob Groh.*
Gebr. Groh	Ziegelbrennerei	*Anton Groh. Christoph Groh*
Peter Köss	Bäckerei u. Krämerei	*Peter Köss.*
J. Kullmann	Specereihandlung	*Jacob Kullmann.*
Ch. Langenwalter	Specerei- u. Mehlhandl.	*Christoph Langenwalter.*
Jacob Löb	Ellen- u. Eisenwaarenh.	*Jacob Löb.*
S. Löb	Ellenw. u. Viehhandel	*Simon Löb.*
Simon Mayer	Fruchthandel	*Simon Mayer.*
Georg Reudelhuber	Mühle	*Georg Reudelhuber*
Heinrich Stocke	Specerei- u. Mehlhandlung	*Heinrich Stocke.*
J. Webel	Specereihandlung	*Jacob Webel.*

Weißenheim a. Bg. 791 Einwohner. LG. Dürkheim. BG u. HG. Frankenthal.
Advokaten s Frankenthal **Notar**: s. Dürkheim.

Jacob Friess	Krämerei	*Jacob Friess.*
Marcus Hecht	Getreidehandlung	*Marcus Hecht.*
N. Jonas	Getreidehandlung	*Nathan Jonas*

Weißenhorn. 1784 Einwohner. LG. Weißenhorn. BG. u. HG. Memmingen.
Advokaten: s. Memmingen. **Notar**: Ign. Weinhart.

Max Böhme	Apotheke	*Max Böhme.*
E. Egner		*Erasmus Egner.*
Jos. Göggel		*Josef Göggel.*
Anton Hartung	Kammacherei	*Anton Hartung.*
Samson Henle	Schnittw. u. Confection	*Samson Henle.*
Johann Hubisreitinger		*Johann Hubisreitinger.*
K. Jan	Handlung	*Kajetan Jan.*
Leopold Jan	Handlung	*Elisabeth Jan.*
Johann Ils	Specerei- u. Pulverhdlg.	*Johann Ils.*
Ph. Jacob Kircher		*Ph. Jacob Kircher.*
Johann Kircher	Seilerei	*Johann Kircher.*
Mathias Kircher	Ellenw., Specereihdl., Gastwirthsch. u. Bierbrauerei	*Mathias Kircher.*

Malzfabrik Mathias Kircher & Comp. in Weissenborn	Malzfabrik u. Handlung	*Mathias Kircher. Philipp Jacob Kircher. Josef Scheppach. Josef Göppel, welcher zur Vertretung u. Zeichnung der Firma nicht berechtigt ist.*
F. Klöpfer	Handlung	*Friedrich Klöpfer.*
Jacob Kögel	Handlung	*Jacob Kögel*
M. Kollmann	Spec.-, Tabak- u. Cigarrenh.	*Michael Kollmann.*
M. Krautheim	Seilerei	*Martin Krautheim*
Adam Kreuzer	Handlung	*Adam Kreuzer.*
Franz Lutzenberger	Handlung	*Franz Lutzenberger.*
Joh. Georg Nusser	Handlung	*Johann Georg Nusser.*
V. Sälzle	Farben-, Spec.- u. Eisenh.	*Valentin Sälzle.*
Leonhard Spegele Wwe.	Handlung	*Anna Spegele.*
Fidel Stocker's Wwe.	Handlung	*Theres Stocker.*
Walburga Wagner	Handlung	*Walburga Wagner. Johann Kast* **P.**

Weißenkirchberg. LG. Schillingsfürst. BG. Windsheim. HG Fürth.
Advokaten s. Windsheim **Notar** s. Schillingsfürst.

J. F. Freund	Specerei- u. Schnittwh.	*Johann Friedrich Freund.*

Weißenstadt. 2505 Einwohner. LG. Kirchenlamitz. BG. u. HG. Hof.
Advokaten: s. Hof. **Notar:** s. Kirchenlamitz.

Erhardt Ackermann	Fabrik für feine polirte Granit-, Syenit-, Porphyr- und Marmorarbeiten und Steinschleiferei	*Johann Erhardt Ackermann.*
Chr. Burka	Specereiwaaren	*Christian Heinrich Burka.*
Ch. Dittmar HN. [ZN. Kleinschmidtshammer]	Hammerwerk	*Georg Christoph Dittmar.*
J. W. Döring	Factorei u. Mehl	*Johann Wolfgang Döring.*
Heinrich Linhardt	Specereiwaarenhandlung	*Ekhard Linhard.*
Robert Loy	Handlung	*Robert Loy.*
J. Hch. Meyer	Handlung	*Johann Heinrich Meyer*
August Peetz	Specereiwaaren	*Christian August Friedrich Peetz.*
Erhardt Ruckdäschel	Factorei	*Erhardt Ruckdäschel.*
Gebrüder Ruckdäschel	Factorei	*Georg Ruckdaschel. Michael Ruckdäschel.*
Lorenz Vogel	Schnittwaarenhandlung	*Lorenz Vogel.*

Weitnau. LG., BG. u. HG. Kempten. **Advokaten** u. **Notare** s. Kempten.

J. A. Heele's Erben	Handlung	*Oscar Mayerhausen.*
Bonifaz Wiedemann	Holzhändler	*Bonifaz Wiedemann.*

Weitersweiler. 381 Einwohner. LG. Göllheim. BG. u. HG. Kaiserslautern.
Advokaten s. Kaiserslautern. **Notar:** s. Göllheim.

Bosche Johannes	Specereiwaaren	*Johannes Bosche II.*
Hammel H.	Specereiwaaren	*Hermann Hammel.*
Hammel J.	Specereiwaaren	*Joseph Hammel. Ludwig Hammel* **P.**

Weitmes. LG. Stadtsteinach. BG. Kronach. HG Bamberg.
Advokaten: s. Kronach. **Notar:** s. Stadtsteinach.

Pulvermühle Weitmes J. W. Neumüller	Pulverfabrik	*Johann Wolfgang Neumüller in Regensburg.*

Welbhausen. LG. Uffenheim. BG. Windsheim. HG. Fürth.
Advokaten s Windsheim. **Notar** s. Uffenheim.

Sam. Neustein	Specerei-, Schnitt- u. Eisenwaarenhandlung	*Heinrich Neustein. Samuel Neustein* **P.**
H. W. Weinstock	Handlung	*Herz Wolf Weinstock.*

Welden. LG. Hersbruck. BG. u. HG. Nürnberg. **Advokaten** s. Nürnberg. **Notar:** s. Hersbruck.

Ernst Hoffmann	Apotheke, Schnitt- u. Specereiwaarenh.	*Ernst Hoffmann.*

Wellheim. LG. u. BG Eichstädt. HG. Nürnberg. **Advokaten** u. **Notare** s. Eichstadt.

Simon Erhard	Ellenwaaren- u. Specereih.	*Simon Erhard.*

Wemding. 2130 Einwohner. LG. Monheim. BG. Donauwörth. HG. Augsburg.
Advokaten. s. Donauwörth. **Notar** s. Monheim.

Peter Fackler	Specerei- u. Schnittw.	*Peter Fackler.*
Josef Meyer	Specerei- u. Eisenw.	*Josef Meyer.*
Josef Rebay	Specerei- u. Wachsw.	*Franz Nusser.*
Christian Schmid	Spec.-, Schnitt- u. Eisenw.	*Franz Xaver Schmid jun.*
Fr. X. Schmidt	Specereiwaaren	*Franz Xaver Schmidt.*

Emeran Zech	Seifenfabrik und Gemischte Waaren	*Emeran Zech.*
Theodor Zinsmeister		*Theodor Zinsmeister.*

Weng. LG., BG. u. HG. Landshut. **Advokaten** u. **Notare**: s. Landshut.

Joseph Zizler	Krämerei	*Josef Zizler.*

Wenigumstadt. LG. Obernburg. BG. u. HG. Aschaffenburg.
Advokaten: s. Aschaffenburg. **Notar**: s. Obernburg.

Peter Johann Loy	Specerei-, Eisen-, Holz- u. Ellenwaarenhandlung	*Peter Joh. Loy.*

Wernberg. 663 Einwohner. LG. Naabburg. BG. Neunburg v. W. HG. Regensburg.
Advokaten s. Neunburg v. W. **Notar** s. Naabburg.

Joseph Appl	Eisenhandlung	*Josef Appl.*
Johann Kehrer	Specereiwaaren	*Johann Kehrer.*
Johann Krapf	Specereiwaaren	*Johann Krapf.*
Sigmund Wandner	Specereiwaaren	*Sigmund Wandner.*

Werneck. 803 Einwohner. LG. Werneck. BG. u. HG. Schweinfurt.
Advokaten: s. Schweinfurt. **Notar**: P. J. Döll.

E. Kleemann	Specerei- u. Galanteriew.	*Emanuel Kleemann.*
Carl Rösser	Specerei- u. Galanteriew.	*Carl Rösser.*
David Weglein	Schnitt- u. Kurzwh.	*David Weglein.*
Joh. Mich. Zier	Conditorei, Spec.- u. Eisenw.	*Johann Michael Zier.*

Wernersberg. LG. Annweiler. BG. u. HG. Landau.
Advokaten: s. Landau. **Notar**: s. Annweiler.

Ph. Hüner	Handlung	*Philipp Hüner.*
Jacob Schlossstein	Mahl-, Säg- u. Oelmühle	*Jacob Schlossstein.*

Wernfeld. LG. Gemünden. BG. Lohr. HG. Würzburg.
Advokaten: s. Lohr. **Notar** s. Gemünden.

Joh. Gg. Mantel	Specereiwaaren	*Johann Georg Mantel.*

Wernsbach. LG., BG. u. HG. Ansbach. **Advokaten** u. **Notare**: s. Ansbach

Elias Hartmann	Specereiwaaren	*Elias Hartmann.*

Wertach. LG. Sonthofen. BG. u. HG. Kempten. **Advokaten**: s. Kempten. **Notar**: s. Sonthofen.

Rupert Herz	Handlung	*Rupert Herz.*
Joh. Bapt. Wittwer	Handlung	*Johann Baptist Wittwer.*

Wertingen. 1662 Einwohner. LG. Wertingen. BG. u. HG. Augsburg.
Advokaten: s. Augsburg. **Notar**: M. Heimer.

Fr. Bertele	Apotheke und Gemischte Waaren	*Friedrich Bertele.*
J. G. Seiler	Gemischte Waaren	*Johann Georg Seiler.*

Weselberg. LG. Waldfischbach. BG. u. HG. Zweibrücken.
Advokaten: s. Zweibrücken. **Notar** s. Waldfischbach.

Jacob Klingel	Bäckerei- u. Mehlhandl.	*Jacob Klingel.*

Westendorf. LG. Kaufbeuern. BG. u. HG. Kempten.
Advokaten s. Kempten. **Notar**: s. Kaufbeuern.

Joh. Mentner	Specereihandlung	*Johann Mentner.*

Westerham. LG., BG. u. HG. München r. J. **Advokaten** u. **Notare**: s. München l. I.

Aigner & Geith ZN. [HN. München l. I.]	Eisenwaarenfabrik	*Ludwig Geith. Carl Aigner. Max Aigner.*

Westerndorf. 633 Einwohner. LG. Rosenheim. BG. Traunstein. HG. München r. J.
Advokaten s. Traunstein. **Notar**: s. Rosenheim.

K. Aman	Handlung	*Kaspar Aman.*
Balthasar Graf	Krämerei	*Balthasar Graf.*
Maria Lang	Krämerei	*Maria Lang.*

Westheim. 242 Einwohner. LG. Kitzingen. BG. u. HG. Würzburg.
Advokaten: s. Würzburg. **Notar**: s. Kitzingen.

Mayer Berliner	Handlung	*Mayer Berliner.*
Philipp Klingenstein	Handlung	*Philipp Klingenstein.*
J. Musliner Wwe.	Specerei-, Farb-, Material-, Schnitt- u. Kurzwaaren	*Simon Goldschmidt* P.
A. Oppenheimer	Handlung	*Abraham Oppenheimer. Aron Oppenheimer* P.
Aron Oppenheimer	Handlung	*Aron Oppenheimer. Abraham Oppenheimer* P.
Vorschussverein zu Westheim, eingetragene Genossenschaft	Beschaffung der nöthigen Geldmittel zum Geschäftsbetrieb an die Mitglieder durch gemeinsamen Credit	*Vorstandsmitglieder, von denen jedes die Firma zeichnen kann, sind: Joh. Hess, Vorsitzender. M. Döllner. N. Wagner. J. G. Wagner.*
Mayer Regensburger	Handlung	*Mayer Regensburger.*

Westheim. 714 Einwohner LG. Haßfurt. BG. u. HG. Schweinfurt.
Advokaten: s. Schweinfurt. **Notar**: s. Hassfurt.

Moritz Braun	Specerei- u. Schnittwh.	*Moritz Braun.*
Vorschussverein in Westheim eingetragene Genossenschaft	Gewährung von Crediten für die Mitglieder	*Johann Hess, Vorsitzender. Michael Döllner, Beigeordneter. Nicolaus Wagner, Cassier. Johann Georg Wagner, Controleur.*
N. Wagner	Spece eihandlung	*Nicolaus Wagner.*

Wettelsheim. LG. Heidenheim. BG. Eichstädt. HG. Nürnberg.
Advokaten s. Eichstädt. **Notar** s. Heidenheim.

G. M. Schmidkunz	Handlung	*Georg Michael Schmidkunz.*

Wettringen. LG. Schillingsfürst. BG. Windsheim. HG. Fürth.
Advokaten s. Windsheim **Notar**: s. Schillingsfürst.

J. Nicolaus Selle vormals G. Hanselmann	Specereihandlung	*J. N. Selle.*
Johann Leonhard Städler	Schnittwaarenhandlung	*Johann Leonhard Städler.*

Wetzendorf. LG., BG. u. HG. Nürnberg. **Advokaten** u. **Notare**: s. Nürnberg.

Dampfmahlmühlgenossenschaft Wetzendorf eing. Genossensch.	Mahlmühle	*Vorstand-Oeconom Joh. Pfann in Wetzendorf.*

Wiesau. 703 Einwohner. LG. Waldsassen. BG. Weiden. HG. Amberg.
Advokaten s. Weiden. **Notar**: s. Waldsassen.

Thomas Dostler in Wiesau	Specereiwaaren	*Thomas Dostler.*
Ambros Gleissner	Specereiwaaren	*Ambros Gleissner.*

Wiesbach. LG. Homburg. BG. u. HG. Zweibrücken.
Advokaten s. Zweibrücken. **Notar**: s. Homburg.

Heinrich Peter Hemmer	Specereihandlung	*Heinrich Peter Hemmer.*

Wiesenbrunn. LG. Wiesentheid. BG. u. HG. Schweinfurt
Advokaten: s. Schweinfurt. **Notar**: s. Wiesentheid.

Michael Hänlein	Weinhandlung	*Michael Hänlein.*
N. V. Klugmann	Weinhandlung	*Nathan Klugmann.*

Wiesenfeld. 1102 Einwohner. LG. Karlstadt. BG. Lohr. HG. Würzburg.
Advokaten s. Lohr **Notar**: s. Karlstadt.

K. Grünbaum	Specereiwaarenhandlung	*Kallman Grünbaum.*
Kaufman Lichtenstädter	Specereiwaarenhandlung	*Kaufman Lichtenstädter.*
J. Schlossmann	Specereiwaarenhandlung	*Isaak Schlossmann.*

Wiesent. 1008 Einwohner. LG. Wörth. BG. u. HG. Regensburg.
Advokaten: s. Regensburg. **Notar**: s. Wörth.

Johann Beyer	Specerei- u. Ellenwaaren	*Johann Beyer.*
Joseph Schellerer	Specerei- u. Ellenwaaren	*Josef Schellerer.*
Joseph Schieber	Specerei- und Ellenw.	*Josef Schieber.*

Wiesentheid. 1225 Einwohner. LG. Wiesentheid. BG. u. HG. Schweinfurt.
Advokaten s. Schweinfurt. **Notar**: J. Nappenbach.

Creditverein Wiesentheid, eingetragene Genossenschaft	Betrieb eines Vorschussgeschäftes der Mitglieder des Vereins behufs gegenseitiger Beschaffung der nöthigen Geldmittel auf geschäftl. Credit	*Den Vorstand bilden: Friedr. Sickenberg, Director. Friedrich Satter, Cassier. Hans Scheuring, Controleur. Zur giltigen Zeichnung ist die Unterschrift zweier Vorstandsmitglieder nöthig.*
Friedr. Sickenberg	Conditorei-, Colonial-, Glas- Porcellan- u. Kurzwh.	*Friedrich Sickenberg.*
Casp. Thaler	Specerei- u. Tuchw.	*Caspar Thaler.*
Wehenkel	Apotheke	*Carl Wehenkel.*

Wieseth. LG. Feuchtwangen. BG. u. HG. Ansbach. **Advokaten**: s. Ansbach. **Notar**: s. Feuchtwangen.

Johann Einfalt	Specerei- u. Ellenwaaren	*Johann Einfalt.*

Wiesethbruck. LG. Herrieden. BG. u. HG. Ansbach. **Advokaten**: s. Ansbach. **Notar**: s. Herrieden.

Friedrich Zech	Specereiwaaren	*Friedrich Zech.*

Wiesmühle. LG. Naabburg. BG. Neunburg v. W. HG. Regensburg.
Advokaten s. Neunburg v. W. **Notar**: s. Naabburg.

Bernhard Meissner	Glasschleif- u. Polierwerk	*Bernhard Meissner.*

Wildenreuth. 638 Einwohner. LG. Erbendorf. BG. Weiden. HG. Amberg.
Advokaten s. Weiden. **Notar** s. Erbendorf.

Joh. Steinhauser	Gemischte Waaren	*Johann Steinhauser.*
J. S. Wiesmath	Gemischte Waaren	*Johann Simon Wiesmath.*

Wilgartswiesen. 1044 Einwohner. LG. Annweiler. BG. u. HG. Landau.
Advokaten: s. Landau. **Notar:** s. Annweiler.

Conrad Jung	Mahl-, Oel- u. Sägmühle	*Conrad Jung.*
Jacob Mausshardt	Handlung	*Johann Jacob Mausshardt. Conrad Mausshardt* P.

Wilhams. LG. Immenstadt. BG. u. HG. Kempten.
Advokaten: s. Kempten. **Notar** s. Immenstadt.

Joh. Hirnbein	Käsfabrik u. Holzhandel	*Karl Hirnbein.*

Wilhermsdorf. 1348 Einwohner LG. Mkt. Erlbach. BG. Windsheim. HG. Fürth.
Advokaten: s. Windsheim **Notar:** s. Mkt. Erlbach.

Joh. Geck	Specereiwaarenhandlung	*Johann Geck.*
Joh. Georg Geck	Specerei- u. Seilerwh.	*Johann Georg Geck.*
J. C Gottschalk	Specerei- u. Materialwh.	*Conrad Gottschalk.*
Johann Heinrich Höpfner	Conditorei, Spec.- u. Eisenwaarenhandlung	*Johann Heinrich Höpfner.*
J. Christ. Luchs	Specerei- u. Eisenwh.	*Johann Christoph Luchs.*
Hirsch Neu	Schnittwaarenhandlung	*Simon Neu. Rudolph Neu.*
Jacob Neuburger	Schnittwaarenhandlung	*Jacob Neuburger.*
J. G. Pfleghardt	Specereiwaarenhandlung	*Johann Georg Pfleghardt.*

Willanzheim. LG. Kitzingen. BG. u. HG. Würzburg.
Advokaten: s. Würzburg. **Notar:** s. Kitzingen.

J. Lorey	Specereiwaarenhandlung	*Johann Lorey.*

Willmars. 564 Einwohner. LG. Mellrichstadt. BG. Neustadt a. S. HG. Schweinfurt.
Advokaten: s Neustadt a. S. **Notar:** s. Mellrichstadt.

Consumverein von der Rhön	Beschaffung von Consumptibilien für die Mitglieder	*Den Vorstand bilden: Rohn, Geschäftsführer. Zimmermann, dto. Graf Julius v. Soden. J. Friedrich. Gottfried Frisch. Joh. Georg Heid. Die letzten 4 Personen als Beisitzer.*
C. Hommel	Manufacturwaaren	*Callmann Hommel.*
Carl Stern	Manufacturwaaren	*Karl Stern.*

Willofs. LG Obergünzburg. BG u. HG. Kempten.
Advokaten s. Kempten. **Notar** s. Obergünzburg

Fidel Kennerknecht	Landesproductenhandlung	*Fidel Kennerknecht.*

Windel. LG. Sonthofen. BG. u. HG. Kempten. **Advokaten:** s Kempten. **Notar:** s. Sonthofen.

Lucas Buhl	Nagelhändler	*Lucas Buhl.*

Winden. LG. Kandel. BG. u. HG. Landau. **Advokaten** s. Landau. **Notar** s. Kandel.

Gebrüder Dörr	Coaks- u. Steinkohlenhdl.	*Georg Franz Dörr. Johann Josef Dörr*

Windischeschenbach. 1000 Einwohner. LG. Neustadt a. W. N. BG. Weiden. HG. Amberg.
Advokaten s. Weiden. **Notar** s. Neustadt a. W N

Margaretha Adam	Specereiwaaren	*Margaretha Adam.*
M. Lehner	Seifenfabrik	*Michael Lehner.*
Johann Rupprecht	Specereiwaaren	*Johann Rupprecht.*
J. Schreyer	Specerei- u. Schnittwaaren u. Färberei	*Josef Schreyer.*

Windsbach. 1343 Einwohner. LG. Heilsbronn. BG. u. HG. Ansbach.
Advokaten s. Ansbach. **Notar** s. Heilsbronn.

Leonh. Aufhammer	Specereiwaaren	*Leonhard Aufhammer.*
J. M. Forster	Specerei- u. Schnittw	*Johann Michael Forster*
L. Gerngross & Söhne	Hopfenhandlung	*Moritz Neumark. Aaron Neumark. Josef Gerngross.*
H. Heidenreich	Handlung	*Johann Heinrich Heidenreich.*
H. Hildebrand	Apotheke	*Hermann Hildebrand.*
Jeremias Holzinger	Hopfen- u. Tuchhandlung	*Jeremias Holzinger.*
Erdmann Friedrich Klemm	Specerei- u. Schnittw.	*Erdmann Friedrich Klemm.*
J. A.-G. Klein	Handlung in Specerei- und Farbwaaren	*Johann Andreas Gottfried Klein.*
J. M. W. Klein	Handlung in Specerei- und Farbwaaren	*Johann Michael Wilhelm Klein.*
Heinrich Klein jun.	Specerei- u. Schnittw.	*Heinrich Klein jun.*
Theodor Martius	Spec.-, Schnitt-, Material- u. Farbwaaren	*Theodor Martius.*
Abraham Nussbaum	Eisenhandlung	*Abraham Nussbaum.*
G. J. Oberseider	Eisenhandlung	*Georg Jacob Oberseider.*

Georg Schwarz	Eisenhandlung	*Georg Schwarz.*
J. Schwarz	Eisenhandlung	*Johann Schwarz.*
Joh. Vollet	Specerei- u. Seilerwaaren	*Johann Leonhard Vollet.*
Anna Margaretha Eva Volkert	Specerei- u. Schnittw.	*Anna Eva Margaretha Volkert.*
J. H. Weinschenk	Hopfenhandlung	*Jacob Hirsch Weinschenk.*

Windsheim. 3284 Einwohner. LG. u. BG. Windsheim. HG Fürth.
Advokaten: E Enderlein. C Frank J Fürst. J W Glass Dr. J. Plochmann. **Notar:** Ch. F. Schiffner.

F. W. Berger	Essig- u Liqueurfabrik	*Friedrich Wilhelm Berger.*
J H. Bischoff	Buch- u. Steindruckerei	*Johann Georg Martin Bischoff.*
Eduard Brückner	Specerei- u. Farbwaarenh.	*Karl Eduard Brückner.*
Gg Fr. Bub		*Georg Friedrich Bub.*
Ernst Haberstroh vormals K. Backofen	Conditorei, Lebküchnerei, Wein-, Liqueur-, Tabak-, Cigarren- u Specereih.	*Ernst Haberstroh.*
C. H. Hornschuch	Schnitt- u. Tuchwaarenh.	*Karl Heinrich Hornschuch.*
Carl Hornschuch jr.	Schnitt- u. Tuchwaarenh.	*Joh. Carl Gottlieb Hornschuch.*
J. A. Keller		*Johann Andreas Keller.*
Wilhelm Keller	Specerei- u Farbwaarenh.	*Georg Christian Wilhelm Keller.*
Ludw. Krackhardt	Specerei-, Farb-, Eisen- und Garnwaarenhandlung	*Ludwig Krackhardt.*
Louis Kroher	Conditorei u. Spezereihdl.	*Ludwig Kroher.*
Joh. Friedrich Leister	Eisenhandlung	*Johann Friedrich Mathias Leister.*
J. M. Meier	Glaserei	*Johann Michael Meier.*
M. Pfeiffer	Tuch- u. Schnittwh.	*Marcus Pfeiffer.*
G. L. Rohleder	Conditorei u. Spezereiwh.	*Georg Lorenz Rohleder.*
J D. Roth	Conditorei, Specerei- und Eisenwaarenhandlung	*Johann David Roth.*
J. L. Roth	Rothgerberei u Lederh.	*Leonhard Roth.*
Johann Schuhmacher	Specerei- u. Farbwaarenh.	*Johann Schuhmacher.*
Fried. Sonnenmayer	Specerei-, Farb- u. Weinh.	*Friedrich Sonnenmayer.*
S. F. Stellwag	Conditorei- u Eisenwh.	*Samuel Friedrich Stellwag.*
Georg Leonhard Strampfer	Bierbrauerei	*Georg Leonhard Strampfer*
Carl Weidner	Specerei-, Farb- u. Eisenwh.	*Carl Weidner.*
J. C. Weyknecht	Specerei- u. Farbwaarenh.	*Johann Caspar Weyknecht.*
Gg. L. Zeller & Comp.	Hopfenhandlung	*Georg Leonhard Zeller. Johann Melchior Zeller. Johann Michael Rieder.*

Winklarn. LG. Oberviechtach LG Neunburg v. W. HG. Regensburg.
Advokaten s. Neunburg v. W. **Notar** s. Oberviechtach.

Johann Pleyer	Handlung	*Johann Pleyer.*

Winnweiler. 1349 Einwohner. LG. Winnweiler. BG. u HG. Kaiserslautern.
Advokaten s. Kaiserslautern **Notar:** Ph. Beaufort. E. E. Schmolze

Baus F.	Gerberei	*Friedrich Baus.*
Baus H. jun.	Gerberei	*Heinrich Baus jun.*
Caprano A.	Specereiwaaren	*Wilhelm August Caprano.*
Fromman D. Gu.	Handlung	*David Guido Frommann.*
Frommann Sigmund HN. [ZN. Höringen]	Handlung	*Sigism. Frommann. Nachmann Frommann* **P.**
Graf H.	Specereiwaaren	*Heinrich Graf.*
Hafen Jos.	Zündholzfabrik	*Joseph Hafen.*
Hafen M.	Specerei- u. Schnittw., Tabakfabrik u. Essig	*Mathias Hafen.*
Hafen M. jr.	Tabakspinnerei	*Mathy Hafen jun.*
Hoster Ch.	Bierbrauerei	*Christian Hoster*
Lohnsbach J.	Handlung	*Isaac Lohnsbach.*
August Maier	Handlung	*August Maier.*
Maier J. W.	Handlung	*Jacob Wilhelm Maier.*
Neugass Lazarus	Lederhandlung	*Lazarus Neugass.*
Ottmann C.	Ellen- u. Kurzw. u Färberei	*Markus Cornl. Ottmann.*
Schiffer H.	Fruchthandlung	*Georg Heinr. Schiffer.*
Tuteur Anselm	Specerei- u. Schnittwaaren	*Anselm Tuteur.*
Tuteur Emanuel	Specerei- u. Schnittwaaren	*Emanuel Tuteur.*
Tuteur Ezechiel	Specereiw. u. Fruchth.	*Ezechiel Tuteur.*
Tuteur Michael HN. [ZN Imsweiler unter der Firma: „Aron Tuteur"]	Specerei- u. Schnittwaaren	*Aron Tuteur I. Zacharias Tuteur* **P.**

Tuteur Moses	Specerei- u. Schnittwaaren	*Moses Tuteur.*
Vorschussverein Winnweiler	Volksbank	*Cornelius Ottmann, Director. Jacob Schenkel, Rechner. Mathias Haffen, Controleur.*
Jacob Weiler II	Frucht- und Mehlh., Wirthschaft u. Agenturen	*Jacob Weiler II.*
Willburth Anton	Baumwollzeugfabrik	*Anton Willburth.*
Willburth J. G.	Baumwollzeugfabrik	*Johann Georg Willburth.*
Willburth Carl	Baumwollzeugfabrik	*Karl Willburth.*
Peter Willburth	Baumwollzeugfabrik	*Peter Willburth II.*
Würtz Joh.	Handelsmühle	*Johannes Würtz.*

Winterborn. LG. Obermoschel. BG. u. HG. Kaiserslautern.
Advokaten: s. Kaiserslautern. **Notar**: s. Obermoschel.

Portz Jacob	Handlung	*Jacob Portz.*
Strauss Joseph	Handlung	*Joseph Strauss.*

Winterhausen. 1005 Einwohner. LG. Ochsenfurt. BG. u. HG. Würzburg.
Advokaten: s. Würzburg. **Notar**: s. Ochsenfurt.

J. G. Adami jr.	Spec.-, Schnitt- u. Farbwh.	*Johann Georg Adami jr.*
Joh. Val. Michels	Spec.-, Schnitt- u. Farbwh.	*Georg Christian Michels.*

Wintersbach. LG. Rothenbuch. BG. u. HG. Aschaffenburg.
Advokaten: s. Aschaffenburg. **Notar**: s. Rothenbuch.

F. L. Rexroth	Essigfabrik	*Friedrich Ludwig Rexroth.*

Winzer. 1406 Einwohner. LG. Hengersberg. BG. Deggendorf. HG. Passau.
Advokaten: s. Deggendorf. **Notar**: s. Hengersberg.

Andrä Kurz	Gemischte Waaren	*Andreas Kurz.*
Friedrich Kurz	Krämerei	*Friedrich Kurz.*

Winzingen. 754 Einwohner. LG. Neustadt a. H. BG. u. HG. Frankenthal.
Advokaten: s. Frankenthal. **Notar**: s. Neustadt a. H.

Gustav Geissel	Ziegeleibesitzer	*Gustav Geissel.*
Conrad Hammel	Weinhandlung	*Konrad Hammel.*
M. Häusser	Ziegeleibesitzer	*Elisabethe Fötz Wwe. Ludwig Hausser* **P.**
Gebr. Lieberich	Wein- u. Fruchthandl.	*Ludwig Lieberich. Heinrich Lieberich.*
J. Neubauer	Stärkefabrik	*Jacob Neubauer.*
Johann Philipp Riehl	Mühle u. Gerberei	*Johann Philipp Riehl.*
Theod. Schaaf	Weinhandlung	*Theodor Schaaf.*
Heinr. Schmidt	Küferei	*Samuel Heinrich Schmidt.*
Philipp Sibachmayer	Weinhandlung	*Philipp Siebachmayer.*

Wipfeld. LG. Werneck. BG. u. HG. Schweinfurt. **Advokaten**: s. Schweinfurt. **Notar**: s. Werneck.

G. M. Herold	Specerei- u. Kurzwh.	*Georg Michael Herold.*

Wirsberg. LG. Culmbach. BG. u. HG. Bayreuth. **Advokaten**: s. Bayreuth. **Notar**: s. Culmbach.

Fried. A. Ganzleben	Krämerei	*Friedrich Adam Ganzleben.*
Otto Rummler	Lebküchnerei	*Otto Rummler.*
Heinrich Schmeissner	Krämerei	*Heinrich Schmeissner.*
J. P. Schröppel	Krämerei	*Johann Peter Schröppel.*

Wittelshofen. 675 Einwohner. LG. Dinkelsbühl. BG. u. HG. Ansbach.
Advokaten: s. Ansbach. **Notar**: s. Dinkelsbühl.

Israel Freundlich	Landesproducte	*Israel Meyer Freundlich.*
Gerson Löw Monheimer	Lederhandlung	*Gerson Löw Monheimer.*
Abraham Pickert	Schnittwaaren	*Abraham Pickert.*
D. Rosskam	Schnittwaaren	*David Rosskam.*
G. Schlossheimer	Schnittwaaren	*Gumper Schlossheimer.*
David Löw Weinländer	Schnittwaaren	*David Löw Weinländer.*

Wittersheim. 392 Einwohner. LG. Blieskastel. BG. u. HG. Zweibrücken.
Advokaten: s. Zweibrücken. **Notar**: s. Blieskastel.

Wilhelm Diehl	Specereiwaaren	*Wilhelm Diehl.*
Hamm Jacob	Handelsmühle	*Jacob Hamm.*
Jacob Scherer	Specereiwaaren	*Jacob Scherer.*

Wittibreit. LG. Simbach. BG. Pfarrkirchen. HG. Passau.
Advokaten: s. Pfarrkirchen. **Notar**: s. Simbach.

Mathias Pechaigner	Gemischte Waaren	*Mathias Pechaigner.*

Wittislingen. 1167 Einwohner. LG. Dillingen. BG. Donauwörth. HG. Augsburg.
Advokaten: s. Donauwörth. **Notar**: s. Dillingen.

Gebrüder Sapper	Eisenhammerwerk	*August David Sapper. Theodor Sapper.*
Josef Schneider	Gemischte Waaren	*Josef Schneider.*

Wölfsauerhammer. 362 Einwohner. LG. Wunsiedel. BG. u. HG. Hof.
Advokaten: s. Hof. Notar: s. Wunsiedel.

Gottfried v. Glass	Hochofen Eisengusswaaren, Frisch-, Zain- u. Waffenhammer	*Gottfried v. Glass.*
Johann Georg Heinzmann	Specereiwaarenhandlung	*Johann Georg Heinzmann.*

Wörishofen. LG. Türkheim. BG. u. HG. Augsburg.
Advokaten s. Augsburg. Notar: s. Türkheim.

Johann Schäfler	Specereiwaaren	*Johann Schäfler.*

Wörth. 1439 Einwohner. LG. Wörth. BG. u. HG. Regensburg.
Advokaten: s. Regensburg Notar J. Kugler in Wörth.

F. X. Forsteneichner	Apotheke u. Specereiwh.	*Franz Xaver Forsteneichner.*
Georg Geyer	Specerei- u. Eisenwaaren	*Georg Geyer.*
G. Kleebauer	Specereiwaaren	*Gottfried Kleebauer.*
A. Oetting	Specereiwaaren	*Alois Oetting.*
J. Pfetten	Specerei- u. Eisenwaaren	*Josef Freiherr v. Pfetten.*
August Rambauer	Specerei- u. Eisenwaaren	*August Rambauer.*
M. J. Scheglmann	Specereiwaaren	*Max Josef Scheglmann.*

Wörth a. M. LG. Klingenberg. BG. u. HG. Aschaffenburg.
Advokaten. s. Aschaffenburg. Notar: s. Klingenberg.

G. M. Bernard	Spec.-, Eisen- u. Kurzwh.	*Theodor Emil Dölger.*
Zängel, Karb & Comp.	Hölzerne Cigarrenformenf.	*Carl Emil Zängel* A. *Georg Karb* A. *Fried. Häber.*
C. E. Zengel	Branntweinbrennerei	*Carl Emil Zengel.*

Wörth a. Rh. 1754 Einwohner. LG. Kandel. BG. u. HG. Landau.
Advokaten s. Landau. Notar: s. Kandel.

Actiengesellschaft für Kartoffelmehlfabrikation in Wörth a. R.	Kartoffelmehlfabrik	*Den Vorstand bilden: Emil Meyerhofer, Director.*
Jos. Bumiller	Gemischte Waaren- u. Holzh.	*Joseph Bumiller.*

Wolfakirchen. LG. Griesbach BG. Pfarrkirchen. HG. Passau.
Advokaten s. Pfarrkirchen. Notar: s. Griesbach.

Johann Siebzehnrübl	Krämerei	*Johann Siebzehnrübl.*

Wolfersheim. LG. Blieskastel. BG. u. HG. Zweibrücken.
Advokaten: s. Zweibrücken. Notar: s. Blieskastel.

Friedrich Christmann	Specereihandlung	*Friedrich Christmann.*

Wolfratshausen. 1716 Einwohner. LG. Wolfrathshausen. BG. u. HG. München r. J.
Advokaten: s. München l. I. Notar A. Hezner

F. Bochhorni	Specerei- u. Schnittw.	*Felix Bochhorni.*
Jos. Gollkofer	Eisenhandlung	*Jos. Gollkofer.*
L. Gasteiger & Comp.	Glashütte	*Leo Gasteiger* A. *Ludwig Richstein. Bertha Richstein.*
Friedrich Kerl	Specerei- u. Schnittw.	*Friedrich Kerl.*
Georg Kloiber	Gerberei-, Spec.- u. Schnittw.	*Georg Kloiber.*
Melch. Schneider	Specerei- u. Schnittw.	*Melch. Schneider.*
Martin Zunderer	Specerei- u. Schnittw.	*Martin Zunderer.*

Wolfstein. 977 Einwohner. LG. Wolfstein. BG. u. HG. Kaiserslautern.
Advokaten: s. Kaiserslautern. Notar: Wilhelm Michel.

Becker L.	Apotheke	*Ludwig Becker.*
Braun	Rothgerberei	*Friedrich Carl Braun.*
Braun Franz	Bierbrauerei	*Franz Braun.*
Heinrich Braun	Färberei, Branntweinbrenner. Baumwolle- u. Schnittwh.	*Friedrich Braun.*
Braun H. L. C.	Gemischte Waaren, Branntwein- u. Weinhandel	*Heinrich Ludwig Braun.*
Braun Louis	Uhrenfabrik	*Louis Braun.*
Braun W.	Handlung	*Wilhelm Braun.*
Devange Jac.	Manufact.-, Colonial-, Glas- u. Porcellanwaarenh.	*Jacob Devange.*
Diehl Carl	Seifenfabrik	*Karl Diehl.*
Gros Peter Wb.	Handelsmühle	*Caroline Braun.*
König D.	Gerberei	*Daniel König.*
König F. E.	Gerberei	*Franz Emil König.*
Gebrüder König	Baumwollzeugweberei	*Louis König.*
König P. W.	Seife, Obstbranntwein und dürres Obst	*Peter Wilhelm König. Karl August König* P.

Krieger F. II	Rothgerberei	*Franz Krieger II.*
Krieger K. II	Rothgerberei	*Karl Krieger II.*
Martin Jacob	Oelmühle	*Jacob Martin.*
Vogt L.		*Ludwig Vogt.*

Wollnzach. 1239 Einwohner. LG. Geisenfeld. BG. Freising. HG. München I. J.
Advokaten: s. Freising. **Notar:** s. Geisenfeld.

Jos. Dallmayer	Schnitt- u. Specereiwaaren	*Alois Kistler.*
J. Koch	Handlung	*Josef Koch.*
Jos. Schulmeyr	Spec.-, Schnitt- u. Eisenw.	*Josef Schulmeyr.*

Wondreb. LG. Tirschenreuth. BG. Weiden. HG. Amberg.
Advokaten: s. Weiden. **Notar:** s. Tirschenreuth.

Joseph Ott	Specereiwaaren	*Joseph Ott.*

Wonfurt. LG. Haßfurt. BG. u. HG. Schweinfurt.
Advokaten: s. Schweinfurt. **Notar:** s. Hassfurt.

Heinemann Baum	Specerei- u. Schnittw.	*Heinemann Baum.*
M. Kaufmann	Specerei- u. Schnittwaarenh.	*Michael Felitian Kaufmann.*

Wülfershausen. LG. Königshofen. BG. Neustadt a. S. HG. Schweinfurt.
Advokaten: s. Neustadt a. S. **Notar:** s. Königshofen.

Jos. Ballinger	Specerei- u. Ellenw.	*Josef Ballinger.*
Alexander Vöth	Specerei- u. Ellenw.	*Alexander Vöth.*

Würschhausermühle. LG. Waldfischbach. BG. u. HG. Zweibrücken.
Advokaten s. Zweibrücken. **Notar:** s. Waldfischbach.

Adam Baier	Handelsmühle.	*Adam Baier.*

Würzburg. 42,185 Einwohner. St G., BG. u. HG. Würzburg.
Advokaten: Dr. C. Adler. A. Dessloch. F J Fleischmann. F. Gerhard. Dr. C. O. Hartmann. G. Hofmann. M Knech. Ph. Lenk. C. v. Lutzenberger E. Rottmann. Th. Schmitt. Dr J G. Steidle. St. Stenger. J. Streit. Ph. Treutlein. Dr. J. A. Warmuth. G. Wiesner. C. Zorn. **Notare** A Endres. C. Grimm. U. Huth. J. Oppmann. J. M. Seuffert. J. Steidle.

Alb. Abraham	Eisenhandlung	*Albert Abraham.*
Actiengesellschaft für Häuserbau in Würzburg	Actiengesellschaft z. Zwecke der Erbauung v. Häusern	*Der Verwaltungsrath besteht aus: Dr. Leofried Adelmann. Johann Baptist Dietz. David Hirsch. Philipp Lenk. Dr. Jacob Schech. Felix Vornberger. Ludwig Freih. v. Zu Rhein. Wilhelm König. Zur Firmenzeichnung sind ausschliesslich berechtigt*: *Philipp Lenk, als Vorsitzender, David Hirsch, als Stellvertreter des Vorsitzenden.*
D. Ansbacher	Schuhfournituren	*David Ansbacher.*
Th. Arndt		*Theodor Arndt.*
Anton Arnold	Weinhandlung	*Eva Arnold.*
Caspar Arnold	Weinhandlung	*Anton Arnold. Georg Arnold.*
K. V. Arnold	Weinhandlung	*Pius Gabler.*
Franz Backmund	Colonial- u. Farbwaarenh.	*Franz Backmund.*
Bär & Jacobi	Landesp.- u. Commissg.	*Hermann Bär. Sigmund Jacobi.*
S. M. Bär	Strumpf-, Garn- und Kurzw. en gros	*Sigmund Mayer Bär. Julius Bär* **P.**
B. Ballin	Garngesch. en gros., Wollgarnspinnerei u. Agentur in Seide	*Bernhard Ballin.*
Jacob Bamberger	Papier, Schreibmater. und Quincaillerie en gros und en detail	*Jacob Bamberger.*
Barth'sche Musikalienhandlung	Musikalienhandlung	*Georg Barth.*
Gebrüder Bauch	Bierbrauerei	*Lorenz Bauch. Gabriel Bauch.*
Georg Bauch	Weinhandlung	*Georg Bauch.*
Lud. Bauch	Bierbrauerei	*Ludwig Bauch.*
Verlagsbuchhandlung, Buch- u. Steindruckerei von Bonitas Bauer	Verlagsbuchhandlung, Buch- u. Steindruckerei	*Anna Bauer. Carl Ludwig Hatzfeld* **P.**
Carl Philipp Bauer	Kurzwaaren	*Carl Philipp Bauer.*
Th. Michael Bauer	Specereiwaaren	*Regine Bauer.*
Johann Becker	Ziegelfabrik	*Johann Becker. Carl Anton Kinzinger.*
F. Benkert-Vornberger	Bankgeschäft	*Felix Vornberger. Adam Rossbach* **P.**
J. G. Berger	Colonialwaarenh.	*Johann Georg Berger.*
J. & L. Bieger	Gold- u. Silberwaarenf.	*Leonhard Bieger. Johann Bieger.*
Gebr. Billigheimer	Handlung	*Isaak Billigheimer. Maier Billigheimer.*
Bloch & Co. ZN. [HN. Nürnberg] [Commanditgesellschaft]	Bankgeschäfte	*Samuel Bloch, pers. haftender Gesellschafter. S. Schwabach* **KP.** *A. Zängler* **KP.** *C. Panizza* **KP.** *Je zwei derselben zeichnen die Firma.*

S. Bing	Lederhandlung	*Adolph Bing. Salomon Bing* P.
C. A. Bischoff & Comp.	Portefeuillefabrik	*Apollonia Matterstock. Elise Matterstock. Babette Matterstock. Andreas Matterstock. Max Riegel* A.
Blank & Cie. ZN. [HN. Günzburg]	Baumwollenfabrik	*Franz Xaver Blank.*
Fr. Blatz	Holzhandlung	*Friedrich Blatz.*
Joseph Blümlein jr.	Eisengiesserei	*Joseph Markus Blümlein.*
C. L. Bollermann	Hutfabrik	*Carl Ludwig Bollermann.*
Gebrüder Bolongaro Crevenna [Frankfurt]	Tabakfabrik	*Dr. med. Leofried Adelmann. Jacob Ludwig Bolongaro Crevenna. Alfred Bolongaro Crevenna. Johann Bolongaro Crevenna* P. *Pero Alexis Jordis* P. *für Frankfurt. Gust. Schneidt* P.
Carl Bolzano	Ellen- u. Modewaaren	*Carl Bolzano.*
Anton Brand, Kaufmanns-Wwe.	Kurzwaarenhandlung	*Josepha Brand.*
Seb. Brehm		*Sebastian Brehm.*
Stephan Breitenbach		*Agnes Breitenbach. Herm. Mich. Breitenbach.*
Breiting & Zwanziger	Tuch- u. Herrenmodewg.	*Gustav Breiting. Otto Zwanziger.*
Georg Breiting	Kurzwaaren	*Georg Breiting.*
Jos. Breiting	Liqueur-, Essig- und Kunsthefenfabrik	*Joseph Breiting.*
V. Breiting		*Vincenz Breiting.*
J. S. Brenner	Schreibmaterialienh.	*Johann Stephan Brenner.*
A. Breunig	Uhrenfabrik	*Andreas Breunig.*
Geb. Brod & Mehling	Steinkohlen-, Holz- u. Bretterhandlung	*Joseph Brod. Gottfried Brod. Barbara Brod. Christian Brod. Georg Mehling. Sämmtliche mit Ausnahme von Barbara Brod sind zur Zeichnung der Firma befugt.*
Bürgerhospital zum hl. Geist	Weinproduction u. Verkauf	*Das Bürgerhospital. Zur Zeichnung der Firma ist Josef Peter Hanecker berechtigt, welcher zeichnet: Bürgerspital-Rentamt. Aus Auftrag J. P. Hanecker.*
Jacob Bundschuh	Specereiw. u. Spirituosen	*Jacob Bundschuh.*
L. Bundschuh	Kurzwaaren	*Ludwig Bundschuh.*
L. Busch	Colonialw. u. Mehlgeschäft	*Leonhard Busch.*
Cahn & Marx	Getreidehandlung, Mater.- u. Farbwaaren	*Bernhard Cahn. Max Marx.*
Franz Conrad	Droguериеw. en gros	*Franz Conrad.*
G. L. Daube & Comp. ZN. [HN. München]	Annoncenexpedition	*Anton Prell. Georg Dümlein* P.
David & Manes	Tuch- u. Confectionsg.	*Dagobert David. Adolph Manes.*
A. Deckelmann	Apotheke	*Anton Deckelmann.*
Joh. Dehner		*Johann Dehner.*
J. B. Deninger	Leder- u. Saffianfabrik	*Johann Bapt. Deninger. Herm. Deninger* P.
J. B. Deppisch	Eisen-, Metall- und Werkzeugwaaren	*Johann Baptist Deppisch.*
Anton Dömling		*Anton Dömling.*
B. Dorsch	Rothgerberei- u. Lederh.	*Bonifaz Dorsch.*
Gg. Dümlein	Tapeten-, Teppich- u. Roleauxhandlung	*Georg Dümlein.*
Nic. Ebert	Specerei- und Farbw. und Mineralwasser	*Nicolaus Ebert.*
Fritz Eck	Getreidehandlung	*Friedrich Eck. Maria Eck* P.
Jos. Eckert	Holz- u. Bretterhandlung u. Fournirschneidemühle	*Joseph Eckert.*
Sigm. Edenfeld	Bankgeschäft	*Caroline Edenfeld. Ernst Edenfeld. Leopold Edenfeld. Zur Firmenzeichnung sind nur Ernst u. Leopold Edenfeld berechtigt.*
Julius Egelhaaf	Holzhandlung	*Julius Egelhaaf.*
J. Egstein	Taschnerei	*Johann Egstein.*
Joh. Pet. Ehemann	Spеçereiwaaren	*Auguste Ehemann. Georg Carl Ehemann* P.
J. B. Ehrenburg	Seilerwaarenfabrik	*Johann Baptist Ehrenburg.*
J. G. Eisenmann	Bankgeschäft	*Mayer Jacob Mayer. Wolff Mayer.*
Peter Eisfelder	Specereiwaaren	*Peter Eisfelder.*
Elsässer & Werner	Krystall-, Glas- u. Porcellh.	*Ernst Elsässer. August Werner.*
J. M. Emmert	Weinhandlung	*J. M. Emmert.*
J. Erdmann	Weinhandlung	*Emilie Erdmann. Ludwig Müller* P. *Otto Müller* P.
Pet. Jos. Erker	Colonialwaarenhandlung	*Maria Erker.*
C. Etlinger'sche Verlagshdlg.	Buchhandlung	*Carl Etlinger.*
Fritz Etlinger'sche Buchdruck.	Buchdruckerei	*Friedrich Etlinger.*

Ettlinger'sche Buchhandlung Pet. Galvagni	Buchhandlung	*Peter Galvagni.*
W. Eydam	Lampenhandlung	*Reinhold Eydam.*
Fasbender & Lossen	Eisengiesserei	*Johann Peter Fasbender. Joseph Lossen.*
Louis Fassold	Kurzwaarenhandlung	*Louis Fassold.*
H. Feldhahn	Weinhandlung	*Hess Feldhahn.*
Anton Fischer	Colonial- u. Specereiw., Incasso, Sped., Commiss. u. Goldokerfabrik	*Ludwig Weinhäupl.*
Flaig & Heintz	Schnitt- u. Modew. u. Tuchhandlung en gros und en detail	*Jacob Flaig. Friedrich Ferdinand Daniel Heintz.*
J. B. Fleischmann'sche Buchdruckerei	Buchdruckerei	*Johann Baptist Fleischmann.*
G. Förtsch	Weinhandlung	*Georg Albert Paul Förtsch.*
H. A. Fränkel sen.	Ellen- u. Modew. en gros	*Moritz Fränkel* A. *Philippine Fränkel. Max Schwabach* P.
J. Fränkel	Modewaaren	*Peppi Fränkel.*
Philipp Fränkel	Tuch- u. Schnittwaarenh.	*Philipp Fränkel.*
August Frank	Schnitt- u. Modewaarenh.	*August Frank.*
Heinrich Frank	Kurzwaaren	*Heinrich Frank.*
Jos. Frank	Eisenhandlung	*Joseph Frank.*
J. Frank's Buchhandlung	Buchhandlung	*Jacob Frank.*
C. Frantz & Cie.		*Carl Frantz.*
G. Anton Frantz jr.	Weinhandlung	*Ernst Rückel.*
Joseph Freudenreich	Schnitt- u. Modewaaren	*Joseph Freudenreich. Aron Freudenreich* P.
Samuel Freudenthal	Landesproductenhandlung	*Samuel Freudenthal.*
J. Friedberger	Kurzwaarenhandlung	*Joseph Friedberger.*
Eduard Friederich	Colonialwaaren en gros	*Therese Friederich. Nicolaus Kaufmann* P.
F. Friedrich	Handlung	*H. Friedrich Friedrich.*
Fr. L. Gabler	Bierbrauerei	*Franz Ludwig Gabler.*
Ad. Gäbhard	Bierbrauerei	*Adam Gäbhard.*
Mart. Gäbhard	Bierbrauerei	*Martin Gäbhard.*
G. A. Gätschenberger	Steindruckerei	*Georg Adam Stephan Gätschenberger.*
Seb. Geist	Uhrenfabrik	*Sebastian Geist.*
Ant. Gerstle		*Anton Gerstle.*
Gesellschaft für den Betrieb von Dampfdreschmaschinen	Betrieb von Dampfdreschmaschinen	*Adolph Euler. Wilhelm Hess.*
Georg Ludwig Geys	Colonialw. en gros	*Agnes Geys. Georg Ludwig Geys. Carl Wilhelm Franz* P.
Fr. Gieger	Saamenhandlung	*Friedrich Gieger.*
Heinrich Gleitsmann vormals F. G. Gleitsmann s. Wwe.	Specereiwaaren	*Heinrich Gleitsmann.*
Goldschmidt & Kohn	Bankgeschäft	*Louis Goldschmidt Max Kohn.*
J. Goldschmidt	Bankgeschäft	*Isaak Goldschmidt.*
H. Goldstein'sche Buchhandlg.	Buchhandlung	*Hermann Goldstein. Isaak Goldstein.*
Graab & Maurer	Droguериewh. en gros	*Heinrich Graab. Xaver Maurer.*
Friedr. Gräbner	Agentur- u. Commissionsg.	*Friedrich Gräbner.*
Gebrüder Gräf	Kleiderfabrikation	*Johann Baptist u. Carl Gräf.*
Wilh. Grimm	Kupferschmiede	*Georg Wilhelm Grimm.*
S. Gross jun.	Weinhandlung	*Seligmann Gross.*
A. Grossmann, Apotheker	Apotheke	*August Grossmann.*
Ad. Günter	Handlung	*Adam Günter.*
A. Guttenhöfer	Gold- u. Silberwaarenf.	*Stephan Guttenhöfer.*
J. B. Hallein	Weinhandlung	*Johann Baptist Hallein.*
F. Hannawacker	Specereiwaaren	*Franz Hannawacker.*
Hartmann & Sohn	Holzhandlung	*Franz Hartmann. Carl Hartmann.*
A. Hattemer	Colonialwaarenhandlung	*August Hattemer.*
Hauck & Hergenröther	Weinhandlung	*Carl Hauck. Johann Hergenröther.*
Hermann Haupt	Apotheke	*Hermann Haupt.*
Haupt & Keidel	Mineralwasserfabrik	*Johann Keidel. Andreas Haupt.*
J. B. Heelein Pfaffenmühle in Würzburg	Mahl- u. Kunstmühle	*Johann Baptist Heelein.*
Felix Heim	Bankgeschäft	*Albert Heim. Babette Heim* P. *Emanuel Merzbach* P.
Franz Heim	Schnitt- u. Modew.	*Franz Ignaz Heim.*

Gebrüder Helm	Eisen- u. Metallwaaren	*Heinrich Heim. Alexander Heim.*
Heinrich & Dietsch	Bierbrauerei	*Johann Georg Heinrich. Johann Dietsch.*
Georg Hering	Weinhandlung	*Georg Hering.*
A. Herold	Schreibmaterialienhandlung	*Alwin Herold.*
F. v. Hertlein, Apotheke zum Adler	Apotheke	*Ferdinand v. Hertlein.*
M. A. Herzfelder	Manufacturwh. en gros	*Leon Herzfelder. Moriz Kohn.*
F. J. Hiller	Ellen- u. Modewaaren	*Maria Hiller. Max Oberpaur* **P**
A. Hindorf	Handlung	*Anna Hindorf*
Joel Jacob v. Hirsch HN. [ZN. Rottendorf]	Bankgeschäft	*Joel Jacob v. Hirsch*
Joel & Faust Hirsch	Bank- u. Wechselgeschäft	*David Hirsch. Isaak Luchs* **P.**
H. Hirschberger & Cie.	Getreidehandlung	*Hirsch Löb Hirsch. David Sondhelm.*
K. Hofapotheke zum Löwen, Sippel	Apotheke	*Alexander Sippel.*
Adalb. Hoffmann	Handlung	*Adalbert Hoffmann.*
Ignatz Hoffmann	Specereihandlung	*Anton Hoffmann*
J. M. Hoffmann	Weinhandlung	*Anton Hoffmann. Friedrich Adam Hoffmann.*
M. Adam Hoffmann	Handlung	*Michael Adam Hoffmann.*
Hofmann & Trimbach	Kleiderfabrik	*Johann Martin Hofmann* **A.** *Andr. Trimbach.*
J. A. Hofmann	Lithographische Anstalt	*Josef Anton Hofmann. Heinrich Hofmann* **P.** *Theodor Hofmann* **P**
Val. Hofmann	Eisen- u. Metallwaaren	*Valentin Hofmann.*
Fr. Ig. Holzwarth	Colonialwaaren en gros	*Franz Holzwarth. Anton Holzwarth.*
F. Hülzburger		*Franz Hülzburger*
J. V. Hufnagel	Weinhandlung	*Johann Valentin Hufnagel.*
J. G. Jäger & Cie.	Lederhandlung	*Friedrich Gustav Jäger. Paul de Dantu.*
J. B. Jäger	Eisenhammer	*Johann Baptist Jäger.*
Hermann Jüngst	Lederwaarenhandlung	*Hermann Jüngst.*
S. Kahn	Weinhandlung	*Amalie Kahn. August Kahn* **P.**
M. Kahn & Comp.	Manufacturwh. en gros und Tuchhandlung	*Sophie Kahn. Adolph Kahn. Hirsch Kahn.*
W. Kahn & Comp.	Schnitt- u. Modew. en gros	*Mayer Kahn.*
J. F. Keiser		*Max Keiser.*
Julius Kellner's Buchhandlung HN. [ZN. Neustadt a. S.]	Buchhandlung	*Julius Kellner. Christian Kellner* **P.**
Carl Kern	Cigarren- u. Tabakh.	*Carl Heinrich Theodor Kern.*
C. A. Kinzinger		*Carl Anton Kinzinger. Joh. Bapt. Kinzinger.*
J. Kirchner	Weinhandlung	*Johann Kirchner.*
Andreas Kirschten	Colonial- u. Specereiw., Delikatessen- u. Gemüseh.	*Andreas Kirschten.*
K. J. Knab	Essig- u. Liqueurfabrik	*Anton Knab.*
Oscar Knab	Gold- u. Politurleistenf.	*Oscar Knab.*
Carl Knobel	Schnittwaarenhandlung	*Carl Knobel.*
Karl Köhler	Bierbrauerei	*Karl Köhler.*
Kölnische Feuerversicherungs-Gesellschaft „Colonia" ZN. [HN. Cöln]	Feuerversicherungsgesellsch.	*An der Spitze der Gesellschaft steht der Verwaltungsrath, welcher aus folgenden Mitgliedern besteht: H. v. Wittgenstein, Vorsitzender. Jacob Heinrich Mussard, Director. Ausschussmitglieder: J. M. Du Mont. Ph. Engels. F. Heuser. D. Leiden. Abr. Oppenheim. Ed. Schnitzler. Ign. Seydlitz. Joh. Dav Horstatt. Die Firma wird durch den Director gezeichnet u. den Verwalter, welcher den Wochendienst hat, gegengezeichnet: »Direction der Kölnischen Feuerversicherungs-Gesellschaft Colonia«. Der Verwaltungsrath N. N. Der Director N. N. Die Actien, sowie die Beschlüsse des Verwaltungsrathes u. die etwa auszustellenden Vollmachten werden gezeichnet von dem Vorsitzenden und zwei Verwaltern, sodann von dem Director contrasignirt.*
Kölnische Hagelversicherungs-Gesellschaft ZN [HN. Cöln]	Actiengesellsch. z. Zwecke der Versicherung gegen Hagelschlag	*An der Spitze steht ein aus 9 Mitgliedern bestehender Verwaltungsrath, nämlich: Heinr. v. Wittgenstein, Vorsitzender. Der vom Verwaltungsrathe ernannte Director Franz Aldenhofen und 8 Ausschussmitglieder: Eduard Schnitzler. Joh. Mich. Du Mont. Phil. Engels. Franz Heuser. Damian Leiden. Abraham Oppenheim. Ignatz Seidlitz. Joh. Dav. Herstatt. Die Firma wird gezeichnet: a) Durch den Vorsitzenden des Verwaltungsrathes, b) zwei Verwaltungsräthe, c) durch den Director contrasignirt. Die Vollmachten, Wechsel, Anweisungen an die Kasse u. Briefe bedürfen immer die Mitzeichnung eines Verwaltungsrathsmitgliedes.*
Franz Joseph König	Weinhandlung	*Franz Joseph König.*
J. B. König		*Johann Baptist König.*

Königl. Bayer. Filialbank Würzburg ZN. [HN. Nürnberg]	Bankgeschäft	*Der K. b. Staat. Vorstand und Disponent im kaufmännischen Verkehre ist der k. Bankoberbeamte Julius Lederer, welcher die kaufmännischen Ausfertigungen unter Beidrückung des Siegels zu unterzeichnen hat. Adolf Bezold, Cassier, welcher als Stellvertr. des k. Bank-Oberbeamten die Firma zeichnet.*
Lorenz Körber	Specereiwaaren	*Lorenz Körber.*
D. A. Kohn sel. Wwe.	Specereiwaaren	*Julius Kohn. Georg Kohn* **P.**
Hôtel de Württemberg, Karl Konold	Gastwirthschaft	*Agnes Konold Wwe. Franz Poll von Pölenburg* **P.**
Joh. Georg Krämer	Kurz- u. Schnittwaaren	*Johann Georg Krämer jr.*
A. A. Kremer	Chocoladef. u. Conditorei	*Anton Adam Kremer.*
L. Kressner, früher Julien's Buchhandlung	Buchhandlung	*L. Kressner.*
Gg. Kreutzer	Specerei-, Colonial-, Mater.-, Spirituosen u. Tabakh.	*Georg Kreutzer.*
Th. Kuhn	Schnittwaarenhandlung	*Thaddäus Kuhn. Joh. Kuhn* **P.**
F. Josef Lang	Champagnerfabrik	*Joseph Lang.*
J. And. Langlotz	Ellen- u. Modewaaren	*Johann Balthasar Langlotz.*
F. J. Langsdorf	Messerfabrik u. Handlung	*Friedrich Julius Langsdorf.*
Mich. Lauk	Weinhandlung	*Georg Lauk.*
H. C. P. Leh	Cigarren, Tabak u. Spirit.	*Heinrich Carl Peter Leh.*
Jos. Leinecker	Colonialw. en gros	*Josef Leinecker.*
Franz Leininger	Ellen- u. Modewaaren	*Franz Leininger.*
Wilhelm Lemm	Specereiwaaren	*Wilhelm Lemm.*
Carl Sebastian Leo	Agenturgeschäft	*Carl Sebastian Leo.*
M. Levy & Cie.	Bankgeschäft	*Moritz Levy. Heinrich Lippmann.*
Lewald & Schloss	Leder- u. Rauhwh.	*Salomon Lewald. Michael Schloss.*
J. Lichtenstetter	Weinhandlung	*Joseph Lichtenstetter.*
A. F. Lindner	Eisen- u. Metallw.	*Babette Lindner. Friedrich Lindner* **P.**
Joh. Lippert		*Johann Lippert.*
A. Lippmann's Sohn	Weinhandlung	*Friedrich Lippmann.*
Math. Lossen	Oelfabrik	*Dr. Heinrich Lossen* **KP.** *Richard Lossen* **KP.**
Valentin Maas		*Peter Maas.*
J. Mäx	Bierbrauerei	*Johann Mäx.*
Julius Manger	Uhrenhandlung	*Julius Manger.*
C. Mangold		*Carl Mangold.*
F. J. Manz	Weinhandlung	*Franz Ignaz Manz.*
Philipp Mayer		*Emanuel Mayer.*
Simon Mayer		*Simon Mayer. Isaak Süssmann Mayer* **P.**
F. M. Mehling		*Franz Michael Mehling.*
C. A. Melbert	Posamentiorgeschäft	*Carl Anton Melbert.*
Franz Messner	Ellen- und Modewaaren und Kirchenparamente	*Franz Messner.*
H. N. Metzner. Peter Metzner, Sohn	Specereiwaaren	*Hermann Nicolaus Metzner.*
Valentin Michel		*Valentin Michel.*
C. A. Milleret	Kurzwaaren	*Carl Anton Milleret.*
Anton Minoprio	Specerei- u. Delicatessenh.	*Anton Minoprio. Therese Minoprio* **P.**
Johann Christian Mirus		*Johann Christian Mirus.*
Carl Möller	Band- u. Kurzw. en gros	*Carl Gottlob Möller.*
A. Mohr	Maschinenfabrik	*Andreas Mohr.*
Gg. Jos. Mohr	Specereiwaaren	*Georg Joseph Mohr.*
M. W. Mohr	Malzfabrik	*Marx Wolf Mohr.*
August Molitor		*August Franz Molitor.*
St. Morelli	Drogueriew. en gros	*Stephan Morelli.*
Müller & Zehner	Producten, Commiss., Sped. u. Agenturen	*Johann Kaspar Zehner.*
Adolph Müller	Weinhandlung	*Adolph Müller.*
A. P. Müller	Kurzwaaren	*Adam Peter Müller.*
Carl Müller	Weinsprit u. Weinsteinf.	*Carl August Müller.*
Gebr. Müller	Weinhandlung	*Simon Rosenstern.*
Carl Theodor Müller	Weinhandlung	*Carl Theodor Müller.*
J. C. Müller	Kurz- u. Strumpfwaaren	*Caspar Conrad Müller.*
Ludwig Müller	Weinhandlung	*Ludwig Müller.*
Otto Müller	Weinhandlung	*Otto Müller.*

Theod. Müller	Fabrik v. Goldleisten, Zug-Jalousien- u. Holzrollläden, Steinkohlenhdl., Filiale in Nürnberg: Parketboden u. Rollleistenfabr. unter der Firma: „Nürnberger Parketbodenfabrik	*Theodor Müller.*
Müller & Weickersheimer	Fabrik chem. Producte	*Otto Müller. L. Weickersheimer.*
J. Nastvogel	Essig- u. Liqueurfabrik	*Johann Nastvogel.*
Kaspar Neuland	Weinhandlung	*Kaspar Neuland.*
G. M. Neumann	Kartenfabrik	*Anna Barbara Neumann. Georg Neumann* P.
N. Neumann	Weinhandlung	*Sebald Neumann. Eduard Neumann* P.
U. M. Neundörffer & Held	Schnitt- u. Modew. u. Tuchh.	*Bernard Held.*
Nöll'sche Waggonfabrik	Eisenbahn Waggons u. Eisenbahn Materialfabrik	*Vorstand der Actiengesellschaft ist die Direction, die aus zwei Directoren besteht, welche die Firma gemeinsam zeichnen. Directoren sind: Georg Nöll u. Theodor Hüttebräucker.*
Ludwig Nöll	Bierbrauerei	*Ludwig Nöll.*
Gregor Oehninger's Sohn & Cie.	Bankgeschäft	*Stefan Oehninger. Fritz Seuffert.*
Gebr. Oppenheimer	Strumpf- u. Schuhw. en gros	*Carl Oppenheimer. Leopold Oppenheimer.*
Jos. Oppenheimer	Schnittwaarenhandlung	*Joseph Oppenheimer.*
Lis. Em. Oppenheimer	Woll- u. Hopfenh.	*Lismann Emanuel Oppenheimer. Sophie Oppenheimer* P.
Sim. Em. Oppenheimer	Band-, Kurz- u. Strumpfw.	*Isaac Oppenheimer. Mayer Oppenheimer. Simon Emanuel Oppenheimer sen.* P.
Sim. Em. Oppenheimer	Grossh. in Kurz- u. Strumpfwaaren, Fabrikation von Filzschuhen	*Simon Emanuel Oppenheimer.*
S. H. Oppenheimer's Sohn	Ellen- u. Modewaaren	*Isaak Oppenheimer. Simon Hayum Oppenheimer* P.
J. Oppmann	Schaumweinfabrik	*Joseph Oppmann. Johann Bapt. Oppmann.*
Michael Oppmann	Schaumweinfabrik	*Louise Oppmann. Valentin Flügel* P.
Josef Perathoner	Spielwaarenhandlung	*Joseph Perathoner.*
Pfaff & Barth HN. [ZN. Zell]	Handlung	*Heinrich Julius Pfaff. Adam Barth.*
M. J. Philippi	Specereiw. u Mineralw.	*Michael Joseph Philippi.*
Theodor Platz	Handlung	*Theodor Platz.*
Gottfr. Pöhlmann	Kurzwaarenhandlung	*Gottfried Pöhlmann.*
H. Poisket	Strohhutfabrik	*Heinrich Poisket. Caroline Poisket.*
Joh. Pruny	Eisen- u. Metallwaarenh.	*Johann Prunny.*
J. W. Rau	Specereiwaaren	*Josef Wilhelm Rau.*
Joseph Reder	Glas- u. Porcellanw.	*Joseph Reder.*
Gebrüder Reeg	Material- u. Farbwaarenhd, Oelfarbenfabrik	*Franz Hugo Reeg. Franz Joseph Damian Reeg.*
Joseph Reichel	Specereiwaaren	*Joseph Reichel.*
Martin Reichel		*Martin Reichel. Balthasar Reichel* P.
Reinhardt & Blümlein	Maschinenf., Eisen- u. Messinggiesserei	*J. H. Reinhardt. J. Blümlein.*
M. Renlinger	Bankgeschäft	*Amalie Renlinger. Adolph Rosenham.*
J. M. Richter	Buchdruckerei	*Johann Michael Richter.*
J. M. Richter, Verlag	Verlagsbuchhandlung	*Johann Michael Richter.*
Louis Ringelmann	Agenturg., Haupt- u Generalagenturen der Colonia, Concordia, Agrippina, Magdeburg. Hagelversich. u. Unfallversicherungsgenossenschaft in Chemnitz	*Louis Ringelmann. Albrecht Buschbaum* P.
G. Rödelberger	Eisen- u. Materialwaaren	*Georg Rödelberger.*
F. A. Röder	Schnitt- u. Modewaaren	*Carl Röder.*
Caspar Röser	Musikalienhandlung	*Caspar Röser.*
Johann Michael Röser	Specerei-, Mater.- u. Farbw., Sped., Com. u. Agenturen	*Adam Ignaz Röser*
Joh. Mich. Röser Jun.	Colonialw. u. Tapetenhandl., Assecuranz u. Agenturen	*Johann Michael Röser.*
Rom & Wagner	Modewaarenhandlung	*Johanna Rom. Louise Wagner. Anton Rom* P.
L. Rosenblatt	Woll- u. Hopfenhandlung	*Louis Rosenblatt.*
Gebrüder Rosenheim	Tabakfabrik	*Joseph Rosenheim. Sigmund Rosenheim. Julius Rosenheim.*

L. Rosenheim HN. [**ZN.** Heidingsfeld u. London] | Weinhandlung | *Maier Rosenheim. Hermann Rosenheim. Jos. Leopold Rosenheim. Die Firma wird in Heidingsfeld durch Maier Rosenheim u. in London durch Hermann u. Joseph Leopold Rosenheim vertreten.*

Gebrüder Rosenthal	Holzhandlung	*Samuel Rosenthal. Joseph Rosenthal.*
M. S. Rosenthal	Holzhandlung	*Moritz Samuel Rosenthal.*
S. Rosenthal	Schnitt- u. Modew. en gros u. en detail	*Salomon Rosenthal. Henriette Rosenthal* **P.**
Franz Ph. Rossat-Geiller	Schnitt- u. Modewaaren	*Jacob Geiller jr.*
Eugen Roth	Apotheke	*Eugen Roth.*
J. Roth	Apotheke	*Julius Roth.*
A. Rügemer	Schnitt- u. Modewaaren und Confectionsgeschäft	*Anna Rügemer. Joseph Rügemer* **P.**
G. Rügemer	Fischhandlung	*Eva Rügemer Wwe.*
J. Sammereyer	Apotheke	*Joseph Sammereyer.*
Franz Sander	Kurzwaarenhandlung	*Franz Sander.*
N. Scamoni	Schreibmaterialienhandlung	*Eva Scamoni.*
F. J. Scheblein	Kurz- u. Modewaarenh.	*Franz Joseph Scheblein.*
Joseph Scheidt	Bankgeschäft	*Joseph Scheidt.*
J. L. Scheidt	Weinhandlung	*Jonas Louis Scheidt.*
Gebrüder Scheiner		*Carl Scheiner. Frz. Scheiner. Paul Scheiner. Joseph Endres* **P.**
C. Schenk	Weinhandlung	*Kaspar Schenk.*
Paul Scherber	Colonialwaaren en gros	*Paul Scherber.*
Hermann Scheuer	Cigarren, Tabak u. Colonw.	*Hermann Scheuer.*
Heinrich Schierlinger	Weinhandlung	*Heinrich Schierlinger.*
Johann Adam Schimmer	Specereiw., Commiss., Sped. u. Incasso	*Friedrich Carl Schimmer.*
F. Schirber	Schnitt- u. Modewaaren	*Franz Schirber.*
Schlenker & Cie.	Handlung	*Sigmund Schlenker. Leopold Sondheimer.*
Leon Schlesinger	Kurzwaaren	*Leopold (Leon) Schlesinger.*
Carl Schlier	Schnitt- u. Modewaaren	*Carl Joseph Schlier.*
Schlör & Schauer	Weinhandlung	*Franz Schauer.*
J. W. Schmalbach Sohn	Handlung	*Salomon Schmalbach.*
Schmitt & Cie.	Com.- u. Landesprodg.	*Maria Louise Schmidt* **A.** *Anna Schmidt.*
Andr. Schmidt jun.	Weinhandlung	*Johann Andreas Schmidt.*
B Schmidt, Posamentier	Posamentierwaaren	*Balthasar Schmitt.*
Carl Chr. Schmitt	Colonw u. Versicherungsg.	*Carl Christian Schmitt.*
E. J. Schmidt	Specereiwaaren	*Erhard Joseph Schmidt.*
F. J. Schmitt	Schnitt- u. Modewaaren	*Franz Joseph Schmitt.*
Gebr. Schmitt	Steinkohlenh. und Mineralwasserfabrik	*Carl Christian Schmitt. Friedrich Schmitt.*
Theodor Schmitt jun.	Schnitt- u. Modewaarenh.	*Theodor Schmitt.*
Schneider u. Freund	Landesp. u. Mehl. en gros	*Georg Schneider. Johann Freund.*
Carl Schneller, Apotheker	Apotheke	*Carl Schneller.*
P. Ph. Schnös	Schnitt- u. Modew.	*Peter Philipp Schnös. Joseph Schnös* **P.**
G. A. Schön	Steinhohlenhandlung	*Georg Andreas Schön.*
Peter Schön	Getreidehandlung	*Peter Schön.*
C. Schönecker	Colonial-, Papier- u. Schreibmaterialienhandlung	*Konrad Schönecker.*
Joseph Schürer HN. [**ZN.** Bamberg]	Rauch-, Schnupftabak- und Cigarrenfabrik	*Heinrich Schürer. Ernst Oertel. Gust. Kern.*
Ad. Schütte	Leinwandhandlung	*Adolph Schütte.*
J. E. Schwab	Specereiw. u. Saamenh.	*Joseph Eduard Schwab.*
J. Schwab u Sohn	Handlung	*Isaac Schwab. Seligmann Schwab.*
M. J. Schwab	Handlung	*Mayer Joseph Schwab.*
M. Schwabach	Weinhandlung	*Maximilian Schwabach.*
F. C. Schwarz vormals F. A. Schwarz	Wachswaarenfabrik	*Friedrich Carl Schwarz. Carl Schwarz* **P.**
Theodor Gottfr. Schwarz	Specereiwaaren	*Theodor Gottfried Schwarz.*
A. Schweller	Handlung	*Peter Martin Treutlein.*
Franz Seisser jun.	Schnitt- u. Modewaaren	*Franz Seisser jun.*
M. Ph. Seisser		*Franz Seisser.*
Wm. Seubert	Specereiw. u. Agentur	*Wilhelm Seubert.*
Seuffert u. Grobe		*Josef Seuffert.*
Philipp Seuffert	Holzhandlung	*Philipp Seuffert.*

Carl Sieber		*Carl Sieber.*
Franz Sieber	Eisen- u. Metallwaarenh.	*Franz Sieber.*
Lazarus Siesfeld	Lederhandlung	*Lazarus Siesfeld.*
H. Silberschmidt	Weinhandlung	*Hermann Silberschmidt. Philipp Silberschmidt.*
F. A. Siligmüller	Schaumweinfabrik	*Franz Siligmüller. Franz Herold* **P.**
J. B. Siligmüller	Kurzwaaren	*Johann Baptist Siligmüller.*
H. Sochaczewer	Kleidermagazin	*Hermann Sochaczewer.*
Andreas Sohn	Wichs- u. Zündholzfabrik	*Andreas Sohn.*
Jacob Sohn	Gasuhren- u. Lampenf.	*Jacob Sohn.*
Joh. Mich. Sohn	Glanzwichs- u. Zündholzf.	*Johann Michael Sohn.*
Sebastian Sohn	Zündholz- u. Glanzwichsf.	*Sebastian Sohn.*
J. Sonnemann	Baumwoll-, Halbwoll- und Leinen-Manufacturwaaren	*Jacob Sonnemann.*
L. Sonnemann	Betten- u. Bettfedernh. en gros u. en detail	*Lazarus Sonnemann.*
Sigmund Sonnemann		*Sigmund Sonnemann.*
M. J. Sündermann sen.	Drechslerwaarenfabrik	*Michael Josef Sündermann.*
Benjamin Süsser		*Benjamin Süsser.*
Städtisch. Gas- u. Wasserwerk	Gas- u. Wasserwerk	*Die Stadtgemeinde Würzburg. Zur Zeichnung der Firma ist Alexander Sippel berechtigt, welcher zeichnet: »Der Respicient des städtischen Gas- u. Wasserwerkes«. Sippel.*
Stahel'sche Buchdruckerei	Buchdruckerei	*Margaretha Stahel. Veit Joseph Stahel. Ignaz Stahel. Heinrich Stahel. Zur Zeichnung der Firma sind sämmtliche mit Ausnahme von Margareth Stahel berechtigt.*
Stahel'sche Buch- u. Kunsthd. HN. [**ZN.** Kitzingen]	Kunst- u. Buchhandlung	*Margaretha Stahel. Veit Joseph Stahel. Ignaz Stahel. Zur Zeichnung der Firma sind nur Veit Josef und Ignaz Stahel berechtigt. Wilhelm Probst* **P.**
J. Staudinger'sche Buchhandl. HN. [**ZN.** Aschaffenburg]	Buchhandlung	*Julius Staudinger.*
J. G. Steinam	Wachstuch, Ledertuch, Fusstapeten u. Schuhmacherw.	*Franz Gottfried Steinam.*
Steiner u. Bär in Liquidation, A. Steiner	Landesproductenhandlung	*Abraham Steiner. Hermann Bär.*
A. Steiner	Landesproductenhandlung	*Abraham Steiner.*
F. Steinfelder	Posamentiergeschäft	*F. Steinfelder.*
J. Stern jun.		*Jacob Stern.*
F. Conrad Störrlein	Kurzwaarenhandlung	*Franz Konrad Störrlein.*
Carl Straub	Specereiwaaren	*Carl Straub.*
Carl Strauss	Weinhandlung	*Carl Strauss.*
Michael Straus	Weinhandlung	*Wolf Straus. Ignaz Straus.*
Simon Straus jun.	Weinhandlung	*Simon Straus.*
S. Strauss		*Samuel Strauss.*
Gg. Strohmenger		*Georg Strohmenger.*
A. Stubers Buchhandlung	Buchhandlung	*Adalbert Stuber.*
Andr. Steph. Stümmer		*Anton Hofer. Johann Georg Stümmer* **P.**
C. Thaler's Söhne	Kunstwollenfabrik	*Adam Thaler. Joh. Bapt. Dietz. Paul Marc.*
C. Thaler u. Sohn	Weinhandlung	*Johann Thaler.*
F. E. Thein	Buchdruckerei	*Friedrich Ernst Thein.*
Adolph Treutlein	Specereiwaaren	*Anton Treutlein.*
Philipp Treutlein		*Johann Philipp Treutlein.*
Ullmann u. Strauss	Ellen- u. Modewaaren	*Simon Zacharias Ullmann. Moses Strauss.*
C. A. Veninos Erben	Specereiwaaren	*Ferdinand Broili.*
F. A. Völk	Uhrenfabrik	*Franz Albert Völk.*
S. Vogelbaum & Cie.	Pferdehandelsgeschäft	*Salomon Vogelbaum. Joseph Mayer.*
Em. Vonderheit	Specereiwaaren	*Emanuel Vonderheit.*
J. M. Vornberger	Schaumweinfabrik	*Johann Michael Vornberger.*
J. Wachter	Specereiwaaren	*Josef Wachter.*
V. Walter		*Valentin Walter.*
J. A. Weis jun.	Weinhandlung	*Johann Adam Weis. Johann Georg Neidert.*
J. Weissbart Buchhandlung	Buchhandlung	*Isaak Weissbart.*
J. P. Weller	Kurzwaarenhandlung	*Johann Peter Weller.*
Hermann Wertheimer Opticus	Optisches Institut	*Hermann Wertheimer.*
M. Wirsching		*Louise Wirsching.*
J. Wissmath		*Jean Wissmath.*
Leo Wörl'sche Buch-, Kunst- u. Verlagshandlung	Buch-, Kunst- u. Verlagsh.	*Leo Wörl.*

M. J. Wolz	Bierbrauerei	*Michael Joseph Wolz.*
W. F. Wucherer & Cie.	Chocoladefabrik	*Wilhelm Friedrich Wucherer. Josef Victor Frank.*
Christ. Wünsch	Handlung	*Christian Jacob Wünsch.*
M. Würth's Wittwe	Kleinwaarenhandlung	*Barbara Würth.*
Würzburger Volksbank	Bankgeschäfte	*Die Vorstandschaft besteht aus: Fr. Messner, Director. Louis Seisser, Cassier. Peter Weller, Controleur. Die Firma wird durch zwei Vorstandsmitglieder gezeichnet.*
Wüstefeld u. Thomasius	Bankgeschäft	*Philipp Wüstefeld. Theodor Thomasius.*
Philipp Zapf	Kurzwaaren	*Philipp Zapf.*
Joseph Zirkelbach	Specereiwaaren	*Joseph Zirkelbach.*
N. Zitzmann	Holz- u. Steinkohlenh.	*Nicolaus Zitzmann.*
Ph. Friedrich Zürn	Kunst- u. Papierhandl.	*Philipp Friedrich Zürn.*
Seb. Carl Zürn	Specereiw. u. Delicatessenh. u. Mineralwasser	*Johann Schäflein.*

Wüstenselbitz. LG. Münchberg. BG. u. HG. Hof.
Advokaten: s. Hof. **Notar:** s. Münchberg.

Hoffmann Burkel & Cie.	Manufactur in Woll- und Baumwollwaaren	*Johann Andreas Burkel.*

Wunsiedel. 3383 Einwohner. LG. Wunsiedel. BG. u. HG. Hof.
Advokaten: s. Hof. **Notar:** E. Zimmermann.

Adam Baumann	Eisenhandlung	*Johann Adam Baumann.*
Heinrich Brandenburg	Glashandlung	*Carl Florentin Brandenburg.*
Heinrich Flügel	Tuchfabrik	*Johann Carl Heinrich Flügel.*
Johann Fraas	Eisenwaarenhandlung	*Johann Fraas.*
M. Freitag	Kurzwaarenhandlung	*Johann Michael Freitag.*
Friedrich Gebhardt	Droguerie, Colonialwaaren u. Cigarren en gros	*Friedrich Gebhardt.*
Giesel'sche Buchhandl. (Franz Hagenau)	Buchhandlung	*Franz Hagenau.*
Wilh. Hönicka	Specerei- u. Farbw.	*Wilhelm Hönicka.*
Ferdinand Horn	Schnitt- u. Kurzwaarenhdlg., Gold- u. Silberwlager	*Eva Horn.*
August Kleemann	Specerei- u. Materialwaaren u. Agentur	*August Peter Conrad Kleemann.*
Georg König	Liqueurfabrik	*Georg König.*
G. F. Krauss	Com., Sped. u. Incasso	*Georg Friedrich Krauss.*
Georg Krauss	Specerei- u. Kurzwaaren u. Agenturen	*Georg Krauss.*
Gesellsch. für Specksteinfabrikate Lauböck u. Hilpert	Specksteinfabrikate u. Gasbrenner	*Franz Lauböck.*
Friedrich Meinel	Specereiwaaren	*Friedrich Meinel.*
Gustav Müller	Tuchfabrik	*Gustav Müller.*
Karl Hch. Müller	Tuchfabrik	*Karl Heinrich Müller.*
Erhardt Neukamm	Schnittwaarenhandlung	*Erhardt Neukamm.*
Heinrich Poller	Specerei- u. Schnittwaaren u. Vegetabilien	*Carl Heinrich Poller.*
Carl Prinzing	Eisenh. u. Specereiw.	*Carl Prinzing.*
Johann Prinzing	Handlung	*Johann Prinzing.*
Karl Rinnelt	Buchhandlung	*Karl Friedrich Rinnelt.*
Karl Schmidt	Specereiwaaren	*Christian Carl Matthäus Schmidt.*
Wilhelm Schmidt	Droguen en gros	*Wilhelm Gottlieb Schmidt.*
Florus Schöpf	Specereiwaaren	*Florus Schöpf.*
Michael Thurn	Baumwollwaarenhandlung	*Johann Michael Thurn.*
Eugen Wächter	Specereiwaaren	*Elise Wächter.*

Wurmannsquick. 542 Einwohner. LG. Eggenfelden. BG. Pfarrkirchen. HG. Passau.
Advokaten: s. Pfarrkirchen. **Notar:** s. Eggenfelden.

M. Eberl	Specerei- u. Schnittw.	*Mathias Eberl.*
Heinrich Mayer	Tuchmacherei	*Heinrich Mayer.*
Franz Nussbaumer	Specerei- u. Schnittw.	*Franz Nussbaumer.*
Joseph Scheipl	Lederfabrikation	*Joseph Scheipl.*
Georg Vielweck	Krämerei, Spec. u. Schnittwaaren	*Georg Vielweck.*

Zangenstein. LG. u. BG. Neunburg v. W. HG Regensburg **Advokaten** u **Notare** s. Neunburg v. W.

Wolf. Forster	Specereiwaaren	*Georg Forster.*

Zapfendorf. LG. Staffelstein BG. Kronach. HG. Bamberg.
Advokaten: s. Kronach. **Notar:** s. Staffelstein.

Andr Kötzner	Specerei-, Eisen- u Schnittwaarenhandlung	*Andreas Kötzner.*

Zeil. 1387 Einwohner. LG. Eltmann. BG. u. HG. Schweinfurt
Advokaten s. Schweinfurt. **Notar** s. Eltmann

Josef Goldmann	Specerei- u. Schnittwh.	*Josef Goldmann.*
J. P Pöllath	Gemischte Waaren, Essigsprit und Weinessigfabrik Weinhandlung	*Johann Primus Pöllath.*
Leopold Ullmann	Schnittw., Glas- u. Hopfenh.	*Leopold Ullmann.*
Vorschussverein in Zeil	Creditgewährung an Mitgl.	*Franz Burger, Vorsitzender Georg Zech Beigeordneter. Michael Sahlender, Cassier. Nicolaus Graf, Controleur.*
Conr. Zinner	Specereiwaaren	*Conrad Zinner.*

Zeilitzheim. 686 Einwohner. LG Volkach. BG. u. HG. Schweinfurt.
Advokaten s. Schweinfurt. **Notar** s. Volkach.

L. Stern	Schnitt-, Specerei- u. Eisenwaarenhandlung	*Löw Stern.*
J. C. Waiss	Conditorei, Specerei-, Eisen- u. Farbwaaren	*Johann Paul.*

Zeiskam. 1814 Einwohner. LG. Germersheim. BG. u. HG. Landau
Advokaten s. Landau. **Notar:** s. Germersheim.

Heinrich Alt	Manufact.-, Eisen- u. Kurzwaaren	*Heinrich Alt.*
Phil. Peter Alt	Specereiw. u. Färberei	*Philipp Peter Alt.*

Zeitlofs. 645 Einwohner LG Brückenau. BG Lohr. HG. Würzburg.
Advokaten: s Lohr. **Notar** s. Brückenau

A. Eisfeld	Kurzwaarenhandlung	*Abraham Eisfeld.*
J. Schipper, Apotheker	Apotheke	*Joseph Schipper*
Wormser & Adler	Manufactur- u. Specereiw.	*Jsrael Adler. Moses Wormser.*

Zell. 1116 Einwohner. LG. Münchberg. BG. u. HG. Hof.
Advokaten s Hof **Notar:** s. Münchberg

J. G. Goller	Specereiwaarenhandlung	*Johann Gottlob Goller*
Georg Schlegel	Specereiwaarenhandlung	*Johann Georg Schlegel.*
Joh. Wolfg. Schlegel	Baumwollwf. u. Specereiw.	*Joh. Georg Schlegel. Georg Christoph Schlegel.*

Zell. 1335 Einwohner LG. Würzburg l. Mains. BG. u. HG Würzburg.
Advokaten u. **Notare** s. Würzburg

J. Rosenbaum	Specereiwaarenhandlung	*Jonas Rosenbaum.*
M. Rosenbaum HN. [ZN. Würzburg]	Nagelschmiede	*Moses Rosenbaum.*
G. A. Zürn	Handlung	*Georg Adam Zürn.*

Zell. 368 Einwohner. LG Göllheim. BG. u HG. Kaiserslautern.
Advokaten: s Kaiserslautern **Notar** s. Göllheim.

Apé Aug	Apotheke	*August Apé.*
Born Daniel Wb.	Specereiwaaren	*Amalie Henrichs.*
A. Golsen	Weinhandlung	*Carl Ludwig Golsen. August Golsen.*
Zahn Valentin	Specereiwaarenhandlung	*Valentin Zahn.*

Zellingen. 1928 Einwohner. LG. Karlstadt. BG. Lohr. HG. Würzburg.
Advokaten s Lohr. **Notar**. s. Karlstadt.

A. v. Günther	Apotheke	*Arnold von Günther.*
M. K Mehling	Branntwein- u. Essigfabrik u. Eisen- u. Schnittwh	*Mamertus Kaspar Mehling.*
G Karl Weiglein	Specerei-, Schnitt- u Kurzwaarenhandlung	*Georg Carl Weiglein.*

Zeselberg. 323 Einwohner. LG. Waldfischbach. BG u. HG. Zweibrücken.
Advokaten: s. Zweibrücken **Notar** s. Waldfischbach.

Johann Hemmer	Specereihandlung	*Johann Hemmer.*
Franz Lenhard	Specereihandlung	*Franz Lenhard.*
Johann Nicolaus Rutz	Specerei- u. Eisenh.	*Johann Nicolaus Rutz.*

Zeyern. LG. u. BG. Kronach. HG. Bamberg. **Advokaten** u **Notare** s. Kronach.

J. D. Kotschenreuther	Specerei- u. Schnittwh.	*Johann Dominikus Kotschenreuther.*

Ziemetshausen. 797 Einwohner. LG. Krumbach. BG. u. HG. Memmingen.
Advokaten s. Memmingen. **Notar** Alois Högelmayer in Krumbach.

Jacob Bibracher	Handlung	*Jacob Bibracher.*
P. Hartmann	Handlung	*Pankratz Hartmann.*

Zirndorf. 1877 Einwohner. LG., BG. u. HG. Fürth. **Advokaten** u. **Notare:** s. Fürth.

Moritz Därmaul	Handlung	*Moritz Därmaul.*
Prof. Dr. Narr'sche Brauerei Gebr. Narr	Brauerei u. Thonwfabrikat.	*Paul Gustav Narr. Adolph Narr.*

Zusmarshausen. 951 Einwohner. LG. Zusmarshausen. BG. u. HG Augsburg.
Advokaten s. Augsburg. **Notar:** Dr. G E. Rösl.

Joh. Eberhard	Specereiwaaren	*Johann Eberhard.*
Xaver Hiebler	Specereiwaaren	*Franz Xaver Hiebler.*
Max Kob's Wwe.	Specereiwaaren	*Therese Kob Wwe.*

Zweibrücken. 9398 Einwohner. LG., BG. u. HG. Zweibrücken.
Advokaten: O. Erbelding. H. Gink. G. Gulden. D. Hudler. A. Keller. E. Löw E. Rosenberger C. L. Vollmar.
Notar: C Guttenberger. G. Lindner. L. Pasquay.

Carl Albrecht	Bierbrauerei	*Carl Albrecht.*
A. Altschüler	Meubel-, Spiegel- und Gewehrhandlung	*Elias Altschüler.*
J. Altschüler		*Jacob Altschüler.*
Heinrich Ambros	Buchbinderei u. Schreibmh.	*Heinrich Ambros.*
Geschwister Aschaffenburg	Schuhgeschäft	*Marie Aschaffenburg. Henriette Aschaffenburg*
Heinr. Jac. Auerbacher & Sohn	Sattlerei	*Heinrich Jacob Auerbacher. Heinrich Jacob Auerbacher.*
Josephine Baur	Modewaarenhandlung	*Josephine Bauer.*
J. Bender	Gerberei	*Jacob Bender.*
Fr. Besenbruch	Färberei, Druckerei und Ellenwaaren	*Friedrich Besenbruch.*
Ludw. Böhmer	Oelfabrik	*Ludwig Böhmer.*
J. Bruck	Posamentier- u. Kurzw.	*Johann Bruck. Carl Bruck.*
Heinrich Brünisholz	Handelsmühle	*Heinrich Brünisholz.*
Jacob Brünisholz	Handelsmühle	*Jacob Brünisholz.*
Louis Brünisholz	Eisenhandlung	*Louis Brünisholz*
J. Dl. Cajar	Kleider- u. Tuchhandlung	*Johann Cajar.*
C. Chandon	Dreherei u. Schirmfabrik	*Carl Chandon.*
Gerhard Ciolina	Ellenwaaren	*Gerhard Ciolina.*
J. St. Ciolina & Söhne	Ellenwaaren	*Johann Stephan Ciolina. Anton Julius Leop. Ciolina. Philipp Ciolina. Adolph Ciolina.*
A. Clemens	Conditorei	*August Clemens.*
G. A. Couturier & Cie.	Fabrik von Seide, Filz und Thibetsäcken	*Georg August Couturier. Johann Sim. Dörr.*
G. Cullmann	Colonialw. u Weinhandl.	*Gottfried Cullmann.*
J. Cussler	Dreherei u. Kurzwh.	*Jacob Cussler.*
Constant Daleyder	Siegellackfabrik	*Constant Daleyder.*
Carl Dambach	Specerei- u. Ellenwaaren	*Carl Dambach.*
Carl Diehl	Bierbrauerei	*Carl Diehl.*
Dingler'sche Maschinenfabrik	Maschinenfabrik	*Julius Dingler. Johann Baptist Wolff. Lud. Seelinger* P. *Carl Hanewald* P.
Friedrich Dümmler	Gerberei u. Lederhandl.	*Friedrich Dümmler.*
Friedrich Eisenmenger Wwe.	Seilerwaarenfabrik	*Babette Eisenmenger.*
E. Elias	Pferde- u. Güterhändl.	*Elias Elias.*
J. Erbelding	Specereiwaaren	*Julius Erbelding.*
Gebrüder Escales	Seidenplüschfabrik	*Gabriel gen. Simon Escales. Gust. Escales.*
Philipp Flory	Specereiwaaren	*Philipp Flory*
Friedrich Frank	Eisenhandlung	*Friedrich Frank.*
G. L. Frank	Strohhutfabrik	*Georg Ludwig Frank.*
Ludwig Frank jr.	Schlosserei u. Gusswh.	*Ludwig Frank jr.*
Carl Frölich	Bankgeschäft	*Carl Frölich. Adolph Frölich* P.
Gasanstalt Zweibrücken	Gasfabrik	*Die Gesellschaft wird durch einen aus neun*

Mitgliedern bestehenden Verwaltungsrath vertreten, welcher zeichnet: »Gasanstalt Zweibrücken«. Der Verwaltungsrath, aus deren Mitte wird der Vorstand gewählt, welcher zeichnet: »Der Vorstand des Verwaltungsrathes«. Vorstand ist Carl Golsen.

Julius Gentes	Specerei- und Ellenwaaren, Hemden- u. Weisszeugf.	*Julius Gentes sen. Julius Philipp Gentes jr.*
Jacob Gieger	Handlung	*Jacob Gieger.*
Caroline Görringer	Specereiwaarenhandlung	*Caroline Görringer.*
Mathäus Grisot	Specereiwaarenhandlung	*Mathäus Grisot.*
Gebr. Gross	Tuchh. u. Herrenkleiderf.	*Leopold Gross. Lion Gross. Max Gross.*
Philipp Gürleth	Nähmaschinenfabrik	*Philipp Gürleth.*
Leopold Gugenheim's Sohn	Manufacturwaaren	*Isaac Gugenheim.*

Leopold Gugenheim	Ellenwaaren	*Leopold Gugenheim. Isaac Gugenheim.*
Luz. Gugenheim's Söhne	Ellenwaaren	*Max Gugenheim. Michael Gugenheim.*
Luzian Gugenheim	Ellenwaaren	*Luzian Gugenheim. Max Gugenheim* P.
Marx Gugenheim	Mahl- u. Steinguthandl.	*Marx Gugenheim.*
Fr. Guth	Kunst- u. Handelsgärtner	*Friedrich August Guth.*
E. Guttenberger		*Ernst Guttenberger.*
Jacob Hättinger Wb.	Gerberei	*Maria Sauberschwartz.*
F. J. Hatry	Gerberei u. Lederhandl.	*Ferdinand Josef Hatry.*
M. A. Hatry	Ellenwaaren	*Hatry Gutta.*
Georg Heck Wwe.	Weinhandlung	*Louise Heck.*
Ph. Jac. Heck	Gerberei u. Lederhandlg. u. Lohmühle	*Philipp Jacob Heck. Julius Riel* P.
Michael Heilbronner	Handlung	*Michael Heilbronner.*
H. Ph. Heintz	Handlung	*Heinrich Philipp Heintz.*
Hch. Jos. Henigst	Ellenwaaren	*Heinrich Joseph Henigst.*
Henigst & Herold	Bankgeschäft	*Heinrich Josef Henigst. Louis Herold.*
L. Herch	Putzgeschäft	*Louise Herch. Lina Herch* P.
Louis Herch	Modewaaren	*Louis Herch.*
August Hien	Metzgerei	*August Hien.*
C. Hofmann	Mehlhandlung	*Carl Hofmann.*
Ch. Horn	Bäcker u. Mehlhändler	*Christian Horn.*
C. Jacoby	Specerei- u. Kurzw.	*Carl Jacoby.*
Philipp Jacoby	Bierbrauerei	*Philipp Jacoby.*
Ludwig Jahnson	Zinngiesserei u. Lampenf.	*Ludwig Jahnson.*
Samuel Kahn	Viehhandel	*Samuel Kahn.*
Karl Kallenbach	Seifenfabrik	*Karl Kallenbach.*
F. Kamm	Schreibmaterialienhandl.	*Heinrich Kamm.*
Friedrich Kaul	Schlosserei	*Friedrich Kaul.*
Ph. Kaul	Schuhwaarenf. u. Handlung	*Philipp Kaul.*
Ph. Keller	Holzhandlung	*Philipp Keller.*
Kircher & Kölwel	Streichgarnspinnerei und Strickwollenfabrik	*Carl Kircher. Eduard Kölwel.*
Louis Knerr	Specereigeschäft	*Louis Knerr.*
L. Koch	Posamentiergeschäft	*Friederike Koch.*
J. Krämer	Specerei- u. Mehlhandl.	*Jacob Krämer.*
J. Krämer	Mühlsteinhandlung	*Joseph Krämer*
Buchdruckerei von A. Kranzbühler	Buchdruckerei	*Johann Christian August Kranzbühler.*
J. Kremer	Kunst- u. Handelsgärtnerei	*Johann Kremer.*
Franz Lang	Handelsmühle	*Franz Lang.*
Ludwig Lang's Wwe.	Gastwirthschaft	*Ludwig Lang.*
August Lehmann	Specerei- u. Kurzwaaren	*August Lehmann.*
F. Lehmann	Buch- u. Schreibmaterh.	*Friedrich Jacob Lehmann jr.*
Philipp Leiner & Cie.	Bierbrauerei	*Louise Zöller* A. *Friedrich Zöller.*
Leinenzwirnerei Zweibrücken	Leinenzwirnfabrik	*Eduard Tegeler, Vorstand, zeichnet die Firma: »Leinenzwirnerei Zweibrücken«. Der Vorstand N. N.*
Gustav Lellbach	Manufactur-, Ellen-, Spec-, Kurz- u. Spielwaaren	*Gustav Lellbach. Carolina Eichholz.*
Carl Lichtenberger	Oelfabrik	*Carl Friedrich Theodor Lichtenberger.*
B. Lieser	Uhrenhandlung	*Balthasar Lieser.*
Peter Loch	Zimmermeister	*Maria Hoffmann. Peter Loch.*
Hch. Theod. Lorch	Specereiwaaren	*Heinrich Theodor Lorch.*
J. Lorch	Seifen- u. Lichterfabrik	*Jacob Lorch.*
Ludwig Lorenz		*Ludwig Lorenz.*
Th. Märker	Apotheke	*Theodor Märker.*
Joseph Marx	Schlosserei u. Eisenh.	*Joseph Marx.*
Carl Mayer	Bierbrauerei	*Carl Mayer.*
Meckert & Comp.		*Carl Meckert. Gustav Adolph Ladenberger.*
Ch. Meiss	Glas- u. Porcellanh.	*Charlotte Meiss.*
Georg Molitor	Seifenfabrik	*Georg Molitor.*
Adolph Moritz	Specerei- u. Kurzwaaren	*Adolph Moritz.*
Carl Fried. Müller	Ellenwaaren	*Carl Friedrich Müller.*
Carl Nagel	Kleidermagazin	*Carl Nagel.*
Carl Neubert's Wwe.	Färberei	*Elisabetha Kallenbach.*
Neumüller & Flickinger	Sattlerei	*Ludwig Neumüller. Friedr. Flickinger.*

Nitschler & Cie.	Seidenzwirnerei u. mechan. Werkstätte	*Friedr. Nitschler. Phil. Andres. Ludw. Trauth.*
Isidor Oppenheimer	Bäcker u. Fouragehändler	*Isidor Oppenheimer.*
O. L. Ott	Specereiw., Incasso u. Geschäftsbureau	*Carl Ott.*
Julius Pentes	Hemden- u. Weisszeugg.	*Julius Pentes. Joh. Philipp Pentes.*
Gottlieb Pohl	Bürsten- u. Pinselh.	*Gottlieb Pohl.*
G. Poppe	Spielkartenfabrik	*Georg Poppe.*
Jac. Portner's Wwe. & Söhne	Metzgerei	*Elisabetha Magdalena Schwarz. Jacob Portner. Ludwig Portner.*
E. Prausse	Apotheke	*Emil Prausse.*
J. Reiss	Gerberei	*Julius Reiss.*
Julius Riel	Gerberei	*Julius Riel.*
Hermann Rinsche	Ellenwaaren, Bettfedern u. Rosshaare u. Kupferw.	*Hermann Rinsche.*
Ritter'sche Buchhdl. A. Kranzbühler	Buchhandlung	*Johann Christian August Kranzbühler.*
Gebr. Rögner HN. [ZN. Einöd]	Kohlenhandlung	*Adam Rögner. Michael Rögner.*
F. Römer	Schreibmater.- u. Cigarrenh. u. Cartonagefabrik	*Friedrich Römer.*
P. J. Römer	Eisenhandlung u. Specereiw.	*Philipp Jacob Römer.*
Fr. Rohrbacher	Gold- u. Silberwhandlung	*Friedrich Rohrbacher.*
A. A. Roth	Apotheke	*Anton Aloys Roth.*
Roth, Heck & Schwinn	Eisendraht-, Drahtstiften- u. Kettenfabrik	*Elisa Heck. Johann Jacob Heck. Ad. Schwinn, nur die beiden Letzten sind zur Zeichnung der Firma befugt u. zwar jeder für sich.*
A. Rothschild		*Alexander Rothschild.*
C. Rübel	Specereiwaarenhandlung	*Carl Rübel.*
P. Schickendantz	Tuchhandlung	*Peter Schickendantz. Heinr. Schickendantz* **P.**
Gustav Schimper	Blechwaarenfabrik	*Gustav Schimper.*
Franz Schmidt	Oel- u. Gypsfabrik	*Franz Schmidt.*
Gebr. Schmidt	Bierbrauerei	*August Schmidt.*
Louis Schmidt	Bierbrauerei	*Louis Schmidt Sohn.*
Ludwig Schmidt	Bierbrauerei	*Ludwig Schmidt.*
Philipp Schmidt	Handlung mit feuerfesten Steinen	*Philipp Schmidt.*
Eduard Schneyer	Tuchfabrik u. Garnh.	*Eduard Schneyer.*
Gebr. Schreiber	Uhrenfabrik u. Handlung	*Alexander Schreiber. Berthold Schreiber.*
August Schuler	Ellenwaaren	*August Schuler.*
Joseph Schuler	Galanterie- u. Glaswaaren	*Joseph Schuler.*
G. Schwarz	Mehlhandlung	*Gabriel Schwarz.*
S. Schwarz	Viehhandel	*Salomon Schwarz.*
W. Aug. Seel	Specereiwaaren	*Wilhelm August Seel.*
Heinrich Simon	Seidenplüschfabrik	*Heinrich Simon.*
Ludwig Simon	Bierbrauerei	*Ludwig Simon.*
Samuel Simon	Handelsgeschäft	*Samuel Simon.*
Georg Friedr. Spitz		*Georg Friedrich Spitz. Caroline Brünisholz.*
Jacob Stauter	Specerei- u. Mehlhandlung	*Jacob Stauter.*
Georg Steinicken	Specereiwaaren	*Georg Steinicken.*
S. Stern	Fabrik von Panama und Palmhüten	*Simon Stern. David Carl Stern* **P.**
Ludwig Theobald	Weinhandlung	*Ludwig Theobald.*
J. C. Theysohn	Conditorei	*Julius Theysohn.*
Philipp Theyson	Ellenwaaren	*Philipp Theysohn.*
Actienbrauerei Tivoli in Zweibrücken	Actiengesellsch. zum Betrieb einer Bierbrauerei	*Die Gesellschaft wird vertreten durch einen aus 7 Mitgliedern bestehenden Verwaltungsrath, welcher zeichnet: »Der Verwaltungsrath der Actienbrauerei Tivoli in Zweibrücken«. Vorstand desselben ist Eugen Löw. Carl Bruch* **P.**
Heinrich Toussaint	Mehlhandlung	*Heinrich Toussaint.*
Vorschussverein Zweibrücken	Zweck des Vereines ist Beschaffung v. Geldmitteln u. Gewährung gemeinschaftl. Credites der Mitglieder unter sich	*Der Vorstand besteht aus einem Director, Cassier u. Controleur. Zur Zeichnung der Firma sind zwei Unterschriften der Vorstandsmitglieder nöthig.*
R. Wahrburg	Schreibmater. u. Specereiw.	*Rudolph Wahrburg.*
L. E. Wend	Specereiwaaren	*Ludwig Elisa Wend.*

W. Wery	Specereiwaaren	*Wilhelm Wery.*
D. Wildt	Weinhandlung	*Daniel Wildt.*
Georg Wolff	Handlung	*Georg Wolff.*
Maria Zentgen Wwe.	Handlung	*Maria Zentgen.*
Eduard Zorn	Specereiwaaren	*Eduard Zorn.*
Fr. Zorn	Ellenwaaren	*Louise Heintz.*
Zorn & Kuhn	Cichorienfabrik	*Adam Kuhn.*

Zwiesel. 2018 Einwohner. LG. Regen. BG. Deggendorf. HG. Passau.
Advokten s. Deggendorf. **Notar:** s. Regen.

Anton Brunner	Hopfenhandlung	*Anton Brunner.*
C. F. Fahrbach vormals J. N. Eckert	Zündholzfabrik	*C. F. Fahrbach.*
Andrä Gruber	Specerei- u. Schnittw. und Porcellanhandlung	*Andreas Gruber.*
Joh. Nep. Hilz	Specerei- u. Schnittw. und Farbwaaren	*Theres Hilz.*
Anton Müller	Glashandlung	*Anton Müller.*
Wolfgang Murr	Zündholzfabrik	*Wolfgang Murr.*
Leonhard Pauer	Lebzelterei, Wachszieherei u. Specereiwaaren	*Leonhard Pauer.*
Heinrich Rainprechter	Apotheke	*Heinrich Rainprechter.*
Bl. Strobel	Specerei- u. Schnittw.	*Marie Strobel.*

Kgl. Hofbuchdruckerei von Dr. C. Wolf & Sohn.

Inserate.

www.ingramcontent.com/pod-product-compliance
Lightning Source LLC
LaVergne TN
LVHW081329011026
849161LV00013BB/2874
9783486723250